Im Klassenzimmer

Historisch-anthropologische Studien
Schriftenreihe des Instituts
für Historische Anthropologie in Wien
Herausgeber: Hubert Christian Ehalt

Band 21

Die Abhandlung beschäftigt sich mit dem Schulalltag in Österreich. Untersucht wurde dabei, wie das Geschehen in den Klassenzimmern von Lehrern und Schülern erlebt wurde und welche Änderungen dabei im Laufe der Zeit auftraten. Ausgehend von einer Darstellung der schulpolitischen Rahmenbedingungen wird ein recht vielschichtiges Bild von Schule und Schulalltag entworfen. Die Basis hierfür bilden 46 Zeitzeugenberichte ehemaliger Lehrer und Schüler, die sich über den Zeitraum der Ersten und Zweiten Republik erstrecken. Die vielen Originalzitate im Text zeigen in beeindruckender Weise, dass das Schulerleben des Einzelnen von ganz persönlichen Voraussetzungen geprägt wird. Darüber hinausgehend aber wird deutlich, dass auch der Bereich der Schule einem steten Wandel unterliegt.

Maria Streßler, geboren 1982 in Kirchdorf an der Krems (Österreich); Lehramtsstudium Geschichte und Mathematik in Wien (Diplomprüfung 2006); derzeit Unterrichtstätigkeit am BRG Fadingerstraße und am Berufsförderungsinstitut in Linz.

www.peterlang.de

PETER LANG
Frankfurt am Main · Berlin · Bern · Bruxelles · New York · Oxford · Wien

Maria Streßler

IM KLASSENZIMMER

Der Wandel des Lehrer-Schüler-Verhältnisses in Österreich

Erste und Zweite Republik im Vergleich

PETER LANG
Internationaler Verlag der Wissenschaften

Bibliografische Information der Deutschen Nationalbibliothek
Die Deutsche Nationalbibliothek verzeichnet diese Publikation in
der Deutschen Nationalbibliografie; detaillierte bibliografische
Daten sind im Internet über <http://www.d-nb.de> abrufbar.

Umschlaggestaltung:
Hubert Christian Ehalt
nach einem Foto aus dem Privatarchiv der Autorin.

Besonderer Dank ergeht
an die Wiener Städtische Allgemeine Versicherung AG
und deren Generaldirektor Dr. Günter Geyer,
an die Oesterreichische Nationalbank,
an die Österreichische Beamtenversicherung,
an die Österreichischen Lotterien
und an die Münze Österreich AG
und an den Vorstand des Instituts für Historische Anthropologie,
u.a. Ulrich Gansert, Hans Hauf, Helmut Konrad,
Siegfried Sellitsch, Manfried Welan,
die die Arbeit des Instituts unterstützen.

Gedruckt mit Unterstützung des Bundesministeriums
für Wissenschaft und Forschung in Wien.

Gedruckt auf alterungsbeständigem,
säurefreiem Papier.

ISSN 1430-0621
ISBN 978-3-631-56348-9

© Peter Lang GmbH
Internationaler Verlag der Wissenschaften
Frankfurt am Main 2008
Alle Rechte vorbehalten.

Printed in Germany 1 2 3 4 6 7

www.peterlang.de

Vorbemerkung der Autorin

Das vorliegende Buch basiert auf einer mehrmonatigen Forschungsarbeit, die sich im Wesentlichen über den Zeitraum vom März 2005 bis zum Jänner 2006 erstreckte. Durch das großzügige Angebot des Herausgebers dieser Reihe, der mir als wissenschaftlicher Berater von Beginn an zur Seite gestanden ist, wurde es mir ermöglicht, die Arbeit und das darin entworfene Bild von Schule und den dort herrschenden Sozialbeziehungen zu publizieren. Zwar war der Weg von den ersten Entwürfen bis zum druckfertigen Manuskript zuweilen steinig und immer wieder erschienen Veränderungen notwendig, am Grundgerüst aber und v.a. an der inhaltlichen Schwerpunktsetzung wurde nicht gerüttelt. Das Ergebnis ist eine, wie ich glaube, doch recht umfassende und vielseitige Darstellung des tagtäglichen Miteinanders in den österreichischen Klassenzimmern, die das Erleben von Schule und dessen Wandel im Laufe der Zeit aus der Sicht ehemaliger Schüler und Lehrer beleuchtet.

Am Gelingen dieser Arbeit waren viele Personen beteiligt, ohne deren Mithilfe wohl niemals ein so vielschichtiges Bild von den Geschehnissen in den österreichischen Klassenzimmern hätte entworfen werden können. Bei all diesen Menschen möchte ich mich an dieser Stelle herzlich bedanken.
Mein ausdrücklicher Dank gilt Herrn Univ.Prof. Dr. Christian Hubert Ehalt, der meine Arbeit wissenschaftlich begleitet und durch seine Erfahrung bereichert hat. Ihm verdanke ich nicht nur wertvolle Impulse und Denkanstöße, sondern auch praktische Tipps in Bezug auf die hier angewandte Methodik der „Geschichte von unten". Er hat von Anfang an fest an das Gelingen meiner Arbeit geglaubt und mich auf diesem Wege stets zum Weiterarbeiten motiviert. Besonders dankbar bin ich für die Möglichkeit, die Ergebnisse meiner Forschung zu publizieren sowie für die engagierte Unterstützung bei der Umsetzung dieses Vorhabens.
Ein herzliches Dankeschön möchte ich auch all jenen sagen, die sich die Zeit genommen haben, um für diese Arbeit aus ihrer Schulzeit zu berichten. Indem sie ihre Erlebnisse und Erfahrungen schriftlich festhielten oder in einem Gespräch an mich weitergaben, schufen sie überhaupt erst die notwendige Voraussetzung dafür, Schule aus dem Blickwinkel der unmittelbar Betroffenen, d.h. aus der Sicht von Schülern und Lehrern, zu betrachten. Die vielen Fotos, die mir zur Verfügung gestellt wurden und von denen in diesem Buch nur eine kleine Auswahl abgedruckt werden konnte, ermöglichten es, das unmittelbare Erleben von Schule auch visuell darzustellen. Danken möchte ich auch jenen, die zwar selbst keinen Bericht verfasst, mir aber den Kontakt zu anderen Zeitzeugen verschafft haben.
Für den Erfolg meiner wissenschaftlichen Arbeit war es sicherlich maßgebend, stets auf die Unterstützung lieber Menschen zählen zu können. In diesem Zu-

sammenhang möchte ich mich bei meiner Familie – allen voran bei meinen Eltern – sowie bei meinen Freunden bedanken. Sie waren für mich da, wann immer ich sie brauchte.

Schließlich möchte ich noch Herrn DI Gerald Fessl meinen Dank ausdrücken. Er hat das Korrekturlesen der Arbeit übernommen und ist mir auch bei EDV-technischen Schwierigkeiten sowie bei der Bildbearbeitung mit Rat und Tat zu Seite gestanden. Dafür, dass er mich durch alle Höhen und Tiefen begleitet hat, bin ich ihm aufrichtig dankbar.

Inhaltsverzeichnis

Vorwort des Reihenherausgebers

Die Historisch-anthropologischen Studien setzen sich mit der Geschichte des Menschen, mit Naturbewältigung und -wahrnehmung aus einer interdisziplinären Perspektive auseinander. In den letzten 30 Jahren hat sich der Blickwinkel historischer Forschung ausgeweitet. HistorikerInnen interessieren sich für soziale Strukturen, Herrschafts- und Machtverhältnisse, für das Funktionieren von Gesellschaft, aber auch für dysfunktionale Elemente. Diesem gesellschaftsgeschichtlichen Zugang, der die Aufmerksamkeit stärker auf große Entwicklungslinien, auf makroökonomische Zusammenhänge, auf Geschichte als „Faktizität", die mit quantitativen Methoden erkundet wird, lenkt, steht eine mikrohistorische und -ökonomische Perspektive gegenüber, die auf den Alltag, auf Erlebnisse und Sichtweisen im überschaubaren Raum fokussiert. Diese historisch-anthropologische Sichtweise schärft den Blick für Bedeutung und Wirksamkeit von Ritualen und Symbolen, für die individuellen Bewältigungsformen und -strategien. Die Forschungen im Bereich der cultural studies haben das Bewusstsein für die Bedeutung von Gedächtnis und Erinnerung, für die Konstituierung von Formen des kollektiven Gedächtnisses sensibilisiert. Diese Perspektive, für die die Arbeiten von Michel Foucault von entscheidender Bedeutung waren, sieht Geschichte wesentlich als Text, als Erzählung und konzentriert sich daher auf die Analyse der Narrative und der Diskurse. Für die historisch-anthropologischen Studien sind beide Paradigmen – das gesellschaftsgeschichtliche und das historisch-anthropologische – wichtig. Wir sehen sie nicht als Alternative sondern als Komplementarität.

Der intensive Methoden- und Thesenaustausch der Geschichtswissenschaft mit den Sozialwissenschaften, der Ethnologie und den Sprachwissenschaften hat dazu beigetragen, ideologische Konstrukte und einen naiven historischen Realismus zurückzudrängen. Aus dieser interdisziplinären Arbeit entstand ein Interesse für neue Fragestellungen und Zugangsweisen, die eine deutliche Tendenz in die Richtung einer historischen und reflexiven Anthropologie, die ihre eigenen fachlichen Voraussetzungen und Methoden ständig mitdenkt, haben.

Das Institut für Historische Anthropologie bietet eine Diskussionsplattform für unterschiedliche Perspektiven auf den Menschen als Natur- und Kulturwesen.

Die naturwissenschaftlich orientierte Anthropologie erforscht den Menschen unter morphologischen und organfunktionellen Aspekten, die Ethologie untersucht Verhaltensprogramme, die sich in der Evolution herausgebildet haben, die Soziobiologie versucht, gesellschaftliche Prozesse als Kampffeld egoistischer Gene zu enttarnen, Genetik und Molekularbiologie schließlich gehen dem Menschen mit eindrucksvollen, von den Medien, aber auch von der Wirtschaft mit großem Interesse rezipierten Forschungen mit der Entschlüsselung des genetischen Codes auf den Grund.

Die historische Anthropologie beschäftigt sich mit dem Menschen als einem durch die Kulturen geformten und formbaren Wesen. Sie geht auf der Grundlage vielfältiger differenzierter Befunde über unterschiedliche Ethnien und Kulturen in verschiedenen Epochen davon aus, dass die Menschen in ihren Sprachen, Symbolen, Ritualen, Verhaltensweisen und Wahrnehmungsformen flexible Kulturwesen sind, die die Fähigkeit haben, über ihr individuelles und soziales Leben zu reflektieren. Das Handeln der Menschen – auch das wissenschaftliche Handeln – wird stets durch diese Reflexionstätigkeit gestaltet, modifiziert, weiterentwickelt.

Fraglos gibt es in den Kulturen Lebensfelder, die in ihren Strukturen und Ausdrucksformen einander ähnlich sind, weil die durch die Natur vorgegebenen Probleme ähnliche Lösungen nahe legen und weil die Menschen sich in ihrem genetischen Potenzial jedenfalls in den letzten zwanzigtausend Jahren nicht verändert haben. In dem Bereich dieser „Universalien" gehört die Gesamtheit der Ausdrucksformen des Lebenszyklus, des generativen Verhaltens, der Umgang mit Körper und Sexualität, mit Raum- und Zeitstrukturen in unterschiedlichen kulturellen Situationen. Aus den Kulturwissenschaften wissen wir, dass die Bewältigung der Grundprobleme des Menschseins unendlich viele kulturelle Ausdrucks-, Interpretations- und Wahrnehmungsformen hervorgebracht und zugelassen hat. Die historische Anthropologie geht formalen, inhaltlichen und funktionalen Gemeinsamkeiten und Unterschieden in der Naturbewältigung nach und fragt nach deren Ursachen und Folgen.

Neben den biologisch-genetischen Strukturen, die Biologie, Ethologie, Soziobiologie und Genetik erforschen, gibt es also diese historisch geprägten Strukturen, die durch Gestaltbarkeit und Reflexivität gekennzeichnet sind und die menschliche Geschichte und Kultur erst konstituieren. Sie haben bisweilen eine über viele Generationen reichende „longue durée". Die historisch-anthropologischen Studien analysieren diese in der Geschichte sich entfaltenden Strukturen von Verhaltensweisen und von symbolischen Ausdrucks- und Kommunikationsformen und deren Wahrnehmung durch die Individuen.

Die österreichische Geschichtswissenschaft hat bis in die 80er Jahre des 20. Jahrhunderts die Analyse von Symbolen und symbolischen Handlungszusammenhängen im Alltag vernachlässigt. Erst in den letzten 25 Jahren wurde in Anlehnung an Ethnologie und Soziologie ein Zugang zur Erforschung und Deutung der „Selbstverständlichkeiten" im alltäglichen Interaktionsgeschehen eröffnet.

Die Arbeit des Instituts für Historische Anthropologie und die Historisch-anthropologischen Studien machen sich daher die Analyse von Symbolen und symbolischen Verhaltensweisen zu einem Hauptanliegen. Die Beschreibung, Dokumentation und Analyse von Ritualen, Bräuchen, symbolischen Handlungen und deren Deutungen schafft einen Zugang zu der „Innenseite", zu den unausgesprochenen Selbstverständlichkeiten von Gesellschaften. Der sozial- und strukturgeschichtliche Zugang trug in sich die Gefahr, mit einem in modernen Gesellschaften entwickelten System von Begriffen und Kategorien vormoderne Wirklichkeitskonstruktionen zu übersehen, misszuverstehen, zu überfahren. Die Historische Anthropologie strebt die Beschreibung und Interpretation der sozialen Interaktionen in einer gegebenen Gesellschaft nicht nur in den uns vertrauten Kategorien gegenwärtiger Sozial- und Kulturforschung, sondern auch in deren eigenen Begriffen, Narrativen, Normen und Kategorien an.

Von den hier skizzierten Ansatzpunkten einer historisch-anthropologischen Zugangsweise sind in den letzten Jahren auch im deutschsprachigen Raum vielfältige theoretische und methodische Impulse für eine neue Sichtweise kultureller Phänomene und kulturwissenschaftlicher Fragestellungen ausgegangen. Die Historisch-Anthropologischen Studien verstehen sich als ein interdisziplinäres Forum, das die Ergebnisse von Forschungen und von Diskussionen über inhaltliche und methodische Fragen für eine größere Öffentlichkeit erschließt.

Hubert Christian Ehalt

Vorwort

Schule - Erkundungen über eine Institution, die immer noch an Bedeutung gewinnt

Geschichte der Schule gehört zu jenen Themen, bei denen Jede/r persönliche Betroffenheiten hat und oft auch mit Emotionen reagiert. Die Schule ist ein Gesellschaftsfeld, auf dem sich die persönliche Geschichte mit Gesellschafts-, Politik- und Kulturgeschichte trifft. Schule ist ein Thema, bei dem die Geschichtsforschung zeigen kann, wie die Geschichte der einzelnen Menschen Bestandteil der Geschichte des Ganzen ist. Wenn, wie bei dem Thema der Geschichte der Schule, Schulgeschichte und Lebensgeschichte so eng verbunden sind, dann ist die persönliche Betroffenheit durch das Thema besonders groß.

Wenn wir uns an die Schule erinnern, dann denken wir an Lehrinhalte und Themen, an das, was wir gelernt haben. Viel prägender und deutlicher sind aber die Erinnerungen an Situationen, Personen und Befindlichkeiten. Vielleicht erinnert sich der eine und die andere von uns noch an den Chemieunterricht und an „die Hypothese von Avogadro", oder an den Ersten Thermodynamischen Hauptsatz, an die Gründung Roms im Jahr 753 vor Christus? Ob wir das Faktenwissen, das wir in der Schulzeit erworben haben, noch präsent haben, wird sehr eng mit unserer aktuellen Berufsarbeit zu tun haben.

Ganz sicher aber erinnern wir uns an den langsamen Gang des Uhrzeigers in einer Unterrichtsstunde und die Angst, noch aufgerufen zu werden, wenn wir nicht vorbereitet waren. Wir erinnern uns an faire und an ungerechte Lehrerinnen und Lehrer, an die Lehrerinnen und Lehrer mit Überzeugungsfähigkeit, mit Durchsetzungskraft, Lehrerinnen und Lehrer, die etwas zu sagen hatten und kein Gehör fanden und andere, die nichts zu sagen hatten, aber erfolgreich – weil widerstandsfrei – agierten, ungestraft von ihrer vorgesetzten Behörde und den ihnen anvertrauten Jugendlichen Terror ausüben konnten. Wir erinnern uns an unsere Klassenkameradinnen und -kameraden, an unsere Freundinnen und Freunde, an die so genannten Seicherln und Streber, an den Schulweg, die Schulausflüge, die Schikurse, das Rauchen auf dem Klo, das Schule-Schwänzen, die Pop-Gruppen, die jeweils adoriert wurden und die jeweiligen Kultgegenstände der Konsumkultur damals.

Um all diese Themen ranken sich Erinnerungen und Geschichten, die auch all jenen, denen sie erzählt werden, einen Anstoß geben, über die eigenen Schulerinnerungen nachzudenken. Dabei wird zweierlei deutlich: einerseits, wie rasant und dynamisch historische Entwicklungen, Lebensmöglichkeiten und Lebenschancen verändern und neu einstellen und andererseits, dass wir alle – auch wenn wir nicht „an den Schalthebeln der Geschichte" stehen – gleichermaßen Subjekte und Objekte dieser Geschichte sind.

5

Die Schule ist wohl jene Institution, die den modernen Menschen am nachhaltigsten geprägt hat. Sie stellte eine neue Verhaltensdisziplin her, die verhältnismäßig standesunabhängig und daher auch geeignet war, die Individuen in einer überregionalen und per definitionem unabgeschlossenen Öffentlichkeit handlungsfähig zu machen. Die Schule vermittelt(e) die neuen Schlüsselqualifikationen für außerhäusliche Berufstätigkeiten, seit dem 19. Jahrhundert immer mehr auch Spezialqualifikationen, und sie wollte (sollte) schließlich soziale Unterschiede der Herkunft aufrechterhalten, indem sie besonders effizient bestimmte prestigeträchtige soziale Kompetenzen und aktuelle inhaltliche Qualifikationen und Fertigkeiten vermittelte.

In den Schulen des 19. und 20. Jahrhunderts konkurrierten durchwegs mehr oder weniger explizit elitäre Zielsetzungen, die die Bildung von Führungskadern beabsichtigten, mit emanzipatorischen, die sich dem Grundsatz, dass Bildung frei und gleich mache, verpflichtet fühlten. Da die intellektuelle Auseinandersetzung immer jenen anarchischen Funken in sich trägt, der den Künsten und Wissenschaften eigen ist, und da andererseits in der Schule Beziehungen, damit aber auch menschliche Stärken und Schwächen besonders stark zum Ausdruck kommen, konnten die Intentionen und Leitbilder der Schulen die Individuen nie vollständig vorprogrammieren. So kam und kommt es vor, dass Eliteschulen Sozialrevolutionäre ausbildeten; es konnte aber auch geschehen, dass aus begabten Kindern, die von engagierten Lehrerinnen und Lehrern aus den Quartieren des Elends und Verbrechens herausgeholt worden waren und die durch Schule und Bildung Karriere gemacht hatten, die größten Gegner von schulischer Aufklärung und Emanzipation wurden.

In der Schule finden wir also eine Institution, die gesellschaftliche Machtverhältnisse zum Ausdruck bringt und der immer wieder die Aufgabe zugewiesen wurde, sie zu erhalten und zu bedienen. Sie war und ist aber auch jene offene Institution, in der zunehmend fast alle jugendlichen Menschen die Jahre ihrer großen Prägsamkeit verbringen.

Die Beziehungen zu den Lehrern und Lehrerinnen, zu den Schulkameraden und Schulwarten, die Gefühle der Beteiligten und deren Wahrnehmung und Reflexion sind der Kern des schulischen Geschehens, nicht die Gebäude, die Lehrpläne und die Schulordnungen. Historikerinnen und Historiker, die sich mit Schulgeschichte beschäftigen, müssen daher individuelle Erfahrungen und autobiographische Materialien zu Quellen ihrer Erkenntnis machen.

Maria Streßler hat auf der Grundlage unterschiedlicher Quellen, insbesondere aber auch mit Hilfe von autobiographischen Erinnerungen, die Geschichte des Lebensraumes Schule nach 1945 rekonstruiert und gedeutet. Leserinnen und Leser können wohl kaum kompetenter, sach- und quellenkundiger in dieses Thema eingeführt werden. Das Buch gibt Antworten auf die Fragen nach dem Sozialisations-, dem Qualifikations- und dem Allokationsraum Schule. Es gibt aber auch

6

Antworten auf die Frage, wie der gordische Knoten, der Geschichte immer ist und sein wird, verschlungen und geknotet ist, wie die unterschiedlichen Themen und Motive, Strukturen und Alltäglichkeiten miteinander verbunden und aufeinander bezogen sind.

Das Buch ist als Lektüre für Lehrerinnen und Lehrer, Schülerinnen und Schüler, für Eltern und für alle anderen, die in einer engeren oder weiteren Beziehung zu dieser Institution standen und stehen, interessant. Als Herausgeber der Historisch-anthropologischen Studien wünsche ich dem Buch und der Autorin viel Erfolg.

Hubert Christian Ehalt

Einführung

Etappen auf dem Weg zur heutigen Schule

Seit jeher erforderte das menschliche Zusammenleben gewisse Regeln und Fertigkeiten, die von der Erwachsenengeneration an die Kinder weitergegeben wurden. Diese waren schon allein notwendig für das tägliche Überleben – man musste etwa wissen, wie man erfolgreich jagte, welche Pflanzen sich zum Verzehr eigneten und wie man Zelte und Hütten baute, die Wind und Wetter trotzten. Zudem förderte die Tradierung von Wissen und Erfahrung die Entwicklung neuer Techniken und Fähigkeiten, welche im Laufe der Zeit immer komplizierter und ausgereifter wurden. Erziehung, verstanden als die Übermittlung von Kenntnissen, aber auch als Anregung und Unterstützung des menschlichen Lernprozesses, wurde lange Zeit im unmittelbaren Sozialverband geleistet. Die Familie, die Sippe oder der Stamm waren es, die den Nachwuchs durch das gemeinsame Zusammenleben und die tagtäglich wiederkehrenden Verhaltens- und Handlungsweisen auf das spätere Leben vorbereiteten.

Durch die ständige Zunahme von Wissen und Fertigkeiten waren dieser Form der Erziehung jedoch Grenzen gesetzt, ein Teil der Aufgaben wurde schließlich an die Schule delegiert. Diese stellte nun im Gegensatz zur Familie eine – wie Scheipl und Seel es nennen – „pädagogische Kunstform" dar, die „planmäßig eingerichtet [wird], wenn das Zusammenleben der Generationen keine ausreichende Grundlage für die Lernprozesse mehr bietet, die notwendig sind, um die für das Leben unter den bestimmten gesellschaftlichen Bedingungen notwendigen Mittel und Formen der Lebensbewältigung (Fertigkeiten, Techniken, Wissenschaften etc.) und der Lebensbedeutung (Philosophie, Religion etc.) zu erwerben."[1] Das Lernen wurde von diesem Zeitpunkt an also bewusst organisiert, eigens ausgebildete Experten gaben Wissen und Erfahrung an die Kinder und Jugendlichen weiter. Bei der Gestaltung von Schule standen dabei stets gesellschaftliche Bedürfnisse im Vordergrund, später spielten auch politische Beweggründe eine wichtige Rolle.

In den Schulen des Mittelalters erfüllte Schule zunächst einmal die Funktion der Qualifikation. Klosterschulen bereiteten die Schüler auf das Leben als Geistlicher vor, nicht nur die Bibel musste beherrscht werden, man sollte sich auch mit den Schriften großer Theologen befassen oder Verwaltungsaufgaben übernehmen können. Voraussetzung dafür bildete die Fertigkeit des Lesens und Schreibens und die Beherrschung der lateinischen Sprache. Kaufleute und Handwerker

---

[1] Josef Scheipl / Helmut Seel: Die Entwicklung des österreichischen Schulwesens von 1750-1938, Graz 1985², S. 7

9

wiederum benötigten bestimmte Kenntnisse für die Buchführung, diese erwarben sie an den mittelalterlichen Schreib- und Rechenschulen.

Im 18. Jahrhundert wurde Schule in Österreich unter Maria Theresia zu einem „politicum", d.h. zu einer öffentlichen Angelegenheit. Damit einher ging eine Stärkung der schulischen Integrationsfunktion. „Durch die in den Schulen vermittelte staatsbürgerliche Erziehung soll[te] der Fortbestand des Staates über die Generationen gesichert werden. Schule wird daher ‚total', die Schulpflicht wird eingeführt."[2] Mit der zunehmenden Ausdifferenzierung der Berufswelt im 19. Jahrhundert gewann Schule auch als Selektionsinstitution größere Bedeutung. Nicht mehr die bloße Vermittlung von Qualifikationen war wichtig, sondern auch die Überprüfung und Bestätigung der erbrachten Leistungen. Das Vorweisenkönnen bestimmter Abschlüsse bzw. schriftlicher Leistungsnachweise wurde schließlich zur Voraussetzung für die Besetzung verschiedener Positionen im Beschäftigungssystem. Der Gedanke, die Leistung einer Person solle über deren zukünftige Aufgabe in der Gesellschaft entscheiden und nicht etwa Abstammung oder Besitz, wurde auf die Schule übertragen. Langsam erfolgte auf diese Weise die Emanzipation des gebildeten Bürgertums, das den Adel immer mehr aus seinen Positionen verdrängen konnte, die Arbeiterschaft jedoch profitierte von dieser Entwicklung erst wesentlich später.

In der Ersten Republik wurde Schule verstärkt wieder als Mittel der Integration eingesetzt, sie sollte die Verbundenheit mit Österreich, die Liebe zur Demokratie sowie den Willen zur Übernahme der Staatsbürgerpflichten wecken und stärken. Hinzu trat die Funktion der Kompensation, in deren Rahmen Schule immer mehr die Aufgabe übernahm, „individuelle und gesellschaftlich bedingte Behinderungen und Beeinträchtigungen des Lernens und Leistens auszugleichen."[3] Der „Ständestaat" stand solchen Tendenzen ablehnend gegenüber, erneut trat die Absicherung des politischen Systems durch die schulische Erziehung in den Vordergrund. Die ökonomische Funktion von Schule stand vor dem Zweiten Weltkrieg im Hintergrund. Mende, Staritz und Tomschitz machen dafür die politischen Voraussetzungen verantwortlich: „Was die Wirtschaft betraf, so bedeutete die in der Ersten Republik anhaltende Arbeitslosigkeit, daß sich die Unternehmer die Arbeitskräfte und deren Qualifikation aussuchen konnten. Die ökonomische Funktion des Bildungswesens stand daher nicht im Zentrum der Aufmerksamkeit. Dagegen war seine soziale und ideologische Bedeutung in den politischen Auseinandersetzungen dieser durch ökonomische Krisen und politische Verunsicherung gekennzeichneten Zeit sehr groß. [... Im Ständestaat war] die Demokratie [...] beseitigt und die Schule konnte den Legitimationsinteressen

---

[2] Scheipl / Seel, Entwicklung 1750-1938, S. 8
[3] Scheipl / Seel, Entwicklung 1750-1938, S. 8

der Regierung voll untergeordnet werden. Diese Funktion stand im Vergleich zur ökonomischen Bedeutung eindeutig im Vordergrund."[4] In den Nachkriegsjahren gestaltete sich die Situation ähnlich wie in der Ersten Republik. Es gab genügend Arbeitskräfte, die für die Wiederaufbauarbeiten oftmals sogar überqualifiziert waren. Dies führte gemeinsam mit dem allgemein herrschenden Geldmangel dazu, dass das Bildungssystem vom Staat vorläufig finanziell wenig gefördert wurde, ein Zusammenhang zwischen Wirtschaft und Schule wurde nicht hergestellt. Sehr wohl gefördert wurde hingegen der Einfluss von Schule und Unterricht auf das Denken und die Einstellung der Schüler – Österreichbewusstsein und die strikte Abwendung von jeglichem NS-Gedankengut, einhergehend mit dem festen Bekenntnis zur Demokratie, sollten in den Köpfen verankert werden. Mit dem Wirtschaftsaufschwung begann schließlich der Aufstieg der Bildungsökonomie[5], eines neuen Wissenschaftszweiges, der sich mit dem „Bildungssystem in seiner Abhängigkeit vom Wirtschaftssystem [befasste] und zwar sowohl unter dem individuellen als auch dem gesellschaftlichen Gesichtspunkt als Kapitaleinsatz, der sich kurz- oder langfristig in meßbarem Ertrag niederschlagen soll"[6]. Mit anderen Worten: Bildung und Schulsystem wurden von nun an einer ständigen Kosten-Nutzen-Rechnung unterzogen. Fragen nach dem (zukünftigen) Bedarf an Arbeitskräften wurden gestellt, notwendige Anpassungen des Bildungssystems erörtert. Gezielte Bildungspolitik wurde als Voraussetzung für das Wirtschaftwachstum erkannt. Im Zusammenhang damit kam es zu einer Diskussion darüber, welche Qualifikationen Schulabgänger erworben haben müssten, um in ihrem späteren Beruf und überhaupt im Leben erfolgreich zu sein; Forderungen nach lebensnahem Wissen und flexiblen Fähigkeiten traten auf. Von allen Seiten wurde auf die Notwendigkeit hingewiesen, möglichst alle Begabungsreserven des Staates zu nutzen. Diese Forderung hatte zur Folge, dass neben dem wirtschaftlichen Aspekt auch der Kompensationsfunktion von Schule wieder Bedeutung zugemessen wurde. Jedem sollten die gleichen Bildungsmöglichkeiten offen stehen, Start-, Weg- und Zielchancengleichheit wurden postuliert. Nachteile von Kindern aus sozial niedrigeren Schichten wie etwa sprachliche Defizite, Schwierigkeiten bei abstrakten Denkprozessen oder wenig von außen kommende Lernanreize müssten – so war man der Ansicht – von der Schule ausgeglichen werden.[7]

---

[4] Julius Mende / Eva Staritz / Ingrid Tomschitz: Schule und Gesellschaft. Entwicklung und Probleme des Österreichischen Bildungssystems, Wien 1980, S. 126 bzw. S. 133

[5] Die Voraussetzungen für die Entstehung der Bildungsökonomie sowie deren wichtigsten Richtungen beschreiben Mende, Saritz und Tomschitz ausführlich. (vgl. Mende / Staritz / Tomschitz, Schule und Gesellschaft, S. 3-11)

[6] Mende / Staritz / Tomschitz, Schule und Gesellschaft, S. 3

[7] In der Praxis konnten diese Forderungen von der Schule nie wirklich erfüllt werden. Wie Studien und Statistiken zeigen, ist das österreichische Schulsystem auf mittlere und höhere soziale Schichten ausgelegt. So gibt es etwa Sprachbarrieren zwischen Lehrern und Kindern

Ganz allgemein gilt, dass Kinder und Jugendliche schon immer durch schulische Erziehung diszipliniert und einer Anpassung unterzogen wurden. Diese Funktion nimmt Schule auch heute noch wahr, die Form der Disziplinierung allerdings hat sich gewandelt. In Anlehnung an Foucault beschreiben Förster und Kilian diese Entwicklung folgendermaßen: „Hatte früher die Bestrafung im Vordergrund gestanden, [...] kam es während des 18. Jahrhunderts durch ein Umdenken [...] in der Gesellschaft zu einer Veränderung der Disziplinierungsmassnahmen. Von nun war die Idee der Resozialisierung dominant. [...] Das gewandelte Strafverständnis wurde [...] auch deutlich in anderen Bereichen der Gesellschaft, wie in der Religion, Familie und Schule. Inzwischen ist sogar die Prügelstrafe allmählich aus dem Erziehungs- und Schulalltag verschwunden. An ihre Stelle sind ‚humanitärere Disziplinierungsmassnahmen' wie Strafaufgaben, Nachsitzen oder Gespräche getreten."[8] Dies bedeutet jedoch keinesfalls eine Einschränkung der disziplinierenden Wirkung von Schule, viel mehr greift sie, wie Grunder deutlich macht, auch heute noch entscheidend ins Leben der Heranwachsenden ein: „Schule dringt in das Privatleben von Kindern und ihren Erwachsenen ein. Mindestens beansprucht sie deren Zeit. Sie erteilt Aufträge, als wäre sie eine Firma, der man gegen Salär seine Arbeitskraft verkaufen könnte. Lehrkräfte zwar tun dies, Kinder und Jugendliche aber bekommen nicht einmal für Präsenz Gehalt. Ja, sie sind gehalten, zuhause zu erledigen, was während der Schulstunden ungetan geblieben ist. Schule oktroyiert Kindern, den einen mehr, den anderen weniger, also ihre charakteristische Zeitökonomie [...]. Gleiches gilt hinsichtlich der Raumökonomie. Und inhaltlich: Ausserhalb der Unterrichtsthematik liegende Interessensgebiete der Heranwachsenden werden durch die Lehrplanvorgaben massiv eingeschränkt. Das heisst: Schule sequenziert, parzelliert, segmentiert und exkludiert."[9] Auf diese Weise drängt Schule Kinder

---

aus niedrigeren Schichten, Schule wird als Bruch zur bisher bekannten Lebenswelt erlebt. Zudem setzen die Auslesemechanismen des Schulsystems genau dort an, wo die Fähigkeiten von Kindern aus der Unterschicht am wenigsten entwickelt sind, nämlich bei der sprachlichen Ausdrucksfähigkeit, bei Konzentrations- und Merkfähigkeit sowie bei der Leistungsmotivation, was von vornherein zu einer Benachteiligung führt. (vgl. Mende / Staritz / Tomschitz, Schule und Gesellschaft, S. 27-33)

[8] F. Förster / N. Kilian: Sozialisation, Lernen, Disziplinierung: eine Begriffsklärung, in: Hans-Ulrich Grunder: Sozialisiert und diszipliniert. Die Erziehung ‚wilder Kinder', Hohengehren 1998, S. 5-14; hier: S. 12

[9] Hans-Ulrich Grunder: Widerstände und Flucht, in: Grunder, Sozialisiert, S. 130-177; hier: S. 148; Treiber und Steinert untersuchten in Anlehnung an Foucault Parallelen zwischen Fabriks- und Klosterdisziplin. Manche davon lassen sich auch ohne Schwierigkeiten auf die Schule übertragen, so etwa die genaue Einteilung der Zeit (von den Autoren „Diktatur der Pünktlichkeit" genannt), die räumliche Abgeschlossenheit, die ständige Überwachung und Kontrolle sowie die Erziehung zu einem dem Zusammenleben zuträglichen Verhalten (der „methodischen Lebensführung"), die durch strenge Regeln und einer Reihe von Strafbestimmungen erzielt wird und die familiäre Erziehung zunehmend ablöst. Dass Schule all diese Merkmale aufweist, bringt Grunder im oben angeführten Zitat kurz und prägnant zum Aus-

und Jugendliche in ein strenges Verhaltenskorsett, das schlussendlich auf eine Verinnerlichung des gewünschten Verhaltens und eine daraus resultierende Selbstdisziplin[10] abzielt, von der sich Staat und Gesellschaft eine Garantie für das „Funktionieren" der zukünftigen Erwachsenen erhoffen.

Heute vereinigt Schule so gut wie alle Funktionen, die sie im Laufe der Zeit einmal stärker, einmal weniger stark erfüllt hatte. Zu den bereits besprochenen Aufgaben in Hinblick auf Disziplinierung, Ökonomie und Kompensation, die ausgehend von den 60er-Jahren bis jetzt aktuell sind, tritt dabei – teilweise im Widerspruch zur Kompensation stehend – die Funktion der Selektion. Diese erfolgt hauptsächlich über die von der Schule geforderten und überprüften Leistungen und entscheidet darüber, welche Position ein Individuum im Ausbildungssystem einnehmen kann. In weiterer Folge erfüllt Schule auch die Allokationsfunktion. Bestimmte Schulabschlüsse entscheiden über die spätere berufliche Position, wer die Leistungskriterien nicht erfüllt, muss sich mit Berufen auf einer niedrigen Stufe des Beschäftigungssystems zufrieden geben. Eng verbunden damit ist die Zuweisung des gesellschaftlichen Status, der sich über Einkommen, Einfluss, Prestige usw. definiert und wiederum – mit wenigen Ausnahmen – stark von den in der Schule erbrachten Leistungen abhängt. Darüber hinaus ist Bildungspolitik auch heute noch ein wichtiges politisches Mittel zur Integration, wofür der Leistungsbegriff wieder die notwendige Basis schafft. Durch die – zumindest theoretisch existierende – Abhängigkeit des sozialen Status eines Individuums von selbst erbrachter Leistung und der persönlichen Motivation, die durch das Bildungssystem geschaffen wird, werden Unzufriedenheit und Misserfolge des Einzelnen auf selbstverschuldete Mängel zurückgeführt. Die Legitimationsbasis politischer Entscheidungen wird durch die Verschleierung jener gesellschaftlichen Ursachen, die die eigene Situation durchaus mit verursachen, wesentlich abgesichert.[11] Schließlich hat die Institution Schule auch ihre ursprünglichste Aufgabe nicht verloren, nämlich die Vermittlung von Qualifikationen. Allerdings fällt ihr die Erfüllung dieses Auftrags in unserer schnelllebigen Gesellschaft schwer, zumal sich nicht nur die benötigten Qualifikationen stark verändert haben, sondern auch immer mehr erzieherische Aufgaben erfüllt werden müssen, die von anderen Sozialisationsinstanzen, etwa den Familien, nicht mehr geleistet werden (können).

---

druck. (vgl. Hubert Treiber / Heinz Steinert: Die Fabrikation des zuverlässigen Menschen. Über die „Wahlverwandtschaft" von Kloster- und Fabriksdisziplin, München 1980)

[10] Norbert Elias verweist in seinem Werk „Über den Prozess der Zivilisation" darauf, dass in der Gesellschaft ganz allgemein eine Abwendung von der Disziplinierung durch äußere Zwangsausübung stattfand, dafür aber einer selbstgesteuerten, zweckorientierten und verinnerlichten Selbstdisziplin und Affektkontrolle immer mehr Bedeutung zukam. (vgl. Norbert Elias: Über den Prozess der Zivilisation. Soziogenetische und psychogenetische Untersuchungen, 2 Bände, Frankfurt am Main 2001[23])

[11] vgl. Mende / Staritz / Tomschitz, Schule und Gesellschaft, S. 42

Für die Situation der heutigen Schule bedeutet dies im Konkreten, dass sie sich einer Fülle neuer Herausforderungen stellen muss. Schule ist – wie ja soeben überblicksartig gezeigt wurde – einem ständigen Wandel unterworfen. Nicht nur werden Organisation und Struktur des Schulwesens permanent der Zeit angepasst, Schule muss auch mit der sich rasch ändernden Gesellschaft mithalten und sich immer neuen Aufgaben stellen, will sie ihre Funktion, die Schüler auf das spätere Leben und die Erfordernisse der Berufswelt vorzubereiten, erfüllen. Besonders deutlich wird die Notwendigkeit des Schritthaltens mit der Gesellschaft dann, wenn man sich die Frage stellt, welche Qualifikationen Schule früher vermitteln sollte und worauf heute Wert gelegt wird. Die entsprechende Antwort hängt eng mit den jeweils gültigen Lebens- und v.a. Arbeitsbedingungen zusammen. Früher konnte ein Mensch nach seiner Ausbildung relativ sicher damit rechnen, sein Leben lang ein und denselben Beruf auszuüben und dies – sofern er sich nichts zu Schulden kommen ließ – nicht selten in einem einzigen Betrieb. Der Schule kam dabei die Aufgabe zu, einen bestimmten Kanon an Wissen und Kenntnissen zu vermitteln, der in der Regel relativ unverändert die Jahre hindurch Bestand hatte und den Leuten daher durchaus als berechtigt erschien. In den letzten Jahrzehnten jedoch hat sich die Situation grundlegend geändert. Unsere Zeit ist schnelllebig geworden, Qualifikationen, die in der Schule erworben werden, erweisen sich oft schon nach wenigen Jahren als veraltet, vieles schulische Wissen erscheint nutzlos. Überhaupt steckt unsere Gesellschaft, in der das Wissen tagtäglich zunimmt, in einem Dilemma. Der traditionell bürgerliche Bildungsbegriff, der durchaus noch Fähigkeiten mit einschloss, wie etwa jederzeit aus Goethes Faust zitieren zu können oder Shakespeare begeistert in der Originalfassung zu lesen, ist aufgeweicht, die globale Wissensgesellschaft sucht nach einer neuen, den Verhältnissen der Zeit angepassten Form der Bildung – einzig, woran sich diese verbindlich festmachen lässt, weiß man bis jetzt noch nicht. Neben diese auf die inhaltliche Ebene bezogene Ratlosigkeit tritt zudem eine weitere für die Schule problematische Entwicklung. Längst ist es nicht mehr selbstverständlich, dass junge Menschen ihr Leben lang in demselben Beruf tätig sind, man wechselt oft nicht nur die Arbeitsstelle, sondern damit auch gleich die zu verrichtenden Tätigkeiten. Eine einzige Ausbildung reicht nicht mehr, „Lernen auf Vorrat" gehört endgültig der Vergangenheit an. Lebenslange Fortbildung und das ständige Aktualisieren des eigenen Know-hows sind heute so gut wie unvermeidbar. Von der Schule wird erwartet, dass sie ihre Zöglinge auf diese Herausforderungen vorbereitet, indem sie ihnen weniger stoffliches Wissen, als viel mehr flexibel einsetzbare Fertigkeiten mit auf den Weg gibt. Der neue Mensch – so liest man in einem Artikel aus der Zeitschrift „Der Spiegel" – müsse „fit im Kopf für die Herausforderungen der digitalen Weltgesellschaft, selbstbewusst, kommunikationsfähig, ausgerüstet mit wetterfestem Orientierungswissen [sein]. ‚Learning to be' [heiße demnach] das neue Bildungsziel."[12] Für die Schule aber ergeben sich bei dessen Umsetzung nicht selten Schwierigkeiten. Der in den Lehrplänen vorgesehene Stoff ist oft realitätsfern und eignet sich kaum dazu, junge Menschen auf das spätere Leben vorzubereiten. Lehrer, die die Welt ihrer Schüler nicht mehr verstehen, sollen diese für eine Zukunft rüsten, die sie nicht kennen. Zudem mangelt es an der Zusammenarbeit zwischen Schule und Wirtschaft, auf Praktiker, die den Schülern erzählen, wie es „wirklich abläuft da draußen" stößt man in den österreichischen Klassenzimmern nicht. Mit neuen Unterrichtsformen, etwa dem offenen Lernen oder dem vermehrten Einsatz von Projektunterricht, versucht man, die Schüler zu selbständigem Handeln zu erziehen, aber auch diese Methoden halten nur zögernd Eingang in die Schulen. Überhaupt fragt sich so mancher, woher man wissen soll, welche Kenntnisse die Schüler in ihrem späteren Leben benötigen werden bzw. welche Qualifikationen ihnen die Wirtschaft von morgen abverlangen wird, wenn sich ja doch binnen weniger Jahre alles wieder ändert. Antworten darauf sucht die Bildungsökonomie, aber auch sie muss vor der Schnelllebigkeit unserer Zeit immer häufiger kapitulieren.

Zudem sieht sich die heutige Schule mit einem vermehrten Druck von Seiten des Staates und der Wirtschaft konfrontiert. EU-weit verlangen Bildungspolitiker, aber auch führende Kräfte aus Wirtschaft und Wissenschaft, ein Abgehen von der Input- zu Gunsten einer Output-Steuerung. Die Aufmerksamkeit soll sich nicht mehr – wie bisher üblich – auf das konzentrieren, was Schülern geboten und eingetrichtert werden müsse, sondern darauf, was diese tatsächlich nach ihrer Schulzeit beherrschen und wie sie ihr Wissen im Leben anwenden können. Diese Trendwende äußert sich in der aktuellen Einführung nationaler und internationaler Bildungsstandards, der Qualitätsvergleich zwischen den Schulen soll jederzeit gewährleistet sein. Immer mehr Verantwortung wird dabei in den Bereich der einzelnen Schule gelegt, die sich nicht nur ökonomisch selbst verwalten soll, sondern auch dafür zu sorgen hat, Schüler durch Schwerpunktsetzungen und andere curriculare Anreize anzuwerben und sie unter Berücksichtigung moderner Erkenntnisse über den Lehr- und Lernprozess bestmöglich auszubilden. Die viel gepriesene Schulautonomie hat – trotz des unangezweifelten Bestehens gewisser Vorteile – durchaus auch ihre Schattenseiten. Der Konkurrenzdruck zwischen den Schulen steigt, verschärft wird dies noch durch den allgemeinen Schülerrückgang. Forderungen, die von verschiedensten Seiten an die kleine Dorfschule genauso wie an das städtische Elitegymnasium herangetragen werden, sind häufig widersprüchlich, dennoch erwarten alle, dass gerade ihre Anliegen Gehör finden – schließlich sei es ja Aufgabe der Schule, den regionalen Bedürfnissen von sich aus entgegenzukommen. In all diesen Wirren soll natürlich die Ausbildung der Schüler nicht zu kurz kommen, immer noch ausgeklügeltere Mittel zur so viel diskutierten Qualitätssicherung werden entwickelt, Schule

---

[12] Thomas Darnstädt: Start-up ins Leben, in: Der Spiegel 14/2001, S. 66-89; hier: S. 67

muss einer ständigen Überprüfung standhalten. Die Schule von heute befindet sich in einer heiklen Lage: Einerseits genießt sie so große Freiheiten wie nie zuvor, zugleich aber muss sie dem ständig wachsenden Druck von außen und der verstärkten Kontrolle von staatlicher Seite standhalten – ein Balanceakt, der nicht immer einfach fällt.

Auch in Hinblick auf den Umgang mit Leistung und Förderung steckt die Schule momentan in einer Zwickmühle. Früher gab es klare Regeln, wer den Anforderungen nicht genügte, musste die Klasse wiederholen und zwar so lange, bis er entweder die entsprechende Leistung erbringen konnte oder aber, bis die staatlich vorgeschriebene Schulpflicht erfüllt war. Auf individuelle Förderung wurde wenig Rücksicht genommen, auch nicht auf die Integration besonders lernschwacher oder behinderter Kinder. Heute ist nach wie vor Leistung gefragt, die Schüler sollen nicht nur in kürzester Zeit Unmengen von Wissen in sich aufsaugen, sie sollen dieses auch möglichst fehlerfrei reproduzieren oder aber auf neue Problemstellungen anwenden können. Die Anforderungen, die von der Umwelt an die Schulabsolventen herangetragen werden, steigen, in einer Gesellschaft, wo Arbeitsplätze zunehmend rar werden, gilt persönliche Leistung als wichtige Voraussetzung für den begehrten Job. Zugleich wird der Schule aber auch abverlangt, materiell, physisch oder psychisch benachteiligte Kinder zu fördern. Der Unterricht müsse auf leistungsschwache Schüler Rücksicht nehmen, dem einzelnen Kind soll genügend Zeit und Aufmerksamkeit gewidmet werden. In der Realität geraten die beiden Prinzipien, nämlich den Schülern hohe Leistungen abzuverlangen, gleichzeitig aber auch die Schwächeren intensiv zu fördern, häufig in Konflikt. Befürworter des Leistungsprinzips befürchten eine Nivellierung des österreichischen Bildungsniveaus, Aussagen wie die eines Berliner Schulforschers, der meint, das Niveau werde gesenkt, „wenn die Spitze sich an den Langsamen orientieren muss"[13], sind in diesem Kreis keine Seltenheit. Moderne Formen des Analphabetismus oder die im internationalen Vergleich nicht gerade im Spitzenfeld liegenden mathematischen Leistungen österreichischer Jugendlicher werden als Ausdruck eines zunehmenden Leistungsverfalls gedeutet, Schuld daran trage klarerweise die Schule mit all jenen, die in ihr tätig sind[14]. Auf der anderen Seite werden nicht selten Stimmen laut, die behaupten,

---

[13] Lehmann, zitiert bei: Darnstädt, Start-up, S. 70
[14] Lehrer geraten heute ständig unter Kritik. Nicht nur mangelnde Ausbildung und wenig Engagement werden ihnen vorgeworfen, auch als Sündenbock für die oftmals nur mittelmäßigen Leistungen ihrer Schüler müssen sie herhalten. Dass sie daran zum Teil sicher nicht unschuldig sind, soll an dieser Stelle gar nicht bestritten werden, allerdings spielen viele weitere Faktoren ebenfalls eine wichtige Rolle. Die komplexen Zusammenhänge zwischen Gesellschaft, Schulorganisation und Leistungsniveau werden im Spiegel-Artikel „Horrortrip Schule" recht anschaulich geschildert. Die Deutschland-Bezogenheit der Darstellung kann dabei vernachlässigt werden, da die Situation in Österreich durchaus vergleichbar ist. (vgl. Per Hinrichs u.a.: Horrortrip Schule, in: Der Spiegel 46/2003, S. 46-68)

16

lernschwache Kinder, aber auch Kinder mit Verhaltensauffälligkeiten, würden in der Schule noch nicht genügend Aufmerksamkeit bekommen. Lehrer müssten sich verstärkt darum bemühen, gerade jene Schüler, die den Leistungsanforderungen nicht gerecht werden, besonders zu fördern und den Unterricht deren individuellen Bedürfnissen anzupassen. Dass es angesichts der hohen Klassenzahlen, aber auch des engen zeitlichen Rahmens, so gut wie unmöglich ist, beiden Seiten wirklich gerecht zu werden, ist klar – Aussicht auf eine baldige und befriedigende Lösung jedoch besteht auch in diesem Bereich nicht.

Abgesehen davon muss die Schule von heute immer mehr Funktionen übernehmen, die ursprünglich von anderen Subsystemen der Gesellschaft wahrgenommen wurden. So kann die Familie – früher Hauptträger der Erziehung und Sozialisation – ihren Aufgaben in der Gegenwart nur mehr zum Teil nachkommen. Dabei lernten Kinder noch bis weit ins 20. Jahrhundert hinein in erster Linie von ihren Eltern und Großeltern, wie sie sich ihrem Herkunftsmilieu entsprechend zu verhalten hätten. Die soziale Mobilität war gering, Eltern konnten ihre Kinder auf das spätere Leben und den Eintritt in die Arbeitswelt vorbereiten, da ihnen die zukünftigen Lebensverhältnisse ihrer Sprösslinge wohlbekannt waren. Nach dem Zweiten Weltkrieg jedoch begannen sich die alten Familienstrukturen aufzulösen, Ein- oder Zweikindfamilien wurden zur Regel. Eltern bringen immer weniger Zeit für ihre Kinder auf, oft sind beide berufstätig und auch die Zahl der Alleinerziehenden steigt. Mütter und Väter, die gestresst von einem Termin zum anderen hetzen, haben oftmals keine Zeit für die Fragen und Probleme ihrer Kinder, das familiäre Vertrauensverhältnis steht nicht selten auf recht wackeligen Beinen.[15] Familien ohne Väter nehmen zudem v.a. den Knaben die Möglichkcit, ihr Mannsein an einem Vorbild auszurichten.[16] Wen wundert es da, dass das außerfamiliäre Umfeld zunehmend mehr Einfluss auf die Kinder und Jugendlichen ausübt? Verstärkt wird diese Entwicklung durch den Mitte des 20. Jahrhunderts einsetzenden Trend in Richtung einer starken Individualisierung der Gesellschaft. Das soziale System wurde durchlässiger, der Arbeitersohn konnte nun durchaus ein Studium absolvieren und als Rechtsanwalt Karriere machen. Unter diesen Umständen fühlt sich die Familie zunehmend in ihrer Funktion als Sozialisationsinstanz und Orientierungshilfe überfordert, die Ein-

---

[15] Kompensieren wollen viele Eltern die fehlende Zeit und Zuwendung durch materielle Großzügigkeit. Dass dadurch mehr Schlechtes als Gutes bewirkt wird, ist heute allgemein bekannt. Genau so fatal aber handeln jene Eltern, die ihre Kinder über das normale Maß hinaus behüten und ihnen alle Hindernisse aus dem Weg räumen. In der Schule nämlich neigen solche Kinder, denen ja auch daheim nichts abverlangt wird, nicht selten zu Leistungsverweigerung und aggressivem Verhalten. (vgl. Nikolaus von Festenberg u.a.: Kult ums Kind, in: Der Spiegel 33/2000, S. 102-112)

[16] Dass diese Problematik zunehmend auf das Verhalten und die Leistung männlicher Jugendlicher in Schule und Unterricht ausstrahlt, zeigt Katja Thimm auf. (vgl. Katja Thimm: Angeknackste Helden, in: Der Spiegel 21/2004, S. 82-95)

passung des Nachwuchses in die Gesellschaft muss immer mehr von staatlicher Seite übernommen werden, den – scheinbar – idealen Ort dafür bildet die Schule. Aber auch hier lauert wieder die große Unsicherheit: In welche Richtung soll die schulische Erziehung der Kinder gehen? Wann und in welchem Umfang soll diese einsetzen? Welche Mittel sollen erlaubt sein, welche sind geeignet? Und – vor allem – wozu sollen die Schüler überhaupt erzogen werden? Will man diese Fragen beantworten, verheddert man sich unwillkürlich in einem weiteren Netz aus Widersprüchen. Bezogen auf den späteren Beruf sollen Schüler einfach „funktionieren", sie sollen gesellschaftliche Tugenden wie Pünktlichkeit und Verlässlichkeit erlernt haben, sich unterzuordnen wissen und mit anderen im Team arbeiten können. Zugleich aber verlangt man von ihnen Originalität, Durchsetzungsvermögen, Esprit und Vitalität. Einerseits sind die gesellschaftlichen Regeln heute zum Teil so hart wie nie zuvor, andererseits zeigt die Öffentlichkeit in bestimmten Bereichen eine noch nicht da gewesene Offenheit. Wurde früher ein Problemschüler leichtfertig als „verhaltensgestört" gebrandmarkt, so gilt dieser heute als „verhaltensoriginell" und nimmt im späteren Leben vielleicht höhere Positionen ein als sein angepasster und strebsamer Mitschüler. Andererseits kann die Lage aber auch eskalieren, zunehmende Gewaltbereitschaft unter Jugendlichen, Respektlosigkeiten gegenüber Autoritäten sowie das Abdriften in die kriminelle Sphäre füllen immer häufiger die Schlagzeilen. Äußerliche Einflüsse lassen Erziehung oftmals als eine unlösbare Aufgabe erscheinen, was vor zehn Jahren bezogen auf die Familie gesagt wurde, trifft heute auch auf den Bereich der Schule zu: „Sie soll der Gesellschaft einerseits ehrgeizige und andererseits rücksichtsvolle Zeitgenossen übergeben, sie soll zur Begrenzung erziehen, wo der Konsumismus Schrankenlosigkeit predigt, sie soll feste Bindungen bereitstellen, wo die kalte Schönheit der Bindungslosigkeit die mediale Welt beherrscht. Sie soll Reife erzeugen, wo die Arbeitswelt den Kult ewiger Jugendlichkeit feiert, und geistige Neugierde wecken, so der Bildungsstrom des Fernsehens jedes Geheimnis ertränkt."[17] Einen möglichen Ausweg aus dieser Situation erhofft man sich immer häufiger von einer Rückbesinnung auf Althergebrachtes. Es wird wieder über alte Werte diskutiert, Pflichtbewusstsein, Hilfsbereitschaft, Fleiß, Anstand, Verlässlichkeit, Höflichkeit usw. haben den unangenehmen Beigeschmack, den sie mit dem Aufkommen der 68er-Bewegung angenommen hatten, wieder verloren.[18] Benimmkurse und Verhaltensratgeber gewinnen an Attraktivität, Strenge und Disziplin sind nicht mehr verpönt. Nicht selten kommt die Rede auf die Grenzen, welche heutige Kinder in der Erziehung so dringend brauchen würden, nicht wenige Eltern und Lehrer verlassen ihre Position als Kumpel und schlüpfen wieder in die Rolle der Autori-

---

[17] o.A.: Familie in der Falle, in: Der Spiegel 9/1995, S. 40-66; hier: S. 48
[18] Einen historischen Überblick über den Umgang mit Sitte und Tugend sowie Beispiele für die heutige Rückbesinnung bieten Susanne Beyer und ihren Kollegen. (vgl. Susanne Beyer u.a.: Nobel statt Nabel, in: Der Spiegel 28/2003, S. 124-137)

tätsperson. Andere hingegen halten nach wie vor an bestimmten Elementen der Laissez-faire-Erziehung fest. Wirkliche Erfolge sind – darüber ist man sich heute weitgehend einig – wahrscheinlich nur durch eine gelungen Mischung beider Erziehungsformen erzielbar. Aber auch hier bleibt die Frage offen, wie eine derartige Mischung wohl beschaffen sein müsste.

Generell fällt es der heutigen Schule nicht nur schwer, Schülern bleibende demokratische Werte sowie gewisse Grundformen des Zusammenlebens, zugleich aber auch ein notwendiges Maß an Egoismus und alle Talente eines zukünftigen „Showmans" beizubringen, sie muss es auch noch mit dem immer stärker werdenden Einfluss Gleichaltriger aufnehmen. Die so genannten peer-groups, also Cliquen von gleichaltrigen Jugendlichen, üben einen nicht zu unterschätzenden Einfluss auf den Einzelnen aus, nicht nur der gemeinsame Musikgeschmack oder ähnlicher Kleidungsstil halten die Gruppenmitglieder zusammen, auch Moralvorstellungen und Wertigkeiten werden übernommen. In ihrer Bedeutung als Sozialisationsinstanz verdrängen die peer-groups Familie und Schule immer mehr aus deren führenden Position.[19] Gleichzeitig aber bildet gerade die Schule jenen Ort, an dem sich Gleichaltrige als Gruppe zusammenfinden können. Bekanntschaften werden hier geschlossen, die täglich miteinander verbrachte Zeit lässt Gemeinschaften entstehen, die auch auf den Bereich der Freizeit ausstrahlen. Ein wirkliches Zusammengehörigkeitsgefühl, das mit dem Ausdruck „Generationsgeist" umschrieben werden könnte, bildet sich nun einmal nur dort, wo Kinder und Jugendliche die Möglichkeit haben, sich mit Gleichaltrigen auszutauschen, Gemeinsamkeiten zu entdecken, diese demonstrativ zu präsentieren und sich zugleich von anderen Altersgruppen eindeutig abzugrenzen. Genau dafür bietet Schule heute mit ihrer altershomogenen Klassenstruktur die notwendigen Voraussetzungen. Während früher derartige „Generationen" nur schwach ausgebildet waren, nahm die Abgrenzung Jugendlicher von jüngeren und älteren Menschen sukzessive zu, sodass sich heute oft schon die einzelnen Jahrgänge an einer Schule durch ihre Alltagskultur stark unterscheiden. Erst in einer solchen Umgebung konnten Jugendzeitschriften wie „Bravo" oder Fernsehserien wie „Beverly Hills" ihre großen Erfolge feiern, boten sie doch genügend Identifikationsmaterial für ganze Generationen. In Zukunft wird die Bedeutung von Schule für die sozialen Kontakte von Kindern und Jugendlichen angesichts des Wandels der Familienstrukturen, aber auch des Rückgangs der nachbarschaftlichen

---

[19] Auf Deutschland bezogen waren in den 60er-Jahren erst 16 Prozent, in den 80er-Jahren hingegen schon 60 Prozent der Jugendlichen in eine Clique von Gleichaltrigen eingebunden. In Österreich dürfte eine ähnlich starke Zunahme stattgefunden haben. (vgl. Nikolaus von Festenberg u.a.: Narziss und Schmollmund, in: Der Spiegel 22/2001, S. 114-124; hier: S. 118) Manche Psychologen schließen aus dieser Entwicklung sogar, dass Eltern kaum Einfluss auf den Charakter ihrer Kinder haben, da dieser entweder von den Genen, oder aber von gleichaltrigen Freunden bestimmt werde. Diese These ist jedoch unter Wissenschaftlern sehr umstritten. (vgl. Alexandra Rigos: „Eltern sind austauschbar", in: Der Spiegel 47/1998, S. 110-135)

Beziehungen im Wohnbereich wohl noch zunehmen. Auch hier soll – so die Forderung von Staat und Gesellschaft – Schule lenkend eingreifen. Dass aber tatsächlich von schulischer Seite gezielt Einfluss auf die Haltung von Jugendlichen genommen werden kann, erscheint mehr als zweifelhaft.

Abschließend soll noch eine weitere Entwicklung Erwähnung finden, mit der sich die österreichische Schule seit der ersten Gastarbeiterwelle in den 70er-Jahren zunehmend konfrontiert sieht: Die Zusammensetzung v.a. der städtischen Schülerschaft weist einen starken Trend hin zur Internationalisierung auf, immer mehr Kulturen tummeln sich auf engem Raum. Damit einher gehen einerseits sprachliche Schwierigkeiten, sodass die Wissensvermittlung v.a. an den städtischen Hauptschulen, die einen hohen Ausländeranteil aufweisen, hinter dem Erlernen der deutschen Sprache zurückbleibt. Andererseits stoßen nicht selten zwei kulturell völlig unterschiedlich orientierte Welten aneinander, Konflikte bleiben dabei nicht aus. Diese können extreme Formen annehmen, man denke nur an den Kopftuchstreit oder an die Debatte über das Kreuz im Klassenzimmer. Angesichts der zunehmenden globalen Mobilität wird Schule in Zukunft wohl eine gewisse Sensibilität und funktionierende Strategien entwickeln müssen, um auch mit heiklen Situationen in den multikulturellen Klassenzimmern zu Recht zu kommen.

Insgesamt nahm und nimmt Schule trotz all ihrer Schwachstellen im 20. Jahrhundert einen wichtigen Stellenwert im Leben junger Menschen ein. Der Schulbesuch strukturiert den Tagesablauf, er ermöglicht es, Kontakte zu Gleichaltrigen zu knüpfen und sich auf dem Weg ins Erwachsensein schrittweise von der Familie zu lösen. Gleichzeitig aber bietet Schule auch Sicherheit, tägliche Rituale gewährleisten eine gewisse Beständigkeit, Lehrer können fehlende Vorbilder im privaten Bereich ersetzen. Schule und Unterricht schaffen die Voraussetzungen für den Eintritt in die Arbeitswelt, nicht nur der Erwerb von Wissen, sondern auch das Einüben des sozialen Miteinanders bereiten auf das selbständige Leben vor. Ganz allgemein kann das Durchgangsstadium der Schulzeit sicherlich zu den wichtigsten und prägendsten Abschnitten im Leben eines jeden Menschen gezählt werden.

Diese große Bedeutung, die der Institution Schule zukommt, gab für mich den Ausschlag, das tagtägliche Geschehen in den Klassenzimmern einer näheren Untersuchung zu unterziehen. Als angehende Lehrerin galt mein Interesse dabei v.a. dem Beziehungsfeld Schüler-Lehrer-Eltern, welches jedoch – will man einen umfassenden Eindruck gewinnen – nicht losgelöst von den politischen und gesellschaftlichen Gegebenheiten sowie den verschiedenen Ausprägungen von Schulkultur im Alltag betrachtet werden kann. Der Tatsache, dass die momentane Situation an den österreichischen Schulen nur als Ergebnis eines langen historischen Prozesses zustande kommen konnte, soll durch den Vergleich mit dem Zeitraum der Ersten Republik genüge getan werden. Durch die Miteinbeziehung all dieser Komponenten entstand ein – meiner Meinung nach – doch recht umfassendes Bild des Lehrer-Schüler-Verhältnisses und dessen Wandels im Lauf der Zeit. Dieses soll im Folgenden eine ausführliche Darstellung finden.

Zur vorliegenden Arbeit

Die vorliegende Arbeit befasst sich – wie der Titel schon sagt – mit dem Lehrer-Schüler-Verhältnis in den österreichischen Schulen, bezogen auf den Zeitraum der Ersten und Zweiten Republik. Darüber hinausgehend erschien es jedoch notwendig, das enge Feld der eigentlichen Lehrer-Schüler-Beziehung zu verlassen und andere Bereiche, wie etwa Schulkultur und Disziplin, in die Darstellung mit einzubeziehen bzw. überhaupt den äußeren Rahmen von Schule und dessen Veränderungen im Laufe der Zeit aufzuzeigen. Entsprechend gliedert sich die Arbeit in zwei große Teilbereiche.

Der erste Teil befasst sich mit der österreichischen Schulpolitik in der Ersten und Zweiten Republik. Neben den wichtigsten gesetzlichen Regelungen wird hier v.a. der Standpunkt der verschiedenen Parteien und der ihr nahe stehenden Organisationen, besonders jener der Kirche, vorgestellt. Gerade aus den entgegen gesetzten Meinungen nämlich hat die Schulpolitik der Ersten Republik ihre Dynamik entwickelt, wohingegen nach dem Zweiten Weltkrieg der angestrebte Kompromiss im Vordergrund stand. Heute driften die Haltungen der Parteien in punkto Schulpolitik wieder weiter auseinander, was angesichts der zumindest teilweisen Abschaffung der für Schulgesetze notwendigen Zweidrittelmehrheit im Parlament wohl nicht ohne Auswirkungen auf die gesetzlichen Regelungen des Schulbereichs bleiben wird. Neben dem rein schulpolitischen Bereich sollen außerdem auch allgemein politische, wirtschaftliche und gesellschaftliche Entwicklungen und ihre Auswirkungen auf die Bildungspolitik behandelt werden. Immerhin waren es nicht zuletzt diese Faktoren, die die eigentliche Umsetzung schulpolitischer Maßnahmen in den Klassenzimmern förderten, behinderten oder aber recht einseitig in eine bestimmte Richtung lenkten.

Den eigentlichen Kern der Arbeit bildet der zweite Teil. Dieser befasst sich mit dem Schulalltag in der Form, wie dieser von den unmittelbar Betroffenen erlebt wurde. Ausgangspunkt hierfür bilden schriftliche und mündliche Berichte ehemaliger Schüler und Lehrer, in welchen diese ihre Erlebnisse und Erfahrungen aus der eigenen Schul- bzw. Dienstzeit schildern und zudem die jetzige Situation – meist im Vergleich zur einstigen – kritisch beurteilen. Ausgehend von den einzelnen Berichten soll analysiert werden, inwieweit Entscheidungen, die auf oberster Ebene getroffen wurden, tatsächlich das schulische Leben beeinflussten und ob dies den Betroffenen überhaupt bewusst war. Zudem wird der Frage nachgegangen, ob und wenn ja welche Veränderungen es im Erleben von Schule gegeben hat und wovon diese abhingen.

Die Untersuchungen beziehen sich auf fünf Bereiche, die sodann wiederum untergliedert wurden. Das erste dieser Kapitel beschäftigt sich mit der Bedeutung von Schule im gesellschaftlichen Zusammenhang. Dabei wird zuerst einmal aufgezeigt, welche Bedeutung Schule für den einzelnen Schüler haben konnte und wie sich die Wertschätzung des Gelernten mit zunehmender Lebenserfahrung relativierte. Breiter Raum wird sodann dem gesellschaftlichen Wandel und im Besonderen der Änderung der Familienstrukturen und des Umgangs mit Medien eingeräumt, wobei natürlich wieder die Auswirkungen auf den Schulbereich im Vordergrund stehen. Sodann wird untersucht, wie Auslese und Leistungsfunktion in den Berichten thematisiert werden und welchen Einfluss schulische Erziehung in ihren vielen Formen auf das Leben einzelner nahm. Den Abschluss des ersten Kapitels bildet schließlich eine Darstellung der Überlappung zweier großer gesellschaftlicher Bereiche, nämlich Religion und Politik, mit dem Feld Schule und Unterricht.

Den eigentlichen Rahmen des Lehrer-Schüler-Verhältnisses bilden all jene Dinge, die im zweiten Kapitel unter dem Überbegriff „Schulkultur" zusammengefasst wurden. Dazu zählen neben Organisation und Struktur von Schule die Architektur von Schulgebäuden sowie die Einrichtung und Ausstattung der Klassenzimmer. In engem Zusammenhang dazu stehen Lehr- und Lernmittel, die sich sowohl in ihrer Quantität als auch in Bezug auf die Qualität im Laufe der Zeit deutlich gewandelt haben. Blickt man ein wenig über die Schulhäuser und -höfe hinaus, so stößt man auf den Schulweg als einen wichtigen Teil des alltäglichen Erlebens von Schule. Die dort gemachten Erfahrungen ähneln in vielem jenen, die Kinder und Jugendliche in den Unterrichtspausen sammelten – ein Bereich, dem ebenfalls ein kurzer Abschnitt gewidmet ist. Schlussendlich sollen auch noch Veranstaltungen zur Sprache kommen, die den ganz normalen Schulalltag ein wenig auflockerten und die Lehrer-Schüler-Beziehung meist recht positiv beeinflussten, nämlich Schulfeiern und Schulausflüge.

Relativ umfangreich ist das dritte Kapitel, welches ganz allgemein den Titel „Lehrerbilder" trägt. Wie schon der Name sagt, geht es darin um die Bilder, die sich Schüler von ihren Lehrern machten, wobei sich deutliche Unterschiede in der Sichtweise von Männern und Frauen erkennen lassen. Abgesehen davon wird die oftmals verwendete Kategorisierung der Lehrerschaft in „gute" und „schlechte" Lehrer angesprochen sowie den dieser Einteilung zu Grunde liegenden Merkmalen und Charaktereigenschaften nachgegangen. Persönliche Erfahrungen im Umgang mit einzelnen Lehrern, die oftmals das subjektive Bild des Betreffenden vom ganzen Berufsstand prägten, bilden den Abschluss dieses Abschnitts. Dem folgt eine Darstellung der verschiedenen Selbstbilder, die Lehrer von sich haben. Dabei wird nicht nur nachgefragt, welche Ideale Lehrer anstrebten, sondern auch, wie sie diese zu verwirklichen suchten und welche Erfahrungen ihnen davon in guter Erinnerung blieben. Auch Vor- und Nachteile der Zusammenarbeit mit den Kollegen kommen zur Sprache. Ein topaktuelles Thema, das heute nicht selten durch die Medien geistert, ist das Ansehen von Lehrern in der Gesellschaft. Dieses war – wie sich zeigen wird – einem enormen Wandel unterworfen, der beim nahezu allmächtigen Dorfschullehrer seinen Ausgang nahm und im gestressten, vom Burn-Out bedrohten Hauptschullehrer der Gegenwart seinen vorläufigen Endpunkt fand. Dass es dabei aber bis heute viele Zwischennuancen gab und gibt, wird rasch an Hand der Berichte deutlich werden.

Nach der genauen Beleuchtung der Lehrerrolle erfolgt schließlich im vierten Kapitel die Auseinandersetzung mit dem Beziehungsfeld Schüler-Lehrer-Eltern. Da die sozialen Beziehungen im schulischen Bereich extrem vielschichtig und kompliziert sind, wurden die Ausführungen auf die drei wichtigsten Konstellationen beschränkt. Im ersten Teil geht es um das Verhältnis der Schüler untereinander. Neben der sozialen Zusammensetzung und dem Klassenklima kommen das Verhältnis zwischen Burschen und Mädchen sowie der Umgang mit besonderen Schülern – seien dies nun Klassenbeste, Sitzenbleiber oder ungeliebte Außenseiter – zur Sprache. Recht vielseitig gestaltete sich auch das Verhältnis zwischen Schülern und Lehrern. In diesem Zusammenhang wurde ausgehend von der gegenseitigen Anrede das Zusammenspiel zwischen Lehrkräften und Schülern in Abhängigkeit von der Unterrichtsform untersucht, zudem werden Konfliktsituationen und empfundene Ungerechtigkeiten, aber auch problemlos funktionierende und zuweilen sogar als sehr bereichernd erlebte Lehrer-Schüler-Beziehungen vorgestellt. Dem Privaten in der Lehrer-Schüler-Beziehung ist ebenso wie dem Umgang mit Sexualität ein eigener Abschnitt gewidmet, den Schluss der Darstellung bildet die Antwort auf die Frage, unter welchen Umständen Schüler und Lehrer auch nach der Schule noch miteinander in Kontakt blieben und was dies für den Einzelnen bedeutete. Der dritte Teil schließlich befasst sich mit den Eltern und deren Bezug zur Schule. Die Eltern üben durch die Schulwahl entscheidenden Einfluss auf das schulische Erleben ihrer Kinder aus, zudem können sie durch ihre persönliche Haltung, gezeigtes Interesse und Hilfe bei schulischen Dingen aktiv die Einstellung und Motivation ihrer Sprösslinge mitprägen. Dass der Schuleintritt häufig die erste zeitlich länger dauernde Trennung von Eltern und Kind bedeutet und entsprechende Konsequenzen nach sich ziehen kann, wird ebenfalls thematisiert. Schließlich wird noch das Verhältnis Eltern-Lehrer näher beleuchtet – ein Bereich, in dem sich ein ähnlich starker Wandel vollzogen hat wie hinsichtlich des Lehrerbildes der Gesellschaft.

Einem kurzen Exkurs über das Leben im Internat folgt schließlich das fünfte und letzte Kapitel des Hauptteils. Dieses befasst sich mit den verschiedenen Formen und der unterschiedlichen Handhabung von Disziplin. Ausgehend von der sich im Lauf der Zeit ebenfalls recht stark ändernden Erziehung im Elternhaus stehen der Einsatz und die Wirkung von Strafen als Disziplinierungsmittel im Zentrum des Interesses. Dass auch Prüfungen, Noten und Lob durchaus als disziplinierende Maßnahmen eingesetzt werden können, geht aus dem nächsten Abschnitt hervor. Zu guter Letzt kommt die Sprache noch auf Lehrer mit Disziplinproblemen. Dabei reicht der Reigen von harmlosen Streichen über zermürbende, ständig schwelende Konflikte zwischen einer Klasse und bestimmten Lehrern bis hin zu Lehrern, die keinen anderen Ausweg mehr sehen als den Selbstmord. Zwischen die beiden Hauptteile der Arbeit wurde ein kurzer Bildteil mit Fotos aus der Ersten und Zweiten Republik, in denen Momente des schulischen Lebens festgehalten wurden, eingefügt. Die Aufnahmen sollen die Ausführungen zu den verschiedenen Themenbereichen nicht nur illustrieren, sie sollen darüber hinausgehend den Eindruck von Schulerfahrung und Schulerleben, der durch die Berichte vermittelt wird, bestärken und durch ihre Vielfalt das Bild vom gar nicht so grauen Schulalltag abrunden.

Da die Methode der Informationsbeschaffung sowie der Umgang mit dem gewonnenen Datenmaterial stets das Ergebnis einer wissenschaftlichen Arbeit beeinflussen, soll am Ende dieser Einleitung noch die von mir gewählte Vorgehensweise erörtert werden. Wie bereits angesprochen bildet der zweite Teil der Arbeit den zentralen Kern der Ausführungen. Dabei steht die Darstellung ganz im Zeichen der „Geschichte von unten". Es geht also nicht darum, große politische, gesellschaftliche oder wirtschaftliche Entwicklungslinien nachzuzeichnen und zu erörtern. Viel mehr soll untersucht werden, ob einschneidende Ereignisse sowie Entscheidungen, die auf offizieller Ebene getroffen wurden, die alltägliche Erfahrungswelt einzelner Menschen – besonders bezogen auf den Bereich Schule – beeinflussten und wenn ja, in welcher Weise dies geschehen konnte. Grundlage hierfür bilden insgesamt 46 Berichte ehemaliger Schüler und Lehrer, auf deren Zustandekommen nun kurz eingegangen werden soll.

Geplant war ursprünglich, Personen verschiedenen Alters sowie unterschiedlicher Herkunftsmilieus darum zu bitten, ihre Erinnerungen an die Schulzeit sowie ihre persönliche Sichtweise der momentanen Situation von Schule schriftlich niederzulegen. Dabei traten jedoch rasch zwei wesentliche Schwierigkeiten auf. Zum einen konnten sich viele ältere Menschen, deren Schulzeit schon Jahrzehnte zurückliegt, von sich aus an viele Dinge nicht mehr erinnern, v.a. Bilder alltäglicher, zur Routine gewordener Strukturen und Tätigkeiten waren im Laufe der Zeit immer mehr verblasst. Allerdings zeigte sich, dass vieles, was schon vergessen erschien, wieder ins Gedächtnis zurückkehrte, wenn von Außen entsprechende Anregungen kamen – seien dies nun gezielte Fragen, die Schilderung eigener Erlebnisse oder das gemeinsame Betrachten alter Fotos. Zum anderen wollten (oder konnten) v.a. ältere Leute ihre Erfahrungen nicht in schriftlicher Form festhalten, zeigten sich aber durchaus bereit, von ihrer Schulzeit im Rahmen eines Gespräches zu erzählen.

Für die Lösung des ersten Problems entwickelte ich daraufhin eine Reihe von Impulsfragen, die sich auf verschiedene Themengebiete des schulischen Erlebens bezogen. Diese sollten in erster Linie dazu dienen, den Berichtverfassern

Denkanstöße zu geben und schon verloren geglaubte Erinnerungen wieder wachzurütteln. Auf diese Weise bildeten sie eine Grundlage, auf der – unabhängig von den Fragen – eine Schilderung der eigenen Erlebnisse und Haltungen stattfinden konnte. In einem einleitenden Teil, der den Impulsfragen voranging, wurden die ehemaligen Schüler und Lehrer noch einmal genau über das Thema der Arbeit, aber auch über die Art der Verwendung ihrer Berichte informiert. Zudem äußerte ich die Bitte, persönliche Fotos aus der Schulzeit kopieren und in die Arbeit einbauen zu dürfen.

Jenen (v.a. älteren) Menschen, die ihre Berichte nicht in schriftlicher Form verfassen wollten bzw. konnten, bot ich die Gelegenheit, mir im Rahmen eines Gespräches, das ich digital aufzeichnete, ihre Erlebnisse und Erfahrungen zu schildern. Dabei war es mir wichtig, dass die Gesprächspartner möglichst frei erzählten, geriet der Erzählfluss aber ins Stocken, so wurde dieser durch gezielte Fragen, die sich an den Impulsfragen orientierten, wieder angeregt. Die Transkripte der mit Hilfe eines Diktiergerätes aufgenommenen Gespräche flossen gleichwertig mit den schriftlichen Berichten in die hier vorliegende Arbeit ein.

Auf diese Weise kamen 46 Berichte zustande. Davon wurden 29 schriftlich verfasst, ein weiterer auf Tonband gesprochen und von mir transkribiert, zwölf beruhen auf Gesprächen und die verbleibenden vier stellen eine Kombination aus Transkript und schriftlichem Bericht dar. Unter den Berichtverfassern befinden sich 31 Frauen, d.h. gut zwei Drittel der Autoren bzw. Gesprächspartner sind weiblich. Insgesamt haben elf Personen keinen über die Volksschuloberstufe hinausgehenden Schulabschluss, 20 besuchten ausschließlich ländliche Schulen, acht verbrachten ihre ganze Schulzeit in der Stadt, die verbleibenden 18 absolvierten in der Regel die Volks- und ev. auch noch die Hauptschule am Land, gingen dann aber in eine weiterführende städtische Schule. 15 der ehemaligen Schüler ergriffen den Lehrberuf, davon sind heute noch drei aktiv. Zwei Frauen waren zum Zeitpunkt der Berichtverfassung noch Studtentinnen, arbeiten inzwischen aber bereits als Lehrerinnen. Die älteste Person, die von ihrer Schulzeit erzählte, wurde 1908 geboren, die jüngste 1983. Besonders viele Berichte gibt es von Personen, die zwischen 1916 und 1928 auf die Welt kamen, aber auch sonst konnten alle Jahrgänge mit Ausnahme der in den 70er-Jahren Geborenen zumindest mit einigen beispielhaften Schilderungen abgedeckt werden.

Die Berichte selbst fielen recht unterschiedlich aus. Neben seitenlangen, recht detaillierten Schilderungen gibt es kurze und auf das Notwendigste beschränkte Darstellungen; während die einen v.a. auf Organisatorisches und alltägliche Muster eingingen, berichteten andere von sehr persönlichen Gefühlen und Einschätzungen. Manche Personen beantworteten – obwohl dies nicht so vorgesehen war – die Impulsfragen Punkt für Punkt, andere schrieben einfach das auf, was ihnen noch in Erinnerung war, wobei auch etliche außerschulische Dinge in die Schilderungen einflossen. Ähnlich war die Situation während der Gespräche. Hier gab es ebenfalls Menschen, die frei von der Leber weg sprachen und in ihrer Erzählfreudigkeit kaum mehr zu stoppen waren, wohingegen andere nur sehr knapp auf meine Fragen antworteten. Diese Verschiedenartigkeit ist jedoch – wie ich glaube – viel mehr als Vor- denn als Nachteil anzusehen, denn gerade sie bringt jene Vielschichtigkeit hervor, die notwendig ist, um ein umfassendes Bild des Schulalltags entwerfen zu können.

Für die Arbeit wurden all diese Berichte sorgfältig analysiert. Dabei wurden die einzelnen Passagen jeweils einem der fünf Bereiche „Gesellschaftliche Bedeutung von Schule", „Schulkultur", „Lehrer(selbst)bilder", „Beziehungsfeld Schüler-Lehrer-Eltern" oder „Disziplin" zugeordnet. Diese Unterteilung wurde in weiterer Folge als Gliederung für die Arbeit übernommen. Generell war es mir bei der Arbeit mit den Berichten ein großes Anliegen, in allen Kapiteln möglichst viele ehemalige Schüler und Lehrer zu Wort kommen zu lassen und auf diese Weise ein vielseitiges Bild des Schulalltags zu entwerfen. Traten dabei deutlich erkennbare Unterschiede im Erleben verschiedener Gruppen (Frauen – Männer, Erste Republik – Zweite Republik, Stadt – Land usw.) auf, so wird im Text explizit darauf hingewiesen. Aber auch in Fällen, wo sich keine eindeutigen Tendenzen abzeichnen, weil es sich z.B. um sehr persönliche Erlebnisse handelt, die nicht verallgemeinert werden können, wurde auf den Einbau möglichst vieler Text- und Gesprächsausschnitte geachtet. Denn Schule existiert nie als Ganzes, sie setzt sich zusammen aus eigenständig handelnden und denkenden Individuen und die daraus entstehende Vielfalt spricht ja gerade aus den recht subjektiven Erfahrungen und Einschätzungen.

Zitate aus den Berichten und Transkripten wurden in der Regel wortwörtlich übernommen. Eine Ausnahme hiervon bildeten einzelne mündliche Berichte, in denen zum Teil leichte Veränderungen zu Gunsten besserer Lesbarkeit vorgenommen wurden. Diese beschränken sich jedoch darauf, Lückenfüller wie „ähm" oder „mhm" wegzulassen, unvollständige Sätze (die in der gesprochenen Sprache ja häufig vorkommen) zu vervollständigen bzw. Wiederholungen wegzulassen und Mundartausdrücke ins Schriftdeutsch zu übersetzen. In den schriftlichen Berichten wurden lediglich die Rechtschreibung der neuen Regelung angepasst und eventuelle Grammatik- oder grobe Rechtschreibfehler korrigiert. Zudem wurde, um die Anonymität von in den Berichten genannten Personen zu wahren, deren Nachname stets durch XY ersetzt. Bei all diesen Änderungen wurde aber immer darauf geachtet, dass Stil und Wortwahl der jeweiligen Person noch klar erkennbar blieben und somit die Authentizität der Berichte gewahrt wurde. Zitate werden jeweils durch Anführungszeichen ausgewiesen, in der Fußnote finden sich normalerweise Name, Geburtsjahr und Beruf des entsprechenden Autors bzw. Gesprächspartners. Bei jenen Berichtverfassern, die nicht mit Namen genannt werden wollten, findet sich anstelle des Namens lediglich ein Hinweis auf das Geschlecht. Da sich daraus in einem Fall für zwei Personen dieselbe Nennung ergab (Frau, geb. 1981, Studentin), es mir aber wichtig erscheint, die Schilderungen sehr wohl als zwei unterschiedliche Erfahrungsberichte zu kennzeichnen, wurden die Zitate einer der beiden Frauen jeweils mit einem * versehen.

Schließlich muss noch eines bemerkt werden: Aus Gründen der besseren Lesbarkeit wurde im Text (mit Ausnahme direkter Zitate), wenn von bestimmten Personengruppen die Rede ist, stets die männliche Form verwendet (etwa Schüler statt Schüler/innen). Selbstverständlich sind damit auch immer die weiblichen Personen mit angesprochen.

Insgesamt – so hoffe und glaube ich – konnten die Fragmente der einzelnen Berichte zu einem aussagekräftigen Bild des Geschehens in den Klassenzimmern der Ersten und Zweiten Republik zusammengefügt werden. Freilich kann hier niemals der Anspruch auf Vollständigkeit oder Ausschließlichkeit gestellt werden. Zum einen hatte ja jeder einzelne Schüler lediglich einen recht beengten Blickwinkel, der sich auf Erlebnisse und Erfahrungen in der eigenen Schule beschränkte. Zum anderen müssen auch in dieser Arbeit die Probleme, die im Zusammenhang mit biografischer Forschung[20] auftreten können, Berücksichtigung finden. So arbeitet das menschliche Gedächtnis selektiv, frühe Erinnerungen werden durch spätere Lebenserfahrungen gefärbt, manche überhaupt vergessen. Zudem hängt die Auswahl dessen, was jemand über sein Leben erzählt, immer auch davon ab, wem und zu welchem Zweck er berichtet. Die Aussicht, seine Erinnerungen in einem vielen Menschen zugänglichen Buch niedergeschrieben zu finden, kann sicherlich jemanden dazu veranlassen, negative oder unangenehme Erlebnisse zu verschweigen bzw. umzudeuten oder aber sie überzubewerten und als besonders drastisch darzustellen. Generell gilt, dass außergewöhnliche Ereignisse gerne und ausführlich geschildert werden, wohingegen alltägliche Handlungen keine oder nur eine überblicksartige Erwähnung erfahren. All diese Schwierigkeiten sind nicht wegzuleugnen – es wird wohl nie möglich sein, auf Basis autobiografischer Schilderungen ein „wahres" und vollständiges Bild geschichtlicher Zustände zu rekonstruieren. Mit genügend Vorsicht behandelt jedoch können biografische Materialien – und zu diesen zählen die vorliegenden 46 Berichte – durchaus als aufschlussreiche Quelle für die Geschichtswissenschaft dienen und zur Entwicklung neuer Sichtweisen bzw. zur Untersuchung bisher wenig bekannter Teilbereiche beitragen. Ein derartiger Versuch wurde in der hier vorliegenden Arbeit unternommen.

---

[20] Diese finden u.a. in folgenden Werken ausführliche Erörterung: Werner Fuchs: Biographische Forschung. Eine Einführung in Praxis und Methoden, Opladen 1984; Albrecht Lehmann: Erzählstruktur und Lebenslauf. Autobiographische Untersuchungen, Frankfurt am Main 1983

TEIL 1

DIE ÖSTERREICHISCHE SCHULPOLITIK VOR UND NACH DEM ZWEITEN WELTKRIEG

In diesem Kapitel sollen wichtige Schritte der Schul- und Bildungspolitik der Ersten Republik, des „Ständestaates" und der Zweiten Republik aufgezeigt werden. Abhängig von den jeweiligen politischen, gesellschaftlichen und wirtschaftlichen Voraussetzungen sowie von den Machtverhältnissen der verschiedenen Parteien gestaltete sich diese sehr vielfältig. Während in den ersten Jahren der Ersten Republik ganz klar der Weg einer Schulreform beschritten wurde, traten in der Zeit der bürgerlichen Regierungen konservative Tendenzen wieder in den Vordergrund. Die Schulpolitik dieser Zeit war geprägt vom Gegensatz der beiden Großparteien. Trotzdem konnten wichtige Kompromisse im Bereich des Grund- und Mittelschulwesens erzielt werden. Viele Verbesserungen, die in der Ersten Republik durchgeführt oder zumindest eingeleitet werden konnten, fielen dann dem autoritären Kurs des „Ständestaates" zum Opfer. Nach dem Zweiten Weltkrieg wurde auf das Schulwesen, wie es 1933 bestanden hatte, aufgebaut. Auch weiterhin waren die beiden Großparteien in vielen Bereichen unterschiedlicher Ansicht, im Gegensatz zur Ersten Republik eskalierte die Lage aber nicht. Viel mehr zeigten beide Lager große Kompromissbereitschaft, eine funktionierende Bildungspartnerschaft konnte sich etablieren. Momentan ist das vorübergehend beinahe erstarrte Feld der Bildungspolitik wieder in Bewegung geraten und lässt auf weitere Reformen hoffen.

Die – zugegebener Maßen recht ausführliche – Darstellung dieser Entwicklung bildet die Basis für den zweiten Teil der Arbeit, in dem die Sozialbeziehungen zwischen Lehrern, Schülern und Eltern im Zentrum der Betrachtung stehen. Meine Absicht ist es, durch die Schilderung der auf oberster Ebene betriebenen Politik ein tieferes Verständnis der Vorgänge im Kleinen zu wecken. Zudem soll ja in der vorliegenden Arbeit auch untersucht werden, welchen Einfluss schulpolitische Maßnahmen auf die Erlebniswelt des Einzelnen nehmen. Dafür erscheint es ebenfalls notwendig, diese einer genaueren Darlegung zu unterziehen. Durch die überblicksartige Darstellung der großen politischen Ereignisse, aber auch der jeweiligen wirtschaftlichen und sozialen Situation Österreichs und seiner Bevölkerung sollen bestimmte Aspekte mancher Zeitzeugenberichte (Armut, Umgang mit neuen Medien etc.) in einen größeren Zusammenhang gestellt werden.

Da aber trotz alledem eine bis ins kleinste Detail gehende Beschreibung der österreichischen Schulpolitik nicht Aufgabe dieser Arbeit ist, wurde bei den folgenden Ausführungen bewusst auf bestimmte Teilgebiete nicht eingegangen.

Dazu zählen das Vorschulwesen und das berufsbildende Schulwesen, der Bereich der Mädchenschulen, das Sonderschulwesen und die Erwachsenenbildung, die Hochschulpolitik, die Situation sprachlicher Minderheiten sowie die Sonderentwicklung des Burgenländischen Schulwesens. An dieser Stelle sei auf die ausführliche Darstellung der genannten Themengebiete in Engelbrechts „Geschichte des österreichischen Bildungswesens"[21] verwiesen.

1. Die österreichische Schulpolitik vor dem Zweiten Weltkrieg

Politische, wirtschaftliche und gesellschaftliche Entwicklungslinien in der Ersten Republik und im „Ständestaat"

Der Zusammenbruch der Habsburgermonarchie hatte sich angesichts der zunehmenden nationalen Bestrebungen innerhalb des Vielvölkerstaates schon längere Zeit abgezeichnet, das tatsächliche Ende kam dann aber doch für viele schneller als erwartet. Als der greise Kaiser Franz Joseph 1916 starb, ging mit ihm das letzte einende Band des Großreiches verloren. Sein Nachfolger, Kaiser Karl, unternahm einen letzten Versuch, die Monarchie zu retten. Am 17. Oktober 1918 erließ er ein Manifest, in dem die Umgestaltung Österreichs in einen Bund von Nationalstaaten angekündigt wurde. Dieses Angebot kam aber viel zu spät, als dass es den drohenden Untergang noch hätte abwenden können. Mit Ende des Ersten Weltkrieges zerbrach die Monarchie endgültig.[22]
Bereits am 21. Oktober 1918 hatten sich die 1911 gewählten deutschsprachigen Abgeordneten im Sitzungssaal des niederösterreichischen Landhauses in Wien versammelt und sich als „Provisorische Nationalversammlung des selbständigen deutschösterreichischen Staates" konstituiert. Die „Provisorischen Nationalversammlung" machte es sich zur Aufgabe, Richtpunkte für die Konstituierung eines neuen Staates zu entwickeln, der aus den Resten des sich auflösenden Großreiches hervorgehen sollte. Große Schwierigkeiten bereitete dabei die Frage nach der Staatsform. Während die Christlichsozialen durchaus mit dem Fortbestehen der Monarchie sympathisierten, setzten sich die Sozialdemokraten spätestens ab den frühen Novembertagen einheitlich für die Schaffung einer Republik ein. Eine endgültige Entscheidung brachte der Verzicht Kaiser Karls auf die Teilnahme an den Staatsgeschäften, den er in einer Erklärung am 11. November

---

[21] Helmut Engelbrecht: Geschichte des österreichischen Bildungswesens. Erziehung und Unterricht auf dem Boden Österreichs, Band 5 (Von 1918 bis zur Gegenwart), Wien 1988
[22] vgl. Erich Zöllner / Therese Schüssel: Das Werden Österreichs. Ein Arbeitsbuch für österreichische Geschichte, Wien 1995, S. 233; Ernst Hanisch: Der lange Schatten des Staates. Österreichische Gesellschaftsgeschichte im 20. Jahrhundert, Wien 1994, S. 263

1918 verkündete, wobei er sich zugleich bereit dazu erklärte, die „Entscheidung [...], die Deutschösterreich über seine zukünftige Staatsform trifft"[23] gleich im Voraus anzuerkennen. Einen Tag später erfolgte die Ausrufung der demokratischen Republik Deutsch-Österreich.[24] „Der Übergang der Staatsmacht [...] von den Institutionen der Monarchie auf jene der Republik ging im Allgemeinen reibungslos vor sich."[25] Ein Staatsrat, zusammengesetzt aus Mitgliedern der Nationalversammlung, übernahm die Ausübung der Regierungsgeschäfte bis zur Wahl am 16. Februar 1919. Aus dieser Wahl gingen die Sozialdemokraten mit 72 Sitzen als stimmenstärkste Partei hervor, gefolgt von den Christlichsozialen mit 69 und den Deutschnationalen mit 26 Mandaten.[26] Mitte März nahm eine Koalitionsregierung aus Sozialdemokraten und Christlichsozialen ihre Arbeit auf. Diese wurde schon am 10. Juni 1920 wieder auf- und von einer Proporzregierung abgelöst. Neuwahlen am 17. Oktober 1920 brachten den Christlichsozialen einen Stimmenzuwachs. Die Sozialdemokraten gingen daraufhin in Opposition und ebneten auf diese Weise einer bürgerlichen Regierung unter christlichsozialer Führung den Weg. „Was damals vielen als eine nur vorübergehende Trennung erschien, wurde dann aufgrund der folgenden Entwicklungen zu einer endgültigen. Die Sozialdemokraten blieben in der Opposition und die Christlichsozialen entwickelten sich zunehmend zu einer Partei, die immer weniger gewillt war, die einmal errungene politische Macht je wieder aus der Hand zu geben."[27]

Ihre Verfassung erhielt die Republik am 1. Oktober 1920, sie stellte einen Kompromiss zwischen den föderalistischen Bestrebungen der Länder und dem Wiener Zentralismus dar.

Die junge Republik hatte von vornherein mit großen Problemen zu kämpfen. Zusammengeschrumpft auf einen Bruchteil seiner ursprünglichen Größe konnte der kleine Staat viele der Betriebe und Fabriken, die auf die Versorgung eines Großreiches ausgerichtet gewesen waren, nicht mehr richtig nutzen. Nicht nur das jetzige Fehlen des ehemals recht bedeutenden Binnenmarktes machte der Wirtschaft zu schaffen, die Verarbeitungs- und Veredelungsbetriebe waren zu-

---

[23] Verzicht Kaiser Karls auf die Regierung in Österreich, in: Extra-Ausgabe der Wiener Zeitung, Nr. 261, 11. November 1918; zitiert bei: Zöllner / Schüssel, Das Werden Österreichs, S. 234

[24] „Die Wahl des Namens Deutsch-Österreich entsprang weniger einer besonderen deutschnationalen Gesinnung als der Logik der Situation": das neue Österreich bildete den deutschsprachigen Rest der ehemaligen westlichen Reichshälfte (also von Österreich). Zu den Bedingungen des Vertrages von St-Germains gehörten neben dem Anschlussverbot an Deutschland u.a. auch die Streichung der Doppelbezeichnung, die Republik hieß von nun an Österreich. (vgl. Hanisch, Schatten, S. 270f)

[25] Ernst Bruckmüller: Sozialgeschichte Österreichs, Wien 2001, S. 368f

[26] vgl. Zöllner / Schüssel, Das Werden Österreichs, S. 236

[27] Herbert Dachs: Schule und Politik. Die politische Erziehung an den österreichischen Schulen 1918 bis 1938, Wien / München 1982, S. 33

dem auch von den nun außerhalb der Staatsgrenzen liegenden Rohstoffquellen abgeschnitten. Viele Arbeitnehmer im Bereich von Industrie, Handwerk und Bergbau mussten jetzt um ihren Arbeitsplatz bangen. In Wien, der einstigen Hauptstadt eines Großreiches, bestand nun ein extremes Überangebot an Dienstleistungen, etwa im Bereich des Bankenwesens oder der Zentralverwaltung. Für viele Dienste, die in Wien angeboten wurden, „bestand zum Teil überhaupt kein Bedarf mehr. Sie hatten zu bestehen aufgehört."[28] Dies betraf etwa den Bereich der Dienstboten. Immer weniger bürgerliche Haushalte konnten sich häusliche Dienstboten leisten, was schließlich zusammen mit der Entstehung neuer Arbeitsmöglichkeiten für Frauen zum praktischen Verschwinden dieses Berufes führte.[29] Der überdimensionale Dienstleistungsapparat hatte seine Auswirkungen auch auf Wien als Stadt, „die auf Jahrzehnte zu einer Problemregion abgestempelt und von vielen Österreichern als ‚Wasserkopf' empfunden wurde"[30]. Diese strukturellen Spannungen wurden im Übrigen durch den zunehmenden politischen Konflikt zwischen „rotem" Wien und „schwarzen" Bundesländern – der sich nicht unwesentlich auch im Bereich der Bildungspolitik abspielte – verstärkt.

Österreich sah sich nach dem Krieg mit einer tiefen Energiekrise konfrontiert, Kohle stand kaum zur Verfügung, weder zum Heizen noch für den Antrieb der Eisenbahnen. Man versuchte, sie so gut wie möglich durch Holz zu ersetzen. Auch die selbständige Ernährung des Landes konnte nicht gewährleistet werden. Obwohl mehr als ein Drittel der österreichischen Bevölkerung in der Landwirtschaft tätig war und der Anteil der Land- und Forstwirtschaft am Bruttonationalprodukt stetig bis auf 15 Prozent im Jahre 1934 stieg[31], konnte die Versorgung nicht sichergestellt werden. Wien war am ärgsten von Hunger, Kälte und Krankheiten betroffen. Alliierte Hilfslieferungen, die „Österreich nicht nur vorm Verhungern, sondern auch vorm Bolschewismus retten"[32] sollten, halfen über das Krisenjahr 1919 hinweg. Sogar am Land blieb man trotz der relativ günstigen Entwicklung der Landwirtschaft[33] stets auf Lebensmittelimporte angewiesen, eine extreme Abhängigkeit vom Außenhandel, aus der sich die Erste Republik Zeit ihres Bestehens nicht lösen konnte, war die Folge.[34]

---

[28] Roman Sandgruber: Ökonomie und Politik. Österreichische Wirtschaftsgeschichte vom Mittelalter bis zur Gegenwart, Wien 1995, S. 339
[29] vgl. Bruckmüller, Sozialgeschichte, S. 396
[30] Sandgruber, Ökonomie, S. 339
[31] vgl. Bruckmüller, Sozialgeschichte, S. 387
[32] Hanisch, Schatten, S. 278
[33] vgl. Sandgruber, Ökonomie, S. 369f
[34] vgl. Engelbrecht, Geschichte, S. 21

Insgesamt war die Zeit nach 1918 von großen wirtschaftlichen Problemen geprägt[35], denen man weitgehend hilflos gegenüberstand. „Die wirtschaftliche Situation war wegen der Zerrüttung durch den Krieg für große Teile des Landes hoffnungslos geworden, und Auswege, die einigermaßen Besserung versprochen hätten, boten sich keine an."[36] Die extrem rasante Nachkriegsinflation brachte viele Menschen um ihre Ersparnisse, die Löhne litten unter der Entwertung des Geldes. „Not, Verarmung und Arbeitslosigkeit blieben daher ständige Begleiter des auch ökonomisch amputierten Staates."[37] Bundeskanzler Dr. Ignaz Seipel, ein christlichsozialer Politiker, konnte der Inflation schließlich einigermaßen wirkungsvoll, jedoch unter großen Opfern begegnen. In einer flammenden Rede, in der er die große Armut und Not im neuen Staate Österreich schilderte und auf die Gefahr hinwies, die ein Zusammenbruch Österreichs für das Friedenswerk von St-Germains bedeuten würde, wandte er sich an den Völkerbund. Damit hatte er Erfolg. England, Frankreich, Italien und die Tschechoslowakei erklärten sich im Oktober 1922 in den „Genfer Protokollen" dazu bereit, Österreich eine Anleihe von 650 Millionen Goldkronen zu gewähren, gefordert wurde dafür eine strikte Reform- und Sanierungspolitik von Seiten der Republik. Diese wurde von einem Generalkommissär des Völkerbundes genau überwacht, „Österreich mußte einen Teil seiner Selbständigkeit aufgeben"[38]. Mit der Einführung des Schillings im März 1925 konnte die Währung schließlich stabilisiert werden, der strenge Sparkurs machte allerdings den Abbau vieler Angestellter[39], darunter auch Lehrer, notwendig, was der Regierung heftige Kritik von der Opposition einbrachte. Daraus „ergab sich die fast paradox erscheinende Situation, daß durch die von allen erwünschte Besserung der Wirtschaftslage infolge damit verbundener Nachteile eine innenpolitisch verschärfte Lage eintrat"[40], die sich trotz einer kurzen Konjunkturperiode zwischen 1927 und 1929 Ende der Zwanzigerjahre immer mehr zuspitzte.

---

[35] Daran konnten auch die wenigen sich gut entwickelnden Branchen (allen voran der Tourismus: vgl. Sandgruber, Ökonomie, S. 374-377) nicht viel ändern.

[36] Dachs, Schule, S. 31

[37] Engelbrecht, Geschichte, S. 21; Engelbrecht verdeutlicht diese Entwicklung noch durch statistisches Material über die Verringerung des Bruttonationalprodukts und des Volkseinkommens. Die Arbeitslosigkeit in der Ersten Republik war ständig hoch, erreichte aber 1919, 1926 und 1933 drei Spitzen. Besonders betroffen waren Jugendliche und Arbeiter in ländlichen Industriezonen. Immer mehr Menschen wurden „ausgesteuert", 1937 erhielt jeder Zweite nicht einmal mehr die Notstandsunterstützung. Die nicht-staatlichen, nicht-bürokratischen Lebenswelten (Familie, Nachbarschaft,...) rückten wieder in den Vordergrund. (vgl. Bruckmüller, Sozialgeschichte, S. 402-404; Hanisch, Schatten, S. 299f)

[38] Hanisch, Schatten, S. 282

[39] Genaues Zahlenmaterial hierzu bietet Bruckmüller. (vgl. Bruckmüller, Sozialgeschichte, S. 397f)

[40] Zöllner / Schüssel, Das Werden Österreichs, S. 239

Die triste finanzielle und wirtschaftliche Lage strahlte natürlich auch auf den Bereich des Bildungswesens aus. Wie später noch genauer dargelegt werden wird, mussten die Lehrer zunehmend finanzielle Einbußen und wesentlich verschlechterte Berufsbedingungen hinnehmen. Schulen wurden aufgelöst und die Neueröffnung zusätzlicher Klassen verboten. Die privat geführten höheren Mädchenschulen waren vom Untergang bedroht, da sich ihre wesentlichen finanziellen Träger, die Bürger der Mittelschicht, aufgrund der zunehmenden Verarmung die Aufrechterhaltung der Privatschulen nicht mehr leisten konnten.[41] Schließlich wurde im Zuge der notwendigen Sparpolitik sogar eine „Planwirtschaft" im Schulbereich eingeführt.

Die große materielle Not hatte auch ihre Auswirkungen auf die gesellschaftliche Schichtung. Die zunehmende Verarmung der Bevölkerung, deren Zahl in der Zwischenkriegszeit so gut wie stagnierte[42], führte zur Entstehung einer extrem breiten Grundschicht, die Mittelschicht nahm durch Kriegsanleihen und Inflation immer mehr ab und umfasste 1938 nur mehr zwölf Prozent der Österreicher, die Oberschicht schließlich wurde von nicht einmal mehr zwei Prozent der Bevölkerung gebildet.[43] Dieser Entwicklung führte bereits im Jahre 1919 zu einer umfangreichen Sozialgesetzgebung[44], deren Ziel es war, nicht nur eine Reform bzw. Erweiterung der Sozialversicherung und die Etablierung einer funktionierenden Altersversicherung einzuleiten, sondern auch, „den vielen Arbeitslosen wenigstens ein Existenzminimum zu sichern"[45]. All diesen Maßnahmen war a-

---

[41] Ausführlich wird die „Krise und Neuausrichtung des ‚mittleren' Mädchenschulwesens" von Engelbrecht in einem eigenen Kapitel behandelt. (vgl. Engelbrecht, Geschichte, S. 139-146)

[42] Es gab nach dem Zusammenbruch der Monarchie zwar viele Wanderbewegungen (z.B. wanderten viele Tschechen, meist ehemaliges Dienstpersonal, aus Wien aus und ehemalige kaiserliche Beamte und Offiziere strömten ins neue Österreich zurück), diese glichen sich aber größtenteils aus. (vgl. Bruckmüller, Sozialgeschichte, S. 376)

[43] Hanisch zieht Bilanz über die Inflationsperiode (die bei Sandgruber eine ausführliche Darlegung erfährt: vgl. Sandgruber, Ökonomie, S. 354-361): „Die Inflationsperiode hatte die im Krieg bereits angebahnte soziale Umschichtung noch verstärkt. Als Verlierer konnten das Rentiers, die Hausherren, die fest besoldeten Beamten gelten, zu den Gewinnern muß man die Bauern zählen, die ihre großen Vorkriegsschulden mit billigem Geld rasch tilgen konnten. Zu den Gewinnern gehörten wohl auch Arbeiter und Angestellte, die Teile ihres Realeinkommens, die sie im Krieg verloren hatten, zurückgewannen, zuallererst aber muß man eine dünne Schicht von Spekulanten dazurechnen, die, teilweise jüdisch, nun den Haß der Bevölkerung auf sich zog." (vgl. Hanisch, Schatten, S. 283)

[44] Diese umfasste das Gesetz über den Achtstundentag, das Arbeiterurlaubsgesetz (zur Sicherung bezahlten Urlaubs), eine gesetzliche Arbeitslosenfürsorge sowie Kollektivverträge über den gesetzlichen Mindestlohn. Hinzu kamen Lehrlingsschutz, Regelungen über Kündigung und Abfertigung sowie der Heim- und Kinderarbeit und ein Verbot der Nachtarbeit für Frauen und Jugendliche. Für die Vertretung der Arbeitnehmerinteressen wurden Arbeiterkammern geschaffen. (vgl. Zöllner / Schüssel, Das Werden Österreichs, S. 239f; Bruckmüller, Sozialgeschichte, S. 367f; Sandgruber, Ökonomie, S. 347-349)

[45] Zöllner / Schüssel, Das Werden Österreichs, S. 239

ber nur ein mäßiger Erfolg beschieden. „Die Gegensätze zwischen Arm und Reich, zwischen denen, die ihr festes Einkommen hatten, und den Unglücklichen, die oft auf entwürdigende Weise nach Arbeit suchen mußten, konnten auch durch eine recht fortschrittliche Sozialgesetzgebung nicht wesentlich gemindert werden."[46] Die vielen Schwierigkeiten, denen die Erste Republik oft hilflos gegenüber stand, ließen unter der Bevölkerung, aber auch in der Politik nur wenig Vertrauen zum neuen Staat, dessen Gebiet lediglich den ärmlichen Rest des einstmals großen Reiches umfasste, entstehen. Die Staatsform der Demokratie konnte keine stabile Ausprägung finden, es fehlte ein „demokratischer Grundkonsens, denn alle wichtigen politischen Strömungen wollten – früher oder später – das republikanisch-demokratische System in etwas anderes umwandeln: die Sozialdemokraten in die klassenlose sozialistische Gesellschaft, die Christlichsozialen in eine ständische Gesellschaft auf der Basis christlicher Ordnungsvorstellungen und die Deutschnationalen in einen ständisch organisierten Volksstaat der gesamten deutschen Nation."[47] Die Vorstellung, Österreich könne auf Dauer nur als ein Teil Deutschlands bestehen[48], führte von Anfang an dazu, dass man dem neuen Staat kaum eine Chance zum Überleben gab. „Das Nein zu einem selbständigen Österreich, der fehlende Glaube an seine Zukunft, war eine der schwersten Belastungen der jungen Republik."[49]

Im Inneren äußerten sich die soeben angesprochenen divergierenden Wunschvorstellungen der Parteien in ständigen Spannungen, die schließlich in einen wahren Bürgerkrieg mündeten. In den späten Zwanzigerjahren verschärften sich die auch davor schon ständig präsent gewesenen Differenzen zwischen Sozialdemokraten und Christlichsozialen[50] zunehmend. Dies führte auf beiden Seiten zur Bildung von sogenannten „Selbstschutzverbänden" – dem „Republikanischen Schutzbund" auf Seiten der Sozialdemokraten einerseits und der „Front-

---

[46] Engelbrecht, Geschichte, S. 24

[47] Bruckmüller, Sozialgeschichte, S. 372; Zudem gibt Hanisch zu bedenken, dass sich „Demokratie im relativen Wohlstand leichter lernen läßt als in permanenter Not". (vgl. Hanisch, Schatten, S. 279)

[48] Zuerst bestand in den Augen der Politiker auch noch die Option, sich mit den aus der Monarchie hervorgegangenen Nationalstaaten zu einem freien Völkerbund zu vereinigen. Als dieses Vorhaben an deren Widerstand scheiterte, blieb nur mehr der Blick nach Deutschland. Der Anschluss wurde zwar von den Alliierten verboten, er spukte aber bis 1938 immer in den Köpfen der Menschen herum. (vgl. Hanisch, Schatten, S. 265)

[49] Engelbrecht, Geschichte, S. 10

[50] „Die gefährlichste ideologische Fragmentierung verlief zwischen den Vorstellungen vom katholischen Leben und vom sozialistischen Leben". Was die beiden Parteien – zumindest in den ersten Jahren der Republik – noch einte, war die Furcht vor dem „Rot der drohenden bolschewistischen Revolution" und – länger anhaltend – die Orientierung in Richtung Deutschland. (vgl. Hanisch, Schatten, S. 265f)

kämpfervereinigung", die zunehmend von der „Heimwehr" verdrängt wurde, andererseits. Zwischen diesen Verbänden, die zahlenmäßig stärker als das Bundesheer waren, kam es immer wieder zu Zusammenstößen, die „das politische Leben des Staates in empfindlicher Weise störten" [51]. Ein solcher Zusammenstoß in Schattendorf forderte am 23. Jänner 1927 zwei sozialdemokratische Todesopfer. Die Täter wurden freigesprochen. Die daraufhin folgenden Demonstrationen der Sozialdemokraten fanden am 15. Juli 1927 ihren Höhepunkt im Brand des Justizpalasts. Schließlich ging aber die Regierung unter Anwendung von Polizeigewalt – es kam zu 90 Toten – als Siegerin aus den Kämpfen hervor, ein Ende der Auseinandersetzungen war damit jedoch keineswegs erreicht. „Die hohe Gewaltbereitschaft an der Basis, der Aufbau von Selbstschutzverbänden vertieften die Kluft zwischen den Lagern. Die politischen Eliten konnten immer weniger einen Konsens finden." [52] Am 13. September 1931 unternahm der steirische Heimwehrkommandant Walter Pfrimer, der den nationalen Kreisen innerhalb der Heimwehr angehörte, einen Putschversuch. Nach dessen Scheitern gewann die konservative Richtung in der Heimwehr an Einfluss. Im „Ständestaat" wurde die Heimwehr immer weiter zurückgedrängt, bis sie 1936 von Bundeskanzler Schuschnigg völlig entmachtet wurde. Das Anwachsen der NSDAP, die ebenfalls eigene – ab 1930 immer regeren Zulauf findende – Wehrverbände bildete, führte zu einer weiteren Radikalisierung der innenpolitischen Lage.

Es verwundert, dass trotz dieses politisch extrem heiklen Klimas die parlamentarische Arbeit fortgesetzt und dabei auch gute Ergebnisse erzielt werden konnten. 1929 einigte man sich auf eine Verfassungsreform, deren wesentliche Änderung darin bestand, dass der Bundespräsident von nun an eine deutlich stärkere Position innehatte. Schon zwei Jahre davor konnten im Bereich der Schulgesetze mit dem Hauptschul- und dem Mittelschulgesetz wichtige, wenn auch auf Kompromissen beruhende Regelungen getroffen werden.

In wirtschaftlicher Hinsicht kam es in den letzten Jahren der Ersten Republik wiederum zu einer Verschlechterung. Die Weltwirtschaftskrise[53] und der Zusammenbruch der führenden Wiener Bank, der Österreichischen Creditanstalt, im Juni 1931 rissen erneut ein großes Loch in den Staatshaushalt. Das Kabinett Dollfuß nahm eine zweite Anleihe beim Völkerbund auf, woraufhin überall – auch auf dem Gebiet der Schule – wieder extreme Einsparungen getroffen werden mussten. Das Geld dieser „Lausanner Anleihe" floss nicht in Investitionen,

---

[51]Zöllner / Schüssel, Das Werden Österreichs, S. 240; Für die Zusammensetzung und Organisation der (oft in sich nicht einigen) Selbstschutzverbände vgl. Bruckmüller, Sozialgeschichte, S. 412f und Hanisch, Schatten, S. 289-292.
[52] Hanisch, Schatten, S. 286
[53] Die Weltwirtschaftskrise hielt sich in Österreich hartnäckig bis 1937, sie hatte drei Dimensionen, nämlich die der Agrarkrise, der Industriekrise und der Kreditkrise. (vgl. Hanisch, Schatten, S. 296) Viel statistisches Material dazu liefert Sandgruber. (vgl. Sandgruber, Ökonomie, S. 382-390)

sondern in die Schuldentilgung des Staates, wovon die Wirtschaft wenig profitierte.

Am 4. März 1933 kam es zur Selbstausschaltung des Parlaments. Die christlichsoziale Regierung, in welcher die demokratie-skeptische „Frontgeneration" immer mehr in den Vordergrund gerückt war[54], nutzte die Gelegenheit, nun einen verstärkt autoritären Kurs einzuschlagen. Die Wiedereinberufung des Nationalrates wurde verhindert, es folgte die Ausschaltung des Verfassungsgerichtshofes. Der Bundespräsident unternahm weder den Versuch, den Nationalrat aufgrund einer Notverordnung wieder einzuberufen, noch nutzte er sein Recht, den Nationalrat aufzulösen und Neuwahlen anzuordnen. Auf Grundlage des Kriegswirtschaftlichen Ermächtigungsgesetzes von 1917 erließ die Regierung Notverordnungen zur Führung der Staatsgeschäfte und schuf so die Grundlage für einen ständisch organisierten, autoritären Staat.[55] Ihre Aktivitäten gestaltete die neue Regierung nun in zwei Richtungen: „Zum einen folgte die ökonomische Krisenbekämpfung, dem Wunsch der Unternehmer entsprechend, durch den Abbau der sozialen Lasten [...]. Zum anderen folgte die Einschränkung der liberalen Freiheitsrechte – Vorzensur, Versammlungsverbot, Aufmarschverbot."[56] Nachdem der Schutzbund und die Kommunistische Partei im Frühjahr 1933 aufgelöst worden waren, wurde im Juni die Nationalsozialistische Partei, die in Deutschland bereits die Macht an sich gezogen hatte, verboten. Nach bewaffneten und blutigen, drei Tage dauernden Auseinandersetzungen zwischen der Regierung und der Sozialdemokratie im Februar 1934 erfolgte schließlich auch das Verbot der Sozialdemokratischen Partei.

Die neue Verfassung vom 1. Mai 1934 stellte Österreich auf die Basis eines Ständestaates. Dabei sollten nicht mehr den Parteien, sondern berufsständischen Organisationen die entscheidenden Funktionen zukommen. Allerdings konnte diese Idee nie völlig umgesetzt werden, mit Ausnahme der Berufsgruppen Landwirtschaft und Öffentlicher Dienst kam es zu keiner entsprechenden Ausbildung von Organisationen. Dennoch wurde die Demokratie immer mehr zurückgedrängt, bis sie schließlich völlig erlosch, der „Staatsstreich auf Raten"[57] war geglückt.

---

[54] vgl. Dachs, Schule, S. 225

[55] Die Frage, in wie weit es sich dabei auch um einen faschistischen Staat handelte, wurde oftmals diskutiert. Sowohl Bruckmüller als auch Hanisch zeigen auf, dass der „Ständestaat" zwar manche faschistischen Merkmale aufwies, dass diese aber oft nicht vollständig zur Ausprägung gelangten und viele Charakteristika des Faschismus im „Ständestaat" überhaupt nicht zum Tragen kamen. (vgl. Bruckmüller, Sozialgeschichte, S. 414-416; Hanisch, Schatten, S. 311-315)

[56] Hanisch, Schatten, S. 305

[57] Peter Huemer; zitiert bei: Engelbrecht, Geschichte, S. 21

Der „Ständestaat" ging eine enge Bindung mit der Kirche ein. Am 1. Mai 1934 wurde ein Konkordat mit dem Heiligen Stuhl abgeschlossen, das auch auf den Schulbereich – wie später noch gezeigt wird – große Auswirkungen hatte. Daneben stand die Pflege österreichischer Gesinnung im Vordergrund, die Vaterländische Front wurde, nachdem sich die Christlichsoziale Partei selbst aufgelöst hatte, zur Einheitspartei.

Der großen Arbeitslosigkeit konnte auch das neue Regime nicht Herr werden. In Deutschland hatte unter Hitler bereits ein deutlicher Wirtschaftsaufschwung eingesetzt, dem die unproduktive Arbeitsmarktpolitik des technikfeindlichen „Ständestaates"[58] wenig entgegenzusetzen hatte. Viele Arbeitslose schielten neidisch zum deutschen Nachbarn – ein Umstand, durch den die relativ hohe Zustimmungsquote zum Anschluss Österreichs sicherlich mitbegründet wurde.

Im Zuge des Juliputsches des Jahres 1934, der von den Nationalsozialisten geplant und durchgeführt wurde, kam Dollfuß ums Leben. Die Putschisten wurden gefangen und größtenteils hingerichtet, die „wahren Initiatoren des Unternehmens [aber] saßen jenseits der Bundesgrenzen und waren für die österreichische Justiz nicht erreichbar"[59]. Der Nachfolger Dollfuß', der bisherige Unterrichtsminister Kurt Schuschnigg, geriet immer mehr unter Druck des faschistischen Italiens und des nationalsozialistischen Deutschlands.[60] Am 13. März 1938 kam es zum Anschluss Österreichs an das Deutsche Reich.

Schulpolitik in Österreich in den ersten Jahren der Republik – Allgemeine Voraussetzungen und die Einleitung der Schulreform durch Otto Glöckel

Während des Ersten Weltkrieges war es häufig zu Störungen und Verkürzungen des normalen Unterrichtsbetriebes gekommen. Schulgebäude wurden für andere Zwecke verwendet, Schüler zur Arbeit auf den „Kriegsgemüsegärten" und Kartoffeläckern oder zur Durchführung verschiedener Sammlungen herangezogen. Auch der Unterricht selbst zeigte Auswirkungen auf die Jungend: „Die positive Verknüpfung von Lehrinhalten mit dem Krieg und eine trotz der Einsprüche der Pädagogen verstärkte militärische Erziehung hatten den Interessenshorizont der Schüler eingeschränkt und ein schulisches Lernen verkümmern lassen"[61], sodass immer häufiger Klagen über die Verwilderung der Jugend laut wurden. Zudem kam eine große materielle Not. Der Mangel an Heizmaterial führte dazu, dass es in vielen Klassenzimmern kalt blieb. Die Kinder, die oftmals auch den Verlust des Vaters oder anderer Verwandten verkraften mussten, hatten zu wenig zu essen, vielen fehlte es an ausreichend Kleidung und guten Schuhen. Eine Reihe

---

[58] vgl. Sandgruber, Ökonomie, S. 397-400
[59] Zöllner / Schüssel, Das Werden Österreichs, S. 243
[60] vgl. Hanisch, Schatten, S. 319-323
[61] Engelbrecht, Geschichte, S. 33

von Fürsorgemaßnahmen, etwa die „amerikanische Kinderhilfsaktion", wurde ins Leben gerufen. Sie sollten die ärgste körperliche Not der Kinder und Jugendlichen lindern. „Erst diese Fürsorgemaßnahmen schufen in den Nachkriegsjahren notwendige Voraussetzungen für ein erfolgreiches Lernen besonders der Grundschichtkinder. Die Lehrer wurden allerdings infolge der allgemeinen hohen Arbeitslosigkeit während der Ersten Republik auch weiterhin mit den Folgeerscheinungen von Armut und Not im Klassenzimmer konfrontiert."[62] Viele Schüler waren auch politisch aktiv. Sie gehörten verschiedenen, parteipolitisch orientierten Jugendverbänden an, etwa den „Kinderfreunden" und den „Roten Falken" auf sozialdemokratischer Seite, der „Frohen Kindheit" als einem der vielen katholischen Verbände oder dem „Deutschen Turnerbund", der dem nationalen Lager nahe stand. Diese Verbände waren zu Beginn meist fürsorgerisch tätig, zudem übernahmen sie erzieherische Aufgaben. Je mehr sich aber im Laufe der Ersten Republik die Auseinandersetzungen zwischen den Parteien zuspitzten, desto mehr versuchten die Jugendverbände, ihre Schützlinge auch parteipolitisch zu prägen und Feindbilder über die anderen Organisationen zu verbreiten. Freilich trugen die Schüler die verschiedenen politischen Haltungen und Auffassungen auch in den Unterricht hinein, wo Lehrer, die meist selbst mit einer bestimmten politischen Richtung sympathisierten, die Spannungen oftmals noch verstärkten.[63]

An den Mittelschulen schlossen sich Schüler zu Verbindungen zusammen. Zurückgekommen von der Front, selbstbewusst und nicht geneigt, sich allen Regeln zu unterwerfen, forderten sie nun mehr Mitsprache im Bereich des Unterrichts und der Schulverwaltung. Otto Glöckel versuchte – wie noch genauer geschildert wird – dieser Forderung durch die Gründung von „Schulgemeinden" entgegenzukommen. Daneben betätigten sich die Mittelschülerverbände zunehmend parteipolitisch: „Die Jugendlichen probten in manchen Verbänden wie die Erwachsenen den Bürgerkrieg."[64]

Was die gesetzlichen Voraussetzungen der Politik anging, so hatten auf Beschluss des Parlaments hin „alle Gesetze der Monarchie, soweit sie nicht im Widerspruch zu den neuen politischen Verhältnissen standen"[65], im neuen Staat ihre Gültigkeit behalten. Dies betraf auch den Bereich der Schule, wo das Schule-Kirche-Gesetz, der Organisationsentwurf für die Mittelschulen und das

---

[62] Engelbrecht, Geschichte, S. 34
[63] vgl. Engelbrecht, Geschichte, S. 34; Diese Entwicklung steht im größeren Zusammenhang der Herausbildung der politischen Lager, die sich immer mehr separierten und jeweils „eine immer mehr perfektionierte lager-interne Sozialisation" aufbauten. Diese zeigte sich dadurch, dass immer mehr Menschen Mitglied parteinaher Vereine wurden und an der jeweiligen lagerspezifischen Kultur teilnahmen. (vgl. Bruckmüller, Sozialgeschichte, S. 405-408)
[64] Engelbrecht, Geschichte, S. 37
[65] Scheipl / Seel, Entwicklung 1750-1938, S.82

Reichsvolksschulgesetz weiterhin in Kraft blieben. Das Schule-Kirche-Gesetz stammte aus dem Jahre 1868, seine Bestimmungen „hatten bezüglich des Schulwesens die allgemeinen Grundzüge einer nicht konfessionell gebundenen Form der Volksschule festgesetzt."[66] „Trotzdem kann man höchstens von einer Emanzipation der Schule von der Kirche sprechen, nicht aber von einer echten Trennung."[67] Das Reichsvolksschulgesetz, das am 17. Mai 1869 in Geltung trat, legte zum einen den Aufgabenbereich der neuen Volksschule fest – die darin geforderte sittlich-religiöse Erziehung spielte in der Auseinandersetzung zwischen Christlichsozialen und Sozialdemokraten um das Verhältnis zwischen Kirche und Schule in der Ersten Republik eine wichtige Rolle – zum anderen regelte das Gesetz die Unterrichtsinhalte und den Fächerkanon, es enthielt Bestimmungen über die Errichtung von Volksschulen, die Lehrerbildung und das Lehrerdienstrecht sowie über die Organisation einer dreijährigen Bürgerschule, die eine über das Lehrziel der allgemeinen Volksschule hinausreichende Bildung vermitteln sollte und an die fünfte Klasse der Volksschule anschloss. Zudem wurde die Schulpflicht auf acht Jahre angehoben. Von besonderer Bedeutung war, dass öffentlichen Anstalten, d.h. Volksschulen, für deren Kosten Staat, Land oder Ortsgemeinde zum Teil oder ganz aufkamen, interkonfessioneller Charakter auferlegt wurde. Die Zuständigkeit der kirchlichen Behörden hatte sich nunmehr allein auf den Religionsunterricht zu beschränken, wobei die Bedeutung des Religionsunterrichts generell zurückgenommen wurde. „Mit diesen Bestimmungen überwand man bleibend den konfessionellen Charakter der Volksschule. Die Religion trat damit als Fach neben andere Fächer, während sie bislang den Hauptgegenstand bildete, dem sich alle anderen Fächer unterzuordnen hatten."[68] Der Organisationsentwurf der Mittelschulen schließlich sah neben dem achtjährigen Gymnasium und der siebenjährigen Realschule auch das noch relativ junge Realgymnasium vor. Diese Gesetze waren also die Basis, die die Schulpolitik im Jahre 1918 vorfand.

Ein großes Problem, das auch durch die Verfassung von 1920 nicht gelöst werden konnte, bildete die Festlegung der Kompetenzverteilung im Schulbereich zwischen Bund und Ländern. Eine Regelung dieser Frage durch ein besonderes Bundesverfassungsgesetz wurde lediglich in Aussicht gestellt, tatsächlich wurde ein solches Gesetz erst 1962 beschlossen. „Auf Grund des Verfassungsüberleitungsgesetzes 1920 blieben die Schulgesetze der Monarchie im Großen und Ganzen weiterhin in Kraft (Ausnahme: Angelegenheiten der Lehrerbildung wurden Bundessache). Abänderungen bestehender Gesetze im Schulbereich (auch des Schule-Kirche-Gesetzes aus 1868) waren nur durch paktierte Gesetz-

---

[66] Scheipl / Seel, Entwicklung 1750-1938, S. 57
[67] Dachs, Schule, S. 39
[68] Scheipl / Seel, Entwicklung 1750-1938, S. 59; Alle Bestimmungen des Reichsvolksschulgesetzes sowie die Bedeutung der Neuerungen finden sich ausführlich bei Scheipl und Seel. (vgl. Scheipl / Seel, Entwicklung 1750-1938, S. 58-60)

gebung möglich, d.h. durch übereinstimmende Bundes- und Landesgesetzgebung."[69] Eine Ausnahme hiervon bildete lediglich das Burgenland, das zur Zeiten der Monarchie zur ungarischen Reichshälfte gehört hatte, wofür das Schule-Kirche-Gesetz keine Geltung gehabt hatte. Die öffentlichen Schulen hatten dort alle konfessionellen Charakter, der auch weiterhin beibehalten wurde. Praktisch bedeutete diese Gesetzeslage, dass Änderungen der Schulgesetze nur herbeigeführt werden konnten, wenn beide Großparteien einen Konsens erzielten. Da die bildungspolitischen Auffassungen der Christlichsozialen und der Sozialdemokraten jedoch durchwegs konträr waren, musste „eine gewisse Stagnation in diesem Bereich [...] von vornherein befürchtet werden."[70] Bildungspolitik wurde in Folge dessen in erster Linie über Erlässe betrieben. „Allein auf diesem Wege schien es innerhalb freilich sehr enger Grenzen möglich, zumindest in gewissen Punkten eine eigene Bildungspolitik zu betreiben, indem die zugrundeliegenden gesetzlichen Bestimmungen möglichst extensiv ausgelegt wurden."[71]
Die Verfassungsreform von 1929 brachte keine allzu großen Änderungen. Lediglich die Landes- und Bezirksschulräte wurden zu Bundesbehörden erklärt, wodurch sie nun direkt dem Ministerium unterstanden, das allerdings in jenen Bereichen kein Weisungsrecht hatte, wo die Beschlussfassung direkt dem Kollegium der jeweiligen Schulbehörde oblag.

Die Gegensätze der Parteien spiegelten sich auch in den jeweiligen Schulkonzepten wider. Nach dem Zusammenbruch der Monarchie konnte nur die Sozialdemokratische Partei, die als einzige schon seit längerer Zeit die Möglichkeit der Auflösung des Großreiches in Betracht gezogen und sich auf diesen Fall vorbereitet hatte[72], ein fertiges Reformprogramm für den Bereich des Bildungswesens vorlegen. Bereits 1889 auf dem Einigungsparteitag von Hainfeld wurde die Forderung nach obligatorischem, unentgeltlichem und konfessionslosem Unterricht erhoben – eine Forderung, der die Sozialdemokraten auch weiterhin treu bleiben sollten. Einen Meilenstein auf dem Gebiet der Bildungsvorstellungen stellte das Programm der „Jungen" – eines von Karl Seitz gegründeten Vereins, „der sich die politische Schulung der Lehrerschaft im sozialistischen Geist zur Aufgabe"[73] gestellt hatte – dar. Dieses enthält neben den oben schon erwähnten Forderungen u.a. auch den Ruf nach einer partei- und konfessionslosen Lehrerschaft, nach Änderungen im Bereich der Schulaufsicht und der Lehrerbildung und nach der

---

[69] Scheipl / Seel, Entwicklung 1750-1938, S. 82
[70] Engelbrecht, Geschichte, S. 12
[71] Dachs, Schule, S. 45
[72] vgl. Oskar Achs: Das Schulwesen in der ersten österreichischen Republik, Diss., Wien 1968, S. 36f
[73] vgl. Achs, Schulwesen, S. 23

Freiheit der Unterrichtsmethode.[74] Eine sehr umfangreiche Darlegung fanden die Vorstellungen der Sozialdemokraten 1926 im „Linzer Programm". Dieses „war ganz auf Systemüberwindung ausgerichtet und wies der sozialistischen Bildungsarbeit die Aufgabe zu, eine Art Gegenkultur aufzubauen und den ‚Neuen Menschen' mit einem eigenen Sittenkodex zu formen"[75]. Das Kapitel über das Schulwesen beinhaltete im Wesentlichen die Reformziele des hervorragenden sozialdemokratischen Bildungspolitikers Otto Glöckel, der – wie noch ausführlicher dargestellt wird – die Schulpolitik der Ersten Republik stark prägte. Gefordert wurden ein nicht-konfessionelles, rein staatliches Schulwesen sowie die Unentgeltlichkeit des Unterrichts und der benötigten Lehr- und Lernmittel. Die Erziehung zur Selbsttätigkeit und Selbstverwaltung wurde betont, ebenso die Erziehung zu republikanischem und sozialem Geist. Geistige Arbeit sollte mit körperlicher Arbeit verbunden, Schulbesuchserleichterungen eingedämmt werden. Eine zentrale Forderung bildete die Einheitsschule, wobei auf eine vierjährige Grundschule eine allgemeine Mittelschule als Pflichtschule folgen sollte, daneben sollte es noch Hilfs- und Sonderschulen geben. Die Klassenhöchstzahl dürfe 30 Schüler nicht überschreiten. Für all diejenigen Jugendlichen, die keine Fach- oder Oberschule besuchen, müsste eine Fortbildungsschulpflicht bestehen, für die eigene fachliche Fortbildungsschulen geschaffen werden sollten. Ein großes Anliegen war der Sozialdemokratie auch die Förderung begabter Kinder durch die Schaffung von staatlichen Erziehungsanstalten sowie durch die Vergabe von Stipendien. Die Lehrerbildung sollte einheitlich an Hochschulen und an damit verbundenen Pädagogischen Instituten erfolgen.[76] All diesen Vorstellungen lag die Meinung der Sozialdemokraten zu Grunde, dass „anstelle der bisher gültigen und mehr oder weniger integrativ wirkenden alten Inhalte und Symbole [...] ein politisches Erziehungskonzept treten"[77] müsste, welches als zentrale Inhalte die Erziehung zur Demokratisierung, zu nationalem Denken und Fühlen und zu Bodenständigkeit und Pflichterfüllung haben sollte.[78] Man kann den Schulreformvorhaben der Sozialdemokraten jener Zeit jedenfalls nicht vorwerfen – wie Olechowski betont – „Schulpolitik und Schulreform als ein Mittel

---

[74] Eine genaue Darstellung des Programms der „Jungen" liefert Elisabeth Basrucker. (vgl. Elisabeth Basrucker: Die Schulforderungen der politischen Parteien in Österreich, Diss., Wien 1960, S. 60-62)

[75] Engelbrecht, Geschichte, S. 14

[76] Einen Auszug aus dem „Linzer Programm" mit den für die Schule relevanten Passagen findet sich bei Engelbrecht. (vgl. Engelbrecht, Geschichte, S. 14f)

[77] Dachs, Schule, S. 57

[78] Eine Schilderung der Vorteile, die man sich von einer solchen Erziehung erhoffte und eine Interpretation der einzelnen Inhalte finden sich bei Dachs. (vgl. Dachs, Schule, S. 58-66)

zu einer radikalen, ideologisch-marxistischen Gesellschaftsreform zu verwenden"[79].

Die Vorstellungen der Christlichsozialen waren von Anfang an relativ unscharf formuliert und beschränkten sich meist auf Allgemeines, zudem schwankte die Schwerpunktsetzung je nachdem, welche der Gruppierungen innerhalb des christlichsozialen Lagers gerade dominierte.[80] Ein wesentliches Ziel der christlichsozialen Bildungspolitik, die für eine religiös-sittliche Erziehung und ganz allgemein für „die Wiederverchristlichung der Schule"[81] eintrat, bildete die konfessionelle Schule. Zur Zeit der Monarchie sah sie in einer forcierten religiösen Erziehung ein Mittel zur „Loyalistätsgewinnung und Loyalitätssicherung für das bestehende System"[82], auch später wurde die Heranbildung guter Staatsbürger immer auch von einem gewissen Maß an Religiosität abhängig gemacht. Solange die öffentlich-konfessionelle Schule nicht völlig umgesetzt werden könne – so die Bestrebungen der Christlichsozialen – müsste zumindest eine finanzielle Förderung von Seiten des Staates für das konfessionelle Privatschulwesen sowie die Beibehaltung von Religion als Pflichtgegenstand an allen Schulen erreicht werden. Zudem sollten katholische Kinder nur von katholischen Lehrern erzogen werden. Der Unterricht sollte der Umgebung der Kinder angepasst, d.h. auf dem Lande eher landwirtschaftlich, im Bereich der Städte auf das für den Städter Notwendige ausgerichtet sein. Der Volkstums- und Brauchtumspflege im Schulbereich räumte die Christlichsoziale Partei dabei großen Stellenwert ein.

Die Großdeutsche Partei, die unter den Lehrern die größte Anhängerschaft besaß, formulierte ihre Forderungen im Salzburger Programm von 1920. „Die Festlegungen zu Schule und Unterricht ähnelten in vielem den sozialistischen Bildungsvorstellungen; in den Begründungen allerdings unterschieden sie sich meist stark."[83] So forderten auch die Großdeutschen staatliche Schulen, allerdings bezweckten sie damit weniger die Ausschaltung des kirchlichen Einflusses, Förderung der Demokratie und Chancengleichheit für alle. Sie erhoben diese Forderung viel mehr deswegen, „weil nach dem Wegfall der allgemeinen Wehrpflicht ein zusammenfassendes Band für das zum Partikularismus neigende deutsche Volk doppelt nötig geworden ist. In der Schule muß daher eine geschlossene geistige Wehrmacht zum Heile des ganzen Volkes herangezogen werden."[84] Die Erziehung der Kinder in der Schule sollte bereits im vorschul-

---

[79] Richard Olechowski: Schulpolitik, in: Erika Weinzierl / Kurt Skalnik (Hrsg.): Österreich 1918-1938. Geschichte der Ersten Republik, Band 2, Graz / Wien / Köln 1983, S. 589-607; hier: S. 589

[80] vgl. Engelbrecht, Geschichte, S. 15

[81] Basrucker, Schulforderungen, S. 89

[82] Dachs, Schule, S. 20

[83] Engelbrecht, Geschichte, S. 16

[84] „Salzburger Programm" der Großdeutschen Partei, 1920; zitiert bei: Engelbrecht, Geschichte, S. 16

pflichtigen Alter in staatlichen Volkskindergärten erfolgen. Im Bereich der Schulorganisation sahen die Großdeutschen – wie auch die Sozialdemokraten – eine Gesamtschule bis zum 14. Lebensjahr vor, von der fünften bis zur achten Schulstufe müsste dabei aber die unterschiedliche Begabung der Schüler berücksichtigt werden. Einen breiten Stellenwert im Unterrichtsgeschehen sollten auch – so die Vorstellungen der Großdeutschen Partei – Handarbeit und Leibesübungen einnehmen, Mädchen hätten eine Ausbildung zu erhalten, die auf ihre spätere Aufgabe als Hausfrau und Mutter abgestimmt sein müsste. Insgesamt bevorzugten die Großdeutschen eine Erziehungsschule, die an die Stelle der alten Wissensschule treten sollte. Die „planmäßige Erziehung der Jugend zu bewußtem staatsbürgerlichen Denken und Handeln, in erster Linie zu Verantwortlichkeitsgefühl und Selbstzucht, ohne die kein demokratisches Gemeinwesen bestehen kann"[85] wurde besonders betont. Daneben sollte die Zusammenarbeit zwischen Schule und Elternhaus möglichst gefördert werden. An die große Gruppe großdeutscher Lehrer richtete sich das Versprechen, eine soziale und wirtschaftliche Hebung des Lehrerstandes zu bewirken und die Lehrerbesoldung zu reformieren. Nach ihrem Eintritt in die Koalitionsregierung schraubten die Großdeutschen ihre Forderungen, die ja großteils zuwider den christlichsozialen Vorstellungen liefen, deutlich zurück.[86]

In der Praxis wurde die österreichische Politik bis zu den Wahlen im Oktober 1920 wesentlich von den Sozialdemokraten geprägt. Sie stellten sich entschieden gegen die Restaurationsversuche der Monarchie und waren heiße Verfechter der Demokratie und der neuen Republik. Im Bereich der Sozialgesetzgebung konnte – wie bereits erwähnt – eine umfangreiche Reform durchgeführt werden, zudem erreichte die Sozialdemokratie, die stets für die Trennung von Kirche und Staat eingetreten war, eine Zurückdrängung der Kirche aus dem staatlichen Bereich.[87]

Die sozialdemokratische Bildungspolitik fand in Otto Glöckel (geboren 1874) einen leidenschaftlichen Vertreter. Glöckel war geprägt von großem sozialen Verantwortungsbewusstsein. Als junger Lehrer hatte er das Elend vieler Proletarierkinder in der Schule selbst erlebt und war davon bitter betroffen. Der Kirche stand er ablehnend gegenüber. Zu dieser Haltung hatte ihn nicht nur sein Vater, ein liberal denkender Lehrer, der dem konfessionellen Schulwesen nichts abgewinnen konnte, bewegt, sondern auch sein Onkel, ein Pfarrer in Ungarn, durch welchen er die Erkenntnis machte, dass auch Priester menschliche Unzulänglichkeiten aufweisen, wovon der einst begeisterte Ministrant tief enttäuscht

---

[85] Engelbrecht, Geschichte, S. 17
[86] vgl. Dachs, Schule, S. 50
[87] vgl. Engelbrecht, Geschichte, S. 18f

war.[88] Obwohl er 1897 nach fünf Dienstjahren ohne jedes Disziplinarverfahren aus politischen Gründen aus dem Schuldienst entlassen wurde, setzte er alles daran, im pädagogischen Bereich weiterzuarbeiten und aus seiner Sicht notwendige Verbesserungen zu erzielen.

Am 15. März 1919 trat Otto Glöckel sein Amt als Unterstaatssekretär für Bildung in dem neu eingerichteten Staatsamt für Inneres und Unterricht an. Als Unterstaatssekretär konnte er alle Entscheidungen selbständig treffen, wodurch sein Einfluss dem eines damaligen Staatssekretärs bzw. eines heutigen Ministers kaum nachstand. In dieser Position machte er sich sogleich an die Umsetzung der sozialdemokratischen Reformvorstellungen, die stark von der Reformpädagogik, deren Entwicklung um die Jahrhundertwende einsetzte, und von ausländischen Vorbildern geprägt war.[89] Dabei zeichnete er sich durch sein nicht enden wollendes Engagement und seine grenzenlose Hingabe an die Zielsetzungen der Reform, ohne die die Schulreform wohl gar nicht zustande gekommen wäre, dermaßen aus, dass die Reform bis heute aufs Engste mit seinem Namen verbunden blieb.

Im Zuge der Umsetzung der Reformideen schritt Otto Glöckel zuallererst an die Verfachlichung der Unterrichtsbehörden. Der Aufgabenbereich der vormals tonangebenden Juristen wurde auf die korrekte Abfassung der Gesetzestexte beschränkt, pädagogische Fachleute, die das Vertrauen Glöckels genossen, erhielten nun wesentlichen Einfluss. Zudem bemühte sich Glöckel um eine Demokratisierung im Unterrichtsbereich. „Die Konstituierung eines Erziehungs- und Unterrichtsrates (Elternvertretung) beim Unterrichtsministerium wurde vorbereitet, Lehrerkammern für das Volksschulwesen, für die Mittelschulen und für die Hochschulen wurden 1920 einberufen."[90] Hinter diesen Maßnahmen steckten nicht nur der Wille zu vermehrter Zusammenarbeit, sondern auch politische Beweggründe. So konnte Glöckel etwa den ihm nahe stehenden Lehrergruppen durch geschickte Manipulation mehr Einfluss zusichern als anderen, auch verstand er es, die Elternvereine für die Propagierung seiner Ideen zu nutzen, sie den politischen Gegnern aber weitestgehend zu verschließen.[91]

---

[88] vgl. Richard Olechowski: Schul- und Bildungspolitik während der Ersten und der Zweiten Republik, in: Erich Zöllner (Hrsg.): Österreichs Erste und Zweite Republik. Kontinuität und Wandel ihrer Strukturen und Probleme, Wien 1985, S. 99-120; hier: S. 100f

[89] Die wichtigsten pädagogischen Erkenntnisse sowie Beispiele für den Einfluss ausländischer Modelle nennt Engelbrecht. (vgl. Engelbrecht, Geschichte, S. 43-47, S. 51-63 bzw. S. 66f) Achs betont allerdings, dass „trotz dieser Verflechtung mit der internationalen pädagogischen Theorie und Praxis [...] die Schulreform in Österreich ein durchaus eigenständiges und schöpferisches Werk" darstellte. (vgl. Achs, Schulwesen, S. 65)

[90] Scheipl / Seel, Entwicklung 1750-1938, S. 83; Details über die (teils in der Planung stecken bleibende) Einrichtung der Lehrerkammern und des Erziehungs- und Unterrichtsrates finden sich bei Achs. (vgl. Achs, Schulwesen, S. 53-60)

[91] vgl. Engelbrecht, Geschichte, S. 74

Bereits im Jahr 1919 schuf Glöckel eine Reformabteilung, die er sich direkt unterstellte. „Die neue Abteilung im Unterrichtsamt wurde zum Mittelpunkt und zum Träger der Reformarbeit. Die Mitglieder der ‚Reformabteilung' hatten die Richtlinien der Schulerneuerung zu beraten und auszuarbeiten, die zur Durchführung notwenigen Erlässe zu formulieren sowie die Lehrpläne zu entwerfen."[92] Zusätzlich informierten die Mitglieder der Reformabteilung mit großem Einsatz die Lehrerschaft über die Reformgedanken, indem sie hunderte Vorträge hielten und Artikel für pädagogische Zeitschriften verfassten. In ihrer ursprünglichen Form bestand die Reformabteilung bis 1922, dann wurde ihr Handlungsspielraum zunehmend eingeengt, bis ihre Mitglieder schließlich als weisungsgebundene Beamten in das System der Schulverwaltung integriert wurden und dadurch wesentlich an Einfluss verloren.

Generell bediente sich Glöckel während seiner Amtszeit als Unterstaatssekretär in erster Line Erlässe und Verordnungen, um seine schulpolitischen Ideen umzusetzen. Ein anderer Weg wäre nicht möglich gewesen, da ja durch die oben beschriebene gesetzliche Lage Änderungen im Schulbereich kaum in anderer Form erzielbar waren.

Bereits am 10. April 1919 erließ Glöckel einen Erlass, gemeinhin bekannt unter dem Namen „Glöckel-Erlass", der ihm die langjährige Feindschaft der katholischen Kirche und der ihr nahe stehenden Christlichsozialen Partei einbrachte.[93] In diesem Erlass untersagte er die Ausübung jedes Zwanges zur Teilnahme an religiösen Übungen, die Nichtteilnahme dürfe dabei für den Schüler keine negativen Konsequenzen haben. Begründet wurde dieser Erlass mit dem Staatsgrundgesetz von 1867, wo Artikel 14 „klar ausspricht, daß kein Staatsbürger gegen seine Überzeugung zur Teilnahme an einer religiösen Übung gezwungen werden darf"[94], sowie auf das Schule-Kirche-Gesetz aus dem Jahre 1868. Obwohl rein inhaltlich gesehen gegen den Glöckel-Erlass „weder theologisch noch religionspädagogisch [...] etwas eingewendet werden [könnte], weil erzwungene Lippenbekenntnisse von Lehrern und Schülern nicht von Religiosität, sondern von Heuchelei zeugen"[95] und der Wegfall von Zwang sogar zu einer pädagogischen Besserung des Schulklimas beitragen würde, reagierte die Kirche, deren Verhältnis zur Sozialdemokratie ohnehin gespannt war[96], mit großer Ablehnung.

---

[92] Engelbrecht, Geschichte, S. 72

[93] Glöckels persönliche Beweggründe als auch der Zusammenhang mit den sozialdemokratischen Schulvorstellungen stellt Olechowski übersichtlich dar. (vgl. Olechowski, Schulpolitik, S. 591f)

[94] Hans Fischl: Schulreform, Demokratie und Österreich 1918-1950, Wien 1950, S. 20

[95] Engelbrecht, Geschichte, S. 88f

[96] Die Sozialdemokraten benutzten nicht selten das Bild vom „verfressenen, geilen, geldgierigen Pfaffen", um gegen die Kirche Propaganda zu machen, zudem ermunterten sie die Bevölkerung, aus der Kirche auszutreten. Auch die oftmaligen Störungen von Fronleichnamsprozessionen trugen nicht gerade zur Besserung der Beziehungen bei. Die Kirche sah im Glö-

Glöckel unterschätzte die Konsequenzen, die diese Konfliktsituation auf die Bildungspolitik hatte und bemühte sich auch weiterhin – besonders in Wien – den Einfluss der Kirche auf die Schule auszuschalten. Die Folge war, dass „Fragen der Neuordnung des Schulwesens in die Turbulenzen einer emotionell aufgewühlten Sphäre [gerieten] und die Christlichsoziale Partei, die sich als verlängerter Arm der katholischen Kirche verstand, [...] von vornherein in eine Gegenposition gezwungen [wurde]."[97] Das Spannungsverhältnis, das sich im Laufe der Zeit immer mehr zuspitzte, verursachte das Scheitern vieler Schulreformbestrebungen, da die Christlichsozialen fortan dazu tendierten, Reformvorschläge von sozialdemokratischer Seite – für die sie ursprünglich relativ offen waren[98] – prinzipiell abzulehnen. In diesem Klima wurde nun von christlichsozialer Seite wieder verstärkt der Forderung Nachdruck verliehen, konfessionelle Schulen einzurichten und mit staatlichen Mitteln zu fördern sowie die sittlich-religiöse Erziehung energisch voranzutreiben. In den Bundesländern waren diese Bemühungen erfolgreich, in Wien jedoch kam es – wie noch dargestellt werden wird – zu schweren Konflikten. Der Glöckel-Erlass jedenfalls blieb auch unter den christlichsozialen Unterrichtsministern in Kraft. Die beiden Gesetze, auf denen er beruhte, wurden nämlich auch von ihnen als gültig anerkannt, sodass sie den Schritt zum Verwaltungsgerichtshof auf Grund des unsicheren Ausgangs nicht wagten.[99]

Neben dem Versuch, die konfessionslose öffentliche Schule durchzusetzen, wurde die Glöckelsche Schulreform von der Forderung nach der Einheitsschule dominiert. Die Mehrgliedrigkeit des Schulsystems, wo es neben der Volksschuloberstufe auch die Bürgerschule und die Unterstufen der Mittelschule gab[100], sollte aufgelöst und durch eine einheitliche vierklassige Mittelschule ersetzt werden. Auf diesem Weg sollte die Entscheidung für einen bestimmten Bildungsweg vom zehnten auf das 14. Lebensjahr verschoben werden. Außerdem sollten Kinder aus bildungsfernen Schichten, etwa aus dem Arbeitermilieu oder aus der Landwirtschaft, im Sinne der Chancengleichheit vermehrt Zugang zu höherer Bildung erhalten. Bildungsbarrieren und Bildungssackgassen sollten abgebaut werden, „Die ganze Schule dem ganzen Volk"[101] lautete die Devise. Tatsächlich nahm die Zahl derjenigen, die zu höheren Schulabschlüssen gelangten, in der Ersten Republik zu. Engelbrecht gibt dabei aber zu bedenken, dass

---

ckel-Erlass nun einen weiteren Versuch, ihren Einflussbereich einzugrenzen und reagierte entsprechend empfindlich. (vgl. Engelbrecht, Geschichte, S. 89)

[97] Engelbrecht, Geschichte, S. 89

[98] vgl. Engelbrecht, Geschichte, S. 91; Fischl, Schulreform, S. 14

[99] vgl. Scheipl / Seel, Entwicklung 1750-1938, S. 85; Achs, Schulwesen, S. 85f

[100] Eine recht übersichtliche Darstellung des auf dem Reichsvolksschulgesetz und dem Organisationsentwurf für Mittelschulen beruhenden Schulsystems findet man bei Scheipl und Seel. (vgl. Scheipl / Seel, Entwicklung 1750-1938, S. 86)

[101] Hans Fischl; zitiert bei: Scheipl / Seel, Entwicklung 1750-1938, S. 83

diese Entwicklung „sicherlich nicht nur auf den schrittweisen Abbau der reservierten Einstellung der Grundschicht gegenüber der höheren Bildung zurückzuführen [war], sondern auch eine Antwort auf fehlende Ausbildungsplätze in der Wirtschaft"[102] darstellte.

Das Konzept für die Einheitsschule wurde in den „Leitsätzen für den allgemeinen Aufbau der Schule"[103], die von der Reformabteilung erarbeitet und im Februar 1920 dem Unterrichtsausschuss des Parlaments vorgelegt wurden, dargelegt. Im Bereich der Grundschule existierte die Einheitsschule bereits seit dem Reichsvolksschulgesetz 1869. Hier sollte v.a. der innere Schulbetrieb umgestaltet werden. Die neu gestaltete Volksschule sollte sich an drei Grundsätzen orientieren. Zum einen sollte die alte „Drillschule" durch eine „Arbeitsschule" ersetzt werden, in welcher die Schüler große Selbsttätigkeit bei der Erarbeitung der Unterrichtsinhalte einbringen sollten. Zum anderen sollte der Unterricht an die unmittelbare Erfahrungswelt des Kindes anknüpfen und dadurch schrittweise auch das Ferner liegende verstehbar machen. Für diese Forderung bürgerte sich das Schlagwort „Bodenständigkeit des Unterrichts" ein. Den dritten Grundsatz schließlich bildete der Gesamtunterricht, der ein Abgehen von dem bisher üblichen, streng nach Fächern gegliederten Unterricht vorsah und an dessen Stelle ein situationsabhängiges Erlernen der Fähigkeiten (Lesen, Schreiben, Rechnen, aber auch Zeichnen und Singen) direkt am „Lebensfeld" setzte. An diese Grundschule sollte dann eine vierjährige „Allgemeine Mittelschule" anschließen, wobei eine Differenzierung in zwei Klassenzüge vorgesehen war. Im Klassenzug I wurde dann die Möglichkeit einer weiteren Differenzierung nach Mindestlehrstoff und „erweitertem Lehrstoff" in Betracht gezogen. In den so genannten „gemeinsamen Fächern", etwa in Zeichnen oder Turnen, sollte die Trennung nach Klassenzügen jedoch aufgehoben werden. „Auf diese Weise hofften die Schulreformer die Einheitlichkeit der Ausbildung und Erziehung sichern zu können, ohne daß dabei Begabungshöhe, Begabungsschwerpunkte und Interessen der Schüler außer acht gelassen würden."[104] In den Ober- und Fachschulen sollten weiterhin verschiedene Schultypen bestehen. Insgesamt war man „im Entwurf zur Neugestaltung der Mittelstufe [...] vom radikalen Einheitsschulkon-

---

[102] Engelbrecht, Geschichte, S. 23

[103] Die „Leitsätze" – gegliedert in drei Problembereiche – orientierten sich an zwei großen Zielen, nämlich an einer individualpädagogischen Zielsetzung (Individualisierung des Bildungsablaufes) und an einer gesellschaftlichen Zielsetzung (Chancengleichheit und soziale Integration). Die Einheitsschule – ein, wie Olechowski darlegt, missverständlicher Begriff – wurde als wesentliche Voraussetzung für das Erreichen der Ziele gesehen. (vgl. Olechowski, Schulpolitik, S 596-598; Olechowski, Schul- und Bildungspolitik, S. 99; Fischl, Schulreform, S. 24f)

[104] Engelbrecht, Geschichte, S. 70

zept abgegangen. Als Maxime galt: Einheitlichkeit so weit wie möglich, Differenzierung so weit als notwendig."[105] Was die innere Reform der Volksschule betrifft, so öffnete Glöckel durch eine Verordnung vom 4. Juni 1919 den Weg zur Durchführung von Schulversuchen. Viele engagierte Lehrer[106] beteiligten sich an der Erprobung des Arbeitsschulprinzips, in dem die „Pädagogik vom Kinde aus" eine zentrale Rolle spielte. Der große Einsatz der Lehrerschaft unter widrigen wirtschaftlichen Verhältnissen verdient hier eine besondere Hervorhebung. Dabei arbeiteten die Lehrer der Versuchsklassen eng zusammen: „Das Beeindruckende an den pädagogischen Reformbestrebungen auf österreichischem Boden, besonders in Wien, war, dass nicht einzelne Lehrer, isoliert und ohne Rückhalt in Wissenschaft und Schulverwaltung, sich auf die Suche nach einer kindgerechten und gemeinschaftsbewußten Methodik des Unterrichts begeben hatten. [...] Vielmehr nahmen die Lehrer in breiter Front und ziemlich geschlossen, vorerst meist unbeeinflußt von parteipolitischen Überlegungen, die Reformarbeiten auf. Sie standen dabei in enger Kommunikation."[107] Insgesamt entstanden 253 Versuchsklassen, 156 davon in Wien.[108] Die drei Grundsätze Arbeitsunterricht, Bodenständigkeit und Gesamtunterricht fanden bei der Lehrerschaft großen Anklang, auch die Mittelschullehrer, die zuerst einen Rückgang positiver Kenntnisse befürchtet hatten, zeigten sich mit den Leistungen der Schüler zufrieden.[109] Die Erfahrungen aus den Versuchklassen flossen in den von der Reformabteilung ausgearbeiteten neuen provisorischen Volksschullehrplan ein, der am 8. Juni 1920 erlassen wurde. Definitiv sollte er erst nach einer Erprobung und Diskussion auf breiter Basis in Kraft treten. Die wesentlichen Grundzüge des Volksschullehrplanes – dies sei hier vorweggenommen – blieben auch nach dem Ausscheiden Glöckels aus dem Unterrichtsamt erhalten.

Einen ersten Schritt in Richtung Einheitsschule setzte Glöckel mit der Bildung der „Staatserziehungsanstalten", die 1920 in „Bundeserziehungsanstalten" um-

---

[105] Scheipl / Seel, Entwicklung 1750-1938, S. 89f

[106] Der Einsatz für die Reform war von Seiten der Volksschul- und Bürgerschullehrer sicherlich am größten, was Fischl darauf zurückführt, dass zum einen die neuen Unterrichtsmethoden sowohl bei Kindern als auch bei den Eltern großen Anklang fanden und zum anderen im Bereich der Volksschulversuche noch die anfängliche Begeisterung für die Schulreform genutzt werden konnte. Bei den späteren Mittelschulversuchen war diese Begeisterung schon verpufft, zudem fürchteten die Mittelschullehrer die Verschmelzung der Mittelschulunterstufen mit der Volksschuloberstufe, sodass sie von Beginn an der Schulreform reserviert gegenüberstanden. (vgl. Fischl, Schulreform, S. 15f)

[107] Engelbrecht, Geschichte, S. 41; Die angesprochene enge Kommunikation fand in „Arbeitsgemeinschaften" statt, die sich bezirksweise zusammenschlossen. Viele Lehrer des ländlichen Raumes nahmen auch im Winter weite Fußmärsche auf sich, um an den Zusammenkünften teilnehmen zu können. (vgl. Fischl, Schulreform, S. 27)

[108] vgl. Engelbrecht, Geschichte, S. 76

[109] vgl. Scheipl / Seel, Entwicklung 1750-1938, S. 92

benannt wurden. Aus den ehemaligen Militärkadettenanstalten sowie aus dem Zivilmädchenpensionat und dem Offizierstöchterinstitut gingen neue „Begabtenschulen" hervor, die von besonders begabten Schülern auch der sozial niedrigeren Schichten nach Bestehen einer Aufnahmeprüfung besucht werden konnten. Ziel der neuen Schulen war es, Erziehung und Unterricht in Einklang zu bringen und auf das ganze Anstaltsleben auszuweiten.[110] Die Lehrpläne dieser neu gegründeten Internatsschulen orientierten sich bereits an der in den Leitsätzen vorgesehenen Allgemeinen Mittelschule. Sie räumten der deutschen Muttersprache großen Stellenwert ein, weshalb die Unterstufe dieses Schultyps als „Deutsche Mittelschule" bezeichnet wurde. Daneben spielte die nationale Erziehung eine große Rolle. Die Oberschulformen der Bundeserziehungsanstalten waren auf Allgemeinbildung ausgerichtet. Durch „die geglückte Verbindung von Erziehung und Unterricht"[111] gewannen die neu geschaffenen Internatsschulen weltweites Ansehen, im „Ständestaat" versanken sie jedoch zunehmend in Bedeutungslosigkeit.[112] Ähnliche Versuche wie im Volksschulwesen konnte Glöckel als Unterstaatssekretär im Bereich der Mittelschule nicht durchführen. Zwar lagen seine Vorstellungen von einer einheitlichen Sekundarstufe I in den „Leitsätze für den allgemeinen Aufbau der Schule" vor, die Umsetzung seiner Pläne konnte er allerdings erst in seiner Tätigkeit als Zweiter Präsident des Stadtschulrates für Wien verwirklichen.

Neben diesen Hauptpunkten der Schulreform wurden unter Glöckel noch Änderungen in kleineren Bereichen vorgenommen. So waren etwa die alten Schulbücher aus der Zeit der Monarchie für den jetzigen Unterricht, der zum Teil ja ganz andere Ziele verfolgte als in den Jahren vor dem Ersten Weltkrieg, nicht mehr oder nur teilweise zu gebrauchen. Aus finanziellen Gründen wurden die Lehrbücher in den ersten Jahren der Republik zwar weiterverwendet, ein von Glöckel eingesetzter Schulbücherausschuss entwarf aber zusätzliche Lesetexte, „in denen der Krieg verurteilt, die Demokratie gelobt, Pflichtbewußtsein gefördert und die Zukunft Österreichs nur im Zusammenschluß mit Deutschland gesehen wurde"[113]. Die neuen Lesebücher wurden bereits am 12. November 1919 an den Schulen verteilt, stießen aber häufig auf Kritik, da religiöse Vorstellungen völlig von einer religionslosen Moral ersetzt worden waren. Der 1921 gegründete Wiener Verlag für Jugend und Volk machte es möglich, neue Schulbücher relativ billig herzustellen, an den Wiener Volksschulen und Versuchsschu-

---

[110] Eine genauere Darstellung der Ziele findet sich bei Scheipl und Seel. (vgl. Scheipl / Seel, Entwicklung 1750-1938, S. 93)

[111] Engelbrecht, Geschichte, S. 287

[112] Diese schrittweise Entwicklung schildert Engelbrecht ausführlich. (vgl. Engelbrecht, Geschichte, S. 286f)

[113] Engelbrecht, Geschichte, S. 83

len wurden sie den Schülern sogar kostenlos zur Verfügung gestellt. Verfasst wurden die neuen Schulbücher zumeist von Personen, die Glöckel nahe standen. Ein weiteres wichtiges Anliegen im Zuge der Demokratisierung war für Glöckel die Einbindung der Eltern in den Schulbereich. Dabei ging es ihm nicht nur darum, „das vertrauensvolle Verhältnis zwischen Lehrern und Eltern durch verschiedene Maßnahmen zu stärken, wie Erweiterung der Sprechstunden zu einer pädagogischen Beratung, Einführung von Elternabenden und Elternkonferenzen", viel mehr sollte „die tätige Mitwirkung der Eltern auf dem Gebiet der Erziehung"[114] gefördert und verstärkt werden. Tatsächlich wurden Elternräte, Elterngemeinschaften und Elternvereine geschaffen, wobei es Aufgabe v.a. des Elternrates sein sollte, die Zusammenarbeit von Eltern und Lehrern mitzuorganisieren und bei der Umsetzung der gemeinsam getroffenen Entscheidungen mitzuhelfen. Die Elternräte selbst konnten sich auf Dauer nicht durchsetzen[115], ihre ursprüngliche Zielsetzung wurde dann aber vom geschäftsführenden Ausschuss eines Elternvereins erfüllt. Für die Elternvereine hatte das Unterrichtsamt Mustersatzungen veröffentlicht. Darin nahmen die soziale und finanzielle Unterstützung der Schule einen wichtigen Platz ein. In der Schulwirklichkeit beschränkte sich die Tätigkeit der Elterngemeinschaften und -vereine bald ausschließlich auf den sozialen Bereich, wo Schulausflüge und Sportveranstaltungen organisiert, Lehrmittel und Bekleidung für ärmere Kinder bereitgestellt und Schulausspeisungen finanziert wurden. Zu einer wirklichen Mitsprache und Mitgestaltung der Eltern am Schulgeschehen kam es aber nicht, eine solche wurde von Seiten des Unterrichtsamtes gar nicht gewünscht.[116] Misstrauen wurde von Seiten der Lehrer geäußert, die Einschränkungen und vermehrte Kontrolle fürchteten. In Wien wurden die meisten Elternvereine gegründet. Hier, wo die Eltern aktiv an der Überwachung des Schulbesuchs mitarbeiteten, zeigte sich auch die positive Wirkung, die die verstärkte Zusammenarbeit zwischen Eltern und Schule auf das Schulklima haben konnte. Dennoch blieb „das Ungleichgewicht in den Beziehungen [...] so offenkundig, daß es kritische Eltern nicht befriedigen konnte. Doch Fortschritte im Abbau des Spannungsverhältnisses zwischen Elternhaus und Schule wurden erzielt."[117]
Auch die Schüler sollten vermehrt in den Schulbereich miteinbezogen werden. Die Forderungen der Mittelschüler nach mehr Mitsprache führten zur Idee, sogenannte „Schulgemeinden" zu gründen. Dieser Idee standen breite Kreise der

---

[114] Engelbrecht, Geschichte, S. 39
[115] Überhaupt wurden die Bemühungen der Lehrer, mit den Eltern enger zusammenzuarbeiten, nicht von allen Eltern positiv aufgenommen. (vgl. Birgit Bauer: Geschichte des österreichischen Bildungswesens von 1919 bis in die Gegenwart. Unter besonderer Berücksichtigung der Rolle der LehrerInnen, Dipl.arb., Wien 2004, S. 12f)
[116] vgl. Engelbrecht, Geschichte, S. 40
[117] Engelbrecht, Geschichte, S. 40

Lehrerschaft, aber auch viele Politiker[118] ablehnend gegenüber, dennoch setzte sich das Unterrichtsamt entschieden für die aktive Mitarbeit der Schüler am Schulgeschehen ein. Sowohl sein Vorgänger als auch Glöckel selbst betonten in Erlassform nachdrücklich die Pflicht der Landesschulbehörden, das Zustandekommen von Schulgemeinden bestmöglich zu fördern.[119] Von diesen erwartete man sich einen wesentlichen Beitrag zur demokratischen und staatsbürgerlichen Erziehung. Wirklich durchsetzen konnten sich die Schulgemeinden allerdings nur in Wien, wo sie ab 1922 besondere Förderung erhielten und im Schuljahr 1924/25 noch einmal einen starken Aufschwung nahmen[120]. In den anderen Bundesländern ließ die anfängliche Begeisterung rasch nach. Die Gründe dafür waren vielfältig. In den meisten Fällen war es zu keiner wirklichen Beteiligung der Schüler gekommen, oftmals wurde die Schulgemeinde nur als ein Mittel gesehen, „die Disziplin und Einordnung der jungen Menschen zu fördern"[121]. Zudem wirkten sich Zeitmangel und Teilnahmslosigkeit hemmend auf die Entstehung funktionierender Schulgemeinden aus. Die bereits oben angesprochene Politisierung der Schüler führte zu großen Gegensätzen, die ebenso wie die Parteilichkeit der Lehrer oft Konflikte hervorrief. Entscheidend war zudem, dass die Lehrer „in der Einrichtung der Schulgemeinde häufig ein gegen sie gerichtetes legalisiertes Kampfmittel erblickten", sodass keine wirkliche Zusammenarbeit zwischen Lehrern und Schülern zustande kam. Engelbrecht bringt die Gründe des Scheiterns auf den Punkt: „Der Versuch, durch den Aufbau äußerer demokratischer Strukturen im Schulbereich die Demokratie zu festigen, blieb ohne Erfolg, weil die dazu nötige demokratische Gesinnung fehlte. Sie zu wecken wäre daher Hauptaufgabe gewesen. Das hätte Erziehung zur Toleranz und zum verständnisvollen Gespräch mit Andersdenkenden erfordert. Dazu waren die Erwachsenen, Vorbilder und Lehrer der Jugend, nicht fähig. Ihnen fehlte nämlich eine Grundvoraussetzung dafür: das Vertrauen zueinander und das Vertrauen zur Obrigkeit."[122] Dies führte dazu, dass schließlich auch die ohnehin recht unterschiedlich konkretisierten Wiener Schulgemeinden in ein Dämmerdasein verfielen, lediglich in Internatsschulen wie den Bundeserziehungsanstalten konnten sie mit wirklichem Leben erfüllt werden.

---

[118] Die Einstellung der verschiedenen Parteien, die auch innerhalb der Parteimitglieder weit auseinander gingen, umreißt Herbert Dachs in einem eigenen Kapitel. (vgl. Dachs, Schule, S. 178-182)

[119] vgl. Dachs, Schule, S. 168

[120] Auslöser dafür war ein Schülerselbstmord auf Grund einer drohenden Schulentlassung. Die Vereinigung Sozialistischer Mittelschüler nahm dies zum Anlass für die Forderung, das Disziplinarrecht an die Schulgemeinden zu übertragen. In der Wiener Schulgemeindeverfassung vom 1. Februar 1925 wurde den Schülern dann tatsächlich Teilnahme an der Erledigung von Disziplinarfällen zugestanden. (vgl. Dachs, Schule, S. 172f)

[121] Dachs, Schule, S. 170

[122] Engelbrecht, Geschichte, S. 13

Ein zweites großes Zugeständnis an die Jugend bildete die Aufhebung des Vereinsverbotes. Ab 30. Juli 1919 war es den Mittelschülern der Oberstufe gestattet, sich in Vereinen zusammenzuschließen, Vereinsabzeichen durften in der Schule aber nicht getragen werden. Die Zahl der Mittelschülerverbände nahm daraufhin rapide zu.

Christlichsoziale Schulpolitik, die Reformarbeit des Wiener Stadtschulrats und die Kompromissgesetze aus dem Jahr 1927

Wie bereits erwähnt gingen die Christlichsozialen aus den Oktoberwahlen 1920 als Sieger hervor, woraufhin es die Sozialdemokratische Partei vorzog, in Opposition zu gehen. Eine christlichsoziale Minderheitsregierung scheiterte ebenso wie ein überparteiliches Beamtenkabinett. Erst 1922 kam es zu einer Koalitionsregierung aus Christlichsozialen und Großdeutschen, die bis zum Austritt letzterer aus der Regierung im Jahre 1932 fortbestand. In den Koalitionsvereinbarungen hatte man sich darüber geeinigt, all jene Bereiche, über die die beiden Parteien divergierende Auffassungen vertraten, auf ihrem momentanen Stand zu belassen. Diese Regelung traf auch auf das Gebiet der Schulpolitik zu, wo somit vorerst keine großen Veränderungen in Form einer Weiterführung der Reformmaßnahmen zu erwarten waren. Zugleich ermöglichte die notgedrungene Zurückhaltung der Regierung in Sachen Schule der Sozialdemokratie „mehr Möglichkeiten des Agierens [...], als ihr aufgrund der politischen Machtverhältnisse zukamen"[123].

Als die Sozialdemokraten in Opposition gingen, musste auch Otto Glöckel seine Position im Unterrichtsamt verlassen. Um zumindest im Kleinen weiterhin an der Umsetzung der Schulreform festhalten zu können, nahm er sogleich das Angebot seiner Partei an, als Vorsitzender-Stellvertreter im Wiener Bezirksschulrat tätig zu werden. Sein Einflussbereich erfuhr eine wesentliche Erweiterung, als Wien im Jahre 1922 den Rang eines selbständigen Bundeslandes erhielt und somit auch eine eigene Landesschulbehörde eingerichtet werden musste. Glöckel verstand es geschickt, Bezirksschulrat und Landesschulrat zu einer einzigen Behörde, dem Wiener Stadtschulrat, zu vereinigen, der somit sowohl für das niedere als auch für das mittlere Schulwesen zuständig war.[124] Der neu geschaffenen Behörde unterstanden im Schuljahr 1924/25 insgesamt 1633 Schulen mit 7121 Klassen und somit mehr als 35 Prozent der österreichischen Lehrerschaft und ein Viertel aller Schüler.[125] Entsprechend große Bedeutung hatte der Stadtschulrat für die Bildungspolitik des Bundes. Glöckel erhielt das Amt des Ge-

---

[123] Engelbrecht, Geschichte, S. 18

[124] Angaben zum genauen Wirkungskreis sowie zu den Organen des Stadtschulrates finden sich bei Fischl (vgl. Fischl, Schulreform, S. 40)

[125] vgl. Engelbrecht, Geschichte, S. 74

schäftsführenden Zweiten Präsidenten, wodurch er praktisch die Leitung des Stadtschulrates innehatte. Den damit verbundenen großen Einfluss nutzte er fortan dazu, seine Reformbestrebungen, die er als Unterstaatssekretär schon eingeleitet hatte, nun zumindest in Wien weiterzuführen. Dabei trat er nicht selten in direkten Konflikt mit dem Unterrichtsministerium, wovon die Bildungspolitik fortan stark geprägt werden sollte.

Bei der Umsetzung seines Hauptanliegens, „Wien zum Mittelpunkt der österreichischen Schulreform, zur ‚Musterschulstadt'"[126] zu machen, kam es Glöckel entgegen, dass in Wien im Gegensatz zu den anderen Bundesländern die sozialdemokratischen Volks- und Bürgerschullehrer die relativ stärkste Gruppierung bildeten und sich die sozialdemokratischen Mittelschullehrer einen weit über ihren zahlenmäßigen Anteil reichenden Einfluss sichern konnten. Auf diese Weise konnte er über weite Strecken mit der Unterstützung der Lehrerschaft rechnen. Dazu kam, dass es die Sozialdemokratie in Wien verstand, viele der leitenden Posten im Schulbereich mit Leuten aus den eigenen Reihen zu bekleiden. Auch die finanzielle Opferbereitschaft der Gemeinde Wien trug viel zur Weiterführung der Reformvorhaben bei.[127] Wie schon zuvor im Unterrichtsamt stütze sich Glöckel auch jetzt auf hervorragende und von der Schulreform begeisterte Pädagogen, die er zum Teil aus der Schulreformabteilung an den Wiener Stadtschulrat berief. Die Durchführung vieler Schulversuche zwang schließlich auch das Unterrichtsministerium zum Handeln. Engelbrecht urteilt über Glöckels Wirken folgendermaßen: „Zwar vermochte er trotz seiner kurzen Regierungszeit [im Unterrichtsamt] fast alle Grundthemen einer durchgreifenden Schulreform so stark anzuschlagen, daß sie bis in unsere Tage gehört werden, aber ihre Entwicklung und Ausführung blieb ihm im wesentlichen versagt, obgleich er nach seinem Abtritt aus der Regierung noch die Möglichkeit hatte, in Wien die Grundkonzepte seiner Reformen eine Zeitlang weiter zu verfolgen. Doch kann behauptet werden, daß O. Glöckel die Bildungspolitik der Zwischenkriegszeit entscheidend bestimmt hatte, denn sie konnte, auch wenn man es nicht wünschte und vor allem auch nicht zugab, hauptsächlich nur in Auseinandersetzung mit der von ihm geprägten Wiener Schulreform gestaltet werden."[128] Die Maßnahmen Glöckels, die heute oft unter den Begriff „Wiener Schulreform" subsumiert werden, sollen im Folgenden eine nähere Darstellung erfahren.

Von zentraler Bedeutung waren die Schulversuche im Bereich der Allgemeinen Mittelschule. An sechs Wiener Bürgerschulen (genauer an drei Mädchen- und drei Bubenschulen mit jeweils vier ersten Klassen) wurde – trotz Bedenken der Unterrichtsverwaltung – beginnend mit dem Schuljahr 1922/23 der Lehrplan

---

[126] Engelbrecht, Geschichte, S. 73
[127] vgl. Achs, Schulwesen, S. 147-150
[128] Engelbrecht, Geschichte, S. 19

dieses Schultyps erprobt. Dieser baute auf die Lehrpläne der Deutschen Mittelschule auf, die zu diesem Zweck den Erfordernissen einer Tagesschule angepasst wurden. Die Durchführung der Schulversuche gestaltete sich nicht einfach.[129] Zuerst mussten den Leitern der Bürgerschulen Gymnasiallehrer mit kollegialen Befugnissen an die Seite gestellt werden, da an den Versuchsschulen jetzt neben den Bürgerschullehrer auch freiwillige Lehrer der Mittelschule arbeiteten. Die standespolitischen Probleme, die zwischen den Lehrern der verschiedenen Schultypen bestanden, konnten nie völlig gelöst werden.[130] Eine weitere Schwierigkeit bildete das Abwandern begabter Schüler aus den Schulsprengeln, die den Versuchsschulen zugeteilt waren. Um das durchschnittliche Klassenniveau halten zu können, mussten Schüler aus anderen Schulsprengeln, die eine entsprechende Aufnahmeprüfung zu absolvieren hatten, herangezogen werden. Die Einteilung der Schüler in die zwei Klassenzüge konnte nicht zufrieden stellend gelöst werden. Weder die Zuteilung durch eine Aufnahmeprüfung noch das Einteilen der Schüler aufgrund der von den Volksschullehrern auszufüllenden Schülerbeschreibungsbögen[131] erwiesen sich als geeignet. Die Koedukation in den „gemeinsamen Fächern" erschwerte die Stundenplanerstellung, sodass sie an manchen Versuchsschulen überhaupt nicht zum Einsatz kam. Ebenso wurde die vorgesehene Differenzierung innerhalb des Klassenzugs I nicht in die Realität umgesetzt. Diese Schwierigkeiten führten zur Ausarbeitung weiterer Modelle für die Allgemeine Mittelschule, die aber mit Ausnahme einer Grazer Schule keine Umsetzung fanden. Überhaupt beschränkte sich das Interesse an den Schulversuchen innerhalb Österreichs auf Wien, im Ausland stießen diese aber auf große Aufmerksamkeit. Die Auswertung der Schulversuche zeigte, „daß die als differenzierte Gesamtschule geführte ‚Allgemeine Mittelschule' einerseits nicht so viel zur sozialen Integration und Chancengleichheit beitragen konnte, wie man erwartet hatte, andererseits aber in den anforderungshöchsten Klassenzügen der Versuchsschulen kognitive Leistungen wie in den traditionellen ‚Mittelschulen' erbracht werden konnten."[132] Die Möglichkeit des Wechselns zwischen den Klassenzügen war von 20,5 Prozent der Schüler wahrgenommen worden, manche wechselten sogar zwei Mal. Der erste Klassenzug wurde von 75 Prozent der Kinder aus höheren und mittleren Sozialschichten und von der Hälfte der Kinder von Arbeitern und niedrigen Angestellten besucht.[133]

Nachdem die ersten Versuchsklassen die ersten vier Jahre durchlaufen hatten, beantragte Glöckel im Schuljahr 1926/27, den Versuch auf weitere achtzehn Schulen auszudehnen. Damit wäre eine Entwicklung ins Rollen gebracht wor-

---

[129] vgl. Engelbrecht, Geschichte, S. 76-79

[130] vgl. Olechowski, Schulpolitik, S. 601

[131] Zum Thema Schülerbeschreibungsbögen vgl. Bauer, Geschichte des österreichischen Bildungswesens, S. 18-21

[132] Engelbrecht, Geschichte, S. 79

[133] vgl. Scheipl / Seel, Entwicklung 1750-1938, S. 94

den, die einen Rückschritt in das alte Schulsystem praktisch unmöglich gemacht hätte. Das Unterrichtsministerium sah sich also gezwungen, eine Entscheidung zu treffen.

Abgesehen davon versuchte Glöckel – auch an der Spitze des Stadtschulrats stehend – den Einfluss der Kirche im Schulbereich zu mindern. In den Schulaufsichtsgesetzen war den drei Religionsgemeinschaften das Recht zugesichert worden, jeweils einen Vertreter in die Landesschulbehörde zu entsenden. In Wien wollte man nun durchsetzen, dass die Zusammensetzung des Stadtschulrats durch Wahl erfolgen sollte, wodurch die Kirche aus der Beschlussnahme ausgeschlossen worden wäre. In dieser Heftigkeit konnten die Sozialdemokraten ihre Vorstellungen aber nicht durchsetzen. Im geänderten Schulaufsichtsgesetz wurde festgelegt, dass drei Inspektoren für den katholischen, den evangelischen und den israelitischen Religionsunterricht in den Stadtschulrat aufgenommen werden mussten. Bestimmt wurden diese vom Unterrichtsministerium. Die Bedeutung der drei Inspektoren wurde allerdings dadurch herabgesetzt, dass sie nur dann an Abstimmungen teilnehmen durften, wenn es sich um Fragen handelte, die mit dem Religionsunterricht ihres eigenen Bekenntnisses zusammenhingen.[134]

Einen weiteren Schlag gegen die Kirche erfolgte am 24. Juli 1922. Ein Erlass der Wiener Bezirksschulbehörde aus dem Jahre 1893 wurde aufgehoben. Dieser hatte auch in weltlichen Gegenständen ein Gebet zu Unterrichtsbeginn und vor Unterrichtsschluss vorgesehen. „Hinfort wurden konfessionelle Gebete nur mehr im Rahmen des Religionsunterrichtes gestattet. Auch durften die Lehrer nicht mehr gezwungen werden, beim gemeinsamen Kirchgang, bei Prozessionen und anderen religiösen Veranstaltungen die Aufsicht zu übernehmen. Schließlich wurden an Schulen mit katholischer Schülermehrheit auch nichtkatholische Leiter ernannt."[135]

Insgesamt liefen die sozialdemokratischen Bestrebungen auf eine völlige Abschaffung des Religionsunterrichts zugunsten eines religionsfreien Moralunterrichts hinaus. Die Christlichsozialen traten strikt gegen die Politik Glöckels ein. Sie argumentierten damit, dass die Aufhebung des soeben erwähnten Erlasses gegen das Reichsvolksschulgesetz verstoße, in welchem die „sittlich-religiöse Erziehung" fest verankert wäre. Die Erfüllung dieses Erziehungsauftrags könnte nicht gewährleistet werden, wenn sie allein auf den Schultern der Religionslehrer lasten würde.

Der – in manchen Bereichen doch recht aggressiven – Reformpolitik des Wiener Stadtschulrates standen die konservativ eingestellten christlichsozialen Unterrichtsminister weitgehend ablehnend gegenüber. Sowohl Walter Breisky (1920-

---

[134] vgl. Engelbrecht, Geschichte, S. 90f; Achs, Schulwesen, S. 105-107
[135] Engelbrecht, Geschichte, S. 89

1922) als auch dessen Nachfolger Emil Schneider (1922-1926) sahen von einer aktiven Weiterführung der Reformarbeiten ab. Zwar konnte die Schulreformabteilung vorläufig noch weiterarbeiten und auch die Durchführung von Schulversuchen in Wien wurde nicht verhindert, insgesamt kam es aber im Schulbereich zu keinen großen Bewegungen. Die oben erwähnten Koalitionsvereinbarungen mit der Großdeutschen Partei, in welchen man sich darauf geeinigt hatte, im Bereich der Schule keine Veränderungen vorzunehmen, förderten diese Entwicklung noch zusätzlich. Der Umgang mit wirtschaftlichen Problemen wurde in der Schulpolitik zum vordergründigen Tätigkeitsbereich. „Die ausländischen Kontrolleure und Überwacher der Seipelschen Sanierung verlangten nämlich auch den Abbau des Sachaufwands und der personellen Ausgaben im Schulbereich.[136] Damit wurde nicht nur das Versuchsschulwesen, sondern überhaupt das gesamte Bildungswesen schwer getroffen. Das Ärgste konnte vom Minister verhindert werden, doch die nun mehr bewußt werdende Armut, der Ruf nach Sparsamkeit und die Sorge um die persönliche wirtschaftliche Existenz haben aufwändige Pläne einer Schulveränderung von vornherein zum Scheitern verurteilt."[137] Erst die umfangreichen Aktivitäten des Wiener Stadtschulrates führten wieder zu größeren Veränderungen im Bereich der Bildungspolitik.

Bereits im Sommer 1925 sollte eine Entscheidung über den Volksschullehrplan, der bis dahin nur provisorisch gegolten und in der Praxis erprobt worden war, fallen. Sie war aber von der Koalitionsregierung um ein Jahr verschoben worden. Als der Unterrichtsminister 1926 einen Lehrplan verordnete, der die Reformideen kaum berücksichtigte und sich schon gar nicht mit dem provisorischen Lehrplan deckte, kam es zu einem schweren Konflikt zwischen den Sozialdemokraten und der Regierung.[138] Das ungeschickte Taktieren des Unterrichtsministers Schneider, der den absurden Versuch unternahm, in den ländlichen Gebieten einen am herkömmlichen Volksschulunterricht orientierten Lehrplan einzuführen, in den größeren Städten hingegen dazu parallel den reformierten Lehrplan zu erlassen, führte schließlich zu dessen unfreiwilligem Rücktritt. Sein Nachfolger, Anton Rintelen, arbeitete einen Lehrplan aus, auf dessen Basis Verhandlungen mit den Sozialdemokraten aufgenommen werden konnten. Schließlich erzielte man eine Kompromisslösung, die im Wesentlichen an den drei Grundsätzen Arbeitsschule, Bodenständigkeit und Gesamtunterricht festhielt. Allerdings wurden im Gegensatz zum Versuchslehrplan die Lehr- und Lernziele genauer formuliert, die Lehrgebiete klar vorgegeben und methodische Anweisungen hinzugefügt. Zudem wurde die „sittlich-religiöse Erziehung" im

---

[136] Der Einsparungskommissär verlangte eine 25-prozentige Einsparung im Bereich des Schulbudgets. Diese sollte durch die Erhöhung der Klassenhöchstzahl auf 80 Schüler, den Abbau der dadurch überflüssig gewordenen Lehrer sowie verlängerte Arbeitszeiten der Lehrer bei gleichzeitiger Gehaltskürzung erreicht werden. (vgl. Achs, Schulwesen, S. 118f)
[137] Engelbrecht, Geschichte, S. 96
[138] vgl. Achs, Schulwesen, S. 156-170

Lehrplan verankert. Der neue Volksschullehrplan trat mit 30. Juli 1926 in Kraft. „Der zweideutige Stil, in dem der Lehrplan wohl absichtlich abgefaßt war, schuf die fragwürdige Möglichkeit, je nach Dominanz einer politischen Partei die weltanschauliche Richtung des Schulunterrichtes zu beeinflussen. Das hatte zur Folge, daß in Wien und den größeren Industrieorten der Unterricht im Geiste O. Glöckels, in den ländlichen Gebieten nach christlichsozialen Auffassungen gestaltet werden konnte."[139]
Wie schon gesagt drängte auch das Vorhaben Glöckels, den Schulversuch der Allgemeinen Mittelschule großflächig auszudehnen, auf eine rasche Entscheidung von Seiten des Unterrichtsministeriums, zumal auf Wunsch des Wiener Stadtschulrats zusätzlich der Lehrplan der Deutschen Mittelschule, der bereits an neun Wiener Mittelschulen erprobt worden war, nun für sämtliche erste Klassen der Realgymnasien und Realschulen Geltung erhalten sollte. Dieses Vorhaben scheiterte am neuen Unterrichtsminister Richard Schmitz, der nun eine härtere Linie als seine Vorgänger einschlug. In seinen „Richtlinien für die gesetzliche Regelung des österreichischen Mittelschulwesens und die Ausgestaltung der Bürgerschule" stellte er Glöckels „Leitsätzen" einen Gegenentwurf entgegen.[140]
„Die Sozialdemokraten nahmen diese ‚Richtlinien' gleich einem Fehdehandschuh auf, und in den folgenden Monaten wurden auf den verschiedensten Ebenen leidenschaftliche Auseinandersetzungen geführt, die zwar häufig jeder Sachlichkeit entbehrten, doch ein unglaubliches Maß an Publizität genossen."[141]
Erst die Nationalratswahlen im April 1927, aus denen die Sozialdemokraten gestärkt hervorgingen, und die Vorfälle in Schattendorf, die zum Brand des Justizpalastes geführt hatten, ermöglichten ernsthafte Verhandlungen. Beide Parteien schlugen nun den Weg einer elastischeren Politik ein, bereits am 2. August 1927 konnten eine „Bürgerschulnovelle" und ein „Mittelschulgesetz" vom Nationalrat beschlossen werden. Beide Gesetze erhielten Verfassungsrang.
Die Kompromissbereitschaft, die für das Zustandekommen der Gesetze notwenig gewesen war, hatte Vorteile für beide Seiten: „Die Regierung konnte einen Prestigegewinn erreichen und ihre Arbeitsfähigkeit unter Beweis stellen, sie bot ferner dadurch weitere Reformbestrebungen unmittelbar Einhalt. Für die Sozialdemokraten brachte der Kompromiß die gesetzliche Anerkennung von Teilen ihres Wiener Schulversuchswesens."[142]

---

[139] Engelbrecht, Geschichte, S. 100
[140] Die „Richtlinien" sahen eine Dreigliederung des Schulwesens nach der Grundschule vor. Unterschieden wurde dabei zwischen achtklassigen Mittelschulen, vierklassigen Bürgerschulen und vierklassigen Ober(volks)schulen, welchen jeweils ein unterschiedlicher Bildungsauftrag – abhängig von der Begabung der Schülerschaft – zugeteilt wurde. (vgl. Scheipl / Seel, Entwicklung 1750-1938, S. 94f; Achs, Schulwesen, S. 173f)
[141] Engelbrecht, Geschichte, S. 98
[142] Achs, Schulwesen, S. 179

Die Bürgerschulnovelle[143] – bekannt unter dem Begriff „Hauptschulgesetz" – führte zur Bildung eines neuen Schultyps. Die Bürgerschule war aus mehreren Gründen unter Kritik geraten. Ihre nur dreijährige Dauer bewirkte, dass der Lehrplan, der die Vermittlung sowohl von praktischen als auch von allgemeinen Lehrinhalten vorsah, eine Überlastung der Schüler darstellte. Zudem stellte die Bürgerschule eine Bildungssackgasse dar, ihre Schüler konnten nicht in die Mittelschule übertreten. Auch wurde bemängelt, dass die Schüler nicht nach Begabung und Leistung differenziert unterrichtet wurden. Nun wurde die ehemalige Bürgerschule um ein viertes Jahr verlängert und in „Hauptschule" umbenannt. Ihre Aufgabe blieb weiterhin die „Vermittlung einer über das Lehrziel der Volksschule hinausreichenden abschließenden Bildung und Vorbereitung fähiger Schüler auf den Übertritt in Mittelschulen und berufsbildende Schulen (Fachschulen)"[144]. Angelehnt an die Allgemeine Mittelschule gab es in der neuen Hauptschule zwei Klassenzüge, in die die Schüler nach ihrer Begabung und ohne vorherige Aufnahmeprüfung eingeteilt wurden. Koedukation war nicht vorgesehen. Fremdsprachenunterricht wurde in unverbindlicher Form erteilt. Dies sollte gewährleisten, dass die Schüler der Hauptschule bei entsprechendem Lernerfolg und eben Kenntnissen in einer Fremdsprache in eine Mittelschule überwechseln konnten. Aus demselben Grund sollte der Lehrplan der Hauptschule so weit wie möglich demjenigen der Unterstufe der Mittelschulen entsprechen. Wie später gezeigt wird, konnte der neue Schultyp die Hoffnungen der Anhänger der Schulreform nur zum Teil erfüllen.

Das Mittelschulgesetz[145] bedeutete eine Neuregelung des stark zersplitterten Mittelschulwesens, in welches man nun wieder mehr Übersichtlichkeit und Klarheit bringen wollte. Es löste damit den Organisationsentwurf für Gymnasien und Realschulen, der oftmals ergänzt worden war, ab. Beim Zustandekommen des Gesetzes gab es große Meinungsunterschiede v.a. im Bereich der Fremdsprachen. Schließlich konnte aber doch eine Einigung erzielt werden. Im Gesetz wurden drei Schultypen, nämlich Gymnasium, Realschule und drei Formen des Realgymnasiums vorgesehen. Für Mädchen gab es daneben noch Frauenoberschulen. Alle Mittelschulen sollten nun einheitlich acht Jahre dauern und sich in eine vierjährige Unter- und eine vierjährige Oberstufe gliedern. Alle Schüler, die mindestens die vierte Klasse Volksschule und eine Aufnahmeprüfung erfolgreich absolviert hatten, konnten in eine Mittelschule eintreten. Der Übertritt von der Hauptschule in eine Unterstufe der Mittelschulen setze guten Gesamterfolg im Klassenzug I voraus, eine zusätzliche Aufnahmeprüfung musste nicht abgelegt werden. Um Übertrittsmöglichkeiten zwischen den verschiedenen Mittelschultypen zu gewährleisten, lauteten die Lehrpläne bis zur dritten Klasse

---

[143] vgl. Engelbrecht, Geschichte, S. 101; Scheipl / Seel, Entwicklung 1750-1938, S. 96

[144] Scheipl / Seel, Entwicklung 1750-1938, S. 96

[145] vgl. Engelbrecht, Geschichte, S. 101f; Scheipl / Seel, Entwicklung 1750-1938, S. 96-99

gleich, auch das Einsetzen der Fremdsprachen fand in allen Schultypen in der zweiten und fünften Klasse statt. Diese Regelung lehnte sich stark an die schon länger erprobte Deutsche Mittelschule an. Obwohl es also organisatorische Einschränkungen gab, wurde einer Individualisierung des Unterrichts durch eine große Zahl an Freigegenständen und unverbindlichen Übungen der Weg geebnet. Im Bereich der Mittelschule war Koedukation ebenfalls nicht erwünscht. Sollten Mädchen dennoch an Knaben-Mittelschulen zugelassen werden, dann musste bei ihrer Ausbildung und Erziehung verstärkt auf die „Eigenart der weiblichen Jugend" Rücksicht genommen werden. Zudem sollten die Mädchen tunlichst in eigene Klassen zusammengefasst werden.

Die Kompromissgesetze von 1927 bildeten den letzten Höhepunkt der Schulreform der Ersten Republik. Die Situation, die daraufhin die Schulpolitik prägte, umreißt Engelbrecht folgendermaßen: „Nachdem der so heftig geführte Schulkampf zu dem für beide Seiten akzeptablen Kompromiß von 1927 geführt hatte, trat überraschend schnell eine gewisse, wenn auch nicht übermäßige Entspannung ein; die Frontstellungen der Parteien und ihre Ressentiments bleiben allerdings weiterhin bestehen. Das Unterrichtsministerium nützte dabei geschickt seine Kompetenzen und den ihm gesetzlich eingeräumten Ermessensspielraum bei Entscheidungen, um nicht nur Verschiebungen in den bestehenden Machtverhältnissen zu verhindern, sondern nach Möglichkeit die eigene Position zu stärken."[146] Zwischen dem Wiener Stadtschulrat und dem Unterrichtsministerium kam es weiterhin zu Auseinandersetzungen, etwa über das ministerielle Verbot von zwei Büchern, die der Stadtschulrat der Schülerschaft schenkte und die – wenn auch versteckt – politische Absichten verfolgten.[147] Diese „bürokratischen Plänkeleien und Querelen", wie Engelbrecht sie bezeichnet, waren allerdings von keiner weit reichenden Bedeutung, zumal die Unterrichtsminister nach dem Abgang von Richard Schmitz im Mai 1929 Auseinandersetzungen mit dem Stadtschulrat vermeiden und stattdessen dem neu organisierten Schulwesen festen Halt verschaffen wollten.

Insgesamt kam es Ende der zwanziger Jahre trotz der geladenen Atmosphäre, die die ständigen Zusammenstöße der bewaffneten Selbstschutzverbände schufen, auf politischer Ebene zu Erfolg versprechenden Gesprächen zwischen den Parteien, aus denen 1929 eine Verfassungsnovelle hervorging. Pläne der Regierung, Wien den Status eines Bundeslandes zu nehmen und es zur „bundesunmittelbaren Stadt" zu erklären – ein Vorhaben, das zweifellos auch gegen den Einfluss des Wiener Stadtschulrats gerichtet war[148] – konnten nicht verwirklicht

---

[146] Engelbrecht, Geschichte, S. 103; vgl. auch Dachs, Schule, S. 53
[147] vgl. Engelbrecht, Geschichte, S. 103
[148] Dieser hätte dann nur mehr den Rang einer Bezirksschulbehörde und somit nur mehr die Aufsicht über das Volksschulwesen gehabt. „Daß damit einer in gewissem Rahmen selbstän-

werden. Die novellierte Verfassung brachte vielmehr eine Stärkung der rechtlichen Stellung des Wiener Stadtschulrats.[149] In der noch immer offenen Frage der Kompetenzverteilung zwischen Bund und Ländern wurde allerdings auch jetzt keine Entscheidung getroffen.

Im Bereich der Kirche griff eine verstärkte Entpolitisierung um sich. Die Kirche löste sich immer mehr aus dem engen Verhältnis zur Christlichsozialen Partei und war bemüht, die Spannungen zwischen dem Katholizismus und der Sozialdemokratie abzubauen[150]. Die Vertreter der Kirche begnügten sich nach den Kompromissgesetzen mit dem Bestehen konfessioneller Privatschulen, der Kampf um die öffentliche konfessionelle Schule ließ nach. Im Dezember 1933 schließlich erließ die österreichische Bischofskonferenz für alle Mitglieder des Klerus das Verbot, sich politisch zu betätigen, alle politischen Ämter mussten zurückgelegt werden.

Die Umsetzung der neuen Schulgesetze verlief nicht ohne Schwierigkeiten. Auf die Volksschule wirkte sich die Schaffung der Hauptschule österreichweit unterschiedlich aus. Während sich der neue Schultyp in Wien zur Regelschule entwickelte und die Volksschule immer mehr zu einer vierjährigen Grundschule wurde, blieb am Land die Volksschuloberstufe die meist frequentierte Schulart für die Zehn- bis Vierzehnjährigen. Außerdem überwogen im ländlichen Raum noch immer die ein- und zweiklassig geführten Volksschulen, die meist das Ausbildungsniveau der städtischen Schulen, wo jede Schulstufe in einer eigenen Klasse zusammengefasst war, nicht erreichen konnten. Dies lag auch darin begründet, dass die durchschnittliche Schülerzahl, die ein Lehrer in den Ballungszentren zu unterrichten hatte, deutlich niedriger lag als der Bundesdurchschnitt.[151]

Aus diesen Voraussetzungen erwuchsen weitere Differenzen zwischen städtischem und ländlichem Volksschulwesen, die trotz großer Bemühungen kaum aus dem Weg geräumt werden konnten. So hatte der neue Lehrplan von 1926 in den ein- und zweiklassigen Schulen keine Gültigkeit, diese wurden nämlich noch immer nach einem Versuchslehrplan aus dem Jahre 1924 unterrichtet. Erst nach dessen Auslaufen schuf das Ministerium durch die Verbindung der beiden Lehrpläne und eine auf der Lehrerfahrung beruhende Verbesserung einen allge-

---

digen Wiener Schulpolitik mit einem Schlag ein Ende gesetzt worden wäre, versteht sich von selbst." (vgl. Dachs, Schule, S. 53)

[149] vgl. Engelbrecht, Geschichte, S. 103; Fischl, Schulreform, S. 68f

[150] Eine wichtige Rolle kam dabei etwa Kaplan Michael Pfliegler zu, der gemeinsam mit dem Metallarbeiter Otto Bauer den „Bund der religiösen Sozialisten Österreichs" gründete. Die Mitglieder dieses Bundes blieben zwar in vielen Bereichen der Linie der Parteiführung treu, sie setzten sich aber auch für die ökonomische Absicherung des konfessionellen Schulwesens ein. (vgl. Engelbrecht, Geschichte, S. 105)

[151] Statistisches Material hierfür liefert Engelbrecht. (vgl. Engelbrecht, Geschichte, S. 106f)

mein gültigen Volksschullehrplan. Weitere Unterschiede zwischen Stadt und Land gab es auf dem Gebiet der Koedukation. Durch das Reichsvolksschulgesetz in notwendigen Fällen gestattet bildete der gemeinsame Unterricht für Buben und Mädchen auf dem Land die Regel, wohingegen in Wien nur zwölf Prozent der Kinder in gemischten Klassen saßen. Auch beschränkte sich der Unterricht an den Wiener Volksschulen bereits auf den Vormittag, wohingegen die Stundenverteilung auf Vor- und Nachmittag an den ländlichen Schulen erst langsam zugunsten des Vormittagsunterrichts fallen gelassen wurde. An den einklassigen Volksschulen war aus Platzgründen zudem geteilter Unterricht notwendig, sodass die Schüler nur teilweise (meist entweder vormittags oder nachmittags) in die Schule gingen und daher auch nur ein reduziertes Lehrprogramm geboten bekamen.

Die Sparmaßnahmen im Zuge der Weltwirtschaftskrise bewirkten ein erneutes Ansteigen der Schülerzahlen pro Klasse. „Das hatte notgedrungen Auswirkungen auf die Methodik und Didaktik des Volksschulunterrichts. Offene aktive Formen des Lernens, wie das gemeinsame oder das selbständige Erarbeiten eines neuen Lehrstoffs, rückten wieder etwas in den Hintergrund."[152]

Im Jahre 1930 wurde ein neuer definitiver „Lehrplan für die allgemeinen Volksschulen" erlassen. Dieser unterschied sich von den vorhergehenden in erster Linie durch eine schärfere Ausformung des Bildungs- und Erziehungsziels. Durch den Unterricht sollten die Kinder „in ihrer Eigenart" erfasst werden, sowohl überdurchschnittlich als auch schwächer Begabte seien durch Gruppenunterricht zu fördern. In bestimmten Fächern, etwa in Naturgeschichte und Turnen, aber auch in Rechnen und Raumlehre mussten die geschlechtsspezifischen „Bedürfnisse" Berücksichtigung finden. Insgesamt sollte der Unterricht an die unmittelbare Erfahrungswelt des Kindes anknüpfen und dann zu einem allgemeinen „Umblick in Natur und Menschenleben" führen. Auf den Bereich der Kommunikationsfähigkeit wurde großer Wert gelegt. „'Charakterfeste, tüchtige Menschen' sollten geformt werden, die ‚freudig ihre Pflicht erfüllen' und sich vor allem ‚zum Wohle von Volk und Vaterland' betätigen. Der Erziehung wurde daher ein besonderer Stellenwert zugewiesen; sie sollte sozial, staatsbürgerlich, ‚volklich' und sittlich-religiös ausgerichtet sein."[153] Die Betonung der Erziehungsschule war ein zentrales sozialdemokratisches Anliegen. Es konnte hier verstärkt durchgesetzt werden, weil die Regierung auf die Zustimmung der sich in Opposition befindenden Sozialdemokraten angewiesen war.

Die Umsetzung des Hauptschulgesetzes bereitete einige Schwierigkeiten. Man wollte den neuen Schultyp möglichst rasch, d.h. bereits mit dem Schuljahr 1927/28 einführen. Zugleich durften Absolventen der fünften Klasse Volksschule in diesem Schuljahr auch noch die Bürgerschulen besuchen. Aufgrund dieser

---

[152] Engelbrecht, Geschichte, S. 108
[153] Engelbrecht, Geschichte, S. 108

Regelung erhöhte sich die Klassenzahl im Haupt- bzw. Bürgerschulbereich um 36,7 Prozent, was einen großen organisatorischen Aufwand mit sich brachte, da nicht nur personelle Verschiebungen vorgenommen werden mussten, sondern auch neue Räume benötigt wurden.[154] Bei der Einteilung der Schüler in die beiden Klassenzüge traten dieselben Schwierigkeiten auf wie bereits zuvor an den Versuchsklassen der Allgemeinen Mittelschule. Koedukation war – wie schon erwähnt – wiederum nicht erwünscht, sie musste in Einzelfällen vom Bundesministerium für Unterricht genehmigt werden. Aus verschiedenen Gründen war es auch möglich, die beiden Klassenzüge zusammenzulegen und alle Schüler nach dem Lehrplan für den ersten Klassenzug zu unterrichten, wobei schwächer begabte Schüler in Form von Gruppenarbeiten eine spezielle Förderung erhalten sollten. Die Erlaubnis hierfür wurde von den Landesschulbehörden erteilt. Unterrichtet wurde nach dem „Vorläufigen Lehrplan für die erste Klasse der österreichischen Hauptschulen", der sich stark an den Lehrplänen der Allgemeinen Mittelschule orientierte. Am 1. Juni 1928 traten dann neue Rahmenlehrpläne in Kraft, nach denen nun auch an den Unterstufen der Mittelschule unterrichtet wurde, wodurch der Forderung nach einem möglichen Übertritt von Hauptschülern in die Mittelschule nachgekommen wurde. Interessant ist, dass sowohl für Knaben als auch für Mädchen jeweils eigene Lehrpläne ausgearbeitet wurden, die sich aber mit Ausnahme einiger Änderungen in der Stundentafel kaum unterschieden.

Entgegen den Vorstellungen der Reformer, die mit der Allgemeinen Mittelschule, deren Organisation nun im Wesentlichen auf die Hauptschule übergegangen war, mehr Chancengleichheit erreichen wollten, entwickelte sich der neue Schultyp auf Grund der zwei Klassenzüge zu einer Ausleseschule. Dies wurde im ländlichen Raum noch dadurch verstärkt, dass Hauptschulen rar blieben und daher von vornherein nur sehr wenigen Schülern offen standen. Insgesamt belief sich der Anteil der Hauptschüler in den Bundesländern meist nur auf sieben bis 15 Prozent, nur in Wien lag er mit 30 Prozent wesentlich höher.[155] Auch in den vorhandenen Hauptschulen entwickelte sich manches anders als vorgesehen: Vieles „blieb Papier, die Übertrittsmöglichkeiten in die ‚Mittelschulen' wurden wegen der dabei auftretenden Schwierigkeiten wenig genutzt, und der Klassenzug II war in Wirklichkeit eine Bildungssackgasse, obwohl rein rechtlich seinen Absolventen der Eintritt in das höhere berufsbildende Schulwesen gestattet worden wäre."[156] Zudem erfolgte die Vollziehung des Hauptschulgesetzes in den einzelnen Bundesländern recht unterschiedlich, sowohl was das Tempo der Umsetzung als auch die Auslegung der Bestimmungen über die Klassenzüge betrifft. In Vorarlberg und im Burgenland wurde keine einzige Hauptschule zwei-

---

[154] vgl. Engelbrecht, Geschichte, S. 109
[155] vgl. Engelbrecht, Geschichte, S. 111
[156] Engelbrecht, Geschichte, S. 101

zügig geführt. Wie auch bei den Volksschulen zeigten sich große Unterschiede zwischen Stadt und Land.

Auch in Bezug auf das Mittelschulgesetz war das Unterrichtsministerium bestrebt, die neuen Regelungen möglichst rasch in die Realität umzusetzen. Die traditionellen Schultypen wurden in die neuen übergeführt. Besonderen Anklang fand das Realgymnasium, mehr als die Hälfte aller Mittelschüler besuchte diesen Gymnasialtyp. Die Frauenoberschulen hingegen konnten sich nicht wirklich durchsetzen, ihre Schülerzahl kam nicht weit über tausend hinaus.[157] Eine besondere Rolle im Zuge der Umstellung kam den privaten Schulerhaltern zu. Mehr als ein Drittel der Mittelschulen wurde privat geführt, sie wurden von mehr als einem Viertel der Mittelschüler besucht. Um die Gefahr eines Schülerverlusts abzuwenden, „reagierten [sie] am sensibelsten auf Bildungsbedürfnisse innerhalb ihres Einzugsbereiches"[158].

Bereits Ende Februar 1928 wurde ein Entwurf für neue Lehrpläne den Landesschulbehörden, verschiedenen Fachvereinen und Mittelschullehrervereinigungen zur Begutachtung vorgelegt. Die eintreffenden Kritiken fielen sehr unterschiedlich aus und fanden schließlich kaum Eingang in den endgültigen Lehrplan, der auch weiterhin stark traditionelle Züge trug.

Die Schulversuche liefen, nachdem die Kompromissgesetze erlassen worden waren, schrittweise „ohne viel Aufsehen und öffentlichen Protest aus"[159]. Übergangsbestimmungen für diejenigen Schüler, die ihre Mittelschulzeit noch an Versuchsklassen begonnen hatten, wurden erlassen.[160]

Einen wesentlichen bildungspolitischen Einschnitt brachte die Einführung der so genannten „Planwirtschaft" im Bereich der Mittelschule. Hatte man im Jahre 1929 die Teilungszahlen für Klassen noch herabgesetzt, so ging man 1931 – genötigt von der Weltwirtschaftskrise und den deshalb notwendigen Sparmaßnahmen in allen Bereichen des öffentlichen Lebens – dazu über, den einzelnen Schulen von vornherein eine bestimmte Zahl von Klassen zuzuweisen. Wie viele Schüler tatsächlich in eine bestimmte Anstalt aufgenommen werden wollten, spielte dabei keine Rolle. Begründet wurde dieses Vorgehen offiziell damit, dass die sonst zu Schulbeginn üblichen pädagogisch-administrativen Schwierigkeiten ausgeschaltet werden könnten. Freilich war sich das Unterrichtsministerium darüber im Klaren, dass die Planwirtschaft zu verstärkten selektiven Maßnahmen an den Mittelschulen führte. Diese war es jedoch gerne bereit hinzunehmen, wollte man doch aus finanziellen Gründen die Gesamtzahl der Mittelschulklassen schrittweise senken – ein Vorhaben, das keine Verwirklichung fand. Zum einen nämlich stiegen durch die Verlängerung der Realschule um ein

---

[157] vgl. Engelbrecht, Geschichte, S. 114
[158] Engelbrecht, Geschichte, S. 114
[159] Engelbrecht, Geschichte, S. 104
[160] Die genauen Bestimmungen lassen sich bei Engelbrecht nachlesen. (vgl. Engelbrecht, Geschichte, S. 114f)

Jahr die Schülerzahlen der Mittelschule von vornherein, zum anderen stellte sich das Unterrichtsministerium schließlich selbst gegen die Pläne einer Verwaltungsreform, die eine weitere Einschränkung der Klassenzahlen und sogar die Schließung einzelner Anstalten vorsahen. Auch den Forderungen einer erhöhten Selektivität, von der man sich eine Senkung der Besucherfrequenz an den Hochschulen erhoffte, kam das Unterrichtsministerium nur halbherzig nach.[161] Mit der Neuregelung der Reifeprüfung[162] hoffte es, das Niveau der Mittelschulen, dessen Höhe nicht zur Zufriedenheit des Ministeriums ausfiel, anheben zu können. Weitere Sparmaßnahmen bildeten etwa die Erhöhung des Schulgeldes, die Verringerung des Angebots an Freigegenständen sowie eine Einschränkung der Zahl der Pragmatisierungen.

Der Einfluss des „Ständestaates" auf das Bildungswesen

Die Entwicklung hin zum „Ständestaat" wurde zu Beginn des Kapitels bereits kurz dargelegt. Die Bildungspolitik nahm zwischen 1933 und 1938 einen nicht unbedeutenden Platz ein, doch warnt Engelbrecht davor, ihren Stellenwert innerhalb der Regierungspolitik überzubewerten.[163] Der Wegfall des parlamentarischen Widerstandes brachte der Regierung einen erweiterten Handlungsspielraum, im Rahmen dessen hauptsächlich danach getrachtet wurde, Kompromisse, die die Christlichsoziale Partei einst hatte eingehen müssen, zurückzunehmen und bereits begonnene Maßnahmen der christlichsozialen Minister im Schulbereich fortzusetzen. Neu war das Bemühen, der Bevölkerung ein verstärktes Österreichbewusstsein einzuimpfen, was besonders in den Schulen geschehen sollte. Außerdem wurde die Stellung der Kirche im Staat überhaupt und im Speziellen auch in Schulfragen wieder gestärkt.

Die Maiverfassung von 1934 brachte eine Klärung der Kompetenzfrage zwischen Bund und Ländern. Diese wirkte sich in einer starken Zentralisierung aus, den Ländern verblieb lediglich die Ausführungsgesetzgebung im Bereich des Pflichtschulwesens.[164]

Die konfessionellen Schulen erhielten im Zusammenhang mit dem Konkordat von 1933 wieder größere Bedeutung. Katholische Privatschulen konnten nun unter der Bedingung, dass „sie durch ihre Schülerzahl den öffentlichen Schuler-

---

[161] vgl. Engelbrecht, Geschichte, S. 118f

[162] Dieser Neuordnung widmet Engelbrecht ein ganzes Kapitel, in der er die bildungspolitischen Absichten, die dahinter standen, besonders herausstreicht. (vgl. Engelbrecht, Geschichte, S. 146-151)

[163] vgl. Engelbrecht, Geschichte, S. 263

[164] vgl. Scheipl / Seel, Entwicklung 1750-1938, S. 102; Engelbrecht, Geschichte, S. 274f; Die Auswirkungen der Zentralisierung finden eine Darlegung bei Dachs. (vgl. Dachs, Schule, S. 265f)

halter entlasten"[165], auf staatliche Zuschüsse hoffen, zudem erhielten sie das Öffentlichkeitsrecht.[166] Auf längere Sicht sollte generell ein öffentliches katholisches konfessionelles Schulwesen etabliert werden, für den Bereich des Burgenlandes bestand dieses bereits 1934. Die Aufhebung des verhassten Glöckel-Erlasses fand symbolisch am 10. April 1933 statt, der Religionsunterricht und die Ausübung religiöser Übungen, darunter auch das Schulgebet, wurden wieder verbindlich.

Der große Fortschritt, den die Kompromissgesetze von 1927 für die Durchlässigkeit des Schulsystems bedeuteten, fiel dem „Ständestaat" wieder zum Opfer.[167] Dafür gab es im Wesentlichen zwei Gründe. Zum einen hatten die Ideen der Schulreform, die in beide Gesetze Eingang gefunden hatten, ohnehin nie die wirkliche Zustimmung der jetzigen Machthaber gefunden und nun sah man eine willkommene Gelegenheit, den einst notwendigen Kompromiss wieder rückgängig zu machen und zum anderen hoffte man, durch die verstärkte Selektion den Gesamtumfang des Mittelschulwesens reduzieren zu können und auf diesem Weg Einsparungen im Bildungswesen zu erreichen.[168] Durch gezielte Maßnahmen wurden in der Folge die bestehenden Übergänge eingeschränkt, bis sie in der Praxis nicht mehr bestanden.[169] Erreicht wurde dies mit einer Abänderung des Lehrplans, wodurch der Fremdsprachenunterricht in der Mittelschule eine weitaus stärkere Betonung fand als in der Hauptschule. Für Hauptschüler war es nun nur mehr dann möglich in die Mittelschule überzutreten, wenn sie eine umfassende Aufnahmeprüfung bestanden hatten. Zudem wurde der zweite Klassenzug in den Hauptschulen abgeschafft, diese wurde daraufhin noch viel deutlicher zu einer Ausleseschule. An die Stelle des Klassenzugs II traten Abschlussklassen der Volksschule. Im Bereich der Mittelschulen kam es ebenfalls zu Änderungen. Die Anzahl der Schultypen wurde eingeschränkt, wobei das beliebte

---

[165] Scheipl / Seel, Entwicklung 1750-1938, S. 102

[166] Weitere Bestimmungen aus dem Konkordat lauteten: Die Kirche erhielt das Recht auf Erteilung des Religionsunterrichts und zur Vornahme religiöser Übungen für die katholischen Schüler an allen niederen und mittleren Lehranstalten, zudem konnte sie die unmittelbare Aufsicht über den Religionsunterricht ausüben. Dieser wurde nun grundsätzlich von Geistlichen erteilt. Die Lehrpläne wurden von der Kirche erstellt, die Lehrbücher von ihr genehmigt. (vgl. Basrucker, Schulforderungen, S. 103-105)

[167] vgl. Scheipl / Seel, Entwicklung 1750-1938, S. 103; Engelbrecht, Geschichte, S. 280-281

[168] vgl. Engelbrecht, Geschichte, S. 263 bzw. 269

[169] Fischl kommentiert dies folgendermaßen: „Nach außen hin gab sich diese tiefgreifende Änderung in der Organisation natürlich als eine Maßnahme zur ‚Hebung' der Hauptschule aus, die künftig den Charakter einer ‚Ausleseschule' tragen sollte. Es kann deshalb nicht anders denn als Frivolität bezeichnet werden, wenn zur gleichen Zeit die so ‚gehobene' Hauptschule dadurch degradiert wurde, daß man den Parallelismus zwischen ihrem Lehrplan und dem der Untermittelschule beseitigte und ihren gut qualifizierten Abgängern das Recht des glatten Übergangs in die nächst höheren Klassen der Mittelschule entzog." (vgl. Fischl, Schule, S. 86)

Realgymnasium zu einer Variante des Gymnasiums umgeformt wurde. Selektive Maßnahmen kamen auch an den Mittelschulen verstärkt zum Einsatz.[170] „Mit den Schulgesetzen von 1934 sollte also u.a. das Element der Auswahl, der Elitenbildung wesentlich verstärkt werden. [...] Die Argumente bezogen sich vor allem auf die Entwicklung und Schaffung einer statischen ständischen Gesellschaft (,Organischer Staat'), in der die Schule die vorhandenen Begabungen feststellen und auf die Gesellschaft verteilen sollte."[171]

Der schon angesprochene Wunsch nach der Weckung eines neuen Österreichbewusstseins fand seine erste Umsetzung in einem Erlass vom 12. Mai 1933, in welchem eine „vaterländische Erziehung" an den Schulen verordnet wurde. Die Gesinnungserziehung spielte in den neuen Lehrplänen von 1935 eine zentrale Rolle. „Die neue Wertstufung von Religion und Vaterland drückte sich auch in der Änderung der Zielsetzungen der österreichischen Schulen aus. Forderte man 1927, die jungen Menschen ,in sozialem, staatsbürgerlichem, nationalem und sittlich-religiösem Geiste (zu) erziehen', wurde seit 1934 die Aufgabe gestellt, sie ,zu sittlich-religiösem, vaterländischem und sozial-volkstreuem Fühlen, Denken und Handeln (zu) erziehen', wobei bezeichnenderweise der Begriff ,sozial' im ursprünglichen Entwurf noch fehlte."[172] Mehrere Maßnahmen, die eine solche Erziehung gewährleisten sollten, wurden getroffen. So wurde etwa an den achten Klassen der Mittelschule der Lehrgegenstand „Vaterlandskunde" eingeführt, der vormilitärischen Jugenderziehung im Turnunterricht, bei Exkursionen usw. breiter Raum eingeräumt und Hinweise zur neuen Verwendung alter Schulbücher ausgegeben. Die Weckung eines österreichisch-vaterländischen Bewusstseins wurde auch den Lehrern abverlangt, die – wie noch dargelegt wird – immer mehr unter Druck gerieten. Der schon angesprochenen starken Politisierung der Jugend begegnete man – allerdings nur mäßig wirkungsvoll – durch Verbote und harte Strafen.[173]

---

[170] vgl. Engelbrecht, Geschichte, S. 283

[171] Dachs, Schule, S. 263

[172] Engelbrecht, Geschichte, S. 270

[173] Am bedeutendsten war hier die Aufhebung des Rechts, Mitglied in einem Verein zu sein. Ausgenommen hiervon blieben nur die Vereine zur Pflege österreichisch-vaterländischer Gesinnung und solche, die der sittlich-religiösen Erziehung dienten. Weitere Ausnahmen konnten nur auf Zustimmung der Anstaltsdirektion hin gemacht werden. Die Jugend sollte u.a. durch das Tragen eines vaterländischen Schülerabzeichens in den Staatsfarben und durch außerschulische Jugenderziehung (z.B. „Österreichisches Jungvolk") gewonnen werden. Dies gelang allerdings mehr schlecht als recht. (vgl. Engelbrecht, Geschichte, S. 271-272; Dachs, Schule, S. 231 bzw. S. 350-362)

Zur Situation der Lehrer in der Ersten Republik und im „Ständestaat"

1919 brachte die Reformabteilung im Unterrichtsamt die „Leitsätze zur Neugestaltung der Lehrerbildung" heraus. Diese strebten die Einheitlichkeit der Lehrerbildung an, die für alle Schultypen an den Hochschulen und an pädagogischen Universitätsinstituten nach Absolvierung einer allgemeinbildenden Oberschule erfolgen sollte. Der Unterschied in der Ausbildung von Klassen- und Fachlehrern sollte dabei in der Dauer des Studiums liegen. Diese Vorstellungen stießen nicht nur bei den Universitätslehrern, sondern auch bei der Christlichsozialen Partei und bei jenen Bundesländern, die keine eigene Universität besaßen, auf Ablehnung.[174] Schließlich blieb es im Bereich der Grundschullehrer bei der Beibehaltung der Lehrerbildungsanstalten, die allerdings durch die Einführung so genannter Vorbereitungsklassen faktisch auf fünf Jahre verlängert wurden. Nach zwei Jahren Berufspraxis mussten die Junglehrer wie bisher auch eine Lehrbefähigungsprüfung ablegen, um eine definitive Anstellung zu erhalten. Einen vorübergehenden Fortschritt in der Grundschullehrerbildung erreichte man in Wien, wo auf Initiative Glöckels zwischen 1925 und 1930 eine hochschulmäßige Ausbildung der Lehrer am Pädagogischen Institut der Stadt Wien erfolgte. Generell lag den Wiener Schulreformern viel an der Fortbildung der Lehrer, da sie sich durch eine verstärkte Bekanntmachung der Lehrerschaft mit den reformpädagogischen Ideen positive Auswirkungen auf die Umsetzung ihrer Vorstellungen erwarteten.[175] Themen wie „Wer ist für den Lehrberuf geeignet?" oder „Kann man Lehrer bilden?" wurden in den pädagogischen Zeitschriften ausführlich behandelt.[176]

Die Einführung der Hauptschule brachte eine erneute Änderung der Prüfungsordnung für Bürgerschullehrer. Diese war bereits 1926 in Folge des immer häufiger geäußerten Wunsches, die Anforderungen anzuheben, geändert worden. „Die Vorbereitung für die Lehrbefähigungsprüfung für Hauptschulen erfolgte allerdings weiterhin in Kursform und Selbststudium ohne feste institutionelle Formen."[177] Im „Ständestaat" kam es 1937 zu einer gesetzlichen Neuordnung der Volksschullehrerausbildung, die statt den bisherigen Lehrerbildungsanstalten sechsjährige Lehrerakademien vorsah, an denen überhaupt in den ersten vier Jahren die Allgemeinbildung besondere Betonung finden sollte. Zu einer Umsetzung kam es in Folge des Anschlusses Österreichs an das Deutsche Reich allerdings nicht mehr.

Die mangelnde didaktisch-methodische Ausbildung der wissenschaftlich gebildeten Mittelschullehrer wollte man 1928 durch eine Änderung der Prüfungsvorschriften beheben. Die schulpraktische Ausbildung erfolgte jedoch weiterhin in

---

[174] vgl. Scheipl / Seel, Entwicklung 1750-1938, S. 99f

[175] vgl. Engelbrecht, Geschichte, S. 85

[176] vgl. Bauer, Geschichte des österreichischen Bildungswesens, S. 13f

[177] vgl. Engelbrecht, Geschichte, S. 113

Form eines Probejahres und nicht an der Universität. „Diese strikte Trennung der Universität von der pädagogischen Praxis [musste] als Mangel registriert werden."[178]

In gesetzlicher Hinsicht unterstanden die Lehrer der Volks- und Bürgerschulen den Ländern. Daraus ergaben sich Unterschiede in ihrer rechtlicher Lage in Abhängigkeit vom jeweiligen Bundesland, in dem sie unterrichteten. Bedingt durch die miese wirtschaftliche Situation erfolgten häufig Änderungen der Lehrerdienstgesetze, da diese auch das Diensteinkommen der Lehrer genau festlegten. Die Lehrer wurden in den einzelnen Bundesländern zum Teil recht unterschiedlich entlohnt, was immer wieder zu Unruhen führte. Die besten Bedingungen fanden die Wiener Lehrer vor. Für die Mittelschullehrer behielt die während des Weltkriegs beschlossene „Lehrerdienstpragmatik", in welcher die besondere Treue- und Gehorsamspflicht des Lehrers eine Kodifizierung fand, mit geringfügigen Abänderungen ihre Gültigkeit.[179] Das „Besoldungsübergangsgesetz" vom Jänner 1920 brachte den Mittelschullehrern vorübergehend eine wirtschaftliche Besserstellung, die allerdings nur ein Jahr lang anhielt.

Die wirtschaftliche Situation der Lehrer war entsprechend der Gesamtlage der Bevölkerung schlecht, viele Lehrer waren gezwungen, Kredite mit sehr hoher Verzinsung aufzunehmen. Zu der schlechten finanziellen Lage der Lehrer, die zumindest eine Anstellung hatten, kam, dass viel mehr Lehrer ausgebildet wurden als dann im Schuldienst eingesetzt werden konnten. Die Wartelisten für eine Anstellung wurden im Laufe der Zeit immer länger. Aber auch Lehrer, die einen Posten hatten, mussten stets fürchten, diesen zu verlieren. „Vor allem in den Ländern kam es dann [...] wegen der wirtschaftlichen Notlage und im Rahmen des Genfer Sanierungsprogrammes zu massiven so genannten ‚Abbaumaßnahmen', d.h., viele Lehrer wurden frühzeitig in die Pension geschickt, Klassen und Schulen wurden zusammengelegt und ähnliches mehr."[180] 1936 trat eine erneute Verschlechterung ein. Die gesetzliche Lehrverpflichtung wurde erhöht, die überzähligen Lehrer aus dem Dienst entlassen. „Die allgemeine materielle Not und die nicht abreißenden Sparmaßnahmen der Regierung[181] lösten auch bei den im Beruf stehenden Lehrern Unzufriedenheit aus; sie vergrößerten vor allem aber auch die Menge und die Hoffnungslosigkeit der arbeitslosen Junglehrer. Die Zahl der enttäuschten Anhänger des autoritären ‚Ständestaates' [...] mehrte sich zunehmend, Vertröstungen auf eine ungewisse Zukunft fanden immer weniger Verständnis."[182]

---

[178] Scheipl / Seel, Entwicklung 1750-1938, S. 101
[179] vgl. Engelbrecht, Geschichte, S.30; Dachs, Schule, S. 115
[180] Dachs, Schule, S. 107
[181] Dabei handelte es sich in erster Linie um Abbaumaßnahmen und Gehaltskürzungen, die in immer rascherer Abfolge vorgenommen wurden. (vgl. Dachs, Schule, S. 106-114)
[182] Engelbrecht, Geschichte, S. 269

Obwohl dem Unterrichtsministerium und der Schulverwaltung im Bereich der Personalpolitik in Form von Anordnungen und Gesetzen bestimmte Einschränkungen gemacht wurden, gab es doch immer auch genügend Freiraum für parteipolitische Interessen. „Republikanisierung und Demokratisierung des Staatswesens räumten einem parteipolitisch punzierten Protektionismus sogar eine gewisse Selbstverständlichkeit ein. Da Neubesetzungen bis heute bloß an Mindestqualifikationen gebunden sind und die Auswahlmöglichkeit in der Regel damals groß war, konnten ohne Schwierigkeiten parteipolitisch motivierte Entscheidungen getroffen werden."[183] Dass davon jeweils die den Regierungsparteien nahe stehenden Lehrer profitierten, bedarf keiner besonderen Erwähnung. Die Hoffnung, bei einer Partei Schutz und Hilfe zu finden, führte somit zu einer starken Politisierung der Lehrerschaft.

Die meisten Lehrer waren in Vereinen organisiert, die jeweils einer politischen Richtung nahe standen.[184] „Die Vereine vermochten daher indirekt durch Beratung, Eingaben und Forderungen an die Parteileitung deren Bildungspolitik zu beeinflussen und mitzugestalten."[185] Im Grundschulbereich waren drei Lehrervereine bestimmend, nämlich der der Großdeutschen Partei nahe stehende „Österreichische Lehrerbund", der „Katholische Lehrerbund für Österreich", der in enger Beziehung zu den Christlichsozialen stand, sowie der „Sozialistische Lehrerverband". Am meisten Mitglieder umfasste der „Österreichische Lehrerbund", gefolgt vom „Katholischen Lehrerbund". Die Anzahl der sozialdemokratischen Lehrer bundesweit betrug nur etwas mehr als die Hälfte der katholischen Lehrer, nicht einmal in Wien erreichten sie die absolute Mehrheit.[186] Im Bereich der Mittelschule überwogen ebenfalls jene Lehrergruppen, die völkisches, teilweise auch noch liberales Gedankengut vertraten. Die Mehrheitsverhältnisse der Lehrervereine hatten große Auswirkungen auf die Besetzung der leitenden Posten, welche in Wien mehrheitlich in sozialdemokratischer, in den Bundesländern hingegen zu einem guten Teil in christlichsozialer Hand waren.

Der „Ständestaat" schritt erbarmungslos daran, die Lehrerschaft für seine Zwecke einzusetzen. Dies konnte nur gelingen, wenn politisch anders denkende Lehrer aus dem Schulbereich ausgeschlossen wurden. Der nationalsozialistische Lehrerbund wurde bereits 1933 aufgelöst. Nach den Aufständen im Februar 1934 kam es auch zu Maßnahmen gegen die sozialdemokratischen Lehrer.[187] Otto Glöckel wurde verhaftet, viele seiner Mitarbeiter entlassen. Schulleiter aus den Reihen der Sozialdemokraten, 102 an der Zahl, wurden ihres Amtes entho-

---

[183] Engelbrecht, Geschichte, S. 31

[184] Dabei übernahmen die Lehrer auch die schul- und bildungspolitischen Vorstellungen der jeweiligen Partei. Dies zeigt Dachs für verschiedene Bereiche, etwa für das Gebiet der National- und Demokratieerziehung. (vgl. Dachs, Schule, S. 129-153)

[185] Engelbrecht, Geschichte, S. 33

[186] Eine entsprechende Statistik bietet Dachs. (vgl. Dachs, Schule, S. 100f)

[187] vgl. Engelbrecht, Geschichte, S. 266

ben. 1933 und 1934 kam es zu Massenentlassungen jener Lehrer, die auf Grund ihrer politischen Zugehörigkeit bzw. des – oft auch nur passiven – Widerstandes, den sie dem autoritären Kurs in der Schulpolitik entgegensetzten, der Regierung nicht ins Konzept passten. Davon waren auch Lehrer betroffen, die noch nicht verbotenen Vereinigungen angehörten.

Jedenfalls nahm „der Gesinnungsdruck auf Schule und Lehrer [...] ständig zu"[188]. Eine direkte Aufforderung an alle Lehrer, der Vaterländischen Front beizutreten, erging im Jänner des Jahres 1934 in Form eines Erlasses. Seit 1936 hafteten Lehrer und Beamte auch für das politische Wohlverhalten ihrer Angehörigen. Damit einher ging die Aufforderung, etwaige Verstöße gegen eine entsprechende Haltung umgehend anzuzeigen, wodurch sich kein Lehrer mehr seines Postens sicher sein konnte. Unter diesen Voraussetzungen verschlechterte sich das Klima an den Schulen empfindlich.

Die ablehnende, oft auch feindselige Haltung eines Großteils der Lehrerschaft – ausgenommen der katholischen Lehrer[189] – wurde noch dadurch verstärkt, dass für sie so gut wie keine Möglichkeit bestand, maßgeblich an der Gestaltung des Bildungswesens mitzuwirken. Die Anliegen der Lehrer sollten von der Kameradschaft der öffentlichen Lehrpersonen vertreten werden. Diese stellte eine untergeordnete Fachkörperschaft des „Beamtenbundes", einer der zwei im „Ständestaat" tatsächlich verwirklichten ständischen Berufskörperschaften, dar.[190] Tatsächliche Einflussmöglichkeiten waren den Lehrern dadurch aber nicht gegeben.

2. Schulpolitik nach dem Zweiten Weltkrieg

Allgemeine Voraussetzungen für die Schulpolitik in der Zweiten Republik

Gegen Ende des Zweiten Weltkriegs war Österreich selbst zum Kriegsschauplatz geworden. „Von Osten rückten die Verbände der Roten Armee ein, von Italien stießen die Briten nach Kärnten vor; amerikanische Truppen drangen in Tirol, Salzburg und Oberösterreich ein, die Franzosen in Vorarlberg. Aktionen der Widerstandsbewegung [...] kürzten vielfach die sinnlos gewordenen Kämpfe

---

[188] Engelbrecht, Geschichte, S. 266; vgl. auch Dachs, Schule, S. 305-313; Fischl, Schulreform, S. 94-96

[189] vgl. Dachs, Schule, S. 241-245

[190] Die komplizierte Gliederung der Hauptkörperschaft der öffentlich Bediensteten – so die offizielle Bezeichnung für den „Beamtenbund" – beschreibt Engelbrecht. (vgl. Engelbrecht, Geschichte, S. 267f)

ab und verhinderten noch weitere Verwüstungen"[191], dennoch herrschten chaotische Zustände, die sich u.a. in der Plünderung von Wohnungen und Läden bemerkbar machten. Die Österreicher selbst sehnten das Kriegsende herbei. In ihnen war durch den jahrelangen Krieg und die Untaten der NS-Herrschaft endlich jenes starke Österreichbewusstsein gereift, das trotz der Bemühungen der Politiker der Ersten Republik und des „Ständestaates" nie hatte geweckt werden können. Die Hoffnung auf eine neuerliche Eigenständigkeit Österreichs war groß, sie wurde durch die „Moskauer Deklaration" vom 1. November 1943, die die Wiederherstellung eines unabhängigen Österreichs in Aussicht stellte[192], genährt.

Die neu eingesetzte Provisorische Staatsregierung unter Karl Renner, deren Bildung durch dessen Kontakte zu den Sowjets ermöglicht worden war, proklamierte am 27. April 1945 die Unabhängigkeit Österreichs. Diese wurde – nach anfänglichem Zögern – auch von jenen Bundesländern anerkannt, die von den Westmächten besetzt waren, wodurch die Bildung einer Gegenregierung und die daraus wohl resultierende weitere Teilung des ohnehin schon kleinen Staates vermieden werden konnten. Gänzlich frei war Österreich jedoch bei weitem noch nicht. Die Alliierten hatten im ersten Kontrollabkommen vom Juli 1945 das Gebiet des neuen Staates in vier Besatzungszonen aufgeteilt, die oberste Gewalt oblag dem Alliierten Rat, für dessen Beschlüsse Einstimmigkeit notwendig waren. Die Besatzungsmächte übten generell großen Einfluss auf die ihnen unterstehenden Gebiete aus, der sich auch im Bereich des Schulwesens bemerkbar machte. Dieser Zustand sollte zehn Jahre lang andauern.

Die ersten Wahlen nach dem Zweiten Weltkrieg fanden am 25. November 1945 statt. Bereits im Frühjahr hatten sich die österreichischen Parteien neu konstituiert. Die Österreichische Volkspartei (ÖVP) stand dabei in der Tradition der Christlichsozialen Partei, sie organisierte sich von Anfang an in ständisch orientierten Bünden. Die Führung der Sozialistischen (seit 1991: Sozialdemokratischen[193]) Partei Österreichs (SPÖ) übernahmen Politiker, die eher dem rechten Flügel der Partei zuzuordnen waren, wodurch die Partei insgesamt – wie im Übrigen auch die neu gegründete ÖVP – auf Verständigungspolitik[194] setzte. „Der alte kulturkämpferische Geist trat zurück, man bemühte sich um ein Einverneh-

---

[191] Zöllner / Schüssel, Das Werden Österreichs, S. 247

[192] Für den genauen Wortlaut vgl. Zöllner / Schüssel, Das Werden Österreichs, S. 248

[193] In der vorliegenden Arbeit wird der Einfachheit halber immer die momentan gültige Bezeichnung „sozialdemokratisch" verwendet.

[194] Hanisch stellt klar, dass die Konsensbereitschaft der beiden Parteien nicht oder nur zum Teil auf den viel zitierten „Geist der Lagerstraße" zurückzuführen war, sondern auf „die harten Realitäten und den Zwang der Besatzungsmächte". Das Misstrauen zwischen den Parteien wäre dabei aber erhalten geblieben und sei wesentlicher Ausgangspunkt für die Entwicklung des österreichischen Proporzsystems gewesen. Erst das Volksbegehren für einen parteifreien Rundfunk von 1964 läutete dann das Ende der Proporzdemokratie ein. (vgl. Hanisch, Schatten, S. 397, S. 442-444, S. 451)

men mit der katholischen Kirche."[195] Die Kommunistische Partei Österreichs (KPÖ) konnte sich trotz des Rückhalts, den sie in der sowjetischen Besatzungsmacht fand, nie wirklich gegen die beiden Großparteien durchsetzen. Aus den Wahlen ging die ÖVP mit 85 Mandaten eindeutig als stärkste Partei hervor. Die Sozialisten erhielten 76, die Kommunisten nur 4 Sitze.[196] Einer klar prowestlichen Entwicklung Österreichs war somit der Weg geebnet.

Die gesetzliche Basis für die Regierungsarbeit bildete die Verfassung von 1920 in ihrer novellierten Form aus dem Jahr 1929. „Für die Arbeit der neuen Regierung war es günstig, daß im zweiten Kontrollabkommen (29. Juni 1946) die obligatorische Zustimmung des Alliierten Rates auf Verfassungsgesetze beschränkt wurde. Alle anderen Gesetze konnten in Kraft treten, wenn binnen 31 Tagen kein Einspruch dieser Militärbehörde erfolgte, für dessen Zustandekommen aber Einstimmigkeit notwendig war, die infolge der zwischen Westmächten und Sowjetunion bestehenden Gegensätze oft nicht erzielt werden konnte."[197]

Die Regierung unternahm mehrere Versuche, um die Unabhängigkeit Österreichs und den Abzug der Alliierten zu erreichen, diese scheiterten jedoch an den Gegensätzen zwischen Ost und West. Erst 1955 konnte eine österreichische Regierungsdelegation unter der Führung von Bundeskanzler Raab und Vizekanzler Schärf in Moskau Verhandlungen zu Österreichs Gunsten beenden. Am 15. Mai 1955 wurde im Wiener Belvedere der Staatsvertrag durch die Außenminister der Besatzungsmächte und den österreichischen Außenminister Figl unterzeichnet. Am 26. Oktober 1955 nahm der Nationalrat eine Entschließung über die immerwährende Neutralität einstimmig an. Im Herbst 1955 verließen die alliierten Besatzungsmächte Österreich, dieses bildete nun wieder einen unabhängigen, souveränen Staat.

Die wirtschaftliche Situation Österreichs nach Kriegsende war gezeichnet von großer Not. Es fehlte an allem, in erster Linie aber an Heizmaterial und Nahrungsmitteln. Durch die Bombardements der letzten Kriegswochen waren v.a. im Osten Österreichs viele Wohnhäuser zerstört worden, sodass der akute Wohnungsmangel die Lage der Bevölkerung noch zusätzlich drastisch verschlechterte. Ebenso waren große Teile des Eisenbahnnetzes und wichtiger Industrieanlagen den Kriegseinwirkungen zum Opfer gefallen, andere wurden neben landwirtschaftlichen Großbetrieben und der Donaudampfschifffahrtsgesellschaft durch die Sowjets beschlagnahmt. Die landwirtschaftliche Produktion war durch die zerstörten Nutzflächen stark gesunken, 1945 betrug die Ernte nur etwa die Hälfte der Ergebnisse aus dem Jahre 1937, auch im darauf folgenden Jahr trat keine Besserung ein. Dennoch kann man – wie Sandgruber betont – nicht von der „Stunde Null" im Sinne eines „sehr tiefgehenden Bruchs mit vorangegange-

---

[195] Zöllner / Schüssel, Das Werden Österreichs, S. 249
[196] vgl. Zöllner / Schüssel, Das Werden Österreichs, S. 249
[197] Zöllner / Schüssel, Das Werden Österreichs, S. 250

nen Bedingungen"[198] sprechen: Durch den Nationalsozialismus war in Österreich eine bis dahin nur gering ausgebildete Fortschritts- und Technikgläubigkeit gereift. Diese lebte nun in den Menschen weiter und bildete eine wesentliche Voraussetzung für den Erfolg des Wirtschaftsaufschwungs. Auf diese Weise gelang es trotz der schwierigen Situation, die durchaus mit der von 1918/19 vergleichbar war, „erfolgreicher als nach dem Ersten Weltkrieg, einen Optimismus des Wiederaufbaus und einen Glauben an das neue Österreich zu etablieren"[199]. Der Glaube an die Machbarkeit eines Wirtschaftswunders alleine reichte jedoch nicht aus. Erst die großzügige Hilfe aus dem Ausland, die Österreich auf verschiedenen Wegen erhielt, ermöglichte den Ausweg aus der „Trümmerwirtschaft", in der jede Art von Eigeninitiative zählte, der Schwarzmarkt boomte und Gewalt oftmals zum traurigen Alltag geworden war[200]. Am bedeutendsten unter den ausländischen Hilfsaktionen war die Marshallplanhilfe, die Österreich mehr als eine Milliarde Dollar für den Wiederaufbau brachte. „Anders als in der Ersten Republik [...] flossen 52 Prozent der ERP [= European Recovery Program]-Mittel in Industrieinvestitionen"[201], sodass gemeinsam mit dem hohen Arbeitseinsatz der Österreicher relativ rasch industrielle und landwirtschaftliche Betriebe, Verkehrsanlagen und Wasserkraftwerke errichtet bzw. modernisiert werden konnten. Bald setzte ein fühlbarer wirtschaftlicher Aufschwung ein, von dem v.a. der Westen Österreichs profitierte.[202] Um den Wiederaufbau unter staatlicher Beteiligung rascher vorantreiben zu können, den alliierten Ansprüchen auf das „Deutsche Eigentum" zuvorzukommen und deutliche Auslandsbeteiligung mit entsprechender Einmischung zu vermeiden, wurden in zwei Verstaatlichungsgesetzen von 1946 und 1947 ungefähr 70 Industrie- und Bergbauunternehmen, drei große Banken und die wichtigsten Elektrizitätsgesellschaften verstaatlicht. Die privatrechtliche Organisation der Betriebe blieb dabei erhalten.[203]

Wie schon nach dem Ersten Weltkrieg hatte Österreich auch nach dem Zweiten Weltkrieg mit der Inflation zu kämpfen. Durch das „Währungsschutzgesetz" von

---

[198] Sandgruber, Ökonomie, S. 459

[199] Sandgruber, Ökonomie, S. 440

[200] vgl. Sandgruber, Ökonomie, S. 447f

[201] Hanisch, Schatten, S. 414

[202] Hierfür gab es mehrere Gründe: Zum einen entstand im Osten Österreichs, das auch von Kriegsschäden ärger betroffen war, mit der Gründung des Rates für Gegenseitige Wirtschaftshilfe ein wirtschaftlich abgeschlossener Block, sodass die osteuropäischen Handelspartner wegfielen, zum anderen war Ostösterreich auch von den Demontagen nach Kriegsende ärger betroffen. Außerdem dienten die Gelder der Marshallplanhilfe primär dazu, den Westen wirtschaftlich aufzuwerten und die Abhängigkeit von der Ostzone zu verringern, wo die Russen viele Betriebe beschlagnahmt hatten. Die neuen USIA-Betriebe hatten negativen Einfluss auf die Wirtschaftsentwicklung. (vgl. Sandgruber, Ökonomie, S. 453-457; Bruckmüller, Sozialgeschichte, S. 375)

[203] vgl. Sandgruber, Ökonomie, S. 459; Hanisch, Schatten, S. 411-413

1947 wurde ein Zwangsumtausch von Alt- auf Neuschillinge im Verhältnis 3:1 vollzogen, Sperrkonten wurden ersatzlos gestrichen, die Österreicher kamen erneut um ihre Ersparnisse. Zwischen den Interessensvertretungen von Arbeitnehmern und -gebern wurden mehrere Lohn-Preis-Abkommen ausgehandelt, die schlussendlich zwar ihren Zweck – nämlich einen Ausweg aus der Inflation zu bilden – nicht erfüllten, dafür aber „einen wichtigen Schritt zur Integration der Interessensvertretung der Arbeitnehmer in den Prozeß der wirtschaftspolitischen Willensbildung und zur Ausbildung des Klimas und der Institution der Sozialpartnerschaft"[204] darstellten. Die Sozialpartnerschaft, die sich mit der Gründung der Paritätischen Kommission 1957 voll durchsetzen konnte, wirkte sich im Laufe der Zweiten Republik generell positiv auf die Wirtschaft aus. Durch die oftmals zähen Verhandlungen zwischen Arbeitgebern und Arbeitnehmern konnten Streiks größtenteils vermieden werden.[205]

Die Menschenverluste des Zweiten Weltkriegs waren extrem hoch. Nach Schätzungen gab es ungefähr 247 000 österreichische Militärtote, mindestens 120 000 Österreicher, die in Haft, KZs oder in Euthanasieprogrammen ums Leben gekommen waren und an die 25 000 bis 30 000 Ziviltote. Dazu kamen noch um die 170 000 Soldaten, die eine dauernde Invalidität davontrugen, eine halbe Million Männer geriet in Kriegsgefangenschaft. Fast alle Familien hatten Gefallene oder Vermisste zu beklagen, viele Kinder wuchsen ohne Vater auf. Der Krieg hinterließ an die 370 000 Witwen und Waisen.[206] Dem gegenüber stand eine Unzahl von Nicht-Österreichern, die sich in Österreich aufhielten: deutsche Soldaten, die kapituliert hatten, Besatzungssoldaten, volksdeutsche Flüchtlinge und Vertriebene sowie ehemalige Reichsdeutsche, KZ-Häftlinge, fremdsprachige Zwangsdeportierte (sogenannte DPs – „displaced persons") usw. „Es kam zu erheblichen sozialen Spannungen, die aus [...] Fremdenfeindlichkeit herrührten, sich an den Lebensmittelzuteilungen entzündeten [...] und nicht zuletzt auch wegen der Rolle der Fremden am Arbeitsmarkt eskalierten. [...] Mit zunehmendem Anspringen der Konjunktur wurde allerdings die Bedeutung der Zuwanderer für den österreichischen Wiederaufbau immer offensichtlicher. Zu Beginn des Jahres 1948 waren 13 Prozent aller unselbständig Beschäftigten Flüchtlinge oder DPs, obwohl sie nur 8,7 Prozent der Wohnbevölkerung stellten."[207]

Im Mai 1956 fanden die ersten Wahlen nach dem Staatsvertrag statt. Die ÖVP verpasste dabei nur knapp die absolute Mehrheit, die Kommunisten sahen sich ebenso wie die Freiheitliche Partei Österreichs (FPÖ), die erstmals 1949 an

---

[204] Sandgruber, Ökonomie, S. 465
[205] Heute stellt sich die Rolle der Sozialpartnerschaft etwas reduziert dar, da „ein erheblicher Teil der wirtschaftlichen Rahmenregelungen nicht mehr in Wien, sondern in Brüssel erstellt wird". Die Sozialpartner entwickeln sich zunehmend zu Serviceinstitutionen. (vgl. Bruckmüller, Sozialgeschichte, S. 437; Sandgruber, Ökonomie, S. 523)
[206] Statistische Daten entnommen aus: Sandgruber, Ökonomie, S. 441f
[207] Sandgruber, Ökonomie, S. 443

Wahlen teilgenommen hatte, mit Stimmenverlusten konfrontiert. Die neue Regierung bemühte sich sehr um gute Kontakte mit dem Ausland – etwa 1955 durch den Beitritt zu den Vereinten Nationen – und um die Anerkennung der österreichischen Neutralität. Drei Jahre später konnten die Sozialdemokraten bei neuerlichen Wahlen ihren Stimmenanteil stark erhöhen, die FPÖ ging ebenfalls gestärkt aus den Wahlen hervor, die Kommunisten hingegen schieden nun ganz aus dem Nationalrat aus. In dieser Legislaturperiode wurden – wie noch dargestellt wird – wichtige Gesetze für den Schulbereich verabschiedet. Als sich in der ÖVP vermehrt die Gruppe der Reformer durchsetzen konnte, erhielt diese starken Stimmenzuwachs, bis sie 1966 die absolute Mandatsmehrheit erreichte. „Das Ende der Koalition war gekommen, damit zerbrach eine für mehr als zwanzig Jahre österreichischer Politik charakteristische Regierungsform, die während der Besatzungsjahre eine optimale Lösung bedeutet hatte, später aber, nicht zuletzt unter dem Eindruck sachlicher und persönlicher Spannungen zwischen den beteiligten Politikern heftig kritisiert wurde."[208] 1970 wurde die ÖVP-Alleinregierung abgelöst von einer SPÖ-Minderheitsregierung unter Bruno Kreisky. Für den Bereich des Schulwesens erscheint es erwähnenswert, dass unter dieser Regierung das Gebiet der Wissenschaft und Forschung aus den Agenden des Unterrichtsministeriums herausgenommen und dafür ein eigenes Ministerium geschaffen wurde. Auf Grund der sehr instabilen Mehrheitsverhältnisse kam es bereits 1971 zu Neuwahlen, bei denen die SPÖ ihren Stimmenvorsprung ausbauen konnte und weiterhin – nun allerdings mit einer gesicherten Mehrheit – alleine bis zum April 1983 regierte. In der Zeit der Alleinregierungen kam es bei beiden Parteien zu einer vermehrten Orientierung auf die Mitte hin, in wesentlichen Bereichen (nicht zuletzt auch im Bereich des Schul- und Bildungswesens) gab es aber weiterhin unterschiedliche Auffassungen. Der notwendige Sparkurs führte schließlich dazu, dass die SPÖ ihre absolute Mehrheit verlor, 1983 ging sie deshalb die „kleine Koalition" mit der FPÖ ein, der aber nur eine relativ kurze Dauer beschieden war. Ein „Prozeß der Erosion der beiden Großparteien[209] [...], die Österreich seit 1945 eindeutig dominiert hatten"[210] machte sich immer deutlicher bemerkbar. Infolge dessen besann man sich wieder zurück auf die Zeit der gemeinsamen Regierungstätigkeit, bereits 1987 kam es zu einer erneuten Koalitionsregierung zwischen SPÖ und ÖVP. In diesem Jahr zogen auch die Grünen, die auf Grund der zunehmenden Ökologiebewegung Erfolge verbuchen konnten, in den Nationalrat ein. Die FPÖ verzeichnete seit 1986

---

[208] Zöllner / Schüssel, Das Werden Österreichs, S. 254

[209] Beide Parteien verließen sich ab den 1950er-Jahren immer weniger auf die Binnenkultur der Lager, „sondern sicherten sich Anhänger, Mitglieder und Wähler über ein ausgebildetes Patronagesystem". Die Stammwähler gingen immer mehr zurück. Betrug ihr Anteil an der gesamten Wählerschaft 1954 noch ca. 80 Prozent, so betrug er 1994 nicht einmal mehr ein Drittel. (vgl. Bruckmüller, Sozialgeschichte, S. 434)

[210] Zöllner / Schüssel, Das Werden Österreichs, S. 256

durch den Aufstieg Haiders, der es bestens verstand, Protestwähler für seine Partei zu gewinnen, ständige Erfolge. Die ausländerfeindlichen Parolen der FPÖ fanden speziell ab dem Jugoslawienkrieg, infolge dessen wahre Flüchtlingsströme nach Österreich flossen, in Teilen der Bevölkerung großen Anklang. Die EU-Gegnerschaft der FPÖ verlief dann in eine ähnliche Richtung. 1994 zog mit dem Liberalen Forum, das sich von der FPÖ abgespalten hatte, eine weitere Partei in den österreichischen Nationalrat ein, konnte aber fünf Jahre später nicht mehr die erforderlichen Stimmenanteile gewinnen, um im Parlament zu verbleiben. Seit dem 4. Februar 2000 gab es in Österreich eine Koalitionsregierung zwischen ÖVP und FPÖ, die ihren Wähleranteil so sehr hatte ausbauen können, dass sie die ÖVP sogar knapp überholt hatte und zur zweitstärksten Partei geworden war. Obwohl die FPÖ aus den Wahlen 2002 deutlich geschwächt hervorging, gingen die beiden Parteien abermals eine Koalitionsregierung ein. Im April 2005 kam es zu einer Spaltung innerhalb der FPÖ, aus der das „Bündnis Zukunft Österreich" (BZÖ) hervorging. Die ehemaligen FPÖ-Minister traten alle dem BZÖ bei, am Fortbestand der Regierung änderte sich dadurch nichts. Gibt es keine vorgezogenen Neuwahlen, so bleibt diese bis zu den Nationalratswahlen im November 2006 im Amt.

Was den Bereich der Wirtschaft betrifft, so war der wirtschaftliche Pessimismus aus der Zeit vor dem Zweiten Weltkrieg rasch einem zunehmenden Optimismus gewichen. „In der Zweiten Republik gelangte man, ebenso wie sich das politische Selbstbewußtsein hob, zu größerem Vertrauen in die wirtschaftliche Leistungsfähigkeit Österreichs, obwohl die Anfangsschwierigkeiten nach 1945 noch größer waren als 1918, weil Zerstörung, Demontagen und Besatzungszonen die Situation erschwerten."[211] 1953 hatte Österreich den Anschluss an die Weltkonjunktur geschafft, aus dem Agrarstaat wurde ein Industriestaat, wobei aber die Land- und Forstwirtschaft auch weiterhin einen wichtigen Wirtschaftsfaktor darstellte. Der Wiederaufbau und Aufschwung der Industrie wurde – wie schon erwähnt – v.a. durch die Marshallhilfe bewirkt. „Die erstaunlichen Wachstumsraten [...] werden von den österreichischen Wirtschaftshistorikern als Aufhol- und Nachholprozeß – nach einer dreißigjährigen Stagnation – gedeutet."[212] „Export und Fremdenverkehr[213] begannen eine wichtige Funktion beim Leistungsbilanzausgleich einzunehmen. Die Wirtschaftspolitik orientierte sich an der sozialen Marktwirtschaft, ohne aber die staatliche Wirtschaftslenkung wirklich abzubauen.[214] Bald herrschte Vollbeschäftigung, und ein wirtschaftlicher Aufschwung setzte ein, der, sieht man von einigen kurzfristigen Abschwächungen ab [...],

---

[211] Zöllner / Schüssel, Das Werden Österreichs, S. 263

[212] Hanisch, Schatten, S. 437

[213] Eine wesentliche Rolle spielte dabei die Österreich-Werbung in Form der Heimatfilme der 50er-Jahre. (vgl. Hanisch, Schatten, S. 433f)

[214] Die soziale Marktwirtschaft begann mit den seit 1953 umgesetzten Reformmaßnahmen des „Raab-Kamitz-Kurses". (vgl. Sandgruber, Ökonomie, S. 467-470)

zwei Jahrzehnte anhalten sollte."[215] Ermöglicht wurden die ständig hohen Zuwachsraten in der Wirtschaft durch die verstärkte Einstellung von Gastarbeitern, die 1973 bereits einen Anteil von 8,7 Prozent der unselbständig Beschäftigten bildeten. Neue „Wirtschaftswunderwelten" – wie Sandgruber sie nennt – wurden leistbar. Seit 1953 benötigte man für den Bezug von Lebensmitteln keine Karten mehr, neue, qualitativ bessere Nahrungsmittel hielten ihren Einzug.[216] Das Wirtschaftswunder strahlte auch auf das Privatleben der Menschen aus, einer „Ess- oder Fresswelle" folgten eine „Bekleidungs-" und schließlich eine „Möblierungs- und Einrichtungswelle", die Zahl der verkauften Motorräder und Autos nahm rapide zu, der Fernseher hielt seinen Einzug in die Wohnzimmer. Generell zeichnete sich eine starke Amerika-Orientierung in allen Lebensbereichen ab – man denke nur an „Coca-Cola", Fast-Food und Blue Jeans.[217] Zu Beginn der 70er-Jahre lief der wirtschaftliche Aufschwung der langen 50er-Jahre aus. ÖVP und SPÖ setzten nun auf deutlich unterschiedliche wirtschaftliche Konzepte, um die Rezession zu überwinden. Bruno Kreisky und sein Finanzminister Androsch „setzten mit einer expansiven Budgetpolitik auf den Vorrang der Vollbeschäftigung, die bei gleichzeitiger Umstellung auf eine dezidierte Hartwährungspolitik inflationshemmend sein sollte. Man bezeichnete dies später als ‚Austro-Keynesianismus', eine spezifische Art der Deficit-spending-Politik."[218] Die SPÖ-Regierung nahm ein immer größer werdendes Budgetdefizit in Kauf, um Arbeitsplätze und Sozialleistungen für eine Öffentlichkeit sicher zu stellen, die „die jährlichen Zuwächse und die ständige Anhebung des Lebensstandards bereits als selbstverständlich"[219] hinnahm. Diese Politik stieß aber an ihre Grenzen, es kam nicht nur zu einer Budgetkrise, sondern auch zu Problemen in der verstaatlichten Industrie und im Sozialversicherungssystem. Schließlich musste vermehrt auf einen Sparkurs eingeschwenkt werden, Privatisierung und die Forderung nach Entstaatlichung sollten (und sollen) den öffentlichen Haushalt entlasten. Seit 1988 kam es zu einem erneuten Aufschwung, der in Österreich als Folge der deutschen Wiedervereinigung und des politischen Umbruchs in Osteuropa einsetzte und bis 1993 anhielt. Auf die Arbeitslosigkeit hatte der Wirtschaftsaufschwung allerdings wenig Auswirkungen. Infolge von Flüchtlingsströmen und einer steigenden Zahl ausländischer Arbeitskräfte in Österreich kam es „zu einer stürmisch wachsenden Beschäftigung und einer gleichzeitig steigenden Arbeitslosigkeit"[220], deren Bekämpfung bis heute eines der dringendsten Ziele der Regierung ist.

---

[215] Engelbrecht, Geschichte, S. 359

[216] Damit in Zusammenhang steht auch die Agrarrevolution im Bereich der Ladwirtschaft. (vgl. Sandgruber, Ökonomie, S. 501-508)

[217] vgl. Sandgruber, Ökonomie, S. 474-481

[218] Sandgruber, Ökonomie, S. 488

[219] Engelbrecht, Geschichte, S. 361

[220] Sandgruber, Ökonomie, S. 492

Wirtschaftlich bedeutend – und daher an dieser Stelle zu erwähnen – war der Beitritt Österreichs zur EU. Der Zerfall des Ostblocks hatte bewirkt, dass Österreich von seiner ehemaligen Randlage in das Herz Europas gerückt war. Bereits 1989 beantragte Österreich nun, da die neutralitätspolitischen Bedenken zum Großteil weggefallen waren, den Beitritt zur Europäischen Gemeinschaft. Ab 1991 wurden konkrete Beitrittsverhandlungen aufgenommen. Nach einer positiv verlaufenen Volksabstimmung im Juni 1994 ist Österreich seit 1. Jänner 1995 Mitglied der Europäischen Union (in welche die Europäische Gemeinschaft durch den Maastricht-Vertrag übergeleitet wurde). Durch die Einführung des Euros im Jahre 2002 kam es zu einer noch engeren Verflechtung Österreichs mit dem Wirtschaftsraum der EU.

Was die Bevölkerungverhältnisse[221] betrifft, so trug „die Struktur der österreichischen Gesellschaft um 1950 noch zahlreiche Kennzeichen älterer Verhältnisse"[222]. Das hat sich seither rasant geändert. So kam es etwa zu einer regionalen Verlagerung der Bevölkerung von Osten nach Westen. Das Bevölkerungswachstum in Österreich war und ist mit durchschnittlich 0,3 Prozent pro Jahr ziemlich niedrig, verursacht wird es kaum durch hohe Geburtenraten[223] als viel mehr durch die steigende Lebenserwartung und durch Zuwanderung. „Die gesteigerte Lebenserwartung wirkte sich in einer Zunahme des Anteils der höheren Altersklassen aus."[224] Damit stellt sich zunehmend das Problem der Pensionssicherung und der Altersversorgung, das sich etwa ab 2020, wenn die „Babyboom"-Generation der 60er-Jahre in Pension geht, drastisch verschärfen wird. Im Jahr 2030 werden voraussichtlich 32 Prozent der österreichischen Bevölkerung älter als 60 Jahre sein. Das hat natürlich Auswirkungen auf das bestehende System. Eine der beliebtesten Lösungen des Arbeitslosenproblems, nämlich die Frühpensionierung, stößt zunehmend an die Grenzen der Finanzierbarkeit. Die geringe Geburtenrate hat Konsequenzen für den Schulbereich, wobei der Schülerrückgang momentan die Volks- und Hauptschulen besonders stark trifft.

Eine deutliche Verschiebung machte sich auch in den drei Dienstleistungssektoren bemerkbar: „Die Sozialstruktur ist durch einen starken Rückgang der landwirtschaftlichen Bevölkerung, der Dienstboten und Hausangestellten sowie durch eine Vermehrung der im öffentlichen Dienst und in freien Berufen tätigen Personen charakterisiert."[225] Der Agrarsektor beschränkte sich Mitte der 1990er-Jahre auf nur mehr 6 Prozent, der sekundäre Sektor auf immerhin ein Drittel al-

---

[221] Für alle in diesem Unterkapitel verwendeten Daten vgl. Bruckmüller, Sozialgeschichte, S. 376-387, S. 430, S. 440

[222] Bruckmüller, Sozialgeschichte, S. 375

[223] Bei den Geburtenraten macht sich viel mehr ein Abfall bemerkbar. Gründe hierfür sind steigende Frauenerwerbstätigkeit, Schwangerschaftsverhütung und Entkriminalisierung der Abtreibung. (vgl. Sandgruber, Ökonomie, S. 494)

[224] Zöllner / Schüssel, Das Werden Österreichs, S. 262

[225] Zöllner / Schüssel, Das Werden Österreichs, S. 262

ler Beschäftigten, wohingegen der tertiäre Sektor noch immer im Wachsen begriffen ist. Damit in Zusammenhang steht auch die Änderung der Sozialstrukturen in der Zweiten Republik, durch die es zu einer materiellen Umschichtung zugunsten der Grundschicht (heute noch ca. 18-20 Prozent) und zur Bildung einer breiten Mittelschicht (etwa 70 Prozent) kam.

In den 70er-Jahren kam es durch die Entkriminalisierung der Homosexualität und des Ehebruchs zu einer Anpassung an die geänderten Lebenswelten. „In der Familienrechtsreform fiel der Mann als ‚Haupt' der Familie, das neue partnerschaftliche Ehemodell konnte rechtlich fixiert werden. Das Gleichbehandlungsgesetz von 1979 formulierte zumindest ein Ideal. Langsam, aber doch veränderte sich das Verhältnis zwischen Mann und Frau. Weitaus selbstbewußter traten die Frauen in die Öffentlichkeit."[226] Der Anteil der Erwerbstätigen an der Gesamtbevölkerung beträgt heute fast die Hälfte, speziell die Erwerbstätigkeit von Frauen nahm in den letzten Jahrzehnten kontinuierlich zu, was – aus schulpolitischer Sicht – die Einrichtung ganztägiger Betreuungsangebote für Kinder und Jugendliche notwendig macht. Das gilt auch für die steigende Zahl allein erziehender Eltern – eine Folge der hohen Scheidungsziffern und der zunehmenden Ledigenraten.

Die heutige Gesellschaft unterscheidet sich grundlegend von jener der Nachkriegszeit. Die Familienstrukturen[227] haben sich – wie ja schon angeschnitten – geändert, die Kleinfamilie verdrängte immer mehr die früher dominante Großfamilie, in der mehrere Generationen unter einem Dach lebten und die Kinderzahlen hoch waren. Die klassische Konstellation Vater-Mutter-Kinder ist heute nur eine unter vielen. Viele Paare mit Kindern bleiben unverheiratet, Alleinerzieher sind keine Seltenheit mehr. Zudem bilden sich immer häufiger so genannte Patchwork-Familien, d.h. Familien, bei denen beide Partner Kinder aus anderen Beziehungen mitbringen, die dann gemeinsam wie Geschwister aufwachsen. Ganz allgemein findet eine immer stärker werdende Individualisierung statt, das Streben nach „Selbstverwirklichung" – was auch immer der Einzelne darunter versteht – bestimmt zunehmend das Denken und Handeln der Menschen. Die Konsumorientierung hielt auch in den Haushalt des „kleinen Mannes" Einzug, Luxusgüter werden gekauft, auch wenn sie eigentlich nicht benötigt werden – eine Entwicklung, die von der allgegenwärtigen Werbung noch forciert wird. Zudem sind die neuen Konsumgüter oft recht zeitintensiv, sodass „Zeit […] trotz der Arbeitszeitverkürzung knapp"[228] bleibt. Viele der heutigen Produkte sind im Vergleich zu früher billiger und kurzlebiger, Reparaturen zahlen sich finanziell gesehen oft nicht mehr aus, der Weg in eine Wegwerfgesellschaft ist somit geebnet. Durch den sorglosen Umgang mit der Natur kommt es immer

---

[226] Hanisch, Schatten, S. 468
[227] vgl. Sandgruber, Ökonomie, S. 495
[228] Sandgruber, Ökonomie, S. 499

häufiger zu Umweltproblemen. Erst in den letzten Jahren werden diese bewusst als solche erkannt, gelöst werden können sie jedoch kaum mehr auf regionaler Ebene, internationale Zusammenarbeit ist gefragt.[229] Unsere Gesellschaft wird zunehmend multikulturell, was immer wieder zu heiklen Konflikten führt. Die Globalisierung erfasst sukzessive alle Lebensbereiche, noch nie konnte man so rasch mit Personen auf anderen Kontinenten Kontakt aufnehmen wie dies nun mit Hilfe modernster Telekommunikationsgeräte und des Internets möglich ist, Bilder von anderen Kulturen und Erdteilen werden uns mittels Satelliten auf Knopfdruck ins Haus geliefert. Nicht umsonst spricht man von der Entstehung einer modernen „Mediengesellschaft". Der reale Mensch rückt dabei jedoch in den Hintergrund, die Pflege freundschaftlicher und nachbarschaftlicher Kontakte nimmt ab. Unangenehmes wird aus dem täglichen Leben ausgeblendet, auch das Sterben findet immer mehr in Einsamkeit und in der sterilen Umgebung der Krankenhäuser statt. Einzelschicksale gehen in der Hektik der Spaß- und Überflussgesellschaft häufig unter – eine Tatsache, die nicht nur die Schule vor neue Aufgaben stellt.

Schulpolitik bis zum großen Schulgesetzwerk von 1962

Am Ende des Zweiten Weltkrieges herrschten im österreichischen Raum teilweise chaotische Zustände. Besonders schlimm war die Situation in Ostösterreich, wo die Sowjets am 28. März 1945 die ehemalige österreichische Grenze überschritten hatten und dann zügig ins Burgenland, nach Wien und in die westlichen Teile Niederösterreichs und der Steiermark vordrangen und dabei einen Flüchtlingsstrom vor sich hertrieben. Viele Schulgebäude waren in den letzten Kriegsmonaten Bombenangriffen zum Opfer gefallen, der Unterricht war durch die beinahe regelmäßig stattfindenden Luftangriffe häufig für Stunden lahm gelegt worden. Nun, als die Alliierten in Österreich einrückten, fielen die meisten der noch unzerstörten Bildungseinrichtungen ganz aus. Sie wurden von den einmarschierenden Truppen zu Unterkünften für die Soldaten, zu Nachschubdepots und häufig auch zu Lazaretten umgewandelt.[230]
Was zusätzlich zu den zerstörten bzw. ihrem Zweck entfremdeten Schulgebäuden eine Wiederaufnahme des Unterrichts erschwerte, war, dass ein beträchtlicher Teil der Lehrerschaft im Krieg gefallen war bzw. sich in Kriegsgefangenschaft befand. Auch waren viele Lehrkräfte – in manchen Bundesländern bis zu

---

[229] vgl. Sandgruber, Ökonomie, S. 534f
[230] Für die Situation der städtischen Schulgebäude in Wien vgl. Engelbrecht, Geschichte, S. 394f

70 Prozent[231] – Mitglieder der NSDAP gewesen und wurden so durch das Verbotsgesetz außer Dienst gestellt.

Die Rechtsgrundlage des neuen Staates bildeten Überleitungsbestimmungen. Die österreichische Bundesverfassung in der Fassung von 1929 wurde durch das Verfassungsüberleitungsgesetz vom 1. Mai 1945 wieder in Kraft gesetzt, welches auch alle verfassungsrechtlichen Vorschriften aus der Zeit nach der Ausschaltung des Parlaments (5. März 1933) aufhob. Das ebenfalls am 1. Mai erlassene Rechtsüberleitungsgesetz setzte alle nach dem Anschluss Österreichs an das Deutsche Reich erlassenen Rechtsvorschriften außer Kraft, „die mit dem Bestand eines freien und unabhängigen Staates Österreich unvereinbar sind, die dem Rechtsempfinden des österreichischen Volkes widersprechen oder typisches Gedankengut des Nationalsozialismus enthalten"[232]. Die übrigen Gesetze ohne Verfassungsrang sowie die Verordnungen aus der NS-Zeit behielten vorläufig Geltung. Für den Schulbereich bedeutete dies, dass die Kompetenzfrage weiterhin ungeklärt blieb. Obwohl die Überleitungsgesetze den Charakter eines Provisoriums hatten, kam es mit Ausnahme kleinerer Teilregelungen erst nach 17 Jahren, nämlich im Jahr 1962, zu einer tatsächlichen Klärung dieser Frage.[233] Basis für alle pädagogischen Maßnahmen, darunter v.a. für die Gestaltung der neuen Lehrpläne, waren die zu Beginn des Schuljahrs 1945/46 erlassenen „Allgemeinen Richtlinien für Erziehung und Unterricht an den österreichischen Schulen".[234]

Was den Religionsunterricht betraf, so wurde dessen Erteilung durch einen Erlass des Unterrichtsministers im Juni 1945 „mit der Begründung ermöglicht, daß sämtliche Lehrpläne und schulrechtliche Verfügungen aus der NS-Zeit der Aufhebung verfallen waren. Allerdings sah diese Regelung folgendes vor: Entsprechend der Religionsmündigkeit konnten sich die Schüler mit 14 Jahren selbst vom Pflichtgegenstand Religion abmelden, bei jüngeren konnte dies durch die Eltern geschehen. Ferner wurden die Religionslehrer entgegen der früheren österreichischen Rechtslage nicht vom Staat, sondern von der Kirche bezahlt, sofern diese nicht bereits vor 1938 pragmatisiert waren."[235] Die katholischen Privatschulen durften ihre Arbeit wieder aufnehmen, das Schulgebet wurde an Pflichtschulen erneut eingeführt und die Anbringung von Kreuzen in den Klas-

---

[231] vgl. Josef Scheipl / Helmut Seel: Die Entwicklung des österreichischen Schulwesens in der Zweiten Republik 1945-1987, Graz 1988, S. 18

[232] §1 des Rechtsüberleitungsgesetzes vom 1. Mai 1945; zitiert bei: Scheipl / Seel, Entwicklung 1945-1987, S. 9

[233] vgl. Olechowski, Schul- und Bildungspolitik, S. 113

[234] vgl. Franz Burgstaller / Leo Leitner: Pädagogische Markierungen. Probleme – Prozesse – Perspektiven. 25 Jahre österreichische Schulgeschichte (1962-1987), Wien 1987, S. 15

[235] Gerhard Schultes: Kirche und Schule seit 1945, in: Zdarzil, Herbert / Severinski, Nikolaus: Österreichische Bildungspolitik in der Zweiten Republik, Höbersdorf 1998, S. 93-116; hier: S. 93

senzimmern sowie vom Religionslehrer abgehaltene religiöse Übungen – allerdings auf freiwilliger Basis – fanden 1946 ihre gesetzliche Deckung.

Die eigentliche Wiederaufnahme des Unterrichts erfolgte – nicht zuletzt wegen des Einflusses der Alliierten – österreichweit recht unterschiedlich, jedoch mit dem gemeinsamen Ziel, die Erinnerung an die nationalsozialistische Herrschaft auszuschalten. Wie schon erwähnt, wurde durch die „Unabhängigkeitserklärung" von ÖVP, SPÖ und KPÖ, den drei von den Besatzungsmächten zugelassenen politischen Parteien, die Wiedereinrichtung der Republik Österreich vollzogen. Von Anfang an war bei allen Parteien der Wille zur Eigenständigkeit Österreichs und zur Förderung des Österreichbewusstseins gegeben. Die neu eingesetzte provisorische Regierung unter Staatskanzler Renner wurde allerdings erst im Herbst 1945 durch die Länderkonferenzen österreichweit anerkannt, wodurch die bis dahin fehlende Basis einer einheitlichen Schulpolitik geschaffen wurde.

In Ostösterreich, wo die schulischen Einrichtungen am meisten durch den Krieg in Mitleidenschaft gezogen worden waren, wurde der Unterricht am frühesten wieder aufgenommen.[236] Die sowjetischen Truppen drängten darauf, in den von ihnen besetzten Gebieten möglichst bald wieder einen geordneten, flächendeckenden Unterricht einzuführen. Bereits im Mai 1945 setzten pensionierte Lehrer oder mangelhaft ausgebildete Schulhelfer in den noch verfügbaren Schulgebäuden[237] das Schuljahr 1944/45, das bis August verlängert wurde, im Schichtbetrieb fort, sodass am Ende des Schuljahres ein festgelegtes Mindestmaß an Lehrzielen erreicht werden konnte. Auch unterstützte die sowjetische Besatzungsmacht (ebenso wie die westlichen Alliierten) die Bevölkerung dabei, genug Heizmaterial für die Schulen aufzutreiben, sodass der Unterricht auch während der sehr kalten Jahreszeit fortgesetzt werden konnte.

In den von den westlichen Alliierten besetzten Gebieten wurde der Unterricht erst später aufgenommen. Die Räumung der Schulgebäude wurde vielerorts erst im Sommer 1945 in Angriff genommen, in Vorarlberg erwies es sich als besonders schwierig, die französische Besatzung dazu zu bringen, den Großteil der besetzten Schulgebäude wieder für den Unterricht freizugeben.[238] Diese Verzögerung hatte zur Folge, dass viele Schüler in Vorarlberg, Tirol und Oberöster-

---

[236] vgl. Engelbrecht, Geschichte, S. 394-396; Die vielen Probleme, die sich bei der Wiederaufnahme des Unterrichts stellten (etwa die extreme Schulraumnot, der Mangel an Heizmaterial, der Lehrermangel, fehlendes Unterrichtsmaterial, die Not der Schüler etc.) beschreibt Fischl sehr eindringlich. (vgl. Fischl, Schulreform, S. 132-138)

[237] Nach der Währungsreform und dem Wirksamwerden des Marshall-Planes setzte der verstärkte Neubau von Schulgebäuden in ganz Österreich ein. (vgl. Engelbrecht, Geschichte, S. 411f)

[238] vgl. Engelbrecht, Geschichte, S. 395

reich trotz der Möglichkeit, eine Aufnahmeprüfung in die nächsthöhere Klasse zu absolvieren[239], das Schuljahr 1944/45 wiederholen mussten.

Die Wiederaufnahme des Unterrichts erfolgte zuerst ungeordnet und ohne Weisung von oben. In Ostösterreich wurden die Leiter und Inspektoren der Schulen von selbsternannten „antifaschistischen" Schulausschüssen oder von den Bürgermeistern, die von den Sowjets eingesetzt worden waren, ernannt. Ähnlich war die Situation bei der Einsetzung der Landesschulräte in den restlichen Bundesländern, wo unter den verschiedenen Besatzungsmächten eigene Regierungen gebildet worden waren und kaum Verbindung zur provisorischen Staatsregierung bestand. Das Ende der Isolierung der Regierung Renner im Herbst 1945 bewirkte eine Besserung der Lage, die Vereinheitlichung der Schulverwaltung konnte nun in Angriff genommen werden.

Unter der provisorischen Staatsregierung waren für die einzelnen Verwaltungsbereiche „Staatsämter" geschaffen worden. Als Zentralstelle für die Unterrichtsverwaltung diente das am 27. April 1945 eingerichtete „Staatsamt für Volksaufklärung, für Unterricht und für Kultusangelegenheiten", das vom der KPÖ zugehörigen Staatssekretär Ernst Fischer geleitet wurde. Dieser konnte sich relativ rasch beinahe das gesamte Bildungswesen (mit Ausnahme des land- und forstwirtschaftlichen Schulwesens) unterordnen und eine gewisse Handlungsfreiheit erreichen.[240] Nach den ersten freien Wahlen am 25. November 1945 trat das Bundesministerium für Unterricht unter dem der ÖVP angehörigen Bundesminister Hurdes an die Stelle der obersten Verwaltungsbehörde für das Bildungswesen.

Die Bildungspolitik hatte durch den Krieg – so meint zumindest Hans Fischl – viel am pädagogischen Enthusiasmus der 20er-Jahre verloren: „Wenn daher nach 1919 mit einem Elan gearbeitet wurde gleich dem von Pionieren, die in Neuland mit großzügiger Planung eine Kolonie errichten, so ging man nach 1945 eher mit jener verbissenen Zähigkeit ans Werk, mit der man nach dem ersten Barbarenüberfall auf den Trümmern der zerstörten Stadt den Wiederaufbau in Angriff nimmt."[241] Die Erneuerung des Bildungswesens machte dennoch rasche Fortschritte. Viele der Maßnahmen beruhten dabei auf Parteivereinbarungen und entbehrten einer formal gesetzlichen Deckung, dennoch konnten durch sie die nationalsozialistischen Strukturen effektiv beseitigt werden[242], wodurch den alliierten Forderungen oft schon im Vorhinein nachgekommen wurde. Diese Forderungen bestanden darin, dass das Schulwesen zu entnazifizieren sei, die Lehrpläne neu formuliert und die Unterrichtsmedien auf ihre Inhalte hin geprüft

---

[239] Die Aufnahmeprüfungen bzw. Bewährungsfristen wurden von Bundesland zu Bundesland verschieden gehandhabt, nur in der russischen Besatzungszone konnte zumindest ein Minimum der Lehrziele des Schuljahrs erreicht werden. (vgl. Engelbrecht, Geschichte, S. 395f)

[240] vgl. Engelbrecht, Geschichte, S. 397

[241] Fischl, Schulreform, S. 120

[242] vgl. Engelbrecht, Geschichte, S. 397f

werden müssten. Was Ersteres betrifft, so hatten schwer belastete Nationalsozialisten außer Dienst gestellt, alle anderen einer politischen Überprüfung unterzogen zu werden. Die Handhabung der Entnazifizierung erfolgte zwischen den einzelnen Bundesländern unterschiedlich streng.[243] Während in Wien von den Alliierten oft auch Lehrkräfte, die von den Sonderkommissionen als politisch tragbar eingestuft wurden, nicht geduldet wurden, wurden in den Bundesländern häufig auch minderbelastete Personen im Unterricht eingesetzt.[244] Der Grund dafür lag in erster Linie darin, dass ein ähnlich strenges Vorgehen wie in Wien, wo ein noch relativ hohes Lehrerangebot herrschte, den Schulbetrieb in manchen dünn besiedelten Gebieten der Bundesländer wegen akuten Lehrermangels lahm gelegt hätte. Besonders betont wurde die Aufgabe der Lehrer, „zur ‚Weckung und Pflege des österreichischen Heimat- und Kulturbewußtseins' beizutragen, dabei die ‚österreichische Eigenart im geistigen und wirtschaftlichen Schaffen' herauszuarbeiten und ihre Schüler ‚zu treuen und tüchtigen Bürgern der Republik' zu erziehen."[245] Um die glaubhafte Umsetzung dieses Auftrags v.a. nach der Rückkehr der minderbelasteten Nationalsozialisten in den Lehrdienst zu gewährleisten, wurden 1949 konkrete Hinweise für die Erziehung zum Österreichertum veröffentlicht. Dieser Maßnahme war großer Erfolg beschieden.

Ähnliche Unterschiede zwischen den Bundesländern gab es bei der Einführung der neuen „Provisorischen Lehrpläne", die Staatssekretär Fischer noch im Herbst 1945 von über 40 Schulfachleuten aller drei Parteien hatte erstellen lassen. Vor allem in den westlichen Bundesländern war man nicht gewillt, nach den „Provisorischen Lehrplänen" zu unterrichten, viel mehr orientierte man sich an jenen, die zwischen 1934 und 1938 eingeführt worden waren.[246] Auch zeigte sich der Einfluss der jeweiligen Besatzungsmächte an der Wahl und Abfolge der Fremdsprachen, die in der Schule unterrichtet wurden. Die unterschiedlichen Schullaufbahnen zwischen den Bundesländern, die aus den verschiedenen, dem

---

[243] Dies war auch in anderen Bereichen, etwa in der Wirtschaft, der Fall. Man brauchte – wie auch in der Schule – Fachleute für den Wiederaufbau, angesichts der wirtschaftlichen Situation erschien die „Säuberung von nationalsozialistischem Einfluß [...] nicht als das vordringliche Problem". „Die Entnazifizierung bis 1947 verlief mit einer gewissen Härte, dann aber immer laxer". Durch die Minderbelasteten-Amnestie vom April 1948 fielen die meisten Berufsverbote weg – die ehemaligen Nationalsozialisten wurden von den Parteien als potentielle Wähler heiß umworben. Das neue Feindbild von Nationalsozialisten und Westmächten hieß Kommunismus. (vgl. Sandgruber, Ökonomie, S. 445f; Hanisch, Schatten, S. 420-425)

[244] statistisches Material dazu: vgl. Engelbrecht, Geschichte, S. 401

[245] Engelbrecht, Geschichte, S. 352

[246] vgl. Engelbrecht, Geschichte, S. 403; Fischl beschreibt die Situation so: „Tatsache ist, daß man im Unterrichtsministerium noch im Jahre 1948 über die in gewissen westlichen Bundesländern verwendeten Stundentafeln nicht in allen Einzelheiten informiert war, woraus hervorgeht, daß dort nicht einmal die Aufforderung, die gewünschten Abweichungen zu beantragen und zu begründen, besonders ernst genommen worden war." (Fischl, Schulreform, S. 126)

Unterricht zugrunde liegenden Lehrplänen entstanden, wurden von den Alliierten geduldet, erst ab 1948 erhob der sowjetische Vertreter Einspruch dagegen, allerdings ohne Erfolg.

Bei der Überprüfung der Unterrichtsmedien stand die Zulassung der Schulbücher im Vordergrund. Nach längeren Debatten wurde am 15. Februar 1946 schließlich eine Resolution erlassen, die dem österreichischen Unterrichtsministerium den Wiederabdruck von Schulbüchern aus der Zeit vor 1938 gestattete.

Eine wichtige Rolle im Ringen um eine bundesweit einheitliche Schulpolitik spielten die so genannten „Maßnahmenerlässe", deren Bedeutung immer mehr zunahm. „Durch diese Erlässe wurden nicht nur die Lehrpläne interpretiert und in einigen Punkten (besonders in den Stundentafeln) ergänzt oder abgeändert, es wurden auch zahlreiche konkrete Anweisungen für die Unterrichtsgestaltung (Lehrverfahren) und für den Unterrichtsbetrieb selbst (Lehrfächerverteilung, Lehrstoffverteilungen, Konferenzen u.a.) gegeben; ebenso wurden Fragen im Zusammenhang mit Teilungsziffern, Gruppenbildungen oder Assistenzen behandelt."[247]

Die Schulorganisation war durch den Maßnahmenerlass für das Schuljahr 1945/46 vom 3. September 1945 geregelt worden, aber auch sie wurde in den Bundesländern nicht immer in vollständig übereinstimmender Form verwirklicht. So wurde beispielsweise eine zweizügig organisierte Hauptschule nur in den Bundesländern Wien, Steiermark und Kärnten eingeführt, auch die Volksschuloberstufen wurden in Zusammenhang mit der Hauptschulorganisation nicht einheitlich eingerichtet.[248] Gründe für die Unterschiede waren u.a. Schwierigkeiten in der Kommunikation zwischen den Zentralstellen und den Landesbehörden, Unterschiede in der Interpretation der Überleitungsgesetze sowie Differenzen in der Verwirklichung der Schulgesetze von 1927 zum Zeitpunkt des Endes der Ersten Republik 1933 (auf die nun ja wieder zurückgegriffen werden sollte).[249]

„Die Bildungspolitik stand – das darf nicht außer acht gelassen werden – in den ersten zehn Jahren der Zweiten Republik in Abhängigkeit und unter dem Einfluß von Besatzungsmächten mit abweichenden Schulsystemen."[250] Die Einflussnahme der Alliierten erfolgte in mehrfacher Weise.[251] Die legale Form der Einflussnahme, die von den Österreichern jedoch oft als Willkür und Pression empfunden wurde, waren Interventionen, die von sowjetischer Seite am häufigsten vorgenommen wurden. Für die österreichischen Schulbehörden bedeutete diese

---

[247] Burgstaller / Leitner, Markierungen, S. 16

[248] Genauere Bestimmungen zur Schulorganisation sowie weitere Unterschiede bei der Umsetzung des Erlasses legen Scheipl und Seel dar. (vgl. Scheipl / Seel, Entwicklung 1945-1987, S. 13-17)

[249] vgl. Scheipl / Seel, Entwicklung 1945-1987, S. 13

[250] Engelbrecht, Geschichte, S. 351

[251] vgl. Engelbrecht, Geschichte, S. 406-408

Form des direkten Eingreifens eine große Belastung, da sie nicht nur zeitaufwendig war, sondern auch viele Unannehmlichkeiten mit sich brachte. Auch indirekt versuchten die Alliierten, auf die österreichische Bildungspolitik einzuwirken. Durch Informationen in Form von Vorträgen, Zeitschriften und Radiosendungen wurde das Bildungssystem der jeweiligen Besatzungsmacht vorgestellt, ebenso wurden den Österreichern Schulbücher zur Orientierung zur Verfügung gestellt. Dennoch nahm das österreichische Schul- und Bildungswesen nach 1945 kein fremdes Gepräge an.[252]

Während die Schulpolitik der ersten zehn Jahre nach Kriegsende noch stark von der Einflussnahme der Alliierten geprägt war, so bot der Staatsvertrag vom 26. Oktober 1955 der österreichischen Regierung erstmals die Möglichkeit, bildungspolitische Maßnahmen ohne Einfluss von außen zu setzen. Die Zeit zwischen 1946 und den Schulkompromissen von 1962 war geprägt von der „großen Koalition" zwischen ÖVP und SPÖ, deren Hauptaugenmerk sich unmittelbar nach dem Krieg v.a. auf den wirtschaftlichen Wiederaufbau richtete, sodass dem Bildungswesen vorerst keine Priorität eingeräumt wurde. Zudem waren sich die beiden Großparteien über viele grundsätzliche Fragen im Bereich des Bildungswesens nicht einig. Die ÖVP wollte als konservative Partei bestehende gesellschaftliche Strukturen erhalten, wohingegen die SPÖ auf eine Änderung der gesellschaftlichen Macht- und Herrschaftsverhältnisse drängte. Die unterschiedlichen Schulkonzeptionen der beiden Parteien, die schon die Schulpolitik in der Ersten Republik so offensichtlich geprägt hatten, bestanden auch nach 1945 fort. Deutlich wurde dies im Jahre 1948, als die ÖVP ihre bildungspolitischen Vorstellungen in einem Entwurf des Unterrichtsministeriums vorlegte und die SPÖ einen Initiativantrag bezüglich des Schulwesens im Parlament einbrachte.[253] Übereinstimmungen gab es sowohl, was eine Verlängerung der Schulpflicht auf neun Jahre betraf als auch in Bezug auf eine Verlängerung der Berufsschulpflicht und der Ausbildungszeit für Volksschullehrer. Während die ÖVP auf das Elternrecht pochte und konfessionelle Schulen staatlich fördern und ihnen gegebenenfalls auch das Öffentlichkeitsrecht zuerkennen wollte, sollte nach Meinung der SPÖ der Einfluss des konfessionellen (v.a. des katholischen) Privatschulwesens deutlich gesenkt werden, etwa dadurch, dass Privatschulen keine staatsgül-

---

[252] Als Gründe hierfür sind u.a. die relativ weitreichende administrative sowie legislative Freiheit der Provisorischen Staatsregierung, die Geschicklichkeit des Unterrichtsministers, Wege zu einer Vereinheitlichung offen zu lassen und die Tatsache, dass Unterricht und Erziehung v.a. für die westlichen Alliierten nur beschränkt von Interesse waren, zu nennen. (vgl. Engelbrecht, Geschichte, S. 408-410)

[253] Der amtierende Unterrichtsminister, Felix Hurdes, machte den Vorschlag, dass beide Parteien einen Entwurf für ein Schulgesetz ausarbeiten sollten. Diese teils große Differenzen aufweisenden Entwürfe lagen im Jahre 1948 vor. (vgl. Olechowski, Schul- und Bildungspolitik, S. 113; Scheipl / Seel, Entwicklung 1945-1987, S. 27-30)

tigen Zeugnisse ausstellen dürften. Auch das neunte Schuljahr gab Anlass zu Meinungsverschiedenheiten. Die ÖVP dachte daran, ein fünftes Volksschuljahr einzuführen, um die Konfrontation mit dem Fachlehrersystem und die Entscheidung zwischen Hauptschule oder Gymnasium ein Jahr hinauszuschieben, die SPÖ hingegen wollte das neunte Schuljahr ans Ende der Schulzeit rücken, wo es v.a. der Berufsorientierung dienen sollte. Einen zentralen Streitpunkt bildete die Mittelstufe. Dem SPÖ-Modell der Gesamtschule, von der man sich eine Lösung des regional sehr unterschiedlichen Zugangs zu Bildung und eine verstärkte „soziale Koedukation" erhoffte, stand der Entwurf der ÖVP gegenüber, der weiterhin für die Mittelstufe drei Schultypen vorsah. In Hinblick auf die Lehrerbildung forderte die SPÖ die hochschulmäßige Ausbildung der Pflichtschullehrer nach der allgemeinen Reifeprüfung an pädagogischen Instituten. Die ÖVP wollte die fünfjährigen Lehrerbildungsanstalten um ein Jahr verlängern und in ein vierjähriges Pädagogikum, in welchem eine höhere Allgemeinbildung vermittelt werden sollte und in ein zweijähriges Oberpädagogikum für die pädagogische Ausbildung unterteilen.

Die beiden großen Parteien waren „von vornherein auf Konsens ausgerichtet; nach Möglichkeit suchten sie brisante Forderungen zu vermeiden oder zumindest nicht mit Nachdruck zu verfolgen"[254]. So wurden trotz der divergierenden Meinungen bereits ab 1946 Anstrengungen in Richtung gemeinsamer Bildungspolitik unternommen. Im Winter 1946/47 kam es zu ernsthaften Gesprächen zwischen Vertretern der beiden Parteien über die Neuordnung des Schul- und Bildungswesens. Dabei zeigte sich jedoch bald, dass zwei wesentliche Voraussetzungen für eine erfolgreiche Weiterführung der Gespräche fehlte: die verfassungsrechtliche Grundlage und die Klärung des Verhältnisses von Staat und Kirche bezüglich des Schulwesens.[255]

Das Verfassungsproblem bestand in erster Linie darin, dass durch das Verfassungsüberleitungsgesetz die Regelung übernommen wurde, nach welcher im Schul-, Erziehungs- und Volksbildungswesen die schon oftmals erwähnte paktierte Gesetzgebungskompetenz vorgesehen war. Diese bot den beiden Parteien von vornherein nur geringe Veränderungsmöglichkeiten. Nach langwierigen Debatten konnten schließlich in dieser Problematik Teillösungen erzielt werden. Das Lehrerdienstrechts-Kompetenzgesetz (1948) regelte die Zuständigkeitsverteilung zwischen Bund und Ländern auf dem Gebiet des Dienstrechts der Lehrer, das Schulerhaltungs-Kompetenzgesetz regelte die Zuständigkeit von Bund und Ländern in Bezug auf Errichtung, Erhaltung und Auflassung der öffentlichen Schulen, Kindergärten und Horte.[256]

---

[254] Engelbrecht, Geschichte, S. 353

[255] vgl. Scheipl / Seel, Entwicklung 1945-1987, S. 23-27

[256] Regelung beim Lehrerdienstrechts-Kompetenzgesetz: Die gesamte materielle Gesetzgebung obliegt dem Bund, die Vollziehung hinsichtlich des Dienstrechts der Lehrer an öffentlichen Pflichtschulen wird den Ländern zugesprochen. Die Vollziehung hinsichtlich des

In Bezug auf das Verhältnis zwischen Kirche und Staat hinsichtlich des Schulwesens lagen die Standpunkte der beiden Großparteien – wie auch schon vor dem Zweiten Weltkrieg – weit voneinander entfernt. Mit dem Religionsunterrichtsgesetz von 1949, das das Schulwesen als prinzipiell staatlich bezeichnet, der Kirche aber in bestimmten Fragen (z.b. beim Religionsunterricht) ein Mitspracherecht zugesteht und die staatliche Besoldung der Religionslehrer festschreibt, konnte zumindest in einem Bereich eine gemeinsame Linie gefunden werden. Die Lösung der eigentlichen Konkordatsfrage konnte erst durch eine Umorientierung sowohl in der SPÖ als auch innerhalb der Kirche erreicht werden. Die SPÖ, die auf dem Weg von der Klassen- zu einer Volkspartei war und sich daher immer stärker zur Mitte hin orientierte, versuchte, ihr bis dahin gespanntes Verhältnis zur Kirche zu sanieren. Die Kirche erklärte im Mariazeller Manifest (1952), sich weiterhin von der Parteipolitik fernhalten zu wollen. Nachdem die Rechtsgültigkeit des Konkordats von 1933 belegt werden konnte und von Seiten der Kirche Verhandlungsbereitschaft signalisiert worden war[257], wurde das Konkordat mit einstimmigem Beschluss der Bundesregierung im Dezember 1957 angenommen und somit die Voraussetzung für weitere Verhandlungen geschaffen. Die Klärung der vermögensrechtlichen Beziehungen zwischen der Republik Österreich und dem Hl. Stuhl im Juli 1960 wirkte sich zudem positiv auf die weiteren Gespräche aus. Am 9. Juli 1962 fanden die Verhandlungen ihren Abschluss in der Unterzeichnung des Zusatzvertrages zum Artikel VI des Konkordats. „Der Vertrag beinhaltete zunächst die Kenntnisnahme der Abmeldung vom Religionsunterricht, wie dies bereits im Religionsunterrichtsgesetz von 1949 geregelt worden war. Ferner sah er die Gewährleistung der religiösen Übungen im bisherigen Umfang vor, regelte die finanzielle Ablöse für das katholische Schulwesen im Burgenland und die Subvention der mit Öffentlichkeitsrecht ausgestatteten katholischen Privatschulen. Der Bund übernahm 60 Prozent der Personalkosten, wobei das Verhältnis zwischen der Zahl der Schüler und der Zahl der Lehrer an vergleichbaren öffentlichen Schulen [...]

Dienstrechts der Lehrer an sonstigen öffentlichen Schulen ist Aufgabe des Bundes. (vgl. Scheipl / Seel, Entwicklung 1945-1987, S. 24), Regelung beim Schulerhaltungs-Komptenzgesetz: Die Errichtung, Erhaltung und Auflassung der öffentlichen Pflichtschulen liegt hinsichtlich der Grundsatzgesetzgebung beim Bund, hinsichtlich der Ausführungsgesetzgebung und der Vollziehung bei den Ländern. Die Gesetzgebung und Vollziehung bei allen übrigen öffentlichen Schulen obliegt dem Bund. (vgl. Scheipl / Seel, Entwicklung 1945-1987, S. 31). Weitere Teillösungen fanden ihren Niederschlag im Gesetz über den Religionsunterricht (1949), im Gesetz über den Schuleintrittstermin (1952) und im Minderheiten-Schulgesetz (1959). (vgl. Olechowski, Schul- und Bildungspolitik, S. 114)
[257] etwa durch die österreichische Bischofskonferenz 1955 und den „Sozialhirtenbrief" 1956 (vgl. Scheipl / Seel, Entwicklung 1945-1987, S. 34)

zugrunde gelegt wurde.[258] Das Privatschulgesetz und die Religionsunterrichtsgesetznovelle vom 25. Juli 1962 waren die Früchte dieser Regelung."[259]

Parallel zu den Verhandlungen mit der Kirche kam es zu einem zähen Ringen zwischen den beiden Großparteien. Schon gegen Ende der 50er-Jahre wurde immer deutlicher, dass weder ÖVP noch SPÖ ihr Konzept bezüglich Schulpolitik vollständig würden durchsetzen können, Kompromissbereitschaft war nun gefragt und auch bei allen Verhandlungspartnern gegeben.[260] Am 22. Dezember 1960 trat unter dem Vorsitz des Unterrichtsministers Drimmel ein Verhandlungskomitee zusammen, dem Mitglieder beider Parteien angehörten und dessen Aufgabe es war, eine endgültige gesetzliche Regelung zu erarbeiten. Die Verhandlungen wurden hinter geschlossenen Türen abgehalten, sie gingen sehr zügig voran, sodass bereits im Sommer 1961 ein Schulgesetzentwurf als Arbeitsgrundlage für weitere Verhandlungen vorgelegt werden konnte. Nach der abschließenden Besprechung des Verhandlungskomitees im November 1961 wurde der Entwurf den Parteivorständen vorgelegt.[261]

Voraussetzung für den Beschluss der Schulgesetze war die verfassungsmäßige Regelung der Kompetenzen des Bundes und der Länder in Hinsicht auf die gesetzliche Ordnung des Schulwesens. Diese erfolgte durch die Novelle zum Bundesverfassungsgesetz vom 18. Juli 1962, durch welche das Lehrerdienstrechts-Kompetenzgesetz und das Schulerhaltungs-Kompetenzgesetz außer Kraft gesetzt wurden. Die neu geschaffene Regelung enthielt im Wesentlichen zwei Punkte[262]. Zunächst wurden dem Bund in einer Generalklausel die Gesetzgebung und die Vollziehung auf dem gesamten Gebiet des Schul- und Unterrichtswesens zuerkannt, soweit dies in den weiteren Absätzen nicht anders geregelt wurde. Durch diese Maßnahme wollte man die Bundeseinheitlichkeit wahren, regionalen Besonderheiten sollte durch Ausführungsgesetze entsprochen werden. Ausgenommen von dieser Regelung blieb das land- und forstwirtschaftliche Schulwesen, das weiterhin vom Landwirtschaftsministerium verwaltet wurde.[263] Beim Dienstrecht für Lehrer sowie bei der Organisation der Pflicht-

---

[258] 1972 wurde diese Bestimmung geändert, sodass der Staat bis heute auch an Privatschulen 100 Prozent der Personalkosten deckt. (vgl. Susanne Dermutz: Der österreichische Weg. Schulreform und Bildungspolitik in der Zweiten Republik, Wien 1983, S. 33)

[259] Scheipl / Seel, Entwicklung 1945-1987, S. 42

[260] vgl. Richard Olechowski, Schul- und Bildungspolitik, S. 112; Dermutz, Weg, S. 31f

[261] Die Widerstände in den eigenen Reihen waren angesichts der vielen Kompromisse groß. Jedoch waren beide Parteivorstände nicht gewillt, vom mühsam erreichten Kompromiss wieder abzugehen, sodass das Schulgesetzprogramm für die Interessensgruppen bloß eine nachträgliche Information über bereits fixierte Standpunkte darstellte. (vgl. Engelbrecht, Geschichte, S. 476: Dermutz, Weg, S. 34f)

[262] vgl. Scheipl / Seel, Entwicklung 1945-1987, S. 44f

[263] Die Gesetzgebung und Vollziehung im Bereich des land- und forstwirtschaftlichen Schulwesens wurde mit wenigen Ausnahmen in einer neuerlichen Novelle des Bundesverfassungs-

schulen wurde im Wesentlichen die Regelung aus den Lehrerdienstrechts- und dem Schulerhaltungs-Kompetenzgesetz übernommen. Große Auswirkungen auf die weitere Bildungspolitik hatte die zweite große Regelung: „An die Stelle der bisherigen politischen Sicherung durch die paktierte Gesetzgebung wurde [...] vorgesehen, daß Bundesgesetze in allen Angelegenheiten der Schulbehörden, der Schulpflicht, der Schulorganisation, der Privatschulen und des Verhältnisses von Schule und Kirche nur mit den qualifizierten Anwesenheits- und Stimmerfordernissen beschlossen werden können, die sonst nur für Verfassungsgesetze erforderlich sind. Sie bleiben dabei allerdings einfache Gesetze und werden nicht zu Verfassungsgesetzen."[264] Durch diese Regelung wurde zum einen sichergestellt, dass im Bereich der Schulgesetzgebung eine gewisse Stabilität herrschte, d.h. dass Grundsätzliches nicht von Zufallsmehrheiten verändert werden konnte, andererseits gestaltete es sich für die jeweiligen Regierungen von nun an äußerst schwierig, Reformen durchzuführen, sodass oft auf Kompromisslösungen zurückgegriffen werden musste.[265] Die Schulpolitik in Österreich wurde von nun an „von einem institutionalisierten Konsenszwang beherrscht, sowohl im parlamentarischen als auch im vor- und außerparlamentarischen Bereich. Dieser Konsenszwang ist eine politische Kultur der politischen Regelung ‚im gütlichen Einvernehmen' geworden."[266] Generell wird dieses Charakteristikum der österreichischen Bildungspolitik als Bildungspartnerschaft bezeichnet, zu deren Merkmalen u.a. das ständige Eingehen von Kompromissen, Entscheidungsfindung auf höchster Ebene meist unter Ausschluss der von den Entscheidungen Betroffenen (in diesem Fall Lehrer, Eltern und Schüler) sowie die Stagnation von Entscheidungen bei Unvereinbarkeit der gegensätzlichen Forderungen gehören.[267]

Auf der neu geschaffenen verfassungsrechtlichen Grundlage wurden schließlich am 25. Juli 1962 die Schulgesetze gemeinsam mit dem Konkordatsvertrag vom 9. Juli im Nationalrat beschlossen. Zu den Schulgesetzen gehörten neben dem Schulorganisationsgesetz (SchOG) das Schulaufsichtsgesetz, das Schulpflichtgesetz, das Privatschulgesetz und die Religionsunterrichtsgesetz-Novelle. Im ersten Teil des Schulorganisationsgesetzes über die „Allgemeinen Bestimmungen über die Schulorganisation" erfolgt gleich zu Beginn die Deklaration der

---

gesetzes vom 28. April 1975 den Ländern zugesprochen. (vgl. Scheipl / Seel, Entwicklung 1945-1987, S. 119)

[264] Scheipl / Seel, Entwicklung 1945-1987, S. 45

[265] vgl. Friedrich Oswald: Schultheorie und Schulentwicklung. Skriptum zur Vorlesung, Wien 2002, S. 38

[266] Dermutz, Weg, S. 23

[267] Dermutz stellt die Entwicklung der Bildungspartnerschaft zwischen 1945 und 1971 sehr ausführlich dar, wobei sie neben der eigentlichen Schulpolitik auch auf das politische System und die politische Kultur Österreichs Bezug nimmt. Abschließend fasst sie die Merkmale der Bildungspartnerschaft zusammen. (vgl. Dermutz, Weg, S. 22-59)

Ziele und Aufgaben der österreichischen Schule: „§2. (1) Die österreichische Schule hat die Aufgabe, an der Entwicklung der Anlagen der Jugend nach den sittlichen, religiösen und sozialen Werten sowie nach den Werten des Wahren, Guten und Schönen durch einen ihrer Entwicklungsstufe und ihrem Bildungsweg entsprechenden Unterricht mitzuwirken. Sie hat die Jugend mit dem für das Leben und den künftigen Beruf erforderlichen Wissen und Können auszustatten und zum selbständigen Bildungserwerb zu erziehen. Die jungen Menschen sollen zu gesunden, arbeitstüchtigen, pflichttreuen und verantwortungsbewußten Gliedern der Gesellschaft und Bürgern der demokratischen und bundesstaatlichen Republik Österreich herangebildet werden. Sie sollen zu selbständigem Urteil und sozialem Verständnis geführt, dem politischen und weltanschaulichen Denken anderer aufgeschlossen sowie befähigt werden, am Wirtschafts- und Kulturleben Österreichs, Europas und der Welt Anteil zu nehmen und in Freiheits- und Friedensliebe an den gemeinsamen Aufgaben der Menschheit mitzuwirken."[268]

Der zweite Teil des SchOG umfasst die Organisation und den Aufbau des Schulwesens, es gibt eine vertikale Gliederung in Pflichtschulen, mittlere und höhere Schulen sowie Akademien.[269] Die Pflichtschulen umfassen dabei Volks-, Haupt- und Sonderschule sowie den neu geschaffenen Polytechnischen Lehrgang, der den Auftrag erhielt, „die Allgemeinbildung zu vertiefen, über Berufe zu orientieren und zum Finden sinnvoller Lebensformen in Familie, Gesellschaft und Beruf beizutragen"[270]. Die allgemeinbildenden Mittelschulen, fortan als „allgemeinbildende höhere Schulen" (AHS) bezeichnet, teilen sich in die Typen Gymnasium, Realgymnasium und Wirtschaftkundliches Gymnasium für Mädchen. Die Oberstufen wurden dann noch stärker differenziert, man unterscheidet zwischen realistischem, humanistischem und neusprachlichem Gymnasium sowie dem „Wirtschaftskundlichen Realgymnasium für Mädchen". Besonders interessant ist an dieser Stelle, dass im SchOG eine Verlängerung des Gymnasiums um ein neuntes Jahr, das einer Zusammenfassung und Vertiefung der Bildungsstoffe sowie der Vorbereitung auf den nächsten Lebensabschnitt dienen sollte, vorgesehen war. Als Nachfolge der Lehrerbildungsanstalten – die Lehrerbildung erfolgte nun, wie noch dargestellt wird, an Pädagogischen Akademien –

---

[268] §2 des SchOG 1962; zitiert bei: Oswald, Schultheorie, S. 38; Bei der Formulierung dieses Zielparagraphen umgingen die beiden Großparteien Schwierigkeiten in der Formulierung dadurch, dass sie Bildungsziele aus früheren Schulgesetzen und Verordnungen in die Neutextierung einbrachten. Engelbrecht verweist auf diese Parallelen. (vgl. Helmut Engelbrecht: Veränderungen im Erziehungsanspruch der österreichischen Schule. Ein historischer Exkurs, Klagenfurt 1998, S. 10)

[269] An dieser Stelle soll nur kurz auf die Grundschulen und die allgemeinbildenden Schulen eingegangen werden. Für die genaue Definition der Schultypen vgl. Scheipl / Seel, Entwicklung 1945-1987, S. 53-64

[270] Engelbrecht, Geschichte, S. 481

wurde das zunächst als Sonderform eingerichtete, 1976 ins Regelschulwesen übernommene „Musisch-pädagogische Realgymnasium" geschaffen. Dieser neue Schultyp bildet einen völlig selbständigen Oberstufentyp. Alle Schultypen sind aufeinander abgestimmt, der mögliche Übertritt von einer Schulart in eine andere soll gewährleistet sein. Weiters wird festgesetzt, dass der Zugang zu öffentlichen Schulen jedem ohne Unterschied des Geschlechts, der Rasse, des Standes, der Sprache oder des religiösen Bekenntnisses freisteht und dass Schulgeldfreiheit besteht. Die Schulfächer eines jeden Schultyps sind im SchOG angeführt, die Lehrpläne sind vom Ministerium für Unterricht durch Verordnung festzulegen. Auch sieht das Gesetz die Möglichkeit vor, von der vorgeschrieben Schulorganisation im Rahmen von genehmigten Schulversuchen abzuweichen.

Das Schulaufsichtsgesetz befasst sich mit den verfassungsrechtlichen Bestimmungen über die Schulbehörde. Für das gesamte Bundesgebiet zuständig ist das nach dem monokratischen Behördensystem aufgebaute Bundesministerium für Unterricht, in allen Bundesländern gibt es sodann Landesschulräte, für jeden politischen Bezirk ist ein Bezirksschulrat zuständig. In Wien übernimmt der Landesschulrat auch die Aufgaben der Bezirksschulräte, diese Behörde wird mit „Stadtschulrat für Wien" bezeichnet. Sowohl Landes- als auch Bezirksschulrat sind im starren Proporz zusammengesetzt und bestehen aus zwei Organen, dem Landesschulratspräsidenten bzw. dem Vorsitzenden des Bezirksschulrates und aus einem Kollegium, das sich aus Eltern- und Lehrervertretern zusammensetzt und das beschlussfassende Organ darstellt.

Das Schulpflichtgesetz regelt, wie der Name bereits sagt, sowohl die allgemeine Schulpflicht (welche beginnend mit dem sechsten Lebensjahr – Stichtag ist der 1. September – neun Jahre beträgt) als auch die gewerbliche und kaufmännische Berufsschulpflicht. Aus der Debatte, wann das zusätzliche neunte Schuljahr eingefügt werden sollte, ging die Gründung des – oben bereits erwähnten – Polytechnischen Lehrgangs hervor. Dieser ist von denjenigen Jugendlichen verpflichtend zu besuchen, die ihr neuntes Schuljahr nicht in einer AHS oder einer berufsbildenden höheren bzw. mittleren Schule absolvieren.[271] Die Schulpflicht ist genau genommen eine Unterrichtspflicht, der Unterricht kann nämlich auch durch Hauslehrer oder in Privatschulen, die nicht mit dem Öffentlichkeitsrecht ausgestattet sind, erfolgen. In diesem Fall muss aber von den Kindern am Ende jedes Schuljahres an einer öffentlichen Schule eine Prüfung über den Jahresstoff abgelegt werden.

Im Privatschulgesetz ist festgelegt, wer private Schulen errichten und erhalten darf und welche Aufgaben vom Schulerhalter zu erfüllen sind. Privatschulen können, wenn Organisation, Lehrplan, Ausstattung und Lehrbefähigung der

---

[271] Der Polytechnische Lehrgang stieß aus mehreren Gründen auf große Ablehnung, bei seiner Einrichtung mussten zahlreiche Widerstände überwunden werden. Durch die sechste SchOG-Novelle wurden erhebliche Verbesserungen erzielt. (vgl. Burgstaller / Leitner, Markierungen, S. 50-52 bzw. S. 95f)

Lehrer mit den als gleichwertig angesehenen öffentlichen Schulen übereinstimmen und entsprechende Lehrbücher verwendet werden, auch gesetzlich geregelte Schulbezeichnungen führen. Weiters sind in diesem Gesetz die Voraussetzungen für die Verleihung des Öffentlichkeitsrechts festgesetzt, welches Privatschulen dazu befähigt, staatsgültige Zeugnisse auszustellen.

Die wesentlichen Bestimmungen der Religionsunterrichtsgesetz-Novelle bestehen darin, dass Religion weiterhin in allen Schularten mit Ausnahme der Berufsschulen Pflichtgegenstand ist. Erziehungsberechtigte (bzw. ab Vollendung des 14. Lebensjahres auch die Jugendlichen selbst) können sich aber vom Religionsunterricht abmelden, ebenso ist die Teilnahme an Schülergottesdiensten und anderen religiösen Übungen sowohl Lehrern als auch Schülern freigestellt.

Zwei Jahre später, am 16. Juli 1964, wurde das „Gesetz über die Unterrichtszeit an den im Schulorganisationsgesetz geregelten Schularten" erlassen, welches neben der Ferieneinteilung auch die Einteilung des Schuljahres in Semester, die Dauer der täglichen Unterrichtszeit sowie die Dauer von Unterrichtseinheiten und Pausen regelt.

Das Schulgesetzwerk von 1962 stellte einen wichtigen Meilenstein in der österreichischen Bildungspolitik dar. In allen Bestimmungen zeigt sich die große Kompromissbereitschaft, die beide Parteien bei den Verhandlungen an den Tag legten. Während die ÖVP sich bei der Beibehaltung mehrerer Schultypen in der Mittelstufe durchsetzte sowie die finanzielle Förderung (auch konfessioneller) Privatschulen erreichte, konnte die SPÖ die Frage des neunten Schuljahrs durch die Schaffung des Polytechnischen Lehrganges für sich entscheiden. Die Neugestaltung der Lehrerbildung – die in einem eigenen Kapitel behandelt wird – sowie die Religionsunterrichtsgesetz-Novelle berücksichtigten Forderungen beider Parteien. Daneben markiert die Verabschiedung der Schulgesetze auch eine Wende: „Die Zeit vor 1962 könnte man etwa als ‚Zeit der Kodifikation und Aufarbeitung der Probleme aus der Ersten Republik', die Zeit ab 1962 bis zur Gegenwart, so scheint es, als ‚Zeit der Reideologisierung der Schulpolitik' charakterisieren."[272]

Die Bildungsexplosion der 60er und 70er-Jahre, die umfangreiche Durchführung von Schulversuchen und Tendenzen der heutigen Schulpolitik

Die Umsetzung v.a. des Schulorganisationsgesetzes stieß auf große Schwierigkeiten. Durch die neuen Regelungen, etwa durch die Einführung des neunten Schuljahres in der AHS, durch die Neueinrichtung des Polytechnischen Lehrganges, durch den Ausbau der Hauptschulen und durch die Festlegung des neu-

---

[272] Olechowski, Schul- und Bildungspolitik, S. 112 (Bemerkung: Gegenwart bedeutete in diesem Zusammenhang 1983, wo der Text verfasst wurde.)

en Schultyps des musisch-pädagogischen Realgymnasiums, das ursprünglich als Zubringerschule für die Pädagogischen Akademien gedacht war, diese besondere Zielsetzung aber rasch überschritt, kam es zu einem erhöhten Bedarf an Räumlichkeiten und Lehrkräften[273], dem man jedoch nicht nachkommen konnte. Dies zeigte sich darin, dass die Klassenschülerhöchstzahlen „aus nicht behebbaren personellen und räumlichen Gründen"[274] überschritten werden durften, auch wurde das Wirksamwerden der neunten Klasse AHS aufgeschoben.

Neben dieser Grundproblematik tauchten noch andere negative Entwicklungen auf. Unter anderem entwickelte sich der zweite Klassenzug an den Hauptschulen zunehmend zu einer Bildungssackgasse, das theoretisch mögliche Aufsteigen in den ersten Klassenzug erwies sich in der Realität nicht zuletzt wegen des stark reduzierten Fremdsprachenunterrichts als nahezu unmöglich. Die Lehrpläne von Hauptschule und AHS wiesen zwar eine Sachidentität, aber unterschiedliche Textierung auf, wodurch integrative Tendenzen erschwert wurden.

Gesellschaftliche Umwälzungen hatten ebenfalls Auswirkungen auf den Schulbereich. Wie in allen hoch entwickelten Gesellschaften des Westens weitete sich auch in Österreich der Tertiärsektor zunehmend aus, bereits in den 80er-Jahren waren rund 60 Prozent der Österreicher im Dienstleistungssektor beschäftigt. Diese Verschiebung der Wirtschaftssektoren[275] zog für viele Beschäftigte einen Berufs- und sozialen Klassenwechsel nach sich, der sich zwar während des wirtschaftlichen Aufschwungs noch nicht in einem Anstieg der Bildungsnachfrage geäußert hatte, der aber ab der zweiten Hälfte der 60er-Jahre voll zu tragen kam. Die Zunahme der Beamten und Angestellten, die in Bezug auf die Schulbildung ihrer Kinder generell eine höhere Bildungsaspiration aufwiesen als andere soziale Schichten, führte dazu, dass erstmals die Schülerzahl in den weiterführenden Schulen stieg[276], v.a. die Mädchen drängten immer mehr in den gehobenen Bildungsbereich. Durch soziale Maßnahmen[277], die von der SPÖ gesetzt wurden, etwa durch die staatliche Übernahme der Kosten für Schulbücher und die Fahrt zum Schulort sowie durch den Ausbau des Stipendienwesens, wurde die Bildungsexpansion weiter angeheizt.

Zudem erreichten bildungspolitische Fragen in der Zeit der ÖVP-Alleinregierung (1966-1970) auch noch von anderer Seite her eine erneute Aktualität:

---

[273] Engelbrecht sieht einen engen Zusammenhang zwischen dem Lehrermangel und der steigenden Frauenquote im Lehrberuf. (vgl. Engelbrecht, Geschichte, S. 360f)

[274] Scheipl / Seel, Entwicklung 1945-1987, S. 67

[275] statistische Daten hierzu: vgl. Scheipl / Seel, Entwicklung 1945-1987, S. 74f; Engelbrecht, Geschichte, S. 365

[276] Der Trend zu höherer Bildung zeigte sich auch bei den Schularten der fünften bis achten Schulstufe: immer mehr Schüler besuchten eine AHS-Unterstufe, die Volksschul-Oberstufe war bereits zu Beginn der 80er-Jahre kaum mehr von Bedeutung. (vgl. Oswald, Schultheorie, S. 41f)

[277] Engelbrecht geht sehr ausführlich auf die Verbesserung in den Schulbesuchs- und Unterrichtsbedingungen ein. (vgl. Engelbrecht, Geschichte, S. 371-380)

Anstoß dafür waren Studien[278], die einen engen Zusammenhang zwischen Wirtschaftswachstum und Bildungswesen aufzeigten. Ein schnell wachsender Bedarf an qualifizierten Arbeitskräften, v.a. an Akademikern, Ingenieuren und Maturanten wurde prognostiziert, weiters wurde auf die Notwendigkeit, zum einen Brücken und Übergänge zwischen den verschiedenen Schularten zu schaffen und zum anderen, die deutlichen Schicht-, Geschlechts- und Regionalunterschiede[279] beim Besuch der weiterführenden Schulen zu beseitigen, hingewiesen. Diese Ergebnisse führten v.a. von Seiten der Wirtschaft zur Forderung der Erhöhung des Bildungsniveaus, Schlagwörter wie „Höherqualifizierung der Arbeitskräfte", „Ausschöpfung der Begabungsreserven", „Demokratisierung" oder „Chancengleichheit" (bzw. wie die ÖVP formulierte „Chancengerechtigkeit") wurden von allen Parteien und Interessensverbänden aufgegriffen. „Innovation durch Investition" lautete die Formel: „Bildung als persönliche Entfaltung und zugleich als eminent wichtiger Faktor der Wirtschaft."[280]

Der Ruf nach mehr Bildung sowie die hohe Bildungsaspiration der Bevölkerung machten gemeinsam mit den großen regionalen Unterschieden, was den Zugang zu mittleren und höheren Schulen betrifft, eine bildungspolitische Reaktion notwendig.

Durch die problematische Situation trat zwar tatsächlich eine gewisse Dynamik in die Schulpolitik, tiefgreifende Maßnahmen jedoch wurden erst Jahre später gesetzt. Begründet lag diese Verzögerung darin, dass beiden Großparteien auch während der Alleinregierung der ÖVP und anschließend der SPÖ bei der Beschlussfassung stets aufeinander angewiesen waren und daher notgedrungen kompromissbereit blieben.[281] Die ÖVP, die sich während ihrer Alleinregierung vorwiegend auf andere Bereiche der Politik konzentrierte, legte ihre Vorstellungen von der „echten Bildungsgesellschaft" erst in der Opposition im „Salzburger Programm" von 1972 dar. Diese sollte gleiche Startbedingungen und individuelle Erfolgschancen gewährleisten, höhere Bildung wurde als unerlässlich für die Bewältigung gesellschaftlicher und wirtschaftlicher Aufgaben bezeichnet. Die SPÖ stützte sich auf ihr Programm von 1969. Kernpunkt bildete neben der Forderung nach der Ganztagsschule die möglichst lange gemeinsame Erziehung aller Kinder in einer gemeinsamen Schule, dabei sollte jedoch auf die verschiedene Leistungsfähigkeit Rücksicht genommen werden.

---

[278] Vor allem die folgenden zwei Studien waren von Relevanz: Steindl: Bildungsplanung und wirtschaftliches Wachstum. Der Bildungsbedarf in Österreich bis 1980 (1967) und die OECD-Studie: Bildungsplanung in Österreich. Erziehungsplanung und Wirtschaftswachstum 1965-1975 (1967). (vgl. Scheipl / Seel, Entwicklung 1945-1987, S. 71-74; Engelbrecht, Geschichte, S. 367f)

[279] Für eine genau Beschreibung dieser Ungleichheiten sowie für statistisches Material vgl. Mende / Staritz / Tomschitz, Schule und Gesellschaft, S. 162-165

[280] Burgstaller / Leitner, Markierungen, S. 25

[281] vgl. Engelbrecht, Geschichte, S. 354

Beim Wechsel von der ÖVP- zur SPÖ-Regierung zeigte sich große Kontinuität im Bildungsbereich. Die SPÖ wich zwar – wie noch gezeigt wird – mit großem Aufwand auf Schulversuche aus, an den Grundstrukturen des Schulgesetzwerks von 1962 konnte sie aber nicht rütteln.[282] Zur Annäherung zwischen den beiden Parteien kam es aus zweierlei Gründen. Zum einen orientierten sich beide stark an bundesdeutschen Vorbildern, was sich u.a. in der Übernahme der pädagogischen Versuchsarbeit zeigte. Zum anderen zeigte sich sowohl bei ÖVP als auch bei der SPÖ eine zunehmende Wissenschaftsgläubigkeit[283], man war überzeugt, dass auf experimentellem Weg eindeutige Ergebnisse für den Schulbereich erzielt werden können. Durch die zunehmende Emotionalisierung der Debatte v.a. im Bereich der Mittelschule traten die Differenzen aber oftmals wieder in den Vordergrund.[284]

Zu Beginn der 70er-Jahre beschäftigte sich auch die FPÖ erstmals ausführlich mit der Bildungs- und Kulturgesellschaft. Bereits 1957 hatte sie zu grundsätzlichen Themen der Bildungspolitik Stellung genommen, wobei sich ihre Ansichten großteils mit denen der ÖVP deckten. Eine Ausnahme hierbei bildete lediglich der Bereich der Privatschulen, deren Bestehen nach Ansicht der FPÖ zwar nicht behindert werden, denen aber auch keine Unterstützung aus staatlichen Mitteln zukommen sollte.[285] Nun waren die wesentlichen Vorstellungen der FPÖ die getrennte Führung von Hauptschule und AHS-Unterstufe, die Abschaffung des Polytechnischen Lehrganges, die Wiedereinführung von Eignungstests für die fünfte Schulstufe sowie die Vergrößerung des Angebots an selbständigen, fünfjährigen Oberstufenformen im ländlichen Raum. Wegen der notwendigen Zweidrittelmehrheit konnte die FPÖ jedoch die Schulpolitik nicht wesentlich beeinflussen.

Wie soeben dargestellt, wiesen die Probleme, die im Zusammenhang mit der Umsetzung der Schulgesetze von 1962 und der zunehmenden Bildungsaspiration der Bevölkerung auftraten, schon lange auf die Notwendigkeit erneuter schulpolitischer Maßnahmen hin. Tatsächlich ausgelöst wurden diese aber erst durch den Konflikt um die neunte Klasse der AHS. Der Lehrer- und Schulraummangel machte sich immer mehr bemerkbar, was die Unzufriedenheit der

---

[282] vgl. Engelbrecht, Geschichte, S. 354

[283] Der vermehrte Verzicht auf die ideologische Einbettung schulpolitischer Vorstellungen sowie die zunehmende Berücksichtigung wissenschaftlicher Argumente zeigte sich auch in den Schulprogrammen der beiden Großparteien. (vgl. Helmut Engelbrecht: Zielvorstellungen der österreichischen Bildungspolitik in der Zweiten Republik, in: Zdarzil / Severinski, Bildungspolitik, S. 19-37; hier: S. 26-29

[284] vgl. Engelbrecht, Geschichte, S. 357

[285] Die Vorstellungen der Freiheitlichen wurden im Programm der FPÖ vom zweiten ordentlichen Bundesparteitag 1957 in Klagenfurt festgeschrieben. (vgl. Basrucker, Schulforderungen, S. 119f)

Bevölkerung mit der Schulsituation verstärkte. In einem Volksbegehren sprachen sich im Mai 1969 rund 340 000 Menschen gegen die Beibehaltung des 13. Schuljahrs in der AHS aus und bewirkten damit, dass die neunte Klasse AHS, deren Inkrafttreten bis dahin ohnehin schon ausgesetzt worden war, endgültig im Herbst abgeschafft wurde. Als Gegenleistung für die Zustimmung der SPÖ zur Streichung des neunten Schuljahres hatte die ÖVP der Einrichtung einer „Schulreformkommission" zugestimmt.[286] „Die dabei angestellten und motivierenden Überlegungen können etwa folgendermaßen skizziert werden: Zur Weiterführung der Reform des österreichischen Bildungswesens sollten die Beratungen aus dem politischen Tageskampf herausgenommen und in einer sachlichen Atmosphäre geführt werden. Die seit den Gesetzen von 1962 eingetretene Entwicklung in Wissenschaft, Wirtschaft und Gesellschaft und ihre Auswirkungen auf das Bildungswesen zwängen zu einer gründlichen zukunftsgerichteten Überprüfung des Schulorganisationsgesetzes 1962."[287] Die Schulreformkommission sollte sich dem entsprechend mit folgenden Themen befassen: Einführung neuer Lehr- und Lernverfahren, Verbesserung der Ausbildung von Lehrerinnen und Lehrern, Reform der „Schulen der Zehn- bis Vierzehnjährigen", Reform der Oberstufenformen, Bedachtnahme auf „Repetenten-Elend" und Nachhilfe-Unterricht sowie Differenzierung im Unterricht und Förderung von Begabten.[288] Man erhoffte sich von der neu eingerichteten Schulreformkommission eine Beschleunigung bildungspolitischer Entscheidungen, „indem sie durch Vorberatung von Gesetzesabsichten das allgemeine Begutachtungsverfahren und die parlamentarische Beratung beschleunigte und somit beitrug, wichtige Fragen und Entscheidungen aus der politischen Polarisierung und Erstarrung herauszulösen"[289].

Die Schulreformkommission[290] bestand neben Vertretern der drei Parlamentsparteien (SPÖ, ÖVP und FPÖ) aus den Präsidenten der Landesschulräte und aus Vertretern der Lehrerschaft, der Eltern und des Bundesjugendringes. Neben fünf Universitätsprofessoren für Pädagogik wurden im Laufe der Zeit noch weitere Experten in die Beratungen miteinbezogen. Auf diese Weise wurde bei einem Reformprozess im Schulbereich erstmals in der österreichischen Geschichte

---

[286] vgl. Engelbrecht, Geschichte, S. 486

[287] Rudolf Gönner: Die Schulreformkommission in den ersten eineinhalb Jahrzehnten ihrer Tätigkeit – nebst einigen grundsätzlichen Bemerkungen zur Bildungspolitik, in: Zdarzil / Severinski, Bildungspolitik, S. 75-92; hier: S. 78

[288] vgl. Oswald, Schultheorie, S. 39f

[289] Burgstaller / Leitner, Markierungen, S. 39

[290] Diese außerparlamentarische Institution hatte für den Unterrichtsminister große Bedeutung, da er durch sie gewünschte bildungspolitische Ziele besser ansteuern und Entscheidungen des Parlaments vorbereiten konnte. (vgl. Engelbrecht, Geschichte, S. 486)

auch auf wissenschaftlich gesicherte Daten zurückgegriffen. Die Arbeit fand in fünf Unterkommissionen[291] statt, die ab September 1969 zusammentraten. Von der Schulreformkommission wurden im Zuge der Beratungen Schulversuche vorgeschlagen, woraufhin das Bundesministerium für Unterricht Arbeitsgruppen zur Entwicklung von Schulversuchsmodellen zusammenstellen ließ. Die Begutachtung und Beurteilung der Evaluation der Versuche oblag ab 1973 wegen der häufig kritisierten Einflussnahme der beiden Parteien in die Versuchsdurchführung einem vom Bundesministerium für Unterricht eingerichteten autonomen Gremium, dem „Wissenschaftlichen Beirat". In der vierten SchOG-Novelle vom 8. Juni 1971 wurden schließlich „Schulversuche zur Schulreform" angeordnet. Diese umfassten den Bereich der Vorschulklasse, die Grundschule (in der Leistungsgruppen in einzelnen Unterrichtsfächern in der dritten und vierten Schulstufe sowie die Einführung einer lebenden Fremdsprache getestet werden sollten)[292], die Schulen der Zehn- bis Vierzehnjährigen, die Einführung von Leistungsgruppen, Förderkursen und Wahlpflichtfächern im Polytechnischen Lehrgang und die Neugestaltung der AHS-Oberstufe sowie der Pädagogischen Akademien (wo die Ausbildungslehrgänge für die Lehrämter an Hauptschulen nun sechs Semester betragen sollten)[293]. In der fünften SchOG-Novelle wurden die Schulversuche auf das berufsbildende Schulwesen ausgedehnt.[294] Die vierte SchOG-Novelle sah auch die Gründung von „Einrichtungen zur Schulentwicklung" vor. Dieser Forderung wurde durch die Einrichtung des „Zentrums für Schulversuche und Schulentwicklung" (ZfSS) im Frühjahr 1972 Rechnung ge-

---

[291] Die Unterkommissionen bestanden aus der Struktur-Kommission, der Methoden-Kommission, der Förderungs-Kommission, der Lehrer-Kommission und der Ökonomie-Kommission. Genaueres zu deren Aufgabenbereich: vgl. Scheipl / Seel, Entwicklung 1945-1987, S. 81.

[292] Für die Grundschule waren die Reformkonzepte der österreichischen Landschulerneuerung von größerer Bedeutung als die Schulversuche der 70er-Jahre. Die Landschularbeit fand bereits in den 40er-, 50er- und beginnenden 60er-Jahren statt und stellte ein ländliches Versuchsschulwesen dar, dessen Ziel es war, eine Leistungssteigerung v.a. im ländlichen Volksschulwesen zu bewirken. Neue Lehr- und Lernmittel sowie neue ganzheitliche Stoff- und Arbeitsgestaltungen wurden erprobt. Motiviert wurde die Landschulbewegung auch durch den Wunsch, die volkstümliche Bildung zu bewahren sowie die Schule als kulturelles Zentrum des Dorfes zu erhalten und dadurch die Landflucht zu verringern. Die Landschularbeit kann als der Beginn der pädagogisch-empirischen Forschung in Österreich bezeichnet werden, entsprechend beeinflusste sie auch die Gestaltung der Konzepte späterer Schulversuchsarbeit. (vgl. Burgstaller / Leitner, Markierungen, S. 18f; Bauer, Geschichte des österreichischen Bildungswesens, S. 51f)

[293] Überhaupt wirkte sich die Bildungsexpansion in einem Professionalisierungsprozess des Lehrstandes aus. Engelbrecht gibt über dessen wichtigste Etappen einen guten Überblick. (vgl. Engelbrecht, Geschichte, S. 380-385)

[294] Eine genaue Darstellung der durchgeführten Schulversuche findet sich sowohl bei Scheipl und Seel als auch bei Engelbrecht. (vgl. Scheipl / Seel, Entwicklung 1945-1987, S. 92-117; Engelbrecht, Geschichte, S. 487-521)

tragen. Aufgabe dieser Institution war es, die wissenschaftliche Betreuung und Auswertung der Schulversuche zu übernehmen sowie verschiedene Schulentwicklungsaufgaben in Angriff zu nehmen.[295] Da das ZfSS direkt dem Unterrichtsministerium unterstand, waren Projektvorhaben und Arbeitspläne an die Genehmigung des Ministeriums geknüpft, was bei vielen Pädagogen und Bildungswissenschaftlern den Vorwurf laut werden ließ, es handle sich bei der wissenschaftlichen Arbeit des ZfSS lediglich um eine Alibiforschung, deren Funktion nur darin bestehe, „daß die Forscher als Beauftragte von Politik und Bürokratie deren Macht- und Kontrollmöglichkeiten erweitern"[296].

Von zentraler Bedeutung waren v.a. jene Schulversuche, die in den Schulen der Zehn- bis Vierzehnjährigen durchgeführt wurden, weshalb an dieser Stelle etwas ausführlicher darauf eingegangen werden soll. In Form von Schulversuchen sollte die von der SPÖ schon lange geforderte Gesamtschule erprobt werden. Dabei unterschied man im Wesentlichen zwischen drei Modellen: Bei der "Additiven Gesamtschule" wurden Hauptschule und AHS-Unterstufe räumlich und verwaltungsmäßig vereinigt, was den Übertritt von einer Schulart in die andere erleichtern sollte. Es wurden zwar gemeinsame schulische Veranstaltungen organisiert, ein gemeinsamer Unterricht fand aber nicht statt. Im Gegensatz zum zweiten Modell, der "Integrierten Gesamtschule" (IGS), wurde die "Additive Gesamtschule" kaum erprobt. Beim gängigen Modell der IGS besuchten alle Kinder von der fünften bis zur achten Schulstufe gemeinsam den Unterricht. In den Fächern Mathematik, Deutsch und Englisch wurden die Kinder jeweils einer von drei Leistungsgruppen zugeteilt, wobei die erste dem AHS-Niveau entsprechen sollte, die zweite dem Klassenzug I der Hauptschule und die dritte dem Klassenzug II. Zusätzlich gab es ein großes Angebot an Stütz- und Förderkursen, die einen Abstieg vermeiden und Aufstiege in die nächsthöhere Leistungsgruppe fördern sollten. Daneben gab es noch die so genannte "Orientierungsstufe". Diese wurde im Prinzip wie die IGS geführt, allerdings nur in der fünften und sechsten Schulstufe, was die Entscheidung für einen weiterführenden Schultyp um zwei Jahre hinauszögern und dadurch das Risiko von Auslesefehlern verringern sollte. Dieses Modell wurde bald an allen Versuchsschulen zum Versuch der IGS ausgeweitet.

Die Umsetzung der Modelle in die Realität stieß bald auf Schwierigkeiten, zu wenig Gymnasien erklärten sich bereit, an den Schulversuchen teilzunehmen, sodass anstatt der IGS Differenzierungsmodelle an Hauptschulen erprobt wurden. Dies wurde von vielen Seiten stark kritisiert. Dermutz bezweifelt sogar,

---

[295] Dermutz geht genauer auf die Aufgaben und den Arbeitsbereich der ursprünglich drei Abteilungen ein. (vgl. Dermutz, Weg, S. 62-64)
[296] Dermutz, Weg, S. 109

dass „echte" Gesamtschulversuche, d.h. eine wirkliche Zusammenlegung von Hauptschule und AHS-Unterstufe, jemals geplant waren.[297] Jedenfalls kam es, nachdem über ein Jahrzehnt hinweg trotz aller Schwierigkeiten an über 100 Standorten in ganz Österreich die verschiedenen Gesamtschulmodelle, in erster Linie aber die IGS erprobt worden waren[298], in der siebten SchOG-Novelle von 1983 wie schon so oft in der Geschichte der österreichischen Bildungspolitik zu einem Kompromiss. Die Idee der Gesamtschule wurde auf die "Neue Hauptschule" übertragen. Die AHS blieb von dieser Reform unberührt, lediglich die ab dem Schuljahr 1985/86 in Kraft tretenden Fachlehrpläne von Hauptschule und AHS sind bis auf zwei Ausnahmen[299] wortident verfasst, um ein weiteres Auseinanderdriften der beiden Schulformen zu verhindern und Übertritte zu ermöglichen.

Die schulpolitische Zusammenarbeit sowie das Versuchsschulwesen fanden schließlich ihren Niederschlag in neuen gesetzlichen Regelungen. Bereits am 6. Februar 1974 wurde das Schulunterrichtsgesetz (SchUG) vom Parlament angenommen. Es regelte jenen Bereich, der am längsten ohne gesetzliche Erneuerung geblieben war, nämlich den „inneren Betrieb" der Schulen. Wichtiger Bestandteil des Gesetzes, das die Demokratisierung des inneren Schullebens forcieren sollte, war neben der Festlegung der Rechte und Pflichten von Schülern die vorgesehene Errichtung eines Schulgemeinschaftsausschusses ab der neunten Schulstufe, bestehend aus je drei Lehrer-, Eltern- und Schülervertretern.[300] Weiters regelte das SchUG die administrativen Fragen des Schulbetriebs, etwa die Aufnahme von Schülern, die Unterrichtsordnung, das Aufsteigen und Wiederholen von Schulstufen, die Höchstdauer und Beendigung des Schulbesuchs usw. Auch Bestimmungen über die Funktion des Lehrers sowie über die Leistungsfeststellung und -beurteilung waren Bestandteil des SchUG. Die Rahmen- und Grundsatzbestimmungen, welche das SchUG im Wesentlichen enthält, wurden

---

[297] vgl. Susanne Dermutz: Wie es zu den Hauptschulversuchen gekommen ist. Oder: Gesamtschulversuche waren gar nie vorgesehen, in: 25 Jahre schulheft, S. 100-107; Dermutz, Weg, S. 51

[298] Im Schuljahr 1978/79 wurden in Österreich an 115 Schulen Versuche zur Gesamtschule durchgeführt. Davon gab es nur einen zur Orientierungsstufe und einen zur Additiven Gesamtschule.

[299] In den AHS-Lehrplänen ist für die dritte und vierte Klasse des Gymnasiums Latein vorgesehen, in den HS-Lehrplänen finden sich Differenzierungshinweise für die Fächer Deutsch, Englisch und Mathematik. (vgl. Werner Fröhlich: Schulreform im Bereich der Zehn- bis Vierzehnjährigen, in: 25 Jahre schulheft. Eine österreichische Gesamtschul-Geschichte, schulheft 102/2001, S. 57-62; hier S. 57f)

[300] Die Rechte, die den Schülern im SchUG zugesprochen wurden, wollten diese auch auf Landes- und Bundesebene erreichen. 1981 wurde eine überschulische Schülervertretung mit beratender Funktion, gegliedert in Landes-Schülerbeirat, Bundes-Schülerbeirat und Zentralanstalten-Schülerbeirat, gesetzlich installiert. (vgl. Engelbrecht, Geschichte, S. 388f)

durch Verordnungen des Bundesministeriums für Unterricht konkretisiert und gehen nun sehr stark in alle Einzelheiten.[301]

Zudem gab es eine Reihe von SchOG-Novellen, alleine bis 1987, also in einem Zeitraum von nur 25 Jahren, wurden zehn Novellen beschlossen. Diese Tatsache kann auf zwei Arten gedeutet werden: „Positiv gesehen bezeugen die gesetzlichen Aktivitäten Offenheit auf sich rasch wandelnde Verhältnisse, ‚den jeweiligen Erfordernissen angepaßt' und ‚den bildungspolitischen Neuerungen Rechnung tragend', entschlossen und angemessen zu reagieren, dabei aber das Prinzip der Kontinuität nicht außer acht zu lassen. Kritisch gewendet könnte im steten Drängen nach ‚Überarbeitung' wohl auch die interimistische und nur bedingt zureichende Konzeption der jeweiligen Novellierungen gesehen werden, die nach laufender ‚Fehlerkorrektur' verlangt.“[302] Obwohl angesichts der Schwierigkeiten, die die Umsetzung des SchOG mit sich brachte, die zweite Begründung zum Teil durchaus angebracht erscheint, wird „unter Berücksichtigung der mannigfaltigen, im nachhinein oft nur schwer abgrenzbaren Einfluß- und Wirkungsgrößen [...] eher der erstgenannten Auslegung zuzustimmen sein“[303]. Entsprechend des Umfangs der SchOG-Novellen kann an dieser Stelle keine detaillierte Beschreibung der einzelnen Änderungen gegeben werden, es soll lediglich kurz auf einige wesentliche Punkte eingegangen werden.

Die Bedeutung der vierten und fünften SchOG-Novelle für die Einrichtung der Schulversuche wurde bereits erwähnt. Zusätzlich wurden in der fünften SchOG-Novelle von 1975 auch Modifikationen des SchOG durchgeführt. Die Koedukation, d.h. der gemeinsame Unterricht von Mädchen und Knaben, wurde vorgeschrieben.[304] Neben der Umbenennung der „Lehranstalten für gehobene Sozialberufe“ sowie der „Berufspädagogischen Lehranstalten“ in Akademien wurden im Bereich der AHS die Fächer „Naturgeschichte“ durch „Biologie und Umweltkunde“ und „Mädchen-“ bzw. „Knabenhandarbeit“ durch „Werkerziehung“ ersetzt. Auch Schulformen aus dem Bereich des Sonderschulwesens erhielten teilweise neue Bezeichnungen. Die Ausbildung zum Hauptschul-, Sonderschul- und Polytechnischen Lehrer wurde neu geregelt. Das musisch-pädagogische Realgymnasium, das im ländlichen Raum, wo die Hauptschule die Unterstufen-

---

[301] vgl. Scheipl / Seel, Entwicklung 1945-1987, S. 125f

[302] Burgstaller / Leitner, Markierungen, S. 13

[303] Burgstaller / Leitner, Markierungen, S. 13

[304] Die Einführung der Koedukation stellte eine Neuheit im österreichischen Schulwesen dar. Noch im großen Schulgesetzwerk von 1962 wurde dem nach Geschlecht getrennten Unterricht der Vorrang eingeräumt. Wo es auf Grund der Schüleranzahl und der räumlichen Gegebenheiten möglich war, mussten eigene Klassen für Burschen und Mädchen eingerichtet werden, die Ausnahmeregelung, wie sie schon nach 1945 gegolten hatte, blieb aber erhalten. Seit der fünften SchOG-Novelle bildet Koedukation den Regelfall, Ausnahmen davon gibt es heute nur in begründeten Fällen an öffentlichen Schulen, an Privatschulen oder in bestimmten Unterrichtsfächern.

funktion der AHS wahrnahm, die beliebteste AHS-Form geworden war, wurde nun zum Oberstufenrealgymnasium umgewandelt.

Die Umsetzung der Schulversuchsergebnisse und der Schulversuchserfahrungen erfolgte dann ebenfalls in Form verschiedener SchOG-Novellen. Die sechste Novelle brachte im Wesentlichen nur eine Reform des Polytechnischen Lehrgangs. Die siebte Novelle, die am Ende der Periode der absoluten Nationalratsmehrheit der SPÖ beschlossen wurde, war erst nach langen Verhandlungen zustande gekommen. Sie brachte Änderungen im Bereich des Vor- und Grundschulwesens sowie der berufsbildenen Schulen und Akademien, den wesentlichen Punkt aber bildete wieder einmal die Schule der Zehn- bis Vierzehnjährigen. Herzstück war die – oben schon erwähnte – Einführung der „Neuen Hauptschule", in deren Organisation viele Elemente aus den Gesamtschulversuchen einflossen. So werden von nun an in den Gegenständen Mathematik, Deutsch und Lebende Fremdsprache drei Leistungsgruppen geführt, die sich durch Lehrpläne mit abgestuften Anforderungen unterscheiden. Der Unterricht in den anderen Fächer erfolgt nach einem gemeinsamen Lehrplan in der leistungsheterogenen Stammklasse. Zum Eintritt in die Hauptschule berechtigt die positive Absolvierung der vierten Stufe der Volksschule. Die dreifache Aufgabe der Hauptschule, nämlich die Vermittlung einer grundlegenden Allgemeinbildung, die Vorbereitung auf den Eintritt ins Berufsleben sowie die Vorbereitung auf den Übertritt in eine mittlere oder höhere Schule gilt auch weiterhin. Zusammengefasst konnte sich die ÖVP mit ihren Vorstellungen der Mittelstufenreform und der Einführung der „Neuen Hauptschule" voll durchsetzen. Die SPÖ konnte ihr Gesamtschul-Konzept nicht verwirklichen[305], viel mehr konstatierten kritische Stimmen, dass „anstelle einer Integration der Schultypen im Bereich der Schulen der 10- bis 14jährigen [...] lediglich eine weitergehende Differenzierung im bestehenden System"[306] trat. Derart bekräftigt betonte die ÖVP in ihrem „Zukunftsmanifest" aus dem Jahre 1985 besonders die Notwendigkeit der Differenzierung der Schulen als Voraussetzung für Chancengerechtigkeit in der Bildung. Die bildungspolitische Auseinandersetzung der beiden Großparteien zeigte sich auch in den Verhandlungen über die weiteren SchOG-Novellen, dennoch ließ sich immer mehr „ganz allgemein [...] der Trend, die schulreformerischen Ansprüche zu reduzieren, auch in den Programmen der Parteien nicht übersehen"[307].

Erwähnenswert ist dennoch die 14. SchOG-Novelle. Bereits 1990 beschlossen die beiden Koalitionsparteien SPÖ und ÖVP ein Arbeitsübereinkommen, welches auch ein Kapitel "Dezentralisation, Autonomie und Mitbestimmungsmög-

---

[305] vgl. Scheipl / Seel, Entwicklung 1945-1987, S. 131-133
[306] Dermutz, Weg, S. 17
[307] Scheipl / Seel, Entwicklung 1945-1987, S. 135

lichkeiten an Schulen" beinhaltete.[308] Zwei Jahre später wurde auf dessen Basis die Schulautonomie in der 14. SchOG-Novelle beschlossen, die mit September 1993 in Kraft trat. Kernstück des neuen Gesetzes bilden zum einen die Lehrplanautonomie und zum anderen die Möglichkeit, schulautonome Eröffnungs- und Teilungszahlen[309] festzulegen. Die Lehrplanautonomie ist von großer Bedeutung. Sie soll dazu dienen, jedem Schulstandort die Möglichkeit der Zuweisung eines spezifischen Schulprofils zu geben, dabei sollen die Bedürfnisse der unmittelbar Betroffenen (also von Lehrern, Eltern und Schülern) Berücksichtigung finden. Schulen können durch die Autonomiereform "autonom Lehrplanbestimmungen formulieren und erlassen"[310], sie müssen dies aber nicht tun, sondern können auch weiterhin die vom Bildungsministerium erlassenen Lehrpläne beibehalten. So existiert für jede Schulart neben einer fix vorgegebenen Stundentafel nun auch eine, die nur die Ober- und Untergrenzen der Anzahl der Wochenstunden in einzelnen Unterrichtsgegenständen vorgibt. Änderungen des Lehrplans können nur innerhalb bestimmter Grenzen erfolgen. Es muss unbedingt darauf geachtet werden, dass die spezielle Bildungsaufgabe der jeweiligen Schulart gewahrt bleibt (etwa darf eine AHS keine berufsbildende Ausrichtung erhalten) und dass auch weiterhin Übertritte in eine andere Schule möglich sind. Weitere Rahmenbedingungen liefern die räumlichen Möglichkeiten der Schule sowie die zur Verfügung stehenden Kontingente an Lehrerstunden. Bei der Ausgestaltung der schulautonomen Lehrpläne gibt es mehrere Möglichkeiten[311], u.a. können die Stundenzahl von bestehenden Pflichtgegenständen geändert, oder Freigegenstände in Pflichtgegenstände umgewandelt werden. 1996 wurde in Form einer SchOG-Novelle ein großer Schritt in Richtung finanzielle Autonomie[312] der Schulen unternommen. Schulen haben jetzt das Recht, Schulräume Dritten für nichtschulische Zwecke zu überlassen. Dabei muss ein kostendeckender Beitrag eingehoben werden (es sei denn, es handelt sich um Veranstaltungen, die überwiegend von Schülern besucht werden und im Interesse der Schule liegen), jene Einnahmen, die nicht zur Abdeckung der Mehrkosten benötigt werden, können – im Rahmen der gesetzlichen Bestimmungen – nach eigenem Dafürhalten für schulische Zwecke eingesetzt werden. Weiters steht es Schulen nun frei, auch für schulfremde Zwecke zu werben (sofern diese nicht

---

[308] Für die gesetzten Schwerpunkte vgl. Heike Hennebichler: Schulautonomie in Österreich, Wien 1996, S. 21f

[309] vgl. Susanne Feigl: Informationsblätter zum Schulrecht Teil 4: Schulautonomie, Wien 2000, online auf der Website des Bundesministeriums für Bildung, Wissenschaft und Kultur unter: http://www.bmbwk.gv.at/
medienpool/6255/Deutsch.pdf, S. 42-44 (Stand: 16.8.05)

[310] Feigl, Informationsblätter, S. 8

[311] Eine sehr übersichtliche Tabelle über die Möglichkeiten und Grenzen der Lehrplanautonomie an den verschiedenen Schularten findet man bei Feigl. (vgl. Feigl, Informationsblätter, S. 12)

[312] vgl. Feigl, Informationsblätter, S. 46-50

die Persönlichkeitsentwicklung der Schüler beeinflussen) und/oder sich mittels Sponsoring Ressourcen zu beschaffen. Die Entscheidung über eine solche Maßnahme obliegt dem Schulleiter. Schulen wurde die Teilrechtsfähigkeit zuerkannt, wodurch sie nun autonom (d.h. selbstbestimmt und eigenverantwortlich) gewisse Aktivitäten und Geschäfte durchführen können. Obwohl die Einführung der finanziellen Autonomie gewiss viele Vorteile mit sich bringt, hat sie auch ihre Schattenseiten. So geraten Schulen immer mehr unter ökonomischen Druck. Das Lehrangebot richtet sich oftmals nicht mehr nach Interessen und abstrakten Bildungszielen, sondern nach dem Bedarf der Wirtschaft an bestimmten Qualifikationen. Schulen werden nicht nur das notwendige Fingerspitzengefühl, sondern auch Rückhalt von staatlicher Seite benötigen, um eine schrankenlose Ökonomisierung des Bildungsbereiches abwenden zu können. Trotz dieser Gefahr stößt die weit reichende Autonomie der Schulen vorwiegend auf positives Echo. Nicht zuletzt deshalb ist es ein zentrales Anliegen der aktuellen Bildungspolitik, die Schulautonomie – wie bisher zum Teil schon geschehen – noch weiter auszubauen, wobei großer Wert auf Qualitätssicherung gelegt wird.

Alle der soeben beschriebenen Gesetzesnovellen können als ständige Anpassung der schulpolitischen Organisation an sich ändernde Gegebenheiten gedeutet werden. Die Bildungspolitik der letzten Jahrzehnte etwa stand vor anderen Herausforderungen als jene der Ersten Republik oder der Nachkriegszeit. Dabei sind es immer mehrere Entwicklungslinien – sowohl im Gesellschaftsleben als auch im Schulbereich – die die Grundlage für schulpolitische Entscheidungen darstellen. Dies traf und trifft auch auf die Bildungspolitik der letzten Jahrzehnte zu.
So kam es seit 1975 zu einem Rückgang des Wirtschaftswachstums, durch welchen die Regierung gezwungen wurde, Sparmaßnahmen in allen Bereichen zu ergreifen. „In der Folge rückte [...] das Bildungswesen wegen der immer schwieriger werdenden Finanzierung der Neuerungen aus dem vorübergehend eingenommenen Mittelpunkt der politischen Anstrengungen. Schon 1975 klagte Dr. Fred Sinowatz, Bundesminister für Unterricht und Kunst, daß Ernüchterung und Reformmündigkeit um sich greife und ihm ‚die materiellen Notwendigkeiten auf bildungspolitischem Gebiet stark zu schaffen machen.'"[313] Schulpolitische Entscheidungen wurden von nun an immer auch durch finanzielle Überlegungen mitbegründet, was dazu führte, dass sich viele bildungspolitische Maßnahmen den Vorwurf gefallen lassen mussten (und müssen), sie geschähen weniger aus pädagogischen Gründen als viel mehr aus der Bestrebung heraus, Einsparungen auch im Bereich der Schule vorzunehmen.
Der zunehmende Wertepluralismus unserer Gesellschaft sowie die Schnelllebigkeit der Zeit erfordern eine Schulbildung und -erziehung, die von der reinen Wissensvermittlung abrückt und den Schülern dafür Handlungsmuster und Fä-

---

[313] Engelbrecht, Zielvorstellungen, S. 21

higkeiten zur Verfügung stellt, mit denen sie sich in der Gesellschaft und im späteren Beruf zurechtfinden und neuen Situationen flexibel gegenübertreten können. Die Vermittlung so genannter „soft skills" (also von Eigenschaften wie Flexibilität, Anwenden verschiedener Kommunikationsformen, Teamfähigkeit, Bereitschaft zur Übernahme von Verantwortung usw.) an den Schulen wird auch von der Wirtschaft immer stärker gefordert. Zudem muss die Schule von heute einer stark individualisierten Lebensweise gerecht werden, etwa durch individuelle Förderung der Interessen einzelner Schüler, zugleich soll sie aber auch integrierend wirken, Toleranz wecken und zu partnerschaftlichem Zusammenleben befähigen.

Einen immer größer werdenden Einfluss bei der Gestaltung von Bildungspolitik übt der internationale Vergleich aus. Dabei sind die Ergebnisse internationaler Studien – wie sie etwa vor kurzem für die PISA-Studie 2003 veröffentlicht wurden – nicht selten Motoren wirklicher Veränderungen im Bereich der Schulpolitik.

Unter den verschiedenen Schultypen stellt v.a. die Hauptschule große Herausforderungen an die Bildungspolitiker. Diese nahm auf dem Land und in Ballungszentren eine völlig konträre Entwicklung. Während sie am Land ihrem Namen durchaus gerecht wurde und sie in der Bevölkerung breite Akzeptanz fand (in manchen Regionen wechseln über 90 Prozent der Volksschulabgänger in die Hauptschule), wurde und wird sie in Ballungszentren, v.a. in Wien, aber auch in anderen Großstädten und Schulzentren (z.B. in Graz, Linz, Baden bei Wien oder Krems), immer mehr zur "sozialen Restschule"[314]. Die schwierige Lage der Hauptschule in den Städten hat neben dem allgemeinen Geburtenrückgang noch andere Ursachen.[315] Zum einen zeichnet sich eine permanente Änderung im Übertrittsverhalten von der Volksschule in die Sekundarstufe I ab, AHS-Unterstufe und Mittelschule werden verstärkt der Hauptschule vorgezogen. Zum anderen geht die Entwicklung dahin, dass auch immer mehr Kinder mit nichtdeutscher Muttersprache, die oftmals schon in der zweiten oder dritten Generation in Österreich sind und somit perfekt Deutsch beherrschen, in die AHS eintreten. An der zunehmenden Gefahr von baldigen Hauptschul-Schließungen vermögen weder die Einführung von Schwerpunkten bei den Hauptschulen noch die Tatsache, dass "an keiner Schulart je zuvor [...] so konstruktiv positive pädagogische Schritte in fast flächendeckendem Maße gesetzt wurden wie an den Wiener Hauptschulen im letzten Jahrzehnt"[316] etwas zu än-

---

[314] Eine Präzisierung des Begriffs "Restschule" führt Sertl aus. (vgl. Michael Sertl: Vom "Bildungsprivileg" über die "Ausschöpfung der Begabungsreserven" zur sozialen "Restschule"?, in: Walter Weidinger (Hrsg.): Wieso "Haupt"-Schule? Zur Situation der Sekundarstufe I in Ballungszentren, Wien 2000, S. 81-96; hier: S. 88-90

[315] vgl. Walter Weidinger: Wieso "Haupt"-Schule?, in: Weidinger, "Haupt"-Schule, S. 10-33

[316] Wolfgang Gröpel: Markrosoziologische und bildungspolitische Gedanken zur Strukturkrise auf der Sekundarstufe I, in: Weidinger, "Haupt"-Schule, S. 69-80; hier S. 78

dern. Der Trend hin zur höheren Schulbildung wird nicht nur Schulschließungen, sondern auch personelle Konsequenzen nach sich ziehen. Im Hauptschulbereich werden in Zukunft weniger Lehrer benötigt, Abgänger der Pädagogischen Akademien haben zunehmend Schwierigkeiten, eine Anstellung zu finden und die Gefahr, dass es zu Entlassungen kommt, ist zweifellos gegeben.

Ein weiterer Bereich, der nach einer Klärung verlangt, ist jener der Ganztagsbetreuung. Immer mehr Frauen sind berufstätig. Für diese stellt sich – genauso wie für allein erziehende Eltern – das Problem der nachmittäglichen Betreuung ihrer Kinder über den Unterricht hinaus. Auch das an den Schulen immer breiter werdende Angebot an Freigegenständen, unverbindlichen Übungen, Wahlfächern, Interessenskursen etc. lässt die Einrichtung ganztägiger Unterrichtsformen[317] als einen möglichen Ausweg aus zeitorganisatorischen Problemen erscheinen.

Betrachtet man die schulpolitische Realität, so zeigt sich, dass Ende der 80er-und Anfang der 90er-Jahre das Hauptaugenmerk der Bildungspolitik v.a. auf der Verwirklichung der Gleichstellung der beiden Geschlechter lag. Wurde bereits – wie erwähnt – 1975 im Zuge der fünften SchOG-Novelle die geschlechtliche Koedukation eingeführt, so kam es ab dem Jahre 1987 schrittweise zur Aufhebung der Differenzierung verschiedener Schulfächer nach dem Geschlecht. Der Gegenstand „Hauswirtschaft" (heute: „Ernährung und Haushalt") musste in der Hauptschule von nun an auch von den Burschen besucht werden, ebenso konnten die Schülerinnen und Schüler in der siebten und achten Schulstufe jetzt frei entscheiden, ob sie entweder am Gegenstand „Technisches Werken" oder am „Textilen Werken" teilnehmen möchten.[318] Auch die geschlechtsspezifischen Schulbezeichnungen im mittleren und höheren berufsbildenden und landwirtschaftlichen Bereich (z.B. „Lehranstalt für wirtschaftliche Frauenberufe") wurden abgeschafft und durch geschlechtsneutrale Benennungen (wie etwa „Lehranstalt für wirtschaftliche Berufe") ersetzt. Schließlich wurde 1994 das Unterrichtsprinzip „Erziehung zur Gleichstellung von Frauen und Männern" in den Lehrplänen der Handelsakademien, Handelsschulen und Kollegs für Kindergar-

---

[317] Schulversuche mit den Formen Ganztagsschule und Tagesheimschule gab es bereits ab dem Schuljahr 1974/75. Dabei war man sich jedoch immer einig darüber, dass diese Schulformen bloß Alternativen zur Halbtagsschule darstellen sollten, die Halbtagsschule selbst sollte weiterhin der Regelfall sein. (vgl. Burgstaller / Leitner, Markierungen, S. 107f) Dieser Auffassung stimmt man auch heute noch zu, ein Ausbau des Ganztagsbetreuungsangebotes erscheint jedoch notwendig.

[318] Die Aufhebung der Differenzierung des Werkunterrichts nach dem Geschlecht fand in den verschiedenen Schulstufen bzw. in der Hauptschule und der AHS zeitlich versetzt statt, im Jahre 1993 war sie aber für alle Schultypen abgeschlossen. (vgl. Bildungswesen in Österreich - Historische Daten: Zeittafel, online auf der Website des Bundesministeriums für Bildung, Wissenschaft und Kultur unter: http://www.bmbwk.gv.at/ schulen/bw/uebersicht/Zeittafel_fuer_das_Gebie2010.xml) (Stand: 16.8.05)

tenpädagogik, ein Jahr später auch in jenen der Hauptschule und der AHS sowie – ein wenig zeitlich versetzt – in denen der HTLs, der Polytechnischen Schulen sowie der Volks- und Sonderschulen verankert. 1997 wurde der „Aktionsplan 2000" erarbeitet. In ihm fanden sich 99 Maßnahmen, die der Förderung der Gleichstellung im Bereich von Schule und Erwachsenenbildung dienen sollten. Als der „Aktionsplan 2000" Ende 2000 auslief, fand er seine Fortsetzung im „Aktionsplan 2003"[319], dessen Umsetzungszeitraum bis ins Jahr 2006 reicht. Im Wesentlichen konzentrieren sich die vorgesehenen Maßnahmen auf drei Bereiche, nämlich den geschlechtssensiblen Unterricht, die geschlechtssensible Berufsorientierung und auf das Gender Mainstreaming. Ersteres umfasst u.a. die Förderung der Umsetzung des Prinzips der „bewussten Koedukation", die Initiierung von einschlägigen Fortbildungsangeboten zur Sensibilisierung von Lehrkräften sowie die Berücksichtigung von Genderaspekten bei der Erstellung von Unterrichtsmitteln. Der Schwerpunkt bei der geschlechtssensiblen Berufsorientierung liegt auf der Berufswahl der Mädchen. Diese sind im Bereich von Technik und Naturwissenschaften noch immer stark unterrepräsentiert, die Zahl der Mädchen an technischen Schulen bleibt weit hinter der ihrer männlichen Kollegen zurück. Durch verschiedene Aktionen[320] wird nun von staatlicher Seite versucht, Mädchen über neue Technologien sowie über technische Berufe und Ausbildungswege zu informieren und ihr Interesse für nicht-traditionelle Berufsfelder zu wecken. Gender Mainstreaming bedeutet, den Gender-Aspekt in allen Bereichen des Lernen und Lehrens, in der Schulorganisation und im Handeln aller Beteiligten zu verankern und dadurch geschlechtsgerechtes Lernen zu ermöglichen.

Neben dem Gender-Schwerpunkt rückte in den letzten Jahren auch der internationale Vergleich im Bildungswesen immer mehr in den Vordergrund.[321] Die mit

---

[319] vgl. Aktionsplan 2003. Gender Mainstreaming und geschlechtssensible Bildung, online auf der Website des Bundesministeriums für Bildung, Wissenschaft und Kultur unter: http://www.bmbwk.gv.at/schulen/unterricht/ba/gb/aktionsplan2003.xml (Stand: 16.8.05)

[320] Unter anderem gibt es ab dem Schuljahr 1998/99 die Aktion „Geschlechter-Kultur macht Schule", im Zuge derer Mädchen und Burschen die Gelegenheit geboten wird, mit Männern und Frauen in für ihr Geschlecht „untypischen" Arbeitbereichen ins Gespräch zu kommen. Aktionen wie „FIT - Frauen in die Technik" oder „MiT - Mädchen/Frauen in die Technik" sollen den Abbau von Vorurteilen und Rollenklischees fördern sowie in Form von Schnupper-Programmen das Interesse für technische Berufe wecken. Daneben gibt es noch eine Reihe ähnlicher Projekte. (vgl. Bildungsentwicklung in Österreich 1997-2000, online auf der Website des Bundesministeriums für Bildung, Wissenschaft und Kultur unter: http://www.bmbwk. gv.at/schulen/bw/uebersicht/Bildungsentwicklung_19974857.xml, S. 92-96 (Stand: 16.8.05))

[321] Ein Beispiel, das in letzter Zeit große Aufmerksamkeit erregte, ist die PISA („Programme for International Student Assessment")-Studie, welche auf internationaler Ebene vom OECD-Sekretariat organisiert und in mehr als 30 Staaten durchgeführt wird. Getestet wird dabei das Können der Schüler in den Bereichen Lesen, Mathematik und Naturwissenschaften.

der Schulautonomie in engem Zusammenhang stehende Qualitätssicherung sollte nicht nur im Bereich der Einzelschule, sondern auch auf europäischer bzw. internationaler Ebene erfolgen. Im Mai 2003 beschlossen die EU-Bildungsminster so genannte Benchmarks (d.h. Leistungsmaßstäbe), die dem Vergleich zwischen den Bildungswesen der verschiedenen Mitgliedsländer dienen und eine positive Weiterentwicklung fördern sollen. Diese Richtlinien umfassen u.a. die Senkung der Zahl der Schulabbrecher, eine Steigerung der Hochschulabschlüsse und vermehrte Teilnahme der erwachsenen arbeitenden Bevölkerung an Weiterbildung.[322] Die EU-Bildungsprogramme[323], an denen sich Österreich seit seinem Beitritt zur Europäischen Union im Jahre 1995 beteiligt, sind ein wichtiger Bestandteil der internationalen Komponente der österreichischen Bildungspolitik. Die Ziele der verschiedenen Programme sind u.a. die Entwicklung einer europäischen Dimension im Unterricht, die Förderung von Sprachkenntnissen sowie des internationalen Erfahrungs- und Informationsaustausches, eine Erhöhung der Mobilität von Lehrkräften und Studierenden sowie eine verstärkte Zusammenarbeit zwischen den Bildungseinrichtungen aller Stufen.

Auch auf nationaler Ebene setzte eine starke Qualitätsoffensive ein. Bereits seit den 90er-Jahren gibt es viele Projekte, die der Qualitätssicherung im Bildungsbereich dienen sollen. Dazu zählen – um nur wenige Beispiele zu nennen – das Modellprojekt "Schule in Bewegung"[324], im Zuge dessen von der Managementfirma „Team Consult" ein Konzept für die Analyse eines „modernen autonomen Schulmanagements" entwickelt und dieses dann an 24 Modellschulen getestet wurde. Bei der Durchführung wurde besonders darauf geachtet, die Kommunikation zwischen den einzelnen Modellschulen und anderen interessierten Schulen aufrechtzuerhalten und zu fördern und auf diese Weise Anregung und Beispiel für erfolgreiches Qualitätsmanagement zu geben. Erwähnenswert ist auch das Projekt QIS (Qualität an Schulen)[325], das seit 1998 besteht. Ziel des Projekts ist es, Schulen einerseits darin zu unterstützen, andererseits auch vermehrt dazu anzuregen, ihre Qualität zu hinterfragen, zu kontrollieren und weiterzuentwickeln. Im Zentrum steht das Schulprogramm, welches sich aus dem Leitbild der Schule, Aussagen zum Ist-Stand sowie konkreten Zielen und Maßnahmen in verschiedenen Qualitätsbereichen zusammensetzt und mit Evaluation gekoppelt

---

Für genaue Informationen vgl. die PISA-Internetseite der OECD (http://www.pisa.oecd.org) sowie die österreichische PISA-Website (http://www.pisa-austria.at).

[322] Die genauen Zielsetzungen findet man auf der Website des Bundesministeriums für Bildung, Wissenschaft und Kultur unter: http://www.bmbwk.gv.at/schulen/unterricht/prinz/Zukunftskommission9733.xml (Stand: 16.8.05)

[323] Zu den EU-Bildungsprogrammen gehören u.a. ERASMUS und COMENIUS. Eine genaue Beschreibung findet man unter: Bildungsentwicklung in Österreich 1997-2000, S. 122-140

[324] vgl. Hennebichler, Schulautonomie, S. 99-102

[325] vgl. Bildungsentwicklung in Österreich 1997-2000, S. 81

werden muss. QIS steht allen Interessierten via Internet zur Verfügung.[326] Neben einem Methodenpool und Verfahrensvorschlägen wurde auch ein Qualitätsnetzwerk eingerichtet. Dieses beinhaltet Informationen zu aktuellen Projekten und Entwicklungen sowie ein Online-Forum, das dem Erfahrungsaustausch dienen soll.

Eine moderne, der Zeit angepasste Schule war auch Ziel der im Februar 2003 eingerichteten Zukunftskommission. Ihre Aufgabe bestand darin, Expertenvorschläge „für eine Qualitätsoffensive im Unterricht, für die Entwicklung eines nationalen Qualitätsmanagementsystems, für die Stärkung der pädagogischen Aufgaben und für die Steuerungsstrategien für die Output-Messung"[327] zu erarbeiten. In Form der „offenen Planung" – ein Zeichen dafür, dass auch in der Schulpolitik eine zunehmende Demokratisierung erfolgte – wurden die Vorschläge der Zukunftskommission via Internet und auf mehr als 100 Länderveranstaltungen Interessierten vorgestellt. Diese konnten dann zu den einzelnen Punkten Stellung nehmen. In einer großen Dialogveranstaltung wurden die Ergebnisse zur Qualitätsoffensive 2004 verarbeitet, die z.B. in der Einführung und der momentanen Erprobung von Bildungsstandards[328] ihren Niederschlag fand. Mit einem Reformdialog[329] in der Hofburg wurde dann im Februar 2005 das Projekt „Schule Neu" gestartet.

Die vorerst wichtigste Sofortmaßnahme, die im Rahmen von „Schule Neu" ergriffen wurde, betraf die bisher für die Beschlussfassung eines Schulgesetzes notwendige parlamentarische Zweidrittelmehrheit – eine Bestimmung aus dem Jahre 1962, die von Anfang an wegen ihres hemmenden Einflusses auf die rasche Umsetzung von Reformvorhaben von vielen Seiten stark kritisiert worden war. Nach langen Verhandlungen wurde am 13. Mai 2005 die entsprechende Verfassungsbestimmung mit den Stimmen von ÖVP, SPÖ, BZÖ und Teilen der FPÖ aufgehoben, sodass für die Verabschiedung von Schulgesetzen nunmehr eine einfache Mehrheit genügt. Diese Regelung ist allerdings nicht uneingeschränkt gültig, wichtige Bereiche – darunter die Schulgeldfreiheit, Bestimmungen über das Verhältnis von Schule und Religionsgemeinschaften, die Schul-

---

[326] unter: www.qis.at

[327] Abschlussbericht der Zukunftskommission: Rückenwind für die Schule Neu, online auf der Website des Bundesministeriums für Bildung, Wissenschaft und Kultur unter: http://www.bmbwk.gv.at/medienpool/12420/ endbericht_zukunftskom.pdf (Stand: 16.8.05)

[328] Bildungsstandards „legen fest, welche Kompetenzen Schülerinnen und Schüler bis zu den Nahtstellen vierte Klasse Volksschule und vierte Klasse Hauptschule oder Gymnasium nachhaltig erworben haben sollen und zwar in den Kernfächern Deutsch, Mathematik und Englisch." (vgl. Bildungsstandards. Ein weiterer Qualitätssprung für das österreichische Schulwesen, online auf der Website des Bundesministeriums für Bildung, Wissenschaft und Kultur unter: http://www.bmbwk.gv.at/medienpool/11369/pa_bildungsstandards.pdf (Stand: 16.8.05)

[329] Die genauen Ergebnisse finden sich online auf der Website des Bundesministeriums für Bildung, Wissenschaft und Kultur unter: http://www.bmbwk.gv.at/medienpool/12310/ pu_050214_reformdialog.pdf (Stand: 16.8.05)

pflicht und das differenzierte Schulsystem – wurden wieder in den Verfassungsrang gehoben. Mit Ausnahme der Grünen zeigten sich alle Parteien durchwegs zufrieden mit dem erreichten Kompromiss, Kritik kam aber von Seiten der Juristen. Diese bezog sich auf die schwammige, viele Interpretationen zulassende Formulierung, dass innerhalb des Sekundarschulbereiches neben der Differenzierung in allgemeinbildende und berufsbildende Schulen auch „eine weitere angemessene Differenzierung" vorzusehen sei. Die verbindliche Auslegung dieser Textpassage wird – so befürchten Verfassungsrechtler – wohl erst durch den Verfassungsgerichtshof festgelegt werden können.[330]

Trotz dieser Bedenken machte das Unterrichtsministerium rasch von der Möglichkeit Gebrauch, Änderungen im Bereich der Schule nun leichter durchsetzen zu können und schnürte das erste von insgesamt acht geplanten Schulpaketen[331], welches bereits im Juni 2005 vom Nationalrat angenommen wurde. Die Reformmaßnahmen beruhen dabei auf dem Abschlussbericht der Zukunftskommission, der fünf Handlungsbereiche mit 33 Vorschlägen beinhaltete, die innerhalb von zwei Jahren umgesetzt werden sollen. Schwerpunkte des ersten Schulpakets bilden der Ausbau der Tagesbetreuung unter Wahrung der Wahlfreiheit der Eltern, die Einführung der 5-Tage-Woche an Pflichtschulen, die Förderung der Lesekompetenz sowie gezielte individuelle Förderung von Schülern nach dem Motto „Starke fordern – Schwache fördern", frühe Sprachförderung, die Etablierung von Bildungsstandards und die Weiterbildung von Schulleitern an der Leadership Academy. Die Vorhaben des Unterrichtsministeriums sollen in einer Service- und Informationskampagne auch der breiten Öffentlichkeit, v.a. aber den Schulpartnern, zugänglich gemacht werden. Auf „die neue Schule für uns" – so der Titel der Kampagne – wird durch zahlreiche Plakate und Inserate in verschiedenen Medien aufmerksam gemacht, neben Broschüren und Foldern steht Interessierten auch eine eigene Website[332] zur Verfügung, mit der dem „Wunsch nach mehr und direkterer Information und Kommunikation"[333] von Seiten der Eltern entsprochen werden soll.

---

[330] vgl. etwa: Samo Kobenter / Karin Moser: Jursiten zerlegen Schulkompromiss, Artikel in „derStandard.at" vom 6. Mai 2005, online im Internet unter: http://www.derstandard.at/druck/id=2038922 (Stand: 16.8.05)

[331] Eine Übersicht über die in den acht Arbeitspaketen geplanten Maßnahmen sowie über den Zeitpunkt der Umsetzung findet sich online auf der Website des Bundesministeriums für Bildung, Wissenschaft und Kultur unter: http://www.bmbwk.gv.at/medienpool/12446/arbeitspakete.pdf (Stand: 16.8.05)

[332] Die Website findet sich unter: www.dieneueschule.gv.at

[333] „Die neue Schule für uns". Start der Service- und Informationskampagne des Bundesministeriums für Bildung, Wissenschaft und Kultur, online auf der Website des Bundesministeriums für Bildung, Wissenschaft und Kultur unter: http://www.bmbwk.gv.at/medienpool/12711/pu_20050728.pdf, S. 4 (Stand: 16.8.05)

Zur Situation der Lehrer in der Zweiten Republik

Die Wiedereinrichtung der Institutionen für die Lehrerbildung war nach dem Zweiten Weltkrieg angesichts des akuten Lehrermangels ein großes Anliegen der Bildungspolitik, welche auf diesem Gebiet durchaus Erfolge verzeichnen konnte. „Im Jahre 1949 konstatierte das Unterrichtsministerium mit Befriedigung, daß es in der Lehrerbildung den ‚Normalstand der vorkriegsmäßigen Ausbildung' wieder erreicht habe."[334] Insgesamt bestanden in diesem Jahr 23 Lehrer- bzw. Lehrerinnenbildungsanstalten, deren Erhalter etwa zur Hälfte private, meist kirchliche Institutionen, zur anderen Hälfte der Staat waren. Die Lehrerbildung erfolgte dank der Einigung der zuständigen Landesschulinspektoren auf gemeinsames Vorgehen im Gegensatz zum restlichen Schulwesen bundesweit einheitlich. Die Lehrerbildungsanstalten dauerten – wie auch schon zur Zeit des Nationalsozialismus – fünf Jahre und schlossen an die achte Schulstufe an. Besonderer Wert wurde auf praxisnahe Ausbildung gelegt, gelegentliches Hospitieren bereits im ersten Jahr sowie ein mindestens zweiwöchiges Praktikum waren Pflicht. 1951 erhielten die Absolventen die Hochschulberechtigung zugesprochen. Ein definitives Dienstverhältnis konnte erst nach der erfolgreichen Absolvierung der Lehrbefähigungsprüfung für Volks- bzw. Hauptschulen – der allerdings eine zweijährige Tätigkeit im Schuldienst vorauszugehen hatte – erreicht werden.

„Zwischen 1945 und 1962 war die Unterrichtsverwaltung durch laufende Eingriffe bemüht, die Lehrerausbildung auf den Bedarf abzustimmen."[335] So wurden unmittelbar nach dem Krieg Abschlussklassen für Heimkehrer sowie Abiturientenjahrgänge eingerichtet. Als sich durch die Wiedereinstellung ehemals nationalsozialistischer Lehrer ein zunehmender Lehrerüberschuss abzeichnete, wurden hingegen verschiedene Drosselungsmaßnahmen (etwa die alternierende Eröffnung erster Jahrgänge oder die Beschränkung der Aufnahmezahlen) gesetzt. Zu einem weiteren Engpass kam es, als sich immer weniger junge Männer für den Lehrberuf entschieden, weil sie eine Tätigkeit in der Wirtschaft oder an den Hochschulen bevorzugten. Daraufhin wurden – um einem neuerlichen Lehrermangel zuvorzukommen – die verschiedenen Zugangsbeschränkungen aufgehoben und den Lehramtskandidaten finanzielle Anreize geboten.

Beide Großparteien sprachen sich – wie schon erwähnt – 1948 für eine Verlängerung der Ausbildung der Volksschullehrer aus. Umgesetzt wurde dieses Vorhaben allerdings erst später und zwar – wie so viele andere wichtige Regelungen auch – durch das Schulgesetzwerk von 1962. Die Ausbildung der Grundschul-

---

[334] Engelbrecht, Geschichte, S. 429
[335] Engelbrecht, Geschichte, S. 431

lehrer sollte von nun an an viersemestrigen (seit 1982 sechssemestrigen[336]) „Pädagogischen Akademien", die nach Absolvierung der Reifeprüfung besucht werden konnten, erfolgen. Die Lehramtsprüfung am Ende der Ausbildung ersetzte die vorher notwendige Lehrbefähigungsprüfung. Durch die tatsächliche Einrichtung der Pädagogischen Akademien ab Herbst 1968 kam es zu einer strengeren Trennung zwischen Allgemeinbildung, die bereits vor der Matura erworben wurde, und Berufsausbildung. Ziel der neuen Einrichtung war es, „die Lehrerbildung im theoretischen Bereich einigermaßen hochschulmäßig" zu gestalten, „mit Hilfe von Übungs- und Besuchsschulen [dabei aber auch den] Bezug zur Praxis"[337] herzustellen.[338] Pädagogische Akademien durften nicht nur vom Staat, sondern auch von privaten Trägerschaften gegründet werden. Der neue Ausbildungsweg für Grundschullehrer stellte einen wesentlichen Kompromiss zwischen den beiden Großparteien dar. Durch die Einrichtung der Pädagogischen Akademien kam man nämlich zum einen den Wünschen der SPÖ nach Hebung des Niveaus der Lehrerbildung nach und zum anderen denen der ÖVP, die die Kirche nicht von diesem Bereich ausschließen wollte.[339]

Die Pädagogischen Akademien verzeichneten regen Zulauf, wobei der Anteil der Mädchen an den Studenten immer mehr stieg. Versuchsweise wurde an einigen Pädagogischen Akademien ab 1971 auch die Vorbereitung auf die Lehramtsprüfung für Hauptschulen, Sonderschulen oder Polytechnische Lehrgänge angeboten. Bis dahin hatten sich Prüfungsanwärter neben ihrer Arbeit als Volksschullehrer durch Kurse oder Selbststudium selbständig auf diese vorbereiten müssen. Die neue Ausbildung dauerte sechs Semester und umfasste ein ein- bis zweisemestriges Grundstudium sowie die wissenschaftliche und fachdidaktische Ausbildung in zwei Hauptschulfächern, von denen mindestens eines Deutsch, Mathematik oder Lebende Fremdsprache sein musste. 1975 wurde dieser Ausbildungsweg im Zuge der fünften SchOG-Novelle institutionalisiert und sogleich von vielen Studenten in Angriff genommen.[340] Daraufhin richteten sich Maßnahmen der Regulierung verstärkt auf die Frage, „wie man Grundschullehrer- und Hauptschullehrerausbildung in die rechte Relation bringt, um Einsatzschwierigkeiten in Grenzen zu halten"[341].

---

[336] Das umfangreiche Studienprogramm stellte von Anfang an eine große Belastung für die Studenten dar. Mit der Verlängerung der Ausbildungsdauer auf sechs Semester konnte man dem Abhilfe verschaffen.

[337] Engelbrecht, Geschichte, S. 483

[338] Viele Kritiker konstatierten in den ersten Jahren eine „Kopflastigkeit der Theorie" (vgl. Burgstaller / Leitner, Markierungen, S. 156f). Dieses Problem dürfte heute aber größtenteils behoben sein.

[339] vgl. Olechowski, Schul- und Bildungspolitik, S. 117

[340] Für statistisches Material zu den Absolventenzahlen der Pädagogischen Akademien vgl. Engelbrecht, Geschichte, S. 518

[341] Burgstaller / Leitner, Markierungen, S. 158

Im Jahr 1999 wurde durch das Akademien-Studiengesetz ein weiterer Schritt in Richtung hochschulmäßige Ausbildung der Pflichtschullehrer gesetzt. Unter Bedachtnahme auf die „besondere Situation der Kirchen und Religionsgemeinschaften"[342] sollen innerhalb der nächsten acht Jahre „Hochschulen für pädagogische Berufe" gegründet werden. Hier sollen Pflichtschullehrer „unter Beachtung der an Universitäten üblichen Standards"[343] ausgebildet werden und ihr Studium mit einem akademischen Grad abschließen können.

Was die Ausbildung der Lehrer für höhere Schulen betrifft, so wurde versucht, diese durch mehr Praxis und tiefere pädagogische Kenntnisse zu verbessern. Einen wichtigen Schritt in diese Richtung bildete die Gründung des „Zentrums für das Schulpraktikum" an der Universität Wien. Vergleichbare Einrichtungen wurden daraufhin auch an allen anderen österreichischen Universitätsstandorten geschaffen.[344] Im Bereich des pädagogischen Begleitstudiums gab es mehrere Änderungen. So müssen Lehramtskandidaten nun neben der allgemeinen pädagogischen Ausbildung bereits während ihrer Studienzeit ein Schulpraktikum, bestehend aus Unterrichtsbeobachtungen und eigenständiger Unterrichtstätigkeit, absolvieren. Daneben wird immer mehr Wert darauf gelegt, die schulpraktische Ausbildung in die fachdidaktische und pädagogische Ausbildung zu integrieren, wobei v.a. auch die Zusammenarbeit mit aktiv tätigen Lehrern gefragt ist. Das Lehramtsstudium an den Universitäten schließt mit einem einjährigen Unterrichtspraktikum ab.[345]

Die Lehrerfortbildung im Bereich der Grundschule ist seit 1962, die im Bereich der AHS seit 1982 Aufgabe der Pädagogischen Institute, die nach Wiener Vorbild bis 1971 in jedem Bundesland gegründet worden waren. Für die verschiedenen Schularten sind dabei eigene Abteilungen zuständig. Mit der geplanten Umwandlung der Pädagogischen Akademien zu Pädagogischen Hochschulen wird die Lehrerfortbildung dann von den Pädagogischen Instituten auf die Pädagogischen Hochschulen übergehen.

Die Fortbildung für Lehrer umfasst nicht nur eine ständige Vertiefung sowie Fortbildung in fachlicher Hinsicht, sondern auch Kenntnisvermittlung für den wichtigen Bereich der Berufsbildung und Berufsorientierung, wo sich enge Verbindungen zur Wirtschaft ergeben.[346] Insgesamt soll die Lehreraus- und -

---

[342] Bildungsentwicklung in Österreich 2000-2003, online auf der Website des Bundesministeriums für Bildung, Wissenschaft und Kultur unter: http://www.bmbwk.gv.at/medienpool/ 11759/bildungsentw_de.pdf, S. 117 (Stand: 16.8.05)
[343] Bildungsentwicklung in Österreich 2000-2003, online auf der Website des Bundesministeriums für Bildung, Wissenschaft und Kultur unter: http://www.bmbwk.gv.at/medienpool/11759/bildungsentw_de.pdf, S. 117 (Stand: 16.8.05)
[344] vgl. Burgstaller / Leitner, Markierungen, S. 165
[345] Die Studienpläne für die pädagogische Ausbildung der Lehrer an AHS und BHS finden sich online im Internet unter: http://isa.univie.ac.at bzw. http://institut.erz.univie.ac.at/home/fe7/
[346] vgl. Burgstaller / Leitner, Markierungen, S. 265

fortbildung die Lehrer heute dazu befähigen, sich einer neuen, immer wichtiger werdenden Aufgabe zu stellen, die Flinter bereits 1977 folgendermaßen beschreibt: „Das Darbieten von Informationen und das Abarbeiten eines Stoffplans wird immer weniger sinnvoll; immer wichtiger wird dagegen, daß der Lehrer dem Schüler hilft, die Informationsflut zu ordnen, daß er ihn in die wichtigsten Denkformen und Ordnungskategorien einführt, daß er geistige Interessen zu wecken, Verständnis und Einsicht herbeizuführen weiß, daß er persönliche Stellungnahme herausfordert und moralische Probleme mit den Schülern erörtert. Der Lehrer, der sich als bloßer Unterrichter, als Weitergeber von Wissen oder gar als Fachwissenschaftler versteht, ist nach heutigen Erfordernissen der Schule mehr und mehr deplaziert und tendenziell durch Informationsmedien ersetzbar."[347]

Was die heutige Situation von Lehrern betrifft, so kam es im Laufe der Republik innerhalb der Lehrerschaft zu einer Annäherung der verschiedenen Lehrerkategorien, zumindest in Hinblick auf die Inhalte und Dauer der Ausbildung. Erreicht wurde diese – wie schon dargestellt – v.a. durch die Einrichtung der Pädagogischen Akademien. Dennoch war (und ist) die Annäherung bisher „nicht stark genug, um dauerhafte Brücken für echte Kommunikation und Zusammenarbeit schlagen zu können"[348] – ein Problem, dessen Lösung der weiteren Bildungspolitik obliegt.

Erwähnenswert ist neben der Bemühung, die pädagogische Ausbildung forciert zu betreiben, die Tatsache, dass es innerhalb der Lehrerschaft zu einer starken Feminisierung kam. Heute finden sich unter 100 Pflichtschullehrern bereits 77 Frauen (würde man den Bereich der Volksschule separat betrachten, wären es noch wesentlich mehr), bei den AHS-Lehrern sind es immerhin schon 59.[349]

Generell verloren die Lehrer v.a. in den letzten Jahrzehnten trotz des teils höher gewordenen Niveaus ihrer Ausbildung und der deutlichen Besserung ihrer finanziellen Lage immer mehr an gesellschaftlichem Ansehen. Bereits 1985 stellte der Bundesminister für Unterricht, Moritz, fest: „Lehrer genießen leider keine große Popularität und haben kein besonderes Image. Lehrer haben es nicht leicht, sich in der Öffentlichkeit jene Achtung zu verschaffen, die ihnen eigentlich gebührte."[350] Die Gründe hierfür sind vielfältig, bleiben aber meist im Bereich der Spekulation. Deshalb soll an dieser Stelle nicht weiter darauf eingegangen werden. Es sei aber darauf hingewiesen, dass der Frage nach dem Ansehen der Lehrer in vielen persönlichen Erfahrungsberichten Raum eingeräumt

---

[347] A. Flinter; zitiert bei: Burgstaller / Leitner, Markierungen, S. 275
[348] Engelbrecht, Geschichte, S. 380
[349] Daten entnommen aus: Bildung und Wissenschaft in Österreich. Statistiken 2004, online auf der Website des Bundesministeriums für Bildung, Wissenschaft und Kultur unter: http://www.bmbwk.gv.at/medienpool/ 11714/biwi_2004.pdf (Stand: 16.8.05)
[350] H. Moritz; zitiert bei: Burgstaller / Leitner, Markierungen, S. 159f

wurde, weshalb vielleicht durch den zweiten Teil der Arbeit mögliche Ursachen dieser Entwicklung aufgezeigt werden können.

Die Zeit seit dem Zweiten Weltkrieg war – wie an anderer Stelle schon angeschnitten – geprägt von einem ständigen Wechsel an Lehrermangel und Lehrerüberfluss. Die Berufsaussichten, die eine erfolgreiche Absolvierung der Pädagogischen Akademien bzw. eines Lehramtsstudiums an der Universität mit sich brachte, schwankten dementsprechend gewaltig. Momentan gestaltet sich die Arbeitsmarktlage aufgrund des Geburtenrückgangs, mehrerer Sparmaßnahmen im Personalbereich sowie der relativ hohen Absolventenzahlen eher ungünstig. Ende September 2000 etwa waren insgesamt 359 Absolventen eines Lehramtsstudiums arbeitslos.[351] Zusatzqualifikationen und persönliches Engagement werden zunehmend wichtiger, um eine Anstellung zu finden. Viele ausgebildete Lehrer weichen auch auf außerschulische Berufsfelder aus und verrichten u.a. Tätigkeiten im Bereich der Sozial- und Jugendarbeit, im Nachhilfe- und Erzieherwesen, in der Erwachsenenbildung oder in der Medien- und Kommunikationsbranche. Zusätzlich zur schwierigen Situation am Arbeitsmarkt müssen Lehrer heute mit immer weitläufigeren Anforderungen klar kommen, die schon weit über die bloße Wissensvermittlung hinauslaufen. Der Umgang mit Schülern und Eltern verläuft ebenfalls nicht immer problemlos, sodass das so genannte Burn-Out-Syndrom auch innerhalb der Berufsgruppe der Lehrer immer weiter um sich greift.

---

[351] vgl. Bauer, Geschichte des österreichischen Bildungswesens, S. 68

Fotos – Festgehaltene Momente aus der Schulzeit

Abb. 1 (oben): Ein frisch gebackener VS-Lehrer absolviert sein Schulpraktikum. (1961)

Abb. 2 (unten): Ein Professor des Wiener Piaristengymnasiums begleitet seine Zöglinge am Wandertag. (1933)

Abb. 3 (oben): Die Barackenschule im Flüchtlingslager 63 in St. Martin bei Traun wurde mit viel Engagement von jungen Lehrerinnen aufgebaut. Die Unterstützung der Eltern und der Lerneifer der Kinder waren groß.

Abb. 4 (unten): Der starre Frontalunterricht wurde – beginnend bei den Volksschulen – immer häufiger von offeneren Unterrichtsformen abgelöst.

Abb. 5 (oben): Schüler des Wiener Piaristengymnasiums posieren am Schikurs in Mittersill für ein Erinnerungsfoto. (1933/34)

Abb. 6 (unten): Abwechslung vom Schulalltag boten Wandertage in die nähere Umgebung. Für die Schüler der VS Pießling etwa war der Marsch zum nahen Gleinkersee ein besonderes Erlebnis. (1930er-Jahre)

Abb. 7 (oben): Schülerinnen der BHAK Linz (Expositur Wels) erfreuen sich an der winterlichen Natur auf der Bosruckhütte. (1962/63)

Abb. 8 (unten): In den 90er-Jahren tummelten sich schon die Kleinsten auf der Piste, wie etwa hier beim Schikurs der VS Stratzing/Droß. (1992)

Abb. 9 (oben): Ein junger Kavallier hilft seiner Lehrerin am Wandertag bei der Überquerung eines Wildbachs. (Beginn 1960er-Jahre)

Abb. 10 (unten): 16 Kinder aus dem Lager Haid durften mit ihrer Lehrerin einen schönen Aufenthalt im Jugendrotkreuzheim Litzlberg am Attersee verbringen. Das herrliche Wetter lud zum gemeinsamen Plantschen ein. (1958)

Abb. 11 (oben): Lehrausgänge vertiefen das Wissen und tragen zur Stärkung der Gemeinschaft bei. Kinder einer zweiten VS-Klasse beobachten die Bäcker ihres Heimatortes bei der Arbeit.

Abb. 12 (unten): Die jungen Damen der BHAK Linz (Expositur Wels) genießen sichtlich die gemeinsame Schiffahrt auf der Donau. (1960er-Jahre)

Abb. 13 (oben): Die Zweitklassler der VS Windischgarsten verbreiten mit der Aufführung ihres Krippenspiels weihnachtliche Stimmung. (1990)

Abb. 14 (unten): Auch in der Schule darf der Spaß nicht zu kurz kommen – schon gar nicht bei der Schul-Faschingsfeier. (1967)

Abb. 15 (oben): Politische Feste fanden immer wieder auch Eingang in den Schulalltag. Im festlichen Dirndl wird der Tag der Fahne gefeiert. (1960)

Abb. 16 (unten): Die Nikolausfeier in der Volksschule stellte für die Kinder einen Höhepunkt des Schuljahres dar. (1970)

124

Abb. 17 (oben): Um für alle Klassenzimmer der Schule einen Overheadprojektor kaufen zu können, gestalteten die Schüler der VS St. Martin eine Vorführung mit freiwilligen Spenden.

Abb. 18 (unten): Schule ist mehr als bloße Wissensvermittlung, Schule ist auch gelebte Gemeinschaft. (Geburtstagsfeier in einer Vorschulklasse, 1988)

TEIL 2

SCHULGESCHICHTE AUF MIKROEBENE – DAS GESCHEHEN IN DEN KLASSENZIMMERN

1. Die Bedeutung von Schule im gesellschaftlichen Zusammenhang

Nachdem bereits in der Einleitung einige der großen Zusammenhänge zwischen Schule und Gesellschaft zumindest angerissen und der schulpolitische sowie generell der politische und wirtschaftliche Hintergrund von Schulentwicklung geklärt wurden, soll nun in den folgenden Kapiteln der Frage nachgegangen werden, wie sich all diese Faktoren auf die unmittelbar Betroffenen – Lehrer, Schüler und Eltern – ausgewirkt haben. Den Anfang bildet dabei ein recht allgemeiner Abschnitt, in dem einige Berührungspunkte zwischen Schule und Gesellschaft aufgegriffen werden. Die Grundlage der Darstellung bilden in diesem Kapitel – wie auch in allen folgenden – im Stile der „Geschichte von unten" 46 Schilderungen ehemaliger Lehrer und Schüler, die darin über ihre eigenen Erfahrungen aus der Schulzeit berichten, zum Teil aber auch ihre Sicht der jetzigen Entwicklungstendenzen und der dabei auftretenden Probleme einbringen. Die folgenden Ausführungen erheben keinen Anspruch auf Vollständigkeit, viel mehr sollen einfach jene Punkte angesprochen werden, die in den Berichten häufig Erwähnung finden und somit für den Einzelnen im Zusammenhang mit Schule und Unterricht offensichtlich von Bedeutung waren.
Bezogen auf dieses Kapitel ergaben sich im Wesentlichen sechs relevante Bereiche. Zuerst wird beleuchtet, welchen persönlichen Zweck Schule für den Einzelnen erfüllte bzw. aus heutiger Sicht erfüllt und wie hoch der Stellenwert von Schule und Unterricht im Leben der Schüler war bzw. ist. Sodann wird in einem etwas breiter angelegten Unterkapitel auf verschiedene Formen des gesellschaftlichen Wandels und hier v.a. auf Änderungen im Bereich der Familienstrukturen und der Medien eingegangen – Faktoren, die nicht ohne Einfluss auf das Verhalten von Kindern und Jugendlichen und somit auf das Schulgeschehen geblieben sind. Zwei Funktionen von Schule, die auch in der Einleitung schon angesprochen wurden, nämlich Auslese und Leistungsaspekt, ist der nächste Abschnitt gewidmet. Dabei geht es in erster Linie darum, herauszufinden, in welcher Form diese im Schulalltag tatsächlich in Erscheinung traten und wie das von den Betroffenen empfunden wurde. Im Anschluss daran wird der Frage nachgegangen, inwieweit Schule Erziehung zu einem angepassten Leben in der Gesellschaft

leistete (oder zumindest zu leisten versuchte) und welche Kernbereiche sich dabei herauskristallisierten. Schließlich geht es noch um das Zusammentreffen zweier zentraler gesellschaftlicher Bereiche – Religion und Politik – mit dem Feld Schule, wobei dieses Zusammentreffen v.a. in Hinblick auf die unterste Ebene, d.h. bezogen auf das Geschehen in den Klassenzimmern, untersucht werden wird.

Die Bedeutung von Schule für das eigene Leben

Fragt man jemanden nach dem Sinn von Schule und Unterricht, so wird von den meisten Menschen – möchte man meinen – wohl zuallererst Wissensvermittlung genannt. Während das heute – wie weiter unten gezeigt wird – gar nicht mehr so selbstverständlich ist, sahen Schüler der Ersten Republik tatsächlich noch den Kenntniserwerb als wichtigstes Element des Schulbesuchs. Für Theresia Schauer etwa war das Erlernen der notwendigen Kulturtechniken der wirksamste Antrieb, gerne in die Schule zu gehen: „Ich ging sehr gerne in die Schule. Die Schule hatte einen großen Stellenwert, weil ich einfach dort Lesen, Schreiben und Rechnen lernte. [...] Die Schule war für mich und wohl für die meisten Kinder damals einfach Wissensvermittlung."[352] Für Emma Spindler bedeutete die Wissensvermittlung besonders viel: „Das war schon Wissen und Können und Lernen vor allem. Ja, ich war sehr ernst in der Schule. Ich hab immer sehr aufgepasst, ich habe das meiste nur vom Zuhören gelernt."[353] Henriette Hartig lag ebenfalls viel daran, an Wissen zu gelangen, für sie war Schule ein Ort, von dem sie sich die Stillung ihrer Neugier erhoffte: „Ich ging sehr gerne zur Schule, da ich immer schon als Kind von meinem Vater zum Wandern durch die Wiesen, Felder und Auen mitgenommen wurde und dabei viel über die Wunder der Natur erfahren konnte. So wurde die Neugier in mir schon sehr früh geweckt und ich begann, die Schule als Vermittlerin vieler Neuigkeiten anzusehen."[354]
Nicht allen Schülern war jedoch klar, wie grundlegend das Erlernte für ihr späteres Leben sein würde. Für diese stand meist der Aspekt der Pflichterfüllung oder der Unausweichlichkeit des Schulbesuchs im Vordergrund, so auch für Andreas Baumgartner: „Naja, es war halt einfach eine Pflicht. Eine Freude kann ich nicht sagen, nein. Aber widerspenstig war ich auch nicht, ich habe immer mein Möglichstes getan."[355] Theresia Kirchmayr konnte als Kind die Möglichkeit, Lesen, Schreiben und Rechnen zu lernen, ebenfalls noch nicht wirklich schätzen: „Es war schon wichtig, aber das war halt so: man muss in die Schule gehen und anfangen, Rechnen, Lesen und Schreiben zu lernen. Das war das Grundprinzip von

---

[352] Theresia Schauer, geb. 1923, Pfarrhaushälterin im Ruhestand
[353] Emma Spindler, geb. 1923, Postbeamtin im Ruhestand
[354] Henriette Hartig, geb. 1924, Volksschuldirektorin im Ruhestand
[355] Andreas Baumgartner, geb. 1908, Arbeiter im Ruhestand

der Volksschule, nicht?"[356] Auch Volkmar Strohbach betrachtete den täglichen Gang in die Schule sehr nüchtern: „Die Schule war für mich die Aufgabe, die ich zu erfüllen hatte, wobei ich mich bemüht habe, dies so angenehm wie möglich zu gestalten."[357] Oftmals kam die wahre Wertschätzung für das, was einem in der Schule beigebracht wurde, erst später. Hermine Antensteiner z.b. begriff den Wert des Gelernten erst nach der Schulzeit: „Die Schulzeit war aus heutiger Sicht ein wichtiger Lebensabschnitt, damals war es einfach so. [...] Wir lernten sehr viel fürs Leben. [...] Meiner Handarbeitslehrerin bin ich heute noch dankbar, denn von ihr habe ich alles gelernt für mein späteres Leben als Hausfrau und Mutter. Obwohl es ja nur eine Volksschule war, haben wir uns auch Kleider genäht und die haben auch gepasst."[358] Allerdings war auch der umgekehrte Weg möglich. Die Einschätzung Volkmar Strohbachs etwa entwickelte sich genau entgegengesetzt zu der Hermine Antensteiners. Dem heutigen Pensionisten ist die Wertschätzung für das in der Schule Gelernte im Laufe seiner Berufstätigkeit – mit einer Ausnahme – immer mehr abhanden gekommen: „Damals hab ich noch das Gefühl gehabt: Das muss ich lernen, das werde ich brauchen. Heute hab ich das nicht mehr, das Gefühl. Weil ich hab viel gelernt, das ich nie wieder gebraucht habe und viel nicht gelernt, was ich gebraucht hätte. Also, was ich in der Schule wirklich gelernt habe, ist das Lernen und das Gefühl, was muss ich schlucken, was kann ich überhapst machen."[359] Zwischen diesen beiden Fällen liegt jener Josef Steinbichls. Der jetzige Pensionist war als Kind wenig begeistert von der Schule, das Gymnasium besuchte er in erster Linie deshalb, weil sein Bruder an derselben Schule war. Wirkliche Lernmotivation kam jedenfalls erst dann auf, als seine Berufsvorstellungen schon recht konkret waren: „Also an die Volksschule kann ich mich verhältnismäßig schlecht erinnern, aber da geht man einfach als Schüler hin. Für mich war die Volksschule so, dass ich in die Schule gegangen bin und heim und dann war die Wonne da. Also ich war kein begeisterter Schüler in der Volksschule. Dass da die Lehrer Schuld waren, das glaube ich nicht, sondern ich bin am Land aufgewachsen und da war einfach die Natur viel wichtiger als die Schule. [...] Naja, es [= die persönliche Motivation, ins Gymnasium zu gehen] ist später dann worden, aber ursprünglich war es einfach so – wie ich gesagt habe – mein Bruder war drinnen und ich hab mir gedacht ‚Das könnte ich auch machen.' und das war es eigentlich. Und dann, muss ich ganz ehrlich gestehen, hab ich das Gymnasium so gemacht, dass ich mit möglichst wenig Aufwand das Ziel erreicht hab. [...] Und dann später ist es umgekehrt worden. Wie ich dann die Hauptschulprüfung gemacht habe, da hab ich dann eigentlich mit intensiver Arbeit mehr erreicht als wie im Gymnasium. [...] Da war ich schon motiviert, ja. Im Gymnasium weniger, da war es halt einfach

---

[356] Theresia Kirchmayr, geb. 1924, Altbäuerin
[357] Volkmar Strohbach, geb. 1918, Baumeister im Ruhestand
[358] Hermine Antensteiner, geb. 1928, Landwirtin
[359] Volkmar Strohbach, geb. 1918, Baumeister im Ruhestand

so, dass man es halt macht.“[360] Schon früher setzte die ebenfalls auf beruflichen Überlegungen basierende Motivation, in der Schule etwas zu lernen, bei Anna Hösl ein: „Für mich war es immer wichtig, einen entsprechenden Schulabschluss zu haben, um im späteren Berufsleben davon profitieren zu können.“[361] Ähnlich lag die Situation bei einer jetzigen Studentin. Diese erkannte relativ bald den Wert der Matura für ihre zukünftige Ausbildung, was für sie Motivation genug war, das Gymnasium trotz mancher Schwierigkeiten zu absolvieren: „Im Prinzip [hatte Schule für mich] schon einen hohen [Stellenwert], schließlich verbrachte ich sechs Tage in der Woche in der Schule und für mich war von Anfang an klar, dass ich unbedingt die Matura machen wollte, um anschließend zu studieren.“[362] Auch bei Friedrich Pernkopf waren es die Berufswünsche, die den Ausschlag für die Wahl des weiteren Ausbildungsweges gaben. Allerdings bewogen ihn diese nicht – wie es häufig vorkommt – dazu, in eine höhere Schule einzutreten oder gar ein Studium zu absolvieren, viel mehr war genau das Gegenteil der Fall – auf eine universitäre Ausbildung wurde verzichtet. Grund dafür war nicht nur die allgemeine Unlust, in die Schule zu gehen, sondern auch das Gefühl, seine Fähigkeiten auch ohne ein Studium gut einsetzen zu können: „Ich ging eigentlich nie gerne in die Schule, obwohl ich leicht lernte, keinerlei Mithilfe der Eltern (hätten nicht Zeit gehabt) oder älterer Geschwister brauchte. Mir wurde öfters nahe gelegt, zu studieren, ich wollte aber Bauer werden. [...] Ein Bauernhof braucht alle Fähigkeiten eines guten Schülers.“[363]

In seltenen Fällen konnte es vorkommen, dass ein Schüler der Schule derartig ablehnend gegenüberstand, dass er auch die objektiv bestehenden Vorteile (etwa das Lesen lernen) heute noch nicht explizit als solche anerkennen kann. Brigitte Kitzmüller kann zu diesen Menschen gezählt werden, sie hat vieles aus der Schulzeit bereits verdrängt: „Ich merke, dass ich nicht sehr viele und teilweise sehr ungenaue Erinnerungen an meine Schulzeit habe. Wahrscheinlich weil ich nicht gerne in die Schule ging – es musste halt sein. Ich mag mich gar nicht zu viel mit dem Thema Schule beschäftigen.“[364] Über den Grund für diese mehr als 20 Jahre anhaltende Abwehrhaltung gibt ihr Bericht allerdings keine Auskunft.

Wissensvermittlung wurde jedenfalls auch nach dem Zweiten Weltkrieg noch bis lange in die Zweite Republik hinein von vielen als zentraler Zweck von Schule gesehen. Die 22-jährige Andrea Eisenbarth meint etwa: „Ich ging wirklich gern in die Schule. Besonders am Anfang. Ich wollte unbedingt Schreiben und Lesen können und war auch sonst eigentlich sehr interessiert und wissbegierig.“[365] Obwohl viele junge Leute diese Einstellung teilen, tritt die Bedeutung

---

[360] Josef Steinbichl, geb. 1937, Hauptschuldirektor im Ruhestand
[361] Anna Hösl, geb. 1958, Angestellte in einer Rechtsanwaltskanzlei
[362] Frau, geb. 1981, Studentin
[363] Friedrich Pernkopf, geb. 1936, Landwirt
[364] Brigitte Kitzmüller, geb. 1962, Tagesmutter
[365] Andrea Eisenbarth, geb. 1983, Studentin

der Wissensvermittlung zumindest in manchen Schülerkreisen zunehmend in den Hintergrund. Das konstatiert jedenfalls eine Studentin, die selbst durchaus noch Wert auf den Wissenserwerb legte: „Auf jeden Fall ging es mir hauptsächlich um die Wissensvermittlung, weil ich ja schließlich zur Schule ging, um etwas zu lernen und um später einmal die Möglichkeit zu haben, zu studieren. Ich beurteile das heute immer noch so, weil meine Schulzeit ja noch nicht so lange zurückliegt. Aber ich glaube schon, dass die Prioritäten bei vielen Schüler/innen heute anders liegen. Ich habe von den meisten Schüler/innen nicht wirklich den Eindruck, als ob es ihnen wichtig wäre, etwas zu lernen."[366] Was diese anderen Prioritäten betrifft, so meint die ehemalige Wiener Gymnasiastin weiter: „Ich glaube [...], dass die Generation der jetzigen Schüler/innen eine komplett andere ist als meine es war. Wenn man sich manche Schüler/innen heutzutage so ansieht, fragt man sich, aus welchem Grund sie eigentlich zur Schule gehen. Ich glaube, es geht vielen – wenn auch nicht allen natürlich – nicht darum, etwas zu lernen, es geht darum, seine neuste Kleidung zu präsentieren, die neuesten technischen Geräte etc. Wenn man sich die Umfragen über den Bildungsstand mancher Schüler/innen genauer ansieht, sollte sich eigentlich Verzweiflung breit machen."[367]

Geht man nach den Berichten, so steht in letzter Zeit immer mehr auch der soziale Aspekt im Vordergrund. Astrid Hösl etwa meint: „Während meiner Volksschulzeit machte ich mir keine Gedanken über eine gute Ausbildung, sondern ging in die Schule um Freunde zu treffen. Das Lernen war in der Volksschule eher ein angenehmer Nebeneffekt."[368] Geteilt wird diese Ansicht von Daniela Gamperl, der das soziale Umfeld auch nach der Grundschule noch sehr wichtig war: „Ich bin immer gerne in die Schule gegangen, zuerst weil ich unbedingt etwas lernen wollte (in der Volksschule vor allem das Lesen), danach mehr deswegen, weil eigentlich immer etwas los war, man traf Freunde, konnte sich unterhalten... Es war, zumindest für mich, ein nicht gerade unangenehmer Zeitvertreib, was sich wahrscheinlich auch daraus erklären lässt, dass ich in der Schule nie Probleme hatte und immer eine gute Schülerin war. [...] Ich habe diese Zeit [= die Schulzeit in der Hauptschule und im BORG] für mich eigentlich eher positiv in Erinnerung, ich war viel unterwegs, habe viele Leute kennen gelernt und viele Erfahrungen gemacht, die ich nicht missen möchte. Für mich war Schule also auch durch ihre soziale Komponente besonders wichtig, die Wissensvermittlung lief vor allem in der Oberstufe eher so nebenher."[369]

Fasst man das bisher Gesagte zusammen, so zeigt sich, dass in der Ersten Republik Schule v.a. mit Wissenserwerb gleichgesetzt und als solche sehr geschätzt wurde. Die große Bedeutung der Wissensvermittlung blieb bis weit in die Zwei-

---

[366] Frau, geb. 1981, Studentin
[367] Frau, geb. 1981, Studentin
[368] Astrid Hösl, geb. 1983, Studentin
[369] Daniela Gamperl, geb. 1982, Studentin

te Republik hinein erhalten und auch heute schätzen noch viele Schüler den Wert des Gelernten. Daneben geht der Trend aber vermehrt dahin, Schule als einen Ort der sozialen Kontakte wahrzunehmen, der Unterricht tritt dabei in den Hintergrund. Generell gab es immer schon Schüler, die Schule und Unterricht nur zum Teil etwas Positives abgewinnen konnten. Während diese zur Zeit der Ersten Republik aus Pflichtbewusstsein in der Regel dennoch versuchten, möglichst viel zu lernen, geht es heute so manchem in erster Linie darum, sich vor den Mitschülern zu präsentieren – Wissen verliert dann an Bedeutung. Vor allem in weiterführenden Schulen maßen und messen Schüler den Wert von Schule oftmals daran, wie weit die dort vermittelten Kenntnisse und die erworbenen Abschlüsse als für den beruflichen Werdegang nutzbringend eingeschätzt werden – wie berechtigt diese Annahmen dann tatsächlich waren und sind, zeigt sich allerdings oft erst im späteren Berufsleben.

Gesellschaftlicher Wandel und die Auswirkungen auf Schule und Unterricht

In weiterer Folge soll nun auf gewisse Aspekte gesellschaftlichen Wandels eingegangen werden. Den Schwerpunkt dabei bilden jene Änderungen, die in den Augen der Berichtverfasser seit der Ersten Republik stattgefunden haben. Zudem wird auch die unterschiedliche Einschätzung der Konsequenzen für Schule und Unterricht zur Sprache kommen. Hingewiesen werden muss an dieser Stelle noch darauf, dass der Bereich der Erziehung hiervon großteils ausgespart bleibt – ihm ist im Kapitel über Disziplin ein eigener Abschnitt gewidmet.
Wesentliche Veränderungen hat es im Bereich der Familienstrukturen gegeben. In den Berichten steht dabei besonders der zumindest teilweise Verlust des Zusammenhalts innerhalb der Familien und der gemeinsam verbrachten Zeit im Vordergrund. Oftmals schildern ältere Leute die große Geborgenheit, die sie in der Kindheit erlebt hatten. Lambert Wimmer etwa genoss als Kind die langen, mit Geschichten ausgefüllten Winterabende, die ihm und seinem Bruder nicht nur Wohlbehagen, sondern auch eine angenehme Wiederholung des Schulstoffes bescherten: „Auch war es damals daheim so – wir hatten ja sicher nicht viele Aufgaben – aber weil es damals eben noch kein elektrisches Licht gegeben hat und wir auch sonst sparsam leben mussten, was das Licht anbelangt, so sind wir besonders eben in der Winterszeit oft abends beisammen gesessen und meine Mutter oder mein Bruder haben aus einem schönen Buch vorgelesen und wir alle haben hingehorcht und haben dadurch sagen wir auch das irgendwie wiederholt, was wir sonst in der Schule aufgenommen hatten."[370] Ähnlich erlebte Theresia Schauer die Welt der heilen Familie: „Wir waren eben noch richtige Kinder, die außer der Schule in der Familie geborgen waren, auch wenn diese

---

[370] Lambert Wimmer, geb. 1916, Pater und ehemaliger Lehrer und Erzieher

Familien wenig begütert waren und es gab auch damals von Außen noch keine Reize, kein Radio, kein Fernsehen usw."[371] Dass außerhalb dieser angenehmen Momente das Leben der Kinder oft hart und mit Arbeit erfüllt war, trübt die Erinnerung der heutigen Pensionisten nicht – viel mehr wurde auch die Mühsal als Teil des gemeinsamen Familienlebens akzeptiert.

Heute haben Kinder und Jugendliche viel Freizeit, zu Arbeiten im Haushalt oder in der Landwirtschaft werden sie nur mehr selten herangezogen. Dafür fällt es jetzigen Familien zunehmend schwer, einen Ort der Zuneigung und des Gesprächs zu bilden. Oftmals sind beide Elternteile berufstätig, auch gibt es immer mehr Scheidungsweisen, was ja früher selten der Fall war: „Die meisten Mütter waren nicht berufstätig und Scheidungen oder allein erziehende Eltern gab es kaum."[372] In der Freizeit, die auch in der Welt der Erwachsenen einen immer größer werdenden Teil des Tages ausmacht, nehmen sich Mütter und Väter nicht immer genügend Zeit für ihre Kinder. Wirkliche Zuwendung wird nicht selten durch materielle Geschenke ersetzt, die so genannte „Wohlstandsverwahrlosung" breitet sich immer mehr aus. Das konstatiert auch die ehemalige Hauptschullehrerin Irmgard Wartner: „Das ist wieder das Zeitnehmen. Und ich hab gerade vor kurzem gehört, da haben sie gefragt, was Eltern mit ihren Kindern tun und an letzter Stelle steht, dass die Eltern mit den Kindern spielen. An letzter Stelle! Ist eh klar, weil da musst du dich hinsetzen, da musst du dir Zeit nehmen. [...] Ja, das ist ja für sie [= die Eltern] praktisch: Jedes Kind hat sein Handy, ich weiß, wo es ist, aber ich brauche mich um das Kind nicht kümmern. Weil da ruf ich an: ‚Was tust du denn gerade? Aha, ja ist eh recht.' und das Kind checkt ja das sofort. [...] Und hier in Gallneukirchen ist sowieso ein ganz ein schwieriger Bereich. Da sind zwei so Gruppen. Die eine Gruppe – wir haben immer gesagt, der intellektuelle Bereich, diese Gegend, wo eh zum Teil sehr wohlhabende Leute sind, die sehr viel für sich selber tun, aber nichts fürs Kind – das ist die Wohlstandsverwahrlosung: das Kind hat alles, aber die menschliche Zuwendung haben sie auch wieder nicht. Und dann haben wir die andere Gruppe, diejenigen, die nicht viel verdienen, aber sehr am Konsum hängen – man leistet sich vieles. Da ist ein neues Auto wichtig und eine neue Küche, aber dass sie einmal sagen ‚Jetzt machen wir mit dem Kind einen Ausflug irgendwohin und spielen mit ihm und gehen wandern.' oder was auch immer, ins Kino gehen... Das Beschäftigen mit dem Kind, das wird nicht gemacht."[373] Überhaupt recht kritisch sieht die Volksschuldirektorin Erika Habacher die momentane gesellschaftliche Entwicklung und die Einstellung vieler Leute zur Familie: „Viele Mütter sind heute berufstätig – nicht jede aus finanziellen Gründen. Ich will keine Frau verurteilen, die gerne arbeiten will. Ich weiß aber, dass Frauen, die daheim bei den Kindern

---

[371] Theresia Schauer, geb. 1923, Pfarrhaushälterin im Ruhestand
[372] Erika Habacher, geb. 1953, Volksschuldirektorin
[373] Irmgard Wartner, geb. 1945, Hauptschullehrerin im Ruhestand

bleiben, oft blöd angeredet werden: ‚Bist du zu dumm oder zu faul zum Arbeiten?' Wenn Kindererziehung so wenig Wertschätzung erfährt, ist es klar, dass die Frauen lieber arbeiten gehen. Hier wäre eine Trendumkehr dringendst nötig. [...] Ein weiterer Punkt sind die Kleinfamilien. Früher gab es in den Großfamilien immer jemanden, der für das Kind da war: eine alte Magd, ein alter Knecht, eine Oma, der Opa, ältere Geschwister,... Heute gibt es viele Einzelkinder, die mehr Zeit mit Fernseher und PC verbringen als mit Menschen. Eine bedenkliche Entwicklung! Durch den Mangel an Geschwistern fehlen wertvolle Gelegenheiten zu sozialem Lernen! Eltern mit mehr Kindern werden von Mitmenschen ernsthaft gefragt, ob sie zu dumm sind, um Verhütungsmittel richtig anzuwenden. Man stellt sie manchmal als verantwortungslos hin, sie mögen doch daran denken, dass ihre Kinder einmal einen Arbeitsplatz brauchen. Und dann jammert man, wenn die Geburtenrate ständig sinkt und man nicht mehr weiß, wie man die Pensionen finanzieren soll. Wie wäre es damit, Eltern, die Kinder lieben, vermehrt zu unterstützen? Wie wäre es mit einer Imageaufwertung der Familie, der Mütter, des Wertes eines guten Familienlebens für seelische Gesundheit, ... ?"[374] Neben diesen gesellschaftlichen Problemen ortet die Volksschuldirektorin aber auch innerhalb der Familien negative Tendenzen, ähnlich wie schon Irmgard Wartner zuvor kritisiert sie das Verhalten mancher Eltern, die sich zu wenig um ihre Kinder kümmern: „Es gab auch früher schon brave, unruhige, freche, ... Schüler. Die problemlosen Kinder sind heute in der Minderheit. Oft sind die Ursachen für Lernprobleme nicht mehr im körperlichen Bereich zu suchen, sondern im seelischen! Eine bedenkliche Entwicklung! Es ist kein Wunder, wenn man unsere Gesellschaft betrachtet. Sind beide Elternteile berufstätig, sind sie abends froh, wenn die Kinder ruhig vor dem Fernseher oder dem PC sitzen und sie möglichst nicht stören. Klar, dass auch die Erwachsenen ein Recht auf Erholung haben – aber auf Kosten der Kinder? Ich erlebe es oft, dass Kinder mir den Inhalt von Nachtfilmen – auch Krimis und Filmen mit argen Action-Szenen – erzählen können. Kein Wunder, wenn diese Kinder nicht gut schlafen und morgens müde und unkonzentriert sind! Die Eltern streiten das natürlich ab."[375] Insgesamt würde, so meint Irmgard Wartner, die Unruhe der Zeit vieles Gute, was im Zusammenleben früherer Generationen noch Bestand gehabt hätte, verdecken: „Ich meine, wir verlieren uns zu viel in dem ganzen Materiellen, das nimmt so Überhand und das verschüttet das, was den Menschen wirklich ausmacht, das Innere. Das sind eher diese leisen Strömungen und die verschütten wir, weil beim Leisen, da muss man horchen und wenn heute ein Kind traurig ist, dann muss ich das spüren, aber wenn ich natürlich hunderttausend Sachen hab und ich mach mich zu mit Radiomusik und mit Fernsehen..."[376]

---

[374] Erika Habacher, geb. 1953, Volksschuldirektorin
[375] Erika Habacher, geb. 1953, Volksschuldirektorin
[376] Irmgard Wartner, geb. 1945, Hauptschullehrerin im Ruhestand

Was hier bereits mehrmals angeklungen ist, ist Teil einer weiteren Entwicklung: Unsere Gesellschaft wird immer mehr zu einer Mediengesellschaft, in der neben Printmedien und Rundfunk v.a. dem Fernsehen und dem Internet immer mehr Bedeutung zukommt. Die Auswirkungen dieses Wandels auf das Familienleben, aber v.a. auf das Schulgeschehen, werden in den meisten Berichten negativ beurteilt, die „gute alte Zeit" dagegen – wie auch vorhin bei den Familienstrukturen – in recht idyllisches Licht gerückt. Überzeugt von der negativen Wirkung der Medien auf die Gesellschaft und v.a. auf das Verhalten von Kindern und Jugendlichen ist u.a. der ehemalige Hauptschuldirektor Rudolf Stanzel: „Die Schüler waren braver. Ein Hauptgrund [dafür, warum das heute nicht mehr so ist,] ist bei den Medien zu suchen. Meine gesamte Kritik an der Gesellschaft fasse ich abgewandelt in dem alten Spruch zusammen: Ceterum censeo, media causa sunt – die Medien sind schuld, sie machen alles schlimmer!"[377] Dass die heutige Medienvielfalt Schüler von ihren Aufgaben und vom Lernen zu viel ablenken würde, meint ein ehemaliger Trafikant, der dies zu seiner Schulzeit noch ganz anders erlebt hatte: „Ich habe in der kurzen Schulzeit für mein Leben viel gelernt. Wir hatten beim Lernen keine Ablenkung, nicht so wie heute das Fernsehen, Handy, Computerspiele usw. Wir waren beim Lernen voll bei der Sache. So konnte ich auch das Erlernte in meinem Leben gut verwerten!"[378] Auch in den Städten gab es wenig Zerstreuung, wie die ehemalige Ärztin Hedwig Wiesner erzählt: „Ich muss dazusagen, dass wir – gerade in der Oberstufe – keinerlei Ablenkung hatten. Wir haben weder Fernsehen gehabt noch was weiß ich, Discos, das gab es ja alles nicht. Also, wir haben Schule gehabt und vielleicht einmal gelegentlich… Ich weiß gar nicht mehr, was wir gehabt haben. Fast nichts, würde ich sagen. Das macht viel aus. Denn heute geh ich in die Disco und ich hab Fernsehen bis weiß Gott wann und, und, und. Und das hast du halt alles damals nicht gehabt. Und dadurch war das ganz anders."[379] Der etwas jüngere Friedrich Pernkopf denkt bezüglich der jetzigen Freizeitgestaltung ähnlich: „Ich glaube auch, dass es heute für die Lehrer insofern schwieriger ist, da die Schüler weniger Eifer zum Lernen haben – zu viel Ablenkung, besonders durch das Fernsehen."[380] Daran seien – der Meinung Walter Fuchs' nach – jedoch auch die Eltern nicht ganz unschuldig, immerhin brächten diese nicht mehr genug Zeit für ihre Sprösslinge auf, Ersatz dafür böte der Fernseher: „Es liest ja keiner mehr etwas. Schauen Sie, die PISA-Studie, die ist zum Teil übertrieben, aber auf der anderen Seite stimmt es schon. Schauen Sie, die [= die Eltern] sagen: ‚Geh hinaus, da kommt wer. Schaut derweil fern!' Dann das Schlüsselkind geht sowieso heim und setzt sich vor den Fernseher. Da wäre ich schon fast dafür, dass man sagt, es soll die Hausübung auch noch in der Schule machen, da ist wenigstens wer da.

---

[377] Rudolf Stanzel, geb. 1926, Hauptschuldirektor im Ruhestand
[378] Mann, geb. 1933, Trafikant im Ruhestand
[379] Hedwig Wiesner, geb. 1923, Ärztin im Ruhestand
[380] Friedrich Pernkopf, geb. 1936, Landwirt

[...] Das ist ja so, dass die [Kinder] vor lauter fad nicht wissen, was sie tun sollen. Das ist der Witz. Aber dass sie ein Buch einmal lesen, den Adalbert Stifter einmal lesen, nein, das tut keiner, außer die Räuberheftl... [...] Na, und Fernsehen. Ich sage Ihnen, da gibt es jetzt eine Serie – zweite Folge – ‚Das Fernsehen‘. Da bringen sie es so, wie es vor, naja, fünfzig Jahren angefangen hat. In den Wirtshäusern hatten sie nur einen Apparat, alle sind da hingegangen, so war das. Aber heute, da tun die nur mehr Computerspielen und Internet, die verderbendsten Sachen können sie sich hereinfangen."[381] Henriette Hartig, eine ehemalige Volksschuldirektorin, bemerkte zu ihrer Dienstzeit eine zunehmende Unruhe unter den Kindern, wenn auch – wie sie betont – keine wirkliche Umwälzung des kindlichen Charakters. Am Einfluss der Medien auf das Verhalten der Kinder zweifelt aber auch sie nicht: „Ja, sie [= die Kinder] haben sich sicher verändert, aber im Grunde genommen sind sie Schüler, Kinder geblieben. Es ist immer das Gleiche: Wenn du jetzt vorlaute und übergescheite Kinder, die alles besser wissen, richtig nehmen und sie motivieren kannst, dann kann man aus den übergescheiten Kindern fleißige Kinder machen. Wenn man sie z.B. dazu animieren kann, sich das zu Hause aus dem Lexikon durchzulesen oder aus dem Internet und dann in der Schule vorzutragen, dann hast du sie gewonnen und hast sie beschäftigt, diese Hyperaktiven. Also im Grunde genommen – ganz im Grunde genommen – ist die Mentalität gleich geblieben. Aber durch die vielen äußeren Umstände, die Fernseher, die Nintendos, das Internet, wo sie schon surfen usw., das bringt natürlich schon immer neue Probleme."[382]
Eva Mark ist ebenfalls der Meinung, dass heutige Schüler nicht grundsätzlich bösartiger geworden seien, es habe sich lediglich der Blickwinkel geändert. Ein Problem wittert sie allerdings dahingehend, dass Kindern jeder Wunsch erfüllt werde und dadurch eine völlige Übersättigung eintrete. Die Wertschätzung des Einfachen und Unspektakulären geriete dabei völlig aus den Augen: „Die Vorstellungen von ‚brav‘ und ‚schlimm‘ haben sich im Lauf der Zeit gewandelt, daher glaube ich nicht, dass die Schüler schlimmer geworden sind, auch wenn es immer wieder heißt: ‚Zu meiner Zeit hätten wir uns das nicht getraut!‘ [...] Nicht die Kinder sind schwieriger geworden, eher manche Eltern. Manchen Kindern wird zu Hause so viel geboten, dass sie ziemlich übersättigt sind. Oft sind es ganz einfache Dinge (Basteln, Musik,...) mit denen man sie zum Freuen und Staunen bringen kann."[383] Dass dies aber nicht immer so reibungslos klappt, weiß ihre Berufskollegin Erika Habacher: „In den ersten Dienstjahren waren die Schüler begierig danach, Geschichten zu hören. Sie hörten stets aufmerksam zu. [Heute hingegen] ist zu bemerken, dass Kinder kaum mehr zuhören können. Es ist ihnen zu wenig ‚action‘."[384] Ähnliches gelte für die Freizeit: „Es ist auch ein

---

[381] Walter Fuchs, geb. 1921, Volksschuldirektor und Personalvertreter im Ruhestand
[382] Henriette Hartig, geb. 1924, Volksschuldirektorin im Ruhestand
[383] Eva Mark, geb. 1946, Volksschullehrerin
[384] Erika Habacher, geb. 1953, Volksschuldirektorin

Trend zum Freizeitstress zu bemerken. Kinder langweilen sich oft viel schneller als früher. Sie sind auch nicht mehr so oft in der Natur draußen und probieren daher selten mit Naturmaterialien herum."[385] Zufriedenheit mit und Dankbarkeit für Kleinigkeiten gehen dabei immer mehr verloren. Das stellt auch die in ärmlichen Verhältnissen aufgewachsene Ottilie Akamphuber nachdenklich fest: „[Es herrschte große Armut, aber] die Kinder haben dafür etwas Wichtiges fürs Leben gelernt, dass man auch mit weniger Wohlstand zufrieden sein kann und dafür auch dankbar zu sein! [...] Wo könnte man in unserer Zeit ein Kind finden, das auf ein geflicktes Kleid stolz ist? Ich glaube, in Österreich kaum."[386] Josef Stiftinger, ein ehemaliger Hauptschullehrer, führt die „braven" Schüler der Nachkriegszeit auf die allgemeine gesellschaftliche und politische Situation zurück, der heutigen überfütterten Freizeitgesellschaft kann er wenig Positives abgewinnen: „Der unkritische Obrigkeitsgehorsam, vermittelt über Kaiser, Kirche, Hitler hat in der Nachkriegszeit noch gut funktioniert. Das kulturelle Lernen ist relativ langsam. Darüber hinaus gab es noch eine ziemlich allgemein anerkannte Leitmoral, keine rebellierenden Subkulturen. Kein Wunder, dass die Schüler braver waren, das war selbstverständlich. [...] Durch Werbung und durch die Scheinwelt der Unterhaltungsindustrie werden [heute] viele Menschen, vor allem Kinder und Jugendliche, zum Konsumieren ohne Eigenleistung verführt, sie werden zum oft gedankenlosen nur beschränkt handlungsfähigen Treibholz im Mainstream, der überwiegend vom Wirtschaftssystem und den Medien erzeugt wird."[387]

Die Hektik der Zeit ganz allgemein macht Josef Steinbichl verantwortlich dafür, dass heutige Jugendliche nicht nur unruhiger und nervöser sind, sondern oft auch orientierungsloser und unzufriedener als früher: „Ich glaube, da spielt sehr viel mit. Die ganze Umwelt und so. Das Hektische, glaube ich. Ich bedaure auch die Jugend heute, weil sie einfach nicht so ruhig aufwachsen können, wie wir das erlebt haben."[388] Wie rasch sich der Lebensalltag von Kindern und Jugendlichen, aber auch die Haltung der Eltern tatsächlich ändert, geht aus dem Bericht Daniela Gamperls hervor, die selbst erst vor fünf Jahren aus der Schule kam: „Die Schüler/innen selbst sind anders, obwohl diese nur wenige Jahre jünger sind: es gibt viel mehr Einflüsse, alles geht viel schneller, sie sind in der Folge unkonzentrierter, haben weniger Respekt vor Erwachsenen, usw. Die Eltern haben viel weniger Zeit, dadurch, dass meist beide berufstätig sind/sein müssen, da sonst das Leben nicht mehr finanzierbar ist und wollen deswegen, dass die Schule mehr und mehr die Erziehungsaufgabe übernimmt. Schule soll nicht

---

[385] Erika Habacher, geb. 1953, Volksschuldirektorin
[386] Ottilie Akamphuber, geb. 1922, Altbäuerin
[387] Josef Stiftinger, geb. 1938, Hauptschullehrer im Ruhestand
[388] Josef Steinbichl, geb. 1937, Hauptschuldirektor im Ruhestand

mehr nur für Berufe qualifizieren und auf diese vorbereiten, sie soll zunehmend Manieren, soziale Kompetenz und wichtige Werte vermitteln."[389] Ein Zusammenwirken heutiger Erziehungsstile und des Einflusses der Medien sieht eine Pensionistin als Ursache für das veränderte Verhalten heutiger Kinder: „Im Vergleich zu früher sind heute die Schüler/innen unruhiger. Es gibt Konzentrationsschwierigkeiten durch übermäßiges Fernsehen. Auch die Unruhe im Elternhaus ('keine Zeit' oder überall dabei sein müssen) wirkt sich sicher auf die Kinder aus. Die Schüler/innen sind frecher auch gegenüber Lehrkräften, sie trauen sich dauernd dagegen zu reden."[390] Die momentan gängigen Erziehungsmethoden – so meinen viele – seien überhaupt wenig geeignet, um auf das „wirkliche Leben" vorzubereiten. Dafür sei an dieser Stelle nur ein Beispiel genannt, nämlich die Einschätzung Astrid Hösls: „Ich denke, dass die Schüler früher braver waren, was bestimmt nicht [nur] daran lag, dass früher häufiger Bestrafungen eingesetzt wurden. Meistens wurden die Kinder früher anders erzogen, die antiautoritäre Erziehung, die heute eingesetzt wird, hängt bestimmt damit zusammen, dass die Schüler immer weniger Respekt vor den Lehrern haben und [auch im Berufsleben] schlecht mit Regeln zurecht kommen."[391] Bestätigt wird diese Ansicht durch die ehemalige Ärztin Hedwig Wiesner, die ihre Erfahrungen mit der „alten" und „neuen" Erziehung folgendermaßen beschreibt: „Und z.B. meine Enkel, die leben jetzt noch davon, dass sie halt auch gut erzogen worden sind. Denn die haben keinerlei Schwierigkeiten im Beruf, sich gut zu benehmen. Der eine ist am Flughafen, ja mein Gott, am Flughafen muss man sich gut benehmen und auch wenn man Mechaniker oder so ist. Da wird halt gegrüßt und das ist ihnen nicht schwer gefallen. Aber wenn man das alles nicht hat, ist es furchtbar schwer."[392]

Auslese und Leistungsaspekt

Unmittelbare Auswirkungen auf das spätere Berufsleben der Jugendlichen hat jedenfalls der jeweils in der Schule gepflegte Umgang mit Leistung. Dabei besteht zwischen dem Leistungsaspekt und der Auslesefunktion häufig ein enger Zusammenhang. So setzt die Schule (oder die dafür zuständige Politik) fest, welche Leistungen zu erbringen sind, um in die nächst höhere Klasse aufsteigen zu können und auch, in welcher Form diese bewertet werden müssen. Der Eintritt in weiterführende Schulen oder in bestimmte Berufe ist ebenfalls nur mit einem entsprechenden Leistungsnachweis möglich, wodurch zugleich eine Auslese – in diesem Fall nach dem Kriterium der Leistung in der vorhergehenden

---

[389] Daniela Gamperl, geb. 1982, Studentin
[390] Frau, geb. 1943, Haufrau
[391] Astrid Hösl, geb. 1983, Studentin
[392] Hedwig Wiesner, geb. 1923, Ärztin im Ruhestand

Schule – betrieben wird. Der hier – natürlich nur oberflächlich – skizzierte Zusammenhang drang durchaus auch ins Bewusstsein des einen oder anderen Schülers. Anna Hösl etwa schildert den Vorgang der Auslese bezogen auf ihre eigenen Erfahrungen folgendermaßen: „Mit Schulbeginn wurden wir des Lesens, Schreibens und Rechnens mächtig. Es stellten sich bald die einzelnen Begabungen heraus und es wurden uns aufgrund unserer Fähigkeiten die Grenzen für einen weiteren Schulbesuch bzw. für die Erlernung eines Lehrberufes aufgezeigt."[393]

Dass die Leistung nicht das einzige Kriterium zur Auslese sein muss, zeigt die Auswahl der Schüler am Ordensgymnasium der Redemptoristen, die bis in die Zweite Republik hinein praktiziert wurde. Dabei war weniger die Leistungsfähigkeit als viel mehr die Eignung der Burschen für das spätere Leben als Priester und im Orden ausschlaggebend für deren Aufnahme: „Unsere Schule hat einen guten Ruf gehabt. Freilich, wir haben nur solche aufgenommen, die aus guten Familien gekommen sind und die eben auf unser Ordensziel hin irgendwie ausgerichtet waren. [...] Wir haben nur Buben aufgenommen, die eben irgendwie den Willen gehabt haben, also irgendwann Priester zu werden. Aber das wurde schon in einer menschlichen Weise auch besprochen, wenn einer eben nicht mehr diesen Willen gehabt hat."[394] Schließlich mussten die hohen Ansprüche an die Schüler aber aufgegeben werden, wie Lambert Wimmer weiter berichtet: „In späteren Jahren ist dann diese Ausrichtung auf das Priesterwerden und das Ordensleben nicht mehr durchgehalten worden und wir haben dann alle aufgenommen, solange ich dort im Gymnasium war."[395]

Josef Steinbichl besuchte ebenfalls ein auf den Priesterberuf ausgerichtetes Gymnasium. Bis zur Matura gelangten hier bei weitem nicht alle Schüler, unerwünschtes Verhalten und ein Scheitern an den hohen Leistungsanforderungen wurden vielen zum Verhängnis: „Naja, an und für sich war schon eine sehr große Ausmusterung. Also in der ersten Klasse, da waren sehr viele – ich weiß es nicht mehr – jedenfalls haben meine Schulkollegen durchgerechnet, dass so circa von der ersten bis zur achten Klasse Gymnasium 120 Schüler waren und gute 30 sind dann zur Matura angetreten. Also, das ist schon arg, nicht? [... Schuld daran waren die] Anforderungen und mein Gott, ein Wechsel ist überall. Aber es waren die Anforderungen auch verhältnismäßig hoch. [...] Und bei uns war das auch so, dass die Schüler auch deshalb weggekommen sind wieder, wenn irgendetwas verhaltensauffällig war."[396] Ebenso hohe Ausfallsquoten gab es ca. zehn Jahre später an der Handelsakademie in Wels, über den Grund dafür gibt eine ehemalige Schülerin jedoch keine Auskunft: „In der HAK wurden bereits zu Weihnachten (erstes Trimester) die ersten Mitschüler in die Handelsschule

---

[393] Anna Hösl, geb. 1958, Angestellte in einer Rechtsanwaltskanzlei
[394] Lambert Wimmer, geb. 1916, Pater und ehemaliger Lehrer und Erzieher
[395] Lambert Wimmer, geb. 1916, Pater und ehemaliger Lehrer und Erzieher
[396] Josef Steinbichl, geb. 1937, Hauptschuldirektor im Ruhestand

versetzt. Im Laufe der vier Jahre mussten viele Mitschüler wiederholen oder die Schule verlassen. Meine Katalognummer war zu Beginn in der ersten Klasse zwölf und am Ende der vierten Klasse fünf!"[397]
Früher galten Gymnasien überhaupt, aber auch Hauptschulen und berufsbildende Schulen – wie man sieht mit Recht – als Ausleseschulen. Der Eintritt wurde nicht nur – wie noch gezeigt wird – durch finanzielle Probleme und die große räumliche Distanz erschwert, man musste auch entsprechende Noten vorweisen können. Diese Auslesefunktion und die extreme Ausrichtung auf Leistung sind heute weit nicht mehr so dominant, was in den Augen Walter Fuchs' eher einen Rück- als einen Fortschritt darstellt: „Und inzwischen kommt das, dass [...] jetzt jeder in die Hauptschule gehen muss, was natürlich auch nicht so super war, weil in die Hauptschule ist man nur gekommen, wenn man höchstens einen oder zwei Zweier gehabt hat, dann haben sie gesagt: ‚Naja, den sollte man eigentlich schon irgendwie…' Nur die Guten! Dasselbe war mit dem Gymnasium. [...] Im Akademischen Gymnasium, im Petrinum, in Wilhering, überall, in Kremsmünster, da waren die Aufnahmeprüfungen. Und es wäre ja nie jemanden eingefallen – daheim auch niemanden – dass er sagt: ‚Geh ins Gymnasium.' wenn der lauter Dreier hat und Vierer. Das gibt es gar nicht. Diese ist keine Gewähr gewesen [...], aber es war immerhin eine Auslese."[398] Dass der Hauptschulabschluss heute tatsächlich seine Funktion als Leistungsbescheinigung großteils verloren hat, weiß der ehemalige Lehrlingsausbildner Karl Schmiedinger: „Tatsache war, dass die Lehrherren grundsätzlich geschaut haben, ob einer die Hauptschule gehabt hat, ein Bub, dass die Lehrherren dazumal noch dementsprechend auf das Prüfungszeugnis geschaut haben, was man heute am besten gar nicht mehr tut."[399]
Gewandelt haben sich auch die Stoffauswahl und die Schwerpunktsetzung im Volksschulunterricht und damit die Fähigkeiten, die den Schülern mit dem Abschlusszeugnis bescheinigt werden. Recht einheitlich geht aus den Berichten älterer Personen hervor, dass den grundlegenden Kulturtechniken (Schreiben, Lesen und Rechnen) und deren perfekter Beherrschung früher viel mehr Bedeutung eingeräumt wurde. Elsa Aichmair etwa meint: „Die haben schon Wert darauf gelegt, dass man gut Rechnen kann, eine schöne Schrift hat, keine Fehler macht."[400] Heute habe sich dies – so die ehemalige Angestellte weiter – geändert, wozu auch der vermehrte Computereinsatz beitrage: „Ja, und jetzt geht ja nichts mehr. Wer halt einen Fehler hinein macht, macht den. [...] Ja, wie bei meinem Enkel. Der Bub der tut so wenig lesen. Ich sage oft: ‚Tu ein wenig lesen, sodass du ein bisserl mehr…' Der ist wieder ganz gut am Computer, der ist in Ansfelden in der Computerschule dort. ‚Das haut es mir eh heraus', sagt er,

---

[397] Frau, geb. 1946, Volksschullehrerin im Ruhestand

[398] Walter Fuchs, geb. 1921, Volksschuldirektor und Personalvertreter im Ruhestand

[399] Karl Schmiedinger, geb. 1923, Konditor im Ruhestand

[400] Elsa Aichmair, geb. 1924, Angestellte im Ruhestand

,ich brauch eh nicht lesen können, das haut es mir eh heraus, wenn ich einen Fehler mache.'"[401] Dass heute weniger oder mehr Leistung verlangt wird, glaubt Henriette Hartig nicht, allerdings sieht sie eine Verschiebung von der Qualität hin zur Quantität, von der sie wenig begeistert ist: „Man hat heute zu wenig ‚Mut zur Lücke' und hat dann so viel Stoff beisammen, dass man nicht mehr gründlich und genug üben kann."[402] Anita Gösweiner sieht diese Entwicklung kritisch, sie ortet eine Überforderung der Volksschüler, in Folge derer oftmals nicht einmal mehr die Grundtechniken beherrscht würden. Dass dies früher anders war, weiß die Religionslehrerin aus Erfahrung: „Schnell ging die Volksschulzeit ohne Schwierigkeiten vorüber und ich denke, wir lernten noch ordentlich das Schreiben, Lesen und Rechnen. Zu Weihnachten beherrschten in der ersten Klasse alle Kinder das Lesen, auch die schwächeren. Ich unterrichte einige Stunden Religion an einer Volksschule und ich stelle fest, dass am Ende des ersten Schuljahres noch nicht alle Kinder das Lesen beherrschen, trotz moderner Lehrformen. Die Fülle des Unterrichtsstoffes überfordert – so vermute ich – die schwächeren Schüler. Es wäre gut, wenn man sich in der Volksschule wieder auf das Wesentliche konzentrieren würde – das Lesen, das Schreiben und das Rechnen lernt man eben nicht ohne Trainieren und Üben. Es gibt so viele Kinder, die in der ersten Klasse schwere sprachliche Defizite aufweisen, keinen kurzen Satz formulieren können usw. Die Beherrschung der deutschen Sprache wäre wichtiger als die schwächeren Schüler mit Englisch zu konfrontieren."[403] Henriette Hartig sieht dies etwas anders. Ihrer Ansicht nach herrscht zumindest innerhalb eines gewissen Teils der Schülerschaft durchaus fehlende Leistungsbereitschaft, die nicht selten in der Einstellung der Eltern begründet liege: „Heute wird den Schülern zu viel aus dem Weg geräumt von im Sinne: ‚Unsere Kinder sollen es besser haben als wir!'"[404] Ihre Berufskollegin Eva Mark kann dem nur zustimmen: „Manchmal sollten wir [= die Lehrer] Wunder wirken: Wissensvermittlung ist öfter Nebensache, den Kindern sollte viel geboten werden: Ausflüge, Lehrausgänge, Lesenächte, Projekte etc. Den Kindern sollte alles nur Spaß machen."[405] Tatsächlich wird heute der zumindest teilweise vorhandene Leistungsdruck durch die vielen Formen des spielerischen Lernens mehr und mehr verdeckt. Eine Lehrerin, die in der Volksschule davon abging und somit offensichtlich Druck auf die Schüler ausübte, scheiterte bald am Protest der Eltern. Ihren Unterricht gestaltete sie, wie ein ehemaliger Schüler berichtet, folgendermaßen: „Unter der neuen Lehrerin, die wir damals zugeteilt bekamen, änderte sich das Klima in der Klasse schlagartig. Es handelte sich um eine etwas jüngere, sehr ehrgeizige Lehrerin, von der immer gesagt wurde, sie wolle um

---

[401] Elsa Aichmair, geb. 1924, Angestellte im Ruhestand

[402] Henriette Hartig, geb. 1924, Volksschuldirektorin im Ruhestand

[403] Anita Gösweiner, geb. 1953, Hauptschullehrerin

[404] Henriette Hartig, geb. 1924, Volksschuldirektorin im Ruhestand

[405] Eva Mark, geb. 1946, Volksschullehrerin

jeden Preis die Nachfolge unserer Schuldirektorin antreten, weshalb sie mit den anderen Lehrerinnen rivalisierte und den Unterricht im für eine Volksschule schon etwas übertriebenen Ausmaß leistungsorientiert gestaltete. Tests wurden von nun an unter Zeitdruck abgehalten, die Zeit bis zur Abgabe mit einer großen, roten Stoppuhr gemessen. Die drei Schnellsten wurden zu ‚Siegern' erklärt und durften sich nach dem Test auf ihre Bänke stellen, um vom Rest der Klasse auf Anweisung der Lehrerin bejubelt und beklatscht zu werden. Dass der so erzeugte Stress und Druck für die Stimmung in der Klasse nicht gerade förderlich war, versteht sich von selbst."[406] Ob es wirklich zielführend ist, Kindern alle Hindernisse aus dem Weg zu räumen bzw. ihnen so kameradschaftlich wie möglich zu begegnen, bezweifelt nicht nur ein ehemaliger Volksschuldirektor, der meint: „Ohne Disziplin geht es auch im Berufsleben nicht."[407] Auch junge Leute denken hier kritisch, wie etwa die angehende Lehrerin Astrid Hösl: „Trotz allem finde ich es nach wie vor wichtig, dass Lehrer Respektspersonen und nicht Freunde für die Schüler sind. Schließlich müssen auch die Schüler lernen, dass es im späteren Berufsleben Vorgesetzte und Respektspersonen gibt, auf die man hören muss."[408]

Eva Mark bringt noch einen ganz anderen Aspekt ins Rennen. Ihrer Meinung nach habe sich der Leistungsdruck innerhalb der Schultypen wenig geändert, allerdings würden immer mehr für die jeweilige Ausbildung ungeeignete Schüler in den Klassenzimmern sitzen und die Anforderungen, die sie auf Grund ihrer persönlichen Voraussetzungen kaum erfüllen könnten, als immensen Druck empfinden. Eine wesentliche Rolle in dieser Problematik komme dabei wiederum den Eltern zu: „Der Leistungsdruck ist meiner Ansicht nach nicht gestiegen, nur werden viele Schüler von den Eltern in eine Schule geschickt, deren Anforderungen sie kaum gewachsen sind – Prestigedenken!"[409] Vergleicht man die im ersten Teil dargelegte Entwicklung der Hauptschulen zu Restschulen und den immer höher werdenden Anteil von Gymnasiasten in der Sekundarstufe I, so hat die jetzige Volksschullehrerin mit dieser Ansicht gewiss nicht ganz Unrecht.

Erziehung zu einem angepassten Leben in der Gesellschaft

In unserer Gesellschaft übernimmt Schule – abgesehen von Selektion und Allokation – immer auch einen Teil der Erziehungsarbeit. Im Vordergrund steht hierbei v.a. die Vermittlung jener Haltungen und Werte, die zum jeweiligen Zeitpunkt innerhalb der Familien schwer erlernt werden können oder auf die von Seiten der Eltern wenig Augenmerk gelegt wird. Wie sich zeigen wird, spielten

---

[406] Mann, geb. 1982, Student
[407] Mann, geb. 1937, Volksschuldirektor im Ruhestand
[408] Astrid Hösl, geb. 1983, Studentin
[409] Eva Mark, geb. 1946, Volksschullehrerin

früher in erster Linie Äußerlichkeiten wie etwa Kleidung und Hygiene eine große Rolle. Diese Dinge rückten im Laufe der Zweiten Republik mit der Individualisierung der Gesellschaft, dem gesteigerten Gesundheitsbewusstsein und dem allgemeinen Wohlstand in den Hintergrund. Heute werden an die Schule eher Forderungen dahingehend herangetragen, den Kindern menschliche Werte und sogenannte „soft skills", also flexibel einsetzbare Fähigkeiten, beizubringen. In welcher Form den jeweiligen Ansprüchen der Zeit von Lehrerseite entgegengekommen wurde und wie Schüler auf diese Erziehungsversuche reagierten, soll nun wiederum an Hand der Berichte beleuchtet werden.

Wie bereits angesprochen, bemühten sich Lehrer bis in die Zweite Republik hinein, ihren Schülern und hier v.a. den Mädchen beizubringen, sich ordentlich und sittlich zu kleiden. Dabei ging es weniger um den Zustand der Kleidung – viele konnten sich in den Zeiten großer Armut gar kein neues Gewand leisten – als viel mehr um die Art, wie man sich kleidete. Weite Ausschnitte oder extrem kurze Röcke bei Mädchen waren in der Ersten Republik noch undenkbar, auch Hosen wurden kaum getragen. Die Kleidung sollte sauber sein und keine Löcher aufweisen, Flicken hingegen gehörten v.a. am Land, wo die meisten Kleidungsstücke von den Geschwistern übernommen wurden, zum Alltag. Auch bei Burschen wurde auf ordentliches Gewand geachtet, ihre Kleidungssorgen wurden aber in der Vorkriegszeit mancherorts durch die zunehmende Uniformierung gemildert. Dies war z.B. bei Karl Schmiedinger der Fall: „Sie dürfen nicht vergessen, wir waren in der Zeit der Uniformen. Praktisch alles irgendwie hat Uniformen gehabt. Ob das jetzt die Heimwehr war oder – wie hat denn die geheißen? – die Volksjugend, die österreichische, das Jungvolk, alles hat Uniformen gehabt. Der Reichsbund hat Uniformen gehabt. Und wenn irgendetwas war, etwas besonderes, sind eh die Vereine alle aufmarschiert und dann hast du eh die Uniform angehabt. Ansonsten hat man angezogen, was man gerade gehabt hat."[410] Schwieriger war die Situation bei den Mädchen, wo v.a. in den ersten Jahrzehnten der Zweiten Republik oftmals strenge Regelungen herrschten. Derartige – aus heutiger Sicht zum Teil wenig verständliche – penible Kleidungsvorschriften waren noch bis in die 60er-Jahre hinein v.a. an weiterführenden Schulen üblich. Dabei ging es bei weitem noch nicht um Dinge wie bauchfreie T-shirts und extrem kurze Röcke, die heute hin und wieder die Gemüter erhitzen, sondern um weitaus bodenständigere Kleidungsstücke. So waren im Wirtschaftskundlichen Gymnasium für Mädchen in Wels, das Anita Gösweiner seit 1964 besuchte, Hosen noch nicht erlaubt. Dies stieß auf wenig Gegenliebe bei den selbstbewussten Schülerinnen, die sich schließlich erfolgreich wehrten: „In unserer Schule durften wir anfangs keine Hosen anziehen und kurzärmelige Blusen oder T-shirts waren natürlich auch nicht erlaubt. Unsere Klasse setzte in der vierten Klasse durch, dass wir Hosen tragen durften. Das war eine Errungen-

---

[410] Karl Schmiedinger, geb. 1923, Konditor im Ruhestand

schaft, an der sich die gesamte Schule erfreute, für uns ein besonders nachhaltiges Erlebnis. Durch unseren Klassenvorstand, Frau Professor XY, fanden wir dabei tatkräftige Unterstützung."[411] Weniger Erfolg hatten hingegen Erika Habacher und ihre Mitschülerinnen in der Volksschule. Ihnen blieb es nicht erspart, die ungeliebte, von einer einzelnen Lehrerin vorgeschriebene Schulkleidung zu tragen: „Ich hasste diese Schule und besonders meine Lehrerin, die sehr alt war und mir wie eine Hexe vorkam. Sie verlangte von uns 30 Mädchen (in unserer Schule gab es keinen einzigen Buben!), dass wir mit hohen Schnürschuhen und mit einer großen Schürze über dem Kleid in der Schule erscheinen mussten. Die Schülerinnen der anderen Klassen hatten jüngere Lehrerinnen – diese Mädchen durften Halbschuhe oder modische Turnschuhe tragen und mussten keine Schürze umbinden. [...] Die hohen Schuhe waren auch deshalb so peinlich, weil sie beim Gehen knarrten! Man war im ganzen Schulhaus zu hören – und das, obwohl wir mit Schuhcreme versuchten, das Leder weich zu erhalten. Wegen der Schürze wurden wir von den jüngeren Schülerinnen auch noch ausgelacht."[412] Heute werden von schulischer Seite so gut wie keine Vorschriften mehr dahingehend gemacht, was die Schüler im Unterricht zu tragen haben. Vorübergehend kommt es zwar hie und da zu einem Aufflackern der alten Diskussion um die zunehmend freizügiger werdende Kleidung v.a. junger Mädchen – tatsächliche Konsequenzen im Schulalltag folgen dem jedoch kaum.

Einen besonderen Stellenwert in der schulischen Erziehung der Ersten Republik nahmen neben der Kleidung Körperpflege und Hygiene ein. Viele Kinder kamen aus ärmlichen Verhältnissen, wo die Reinlichkeitsstandards eher niedrig waren, oftmals hatten auch die Eltern angesichts der vielen Arbeit und anderer Sorgen keine Zeit, sich um die Reinlichkeit ihrer Kinder zu kümmern. Dieser Mangel musste in der Schule ausgeglichen werden. Das geschah etwa an der Hauptschule Maria Bilzers, wo eine Lehrerin im Rahmen einer Aktion des Jugendrotkreuzes Kinder zur richtigen Körperpflege motivierte: „Wir wurden begeisterte Jugendrotkreuzkinder mit dem Motto ‚Ich dien'' und füllten eifrig die Tabellen aus (jeden Tag!), wenn wir Zähne geputzt, Füße gewaschen, gebadet hatten usw. Kaum ein Kind mogelte. Heute noch besitze ich einige Exemplare und ein Buch der Zeitschrift des österreichischen Jugendrotkreuzes – interessant und vieles auch heute noch gültig."[413] Dass es auch zu Beginn der Zweiten Republik noch nicht selbstverständlich war, ein gewisses Maß an Körperhygiene und Ordnung zu betreiben, weiß der ehemalige Internatserzieher Lambert Wimmer: „Also das war auch eine Erziehungsmethode: es wurde dafür gesorgt, dass jeder sich immer wieder wäscht und die Zähne putzt – die Kinder aus ganz armen Verhältnissen mussten ja auch vieles erst lernen. Und sie mussten auch lernen, dass man

---

[411] Anita Gösweiner, geb. 1953, Hauptschullehrerin
[412] Erika Habacher, geb. 1953, Volksschuldirektorin
[413] Maria Bilzer, geb. 1923, Volksschuldirektorin im Ruhestand

seine Wäsche... Die Wäsche wurde bei uns gewaschen und gebügelt und sie mussten den Kasten schön in Ordnung haben und jeden Samstag war dann gleichsam Spintkontrolle und jeder musste eben lernen, sein Bett selber zu machen und seine Kleider in Ordnung zu halten und besonders die Wäsche schön in Ordnung zu halten – das zu dieser Erziehung."[414] Neben dieser Art, sich um die Gesundheit der Kinder zu kümmern, setzte sich der eine oder andere Lehrer auch schon gegen Drogen, v.a. gegen den Alkoholkonsum, ein. Ein Beispiel hierfür kann Karl Schmiedinger nennen: „Das war ein Zisterzienser, [...] der hat den Namen ‚Mostapostel' gekriegt bei uns. [...] Der hat angefangen, dem letzten Lehrgang in der Schule, den Mädchen, das Süßmosten beizubringen. Damit sie vom Most wegkommen. Und der hat in der Waschküche vom Pfarrhof da seine Süßmosterei aufgemacht, mit dem Erfolg, dass der Pfarrer überall Obstflecken gehabt hat in seinem Gewand. Aber der war ein Sonderling und hat uns auch manchmal, wenn der Dechant nicht Zeit gehabt hat, beim Reichsbund Schulungsabende gehalten, da hat er uns auch das beigebracht, also: ‚Weg vom Alkohol!', was in der damaligen Zeit ja fast ein Verbrechen war. Weil die Leute das überhaupt nicht verstanden haben. Das ist so ein Sonderling gewesen, darum hat er den Namen ‚Mostapostel' gekriegt."[415]
Etwas, das heute kaum mehr praktiziert wird, in der Ersten Republik aber v.a. an ländlichen Volksschulen besonders häufig vorkam, war, dass die Lehrer für das respektvolle Verhalten der Kinder am Schulweg Erwachsenen gegenüber sorgten. So erzählt etwa Theresia Schauer: „Unser Lehrer hat uns auch sehr eingeschärft, dass wir immer anständig die Leute, die uns begegnen, grüßen sollen, was wir auch getan haben."[416] Bei Johann Aumayr war dies genauso: „Und in der Schule ist immer gesagt worden – das haben auch die Lehrkräfte immer betont – dass wir ja jeden grüßen auf dem Schulweg, wenn uns jemand begegnet und wenn es ein Bettler ist, da müssen wir den Hut ziehen – also die Buben."[417] Generell wurden Disziplin und Ordnung auch dann groß geschrieben, wenn man im Klassenverband an die Öffentlichkeit trat. So beschreibt Andreas Baumgartner z.B. den gemeinsamen Gang von der Schule zur Schulausspeisung: „Wir waren in der Schule und wenn die Zeit da war, da sind die Kinder dann hinaus gerufen worden. Du darfst aber nicht glauben, dass danach so ein Sauhaufen dahin gegangen ist, da haben sie gesagt, die Lehrer: ‚Geht ja schön anständig. Immer drei und drei.' Und die sind auch immer neben uns gewesen. Mein Lieber, die waren da genau. Die hätten sich ja geschämt beim Durch-die-Stadt-Gehen, wenn da so ein Sauhaufen dahergekommen wäre."[418] Heute werden Dinge wie die übliche Zweierreihe bei Lehrausgängen u.ä. wenn, dann überhaupt nur mehr

---

[414] Lambert Wimmer, geb. 1916, Pater und ehemaliger Lehrer und Erzieher
[415] Karl Schmiedinger, geb. 1923, Konditor im Ruhestand
[416] Theresia Schauer, geb. 1923, Pfarrhaushälterin im Ruhestand
[417] Johann Aumayr, geb. 1924, Frisör im Ruhestand
[418] Andreas Baumgartner, geb. 1908, Arbeiter im Ruhestand

betrieben, um als Lehrer den Überblick behalten und der Aufsichtspflicht besser nachkommen zu können.

Die 80er- und 90er-Jahre brachten dafür andere Probleme mit sich. So wurde es angesichts der vielen Kinder mit nichtdeutscher Muttersprache immer wichtiger, die Kinder zu Toleranz und Offenheit anderen Kulturen gegenüber zu erziehen. Diese Aufgabe versuchte Henriette Hartig zu ihrer Zeit als Volksschuldirektorin zu bewältigen, indem sie ausländischen Schülern die Gelegenheit bot, im Rahmen von Schulveranstaltungen ihre eigenen Traditionen zu präsentieren: „Also, es war Schulschluss und wir hatten Kinder aus Thailand und aus Vietnam, nein Kambodscha, Kambodschanerinnen, und die haben so wunderschöne Volkstänze gemacht. Die Mütter haben diese Seidensarongs gemacht und die Kinder haben das dann vorgeführt."[419] Dass ganz allgemein die Vermittlung von menschlichen Werten wie Toleranz, Mitgefühl oder Hilfsbereitschaft, aber auch von Durchsetzungsvermögen und jenen Eigenschaften, die häufig unter den Begriff „gesunder Hausverstand" subsumiert werden, von der Schule nicht nur praktiziert, sondern sogar verlangt wird, zeigt sich ganz deutlich an Hand der Berichte. In Bezug auf die Frage, welche Bedeutung der Institution Schule in unserer Zeit zukommen sollte, wird zwar noch immer in erster Linie Wissensvermittlung genannt, das allein sei aber – so die Ansicht vieler – nicht genug. Anna Hösl meint etwa: „Die Lehrer sollten den Kindern möglichst viel Wissen vermitteln, das sie für ihre weitere berufliche Entwicklung benötigen und eventuell Lebenserfahrung mitgeben."[420] Irmgard Wartner denkt ähnlich: „Wichtig ist die Wissensvermittlung des Wesentlichen, aber man sollte Hinweise geben, wo man sich Wissen ‚holen' kann. Daneben muss man auch menschliche Grundwerte beibringen, die zum Teil aber schon in den Fächern verpackt sind."[421] Der Volksschullehrerin Eva Mark ist es ein besonders großes Anliegen, den Kindern Werte und bestimmte Werthaltungen mit auf den Weg zu geben. Dass deren Vermittlung zum guten Teil in der Schule geschehen müsse, da die Eltern dafür keine Zeit aufbringen können oder wollen, weiß die 59-jährige aus der Berufspraxis: „Schüler sollen zu lebenstüchtigen Menschen erzogen werden, auch Verantwortungsbewusstsein und mehr Ausdauer scheinen mir wichtig. Allerdings bemerke ich dabei große Defizite vom Elternhaus – auch eine Art Wohlstandsverwahrlosung."[422] Ähnlich bewertet Erika Habacher die jetzige Situation: „In unserer – am Materialismus orientierten – Gesellschaft ist es sehr wichtig, dass die Kinder erfahren, dass man mit Geld nicht alles kaufen kann und dass andere Werte wichtiger sind als Erfolg und Reichtum. ‚Gesundheit ist nicht alles – aber ohne Gesundheit ist alles nichts!' [...] Würde jeder Mensch nur mehr darauf schauen, was sein Engagement einbringt, gäbe es keine Freiwilligen bei der

---

[419] Henriette Hartig, geb. 1924, Volksschuldirektorin im Ruhestand
[420] Anna Hösl, geb. 1958, Angestellte in einer Rechtsanwaltskanzlei
[421] Irmgard Wartner, geb. 1945, Hauptschullehrerin im Ruhestand
[422] Eva Mark, geb. 1946, Volksschullehrerin

Feuerwehr, beim Roten Kreuz, bei der Musikkapelle,... Die Welt sähe traurig aus."[423] Die Hauptschullehrerin Anita Gösweiner richtet ihre Idealvorstellungen am Wirtschaftskundlichen Gymnasium in Wels, das sie einst selbst besucht hat, aus. Darin sieht sie alle notwendigen Voraussetzungen einer gelungenen schulischen Erziehung verwirklicht: „Dieser Schultyp entspricht den Anforderungen der Zeit. Eine Besonderheit dieser Schule liegt in ihrer Struktur, der überschaubaren Größe, der Verbindung mit einem breiten Betreuungsangebot und im Vorhandensein von zentralen und damit gleich bleibenden Werten und Werthaltungen, die in dieser Schule gelehrt und gelebt werden."[424] Vieles, was heute gefordert und gefördert wird, wurde an der Volksschule Hermine Antensteiners bereits in den 30er-Jahren gelehrt. Heute müsse – so die Meinung der Landwirtin – vieles davon erst wieder entdeckt werden: „Freilich hat sich seit meiner Schulzeit viel geändert, dies ist auch notwendig, doch so vieles muss gelernt werden, das ein großer Teil der Kinder im späteren Leben überhaupt nicht braucht und die Grundbegriffe finden dann im Lehrplan keinen oder zu wenig Platz. Verzeiht mir meine altmodische Einstellung, aber ich denke halt, was sehr notwendig fürs Leben wäre, sind ein gesunder Hausverstand, Sparsamkeit, logisches Denken, Kopfrechnen, Genügsamkeit und Zufriedenheit. Alles ganz einfache Dinge, aber fürs Leben so wichtig."[425] Eine Trendwende hin zur Rückbesinnung auf diese Werte jedenfalls hat – betrachtet man die eine oder andere oben zitierte Stellungnahme aktiver Lehrerinnen – zumindest in den Volksschulen bereits eingesetzt.

Schule und Religion

Weniger ein Zurückgreifen auf Althergebrachtes als eine völlige Neuorientierung trifft man an, wenn man sich mit dem Beziehungsfeld Religion und Schule auseinandersetzt. Kirche und Religion – und hier v.a. der Katholizismus – waren aus dem Leben früherer Menschen nicht wegzudenken und auch heute beeinflussen sie noch – wenn auch in abgeschwächter Form – das Denken und Handeln der Leute. Wie schon dargelegt, griff die Kirche v.a. in der Ersten Republik stark in schulpolitische Belange ein, was zu zahlreichen Konflikten und schließlich völlig verhärteten Fronten führte. Nach dem Zweiten Weltkrieg gab sie sich hingegen relativ rasch mit den ihr zugesicherten Rechten zufrieden. Dennoch – oder gerade deshalb – blieb Religion in gewissem Ausmaß bis heute in den Schulen präsent. In welchen Formen diese dabei in den Klassenzimmern in Erscheinung trat, bildet das Thema der folgenden Ausführungen.

---

[423] Erika Habacher, geb. 1953, Volksschuldirektorin
[424] Anita Gösweiner, geb. 1953, Hauptschullehrerin
[425] Hermine Antensteiner, geb. 1928, Landwirtin

Einen Ort, wo die Bereiche Religion und Schule direkt aufeinander prallten, bildeten die zahlreichen katholischen Privatschulen. Eine davon war das Ordensgymnasium der Redemptoristen in Katzelsdorf, das Lambert Wimmer am Beginn der 30er-Jahre besuchte. Die gesamte Ausbildung an dieser Schule lief darauf hinaus, die Schüler für ein Leben als Priester oder Ordensmann vorzubreiten, neben dem klassisch-humanistischen Fächerkanon gab es deshalb auch fixe Gebetszeiten. Die meisten Schüler kamen aus armen Verhältnissen, der Schuleintritt wurde ihnen durch Schulgelderleichterungen, aber auch durch Unterstützung wohlhabender Bürger und Landwirte ermöglicht. Der Schule war ein Internat angeschlossen, wo die Knaben den Großteil des Schuljahres verbrachten. Auch hier dominierte die religiöse Erziehung, was aber – wie der jetzige Pater berichtet – von den Schülern durchaus geschätzt wurde und keinesfalls zur Abwendung von der realen Welt geführt habe: „Wir haben damals eigentlich ziemlich abgeschirmt von der Welt gelebt und trotzdem – das darf ich wohl mit großer Sicherheit sagen – sind wir nicht weltfremd geworden, sondern wir haben gelernt, bescheiden, fast arm zu leben – denn die allermeisten (es hat nur wenige Ausnahmen gegeben) sind aus Verhältnissen gekommen, wo die Eltern sich das Studium eines Kindes hätten nicht leisten können. [...] Es ist natürlich nur ein geringer Prozentsatz in den Orden eingetreten, aber die allermeisten, die dann in einem anderen Gymnasium oder später auf der Hochschule irgendwo auf der Universität studiert haben, haben immer wieder mit großer Dankbarkeit zurückgeschaut auf diese Jahre und in dieser Schule, die wirklich nicht nur Wissen vermittelt hat sondern die uns für das Leben geformt hat, sind sie herangewachsen zu tüchtigen Männern, die in der Öffentlichkeit dann also viele, viele sehr schöne Stellungen eingenommen haben – aber das ist das großartige, dass sie diesen Geist nicht als Zwang erlebt haben, sondern dass dieses Leben sie einfach so geformt hat, dass sie als christliche Männer dann an vielen Stellen im öffentlichen Leben ihren Mann gestellt haben."[426] Die religiöse Erziehung habe sich, wie der ehemalige Lehrer weiter erzählt, auch in schwierigen Situationen, wo sie Orientierung und Halt bot, bewährt: „Aber ich möchte nur sagen, als ich dann beim Militär sechs Jahre Soldat gewesen bin, dass ich den anderen Kameraden gegenüber in keiner Weise weltfremd war, sondern wir sind damals auch in der richtigen Weise geschult worden, zu sehen, was eben diese Ideologie von Hitler und Rosenberg gebracht hat, dass wir klar sehen konnten, was daran verkehrt war und wir konnten uns behaupten in jeder Weise, eben in einer guten Kameradschaft, wie wir das schon die ganzen Jahre hindurch gewohnt waren."[427] Wohl auch diese positive Erfahrung war es, die den ehemaligen Lehrer und Erzieher während seiner Dienstzeit am Ordensgymnasium großen Wert darauf legen ließ, den Schülern christliche Werte und einen ausgeprägten Gemeinschafts-

---

[426] Lambert Wimmer, geb. 1916, Pater und ehemaliger Lehrer und Erzieher
[427] Lambert Wimmer, geb. 1916, Pater und ehemaliger Lehrer und Erzieher

sinn beizubringen. Dabei bezog er auch die Eltern der Knaben mit ein: „Wir wollten die Schüler erziehen für das Ordensleben. Im Orden ist alles allen gemeinsam und so haben wir die Schüler dazu erzogen, dass sie teilen. Und bei uns war es so, dass z.B. zum Fest des Hl. Nikolaus – das wurde in unserer Schule ja groß gefeiert – die Schüler gewöhnlich von daheim Pakete bekommen haben. Nun habe ich als verantwortlicher Erzieher den Eltern einen Brief geschrieben und ihnen gesagt, ob sie einverstanden wären, dass wir das, was sie schicken, aufteilen, dass alle gleiche Freude haben. Und die Eltern waren einverstanden. So haben wir dann alles, was in diesen Paketen geschickt wurde (außer den ganz persönlichen Dingen) aufgeteilt und eine Woche lang hat jeder Schüler dann zum Frühstück so einen Teller bekommen mit den Gaben, die die Eltern geschickt hatten und eben aufgeteilt für alle. Auf diese Weise war gleichsam die soziale Erziehung sicher grundgelegt."[428]

Religion prägte jedoch nicht nur das Leben an katholischen, sondern auch an staatlichen Schulen. So gehörte das Schulgebet früher v.a. am Land unbeeinflusst von allen gesetzlichen Regelungen zum ganz normalen Schulalltag. Berichte wie den einer Landwirtin („Begonnen hat der Unterricht mit einem Gebet oder einem Lied."[429]) gibt es viele, auch Theresia Kirchmayr kann sich noch gut an das tägliche Beten erinnern: „Wir haben ja grüßen müssen und dann haben wir vorm Unterricht ein Gebet sagen müssen. Und da fällt mir noch ein bisserl etwas ein davon: ‚Heiliger Geist, komm zu verbreiten über uns dein Gnadenlicht, dass wir immer weiter schreiten, immer lernen unsre Pflicht.' Und da ginge es aber noch weiter, das ist nicht der Schluss, und das fällt mir aber einfach nicht ein, was da gewesen ist. Aber irgendwie ist das auch ein sympathisches, ein sinnreiches Gebet, man braucht ja den Geist, nicht? Ja, das war halt so."[430] Heute ist das tägliche Gebet nur mehr in christlichen Privatschulen üblich, wie etwa eine ehemalige Schülerin des Stiftsgymnasiums Admont berichtet: „Ein durchschnittlicher Schultag begann mit einem gemeinsamen Gebet mit dem Lehrer."[431] Neben dem Schulgebet stellte der Kirchgang in der Ersten Republik einen zentralen Berührungspunkt zwischen (Religions-)Unterricht und Katholizismus dar. Nicht selten erkundigte sich der Katechet in der Religionsstunde – trotz des zeitweise noch gültigen Glöckel-Erlasses – darüber, wer von den Schülern am Sonntag nicht die Messe besucht habe. Der Religionslehrer Emma Spindlers war dabei besonders streng: „Wir haben müssen um sieben schon in der Kirche sein, wir haben jeden Tag Messe gehabt, Schulmesse gehabt, in der Kirche. Wir waren ja gleich daneben. [...] Das war Pflicht. Wir haben drei Mal in der Woche den Herrn Pfarrer gehabt und das war das erste, dass er gefragt hat: ‚Wer war nicht in der Kirche?' Na und dann hat es eh schon gebumbert. Der

[428] Lambert Wimmer, geb. 1916, Pater und ehemaliger Lehrer und Erzieher
[429] Frau, geb. 1938, Landwirtin
[430] Theresia Kirchmayr, geb. 1924, Altbäuerin
[431] Frau, geb. 1981, Studentin*

war furchtbar da. [Ist jemand einmal nicht gegangen, dann] hat er den doch ein bisserl links liegen lassen. Oder er hat die Eltern vorgeschoben oder es gab Strafen. ‚Die Eltern haben sie halt nicht aufgeweckt.' hat er sich eingebildet, nicht? Das war ja ganz ein alter Herr, der war ja ganz tief streng.“[432] Dass eine derartige Praxis durchaus auch in der Stadt stattfinden konnte, weiß Walter Schlögl: „Die Messe war regulär am Sonntag, das war ja wie Unterricht, verpflichtend. In der Schule war eine Kapelle – die ist eh noch – und da war halt Sonntagsgottesdienst. Und am Montag oder in der ersten Religionsstunde: ‚Schlögl?' ‚Ja, ich war.' ‚Huber?' ‚Ich war nicht.' ‚Warum?' usw.“[433] Ausnahmen wurden selten gemacht, Elsa Aichmair war so eine. Sie hatte wegen der großen Entfernung zur Kirche die Erlaubnis, der Sonntagsmesse fern zu bleiben: „Dann hat der Herr Pfarrer gefragt – einen Herrn Pfarrer haben wir auch gehabt, der war auch ein recht ein netter –, ‚Wer in die Kirche gegangen ist, aufzeigen.' Ich hab ja so weit gehabt, das eine Jahr, da bin ich gar nicht gegangen. Da war ich entschuldigt.“[434] In der Zweiten Republik rückte man von Zwang und Kontrolle schließlich endgültig ab, dennoch blieben Schulmessen – zumindest zu bestimmten Anlässen – an manchen Schulen bis heute Teil des Schulalltags. In der Dorfvolksschule, die Brigitte Kitzmüller Anfang der 70er-Jahre besuchte, wurde noch eine wöchentliche – allerdings nicht verpflichtende – Schulmesse abgehalten: „Den Religionsunterricht machte der Kaplan, der immer am Freitag kam. Da gab es vor dem Unterricht eine Messe für alle Schüler, die gehen wollten und auch für andere Leute.“[435] Wöchentliche Schulmessen gab es im selben Zeitraum auch noch in der Volksschule Hofkirchen, dort hatten sie aber – geht man nach dem (zugegebenermaßen ironischen) Bericht Eric Schopfs – sogar noch verpflichtenden Charakter: „Wir verkrochen uns mittwochs um exakt sieben Uhr fünfundfünfzig unter einem Stapel von Holzstühlen, da dies die Zeit war, zu der der alte Herr XY uns alle zur Kindermesse in der Kirche zusammentreiben musste. Wir versteckten uns also manchmal und hatten dann unseren Spaß. Meist aber wurde man gefasst und dann schrecklichen, uralten, sakralen Bräuchen ausgesetzt.“[436] Abgesehen davon gab es v.a. in der Ersten Republik einen engen Zusammenhang zwischen Schule und Religion bei der gemeinsamen Feier religiöser Feste und Anlässe, der zum Teil auch heute noch besteht. Da diese Thematik im Kapitel über Schulkultur noch ausführlicher behandelt wird, sei an dieser Stelle lediglich auf den entsprechenden Abschnitt verwiesen.
Dass die Wirkung von Religion und Kirche auf das Leben einzelner Schüler früher jedenfalls weit mehr und auch viel bedingungsloser gegeben war, als dies wohl heute der Fall ist, zeigt die Schilderung Theresia Kirchmayrs. Diese be-

---

[432] Emma Spindler, geb. 1923, Postbeamtin im Ruhestand
[433] Walter Schlögl, geb. 1917, Justizbeamter im Ruhestand
[434] Elsa Aichmair, geb. 1924, Angestellte im Ruhestand
[435] Brigitte Kitzmüller, geb. 1962, Tagesmutter
[436] Eric Schopf, geb. 1967, Student

schreibt nicht nur den Religionsunterricht, sondern auch einen anderen Fixpunkt des religiös-schulischen Lebens und zwar die Schulbeichte, die nicht ohne Einfluss auf das persönliche Denken und Handeln geblieben ist: „Man hat halt das Gewisse gelernt in Religion, die Hauptzeiten und die Zehn Gebote Gottes und den Katechismus hat man durchgenommen und biblische Geschichte zum Teil. Bei dem ist man geblieben. [...] Aber da hab ich eh hineingeschrieben – vielleicht lachen Sie sogar dazu – von der Sexualaufklärung. [...] Das Wort hat es überhaupt nicht gegeben, weder in der Schule noch daheim, weil das sechste Gebot war so und so eine schwere Sünde. Das werden Sie eh wissen. Heute ist das ja eh mehr natürlich. Aber man ist halt so erzogen worden, bei der Gewissenserforschung – vorm Beichtengehen hat man ja die Gewissenserforschung gehabt – und da ist man halt die Gebote durchgegangen und wenn man zum sechsten Gebot gekommen ist, dann hat es schon angefangen: [Hatte ich unerlaubte] Gedanken oder hat man etwas angeschaut oder lauter so Sachen. Und naja, dann ist man eh schon... ‚Das gehört sich nicht und das tut man nicht.' Das hat halt nicht sein dürfen. Solange man ledig gewesen ist. Danach ist es eh anders gewesen. [...] ‚Das gehört sich nicht.' hat es geheißen. [...] Dass man sich auszieht, wie ich meine Brüder gehabt habe, dass man sich da auszieht, das hat es gar nicht gegeben. Oder bei den Eltern, dass man da gegenseitig keine Scham nicht gehabt hat, das war nicht denkbar. ‚Das gehört sich nicht.' hat es geheißen, ja und so war das."[437]

Heute haben Kirche und Religion viel an ihrer prägenden Kraft verloren, viele Kinder werden von den Eltern völlig losgelöst von religiösen Traditionen erzogen. Dass der Religionsunterricht aber – wenn auch in abgeänderter Form – durchaus noch seine Berechtigung hat und Kinder diesen auch zu schätzen wissen, glaubt Erika Habacher: „Auch hier [= im Bereich der Religion] zeigen sich von den Eltern her große Defizite. Viele Kinder können bei Schuleintritt kein Kreuzzeichen und müssen im Religionsunterricht das ‚Vater unser' erst lernen! Manche Kinder kommen erst im Religionsunterricht erstmals in eine Kirche. Ich bemerke aber, dass Kinder an Religion sehr interessiert sind. Auch hier hat sich gegenüber meiner Jugend sehr viel geändert. Sei es in Bezug zur Sexualität oder auch im Bild Gottes. Es steht nicht mehr der strafende Gott im Vordergrund."[438]

Eine Entwicklung, die sicherlich zu begrüßen ist.

Schule und Politik

Schließlich soll noch der Einfluss von Politik auf Unterricht und Schule untersucht werden. Dabei zeigt sich, dass in den Berichten eigentlich überraschend

---

[437] Theresia Kirchmayr, geb. 1924, Altbäuerin
[438] Erika Habacher, geb. 1953, Volksschuldirektorin

oft die Sprache auf politische Ereignisse kommt. Meist bezieht sich die Schilderung dabei auf persönliche Erfahrungen und Erlebnisse im Umfeld von Familie und Nachbarschaft, aber auch auf die Einschätzung großer politischer Einschnitte. An Wissen über derartige Geschehnisse gelangte man durch Mundpropaganda oder durch Zeitungsartikel und Radiomeldungen, in späterer Zeit hatten Fernsehberichte einen nicht unwesentlichen Anteil an der Informationsverbreitung. Lehrer jedenfalls traten so gut wie nie als Überbringer politischer Neuigkeiten auf. Überhaupt ist auffällig, dass zwar immer wieder die Auswirkungen politischer Vorkommnisse auf das eigene Leben angesprochen werden, der Schulbereich davon aber nicht selten ausgegrenzt bleibt. Dies trifft v.a. auf Absolventen ländlicher Schulen der Ersten Republik zu. So meint etwa Rudolf Stanzel (wie so viele andere auch): „Großereignisse haben sich im Schulalltag wenig bemerkbar gemacht."[439]

Trotzdem gibt es auch unter den älteren Berichtverfassern solche, die sehr wohl zumindest Ausschnitte des politischen Geschehens und deren Auswirkung auf den schulischen Bereich mitbekamen. Theresia Schauer und ihre Mitschüler etwa wussten generell zwar wenig von politischen Ereignissen, zumal diese ja meist weit weg von ihrem kleinen Dorf stattfanden, die Ermordung Dollfuß' ist ihr aber aus einem ganz bestimmten Grund in guter Erinnerung geblieben: „Von Politik waren wir Kinder damals noch wenig informiert, es gab ja auch noch kein Radio und Fernsehen und oft auch aus Geldmangel keine Zeitungen. Auch im Unterricht wurde kaum von Politik gesprochen. Nur eine Erinnerung hab ich noch immer. Unser Lehrer hatte gute Beziehungen nach Wien und es wurde ihm von der Regierung – damals war Dollfuß Bundeskanzler – eine Fahrt mit seinen Schulkindern nach Wien angeboten, um den Landkindern die Hauptstadt Österreichs zu zeigen. Die Fahrt war für Anfang des Schuljahres 1935 geplant und wir Kinder freuten uns natürlich sehr darauf. Leider wurde Kanzler Dollfuß im Juli 1934 ermordet und die Fahrt abgesagt. Wir Kinder waren damals maßlos traurig darüber."[440] Johann und Margarethe Aumayr, die beide eine evangelische Privatvolksschule besuchten, können sich auch noch gut an die Zeit Dollfuß' erinnern. Für sie bedeutete dies nicht nur Änderungen in der Schule, wo nun plötzlich ganz anders gegrüßt werden musste, sondern auch eine Verschlechterung im Verhältnis zwischen katholischen und evangelischen Schülern: „Ja, ja. Da hat sich viel getan bei uns. [...] Die Heimwehr, das war ja furchtbar. Das waren die mit den Hahnenschwänzen. Das waren Gefährliche. [...] Die haben da diesen Zwist hinein gebracht zwischen evangelisch und katholisch. Wenn wir von der Schule heimgegangen sind – wir haben eine Stunde [Schulweg] gehabt – haben uns die Katholischen abgepasst – damals waren noch diese Kleetunnel, wo der Klee aufgehängt ist, da sind sie dahinter gestanden. Und wenn wir dann

---

[439] Rudolf Stanzel, geb. 1926, Hauptschuldirektor im Ruhestand
[440] Theresia Schauer, geb. 1923, Pfarrhaushälterin im Ruhestand

dort hinauf sind, zum nächsten Ort, dann sind sie hervorgekommen und haben uns mit Erdäpfel beschossen. [...] Ja, ja, weil wir evangelisch waren und die anderen katholisch. Das gibt es heute ja gar nicht mehr, aber damals war wirklich so eine Spannung drinnen."[441] Direkte Auswirkungen auf den Schulbereich hatte die Ermordung Dollfuß': „Ja und wie Sie sagen: Der Dr. Dollfuß, der ist ermordet worden, der ist von den Nazis ermordet worden. [...] Und wie dann das mit dem Dollfuß war, da hat sich viel geändert. Wie wir da hinunter sind, wenn die Schule aus war – zwei und zwei, so sind wir hinunter – und vorm Haustor sind wir stehen geblieben und haben sagen müssen: ,Treu Österreich. Grüß Gott.' und dann ist das Tor aufgemacht worden und dann – wumm – sind wir hinausgerannt."[442]

Maria Bilzer bekam als Volksschülerin sehr wohl politisch bedeutende Ereignisse mit, auf die Schule hatten diese aber in ihrem Fall keine Auswirkungen: „Am 11. Februar 1934 war ich mit meinen Eltern und Bekannten auf einer Alm Schi fahren. Als wir heimkamen, erfuhren wir vom Schutzbundaufstand in Linz und Steyr. Ich kann mich aber nicht erinnern, dass das in Kleinreifling [wo die Volksschule stand] besondere Auswirkungen gehabt hätte."[443] Anders war dies einige Monate später, wo der nunmehrigen Hauptschülerin nicht nur die wirtschaftliche Not der Bevölkerung richtig bewusst wurde, sondern auch Konsequenzen des politischen Umbruchs in der Schule fühlbar wurden: „1935 hatte sich die politische Lage sehr geändert. Es gab nur mehr eine Partei, die so genannte ,Vaterländische Front'. Wir Schülerinnen mussten rot-weiß-rote Abzeichen an der Kleidung tragen. Am Ende des Schultages grüßten wir mit ,Treu Österreich'."[444] Davon berichtet auch Maria Pregartner: „Noch zu Schuschniggs Zeiten wurde eine rot-weiß-rote Anstecknadel mit der Aufschrift ,seid einig' ausgeteilt."[445]

Wirklich bewusst erlebte Volkmar Strohbach die politischen Schlüsselereignisse des Jahres 1934 mit. Dies hängt neben seinem von Haus aus vorhandenen Interesse für Politik sicherlich auch damit zusammen, dass er ein Wiener Gymnasium besuchte und somit oftmals direkt „vor Ort" war: „Ich kann nur von 1934 sprechen. Nur ein Teil der Schüler kam in die Schule (12. Februar) und wurde gleich wieder nach Hause geschickt. Einige Schüler der Oberstufe hatten am 20. April 1934 (Hitlers Geburtstag) Vergissmeinnicht angesteckt und wurden aufgrund einer Anzeige eines Professors von der Polizei aus der Schule geholt und mussten eine Nacht auf dem Polizeikommissariat verbringen. Am 25. Juli 1934

---

[441] Johann Aumayr, geb. 1924, Frisör im Ruhestand; Margarethe Aumayr, geb. 1922, Kindergärtnerin im Ruhestand
[442] Johann Aumayr, geb. 1924, Frisör im Ruhestand; Margarethe Aumayr, geb. 1922, Kindergärtnerin im Ruhestand
[443] Maria Bilzer, geb. 1923, Volksschuldirektorin im Ruhestand
[444] Maria Bilzer, geb. 1923, Volksschuldirektorin im Ruhestand
[445] Maria Pregartner, geb. 1928, Haushälterin im Ruhestand

(Dollfuß) waren in Wien die Ereignisse erst zu Mittag, daher kein Einfluss auf den Unterricht und am nächsten Tag war bereits alles vorbei, daher auch kein Einfluss."[446]
Der Einmarsch Hitlers ist so gut wie allen Personen, die zu dieser Zeit zur Schule gingen, im Gedächtnis geblieben. In der Lehrerbildungsanstalt, die Maria Bilzer besuchte, zog dieser v.a. personelle Konsequenzen nach sich: „13. März 1938. Ich lag gerade mit Grippe zu Hause. Mit einem von meinem Vater selbst gebastelten Kopfhörer verfolgten wir die Berichte über den Einmarsch der deutschen Truppen und Bundeskanzler Schuschniggs historisches ‚Gott schütze Österreich'. Erleichterung, dass nicht geschossen wurde, Ratlosigkeit, was weiter werden sollte. Über Nacht wurde unsere Direktorin vom Dienst suspendiert. Den neuen Direktor XY kannten wir nur aus Geschichtebüchern, die er geschrieben hatte."[447] Überhaupt veränderte der Anschluss an das Deutsche Reich vieles, wie Maria Pregartner berichtet: „Bald darauf, 1938, war der Anschluss an Deutschland, der vieles veränderte. Der Religionsunterricht wurde in der Schule verboten. ‚Heil Hitler' hieß nun der Gruß, dem sich kein Kind entziehen konnte. Misstrauen machte sich breit und eine geheime Spaltung vollzog sich – Österreichtreue und Nazis. Wir Kinder bekamen das schon mit."[448] Überhaupt gab es in der Zeit zwischen 1938 und 1945 derartig viele direkte Berührungspunkte zwischen Politik und Schule, wie weder in der Zeit davor noch danach. Nicht nur die Entstehung der NS-Jugendorganisationen, sondern auch der zunehmende Gesinnungsdruck und die eingeschränkte Meinungsfreiheit strahlten auf den Unterricht und das Verhältnis zwischen Lehrern und Schülern aus. Das Kriegsende brachte neben Tieffliegerangriffen auch die Umwandlung vieler Schulen in Lazarette und Flüchtlingsquartiere mit sich, nicht wenige Kinder verloren ein Schuljahr. All diesen Dingen wird in den Berichten, die sich auf den entsprechenden Zeitraum beziehen, verständlicherweise viel Platz eingeräumt. Im Rahmen der vorliegenden Arbeit, die sich ausdrücklich auf die Zeit der Ersten und Zweiten Republik bezieht, wird diese Thematik jedoch keine weitergehende Behandlung finden können.
Die ersten Jahre der Zweiten Republik waren nicht zuletzt vom Lehrermangel geprägt. Wie ja schon erwähnt, wurden nach dem Krieg zumindest vorläufig alle ehemaligen Nationalsozialisten aus dem Schuldienst entfernt. Das bemerkte auch Friedrich Pernkopf, als er in die Hauptschule kam: „1946 kam ich in die Hauptschule Windischgarsten als Zweitjüngster der Klasse. Wieder hauptsächlich Lehrerinnen am Anfang – die späteren Lehrer durften noch nicht unterrichten, da sie Nazis waren."[449] Von der Besatzungszeit selbst wird in den Berichten wenig gesprochen – zumindest wenn man nur jenen Dingen Aufmerksamkeit

[446] Volkmar Strohbach, geb. 1918, Baumeister im Ruhestand
[447] Maria Bilzer, geb. 1923, Volksschuldirektorin im Ruhestand
[448] Maria Pregartner, geb. 1928, Haushälterin im Ruhestand
[449] Friedrich Pernkopf, geb. 1936, Landwirt

schenkt, die auch mit dem Bereich der Schule zusammenhängen. Die Abreise der Alliierten hingegen wurde durchaus auch in den Schulen wahrgenommen und gefeiert, wie eine jetzige Pensionistin erzählt: „1955. Wir bastelten rot-weiß-rote Fähnchen und winkten den abfahrenden Amerikanern zu."[450] Über die politischen Ereignisse der nächsten Jahrzehnte und deren Aufarbeitung in der Schule ist in den vorliegenden Berichten leider nichts zu finden. Es ist aber anzunehmen, dass Politik in der Schule auch weiterhin nur eine untergeordnete Rolle gespielt haben dürfte und wenn, dann v.a. im Unterricht weiterführender Schulen thematisiert wurde.

Im Laufe der letzten zwei Jahrzehnte jedoch wurde der Diskussion politischer Ereignisse sukzessive mehr Platz eingeräumt, besonders an Gymnasien sprach man schon viel über Politik. Die Lehrerin eines jetzigen Studenten unternahm sogar schon in der Volksschule den Versuch, mit den Kindern über politische Großereignisse zu diskutieren. Ob dies sinnvoll war, bezweifelt der ehemalige Schüler: „Was den Einfluss politischer Ereignisse auf den Unterricht betrifft, kann ich mich eigentlich nicht erinnern, dass wir in der Schule jemals über den Zerfall der Sowjetunion und des ‚Ostblocks', der ja damals stattfand, gesprochen hätten. Umso ausführlicher beschäftigten wir uns aber mit dem Ersten Golfkrieg. Wohl aufgrund der Allgegenwärtigkeit des Themas in den Medien damals sahen es die Lehrerinnen offenbar als ihre Aufgabe, mit uns Kindern darüber zu sprechen. Dazu führten wir in der Klasse eine Art offene Diskussion, obwohl uns Kindern damals wohl doch eher die Reife fehlte, ernsthaft über ein solches Thema zu sprechen. Ich kann mich noch gut erinnern, was für eine panische Stimmung damals herrschte. Manche Kinder erzählten, dass sie sich fürchteten, weil ihre Eltern aus reichlich übertriebener Sorge vor angeblich auch auf Österreich gerichteten, mit chemischen Kampfstoffen bestückten irakischen Raketen für sich und ihre Familien Gasmasken gekauft hatten. Andere erzählten stolz, ihre Eltern hätten gemeint, Saddam Hussein müsste verbrannt und seine Asche in alle Windrichtungen verstreut werden. Ich kann mich nicht erinnern, dass unsere Lehrerin damals als ‚Stimme der Vernunft' aufgetreten wäre, sie schürte glaube ich eher noch, bewusst oder unbewusst, diverse Ängste. Ich weiß nicht mehr genau, in welchem Zusammenhang, aber während oder nach dem Golfkrieg fand auch eine Schweigeminute statt, die im Radio übertragen wurde. Ich weiß noch genau, wie komisch ich das damals fand, dass die Lehrerin extra ein Radio mit in die Klasse brachte, nur damit wir dann zuhören konnten, wie eine Minute lang kein Laut aus den Lautsprechern kam."[451] Um Schülergerechtigkeit bei der Behandlung politischer Themen bemüht sich jedenfalls die Volksschuldirektorin Erika Habacher. Dass man dabei mit großer Behutsamkeit vorgehen

---

[450] Frau, geb. 1946, Volksschullehrerin im Ruhestand
[451] Mann, geb. 1982, Student

155

muss, weiß sie aus Erfahrung: „Schon während meiner Gymnasiumszeit nahmen die Lehrer immer zu bedeutenden Ereignissen Stellung und sprachen mit uns darüber in altersgemäßer Form. Dies tue auch ich mit meinen Schülern. Nur wenn es Religion oder Parteipolitik betrifft, muss man äußerst vorsichtig sein – keine Beeinflussung der Kinder! Ich bin da mal voll ins Fettnäpfchen getreten, weil ich eine Äußerung tat, die zwar richtig war, mir aber den Aufmarsch und die Rüge einer Partei einbrachte. Ich habe mich dann bei ihnen entschuldigt, die Sachlage auch bei den Schülern ins rechte Licht gerückt und seither weiß ich, was ich nicht tun darf."[452] Im Fall einer ehemaligen Wiener Schülerin beschränkte sich die Diskussion in der Regel auf den Kreis der Schüler: „An 1989 kann ich mich nicht sehr gut erinnern, aber ich glaube nicht, dass es in der Volksschule ein Thema war. Woran ich mich erinnern kann, ist, dass der Ausbruch des zweiten Golfkrieges 1991 bereits ein Thema war, aber mehr unter den Schülern."[453]

Was von den Schülern dieser Klasse über die schülerinterne Diskussion hinausgehend in Hinblick auf Politik zum Teil recht kritisch wahrgenommen wurde, war die politische Einstellung der Lehrer: „Die politische Gesinnung [der Lehrer] wurde erst mit zunehmendem Alter interessanter, also in der Oberstufe. Ich hatte Glück, dass keiner meiner Lehrer – zumindest soviel ich weiß – irgendeiner fragwürdigen politischen Partei zugetan war."[454] Auch schon früher achtete so mancher Schüler auf die politische Haltung seiner Lehrer. Die meisten davon benahmen sich jedoch durchaus korrekt, wie jene von Anna Plöckinger, die zwar eindeutig mit bestimmten Parteien sympathisierten, dies aber nicht in den Unterricht hineintrugen: „Naja, man hat es [= die politische Einstellung der Lehrer] schon gekannt. Der XY ist rot gewesen und die XY, das ist die Frau Lehrer gewesen, die ist schwarz gewesen. Es war schon ein wenig so, dass man es gekannt hat. Aber die Schüler in ihre Richtung bringen, das wollten sie nicht."[455] Auch eine ehemalige Architektin wusste über die politische Einstellung ihrer Lehrer genau Bescheid, dabei gab es zwar keine Konsequenzen für anders denkende Schüler, in gewisser Weise jedoch wirkten sich die Sympathien für bestimmte Parteien dennoch auf das Lehrer-Schüler-Verhältnis aus: „Bei uns war's schon bei einigen also durchaus bekannt, dass man gesagt hat: ‚Na, die ist pechschwarz bis in die Seele und die sympathisiert mit dem deutschnationalen Lager.' Also das war in meiner Zeit schon der Fall. [Negative Konsequenzen für Schüler hatte] das absolut nicht. Aber man hat halt – je nachdem wie man von zu Hause auch beeinflusst war – mit den entsprechenden Lehrern sympathisiert oder eben Antipathien entwickelt. Aber ausgewirkt hat sich's nicht. In keiner

---

[452] Erika Habacher, geb. 1953, Volksschuldirektorin
[453] Frau, geb. 1981, Studentin
[454] Frau, geb. 1981, Studentin
[455] Anna Plöckinger, geb. 1922, Altbäuerin

Weise."[456] Dass das Wissen über die Einstellung der Lehrer nicht überall so groß war, zeigt die Schilderung Theresia Kirchmayrs, in deren Klasse sich viele erst gar nicht für Politik interessierten: „Politisch, also von der Politik haben wir überhaupt nichts mitgekriegt. Das war kein Thema."[457] Und auch vom Lehrer wusste man nichts Näheres: „Nein, gar nicht. Das war halt so, das war halt der Lehrer."[458] Genauso war es bei Emma Spindler: „Nein, das hat es nicht gegeben. Da ist man gar nicht draufgekommen, wer wer war. Da ist nichts geredet worden."[459] Vollkommen anders war die Situation hingegen in der Volksschule Viechtwang, die Karl Schmiedinger zu Beginn der 30er-Jahre besuchte: „Wir haben von jedem Lehrer gewusst – selbst wir Jungen haben von jedem Lehrer gewusst – welcher Richtung er angehört. Das hat man im Unterricht auch heraus bekommen. Naja, weil z.B. der Oberlehrer, der war weiß ich wie begeistert von der Vaterländischen Front, der hat uns nur vom Dollfuß erzählt. Und der XY, [...] der war ein illegaler Nazi. Der hat uns vom Fortschritt des Deutschen Reiches erzählt. Alles in der Volksschule. Die politische Richtung ist in der Volksschule vollständig schon durchgezogen worden."[460] Dies hatte auch Konsequenzen für Schüler, deren Eltern anders dachten als die entsprechende Lehrkraft: „Damals hat es immer Probleme gegeben in dieser Richtung. Also, ich möchte sagen, es war Gesinnungsterror."[461]

In der Stadt spielten die politischen Parteien schon immer eine herausragende Rolle, v.a. in der Zeit vor dem Zweiten Weltkrieg. Walter Schlögl erlebte dies noch nicht ganz so einschneidend: „Das [= die jeweilige politische Gesinnung der Lehrer] war mir egal. Das habe ich nicht gewusst. Nur im allerletzten Jahr, wo die politische Situation zum Autoritären gekippt ist, da ist leicht, leicht aufgekommen – ich könnte es gar nicht... ich würde es nicht zu behaupten wagen – dass ein oder zwei [Lehrer] irgendwie NS-gesinnt waren. Es kam nie zum Ausdruck. Woher, hat man das geschätzt? Ich weiß es nicht. Oder hat es ein anderer gewusst und der hat irgendwie Worte fallen lassen oder hat es ausgesprochen: ‚Der scheint national zu sein.' Bitte schön, unter national versteht man ja nicht unbedingt das."[462] Bewusster nahm Volkmar Strohbach die politische Einstellung seiner Lehrer wahr, aus heutiger Sicht erinnert sich der ehemalige Baumeister v.a. an den politischen Gesinnungswandel der Professoren: „Zum politischen Verhalten der Professoren habe ich noch die Erfahrung gemacht, dass sie verständlicherweise um ihre Existenz bemüht waren. Die aktivsten Mitarbeiter der ‚Vaterländischen Front' haben mich im Winter 1941/42, als ich auf Studien-

[456] Frau, geb. 1923, Architektin im Ruhestand
[457] Theresia Kirchmayr, geb. 1924, Altbäuerin
[458] Theresia Kirchmayr, geb. 1924, Altbäuerin
[459] Emma Spindler, geb. 1923, Postbeamtin im Ruhestand
[460] Karl Schmiedinger, geb. 1923, Konditor im Ruhestand
[461] Karl Schmiedinger, geb. 1923, Konditor im Ruhestand
[462] Walter Schlögl, geb. 1917, Justizbeamter im Ruhestand

urlaub von der Front in Wien war und in Offiziersuniform die alte Schule besuchte, begeistert begrüßt, in welch großer Zeit wir jetzt leben usw. In der vorerwähnten Festschrift [zum 300-jährigen Bestehen des Gymnasiums] jedoch sind sie ‚schon immer dagegen' gewesen. Mit der Weisheit meines hohen Alters habe ich Verständnis dafür, dass die Sicherung der Existenz für jeden das Wichtigste war, egal welches Regime am Ruder war."[463]

Einen ganz anderen, oftmals direkteren Bezugspunkt zwischen Schule und Politik bildete die politische Erziehung. Dabei wurde schon in so mancher Volksschule der Ersten Republik darauf geachtet, dass die Schüler zumindest eine Ahnung von den politischen Grundstrukturen sowie den wichtigsten Amtsinhabern hatten. Die Frage, ob dabei auch auf aktuelle Ereignisse eingegangen worden wäre, beantwortet Elsa Aichmair: „Weniger. Ich weiß weniger. Das schon, das haben wir schon lernen müssen, wer der Bürgermeister ist und wer der Landeshauptmann – Landrat hat er früher geheißen – das haben wir schon alles lernen müssen. Da sind wir auch geprüft worden."[464] Nach dem Zweiten Weltkrieg wurde kaum über die unmenschlichen Ereignisse der unmittelbaren Vergangenheit gesprochen, indirekt machten sich die Folgen der Kriegsjahre im Unterricht jedoch durchaus bemerkbar, wie eine ehemalige Volksschullehrerin berichtet: „Der Geschichtsunterricht endete mit dem Ersten Weltkrieg. Nur manchmal erinnerten kleine Details an den vergangenen Krieg: der Oberlehrer, der Spezialschuhe trug, weil in Russland seine Zehen abgefroren waren; der Fachlehrer, der in Geografie von den Gezeiten im Golf von Biscaya schwärmte oder der Klassenvorstand, der auf die Frage, wen er wohl wähle, antwortete: ‚Immer die Partei, die das letzte Mal verloren hat.' In Staatsbürgerkunde immer der Hinweis auf Demokratie – eine schlechte Staatsform, aber es gibt keine bessere; der Professor, der an unsere Schule strafversetzt wurde, weil er angeblich ein Kommunist sei..."[465] An jenen Teilbereich der politischen Bildung, im Zuge dessen Kenntnisse über Staatsstruktur und politische Ämter vermittelt wurden, wurde jedoch – im Gegensatz zur Ereignisgeschichte der jüngsten Vergangenheit – schon ziemlich bald angeknüpft. Dies war etwa gleich nach dem Zweiten Weltkrieg am sonst recht religiös ausgerichteten Ordensgymnasium in Katzelsdorf der Fall, wie der damalige Lehrer und Erzieher Pater Lambert Wimmer schildert: „Wir haben auch die Erziehung zum Staatsbürger natürlich gemacht. Wir hatten einen Geschichtsprofessor, der einen Namen hatte, weil er mehrere Bücher geschrieben hat. Den hab ich dann eingeladen, dass er jede Woche einmal über alle politischen Ereignisse eine halbe Stunde ungefähr den Schülern erzählt hat. Das hat die Schüler immer sehr, sehr interessiert und so ist auch diese Erziehung, ich glaube, also in einer guten Weise geschehen."[466] Heute ist die poli-

---

[463] Volkmar Strohbach, geb. 1918, Baumeister im Ruhestand

[464] Elsa Aichmair, geb. 1924, Angestellte im Ruhestand

[465] Frau, geb. 1946, Volksschullehrerin im Ruhestand

[466] Lambert Wimmer, geb. 1916, Pater und ehemaliger Lehrer und Erzieher

tische Bildung in all ihren Facetten fest im Lehrplan verankert. In welcher Weise dieser Bildungsauftrag von den Lehrern erfüllt wird, kann an dieser Stelle aber leider nicht beantwortet werden, in keinem der Berichte jüngerer Personen nämlich wird dieser Bereich – aus welchen Gründen auch immer – erwähnt. Schulpolitische Maßnahmen, von denen es ja – wie schon dargelegt – zahlreiche gab, fielen den meisten Schülern gar nicht auf. Theresia Schauer etwa meint: „An Lehrplanänderungen, Schulgesetze usw. kann ich mich nicht erinnern."[467] Auch Volkmar Strohbach, sonst ein wachsamer Beobachter, bemerkte die zu seiner Schulzeit sehr wohl stattfindenden Änderungen im Schulbereich nicht: „Es gab keine Schulversuche, Lehrplan war Lehrplan."[468] Ähnliches war der Fall bei Josef Steinbichl, der zwischen 1949 und 1957 ein Gymnasium besuchte: „Das kriegt man als Schüler nicht richtig mit. Und es hat auch damals gar nicht so viele Änderungen gegeben. In der ganzen Gymnasialzeit kann ich mich nicht erinnern, dass da viel geändert worden wäre. Es haben erst später die Änderungen eingesetzt."[469] So rief die Einführung der Hauptschule z.B. sehr wohl Reaktionen in der Bevölkerung, v.a. bei den Eltern der Schüler, hervor. Walter Fuchs weiß, dass der neue Schultyp, der nun für alle Kinder nicht nur zugänglich, sondern auch verpflichtend war, v.a. im ländlichen Bereich nicht immer auf Gegenliebe stieß: „Aber am Land [gab es Hauptschulen] sowieso nicht, denn die Bauern hatten ja Angst: wenn alle in die Hauptschule gingen... Das geht bis in die 50er-Jahre herauf oder in die 60er-Jahre, sogar bei der Gründung der Hauptschule Leonfelden [war das so. Das weiß ich,] weil der Direktor, mein Vorgänger, bevor ich hierher gekommen bin, war lange Volksschuldirektor und dann Hauptschuldirektor. Was die ‚keixeln' haben müssen, zu überzeugen – wie man ja jetzt sagt – für Bildung und Fortbildung, so heißt es ja immer in der Politik. ‚Ja, da hätten wir ja keine Leute mehr zum Arbeiten, weil wenn du einmal verdorben bist mit dem, dann immer mehr, immer mehr, bis dass ich studiere...' Nein, so war das. Die Bevölkerung war ja nicht so begeistert, nein."[470] Die Schüler selbst jedoch nahmen es – geht man nach den Berichten – als selbstverständlich hin, dass der Hauptschulbesuch – früher v.a. am Land ein Privileg weniger – nun ganz automatisch auf die vierjährige Volksschulzeit folgte. An dieser passiven Haltung änderte sich im Laufe der Zeit wenig. So drang auch in den 90er-Jahren, wo es durchaus eine Reihe schulpolitischer Maßnahmen gab (und zwar nicht nur auf Gesetzesebene), davon kaum etwas ins Bewusstsein der Schüler. Daniela Hienert etwa meint: „An politische Ereignisse und deren Einwirkungen kann ich mich nicht erinnern, auch schulpolitische Maßnahmen sind an mir ‚vorbeigezogen'."[471] Eine Ausnahme bildete eine jetzige Studentin, die

---

[467] Theresia Schauer, geb. 1923, Pfarrhaushälterin im Ruhestand
[468] Volkmar Strohbach, geb. 1918, Baumeister im Ruhestand
[469] Josef Steinbichl, geb. 1937, Hauptschuldirektor im Ruhestand
[470] Walter Fuchs, geb. 1921, Volksschuldirektor und Personalvertreter im Ruhestand
[471] Daniela Hienert, geb. 1983, Studentin

zumindest die Auswirkungen eines Schulversuchs aktiv miterlebte. Andere Maßnahmen wurden aber auch von ihr nicht wirklich wahrgenommen: „Von Lehrplanänderungen und neuen Gesetzen war nicht viel zu merken, aber in der Hegelgasse nahm ich an einem neuen Schulversuch teil, indem ich mich in der fünften Klasse vom Religionsunterricht abmeldete und daher automatisch verpflichtet war, am neu eingeführten ‚Ethikunterricht' teilzunehmen. Diesen besuchte ich dann von der fünften bis zur achten Klasse. War ganz interessant."[472] Die Lehrkräfte selbst registrierten schulpolitische Maßnahmen sehr wohl, bildeten sie doch die Grundlage ihres Tuns. Dennoch dürften diese auch das Erleben von Schule auf Lehrerseite nicht weittragend mitgeprägt haben, da sie kaum in den Berichten thematisiert werden und wenn, dann nur, weil sie durch eher negative Begleiterscheinungen in Erinnerung blieben. Letzteres war beim ehemaligen Hauptschuldirektor Rudolf Stanzel der Fall, der in seinem Bericht als Einziger explizit auf die seiner Meinung nach wenig durchdachten gesetzlichen Neuregelungen im Schulbereich eingeht: „Als Lehrer muss ich festhalten, dass Schulgesetze meist große Probleme geschaffen haben: Abschaffung der VS-Oberstufe sozusagen über Nacht, Einführung des zweiten Klassenzuges. Die Folge war eine Überfüllung der Hauptschulen: eine Küche für 27 Klassen, während in den Volksschulen Lehrküchen leer standen, so auch bei den anderen Räumen."[473]

Zusammenfassend lässt sich sagen, dass die Auswirkung politischer Ereignisse auf den Unterricht nicht nur von den zeitlichen Umständen abhing (Stichwort Zweiter Weltkrieg), sondern auch vom Standort und dem Typ der jeweiligen Schule. An Volksschulen und generell im ländlichen Bereich wurde Politik für die Kinder in der Regel nur dann fühlbar, wenn diese unmittelbar betroffen waren. In der Stadt erlebten v.a. Jugendliche politische Vorfälle oft hautnah mit, entsprechend größer war auch das Interesse. Wirklich im Unterricht thematisiert und diskutiert wurden politische Ereignisse erst nach dem Zweiten Weltkrieg, wobei es den Lehrern nicht immer leicht fiel, dabei einen schülergerechten Zugang zu finden. Was Schülern hingegen schon in der Ersten Republik sowohl am Land als auch in der Stadt oftmals bekannt war, war die politische Gesinnung ihrer Lehrkräfte, die jedoch nur in vereinzelten Fällen Auswirkungen auf das Unterrichtsgeschehen zeigte. Schulpolitische Maßnahmen wurden und werden trotz ihrer Quantität im Schulalltag von den Schülern kaum wahrgenommen und auch Lehrer räumen diesen in ihren Schilderungen so gut wie keinen Platz ein. Ob die im ersten Teil schon erwähnte, vom Bildungsministerium betriebene Werbe- und Informationskampagne für die aktuellen schulpolitischen Neuerungen daran etwas zu ändern vermag, wird sich erst zeigen.

---

[472] Frau, geb. 1981, Studentin
[473] Rudolf Stanzel, geb. 1926, Hauptschuldirektor im Ruhestand

2. Schulkultur

Bevor in den weiteren Kapiteln näher auf das eigentliche Thema der Arbeit, nämlich das Beziehungsfeld Schüler-Lehrer-Eltern, eingegangen wird, soll nun auch noch die Schulkultur, die ja den Rahmen eines jeden Lehrer-Schüler-Verhältnisses bildet, beleuchtet werden. Der Begriff Schulkultur ist recht weitgreifend und kann viele Themenbereiche beinhalten. Die folgenden Ausführungen beschränken sich auf jene Komponenten, die in den Berichten verhältnismäßig häufig Erwähnung finden, was als Hinweis auf ihren prägenden Einfluss auf das Erleben von Schule gewertet werden kann. Während sich in manchen Bereichen – meist auf Grundlage gesellschaftlicher und wirtschaftlicher Entwicklungen – ein großer Wandel abzeichnete, blieben andere durch die Jahre hindurch relativ unverändert. Im Folgenden soll dies nun an sieben Teilgebiete der Schulkultur aufgezeigt werden, wobei Text- und Gesprächsausschnitte wiederum die Basis der Darstellung bilden.

Die Organisation von Schule und Unterricht

Das erste dieser Teilgebiete bildet die Organisation von Schule und Unterricht. Dabei sollen nicht nur die Strukturen der Zeiteinteilung vorgestellt, sondern auch der Wandel in Schülerzahl und Klassengröße und ihre Auswirkungen auf die Unterrichtssituation deutlich gemacht werden.

Was die zeitliche Organisation betrifft, so wurden die wesentlichen gesetzlichen Änderungen in Bezug auf Beginn und Dauer der Schulpflicht bereits im ersten Teil der Arbeit behandelt. Da in den Berichten keine von den Vorschriften abweichenden Schilderungen auftreten, wird an dieser Stelle nicht mehr näher auf diesen Aspekt eingegangen. Interessant und neu ist jedoch, dass die Einteilung des Schuljahres nicht immer ihre jetzige Form hatte, dieses begann nämlich früher nicht, wie jetzt üblich, im September, sondern bereits im Mai. In den Herbst wurde der Schulanfang deshalb zurückverlegt, weil die alte Regelung, wie Walter Fuchs erzählt, einen großen Nachteil mit sich brachte: „Ja, da war es anders, Schulbeginn war im Mai, nicht im September, im Mai. Das mit September ist erst gekommen Ende der Zwanzigerjahre, 1930 so. Da haben wir dann im September anfangen müssen, also das Schuljahr. Das erste war ein Blödsinn eigentlich, denn wenn ich im Mai mit dem Schulbeginn anfange und im Juli sind Ferien für zwei Monate, dann hat ja die Lehrerin praktisch wieder frisch fast anfangen müssen."[474]

---

[474] Walter Fuchs, geb. 1921, Volksschuldirektor und Personalvertreter im Ruhestand

Die Dauer des Unterrichts in den Volksschulen war regional recht unterschiedlich. Während in den Städten normalerweise jede Schulstufe separat unterrichtet werden konnte (sowohl was die räumlichen als auch die personellen Voraussetzungen betraf) und somit auch jedem Kind die volle Länge der vorgesehenen Unterrichtszeit zustand, machten Lehrer- und Raummangel am Land oftmals eine Teilung des Stundenkontingents notwendig. Die typisch ländliche Volksschule der Ersten Republik (und auch darüber hinaus) war meist in einem kleinen Gebäude mit einem oder zwei Klassenzimmern untergebracht, in denen nur wenige Lehrer alle Schulstufen unterrichteten. Voraussetzung dafür war der Abteilungsunterricht, bei dem mehrere Schulstufen (die so genannten Abteilungen) zu einer Unterrichtsgemeinschaft (d.h. zu einer Klasse) zusammengefasst wurden. Gab es an einem Ort nur einen Lehrer, so wurden die Schüler in zwei Klassen (mit bis zu fünf Abteilungen) eingeteilt, die dann jeweils einen halben Tag Unterricht erhielten. Als Beispiel sei hier die Schilderung eines ehemaligen Trafikanten gebracht: „Wir hatten [in den ersten Volksschuljahren] nur drei Stunden von zwölf bis 15 Uhr Schulunterricht. [...] Wir waren in der Klasse mit drei Unterrichtsstufen, von der ersten Abteilung bis zur dritten Abteilung, bei 45 bis 48 Schülern! [...] Nach den drei Schuljahren kam ich in die Oberstufe, wo wir von acht bis elf Uhr mit den Schülern der vierten bis achten Unterrichtsstufe beisammen waren."[475] Die zweiklassige Dorfvolksschule war auch nach der zunehmend flächendeckenden Einführung der Hauptschulen in den 60er-Jahren noch Gang und Gebe, wie Brigitte Kitzmüller erzählt: „Da es nur einen Lehrer gab, hatten die dritte und vierte Schulstufe (gleichzeitig im selben Klassenraum) von acht bis elf Uhr Unterricht. Die erste und zweite Schulstufe hatten von zwölf bis 15 Uhr Unterricht."[476] Verfügte eine Schule über genügend Klassenzimmer, so konnte unter der Voraussetzung, dass es auch ausreichend Lehrkräfte gab, auf die Zusammenfassung mehrerer Schulstufen verzichtet werden. Die separate Jahrgangsführung wurde aber auch angestrebt, wenn nicht für jede Schulstufe ein Lehrer zur Verfügung stand. Dies ging dann wiederum auf Kosten der Unterrichtsdauer, wie Maria Bilzer weiß. Als junge Lehrerin wurde sie unmittelbar nach dem Krieg an eine ländliche Volksschule versetzt, die dortige Organisation skizziert sie folgendermaßen: „Herbst 1945: Versetzung an die dreiklassige Volksschule Weikersdorf im Bezirk Urfahr-Umgebung. Das ‚Dorf' bestand aus Schulhaus, evangelischem Kinderheim und Meierhof. Klasseneinteilung: zweite Klasse vormittags mit 42 Schülern, erste Klasse nachmittags mit 65 Schülern! [...] Die dritte und vierte Klasse unterrichtete der Oberlehrer, die fünfte bis achte Klasse ein ‚Schulhelfer'."[477] An anderen Volksschulen, wo es genügend Räume und Lehrer gab, um die einzelnen Schulstufen getrennt zu unter-

---

[475] Mann, geb. 1933, Trafikant im Ruhestand
[476] Brigitte Kitzmüller, geb. 1962, Tagesmutter
[477] Maria Bilzer, geb. 1923, Volksschuldirektorin im Ruhestand

richten, dauerte der Unterricht in der Regel länger. Das berichtet z.b. Ottilie A-kamphuber: „Von September 1929 bis 1936 besuchte ich die damals sechsklas-sige Volksschule in Grünau. Der Unterricht begann um acht Uhr, um neun Uhr eine kurze Pause, um zehn Uhr die so genannte Jausenpause. Die Schuljause bestand aus einem Stück Brot. Nur wenige hatten auch einen Apfel oder gar ein Butterbrot. Mittagspause war von zwölf bis 13 Uhr, dann ging der Unterricht weiter bis drei, manchmal auch vier Uhr nachmittags."[478] Nachmittags- und Samstagsunterricht an Volksschulen waren im Gegensatz zu heute auch nach dem Zweiten Weltkrieg noch durchaus üblich. Eva Mark etwa hatte auch schon in der Volksschule öfters ganztägigen Unterricht. Dabei wurden die vielen Schulstunden, wie sie hinzufügt, dringend benötigt – immerhin gab es noch nicht die Möglichkeit, durch den Einsatz moderner Geräte Zeit zu sparen: „Der Unterricht begann um acht Uhr mit dem Schulgebet. Ein Schulvormittag dauerte bis elf Uhr. [...] Der Nachmittagsunterricht dauerte manchmal bis 16 Uhr. Da es keinen Kopierer gab und wir außer dem Lesebuch keine Schulbücher hatten, mussten wir uns alles (auch die Rechentexte) aufschreiben."[479]
Neben diesen Grundmustern gab es natürlich auch Schulen, die von der sonst üblichen Zeiteinteilung aus verschiedenen Gründen, zumeist aber aus Raum-mangel, abgehen mussten. So wechselten sich etwa an der Volksschule von Ani-ta Gösweiner Vor- und Nachmittagsunterricht wöchentlich ab: „Es gab die Sechstagewoche, abwechselnd eine Woche Vormittagsunterricht (acht bis zwölf Uhr) und eine Woche Nachmittagsunterricht (13 bis 17 Uhr)."[480] Genauso ver-lief der Unterricht an einer Welser Handelsakademie. Grund dafür war, wie eine ehemalige Schülerin[481] darlegt, der Platzmangel, der nicht nur die Einrichtung von Kellerklassen, sondern auch die abwechslungsweise Benützung der anderen Schulräume notwendig machte. Eine Ausnahme vom herkömmlichen Haupt-schulunterricht – auf den weiter unten noch kurz eingegangen wird – bildete der Stundenplan jener „Hauptschule", die Karl Schmiedinger besuchte. Diese wurde vom Oberlehrer der Volksschule alle vier Jahre mit einer ersten Klasse begon-nen, die dann vier Jahre lang von den Volksschullehrern geführt wurde. Finan-ziert wurde diese besondere „Hauptschule" von den Eltern der Schüler, aller-dings gestaffelt nach deren Einkommen. Dies reichte für die notwendigen Lehrmittel (Kreide etc.), nicht aber freilich für ein eigenes Schulgebäude. Platz-probleme waren daher stets die Regel. Die Unterrichtsstunden waren, je nach-dem, wann Räumlichkeiten frei waren, über den Tag verteilt: „Wir haben jeden Tag Schule gehabt, aber sehr unterschiedlich. Wir haben z.B. Schule gehabt täg-lich von zehn bis zwölf und nachmittags dann meistens von halb drei bis sechs. Während an einem Samstag, da war die Volksschule frei, da haben wir von

---

[478] Ottilie Akamphuber, geb. 1922, Altbäuerin
[479] Eva Mark, geb. 1946, Volksschullehrerin
[480] Anita Gösweiner, geb. 1953, Hauptschullehrerin
[481] Frau, geb. 1946, Volksschullehrerin im Ruhestand

sechs Uhr früh bis fünf Uhr nachmittags Schule gehabt. Das klingt recht graus-lich. Nur der Vormittag war strenge Schule, am Nachmittag haben wir einen Nachmittag Handarbeit, einen Nachmittag entweder Geometrisch Zeichen oder Freihandzeichnen gehabt. Also, der Samstagnachmittag war eine Erholung für uns."[482]

Heute hat sich in allen Volksschulen (mit Ausnahme weniger Kleinschulen v.a. im gebirgigen Raum) ganz das Klassenlehrersystem durchgesetzt. In recht klei-nen Orten, wo eine Zusammenlegung mehrer Schulstufen auf Grund der gerin-gen Schülerzahlen unausweichlich gewesen wäre, ging man in den 80er- und 90er-Jahren – wo dies möglich war – vermehrt dazu über, mit dem Nachbarort eine Schulgemeinschaft zu gründen. Die auf diese Weise erhöhten Schülerzah-len gestatten somit auch in kleinen Dörfern die Führung eigener Jahrgangsklas-sen. Dass dieses Vorgehen gar nicht so selten ist, zeigen die Berichte von Astrid Hösl und Andrea Eisenbarth. Erstere schreibt: „Da ich am Land in die Volks-schule ging, gab es keine Parallelklassen in den einzelnen Jahrgangsstufen. Wei-ters wurde die Volksschule auf meinen Heimatort und die Nachbargemeinde aufgeteilt, was bedeutet, dass die erste und zweite Klasse in Stratzing und die dritte und vierte Klasse in Droß unterrichtet wurden."[483] Ähnlich war die Situa-tion in Berg und Wolfsthal, wo Andrea Eisenbarth die Schulbank drückte. Inte-ressant an deren Bericht ist, dass die beiden Volksschulgebäude, die ursprüng-lich für mehr Kinder ausgelegt waren, heute aber nur mehr jeweils zwei Klas-senzimmer beherbergen, mit anderen Institutionen geteilt wurden. So befand sich in Berg zuerst die Praxis des Gemeindearztes in einem Teil des Schulhau-ses, der später in einen Turnsaal umgebaut wurde, und auch in Wolfsthal waren schulisch und anderwertig genutzte Räume eng verflochten: „Übrigens war das Schulgebäude in Wolfsthal ähnlich dem in Berg: Im Erdgeschoß waren der Turnsaal, Garderoben sowie durch einen anderen Eingang erreichbar das Ge-meindeamt und die Post, im ersten Stock befanden sich die zwei Klassenzim-mer, das Lehrerzimmer und -kammerl sowie die Toiletten."[484]

In der Volksschule gab es also – wie soeben gezeigt wurde – doch recht weitrei-chende Änderungen in der zeitlichen Organisation und der Klasseneinteilung, für den Bereich der weiterführenden Schulen lässt sich dies nicht sagen. Die Zeiteinteilung an den Gymnasien vor dem Zweiten Weltkrieg war der heute üb-lichen schon recht ähnlich. Schule war in der Regel an sechs Tagen in der Wo-che, in den 50-minütigen Einheiten unterrichtete jeweils ein Fachlehrer eine Schulstufe, wobei es bei großen Schülerzahlen zuweilen auch Parallelklassen gab. Nachmittagsunterricht war – mit Ausnahme der Freigegenstände – nicht üblich. An den später eingeführten Hauptschulen endete der Unterricht meistens

---

[482] Karl Schmiedinger, geb. 1923, Konditor im Ruhestand
[483] Astrid Hösl, geb. 1983, Studentin
[484] Andrea Eisenbarth, geb. 1983, Studentin

auch bereits zu Mittag, nur an ein oder zwei Tagen gab es Nachmittagsunterricht, dafür war auch an Samstagen Schule. Die Sechs-Tage-Woche hat sich bis in die 90er-Jahre an beiden Schularten recht stabil gehalten, erst dann zeichnete sich eine zunehmende Tendenz dahingehend ab, mehr Schulstunden in den Nachmittag zu verschieben – zu Gunsten eines schulfreien Samstages. Dennoch dominierte in den Berichten auch der jüngeren Generation noch das alte Modell, von der (jetzt verpflichtenden) Einführung der Fünf-Tage-Woche werden wohl erst die jetzigen Schüler im vollen Maße profitieren.

Das Schulgebäude und die Einrichtung der Klassenzimmer

Großer Stellenwert wird in fast allen Berichten der Beschreibung von Schulgebäuden und Klassenzimmern eingeräumt. Als durch die Schulzeit hindurch beinahe unveränderte Komponenten des Alltags blieben diese quasi in Form „handfester" Erinnerungen wohl den meisten ehemaligen Schülern im Gedächtnis. Wegen der oft recht ausführlichen und detaillierten Schilderungen können im Folgenden nicht alle Zeitzeugen zu Wort kommen. Dies wäre auch gar nicht sinnvoll, da die Schulgebäude innerhalb einer Epoche große Ähnlichkeiten aufwiesen. Wirkliche Unterschiede gab es dabei auch nicht zwischen Land und Stadt, bis auf die Größe der Gebäude und die Anzahl der Klassenzimmer boten städtische und ländliche Schulen beinahe das gleiche Bild, zumindest was die Einrichtung der Schulklassen betrifft. Im Folgenden soll nun versucht werden, an Hand repräsentativer Beispiele den Wandel in der Schul- und Klassengestaltung nachzuvollziehen.

In der Ersten Republik wurde der Unterricht meist in Schulgebäuden aus der Zeit der Monarchie abgehalten. Die Einrichtung war einfach und auf das Notwendige beschränkt, festgeschraubte Bänke boten gute Voraussetzungen für den Abteilungs- bzw. Frontalunterricht, ließen aber keine lockereren Formen wie etwa Gruppenarbeiten zu. Lehrbehelfe waren selten und mussten meist aus eigenen Lehrmittelzimmern geholt werden. Am Land befand sich im Schulgebäude oft auch die Wohnung des Oberlehrers und dessen Familie. Obwohl viele Schulen alt und die Einrichtung abgenutzt waren, wurde nicht renoviert – es fehlte im Schulbereich wie auch sonst überall in der Ersten Republik an Geld. All dies kommt auch in den Berichten zum Ausdruck. So liefert Maria Bilzer etwa ein genaues Bild einer Volksschule aus den 30er-Jahren, wobei besonders auf die Klassenzimmereinrichtung Bezug genommen wird: „Das Schulhaus war ein alter, finsterer Kasten, roch nach Karbol und Knabenklosett. Das Klassenzimmer hatte zwei- und viersitzige Bänke. Die Buben saßen auf der linken Seite, die Mädchen rechts. Ich hatte meinen Platz in der vorletzten Reihe. Das Katheder stand auf einer Treppe, ebenso die Tafel auf einem Ständer. Man konnte sie mit Holzklötzchen höher stellen. Tafellöschen war ein Ehrenamt, ebenso die Blumenpflege. Hinter der Tafel hing an der Wand ein Wasserbehälter mit vielleicht eineinhalb Liter Inhalt mit einem kleinen Hahn, ein ebenso winziges Lavoir darunter auf eisernem Ständer mit kleinem Handtuch – ausschließlich für die Lehrkraft. Wir Kinder wuschen unsere Tintenfinger bei der Bassena auf dem Gang, abgetrocknet in die Schulschürze aus schwarzem Kloth. Die Schule hatte keinen Turnsaal, einmal in der Woche marschierte die Klasse mit der Lehrkraft zum Turnsaal eines Vereins."[485] In der Stadt und in den Gymnasien sahen die Klassenräume nicht recht viel anders aus. Walter Schlögl erinnert sich noch gut an die Ärmlichkeit der Einrichtung: „Armselig. Lang abgenutzte Schulbänke. Wart´ einmal, haben wir noch diese Pulte gehabt zum Herunterziehen für die Hefte, dass das ein wenig länger wird und wenn man es nicht mehr gebraucht hat, hat man es wieder hinauf geschoben... Aber auch nicht überall. Die Klassen waren verschieden, aber jedenfalls armselig eingerichtet. Es war kaum etwas drinnen. Ein kleiner Waschtisch mit einem Schwamm drinnen, damit die Tafel jemand abwischen konnte, es war ein Ofen drinnen, der handbeheizt worden ist mit einer Kiste und dem Zeug dazu. Die Beleuchtung war keine Beleuchtung in unserem Sinne, da waren zwei Deckenlampen oder drei, je nach der Größe der Klasse, und das war eigentlich einheitlich durch die ganze Schule. Die Einrichtung war sehr desolat. [...] Das war generell. Soweit ich in verschiedenen Klassen war und das sehen konnte. Das war überall dasselbe Bild. Einzelne Landkarten aufgehängt – von Bildern will ich gar nicht reden – mehr so schulische Dinge, was man halt [als Lehrer] aufhängt und gerne zeigen will."[486] Geturnt wurde – wenn überhaupt – in erster Linie im Freien, zuweilen aber auch in den Klassenzimmern direkt auf den Bänken, da diese ja am Boden festgeschraubt waren und somit nicht weggeschoben werden konnten: „Geturnt haben wir sogar auch auf den Bänken in der Klasse. Und ich hab mich da immer gefürchtet – ich bin da ein wenig ein Angsthase –wenn das dann so gewackelt hat. Aber man hat eh nicht viel gemacht."[487]

Am Land befand sich normalerweise – wie ja schon gesagt – die Lehrerwohnung unmittelbar im Schulgebäude. Wie eng diese beiden Bereiche miteinander verknüpft waren, zeigt der folgende Bericht: „Das Schulhaus war ein ebenerdiger Bau mit zwei Klassen. Es gab noch eine Schulküche und ein Lehrmittelzimmer, wo der Globus und verschiedene Utensilien aufbewahrt waren. Hinter waren die zwei WCs angebaut. Es gab keine Direktion oder keinen Turnsaal und dergleichen. Weiters zwei Holzhütten, eine für die Schule, eine für den Lehrer. Daneben war der Turnplatz. Vor dem Haus war ein schöner Garten mit einem Holzzaun für den Lehrer. An der Hauswand waren zwei Marillenbäume. An der

---

[485] Maria Bilzer, geb. 1923, Volksschuldirektorin im Ruhestand
[486] Walter Schlögl, geb. 1917, Justizbeamter im Ruhestand
[487] Theresia Kirchmayr, geb. 1924, Altbäuerin

anderen Seite vom Haus war ein Brunnen, da durften wir Wasser trinken. Im Dachgeschoß war die Wohnung für die Lehrerfamilie und auf der anderen Seite das Standesamt – ein Zimmer mit einem großen roten Teppich und einem Tisch."[488] In den 50er-Jahren konnten viele Schüler von modernen Schulmöbeln ebenfalls nur träumen. Irmgard Wartner meint allerdings, dass an dieser Tatsache angesichts der alles umfassenden, großen Armut in der ganzen Bevölkerung auch niemand Anstoß genommen hätte: „Mein Gott, wir haben diese uralten Holzbänke gehabt, wo diese Tintenfässer drinnen waren, was wir zum Teil – ich kann mich erinnern – wie ich angefangen hab als Lehrerin auch noch gehabt haben. Da ist halt immer die Gefahr, gell, dass diese blöden Fässer ausrinnen. Es war sehr eng sitzen und sehr spartanisch, das weiß ich noch. Ja, die Bänke, wo du dich nicht sehr hast rühren können... [...] Aber es war mir kein Problem eigentlich. Gell, es sind natürlich die 50er-Jahre [...] überhaupt eine sehr arme Zeit gewesen. Man hat sich nicht viel gedacht."[489] Nicht gerade einladend war auch jene Volksschule, an der Waltraud Fahrngruber seit 1956 unterrichtete. Bis zu ihrer Renovierung machte sich hier der anfängliche Geldmangel der Zweiten Republik, der natürlich auch aufs Schulwesen ausstrahlte, bemerkbar: „Die Schule wurde Ende des 19. Jahrhunderts erbaut und einmal aufgestockt (vor dem Ersten Weltkrieg). Sonst geschah nichts an Verbesserungen. Besonders die erste Klasse war sehr primitiv. Die Türen klemmten, bei den Fenstern blies der Wind herein, im Winter lag auf den Fensterbrettern Schnee. Der Fußboden bestand aus Brettern und wurde zeitweise mit dem schwarzen Bodenöl eingelassen. Der eiserne Ofen, mit Holz heizbar, gab nur, wenn frisch nachgelegt wurde, einen ungesunden Hitzestau, kühlte dann aber gleich wieder ab. Die Kinder in den rückwärtigen Bankreihen spürten kaum etwas von der Wärme. Vorne war eine Treppe, darauf thronte der Lehrerkatheder. Es gab zwei- und dreisitzige Bänke. Die Pulte wiesen Rillen auf. In der Mitte steckte das Tintenfass. Die Tinte musste der Lehrer aus Wasser und Tintenpulver in großen Flaschen selber bereiten. In den Tintenfässern war gewöhnlich unten ein schwarzer Tintenpulversatz, der nicht gerade zu sauberen Heften beitrug, da ja auch die Federspitzen von keiner guten Qualität waren. Die Garderobe war im Klassenraum. Wenn Mäntel und Schuhe nass waren, brauchte man ‚einen guten Magen'."[490] Josef Steinbichl erlebte es am eigenen Leib, dass alte Schulgebäude aus der Nachkriegszeit noch lange in ihrem schlechten Zustand verblieben, bevor – meist im Rahmen der Bildungsexplosion und des wirtschaftlichen Aufschwungs – neue Schulen errichtet wurden: „Bei der Volksschule war es ein ganz altes Schulgebäude und das Interessante: ich bin als Lehrer dann wieder dort hingekommen.

---

[488] Frau, geb. 1938, Landwirtin
[489] Irmgard Wartner, geb. 1945, Hauptschullehrerin im Ruhestand
[490] Waltraud Fahrngruber, geb. 1932, Volksschullehrerin im Ruhestand

Es steht nicht mehr, aber es war ursprünglich eine Fleischhauerei, also düstere Gänge, feuchte Räume. Das war als Schüler nicht lustig und als Lehrer auch nicht. Als Schüler hab ich die alten Schulbänke erlebt mit Tintenfass und Stielfeder, ja. [Wie ich dann unterrichtet habe, da waren] die Bänke anders, aber die Räume waren die gleichen, zum Teil sogar war der Fußboden der gleiche, ein schäbiger Fußboden mit Ölanstrich, der dann so eigenartig gerochen hat."[491] Auf die Frage, ob es denn eine Notlösung gewesen sei, die Schule in einem derartig unfreundlichen Gebäude unterzubringen, meinte er: „Ein Notbehelf nicht, das war einfach die Schule für Gallneukirchen, die Volksschule. [...] Dann ist sie geschliffen worden und dann ist sie neu gebaut worden. Nicht an der Stelle, aber an einer anderen Stelle."[492] Dass Ende der 50er-Jahre, meist aber später, tatsächlich eine Phase des Schulneubaus einsetzte, zeigt sich darin, wie oft davon in den Berichten die Rede ist. Einer sei an dieser Stelle noch genannt, nämlich der eines ehemaligen Volksschuldirektors: „Die Klassen der Hauptschule waren in einem alten Gebäude untergebracht – ich meine, es handelte sich um das alte Schloss. In der dritten Klasse konnten wir in ein neu errichtetes Gebäude umziehen, das am Rand des Marktes gebaut worden war. Nun lernten wir Komfort in der Schule kennen."[493]

Vor den Schulneubauten prägte – wie ja schon weiter oben angesprochen – häufig große Raumnot das Unterrichtsgeschehen. Das hatte auch Eva Mark in den 50er-Jahren erlebt: „Wir hatten kein eigentliches Schulgebäude. Im so genannten ‚Schulhaus' waren zwei Klassenzimmer und zwei Lehrerwohnungen untergebracht. Die übrigen vier Klassen befanden sich im ehemaligen Stiftsgebäude. [...] Nebenräume gab es keine, ab und zu turnten wir im damals ziemlich desolaten Pfarrsaal. Unser ‚Kommunikationsraum' war der Schulhof."[494] Die Ausstattung der Klassen ließ aus der Sicht der jetzigen Pädagogin ebenfalls zu wünschen übrig: „Die Lehrmittel und Bilder waren für uns zwar interessant, doch kamen sie mir teilweise damals schon ziemlich antiquiert vor. In den Klassen standen dicht gedrängt Bänke und Tische, die festgeschraubt waren. Eine Gruppenarbeit war nie möglich. Der Holzboden war eingeölt. Wer sich in der zweiten Klasse beim Herrn Direktor in die Ecke knien musste, hatte Ölflecken auf Strümpfen und Hose."[495]

In Orten, wo die Schulhäuser noch nicht allzu renovierungsbedürftig waren und auch kein akuter Platzmangel herrschte, bestanden v.a. Volksschulen in ihrer alten Form noch lange fort. Auch Brigitte Kitzmüller, die Anfang der 70er-Jahre die Volksschule besuchte, kannte noch die für den ländlichen Raum typische, in diesem Fall zweiklassige Volksschule: „Ich ging in eine Volksschule, wo es nur

[491] Josef Steinbichl, geb. 1937, Hauptschuldirektor im Ruhestand
[492] Josef Steinbichl, geb. 1937, Hauptschuldirektor im Ruhestand
[493] Mann, geb. 1937, Volksschuldirektor im Ruhestand
[494] Eva Mark, geb. 1946, Volksschullehrerin
[495] Eva Mark, geb. 1946, Volksschullehrerin

einen Lehrer für vier Klassen gab. Es war eine kleine Landschule, die wie ein größeres Wohnhaus aussah. Es gab zwei Klassenräume, ein Lehrer- bzw. Direktorszimmer, ein großes Vorhaus, eine Garderobe und einen großen Schulhof."[496] Letzterer war von besonderer Bedeutung, da er den fehlenden Turnsaal ersetzte: „Der Turnunterricht fand im Hof statt (Reck, Ballspiele). Im Winter gingen wir Schifahren gleich auf dem Berg nebenan, einen Lift gab es nicht."[497] Schließlich wurden die alten Elemente aber auch in solchen Schulen immer mehr verdrängt, moderne Schulmöbel, gut ausgestattete Turnsäle und die neuesten Lehrmittel gehören heute zur Einrichtung von so gut wie jeder Volksschule.

Schulgebäude höherer Schulen hatten ihr Aussehen im Wesentlichen bereits in den 70er-Jahren, zuweilen auch – wenn sie neu errichtet wurden oder der Schulerhalter entsprechend wohlhabend war – schon Jahrzehnte davor, wie eine Frau, die ab 1933 ein Wiener Gymnasium besuchte, schildert: „Und es war die Schule selber sehr schön, weil der zweite Trakt – jetzt ist ja noch ein dritter Bautrakt dazugekommen – der war damals funkelnagelneu und da waren natürlich erstens Physiksaal, Chemiesaal, solche Sachen drinnen, Handarbeitssaal – fantastisch eingerichtet und eigentlich nie richtig ausgenützt. Die niedrigeren Jahrgänge waren im alten Haus und die oberen Jahrgänge die waren im oberen Stockwerk im neuen Haus, wo also keine solchen Säle waren. Turnsäle waren zwei in einem alten Haus und einer im neuen Haus. Der neue war natürlich größer und mit moderneren Geräten... oder sagen wir die Unterbringung der Geräte und wie sie in Aktion traten, war moderner als im alten Turnsaal. Und da war dann später immer ein Geriss: ist man im großen oder ist man im kleinen Turnsaal."[498] Wirkliches Glück hatte auch Henriette Hartig, die am Beginn der 40er-Jahre eine räumlich besonders gut und schon sehr modern anmutend ausgestattete Lehrerinnenbildungsanstalt mit angeschlossenem Internat besuchte: „Das Kloster war ein schöner Bau mit mehreren Schulsparten. Die Klassenzimmer waren hell und peinlich sauber, es gab schöne, auch religiöse Bilder an den Wänden. Ausgestattet mit einem großen Turnsaal, Physiksaal, Zeichensaal, Handarbeitsraum, Musikraum, eigener Küche – für die Kochstunden, einen Garten für die Pausenaufenthalte, einen Hof, in dem im Winter ein Eisplatz entstand, auf dem wir Schlittschuhlaufen konnten. Außerhalb der Stadt hatte das Kloster noch Grundbesitz, auf welchem wir ‚Hauswirtschaft' praktizierten: Blumen-, Gemüse- und Feldfrüchteanbau kennen lernten."[499] Dass solche „Luxusschulen" freilich die Ausnahme bildeten, zeigt u.a. der oben schon zitierte Bericht Walter Schlögls. Im Rahmen der Bildungsexplosion, die ja die Devise „Jedem Bezirk seine eigene AHS" mit einschloss, entstanden im Laufe der 60er- und 70er-Jahre immer

---

[496] Brigitte Kitzmüller, geb. 1962, Tagesmutter
[497] Brigitte Kitzmüller, geb. 1962, Tagesmutter
[498] Frau, geb. 1923, Architektin im Ruhestand
[499] Henriette Hartig, geb. 1924, Volksschuldirektorin im Ruhestand

mehr weiterführende Schulen, die spätestens ab den 70er-Jahren ihr auch heute noch wenig verändertes typisches Aussehen erhielten. Brigitte Kitzmüller etwa beschreibt das Bundesrealgymnasium in Kirchdorf, das sie zwischen 1972 und 1980 besuchte, folgendermaßen: „Dies war ein großer Schulkomplex, wo es auch noch andere Schulzweige gab – ein ‚typisches Schulgebäude'. Es gab einen gemeinsamen Eingang für Lehrer und Schüler. Im Keller waren die Garderoben. Wir hatten über den Klassenzimmern verschiedene Räume: Turnsäle, Physikraum, Zeichensaal, Musiksaal, Direktion, Lehrerzimmer. Jedes Jahr hatten wir ein anderes Klassenzimmer, welches mit Tafel und Waschbecken ausgestattet war – spezielle Dinge wie z.B. Overheadprojektoren, Fernseher usw. mussten geholt werden oder man ging in manchen Fächern in die speziellen Säle."[500] An der räumlichen Aufteilung hat sich bis in die 90er-Jahre wenig geändert, wie die Beschreibung Daniela Hienerts zeigt, die eine große und wirklich großzügig ausgestattete AHS in Laa/Thaya besuchte: „Es gab zwei Turnsäle für Buben und Mädchen, einen Physik-, Chemie-, Musik- und Biologiesaal, anfangs zwei Zeichensäle, zwei EDV-Räume, einen Schreibmaschinenraum, einen Handwerksraum, einen Handarbeitensaal und ein Raucherzimmer. Die Klassen waren über vier Stockwerke verteilt, meist waren die ersten und zweiten Klassen im Erdgeschoß, sonst waren sie wild gemischt. Das Lehrerzimmer und die Direktion befanden sich im ersten Stock."[501] Auch Schulen in Altbauten, die es v.a. in den Städten schon lange Zeit gegeben hat und die bis heute Bestand haben, wurden an die neuen Unterrichtsbedürfnisse angepasst: „Alle drei Schulen, die ich im Laufe meiner Ausbildung besuchte, waren [...] Altbauten, was mir aber gut gefiel. Im Prinzip waren diese Gebäude von ihrer Struktur her ähnlich angeordnet, Lehrerzimmer und Direktion befanden sich in allen dreien im ersten Stock, immer nebeneinander. [...] Die Turnsäle waren [...] sehr gut ausgestattet. [...] Physiksäle standen in beiden Gymnasien zur Verfügung, ebenso wie eigene Chemiesäle."[502]

Was sich im Gegensatz zur Raumaufteilung seit den 70er-Jahren sehr wohl geändert hat, ist die Ausstattung der Klassenzimmer. Diese umfasste in den 90er-Jahren nicht nur viele moderne Geräte und flexiblere Schulmöbel, sie verlieh dem Klassenzimmer durch das Anbringen von Schülerarbeiten auch eine persönlichere Note: „Die Klassenzimmer waren ‚ganz normal' eingerichtet, d.h. Tische, die in Reihen hintereinander standen, manchmal einzeln oder mehrere aneinandergereiht, in der Unterstufe eher auch noch in Gruppen zusammengestellt. Es gab eine große Tafel [...], in der Glasergasse hatten wir sogar Vorhänge [...]. Ansonsten gehörten eine Landkarte, ein Fernseher mit Videorekorder sowie

---

[500] Brigitte Kitzmüller, geb. 1962, Tagesmutter
[501] Daniela Hienert, geb. 1983, Studentin
[502] Frau, geb. 1981, Studentin

ein Overheadprojektor zur Standardeinrichtung. Ein Bild des Bundespräsidenten und ein Kreuz gab es nur im Klassenzimmer der Volksschule. Zeichnungen, Fotos oder Projekte hingen je nachdem, was gerade thematisch behandelt wurde, an den Wänden. Nicht zu vergessen sind natürlich die eigenen ‚Kunstwerke', welche die Wände im eigenen Klassenzimmer zierten und somit zu etwas Besonderem machten."[503] Dass heute generell sehr darauf geachtet wird, die Klassenräume freundlich zu gestalten, bestätigt auch Astrid Hösl: „In Droß gab es in meiner Klasse zwei große Bereiche. In einem Bereich befanden sich die Tafel, der Lehrertisch und die Schultische. Der zweite Bereich wurde durch einen Raumteiler vom ‚Unterrichtsbereich' getrennt. Dieser Bereich diente dem Pausenaufenthalt im Winter. Dort befanden sich ein Teppichboden und eine kleine Couch. Im gesamten Klassenzimmer befanden sich viele Pflanzen, weshalb die Atmosphäre sehr angenehm war. Ein weiterer Grund, warum ich die Klassenatmosphäre als sehr angenehm empfand, war, dass immer fast alle Schülerbilder an den Wänden aufgehängt wurden und die Eltern an den Elternsprechtagen die Werke ihrer Kinder bewundern konnten."[504] Dass derartige Klassenzimmer nicht nur eine ganz andere Atmosphäre aufkommen lassen, sondern auch den Einsatz neuer Unterrichtsformen ermöglichen und fördern, muss wohl nicht extra betont werden.

Lehr- und Lernmittel

Wie die Schulgebäude und Klassenzimmer, so haben sich auch die im Unterricht verwendeten Lehr- und Lernmittel einem beträchtlichen Wandel unterzogen und dies nicht nur in Hinblick auf die Qualität, sondern auch auf die Quantität der Schulutensilien. So stellten in der Ersten Republik Schiefertafel, Griffel und Schwamm die wichtigsten Schulsachen für die Schulanfänger dar, erst in den nächst höheren Schulstufen kamen Hefte dazu, in die zuerst mit Bleistift, dann aber auch mit Tinte und Feder geschrieben wurde. Bücher gab es nur wenige, meist waren sie nicht Eigentum der Schüler sondern lediglich geborgt. Über ihre Schulsachen in den 30er-Jahren erzählt Maria Pregartner: „Im Schulranzen oder in der Stofftasche mit Metallreifen, die die Mutter selbst nähte (Pompadourl genannt) steckte zuerst das Lese- und Rechenbuch. Zum Schreiben hatten wir die Schiefertafel mit Griffel; Schwamm und Fleckerl baumelten an einer Schnur daran. Wir waren die Taferlklassler. Später mit den Heften, dem hölzernem Federpennal, worin die Bleistifte, Stahlfedern u.a.m. waren, wurde die Traglast für die kleinen Schüler schwer."[505]

---

[503] Frau, geb. 1981, Studentin
[504] Astrid Hösl, geb. 1983, Studentin
[505] Maria Pregartner, geb. 1928, Haushälterin im Ruhestand

Die Schulutensilien kosteten – so bescheiden sie auch waren – viel Geld, kinderreiche Familien und solche, wo der Vater arbeitslos war, kamen öfters in einen finanziellen Engpass. Die große Armut, die in weiten Teilen der Bevölkerung herrschte, machte es notwendig, viele Dinge so gut wie möglich selbst herzustellen. Dies taten etwa die Mutter der oben schon zitierten Maria Pregartner, aber auch der Vater von Lambert Wimmer: „Wir haben zuerst noch mit Schiefertafeln gearbeitet und ich kann mich noch erinnern, dass mir die Schultasche mein Vater selber gemacht hat. Die war nicht so schön, dass ich hätte stolz sein drauf können, aber sie hat die ganzen Jahre dem guten Zweck gedient."[506] Schulutensilien, die nicht selbst hergestellt werden konnten, wurden öfters – wie z.B. die Schulbücher – ausgeliehen, für Dinge, die man kaufen musste, gab es lokale Unterstützung. Darüber berichtet u.a. Theresia Schauer: „Die Schulsachen mussten schon die Eltern bezahlen, für ganz Arme gab es aber schon auch Gratissachen, da hat sich der Lehrer eingesetzt."[507] Oftmals wurden jene Schüler, denen Schulutensilien und zum Teil auch eine tägliche Mahlzeit kostenlos zur Verfügung gestellt wurden, „Armenschüler" genannt. Dass die Kriterien der Zuteilung zu dieser Gruppe nicht immer unproblematisch waren, schildert Karl Schmiedinger: „Und in dieser Schule waren wir eigentlich getrennt insofern, dass es Armenschüler gegeben hat und andere Schüler. Die Armenschüler waren im Grunde genommen viel besser gestellt als wir, wo wir von den Eltern jeden Groschen haben holen müssen, damit wir etwas kaufen können und die haben es automatisch gekriegt. [...] Mit mir sind zwei Schüler [in die Schule] gegangen, das waren zwei Bauernkinder – wieso zwei waren? wahrscheinlich ist eines davon einmal sitzen geblieben – die sind nur abwechselnd in die Schule gekommen, weil sie mitsammen nur ein Paar Schuhe gehabt haben. Aber nachdem sie Bauern waren, sind sie keine Armenschüler gewesen und haben die Schuhe nicht von der Schule gekriegt. [Wer Armenschüler war,] das hat die Gemeinde bestimmt. Aber ein Bauer war kein Armenschüler."[508]
Nach dem Zweiten Weltkrieg trat in punkto Schulutensilien keine Besserung ein, viel mehr war es nun besonders schwierig, überhaupt die notwendigsten Dinge zu bekommen. Diese Erfahrung machte u.a. die damalige Volksschullehrerin Maria Bilzer: „Improvisation war alles. Keine Hefte – aus den nicht ausgeschriebenen Schularbeitenheften machten wir ‚neue' Hefte. Für die Erstklassler sammelten wir bei den Bauern die alten Schiefertafeln und Griffel. Alte Bücher und Fibeln zerlegten wir, um das darin enthaltene NS-Gedankengut zu entfernen – neue Bücher gab es ja nicht. In einem Papiergeschäft, das ich noch aus meiner LBA-Zeit kannte, konnte ich Schreib- und Zeichenbögen ergattern. Ausschuss-Bleistifte, die uns eine Firma gab, waren ein willkommenes Geschenk! Viele

---

[506] Lambert Wimmer, geb. 1916, Pater und ehemaliger Lehrer und Erzieher
[507] Theresia Schauer, geb. 1923, Pfarrhaushälterin im Ruhestand
[508] Karl Schmiedinger, geb. 1923, Konditor im Ruhestand

Lehrmittel mussten wir selber basteln. Es war eine stressige Zeit!"[509] Hatte man als Schüler doch noch Schulmaterialien bekommen, so ließ die Qualität meist zu wünschen übrig: „Die Schulsachen waren Mangelware. Hefte und Blöcke waren nur mit Bleistift zu beschreiben, da die Tinte zerrann."[510] An die große Sparsamkeit, die in dieser Zeit notgedrungen waltete, denkt die ehemalige Volksschullehrerin Waltraud Fahrngruber noch öfters zurück: „Die Nachkriegszeit war schwierig. Es gab alte Leihbücher für Rechnen, Lesen und Englisch – Bleistifte und Farbstifte wurden bis zum letzten ‚Stumperl' benützt. Die Hefte hatten ungeleimtes Papier, auf dem die Tinte zerrann. Wenn ein Heft ausgeschrieben war, mussten wir damit zum Direktor gehen. Der begutachtete es und wenn er kein unbeschriebenes Plätzchen fand, bekam man auf die letzte Seite einen Stempel. Nur mit diesem Stempel bekam man im Papiergeschäft ein neues Heft."[511] Was die Schulbücher betraf, so wurde auch nun das bewährte Leihsystem der Ersten Republik fortgeführt. Ein jetziger Pensionist bewertet diese Praxis aus heutiger Sicht positiv, er sieht darin auch einen pädagogischen Nutzen, nämlich die Erziehung zu Ordnung und Achtsamkeit, durch welche viele der Schulbücher jahrelang in tadellosem Zustand geblieben seien: „Mit den ausgeborgten Schulbüchern musste man sorgfältig umgehen, da am Schuljahresende diese wieder eingesammelt wurden. Sie wurden überprüft und bei starker Beschädigung musste das Buch bezahlt werden. Das waren Sparmaßnahmen. Damit lernte man auch Ordnung halten. Im Verzeichnis auf der Rückseite des Buches konnte man den jeweiligen Ausborger (Schüler) sowie das Alter des Buches feststellen. Die Bücher waren oft bis zu 20 Jahre alt und doch in Ordnung."[512] Maria Fessl hatte ebenfalls nur geborgte Bücher. Sie sah im Leihsystem v.a. einen finanziellen Vorteil, der heutigen Schulbuchaktion steht sie mit gemischten Gefühlen gegenüber: „Wir hatten keine Arbeits- und Lernbücher, wo einfach Wörter und Sätze eingefügt wurden. Es musste alles Vorgetragene ausführlich in Hefte eingetragen werden, damit nachher gelernt werden konnte. Bücher bekamen wir gegen eine Leihgebühr von der Schule, sie mussten am Ende des Schuljahres wieder zurückgegeben werden, damit sie die nachfolgenden Klassen wieder benützen konnten. Es verlangte sorgsame Benützung, denn beschädigte Bücher mussten ersetzt werden. Dennoch war es eine gute Lösung, da sich viele Eltern den Bücherkauf nicht leisten konnten. Bei mehreren Kindern wurde der Einkauf der sonstigen Schulsachen zur finanziellen Belastung. Ich finde die jetzige Lösung der Gratisschulbücher eine sehr gute Idee, aber nicht die Handhabe mit der Wegwerfpraktik."[513] Hier hakt eine Pensionistin ein. Sie stört es besonders, dass heute von vielen Schülern recht schlampig mit ihren

---

[509] Maria Bilzer, geb. 1923, Volksschuldirektorin im Ruhestand
[510] Mann, geb. 1933, Trafikant im Ruhestand
[511] Waltraud Fahrngruber, geb. 1932, Volksschullehrerin im Ruhestand
[512] Mann, geb. 1933, Trafikant im Ruhestand
[513] Maria Fessl, geb. 1951, Hausfrau

Schulbüchern umgegangen wird: „Früher wurden die wichtigsten Zusammenfassungen aus der Unterrichtsstunde in Hefte geschrieben, heute wird alles in die Bücher hineingeschmiert – ‚Übungsbuch'. Die Kinder sollten wieder mehr aufpassen auf ihre Schulsachen und die Bücher."[514]

Nach der großen Not der Nachkriegszeit erhöhten sich einhergehend mit dem Wirtschaftsaufschwung auch die Ansprüche an Lehr- und Lernmittel. So gehörten in den 70er-Jahren neben den klassischen Schulsachen auch schon modernere Maschinen zur Ausstattung der Schüler, wie die Handelsschulabsolventin Anna Hösl berichtet: „An Schulutensilien besaß ich eine Schultasche, ein Federpennal samt Inhalt, Bücher, Hefte, eine alte händische Schreibmaschine und einen Handarbeitskoffer. Es gab noch keine Taschenrechner etc."[515] Was heute aus dem Schulalltag nicht mehr wegzudenken ist, nämlich der Einsatz von PC und Laptop, galt zur Schulzeit der heute 47-jähringen noch als große Neuheit. Den ersten Computer lernte sie in der Handelsschule kennen: „Wir mussten noch mühsam mit alten Rechenmaschinen arbeiten, ein Rechenschieber wurde vorgestellt. [...] Es gab [auch] einen eigenen Raum für Informatik, welches Fach seinerzeit noch ‚Bürotechnik' genannt wurde. Es gab bereits einen ‚Computer', der aber eher von der Größe noch mit einem Roboter zu vergleichen war und im Vergleich zu heute ‚nichts' konnte."[516] Heute findet man PCs an jeder Schule, ausgehend von den Informatiksälen halten sie immer mehr auch in die einzelnen Klassenzimmer Einzug. Dass es dabei den Schulen nicht zuletzt aus finanziellen Gründen schwer fällt, stets die modernste Ausrüstung zur Verfügung zu stellen, weiß ein jetziger Student, dessen Ansprüche von seinem Gymnasium nicht erfüllt werden konnten: „In die Computer- oder EDV-Säle durften wir erst in der Oberstufe. Zu diesem Zeitpunkt hatten die meisten von uns bereits sehr viel Übung an eigenen PCs zu Hause. Das ‚Getue', das die meisten Lehrer und nicht zuletzt der ‚Herr Oberschulwart' um die sichere Verwahrung und den ordnungsgemäßen Umgang mit den damals durchwegs vier bis fünf Jahre alten Schulcomputern machten, erschien uns damals ebenso lächerlich wie die Versuche unseres EDV-Lehrers, uns, die wir zum Großteil bereits mehr Erfahrung mit Computern hatten als er, zu erklären, was eine Computermaus sei und was man sich unter einer Datei vorzustellen habe."[517]
Abgesehen von derartig modernen Lehrmitteln haben heutige Schüler in der Regel Schulutensilien in Hülle und Fülle. Bei weitem ist es nicht mehr allein mit Heft und Füllfeder getan, neben Buntstiften, Textmarkern und anderen Schreibgeräten benötigen jetzige Schüler auch eine oft aufwändige Ausstattung für den Mal- und Handarbeitsunterricht, hinzu kommen Taschenrechner, Zirkel und

---

[514] Frau, geb. 1943, Hausfrau

[515] Anna Hösl, geb. 1958, Angestellte in einer Rechtsanwaltskanzlei

[516] Anna Hösl, geb. 1958, Angestellte in einer Rechtsanwaltskanzlei

[517] Mann, geb. 1982, Student

immer öfter der eigene Computer oder Laptop. Finanziert werden diese Dinge –
mit Ausnahme der Schulbücher, wo nur ein Selbstbehalt zu entrichten ist – von
den Eltern, wie eine Wiener Studentin erzählt: „Ich besaß alles, was notwendig
war: Zirkel, Taschenrechner, GZ-Utensilien etc. Meine Mutter hat das alles ‚ge-
sponsert'."[518] Die Eltern von Daniela Hienert finanzierten ebenfalls ihre Schulsachen, allerdings galt dies nicht immer als selbstverständlich: „Ich hatte an
Schulutensilien alles mögliche, was man halt brauchte, aber nicht übertrieben
viel. Meine Eltern kauften diese, wenn ich aber z.b. einen neuen Rucksack wollte, musste ich sparen oder ich bekam ihn als Geschenk zum Geburtstag etc."[519]
Ein derartiges maßvolles Vorgehen wird in Zukunft v.a. für kinderreiche Famili-
en immer notwendiger werden, nicht nur, weil generell immer noch mehr Schulsachen benötigt werden, sondern auch, weil sich eine immer stärkere Konzentration auf teurere Markenartikel abzeichnet und das macht den Schulalltag nicht
gerade billiger.

Der Schulweg

Alle bisher behandelten Bereiche von Schulkultur standen in unmittelbarem Zusammenhang mit dem – wie es heißt – „inneren Betrieb" von Schule. Schulkultur im weiteren Sinn aber bleibt nicht allein auf das, was sich innerhalb des
Schulgebäudes und im Unterricht abspielt, beschränkt, auch der Weg von und
zur Schule kann als spezifischer Teil des Schulerfahrens gewertet werden. Seit
der Zwischenkriegszeit hat sich dabei manches geändert, vieles ist besser geworden, zugleich tauchten neue Schwierigkeiten auf. So gehören – um nur ein
Beispiel zu nennen – die Strapazen, die frühere Schüler am Schulweg noch oft
auf sich nehmen mussten, heute großteils der Vergangenheit an, mit dem modernen Schülertransport einher gehen allerdings ein zunehmender Verlust der
Gemeinschaft und der heute oftmals beklagte Bewegungsmangel der Jugend.
Erfahrungen, die auf dem Schulweg gemacht wurden, hingen und hängen neben
der zeitlichen Komponente natürlich auch vom Wohn- und Schulort ab, so spielte es z.B. sehr wohl eine Rolle, ob ein Kind weit außerhalb eines Dorfes oder in
der Stadt direkt an einer Straßenbahnhaltestelle wohnte. Dass daneben auch das
Wetter und die jeweilige Jahreszeit, die Landschaft entlang des Schulwegs so-
wie sehr persönliche Erfahrungen den täglichen Schulweg mitgestalteten, soll im
Folgenden aufgezeigt werden.
Viele Schüler der Ersten Republik und der Nachkriegszeit hatten einen langen
und oftmals sehr anstrengenden Schulweg, der in der Regel bei jedem Wetter zu
Fuß zurückgelegt werden musste. Irmgard Wartner z.B. wuchs in einem Forst-

---

[518] Frau, geb. 1981, Studentin
[519] Daniela Hienert, geb. 1983, Studentin

haus auf und musste täglich den Berg hinunter zur Schule und nach dem Unterricht den steilen Hang wieder hinauf gehen: „Gewohnt hab ich in Waldhausen in Oberösterreich und von dort hätte ich aber zwei Stunden in die Schule gehabt und das ganz alleine, weil ich bin in einem Forsthaus aufgewachsen. Jetzt hab ich dann nach Niederösterreich gehen dürfen. Und damit ich nicht alleine bin, habe ich eine zweite mitgekriegt, aber die hat dann – aus was weiß ich welchen Gründen – nach einem Monat nicht mehr mitgehen dürfen. Jetzt war ich ganz alleine dann. Und ich bin immer so vom Berg hinunter gegangen, eine halbe Stunde ungefähr, ganz allein."[520] Der Schulweg mancher Kinder war zum Teil noch weiter, wie u.a. Karl Schmiedinger berichtet: „Die Kinder, die mit mir zur Schule gegangen sind, die haben teilweise zwei Stunden zur Schule gehabt."[521] Im Winter war dies besonders mühsam, oftmals mussten die Wege erst ausgetreten werden. Wer warmes Schuhwerk besaß oder sogar – wie Theresia Kirchmayr – auf einem Pferdeschlitten mitfahren konnte, hatte großes Glück: „Im Winter [...] sind wir hie und da gefahren worden mit dem Schlitten von meinem Vater. Wir haben ja eine Landwirtschaft gehabt und da hat er die Rosse eingespannt und da sind wir halt am Schlitten gesessen. Und sonst sind wir mit Holzschuhen in die Schule gegangen, mit Holzschuhen mit einem Holzboden und die Schuhe sind so beschlagen gewesen mit Eisen. Das hat auch mein Vater gemacht, weil er ja Schmied war. Aber die sind warm gewesen, weil da hat man Stroh hinein geben können in die Schuhe und so ist man halt gegangen. Obwohl dann schon Brocken dran gewesen sind, weil sich halt der Schnee angelegt hat, weil es hat ja keinen Pfad oder so etwas und keinen Schneepflug gegeben – das hat es ja alles nicht gegeben. Wir haben uns den Pfad selber machen müssen."[522] Nicht selten kam es vor, dass Kinder völlig durchnässt oder zu spät zum Unterricht erschienen. Die meisten Lehrer hatten dafür Verständnis, so auch die Hauptschullehrerin eines jetzigen Pensionisten: „Nach der vierten Klasse Volksschule kam ich in die Hauptschule. Diese lag acht Kilometer vom Wohnhaus entfernt. Da ich noch ziemlich klein gewachsen war, konnte der Onkel für mich kein Fahrrad auftreiben. Daher musste ich in den ersten Monaten täglich zu Fuß 16 Kilometer zurücklegen. Ich kam oft ganz verschwitzt bzw. bei Schlechtwetter ganz durchnässt in der Hauptschule an. Eine ältere Fachlehrerin hatte Mitleid mit mir und behandelte mich sehr wohlwollend."[523] Auch der Lehrer einer etwas jüngeren Frau war um deren Wohlergehen besorgt: „Ich hatte sehr weit zu Fuß. An einem stürmischen Wintertag kam ich total erschöpft und durchnässt in die Schule. Der Oberlehrer schickte mich zu seiner Frau in die Küche und sagte: ‚Sag deiner Mutter, bei so starken Schneefällen darf sie dich nicht mehr in die

---

[520] Irmgard Wartner, geb. 1945, Hauptschullehrerin im Ruhestand
[521] Karl Schmiedinger, geb. 1923, Konditor im Ruhestand
[522] Theresia Kirchmayr, geb. 1924, Altbäuerin
[523] Mann, geb. 1937, Volksschuldirektor im Ruhestand

Schule schicken.'"[524] In vielen alten Klassenzimmern wurde der Ofen dazu benutzt, die von Schnee und Regen durchnässten Sachen zu trocknen. Daran kann sich u.a. Emma Spindler noch gut erinnern: „Ja, die [Schüler] haben zum Teil eineinhalb Stunden [in die Schule] gehabt. [Im Winter,] da haben sie oft warten müssen, bis dass ein Schlitten gefahren ist zum Milchführen, sodass sie dann in den Spuren haben gehen können, weil so viel Schnee gelegen ist. Die sind oft dahergekommen wie die Schneemänner."[525] Kalt sei den Kindern in der Schule dann aber nicht gewesen: „Nein, ich sage Ihnen, das war wunderbar. Es war oft so heiß. Das war ja ein großer Ofen, so ein runder, ein hoher, großer Ofen. Und der hat ja recht ausgestrahlt, nicht? Wir haben ja große Klassen gehabt. Und da ist rundherum ein Gestell gewesen und da haben die Kinder, wenn sie recht nass waren vom Hergehen, die Sachen aufhängen können, die Schlapfen und die Schuhe haben sie zum Ofen gestellt, damit sie wieder trocken geworden sind. Da haben sie Patschen mitgehabt in die Schule, nicht? Damit sie zum Heimgehen wieder trocken waren."[526] Etwas leichter gestaltete sich der Schulweg eines ehemaligen Trafikanten, der Mitte der 40er-Jahre zumindest im Winter für den Weg zur Schule öffentliche Verkehrsmittel benutzen konnte. Anstrengend war der Schulweg aber dennoch: „Im September 1944 kam ich in die Hauptschule Windischgarsten. Der Schulweg wurde anstrengender. Mit dem Fahrrad (Vollgummibereifung) auf der schlechten Schotterstraße sieben Kilometer zur Hauptschule. Bei Schnee im Winter konnte ich mit dem Zug nach Windischgarsten fahren. Der Heimweg musste oft zu Fuß gemacht werden."[527] Ebenfalls wenig Freude mit dem Winter hatte eine heute 62-jährige Frau, die die Erfahrung machte, dass verschiedene Wintersportaktivitäten, so lustig sie auch gewesen sein mochten, für Schüler mit weitem Schulweg oftmals zur Qual werden konnten: „Anstrengend war auch das Schi-Mitnehmen zum Schifahren im Turnunterricht. Ich musste ja die Schultasche, Schiausrüstung, ev. auch Handarbeitszeug zum Bahnhof schleppen (15 Minuten), vom Bahnhof zur Schule (15 Minuten) und auch retour. Es gab keine Schilifte. Wir mussten uns den Hang selber bretteln und dann hauptsächlich ‚Bogenfahren'."[528]

Abgesehen von diesen Strapazen lauerten auf dem Schulweg noch andere Gefahren. Elsa Aichmair etwa musste sehr weit zur Schule gehen, dabei war sie immer allein unterwegs. Noch heute weiß sie, wie sie sich dabei gefürchtet hat, allerdings nicht vor dem Wald, sondern vor den Gänsen, an denen sie täglich vorbei musste: „An das eine Jahr, da kann ich mich halt so gut erinnern, nicht, weil ich da so weit in die Schule gehabt habe. Sondern weil ich so viel Angst gehabt habe[...], im Wald gar nicht, aber halt vor den Gänsen. Da war ich immer

---

[524] Frau, geb. 1946, Volksschullehrerin im Ruhestand
[525] Emma Spindler, geb. 1923, Postbeamtin im Ruhestand
[526] Emma Spindler, geb. 1923, Postbeamtin im Ruhestand
[527] Mann, geb. 1933, Trafikant im Ruhestand
[528] Frau, geb. 1943, Hausfrau

froh, wenn es geregnet hat. [...] Die [= die Erwachsenen] haben eh gesagt, ich soll nicht rennen. Dann kommen sie nicht, dann rennen sie eh nicht. Aber wenn man sich halt fürchtet, dann laufen einem die Gänse nach."[529] Weniger die Entfernung als die drohenden Gefahren auf dem Schulweg sind auch Maria Bilzer in Erinnerung geblieben: „Mein Schulweg [...] führte vom Bahnhof Ybbs in die Stadt durch die Au. Meistens gingen mehrere Kinder mitsammen, das war oft recht lustig. Den Heimweg musste ich aber immer rasch zurücklegen – und möglichst nicht allein. Meine Eltern machten sich Sorgen, dass mir etwas zustoßen könnte. In Ybbs war damals, so wie heute, ein großes psychiatrisches Krankenhaus. Mit Lastautos und Pferdewagen wurden die für das Spital benötigten Güter vom Bahnhof transportiert. Patienten, die als ‚leichte Fälle' eingestuft waren, wurden zu Ladearbeiten mitgenommen. Dabei entwischte manchmal so ein Kranker und trieb sich in der Au herum."[530] Ebenso unangenehm war der Schulweg von Anita Gösweiner, die dabei ein recht ungutes Erlebnis hatte: „Es gab keinen Schulbus und meine Freundin Brigitte und ich hatten den weitesten Schulweg von allen Kindern, eine gute halbe Stunde. Der Nachmittagsunterricht im Winter war für uns beide nicht angenehm, da wir auf einer langen Geraden (links und rechts nur Felder, keine Häuser, keine Straßenbeleuchtung, schlechte Schotterstraße) nach Hause gehen mussten. Einmal erschreckte uns in der Finsternis ein Unbekannter. Meine Freundin und ich rannten und rannten. Dabei verlor ich einen Schuh – und das im Winter. Wir hatten schreckliche Angst. Abholen von der Schule konnte uns niemand – die Eltern meiner Freundin besaßen kein Auto und meine Eltern konnten vom Geschäft nicht weg."[531] Selbst die raren Transportmittel – oft ungeeignet für den Schülertransport – bargen eine gewisse Gefahr in sich. Zu Verletzungen ist es zumindest zu Waltraud Fahrngrubers Schulzeit glücklicherweise aber nicht gekommen: „Wir hatten einen sechs Kilometer langen Schulweg. Im Sommer fuhren wir mit den Fahrrädern, wenn Schnee war, mussten wir um sechs Uhr früh in der Fabrik sein. Dort gab es einen kleinen Holzvergaserlaster, der jeden Tag zum Bahnhof nach Windischgarsten fuhr. [...] Später fuhr ein richtiger Lastwagen. Vom Bahnhof in Windischgarsten zur Fabrik in Rosenau wurden Holz und Kohle befördert. Wir standen zwischen Führerhaus und Blockfuhre oder wir kletterten auf die Fuhre. Bei Kohlentransporten saßen wir auf den schwarzen Kohlen. Zum Glück passierte nie etwas."[532]

Trotz der großen Mühsal, die der Schulweg für die Kinder früher häufig bedeutete, denken die meisten von ihnen heute gerne an den täglichen Fußmarsch zurück. Dieser wurde in den meisten Fällen ja nicht alleine zurückgelegt und bot so den Schülern, die daheim oft hart mit anpacken mussten und wenig Zeit zum

---

[529] Elsa Aichmair, geb. 1924, Angestellte im Ruhestand

[530] Maria Bilzer, geb. 1923, Volksschuldirektorin im Ruhestand

[531] Anita Gösweiner, geb. 1953, Hauptschullehrerin

[532] Waltraud Fahrngruber, geb. 1932, Volksschullehrerin im Ruhestand

Spielen und Freunde treffen hatten, die Möglichkeit, den Kontakt mit Gleichaltrigen zu pflegen. Maria Fessl etwa, die ebenfalls weit marschieren musste, denkt noch gerne an die Gemeinschaft, die sie auf dem Schulweg erlebte, zurück: „Wenn ich zurückdenke, musste der Schulweg immer zu Fuß zurückgelegt werden. Um sieben Uhr früh ging es los, dass wir rechtzeitig in die Schule kamen, bei jeder Witterung. Es bildeten sich größere Gruppen, oft wurde gesungen."[533] Dem um 25 Jahre älteren Rudolf Stanzel war die Gemeinschaft am Schulweg so lieb geworden, dass er darauf gar nicht mehr verzichten wollte: „Der Schulweg – in meiner ersten VS-Zeit etwa zwei Kilometer – war das Wichtigste! Als ich dann nach der Übersiedlung keinen mehr hatte, habe ich die anderen begleitet."[534] Gerne ging auch Theresia Schauer zur Schule – und das im wahrsten Sinn des Wortes: „Mein Schulweg war ungefähr eine halbe Stunde Gehzeit, natürlich zu Fuß. Im Winter, wenn viel Schnee war, war das schon etwas beschwerlich. [...] Aber der Schulweg war lustig, wir haben oft ,Fangen' gespielt am Heimweg, manchmal gab es natürlich auch kleine Raufereien, aber richtig gewalttätig war niemand."[535]

Wer in der Ersten Republik (und auch noch in der Nachkriegszeit) eine weiterführende Schule besuchen wollte und nicht in der Stadt wohnte, musste meist ein Internat besuchen. Pendeln war kaum möglich, da zu wenig Verkehrsmittel zur Verfügung standen und deren Benützung meist recht teuer war. Um den finanziell kaum erschwinglichen Internatsplatz zu vermeiden, fuhr der Bruder von Theresia Kirchmayr täglich mehrere Stunden mit dem Rad: „Einen Bruder hab ich gehabt, der ist in die Hauptschule gefahren nach Steyr mit dem Rad – zwei Stunden. [Nur] hie und da hat ihn ein Milchauto mitgenommen. Die Milch ist ja transportiert worden schon mit einem Lastauto."[536] Nach dem Zweiten Weltkrieg nahm die Zahl der Internatsschüler dann immer mehr ab, das dichtere Netz an Verkehrsmitteln erlaubte das tägliche Pendeln vom Wohn- zum Schulort und wieder zurück. Vor allem in ländlichen Gebieten, wo sich die nächsten Gymnasien meist erst in den Bezirkshauptstädten befanden, konnte der Schulweg aber dennoch zu einer wahren Strapaz werden. Dies erlebte u.a. Brigitte Kitzmüller: „Ich hatte einen langen Schulweg. Zuerst zwei Kilometer Fußweg – den wir auch öfters mit dem Rad zurücklegten – dann 30 Kilometer Zugfahrt und wieder ca. drei Kilometer Fußweg. Am Morgen fuhr ein Bus vom Bahnhof bis fast zur Schule, da wir sonst zu spät zum Unterricht gekommen wären, am Nachmittag mussten wir zu Fuß gehen."[537] Für die Fahrschüler traten oftmals längere Wartezeiten auf. Konnten sie diese Zeit nicht in der Schule verbringen, schlenderten die meisten in den Dörfern und Städten herum oder suchten sich andere Be-

---

[533] Maria Fessl, geb. 1951, Hausfrau
[534] Rudolf Stanzel, geb. 1926, Hauptschuldirektor im Ruhestand
[535] Theresia Schauer, geb. 1923, Pfarrhaushälterin im Ruhestand
[536] Theresia Kirchmayr, geb. 1924, Altbäuerin
[537] Brigitte Kitzmüller, geb. 1962, Tagesmutter

schäftigungen, unter denen der Ruf der Fahrschüler zuweilen litt. Eine ehemalige Volksschullehrerin skizziert diesen folgendermaßen: „Fahrschüler! Für viele ein Schreckgespenst: erste Rauchversuche im Zug, Austausch von Schundheften, Zwetschken stehlen, ...!"[538] Den meisten Schülern, die täglich zum Schulort pendelten und vor oder nach dem Unterricht auf den Zug- oder Busanschluss warten mussten, standen aber Räumlichkeiten zur Verfügung. Eine jetzige Pensionistin etwa war wegen des Zugfahrplans schon mehr als eine Stunde vor Unterrichtsbeginn in der Schule, wo sie sich aber gemeinsam mit anderen Schülern zumindest schon einmal ins Klassenzimmer setzen durfte: „Der Zug fuhr schon um sechs Uhr zehn und der Unterricht begann erst um acht Uhr. Lange Wartezeit, die wir aber in einem Klassenzimmer, vom Schuldiener teilweise überwacht, verbringen konnten."[539] In der Hauptschule Anna Hösls wurde den Jugendlichen, die nach der Schule auf den Bus warten mussten, eine eigene, allerdings verpflichtende Betreuung angeboten: „Wir mussten uns dann bis zur Abfahrt des Busses in Sammelklassen begeben und dort unter Aufsicht mit den Aufgaben beginnen."[540] Gerade umgekehrt erlebte es die Eisenbahnertochter Maria Bilzer in ihrer Hauptschulzeit, wo der Zug sehr knapp nach Unterrichtsende abfuhr: „Da musste ich flott laufen, um meinen Zug nach Hause zu erreichen. Manchmal, wenn die Lehrerin vergessen hatte, mich rechtzeitig wegzuschicken (ich besaß ja keine Uhr), lief ich auch über die Geleise und stieg verkehrt ein. Bahnsignale waren mir ja geläufig."[541]

Während der Weg zur Volksschule in den 90er-Jahren für so gut wie alle Schüler keine Schwierigkeit bedeutete – entweder erreichte man diese zu Fuß, mit Schulbussen oder aber man wurde von den Eltern täglich zur Schule gebracht und wieder abgeholt – hatten es viele Jugendliche relativ weit bis zur nächsten weiterführenden Schule, Fahrzeiten von bis zu zwei Stunden waren keine Seltenheit. Die Schulweggestaltung änderte sich dabei wenig: Noch immer wurde gescherzt und getratscht, zuweilen auch gelernt, nur statt des gemeinsamen Singens entspannten sich die Schüler lieber bei Musik aus den Kopfhörern, wie Daniela Hienert beschreibt: „Das Gymnasium war ca. 32 Kilometer von Wilfersdorf entfernt, ich gelangte entweder per Bahn oder Bus dorthin. Das bedeutete einen Zeitaufwand von ca. zwei Stunden täglich, mit der Bahn länger, da diese bis Mistelbach fuhr und ich von dort abgeholt werden musste. Der Schulweg war morgens mit Lernen, Plaudern mit Freundinnen etc. ausgefüllt, nachmittags machten wir teilweise Hausübung, hörten aber auch Walk- und Discman."[542] Körperlich anstrengende Schulwege legt heute kaum mehr ein Schüler zurück, kann die gewünschte Ausbildung trotz des gut ausgebauten Schulnetzes nur in

---

[538] Frau, geb. 1946, Volksschullehrerin im Ruhestand
[539] Frau, geb. 1943, Hausfrau
[540] Anna Hösl, geb. 1958, Angestellte in einer Rechtsanwaltskanzlei
[541] Maria Bilzer, geb. 1923, Volksschuldirektorin im Ruhestand
[542] Daniela Hienert, geb. 1983, Studentin

räumlich sehr weiter Entfernung absolviert werden, wird nach wie vor ein Internatsplatz in Anspruch genommen. Solche Fälle bilden aber zumindest für den AHS-Bereich eine Ausnahme.

Wurde bisher in erster Linie auf Schulwege ländlicher Kinder eingegangen, so soll nun auch die Situation in der Stadt eine nähere Betrachtung erfahren. Dort wurden die Volksschulen – früher wie heute – meist zu Fuß besucht, weite Distanzen gab es dabei wegen der guten Schulinfrastruktur nur selten. Anders war die Situation bei den Gymnasien. In der Ersten Republik wurden auch sie noch meist zu Fuß besucht, was durchaus mühsam sein konnte, wie Walter Schlögl weiß: „Schauen Sie, ich hab in der Stadt gewohnt und bin zu Fuß gegangen alle Tage. Das ist immerhin ein schöner Weg gewesen: über den Heldenplatz, den Volksgarten, das Rathaus bin ich dann in den achten Bezirk zum Jodok-Fink-Platz, also zum Piaristenplatz. Naja, dann, kann ich sagen, bin ich mit dem Rad gefahren, das war dann schon ein bisserl etwas anderes."[543] Bald schon wurden der Weg zu weiterführenden Schulen aber, lagen sie vom Wohnort weiter entfernt, mit den öffentlichen Verkehrsmitteln zurückgelegt. Wie ein derartiger Schulweg aussehen konnte, schildert die ehemalige Wiener Schülerin Erika Habacher: „Ich fuhr jeden Tag mit der Straßenbahn zur Schule – ca. 20 Minuten. Meist war sie überfüllt. Hatte ich doch einmal einen Sitzplatz, dann wollte sicher irgendein Fahrgast genau auf meinem Platz sitzen und ich musste aufstehen. Manchmal dachte ich, die Menschen tun dies, um mich zu ärgern. Lustig war es nur, wenn wir Kinder warteten, bis alle Erwachsenen eingestiegen waren und die Straßenbahn dann so überfüllt war, dass wir nur mehr auf dem Trittbrett Platz fanden. Die Wagons waren offen – deshalb stand man am Trittbrett im Freien – was wunderbar aufregend, im Sommer angenehm (wegen des Fahrtwindes), aber leider streng verboten war. Meist erfreuten wir uns daran nur bis zur nächsten Station. Dann verjagte uns der Schaffner."[544] Dass es auch in den Städten im Winter zu Schwierigkeiten auf dem Schulweg kommen konnte, erwähnt die heutige Volksschuldirektorin an anderer Stelle: „Wenn Bus und Straßenbahn bei starkem Schneefall nicht fahren konnten, ging ich zu Fuß und kam meist nur eine Stunde zu spät in der Schule an. Meist half ich (gemeinsam mit anderen Schülern) auf dem Hinweg hängen gebliebenen Autofahrern – das machte Spaß. Ja, es gibt auch in Wien steile Straßenstücke und die Autofahrer hatten meist nur Sommerreifen!"[545] Heute sind so gut wie alle weiterführenden Schulen in den Städten problemlos mit öffentlichen Verkehrsmitteln zu erreichen. Dennoch wird auch dieser – im Verhältnis zu früher bzw. auch zu den Fahrschülern am Land recht einfache – Schulweg teilweise als unangenehm erlebt. Das beschreibt etwa eine ehemalige Wiener Gymnasiastin: „Die VS und

---

[543] Walter Schlögl, geb. 1917, Justizbeamter im Ruhestand
[544] Erika Habacher, geb. 1953, Volksschuldirektorin
[545] Erika Habacher, geb. 1953, Volksschuldirektorin

das BRG lagen fünf Gehminuten von meiner Wohnung entfernt. Das ORG [= Oberstufenrealgymnasium] in der Hegelgasse war daher eine gewaltige Umstellung für mich, weil ich vier Stationen mit der U-Bahn fahren musste und ich das absolut nicht gewohnt war."[546]

Insgesamt wird der heute übliche Schülertransport mit Bussen und Zügen v.a. von älteren Leuten oft kritisch gesehen. Walter Fuchs etwa bewertet den aus der Schülerfreifahrt entstehenden Bewegungsmangel, den es früher nicht gegeben habe, recht negativ: „Wissen Sie, das ist so, die meisten Kinder waren ja aus dem Bauernstand. Die haben heimgehen müssen, naja, da sind sie zu Fuß gegangen, weil da ist niemand gefahren worden. Das war z.B. sehr gut, medizinisch. Weil wenn die jetzt dort hinauf gehen müssen und in der Früh hinunter – da hat es ja welche gegeben, die sind eine Stunde gegangen – haben sie ja so viel Sauerstoff getankt und dann sind sie in der Schule gesessen. Dann haben sie wieder heimgehen müssen, da waren sie abgelenkt und haben aufgetankt. [... Heute fehlt ihnen die Bewegung,] darum werden sie alle so fett. Schauen Sie, alle leben besser, keine Bewegung. Die werden gefahren, naja, wenn es zwei Kilometer sind, dann werden sie eh schon gefahren, wenn nicht weniger. In der Stadt, da fahren sie mit der Straßenbahn und bei uns gibt es die Schulbusse."[547]

Maria Fessl begrüßt die heute gängige Form des Schülertransportes zwar, sieht darin aber auch mögliche Nachteile: „Eine gute Einführung ist auch die Schulfreifahrt. Sie hat nur einen Fehler: die Kinder lernen die Gefahren des Straßenverkehrs zu wenig kennen."[548] Und noch ein Argument gegen die umfassende Schülerfreifahrt gibt es – zumindest der Ansicht eines ehemaligen Volksschuldirektors nach: „Heute gibt es die ‚unentbehrliche' Schulbusfahrt. Damit die, die nahe bei der Schule wohnen, auch den Schulbus haben, werden die weiter entfernt Wohnenden bereits eine Stunde und noch früher abgeholt. Das Ergebnis ist eine halbe, ja Dreiviertelstunde vor der Schule Wartezeit!"[549] Ein Problem also, auf welches in diesem Abschnitt ja schon eingegangen wurde.

Die Pausengestaltung

Nicht wegzudenken aus der alltäglichen Schulkultur ist die tagtägliche Pausengestaltung. Dabei stellten und stellen die Pausen zwischen den einzelnen Schulstunden nicht nur eine kurze Zeit der Erholung und Vorbereitung auf die nächste Stunde dar, sie dienten v.a. auch dem Essen, der Kommunikation zwischen den Schülern und der körperlichen Bewegung. Letzteres wurde in vielen Volksschulen der Ersten Republik besonders durch das gemeinsame Spiel erreicht, das ne-

---

[546] Frau, geb. 1981, Studentin
[547] Walter Fuchs, geb. 1921, Volksschuldirektor und Personalvertreter im Ruhestand
[548] Maria Fessl, geb. 1951, Hausfrau
[549] Mann, geb. 1937, Volksschuldirektor im Ruhestand

ben dem Verzehren der Jause die zentrale Beschäftigung in den Pausen darstellte. Wie bedeutsam dies für viele Schüler tatsächlich war, zeigt der Bericht Theresia Schauers, die sich noch genau an die einzelnen Spiele erinnern kann: „Zwischen den Stunden gab es eine Pause von einer Viertelstunde. Während derselben wurde das Stück Brot, das wir mithatten, gegessen und wenn es wettermäßig möglich war, durften wir auch in den Schulhof hinunter. Dort wurde gespielt, unsere alten Spiele waren ‚Kaiser schickt Soldaten aus' oder ‚Wer fürchtet den schwarzen Mann' oder ‚Fangenspielen' und für die Mädchen ‚Ist die schwarze Köchin da' oder ‚Im Keller ist es finster' und ‚Sacktuchlaufen'."[550] Fehlte die Möglichkeit, die Pausen etwa auf dem Schulhof draußen zu verbringen, so wurde meist in den Klassenzimmern gespielt. Das erlebte Walter Schlögl an einem Wiener Gymnasium in den 20er- und 30er-Jahren: „Die Pausen waren ja nicht recht lang. In der Klasse haben wir so Matches ausgetragen in der Pause mit kleinen Bällen. Also vom Klasseneingang war dann immer ein breiterer Gang nach vorne und da waren Bankreihen und da noch ein Zwischengang. Und auf dem breiteren Gang da haben wir Fußball gespielt oder allerhand, das war eigentlich unser Vergnügen. Und am Gang, naja, am Gang, da war nicht so eine Gelegenheit. Auf den Gängen konnte man entweder essen oder man hat sich da in eine Fensternische hingestellt und hat geplaudert."[551] Der Raummangel an der Volksschule von Elsa Aichmair machten ein besonders ausgeklügeltes System der Pauseneinteilung notwendig, für spielerische Aktivitäten blieb dabei wenig Zeit: „Ja, da haben wir einen kleinen Raum gehabt... Wie war denn das? Da haben wir einen Raum gehabt und zwar haben nicht alle zugleich Pause gehabt, das weiß ich auch noch, weil da ist der Raum zu klein gewesen, nicht? Da sind z.B. die erste, zweite, dritte oder vierte Klasse in einen Raum gekommen und dort haben wir unsere Jause gegessen, da war frei. Und dann sind wir wieder in die Klasse gekommen und die anderen [= die höheren Schulstufen] wieder weg."[552]

An den wichtigsten Elementen der Pausengestaltung – nämlich dem Essen und der gemeinsamen Bewegung – hat sich lange Zeit wenig geändert. Auch in den 50er-Jahren verbrachten die Kinder die Zeit zwischen den Schulstunden noch bevorzugt im Freien, wie eine ehemalige Volksschullehrerin schildert: „Bei schönem Wetter statteten wir dem Bauern neben der Schule einen Besuch ab oder wir saßen auf der Hausbank oder spielten Fangen."[553] Die Pausengestaltung der „großen Pause" am Vormittag wurde, wenn es eine Mittagspause gab, meist auch auf diese übertragen. So war z.B. die einstündige Mittagspause einer jetzigen Pensionistin ganz mit Mittagessen, Spiel und Sport ausgefüllt: „Mittagspau-

---

[550] Theresia Schauer, geb. 1923, Pfarrhaushälterin im Ruhestand

[551] Walter Schlögl, geb. 1917, Justizbeamter im Ruhestand

[552] Elsa Aichmair, geb. 1924, Angestellte im Ruhestand

[553] Frau, geb. 1946, Volksschullehrerin im Ruhestand

se war von elf bis zwölf Uhr und es gab eine Schulausspeisung. Sehr oft gab es Kakao und Marmeladesemmeln. In der Pause spielten wir bei Schönwetter im Schulhof Völkerball. Im Winter konnten wir auf einem Bauernweg Schlitten fahren.“[554] Letzteres wurde im ländlich-alpinen Raum – geht man nach den Schilderungen von Hermine Antensteiner – durchaus noch durch eine andere Sportart ergänzt: „Im Winter gab es in den Pausen und beim Turnen nur Schifahren. Wir hatten jedes Jahr einen Abfahrtslauf, da konnten wir unser Können zeigen.“[555]

Im Laufe der Zeit ließen die Beliebtheit und Bedeutung von Bewegung zwischen den Schulstunden immer mehr nach. So verlief schon die Mittagspause der heute 59-jährigen Eva Mark weniger sportlich, das Mittagessen – zuvor eine Aktivität unter anderen – stand hier ganz klar im Vordergrund: „In der Mittagspause (eine Stunde) gingen die Kinder vom Ort heim, die anderen besuchten die ‚Suppenausspeisung‘. Löffel und Reindl mussten sie selbst mitbringen.“[556] Das traf auch auf den städtischen Bereich zu, wobei hier so mancher Schüler ein Kaffeehaus der Schulkantine und damit ein kleines Getränk dem mehr oder weniger ausgiebigem Mittagessen vorzog. Die Kellner hatten dabei, wie Erika Habacher erzählt, Verständnis für den kleinen Geldbeutel der Jugendlichen: „Manchmal hatten wir zwei bis drei Stunden Pause bis zum Nachmittagsunterricht. Da gingen wir ‚einfachen‘ Mädchen gerne nach Schönbrunn spazieren oder setzten uns in ein Kaffeehaus, um unsere Hausübungen zu schreiben. Bei schlechtem Wetter und wenn nur wenige Gäste kamen, waren die Kellner nicht böse, wenn wir zwei Stunden bei nur einer Tasse Tee oder einem Glas Cola saßen, aber manchmal warfen sie uns liebevoll hinaus.“[557]

Spätestens ab den 70er-Jahren nahm die Pausengestaltung immer mehr heute übliche Formen an, Veränderungen gab es dabei mit einer Ausnahme, auf die später noch die Sprache kommen wird, kaum. Brigitte Kitzmüller etwa, die 1972 in ein Gymnasium eintrat, beschreibt die Aktivitäten während der Pause folgendermaßen: „In der Pause wurde gegessen, die Sachen für die nächste Stunde hergerichtet oder zu einem speziellen Raum gegangen. Dazwischen wurde geplaudert, ‚geblödelt‘, manchmal auch ein wenig ‚gerauft‘.“[558] Natürlich verrichtete man auch seine Notdurft, was in den 90er-Jahren als nicht mehr so selbstverständlich galt: „In der Pause wurde getratscht und aufs Klo gegangen – obwohl das lieber in den faden Stunden ‚erledigt‘ wurde, da war auch weniger los – es gab für Mädchen pro Stockwerk nur drei WCs.“[559] Die Pausenaktivitäten in den Volksschulen der letzten Jahrzehnte waren zum Teil ebenfalls noch mit de-

---

[554] Frau, geb. 1943, Hausfrau
[555] Hermine Antensteiner, geb. 1928, Landwirtin
[556] Eva Mark, geb. 1946, Volksschullehrerin
[557] Erika Habacher, geb. 1953, Volksschuldirektorin
[558] Brigitte Kitzmüller, geb. 1962, Tagesmutter
[559] Daniela Hienert, geb. 1983, Studentin

nen von früher vergleichbar: es wurde gespielt (vorzugsweise im Freien), getratscht, gegessen und zwischendurch ein wenig gelernt. Daniela Gamperl etwa verbrachte ihre Pausen angesichts der fehlenden Möglichkeit, draußen etwas zu unternehmen, kreativ: „Wir hatten keinen Hof, konnten infolgedessen auch in der Pause nicht draußen spielen und mussten in der Klasse bleiben. Meine beste Volkschulfreundin und ich verbrachten also die Pause meistens mit Zeichnen, was damals ein großes Hobby von uns beiden war, nur war meine Freundin um einiges besser als ich."[560] Die Pausen an der Berger Volksschule verliefen nach einem immer gleichen Ritual. Interessant ist, dass Andrea Eisenbarth als einzige unter allen Berichtverfassern davon spricht, dass es keine Pausenglocke gegeben habe: „So etwa weiß ich, dass wir keine Pausenglocke hatten. Allerdings habe ich keine Ahnung mehr, wie lange die einzelnen Schulstunden gedauert haben oder wie sie beendet wurden. [...] In den Pausen konnten wir spielen (meine besten Freunde und ich bevorzugten dabei einfache ausgedachte Rollenspiele). In der großen Pause wurde zuerst gemeinsam gejausnet (jeder saß dabei auf seinem Platz und hatte ein selbst mitgebrachtes Jausentuch vor sich liegen um nicht zu krümeln), dann gespielt."[561]

Wie schon angedeutet, gab es trotz aller Kontinuitäten im Laufe der Zeit eine große Änderung. Dabei ist in den letzten Jahrzehnten v.a. an AHS-Oberstufen und Berufsbildenden Schulen eine neue Pausenbeschäftigung dazugekommen, nämlich das Rauchen. Für Lehrer war dieses Thema schon relativ bald aktuell, im Gegensatz zu den Schülern wurde bei ihnen das Rauchen in der Schule rasch akzeptiert. Während dies in der Ersten Republik meist noch undenkbar war („Ein Raucherzimmer gab es – glücklicherweise – nicht."[562]), berichtet Eric Schopf davon, dass es in seiner Volksschule, die er Mitte der 70er-Jahre besuchte, bereits ein eigenes Raucherzimmer für Lehrer gegeben habe, im späteren Gymnasium sei die Zigarette sogar im Konferenzzimmer erlaubt gewesen: „Im ersten Stock [der Volksschule] schließlich waren die erste und die zweite Klasse untergebracht und ein kleines Zimmer für die drei Lehrer bot diesen Gelegenheit, ihre Tagesrationen an Tabak zu verbrauchen. [... Im Gymnasium gingen manche Schüler] vor die Schule oder in den Schulhof, um eine Zigarette zu rauchen. Lehrer mussten dies nicht tun, denn es gab damals kein Rauchverbot im Konferenzraum, der sich im zweiten Stock befand und der immer in mehr oder weniger dichte Rauchschwaden gehüllt war."[563] Wie in diesem Zitat anklingt, gehörte das Rauchen zu dieser Zeit zumindest außerhalb des Schulgebäudes auch unter Schülern bereits zum Schulalltag. Bis heute hat sich die Situation wahrscheinlich noch verschärft, trotz der zahlreichen Anti-Rauch-Kampagnen verbringen viele Schüler die längeren Pausen mit dem Glimmstängel in der

---

[560] Daniela Gamperl, geb. 1982, Studentin
[561] Andrea Eisenbarth, geb. 1983, Studentin
[562] Volkmar Strohbach, geb. 1918, Baumeister im Ruhestand
[563] Eric Schopf, geb. 1967, Student

Hand. Das traf auch auf eine ehemalige Wiener Gymnasiastin zu: „Raucher-zimmer standen in keinem Gebäude zur Verfügung, jedoch wurde es den Schü-ler/innen in der Hegelgasse gestattet, während der so genannten großen Pausen zum Rauchen in die schuleigene Fußgängerzone zu gehen. [...] In diesen länge-ren Pausen war ich eigentlich immer vor der Schule, um eine Zigarette zu rau-chen."[564] Für Daniela Gamperl – zu ihrer Schulzeit ebenfalls Raucherin – war besonders das Dazugehören wichtig: „Die Pausengestaltung war an dieser Schu-le auch wesentlich einfacher, da es einen Raucherhof gab, wo ich mich ab dem zweiten Semester der fünften Klasse zumindest in der großen Pause immer auf-hielt. Ab der siebenten Klasse waren wir dann jede Pause am Raucherhof zu fin-den, wo es nicht nur ums Rauchen ging, sondern für mich vor allem auch darum, dass alle Leute, die ‚cool' waren, auch dort waren."[565]

Schüler, die nicht rauchten, blieben oftmals den ganzen Tag über in den Klas-senzimmern. Dem daraus resultierenden Bewegungsmangel versuchte man im Stiftsgymnasium Admont durch eine ganz bestimmte Maßnahme entgegenzu-wirken: „Die Fünf- und Zehn-Minuten-Pausen durfte man in der Klasse verbrin-gen, jedoch wurde diese in der ‚Großen Pause' verschlossen. Damit wollte man erreichen, dass die Schüler etwas Bewegung hatten und sich wenigstens einmal pro Tag von ihren Plätzen wegbewegen mussten."[566] Dass dieser Gedanke kein neuer ist, zeigt der Bericht von Anita Gösweiner, die eine ähnliche, noch um einen Grad strengere Praxis schon Jahre davor an einem Welser Gymnasium kennen lernte. Mit der Annahme, dass ein solches System veraltet sei und heute nicht mehr klappen würde, hat sich die heutige Hauptschullehrerin jedoch zu-mindest teilweise getäuscht: „Es gab eine etwas eigenartige ‚10er-Pausen'-Ordnung. Um zu lüften, wurden alle Klassen zugesperrt und wir mussten am Gang in Zweierreihen unsere Runden drehen [...]. Das würde heute nicht mehr funktionieren. Wahrscheinlich würde sich der Elternverein, den es früher nicht gab, einschalten und intervenieren."[567]

Trotz solcher Maßnahmen dominierte in den letzten Jahrzehnten – v.a. in den Mittagspausen – das Essen, an Bewegung dachte zumindest kaum jemand, wie Astrid Hösl erzählt: „Hatte ich Nachmittagsunterricht, kaufte ich mir in der Schule ein Mittagessen. In der Schule gab es ein Buffet, wo man sich sowohl Jausen als auch warme Mittagessen kaufen konnte. Weiters erledigte ich dann in der Mittagspause den Großteil meiner Hausübungen oder las ein Buch. Ver-brachten Klassenkollegen ebenfalls die Mittagspause in der Schule, so erledigten wir die Hausübungen meistens gemeinsam, wobei sie jeder selbständig machte und anschließend nur kontrolliert wurde oder tratschten einfach miteinander

---

[564] Frau, geb. 1981, Studentin
[565] Daniela Gamperl, geb. 1982, Studentin
[566] Frau, geb. 1981, Studentin*
[567] Anita Gösweiner, geb. 1953, Hauptschullehrerin

bzw. spielten Karten."[568] Teilweise maßloses Essen steht im Mittelpunkt der Pausenerinnerungen eines Studenten. Nicht nur herrschten in der vormittäglichen großen Pause ein wahrer Andrang am schuleigenen Buffet und der Kampf um die besten Leckereien, auch die Mittagspause wurde auf recht hohem kulinarischen Niveau verbracht – ohne Rücksicht auf die nachfolgenden Stunden: „An den Tagen, an denen Nachmittagsunterricht war, fuhren die wenigsten während der Mittagspause heim. Die meisten zogen stattdessen in Gruppen von Leuten, die sich untereinander besonders gut verstanden, durch die Innenstadt, um sich bei den diversen Pizzerias, griechischen und chinesischen Restaurants, die alle Spezialangebote für hungrige Mittelschüler hatten, viel zu viel Essen zu kaufen. Die mehrgängigen griechischen Menüs und das riesige chinesische ‚All You Can Eat' – Buffet waren natürlich gerade vor dem Turnunterricht fatal, aber das machte uns nichts aus. Wenn statt Turnen am Nachmittag geistige Arbeit, wie zum Beispiel Spanischstunden, am Programm stand, bekamen wir ohnehin nicht viel weiter."[569] Ob man eine solche Form der Pausengestaltung und ihre Auswirkungen auf den Unterricht als einen wirklichen Fortschritt bezeichnen kann oder ob nicht doch wieder – wie es zum Teil schon geschieht – eine Rückbesinnung auf mäßige Nahrung, Sport und Spiel stattfinden sollte, bleibe an dieser Stelle dahingestellt.

Schulfeiern

Einen bedeutenden Bestandteil der nicht-alltäglichen Schulkultur bildeten und bilden Schulfeiern, die als Ausnahmeerscheinung im sonst oftmals tristen Schulalltag vielen ehemaligen Schülern in guter Erinnerung blieben. Große Veränderungen ergaben sich dabei im Laufe der Jahre weder in Bezug auf die Anlässe, noch auf den Ablauf der Feiern. Noch immer stellen staatliche und v.a. christliche Feiertage die Grundlage der meisten schulischen Festlichkeiten dar, wobei in letzter Zeit auch immer häufiger innerschulische Dinge, wie etwa Schulschluss oder Matura, Anlass zu Feiern bieten.

Was staatliche Feiertage betrifft, so wurden diese – geht man nach den Berichten – in den Schulen der Ersten Republik kaum festlich gestaltet. Im Schulleben der Zweiten Republik jedoch bildete der einstige Tag der Fahne und heutige Nationalfeiertag einen feierlichen Fixpunkt. Von allen Generationen wurden im Unterricht Fahnen gebastelt, Maria Fessl erinnert sich auch noch an die Festlichkeiten im Turnsaal: „Groß gefeiert wurde alle Jahre der Tag der Fahne, der 26. Oktober, der damals noch nicht schulfrei war. Alle Schüler versammelten sich im Turnsaal, der mit Fahnen und Blumen geschmückt war, es wurde gesun-

---

[568] Astrid Hösl, geb. 1983, Studentin
[569] Mann, geb. 1982, Student

gen und Gedichte aufgesagt."[570] Anderenorts fand die Feier sogar in öffentlichem Rahmen statt: „Der Tag der Fahne wurde im Kurhaus in Anwesenheit der örtlichen Prominenz feierlich gestaltet."[571] Zuweilen nahmen Schulklassen auch an feierlichen Anlässen auf Gemeindeebene teil. Für Waltraud Fahrngruber war dies wohl etwas ganz Besonderes, da sie außer dem folgenden Fest kein weiteres aus ihrer Schulzeit erwähnt: „Ein besonderes Fest war 1947, als wir vor dem Postamt die Friedenslinde setzten. Es war eine schöne Feier mit Ansprachen und Gesang."[572] Nicht nur für das jährliche Krippenspiel, sondern auch bei Begräbnissen wurden die Sangeskünste der Volksschüler von St. Marein herangezogen: „Als unser verdienter alter Arzt starb, sang der Schulchor am Grab. Dafür bekam ein jedes Kind ein großes Kipferl. Vor Weihnachten übten Geeignete aus allen Klassen ein Krippenspiel ein. Ich gehörte zum Engelreigen."[573] Eva Mark und ihre Klassenkameraden führten für einen guten Zweck im festlichen Rahmen ein Theaterstück auf: „Einmal spielten wir ‚Rumpelstilzchen', um für die Finanzierung der neuen Kirchenglocken einen Beitrag zu leisten."[574]

Vor allem am Land standen früher – wie ja schon gesagt – religiöse Feierlichkeiten an erster Stelle. Weihnachtsfeiern waren in diesem Zusammenhang sehr beliebt. Neben dem traditionellen Krippenspiel, das auch heute noch von vielen Volksschulklassen einstudiert wird, gab es früher oft auch Christbaumfeiern im Schulgebäude, im Rahmen derer v.a. ärmere Schüler häufig Geschenke bekamen. So luden der Pießlinger Oberlehrer und seine Frau – wie Theresia Schauer berichtet – jedes Jahr zu Weihnachten alle Schüler und deren Eltern in die Schule ein: „Die Christbaumfeier war sehr feierlich: Lieder, Gedichte, kleine Hirtenspiele, eine Ansprache vom Schulleiter."[575] Anschließend gab es eine Bescherung, bei der alle Schüler Süßigkeiten vom Weihnachtsbaum – damals eine Seltenheit – und kleine nützliche Dinge geschenkt bekamen. Finanziert und organisiert wurden diese Geschenke vom Lehrerehepaar und vom wohlhabenden Besitzer des örtlichen Sensenwerkes. In der Hauptschule, die Maria Bilzer besuchte, wurde Weihnachten ebenfalls gemeinsam mit den Eltern, aber auch mit öffentlichen Funktionären gefeiert. Einmal war sogar der Landeshauptmann anwesend. Das ist der jetzigen Pensionistin v.a. wegen folgenden Vorfalles noch in Erinnerung: „Vierte Klasse HS, Weihnachten 1937, Weihnachtsfeier und Bescherung für die ‚Armenschüler'. Ich sollte den Landeshauptmann begrüßen, verhedderte mich aber total bei meiner von einer Lehrerin aufgesetzten ‚schönen' Rede. Wenigstens ein Mundartgedicht konnte ich später fließend aufsagen,

---

[570] Maria Fessl, geb. 1951, Hausfrau
[571] Frau, geb. 1946, Volksschullehrerin im Ruhestand
[572] Waltraud Fahrngruber, geb. 1932, Volksschullehrerin im Ruhestand
[573] Maria Pregartner, geb. 1928, Haushälterin im Ruhestand
[574] Eva Mark, geb. 1946, Volksschullehrerin
[575] Theresia Schauer, geb. 1923, Pfarrhaushälterin im Ruhestand

aber Kakao und Kuchen schmeckten mir danach trotzdem nicht besonders.“[576] Heute finden derartige Weihnachtsfeiern abgesehen von den Krippenspielen nur mehr selten statt, dafür hält der Nikolaus regelmäßigen Einzug in die (Volksschul-)Klassen. Ein weiteres Fest, das auch jetzt noch in enger Verbindung zwischen Kirche und Schule gefeiert wird, ist die Erstkommunion. Das erlebte Henriette Hartig bereits in den 30er-Jahren: „Die Erstkommunion wurde mit Eltern, Religions- und Klassenlehrern und dem Direktor gefeiert. Wir gestalteten gemeinsam den Gottesdienst, dann gab es ein gemeinsames Frühstück.“[577] Genauso groß wurden die Schulgottesdienste, die Schulbeichte und Fronleichnam gefeiert, zumindest an der Volksschule in Pießling: „Bei den Gängen zur Beichte wurden wir von der Schule aus bis zur Kirche vom Katecheten (es gab auch jede Woche einmal einen Tag Religionsunterricht) begleitet und zu Fronleichnam vom Oberlehrer und seiner Frau. Sie gingen auch geschlossen mit ihren Schulkindern mit der Prozession mit. Zu den religiösen Feiern gehörte noch dazu, dass wir am Anfang des Schuljahres und am Ende des Schuljahres einen Gottesdienst in der Kirche hatten und da haben uns unser Oberlehrer und seine Frau immer geschlossen zur Kirche nach Windischgarten (sechs Kilometer) geführt.“[578] Während Fronleichnam und die Schulbeichte heute meist nur mehr – wenn überhaupt – in der zweiten Klasse Volksschule von Bedeutung sind, so sind Schulgottesdienste noch immer weit verbreitet. Generell wurde in den 90er-Jahren religiösen Anlässen an den meisten Schulen noch immer ein wichtiger Platz eingeräumt. Daniela Hienert etwa kann sich an gar keine anderen Feierlichkeiten erinnern: „Die Schulfeiern waren religiöse Anlässe, meist gab es den Kirchgang oder eine Messe im Festsaal, überhaupt vor Weihnachten. Oft gab es in den Klassen einen Adventkranz. Von sonstigen Feiertagen weiß ich nichts mehr.“[579] Anders war (und ist) die Situation in der Stadt. Hier maß man – zumindest der Erfahrung Volkmar Strohbachs nach – religiösen Festen in der Schule schon früher wenig Beachtung zu: „Schulfeiern gab es praktisch keine, denn die religiösen Feiertage wurden von den Konfessionen gefeiert. Tag der Fahne oder Nationalfeiertag gab es noch nicht.“[580] Daran dürfte sich bis heute wenig geändert haben, denn auch junge Menschen, die noch bis vor kurzem eine städtische Schule besuchten, erwähnen in ihren Berichten keine Schulfeiern, die aus einem religiösen Anlass stattgefunden hätten.

Wie schon einleitend gesagt, werden auch immer mehr schulische Dinge zu Ausgangspunkten für Festlichkeiten. Schulschlussfeiern waren allerdings bereits vor einigen Jahrzehnten üblich, wie etwa eine Pensionistin berichtet: „Am Schulschluss gab es immer eine gemeinsame Feier für die ganze Schule in ei-

---

[576] Maria Bilzer, geb. 1923, Volksschuldirektorin im Ruhestand
[577] Henriette Hartig, geb. 1924, Volksschuldirektorin im Ruhestand
[578] Theresia Schauer, geb. 1923, Pfarrhaushälterin im Ruhestand
[579] Daniela Hienert, geb. 1983, Studentin
[580] Volkmar Strohbach, geb. 1918, Baumeister im Ruhestand

nem großen Saal. Dort bekamen die Klassenbesten ihre Zeugnisse mit einer kleinen Belohnung."[581] Handwerkliche Sachen und Bilder wurden auch früher schon gerne in Ausstellungen den Eltern und anderen Interessierten präsentiert, diese fanden ebenfalls meist zu Schulschluss statt: „Die Ausstellung wurde am Schulschluss im Schulzimmer gehalten, es wurden da alle Bastelarbeiten und Handarbeiten gezeigt."[582] In eine ähnliche Richtung gehen die heute oft üblichen Schulfeste, die es auch am Gymnasium von Astrid Hösl gab: „Alle zwei Jahre fand in der Schule ein großes Schulfest statt, auf dem die Schüler Theaterstücke aufführten, Modeschauen machten, gegrillt wurde etc. Diese Feste waren immer sehr beliebt unter den Schülern, da dieser Grund, warum man in die Schule ging, sehr angenehm war und man die Lehrer außerhalb des Klassenzimmers erlebte."[583] Schließlich seien an dieser Stelle noch die Maturabälle als eine spezielle Form von Schulfesten erwähnt. Diese gestatten es nicht nur Schulabsolventen, den Kontakt zu ihren ehemaligen Lehrern und Schulkameraden wieder aufzufrischen, sie wirken sich oft auch positiv auf die Zusammenarbeit der Schulpartner aus: „Ein weiteres Fest für Oberstufenschüler war immer der Maturaball. Fast die gesamte Oberstufe ging immer auf den Ball und auch sehr viele Lehrer waren anwesend. Ein Grund warum der Maturaball so beliebt war, war die Tatsache, dass die Klassenlehrer der jeweiligen Maturaklassen ebenfalls halfen den Ball schöner zu gestalten."[584]

Schulausflüge

Eine ähnliche Annäherung zwischen Lehrern und Schülern bewirkten auch Schulausflüge, die neben den Schulfeiern für viele Schüler Höhepunkte im Schuljahr darstellten. Wie sich zeigen wird, fanden zu jeder Zeit, d.h. auch schon in der Ersten Republik, Schulausflüge statt. Während diese zumeist Wanderungen in die nähere Umgebung und Lehrausgänge in die freie Natur umfassten, nahm die Vielseitigkeit des Angebotes mit dem Aufkommen neuer Transportmöglichkeiten immer mehr zu. Bis zum Wirtschaftsaufschwung in den 60er-Jahren brachten Schulveranstaltungen für viele Familien jedoch große finanzielle Probleme mit sich, die nur teilweise durch Förderungen von Schulseite oder den Erfindungsgeist der Eltern gelöst werden konnten. Insgesamt haben dennoch die Schüler aller Altersgruppen in der Regel recht positive Erinnerungen an die gemeinsamen Ausflüge, die ein oder andere Veranstaltung trug zudem auch zur Stärkung der Klassengemeinschaft und einer (vorübergehenden) Auflockerung des Lehrer-Schüler-Verhältnisses bei.

---

[581] Frau, geb. 1943, Hausfrau
[582] Theresia Schauer, geb. 1923, Pfarrhaushälterin im Ruhestand
[583] Astrid Hösl, geb. 1983, Studentin
[584] Astrid Hösl, geb. 1983, Studentin

Wie schon angesprochen, war es zur Zeit der Ersten Republik und auch in der Nachkriegszeit angesichts der verbreiteten Armut in der Bevölkerung oft schwierig, Schulausflüge u.ä. zu organisieren. Diese sollten für die Kinder zum Erlebnis werden, gleichzeitig mussten sie aber auch erschwinglich sein. An aufwändigeren Ausflügen, die über eine herkömmliche Wanderung hinausgingen, konnten aus finanziellen Gründen meist nicht alle Kinder teilnehmen, Aussagen wie „Schikurs und dergleichen hat es nicht gegeben. Das hätte auch niemand bezahlen können.“[585] sind in den Berichten aus dieser Zeit keine Seltenheit. Dabei konnte die Teilnahme bereits an wirklich grundlegenden Dingen scheitern, wie etwa an der richtigen Kleidung. Johann Aumayr z.b. kann sich noch gut daran erinnern, wie schwierig es für seine Mutter war, das passende Gewand für den Schulausflug aufzutreiben: „Bei uns hat es einmal geheißen, wir machen einen Ausflug. Und zwar nach Grünau am Almsee. Das war allerhand zu der Zeit. Da sind wir in Hörsching eingestiegen in so einen Schienenautobus, da sind wir bis Grünau gefahren und von dort sind wir dann zu Fuß an den Almsee gegangen. Das weiß ich noch gut. Ja, aber ich habe keine Hose zum Anziehen gehabt. Ja – ich kann nicht mitfahren, das geht nicht. Jetzt hat mir meine Mama eine Hose gemacht. Die hat am Abend angefangen und die ganze Nacht hat sie durchgearbeitet und in der Früh war die Hose fertig. Jetzt hab ich mitfahren können.“[586] Der kleine Johann hatte also noch einmal Glück, dies war aber nicht die Regel. Wie der ehemalige Frisör an anderer Stelle erzählt, kam es nämlich nicht selten vor, dass ein Kind aus finanziellen Gründen nicht an einer Schulveranstaltung teilnehmen konnte: „Nein, das [= Schulausflüge] war öfters. Aber oft war es so, dass man das Geld nicht gehabt hat. Z.B. hat das damals fünf Schilling gekostet, das war viel Geld. Das war auch nicht so einfach. [...] Wenn wer das Geld nicht gehabt hat, dann hat er daheim bleiben müssen. Das ist nicht gegangen.“[587] Zuweilen wurden (aufwändigere) Ausflüge sogar wegen Geldmangels abgesagt, wie Ottilie Akamphuber erzählt: „Schulausflüge gab es auch schon zu unserer Zeit, meist in die nähere Umgebung und zu Fuß. Nur einmal war eine Fahrt nach Kremsmünster geplant, fand aber nicht statt, weil nur ein Drittel der Kinder hätte mitfahren dürfen – wegen akuten Geldmangels.“[588] In der allgemeinen Situation großer Armut kam es einem Ordensgymnasium entgegen, nicht nur in einer für Wanderungen bestens geeigneten Gegend zu liegen, sondern auch die Verbindungen des Klosters nutzen zu können. Auf diese Weise konnten Schulveranstaltungen – zur Freude der Schüler – relativ kostengünstig organisiert werden. Das berichtet der ehemalige Lehrer und Erzieher Lambert Wimmer: „Die Schulausflüge, die Wandertage, Schikurse – das wurde alles gehalten und die Umgebung war ja dazu sehr, sehr geeignet. Das Rosaliengebir-

---

[585] Frau, geb. 1938, Landwirtin
[586] Johann Aumayr, geb. 1924, Frisör im Ruhestand
[587] Johann Aumayr, geb. 1924, Frisör im Ruhestand
[588] Ottilie Akamphuber, geb. 1922, Altbäuerin

ge für kleinere Ausflüge, dann die Wandertage zur Hohen Wand oder dann zum Schneeberg. Die Schikurse haben wir in der Steiermark in Mautern gehalten, weil wir da in unserem Kloster eine gute Möglichkeit hatten, billig unterzukommen."[589]

Kamen Klassenfahrten tatsächlich zu Stande, so waren diese für heutige Verhältnisse meist auf recht bescheidene Ziele ausgerichtet, die man mit noch bescheideneren Mitteln erreichte. Unmittelbar nach dem Ersten Weltkrieg gab es in erster Linie Lehrausgänge in die nähere Umgebung, aber auch gemeinsame Schlittenfahrten wurden unternommen, wie Andreas Baumgartner berichten kann: „Von einem Schikurs ist überhaupt keine Rede gewesen. Da haben wir einen Schlitten gehabt und mit dem sind wir mit der ganzen Klasse Schlitten fahren gegangen. [...] Ab und zu sind sie [= die Lehrkräfte] in den Wald gegangen mit den Kindern, in die Natur hinaus. Da ist gesagt worden: ‚Das ist die schöne Natur, Gottes Natur, da steht sie.' Das haben sie uns schon beigebracht."[590] Zu Emma Spindlers Schulzeit wurden neben Lehrausgängen in die Natur auch schon Wanderungen in die nähere Umgebung unternommen. Diese sind ihr besonders deshalb in Erinnerung, weil sie dabei das erste Mal registrierte, wie weit der tägliche Schulweg mancher ihrer Klassenkameraden war: „Einmal sind wir nach Grein auf die Gobel-Warte hinauf [...] Von dort sind die letzten [Schüler täglich] heruntergekommen. Da haben wir eben gesehen, was die armen Kinder jeden Tag mitmachen. Weil da sind hin und hin die Häuser gewesen und da haben sie gesagt: ‚Ja, die wohnen da und da und da.' Und wir [wohnten] gleich daneben [= neben der Schule]. Da haben sie uns schon recht Leid getan."[591] Abgesehen von den Wanderungen blieb der jetzigen Pensionistin noch ein ganz besonderes Erlebnis aus der Schulzeit im Gedächtnis: „Wie der erste Flieger geflogen ist, der Graf Zeppelin, da sind wir auch hinauf gegangen auf den Berg und da ist er über die Donau so dahingeschwebt, da hat man ihn gesehen. Das war sehr schön. Das war der erste Flieger, da hat man sich gar nicht vorstellen können, wie das ausschaut. Und da hat man weit gesehen. Und da ist er halt hinunter gefahren, so andächtig, das war so schön."[592]

Im Laufe der Zeit wurden von den Lehrern schon größere Ausflüge organisiert, auch wenn dabei noch häufig auf einfache Mittel zurückgegriffen werden musste. Das aber störte die Kinder wenig, viel mehr hinterließen derartige Unternehmungen bleibende Eindrücke, wie etwa Waltraud Fahrngruber erzählt: „In den ersten Klassen der Hauptschule machten wir Wanderungen in die nächste Umgebung. In der vierten Klasse machten wir eine schöne Rundreise über den Pyhrnpass ins Salzkammergut nach Gmunden. Wir fuhren mit einem Lastwagen, auf dem Holzbänke montiert waren. Mittels einer Leiter kletterten wir hin-

[589] Lambert Wimmer, geb. 1916, Pater und ehemaliger Lehrer und Erzieher
[590] Andreas Baumgartner, geb. 1908, Arbeiter im Ruhestand
[591] Emma Spindler, geb. 1923, Postbeamtin im Ruhestand
[592] Emma Spindler, geb. 1923, Postbeamtin im Ruhestand

auf. Es gab damals keine Autobusse. Für uns war der Ausflug ein großes Erlebnis und wir freuten uns riesig."[593] Die etwas ältere Maria Pregartner und ihre Klassenkameraden genossen bereits etwas mehr Luxus: „Fröhlichkeit mit Singen erlebten wir in der ersten Klasse auf unserem Maiausflug. [...] Der jährliche Schulausflug mit dem Bus (es gab damals erst zwei private Autos im Ort) führte uns zur Lurgrotte, einer Tropfsteinhöhle, ein andermal in Roseggers Waldheimat oder auf den Schöckel."[594] An eine Schiffsrundfahrt in den 50er-Jahren kann sich Erika Habacher noch gut erinnern – die damalige Schülerin entwickelte größeres Interesse für die Technik des Schiffes als den Lehrern lieb war: „Ich kann mich nur an den letzten Ausflug in der Volksschule erinnern: Wir fuhren mit einem Raddampfer auf der Donau und durch den Donaukanal. Dabei kamen wir auch in eine Donauschleusenanlage. Ich weiß noch, wie fasziniert ich davon war. Und dann gab es auch schon wieder Ärger, weil ich mit meiner großen Neugierde natürlich in den Maschinenraum ging und dort beobachtete, was sich da so alles bewegte. Ich fand einen Mann, der Kinder liebte und mir voller Eifer alles erklärte. Als ich nach langer Zeit endlich wieder an Deck erschien (mir war es nur wie zehn Minuten vorgekommen), waren alle zuerst sehr erleichtert. Sie hatten schon gedacht, ich wäre ins Wasser gefallen. Als der erste Schreck vorbei war, ging dann aber doch ‚das Donnerwetter' los. Tja, pflegeleicht war ich bestimmt nicht. Ich war als Tochter eines Ingenieurs, der mit Lokomotiven arbeitete, halt doch erblich vorbelastet und wohl deshalb so von Maschinen fasziniert."[595]

Auf dem Lande waren Ausflüge in die Landeshauptstädte oder nach Wien sehr beliebt. Diese stellten für viele ländliche Kinder lange Zeit die einzige Möglichkeit dar, einmal in eine richtige Stadt zu kommen. Begeistert denkt Maria Fessl noch heute an die Wienwoche: „Aber die schönste Erinnerung blieb von der Wienwoche in der vierten Klasse zurück. Für uns Landkinder war es sehr beeindruckend, die Bundeshauptstadt kennen zu lernen."[596]

Sport- und Landschulwochen tauchen in den Berichten in etwa ab den 50er-Jahren, vereinzelt auch schon davor, auf. So blieb einer heute 62-jährigen Frau neben der Woche in der Landeshauptstadt v.a. ein Schikurs in guter Erinnerung, der zwar mühsam, aber recht gemeinschaftsstiftend war: „In der dritten Klasse HS fuhren wir auf Schikurs. Das Gepäck wurde mit einer Seilbahn zur Schihütte gebracht. Wir mussten ca. zwei Stunden zu Fuß hinaufwandern. Tagsüber waren wir in verschiedenen Gruppen, abends wurde gemeinsam gespielt, was zu einer guten Gemeinschaft beitrug."[597] Dass die neuen, mehrtägigen Klassenfahrten aber die althergebrachten Schulausflüge nicht verdrängten, sondern diese ledig-

---

[593] Waltraud Fahrngruber, geb. 1932, Volksschullehrerin im Ruhestand

[594] Maria Pregartner, geb. 1928, Haushälterin im Ruhestand

[595] Erika Habacher, geb. 1953, Volksschuldirektorin

[596] Maria Fessl, geb. 1951, Hausfrau

[597] Frau, geb. 1943, Hausfrau

lich ergänzten, zeigt der Bericht von Brigitte Kitzmüller für die 70er-Jahre: „Wir hatten Wandertage, in der dritten Klasse einen Schikurs, Landschulwochen und manchmal Lehrausgänge."[598] Und auch zwanzig Jahre später fanden noch regelmäßige Wandertage statt, wie Astrid Hösl erzählt: „Natürlich gab es auch Wandertage, die meistens zu Ruinen in der näheren Umgebung führten, wo wir dann entweder grillten oder gemeinsam unsere Jause aßen."[599]
In den 90er-Jahren herrschte schließlich an so gut wie allen Schulen bereits ein breites Angebot an Schulveranstaltungen. Diese fanden nicht nur häufiger, sondern oftmals auch schon früher statt. So wurden z.b. an einer niederösterreichischen Volksschule Landschulwochen organisiert, die den Kindern ein buntes und aufwändiges Programm boten. Das schildert die jetzige Studentin Astrid Hösl: „Jedes Jahr fuhr die vierte Klasse nach Guttenbrunn/Waldviertel auf Landschulwoche. Dort gingen wir jeden Tag Langlaufen und am letzten Tag fand ein Wettrennen statt. Weiters stand immer eine Abendgestaltung auf dem Programm. Einmal fuhren wir mit Pferdeschlitten durch einen verschneiten Wald, ein andermal wurde der Essensraum zu einer Disco umfunktioniert. Leider weiß ich nicht alle Abendprogramme, da ich erst etwa ab der Hälfte der Woche an der Landschulwoche teilnahm, da ich vorher krank war."[600]
In Hauptschulen und Gymnasien reicht der Reigen der Schulausflüge heute von Museums-, Kino- und Theaterbesuchen über Schikurse und Sommersportwochen bis hin zu Städte- und Sprachreisen. An einem Wiener Gymnasium sah das Veranstaltungsprogramm z.B. folgendermaßen aus: „Ausflüge und Wandertage gab es [...] ungefähr zwei Mal im Schuljahr. Schikurse wurden in der zweiten und dritten Klasse Gymnasium angeboten. In der vierten Klasse fuhren wir auf Sprachreise nach England, in der fünften Klasse mit Latein nach Italien (Pompeji und Herculaneum) und in der siebten Klasse auf Musikwoche nach St. Gilgen."[601] Obwohl die vielen Schulausflüge in Summe nicht gerade billig sind, können heute in der Regel alle Schüler daran teilnehmen. Ermöglicht wird dies durch Unterstützung von Seiten der Elternvereine, aber auch durch eine nicht zu unterschätzende Opferbereitschaft der Eltern, die für die teuren (Bildungs-) Reisen ihrer Kinder sehr wohl auch ein Loch im Familienbudget in Kauf nehmen.
Immer wieder klingt in den Berichten an, dass Schulausflüge weniger wegen ihres Bildungswertes (der in den meisten Fällen durchaus gegeben erscheint) als viel mehr wegen der positiven Auswirkungen auf das gemeinsame Miteinander geschätzt wurden. Schüler der Ersten Republik gefiel an den seltenen Schulausflügen v.a., dass sie die sonst so strengen Lehrer einmal von einer etwas kameradschaftlicheren Seite erlebten. Lang hielt dieser Zustand aber in der Regel

---

[598] Brigitte Kitzmüller, geb. 1962, Tagesmutter
[599] Astrid Hösl, geb. 1983, Studentin
[600] Astrid Hösl, geb. 1983, Studentin
[601] Frau, geb. 1981, Studentin

nicht an, wie Anna Plöckinger berichtet: „Da sind sie [= die Lehrer] ein wenig lustiger, ein wenig lockerer gewesen. [Im Unterricht aber,] da waren sie schon wieder streng."[602] Etwas länger hielt sich die lockere Atmosphäre zwischen den Schülern des Wiener Piaristengymnasiums und deren Professoren: „Und dort [= auf den Ausflügen] war natürlich ein sehr guter Zusammenhalt und es war mit den Professoren, die da bei den Schikursen mit waren, natürlich auch ein besseres Verhältnis, ja, ein familiäreres Verhältnis. [...] Zumindest eine Zeitlang hat es irgendwie ausgestrahlt."[603] Auch Walter Schlögl räumt ein, dass Schulveranstaltungen durchaus eine momentane positive Ausstrahlung auf das Lehrer-Schüler-Verhältnis hatten, fügt aber hinzu, dass das alltägliche Unterrichtsgeschehen davon wenig beeinflusst worden sei: „Naja, bitte schön, ein oder zwei Tage hat man noch darüber geredet, wenn überhaupt, und dann war das wieder in Vergessenheit. Außer es waren irgendwelche Anknüpfungspunkte an irgendetwas: ‚Dort waren wir und dort haben wir das und das gemacht.' So in dem Sinne."[604]

Eigenartigerweise wird in den Berichten, die sich auf einen späteren Zeitraum beziehen, kaum mehr vom Zusammenhang zwischen Schulausflügen und Änderungen im Lehrer-Schüler-Verhältnis gesprochen. Dies mag vielleicht daran liegen, dass die Distanz zwischen Schülern der Zweiten Republik und ihren Lehrern zunehmend geringer wird, weshalb die Lockerheit einer Lehrkraft während einer Schulveranstaltung oftmals gar nicht mehr als bedeutsam oder erwähnenswert betrachtet wird. Was dafür verstärkt in den Vordergrund tritt, sind die Auswirkungen von Schulausflügen auf die Klassengemeinschaft. Anna Hösl z.B. bezweifelt –im Gegensatz zu den meisten anderen – dass die gemeinsamen Unternehmungen, die es auch zu ihrer Schulzeit schon gegeben hat, in irgendeiner Weise auf das Klassenklima ausgestrahlt hätten. Den Grund dafür sieht sie darin, dass solche Ereignisse unregelmäßig und selten stattgefunden hatten: „Es gab natürlich Wandertage, einmal machten wir in der vierten Klasse Hauptschule einen Schikurs. Wir machten auch eine mehrtägige Reise, das Ziel ist mir aber nicht mehr bekannt. Im Abschlussjahr der vierten Klasse Hauptschule machten wir eine ‚Abschlussreise', die ich noch sehr gut in Erinnerung habe. Einmal sind wir auch in ein Theater nach Wien gefahren. Dass sich diese Aktivitäten auf das Klassenklima ausgewirkt hätten, kann ich nicht mehr sagen, glaube aber eher nicht, da sie nur sehr begrenzt stattfanden."[605] Anders sieht dies Henriette Hartig. Der ehemaligen Volksschuldirektorin war es nicht nur wichtig, das Wissen zu vermehren, was – wie sie betont – einer guten Vorbereitung bedurfte, sondern auch, durch Schulausflüge die Gemeinschaft der Schüler zu stärken: „Und die Ausflüge natürlich sind auch wichtig. Sie werden vielleicht in Museen gehen

---

[602] Anna Plöckinger, geb. 1922, Altbäuerin
[603] Volkmar Strohbach, geb. 1918, Baumeister im Ruhestand
[604] Walter Schlögl, geb. 1917, Justizbeamter im Ruhestand
[605] Anna Hösl, geb. 1958, Angestellte in einer Rechtsanwaltskanzlei

oder ins Historische Museum oder in so irgendetwas. [...] Man muss sie [= die Schüler] schon vorher so darauf einstimmen, dass sie auch wirklich Interesse daran haben, sonst können Sie das vergessen. Ich muss sagen, man muss das den Kindern schmackhaft machen [...] Dann kommt es zu gelungenen Ausflügen, die ja auch immer sehr für Kameradschaft und Gemeinschaft gesorgt haben und natürlich auch für Wissen."[606] Von der positiven Wirkung von Wandertagen, Landschulwochen usw. war die jetzige Pensionistin immer überzeugt: „Diese haben durchwegs ihre Berechtigung, da sie die Gemeinschaft der Schüler untereinander stärken, aber auch das Verhältnis Lehrer-Schüler auf ein besseres Niveau stellen (Vertrauen, näheres Kennenlernen etc.)."[607] Heute teilt der Großteil der Schüler diese Einschätzung, Daniela Gamperl bestätigt etwa: „Schulveranstaltungen konnten das Klassenklima verbessern, besonders zuträglich waren hier die beiden Schikurse und vor allem dann die Sportwoche in der vierten Klasse, die schon mit dem Ende vor Augen stattfand und somit dafür sorgte, dass sich alle plötzlich sehr gut verstanden."[608] Und auch zwei weitere Studentinnen sind von der positiven Wirkung von Schulausflügen überzeugt: „Dem Klassenklima taten solche Ausflüge und Reisen eigentlich immer sehr gut."[609], „Sie waren immer recht lustig, die Klassengemeinschaft wurde dadurch sicherlich besser."[610]

3. Lehrerbilder

Wie Schüler ihre Lehrer sehen

Eine zentrale Rolle in den meisten Berichten spielt die Beschreibung einzelner Lehrkräfte, die ja schon allein auf Grund ihrer ständigen Präsenz in Schule und Unterricht das Erleben der Schulzeit nachhaltig prägen und so die persönlichen Erfahrungen, die jeder Schüler mit der Institution Schule macht, wesentlich färben. Im folgenden Kapitel wird zunächst einmal versucht, aus den Berichten die recht allgemeinen Beschreibungen von einzelnen Lehrern herauszufiltern. Dabei soll klar werden, worauf Schüler bei ihren Lehrern achten bzw. welche Eigenschaften und Charaktermerkmale sie als erwähnenswert betrachten. Dieser Eindruck soll sodann durch weitere Darstellungen, die sich entweder auf eine Gruppe von Lehrern oder überhaupt die gesamte Lehrerschaft einer Schule beziehen,

---

[606] Henriette Hartig, geb. 1924, Volksschuldirektorin im Ruhestand
[607] Henriette Hartig, geb. 1924, Volksschuldirektorin im Ruhestand
[608] Daniela Gamperl, geb. 1982, Studentin
[609] Frau, geb. 1981, Studentin
[610] Daniela Hienert, geb. 1983, Studentin

vertieft werden. Hierbei wird v.a. die oftmals getroffene Einteilung der Lehrkräfte in „gute" und „schlechte" Lehrer Beachtung finden. Im Anschluss daran wird näher auf die persönliche Beziehung einzelner Kinder und Jugendlicher zu ihren Lehrern eingegangen. In diesem Zusammenhang dominieren sehr subjektive Eindrücke, persönliche positive und negative Erfahrungen im Umgang mit gewissen Lehrpersonen werden dabei genauso zur Sprache gebracht wie die Vorbildwirkung mancher Lehrer, die durch ihre Art ganze Lebenswege wesentlich mitprägten.

Beschreibungen einzelner, konkreter Lehrpersonen kommen in verschiedener Intensität – bezogen auf die Häufigkeit und die Genauigkeit der Darstellung – in gut zwei Drittel aller Berichte vor. Wie sich beim Vergleich herausstellt, gibt es weder auffällige Unterschiede zwischen den Schilderungen von Absolventen einer im ländlichen Bereich situierten Schule und den Berichten solcher Personen, die ihre Schulzeit oder zumindest einen Teil davon in Ballungszentren verbracht haben. Überraschender als diese Tatsache ist die Feststellung, dass die Art und Weise, in der Schüler ihre ehemaligen Lehrer beschreiben, durch die Zeit hindurch relativ unverändert geblieben ist – offensichtlich wurden damals wie heute dieselben Eigenschaften als erwähnenswert betrachtet; was einen Lehrer in den Augen der Schüler der Ersten Republik ausmachte, hat auch heute im Großen und Ganzen Gültigkeit. Interessant ist zudem, dass die Art der Lehrerbeschreibung stark vom Geschlecht abhängt. Männliche Erzählungen über ehemalige Lehrkräfte gestalten sich in ihrem Aufbau und in der Schwerpunktsetzung auffallend ähnlich, wohingegen Frauen auf vielfältigere Art und Weise von ihren Lehrern berichten. Außerdem treten dabei emotionale Komponenten, die bei den Männern so gut wie keine Erwähnung finden, verstärkt hervor. Im Folgenden sollen diese Resultate nun an Hand mehrerer Beispiele verdeutlicht werden. Vor allem zu Beginn der Darstellung liegt dabei der Schwerpunkt auf der Analyse der Art der Beschreibung, sodann wird aber dem Inhaltlichen wieder der Vorrang gegeben.

Wie eine Analyse aller Berichte und der transkribierten Interviews ergibt, neigen Männer – sofern sie überhaupt auf einzelne Lehrkräfte eingehen – dazu, diese lediglich mit ein oder zwei als typisch empfundenen Eigenschaften zu charakterisieren, ohne dabei einen wirklich tiefer gehenden Eindruck von der entsprechenden Person zu vermitteln. Die Schilderungen beschränken sich meist auf Allgemeines, oberflächliche Äußerlichkeiten – wenn auch nur durch Attribute wie „fesch" oder „älter" angedeutet – sind von Bedeutung, wobei deren Darstellung nie ins Detail geht. Werden charakterliche Merkmale einer Person angesprochen – was seltener vorkommt als erwartet – so bleibt dies durch die Verwendung von Formulierungen wie „nett", „gemütlich" oder „begeistert" immer im allgemeinen Rahmen.

Ein Beispiel für eine „typisch männliche" Lehrerbeschreibung liefert Josef Stiftinger, der seine Lehrerinnen in der Volksschule folgendermaßen charakterisiert: „In der ersten Klasse hatten wir eine mütterliche Lehrerin. In der zweiten und dritten Klasse hatten wir eine fesche junge Lehrerin, sie hat sich aber für die Junglehrer weit mehr interessiert als für uns Schüler."[611] Gehen Männer bei der Beschreibung ihrer Lehrkräfte ins Detail, so wird hauptsächlich über Unterrichtsinhalte, die beim entsprechenden Lehrer gelernt und größtenteils als nützlich und interessant erlebt wurden, sowie über nicht-alltägliches Engagement gesprochen. Das lässt sich ebenfalls im Bericht von Josef Stiftinger nachweisen. Dieser führt über seinen Lehrer in der vierten Schulstufe aus: „In der vierten Klasse der Volksschule bekamen wir einen Kriegsinvaliden als Lehrer, Herrn XY. Er hat uns ernst genommen, wir haben bei ihm sehr viel gelernt: Komma setzen, Brüche auf gemeinsamen Nenner bringen, Umfang und Fläche von Dreieck, Rhombus und Parallelogramm. Er konnte sehr interessant erklären. Er begeisterte uns für den Deutschunterricht, er gründete – zum Großteil aus eigenen Beständen und Leihgaben – eine Schülerbibliothek. Er kannte jedes Buch, er hat mit uns über die gelesenen Bücher in der Pause gesprochen. Ich bin im Gymnasium leicht mitgekommen."[612] Gleich zu Beginn wird hier ein äußerliches Kennzeichen, nämlich die Eigenschaft, ein Kriegsinvalider zu sein, als wesentliches Merkmal dieser konkreten Lehrperson genannt, wodurch sich die oben getroffene Feststellung von der Wichtigkeit äußerlicher Eindrücke bestätigt. Dem folgt eine Schilderung der in erster Linie mathematischen Kenntnisse, die durch diesen Lehrer vermittelt und ganz offensichtlich auch als interessant und brauchbar empfunden wurden. Das persönliche Engagement des Lehrers bei der Gründung der Schulbibliothek schließlich findet besondere und positiv gefärbte Erwähnung, wohingegen bei der zuvor erwähnten Volksschullehrerin die von den Schülern wahrscheinlich als störend empfundenen Bemühungen um die Gunst der männlichen Kollegen – ein Engagement ganz anderer Art – angedeutet werden.

Große Ähnlichkeit zu Stiftingers Bericht weisen die ebenfalls kurz gehaltenen Lehrerbeschreibungen von Friedrich Pernkopf auf. Auch er orientiert sich beim Vorstellen seiner Lehrer stark an den als nützlich und unterhaltsam empfunden Unterrichtsinhalten. Eigenschaften und biografische Daten werden – wenn überhaupt – nur am Rande erwähnt. Als Beispiel hierfür soll das folgende Zitat dienen: „Auch seine [der Lehrer wurde zuvor bereits genannt] ,Versuche' in Physik, Chemie waren sehr beeindruckend, einmal flogen die Funken im ganzen Physiksaal herum (Schießpulver). Auch seine musischen Fähigkeiten möchte ich

---

[611] Josef Stiftinger, geb. 1938, Hauptschullehrer im Ruhestand
[612] Josef Stiftinger, geb. 1938, Hauptschullehrer im Ruhestand

besonders hervorheben und wir haben viel gelernt von ihm. Leider ist er so bald ertrunken im Gleinkersee."[613]

Etwas ironisch beschreibt der Student Eric Schopf zwei seiner Lehrer: „Wir hatten das Glück, eine wirklich nette und auch hübsche Lehrerin zugeteilt zu bekommen. Sie war damals neu nach Hofkirchen gekommen. Frau XY fuhr immer mit einem blauen VW-Käfer zur Schule und sie hatte mich genauso gerne wie ich sie. [...] Musik wurde von unserem Herrn Direktor XY unterrichtet, der – so wurde uns erst später klar – dieses auch im BRG Steyr unterrichtete. Er spuckte beim Reden und wurde deshalb von uns sehr verehrt."[614] Auch diese Schilderungen lassen sich als typisch männlich bezeichnen: Der Bericht erfolgt in knapper Form, im Vordergrund stehen äußerliche Eigenschaften bzw. Angewohnheiten (hübsch, spucken), auf andere Charaktermerkmale wird nur sehr allgemein eingegangen (nett). Was in dieser Beschreibung gänzlich fehlt, ist die Erwähnung von Unterrichtsinhalt (abgesehen von dem Hinweis auf das Fach Musik) und besonderem Engagement – Dinge, die für gewöhnlich auch in männliche Lehrerdarstellungen Eingang finden.

Dass männliche Schüler auch schon früher ihre Lehrer in der oben vorgestellten Art und Weise beschrieben haben, zeigt die Erzählung von Walter Schlögl, der noch in der Ersten Republik die Schulbank drückte und während des eineinhalb Stunden dauernden Interviews nur einmal einen Lehrer konkret erwähnt: „Naja, wir haben in der ersten und zweiten Klasse in Deutsch einen Professor XY gehabt, einen Oberösterreicher, der Dichter war. Und der hat uns ab und zu ein bisserl etwas vorgelesen. [...] War ein älterer Herr, ein sehr gemütlicher Mann, in Deutsch haben wir ihn gehabt."[615] Auch hier erfolgt die Charakterisierung durch wenige Eigenschaften: älter, sehr gemütlich, Oberösterreicher. In Erinnerung blieb der Lehrer seinem Schüler wiederum durch eine außergewöhnliche Begeisterung – in diesem Fall für die Dichtkunst – die vom Schüler wenn schon nicht als nützlich, so doch – wie sich aus einem anderen Gesprächsteil ableiten lässt – als angenehm empfunden wurde und auf den Unterricht ausstrahlte.

Etwas abweichend, jedoch im Groben noch durchaus in das skizzierte Schema der allgemeinen Lehrbeschreibung männlicher Schüler passend präsentiert sich die Darstellung eines inzwischen pensionierten Volksschuldirektors, der zwei seiner ehemaligen Lehrer im Gymnasium folgendermaßen beschreibt: „Nun einige Erinnerungen an die Professoren. Im Allgemeinen habe ich nur gute Erfahrungen mit ihnen – einzige Ausnahme ist mein erster Professor für Geschichte. Er war ein älterer, wenig gepflegter Herr. Er setzte sich immer auf den Katheder und hielt seinen Vortrag in einer langsamen Wortfolge mit ‚feuchter' Aussprache. [...] In Latein hatte ich – nach meiner Meinung – einen ganz guten Profes-

---

[613] Friedrich Pernkopf, geb. 1936, Landwirt
[614] Eric Schopf, geb. 1967, Student
[615] Walter Schlögl, geb. 1917, Justizbeamter im Ruhestand

sor. Er war im Krieg und flocht im Unterricht auch persönliche Dinge ein. [...]"[616] Dieser kurzen Beschreibung folgt jeweils eine kleine Episode über die Prüfungsgewohnheiten beider Lehrkräfte. Auffallend an diesem Bericht ist, dass zwar die Lehrer als „gut" oder – wie im Falle des Geschichteprofessors – „nicht gut" charakterisiert werden, diese Einteilung jedoch ohne nähere Begründung vorgenommen wird und wiederum nur eine extrem kurze Beschreibung des Äußeren (älter, wenig gepflegt, feuchte Aussprache) bzw. des vorhergehenden Lebenslaufes (war im Krieg) erfolgt. Der Unterschied zu den oben erwähnten Lehrerbeschreibungen besteht darin, dass sich dieser Mann nun nicht an ein wie auch immer geartetes außergewöhnliches Engagement seiner Lehrkräfte, sondern an etwas sehr Alltägliches – wenn auch für einen Schüler recht Wichtiges – erinnert, nämlich an die Prüfungsmethoden beider Lehrer. Bei genauerer Betrachtung stellen diese jedoch gerade durch ihre Eigenart ebenfalls wieder eine besondere Art persönlichen Einsatzes von Seiten einer Lehrkraft dar, sodass das Schema der „männlichen Lehrerbeschreibung" auch hier zum Tragen kommt.

Ähnlich gestaltet sich die Situation in Zusammenhang mit den Schilderungen von Josef Steinbichl, der seinen Physikprofessor ebenfalls in erster Linie durch die Unterrichtsgestaltung und die Besonderheiten in der Benotung charakterisiert: „In Physik haben wir einen Professor gehabt, der eigentlich die Eigeninitiative von uns gefördert hat, dass wir nicht einfach den Unterrichtsstoff gekriegt haben, sondern dass man mitdenken hat können, müssen. Und dass man Lösungen gebracht hat, wo man sich oft die Prüfung erspart hat. Wenn man während der Stunde etwas gewusst hat, während dem Unterricht, also dass man da auf irgendetwas draufkommt, dann hat man sich die Prüfung gespart."[617] Wieder machen die Unterrichtsinhalte und v.a. die sehr engagierte Art des Lehrers, seine Schüler zur Eigeninitiative zu bewegen, die wesentlichen Merkmale der Lehrerbeschreibung aus. Typische Charaktereigenschaften des Physikprofessors verrät Steinbichl nicht, auch auf die Darstellung von Äußerlichkeiten wird verzichtet – diese waren ihm, wie er in einem anderen Zusammenhang sagt, ohnehin nie wichtig.

Sehr persönlich berichtet der jetzige Pater Lambert Wimmer über seinen ehemaligen Volksschullehrer: „Was ich eigentlich von meiner Volksschulzeit in bester Erinnerung habe, das ist ein Lehrer, den ich, glaube ich, in der dritten Klasse zum ersten Mal gehabt habe bis zum Schluss meiner Volksschulzeit. Das war ein junger, begeisterter Lehrer, ein wirklich charaktervoller Mensch, der keinen Unterschied machte zwischen Arm und Reich – ich gehörte ja damals zu den Ärmsten in unserer Klasse oder in der Volksschule – aber er hat uns in so guter Weise beeinflusst, dass ich ihm immer dankbar geblieben bin."[618] Obwohl diese

---

[616] Mann, geb. 1937, Volksschuldirektor im Ruhestand
[617] Josef Steinbichl, geb. 1937, Hauptschuldirektor im Ruhestand
[618] Lambert Wimmer, geb. 1916, Pater und ehemaliger Lehrer und Erzieher

Schilderung bereits von einer sehr tief empfunden persönlichen Bindung an den Lehrer zeugt und daher sicherlich nicht mehr unbedingt als allgemeine Lehrerbeschreibung gelten kann, soll sie doch an dieser Stelle Erwähnung finden, da sie vom Prinzip her ebenfalls genau in das schon so oft erwähnte Schema passt. Denn auch hier wird der Lehrer durch die Eigenschaften jung, begeistert und charaktervoll doch recht allgemein und prägnant charakterisiert, weitere äußere Merkmale werden allerdings nicht genannt. Dafür wird das über die Schichtgrenzen hinweggehende soziale Engagement des Lehrers besonders hervorgehoben – es hat den Schüler Wimmer sein Leben lang geprägt und ist daher in seiner Erinnerung mit dem ehemaligen Lehrer aufs Engste verknüpft. Insgesamt findet sich unter allen Berichten ehemaliger männlicher Schüler, die allgemeine Beschreibungen einzelner Lehrer enthalten, nur eine einzige Schilderung, die nicht in das Schema „Knappe Charakterisierung durch wenige Eigenschaften – Betonung des Äußeren – Erwähnung von Unterrichtsinhalt und persönlichem Engagement" passt. Die Lehrerbeschreibungen eines 23-jährigen Studenten unterscheiden sich schon einmal allein durch ihre Ausführlichkeit und die relativ lebhafte Sprache. Sie beinhalten viele Details, kleinere Episoden und auch Gerüchte, die sich um den einen oder anderen Lehrer rankten. Besonders deutlich wird dies etwa in der Erzählung über einen alten Chemielehrer: „In diesem alten Chemiesaal im Keller lebte auch der ältere der beiden Chemieprofessoren an unserer Schule, der alt, vergesslich und alkoholabhängig war, immer nur im weißen Kittel herumlief und um den sich zahllose Gerüchte und Anekdoten rankten. Unbestreitbar war jedenfalls, dass er ausgesprochen vergesslich und konfus war, gelegentlich kleine, harmlose Unfälle mit zerspringenden Reagenzgläsern auslöste, immer wieder ohne Erklärung für ein paar Minuten im Hinterkämmerchen verschwand und dann mit eindeutiger Schnapsfahne wieder herauskam. Außerdem war er oft außerstande, längere Formeln auf die Tafel zu schreiben, ohne den Faden zu verlieren, war auf sonderbare Weise von Stubenfliegen fasziniert und verirrte sich manchmal auf dem Weg vom Konferenzzimmer zum Chemiesaal und musste dann von den Klassenordnern gesucht werden. Außerdem gab es alle möglichen Gerüchte darüber, dass er in seinem Hinterkämmerchen im Chemiesaal neben seinen Schnapsflaschen auch einige uralte, rostige Flaschen mit stark komprimierten Gasen lagerte, die irgendwann explodieren und die ganze Schule mitreißen würden, was natürlich nie passierte. Alles in allem war aber besagter Professor eine der schillerndsten und interessantesten Figuren an unserer Schule und ‚sein' Chemiesaal im Keller übte eine dementsprechende Faszination auf uns aus."[619] Die Beschreibungen der anderen Lehrer lesen sich ähnlich. Im Vordergrund stehen dabei die bei bestimmten Lehrern als typisch empfundenen Eigenschaften, Bewegungen und Einstellungen, seien dies nun die Fürsorge der „Klassenmama", der Sarkasmus des Mathematikprofessors

---

[619] Mann, geb. 1982, Student

oder der Biologieprofessor „mit seinen wallenden Haaren und Bart wie ein gutmütiger Bär oder Riese aus dem Märchenland"[620]. Zwar kommen dabei durchaus das Engagement des einen oder anderen Lehrers, die als nützlich oder aber auch als lächerlich empfundenen Unterrichtsinhalte sowie äußerliche Eigenschaften bestimmter Lehrkräfte zur Sprache, es gibt aber keine Merkmale, die in allen Lehrerbeschreibungen gleichermaßen Erwähnung finden. Dies könnte einerseits freilich als Hinweis darauf gedeutet werden, dass junge Männer ihre Lehrer bereits aus einem anderen Blickwinkel betrachten als ihre älteren Geschlechtsgenossen und dabei besonders auch auf individuelle Charakterzüge der Lehrkräfte achten und diese sozusagen genauer und weniger allgemein als männliche Schüler früher beobachten. Andererseits könnte der oben erwähnte Student aber auch als Ausnahmeerscheinung angesehen werden, als ein junger Mann, der – sei es auf Grund seiner besonderen menschlichen Beobachtungsgabe, sei es wegen seiner sprachlichen Begabung und dem Talent zu farbenfrohen Schilderungen – vom herkömmlichen Schema, wie Männer ihre Lehrer beschreiben, abweicht. Die Frage, welcher der beiden Erklärungsversuche zutrifft, kann in der vorliegenden Arbeit nicht eindeutig beantwortet werden, da vergleichbare Berichte gleichaltriger Männer fehlen. Ich selbst tendiere jedoch dazu, auf Basis persönlicher Erfahrungen die zweite Möglichkeit als wahrscheinlicher einzustufen.

Wendet man sich nun den Berichten weiblicher Autoren und Gesprächspartner zu, so zeigt sich rasch, dass Frauen ihre Lehrer meist detaillierter und in vielen Punkten persönlicher als Männer beschreiben. Im Gegensatz zu von Männern verfassten Lehrerbeschreibungen lassen sich aber die Darstellungen von Frauen kaum in ein mehr oder weniger stabiles Schema einordnen. Dennoch ist es auf Basis der vorliegenden Berichte möglich, die Wahrnehmung von Lehrern durch Frauen in drei Gruppen einzuteilen, innerhalb deren sich bestimmte Merkmale der Beschreibungen wiederholen und so zumindest zu einem groben Schema zusammenfassen lassen. Dass die Zuteilung zu einer Gruppe dabei nicht immer einfach ist, bedarf wohl keiner besonderen Erwähnung.

Die erste Gruppe von Berichten gleicht in vielem jener Art und Weise, in der Männer ihre Lehrkräfte beschreiben. Die Schilderungen sind relativ kurz und beschränken sich aufs Allgemeine, die Lehrkräfte werden wiederum durch die Nennung weniger Eigenschaften charakterisiert. So heißt es in einem Bericht etwa: „Da die Schule zweiklassig wurde, bekamen wir einen neuen Lehrer. Dieser war im Vergleich zum Schulleiter viel ruhiger und ausgeglichener und schrie nicht so laut und so oft."[621] Ebenfalls sehr nüchtern und somit auch im Stile der Lehrerbeschreibung durch männliche Schüler lesen sich die Ausführungen von Andrea Eisenbarth: „Die junge Lehrerin blieb in der Berger Volksschule und wir

---

[620] Mann, geb. 1982, Student
[621] Frau, geb. 1943, Hausfrau

bekamen in der dritten Klasse die alte, gefürchtete Direktorin, die aber nach dem Schuljahr in Pension ging. So hatten wir in der vierten Klasse wieder eine neue Lehrerin, die noch dazu das erste Mal die Direktion inne hatte und immer im Stress war, ansonsten aber eine ganz lockere Lehrerin, die uns nicht allzu sehr forderte."[622] Jung, alt, gefürchtet oder locker – so werden die Lehrerinnen hier dargestellt, die Beschreibung bleibt im Allgemeinen, der Leser kann sich nur ein verschwommenes Bild machen. Unterrichtsinhalte und persönliches Engagement kommen in diesem Bericht gar nicht zur Sprache, das ist aber nicht in allen Schilderungen so. Es wird sehr wohl auch von Frauen auf außergewöhnliches Engagement und beherzte Handlungen ihrer Lehrer hingewiesen, oftmals stehen hier aber soziale Leistungen im Vordergrund. Dies ist etwa bei Maria Bilzer der Fall, die sich noch besonders an die Großzügigkeit ihrer Lehrerin erinnert: „In der ersten Klasse waren wir etwa 40 Kinder, wir hatten eine sehr liebe, junge Lehrerin, Fräulein XY. Sie hatte mit der Disziplin nicht viel Mühe – wir verehrten sie sehr. [...] Hochbeglückt waren alle, als wir am Nikolausmorgen in jedem Bankfach Feigen, Nüsse, Dörrpflaumen entdeckten, die der Nikolaus ‚eingelegt' hatte."[623] Auch hier fällt wieder die knappe Beschreibung der Lehrerin durch die Attribute jung und lieb auf – Eigenschaften, die sie bei den Schülern beliebt machten. Tatsächlich in Erinnerung geblieben ist sie der Schülerin Bilzer aber durch ihre großzügigen Geschenke – eine Art von Engagement, das von Männern vielleicht nicht erwähnt worden wäre. Der Unterrichtsinhalt sowie das Gefühl, etwas Nützliches zu lernen – ein Aspekt, der schon in den oben zitierten Lehrerbeschreibungen männlicher Schüler oftmals auftrat – spielen neben dem schon Erwähnten auch in den Berichten dieser ersten Gruppe eine wichtige Rolle. So schreibt Maria Bilzer weiter: „In der zweiten und dritten Klasse bekamen wir einen Lehrer. Herrn XY ging der Ruf voraus, besonders streng zu sein. Ich mochte ihn als sehr korrekt und konsequent. Wir lernten sehr viel bei ihm, nicht nur in Mathematik und Naturkunde. Er konnte sehr anschaulich erklären."[624] Auch die anderen Lehrerbeschreibungen Bilzers haben ihren Schwerpunkt auf den Unterrichtsfächern der jeweiligen Lehrkräfte – einen Unterschied zum Großteil der männlichen Darstellungen gibt es allerdings: Immer wieder schimmert die persönliche Wertschätzung für einzelne Lehrerinnen durch. In oftmals recht allgemein gehaltenen Formulierungen – die aber wenig Aufschluss über die tatsächliche Beziehung zwischen Lehrer und Schülerin geben – lässt sich erkennen, dass Frauen ihre auf den ersten Blick nüchternen Beschreibungen nicht wie Männer zuallererst auf offensichtliche Äußerlichkeiten und bestimmte Handlungsmuster stützen, sondern dass bei ihnen immer auch die zwischenmenschliche Ebene in das persönliche Lehrerbild mit einfließt. Dies ist etwa in

---

[622] Andrea Eisenbarth, geb. 1983, Studentin
[623] Maria Bilzer, geb. 1923, Volksschuldirektorin im Ruhestand
[624] Maria Bilzer, geb. 1923, Volksschuldirektorin im Ruhestand

Aussprüchen wie „Wer sich ein wenig Mühe gab, musste ihr dankbar sein für ihr Engagement."[625] erkennbar. Während Äußerlichkeiten in den allgemeinen Lehrerbeschreibungen der Männer nur in Form einer recht oberflächlichen Betrachtungsweise von Bedeutung sind und meist ziemlich allgemein mit „hübsch" oder „ungepflegt" usw. umschrieben werden, gibt es doch Frauen – wenn auch weniger, als man vielleicht erwarten würde – die immer auch auf das Aussehen ihrer Lehrkräfte zu Sprechen kommen. Das ist etwa bei Hedwig Wiesner der Fall, die oftmals während des Interviews Sätze einstreute wie: „Wir haben eine in Geschichte gehabt, die hat müssen prinzipiell ihre Haare immer so aufstecken, weil sie immer heruntergefallen sind – sie hat sehr dünnes Haar gehabt. [...] So war er [= der Religionslehrer]: groß, schlank, nicht besonders schön, aber furchtbar nett und der hat uns, wie gesagt, mitgerissen. [...] Die [= eine junge Lehrerin] war so hübsch, jung und blond [...] und die hat uns so gut gefallen. Und wie sie meine Tochter gehabt hat, war sie eine alte, vertrocknete Jungfrau. [...] Die [= die Lateinlehrerin] war – bitte – sie war so klein wie ich, doppelt so dick, hat rot gefärbte Wangen gehabt und gefärbte Haare."[626] Hinzuweisen ist an dieser Stelle aber darauf, dass immer zwischen Äußerlichkeiten, Unterrichtsstil und persönlicher Wertschätzung unterschieden wird. Äußerlichkeiten waren manchen Frauen zwar wichtig, die Lehrerbeschreibungen blieben aber keinesfalls auf diesen Punkt beschränkt.

Eine zweite, etwa gleich große Gruppe von weiblichen Lehrerbeschreibungen zeichnet sich dadurch aus, dass diese zwar auf der Zuschreibung einiger weniger Eigenschaften basieren, dass dabei aber durchaus auch Sympathien und Antipathien, die dem Lehrer gegenüber gehegt wurden, in die meist viel persönlichere Darstellung einfließen können. Während Männer mit wenigen Ausnahmen – dazu zählt etwa die oben zitierte Lehrerbeschreibung von Lambert Wimmer – deutlich zwischen der allgemeinen Schilderung eines Lehrers und der persönlichen Bindung zwischen ihnen und einer Lehrkraft unterscheiden, verbinden die Frauen der hier beschriebenen Gruppe diese beiden Bereiche zu einer Einheit. Dadurch wird es schwierig, ihre Erzählungen entweder diesem oder dem Abschnitt über die persönlichen Erfahrungen mit Lehrkräften zuzuordnen. Die Einteilung kann nur danach erfolgen, in welchem Maße die zwischenmenschliche Ebene als von allen Schülern gleich empfunden oder aber als sehr subjektive Einschätzung klassifiziert wird. Somit bildet diese Gruppe von Berichten ehemaliger Schülerinnen eine Zwischenstufe. Als Beispiel dafür sei hier die Schilderung einer Studentin erwähnt: „Natürlich hatte ich noch mehrere gute Lehrer, die ich z.T. auch wirklich sehr gerne hatte, z.B. meinen Klassenvorstand in der Hegelgasse, den wir als unseren ‚Klassenpapa' bezeichneten. Ich bin selten in meinem Leben einem lustigeren und intelligenteren Menschen begegnet. Meine

---

[625] Maria Bilzer, geb. 1923, Volksschuldirektorin im Ruhestand
[626] Hedwig Wiesner, geb. 1923, Ärztin im Ruhestand

Bio-Lehrerin in der Hegelgasse war auch eine meiner ‚Favorites'. Sie konnte nett und streng sein, aber ihre Strenge puschte einen auch, sich mehr anzustrengen. Mit diesen beiden Personen konnte man auch außerhalb des Unterrichts über Gott und die Welt sprechen und das war sehr angenehm."[627] In beiden Lehrerbeschreibungen werden – wie in allen anderen Textbeispielen auch – die Eigenschaften der Lehrer knapp beschrieben, hier etwa mit den Attributen lustig, intelligent, nett und streng. Dabei bleibt es jedoch nicht, viel mehr wird auf die Auswirkungen dieser Eigenschaften auf die eigene Person und – wie man annehmen kann – auch auf andere Schüler eingegangen: Der Humor des einen Lehrers macht aus ihm einen liebevoll mit „Klassenpapa" bezeichneten, fähigen Klassenvorstand, die Strenge der Lehrerin führt die Schüler zu höheren Leistungen. Auf der Beziehungsebene wirkt sich dies in einem guten Gesprächsklima auch außerhalb des Unterrichts aus. Ähnlich verhält es sich mit der Schilderung von Anita Gösweiner, in deren Fall eine Lehrerin durch ihre Charaktereigenschaften, die wiederum knapp beschrieben werden, Furcht in der Klasse hervorrief: „Handarbeiten, heute Textiles Werken, war ein spezielles Fach mit einer ‚besonderen' Lehrerin, Frau XY, eine allein stehende, äußerst launenhafte und strenge Frau, die in einem ‚Hexenhäuschen' wohnte. Wir Mädchen hatten große Angst."[628] Auch dieses Zitat belegt die enge Verknüpfung einer nüchternen – wenn vielleicht auch nicht objektiven – Schilderung mit der persönlichen Wahrnehmung eines Lehrers.

Schließlich sei hier noch eine dritte, allerdings viel kleinere Gruppe von Lehrerbeschreibungen vorgestellt. Dabei handelt es sich um Schilderungen, in denen klar die Gefühlsebene im Vordergrund steht. Der Lehrer wird dabei weder durch besondere Charaktereigenschaften noch durch persönliches Engagement oder bestimmte Unterrichtsleistungen beschrieben, viel mehr beschränkt sich die Darstellung auf die Beziehung zwischen Lehrer und Schülern bzw. darauf, welche Gefühle dem Lehrer von Schülerseite entgegengebracht wurden. Auf die Ursachen dafür wird zum Teil sehr wohl, zum Teil aber auch nicht eingegangen. Die Beschreibung bleibt trotz der emotionalen Komponente durchaus im allgemeinen Rahmen, die beschriebene Einschätzung des Lehrers wird – zumindest dem Bericht nach – von allen Schülern geteilt, subjektive Empfindungen werden nicht als solche formuliert. So schreibt beispielsweise Maria Fessl: „In der gesamten Schulzeit gab es keine Schwierigkeiten mit Lehrern, sie waren für mich und meine Schulkollegen Respektspersonen mit einer Ausnahme: Es gab einen Lehrer, der von allen Schülern gefürchtet wurde. Man konnte ihm nichts recht machen, einen Tag sagte er so, am nächsten das Gegenteil. Zum Glück hatten wir ihn nur als Aushilfe."[629] Während hier die negativen Emotionen überwogen,

---

[627] Frau, geb. 1981, Studentin
[628] Anita Gösweiner, geb. 1953, Hauptschullehrerin
[629] Maria Fessl, geb. 1951, Hausfrau

hegte Emma Spindler ihrer Volksschullehrerin gegenüber nur positive Gefühle: „Im ersten Schuljahr habe ich eine Lehrerin gehabt. Ja, die war so lieb, das war eine ältere Dame, aber die war eine ganz liebe, die hat uns behandelt wie im Kindergarten. Die war wirklich lieb."[630]

Macht das bisher Gesagte schon deutlich, dass Frauen ihre Lehrer auf sehr unterschiedliche Weise wahrnehmen bzw. beschreiben und sich die von ihnen verfassten Schilderungen kaum in ein, ja nicht einmal in mehrere Schemata einordnen lassen, so wird dieser Eindruck noch dadurch verstärkt, dass es zusätzlich zu den drei beschriebenen Darstellungsformen auch noch solche Berichte gibt, die eine Mischform aus den drei Gruppen bilden. Je nachdem, welche Eindrücke bei einem Lehrer überwogen, legt dabei ein und dieselbe Person bei der Beschreibung ihrer Lehrkräfte auf recht unterschiedliche Merkmale Wert. Als Beispiel dafür kann der Bericht von Eva Mark genommen werden. Eine ihrer Volksschullehrerinnen charakterisiert sie folgendermaßen: „Wir waren in der ersten Klasse 46 Kinder, aber Frau XY, unsere Klassenlehrerin, gab uns immer ein Gefühl der Geborgenheit. Sie verstand es ausgezeichnet, Güte und Strenge richtig zu dosieren."[631] Diese Beschreibung ist ganz klar der dritten Gruppe zuzuordnen, wohingegen die Schilderung ihres Gymnasialdirektors mehr in die erste Gruppe der nüchternen Darstellungen passt: „Unser Direktor, nicht umsonst ,Rex' genannt, war ein absoluter Herrscher. Wir hatten ihn einige Zeit in Geschichte und Geografie. Sein Vortrag war einmalig und fesselnd, aber wehe, man konnte ihm drei Mal nicht die richtige Antwort geben, dann war man ,vernichtet'."[632] Auch für die zweite Gruppe liefert Eva Mark ein Beispiel: „Sie [= die Volksschullehrerin der vierten Klasse] war jung, ausgeglichen, fröhlich und hatte uns gut in der Hand. Wir hatten bei ihr immer das Gefühl, ernst genommen zu werden. Auch ihr Herz für schwächere Schüler und ihre Konsequenz und Gerechtigkeit imponierten mir."[633]

Zusammenfassend lässt sich sagen, dass sich die Lehrerbeschreibungen von Frauen anders als im Fall der Männer nicht in ein relativ stabiles Schema pressen lassen. Die drei Gruppen fassen jene Berichte zusammen, die eine ähnliche Struktur aufweisen. Die Schilderungen innerhalb einer Gruppe zeichnen sich durch eine ähnliche Schwerpunktsetzung zwischen den Polen „nüchterne Beschreibung" und „Darstellung einer emotionalen Bindung an die Lehrkraft" aus. Dennoch gibt es unter den Berichten auch Mischformen, nämlich dann, wenn eine Frau ihre Lehrer je nachdem, wie sie diese persönlich erlebte, recht unterschiedlich beschreibt.

---

[630] Emma Spindler, geb. 1923, Postbeamtin im Ruhestand
[631] Eva Mark, geb. 1946, Volksschullehrerin
[632] Eva Mark, geb. 1946, Volksschullehrerin
[633] Eva Mark, geb. 1946, Volksschullehrerin

Betrachtet man nun Beschreibungen ganzer Lehrergruppen, so fällt auf, dass in vielen Berichten – unabhängig von Alter, Geschlecht und Herkunft der Verfasser – eine Einteilung der gesamten Lehrerschaft in die Kategorien „gute Lehrer" und „schlechte Lehrer" vorgenommen wird. Diese Gruppen wiederum werden oftmals unterteilt in Beschreibungen von Lehrern, die von der betreffenden Person real im Unterricht erlebt wurden und in eine Schilderung dessen, was man sich aus heutiger Sicht unter einem Lehrer der entsprechenden Kategorie vorstellen würde und welche Anforderungen dieser zu erfüllen hätte. Letzteres wird an anderer Stelle ausführlich zur Sprache kommen, sodass an dieser Stelle nur Eindrücke von Lehrpersonen, die den Schülern in Fleisch und Blut gegenüberstanden, Erwähnung finden sollen.

Die Beschreibung der Eigenschaften „guter Lehrer" fällt in allen Berichten – wenn auch mit unterschiedlicher Schwerpunktsetzung – ähnlich aus. So meint etwa Erika Habacher: „Gute Lehrer waren in unseren Augen jene, die Verständnis zeigten, die unsere Fragen beantworteten, die Humor hatten und die nicht zu streng waren."[634] Hedwig Wiesner schließt sich dem im Wesentlichen an: „Gute Lehrer waren für mich erstens Lehrer, die sich von uns nicht auf den Kopf machen haben lassen, die ruhig und streng waren, aber mit Humor streng waren und die interessant waren."[635] Anna Hösl antwortete auf die Frage, was denn einen guten Lehrer zu ihrer Schulzeit ausgemacht hätte: „Ein guter Lehrer musste Wissen haben und dieses auch weitergeben können. Er sollte auch keine Unterschiede machen, aus welcher sozialen Schicht der Schüler kommt. Er sollte ohne Vorurteile lediglich über die Fähigkeiten des Schülers entscheiden."[636] In eine ähnliche Richtung geht die Beschreibung Henriette Hartigs: „Für uns war der Lehrer am besten, der streng war, aber gerecht und einer, der auch mit sich reden hat lassen und nicht die Autorität so herausgekehrt hat: wer bin ich und was ich sag, das ist richtig."[637] Auch Josef Steinbichl ist davon überzeugt, dass es in Bezug auf einen guten Lehrer wichtig war, „dass er gerecht war und dass er sympathisch war – weil man dann was tut. [...] Und das hängt aber dann mit seinem Auftreten und mit seinem ,Wie gehe ich mit den Schülern um?', ,Wie bin ich zu den Schülern?' zusammen."[638] Dass der Lehrer auch heute einen guten Zugang zu seinen Schülern haben muss, um von diesen akzeptiert und gemocht zu werden, macht die Aussage einer 24-jährigen Studentin deutlich: „Als gute Lehrer galten jene, die es schafften, den Unterricht interessant und nicht monoton zu gestalten und die allgemein einen guten Draht zu ihren Schülern aufbauen konnten."[639] Brigitte Kitzmüller greift in ihrem Bild vom „guten Lehrer" viele

[634] Erika Habacher, geb. 1953, Volksschuldirektorin
[635] Hedwig Wiesner, geb. 1923, Ärztin im Ruhestand
[636] Anna Hösl, geb. 1958, Angestellte in einer Rechtsanwaltskanzlei
[637] Henriette Hartig, geb. 1924, Volksschuldirektorin im Ruhestand
[638] Josef Steinbichl, geb. 1937, Hauptschuldirektor im Ruhestand
[639] Frau, geb. 1981, Studentin

der genannten Punkte noch einmal auf: „Für mich war bei Lehrern wichtig, dass sie alle Schüler gleich behandelten. [...] Es war mir kein Problem, wenn ein Lehrer streng war, wenn er es bei allen war. Lehrer, die gut vortragen konnten, den Stoff abwechslungsreich gestalteten (nicht nur heruntergelesen haben), waren für mich gute Lehrer. Wichtig war für mich auch, dass ich das Gefühl hatte, der Lehrer nimmt mich ernst.“[640] All diese Statements – und es gäbe noch viele mehr – zeigen, dass sich das Bild eines guten Lehrers durch die Zeiten hindurch kaum geändert hat. Männer und Frauen, Kinder vom Land und Jugendliche aus der Stadt schätzten und schätzen an einem Lehrer Humor und Gerechtigkeit, Lehrer, die das richtige Maß an Strenge aufweisen, stehen hoch im Kurs. Zudem zählt – wie aus den Berichten deutlich wird – zu den Merkmalen eines guten Lehrers, dass er die Schüler in seine Entscheidungen mit einbezieht und ihnen das Gefühl gibt, ernst genommen zu werden. Kann der Lehrer schließlich noch fundiertes Wissen vorweisen und seinen Unterricht interessant gestalten, so stehen die Chancen hoch, dass ihm von Seiten der Schüler Sympathie und Ansehen entgegengebracht werden.

Während über die Eigenschaften eines „guten Lehrers“ weitgehend Einigkeit herrscht, sieht die Situation bei den weniger beliebten Lehrern anders aus. Liest man sich die vielen Berichte aufmerksam durch, so fällt einem bald auf, dass im Vergleich zu den „guten Lehrern“ von „schlechten Lehrern“ viel weniger die Rede ist. Vor allem alte Menschen beurteilen ihre Lehrer fast ausschließlich positiv. So schreibt etwa Volkmar Strohbach: „’Schlechte’ Lehrer habe ich in meiner Schulzeit nicht erlebt.“[641] Emma Spindler antwortet auf die Frage, ob sie auch schlechte Lehrer gehabt habe: „Nein, wir haben überall gut gelernt, weil sie eben streng waren. Es waren gute Lehrer, aber streng, durch die Bank.“[642] Und auch Theresia Kirchmayr betont: „Dass ich einen schlechten Lehrer gehabt hätte, kann ich nicht sagen. Weil ich habe nur zwei Lehrer gehabt und gelernt haben wir bei jedem etwas.“[643] Vor allem aus den beiden letzten Stellungnahmen, von deren Art es in den Berichten noch mehrere gibt, lässt sich ableiten, dass früher, d.h. in der Ersten Republik, die Qualität eines Lehrers in erster Linie daran festgemacht wurde, ob bei diesem etwas gelernt wurde oder nicht, wobei Letzteres den Schilderungen nach zu schließen so gut wie nie der Fall war. Menschen, deren Schulzeit noch nicht so weit zurückliegt, sind in ihrem Urteil da oftmals kritischer. Noch eng, wenn auch nicht ausschließlich an die Wissensvermittlung geknüpft bleiben die Kriterien, die eine Pensionistin, deren Schulzeit in die 50er-Jahre fiel, heranzieht: „Als schlechter Lehrer galt der, der sich nur mit Schreien Respekt verschaffen wollte, den Lehrstoff aber nicht richtig

---

[640] Brigitte Kitzmüller, geb. 1962, Tagesmutter

[641] Volkmar Strohbach, geb. 1918, Baumeister im Ruhestand

[642] Emma Spindler, geb. 1923, Postbeamtin im Ruhestand

[643] Theresia Kirchmayr, geb. 1924, Altbäuerin

vermitteln konnte."[644] Spätere Generationen lösten sich in ihrem Urteil zum Teil oft völlig von der Zuordnung „Guter Lehrer – viel gelernt, schlechter Lehrer – wenig gelernt". Als Beispiel hierfür sei ein Zitat aus dem Bericht von Daniela Gamperl erwähnt, das sich zwar auf eine einzelne Lehrerin und keine Gruppe bezieht, an dieser Stelle aber trotzdem seine Berechtigung hat, zumal von der Autorin betont wird, dass es durchaus mehrere Lehrer dieses Typus gegeben habe: „Als negatives Beispiel – wobei es an dieser Schule einige geben würde – fällt mir immer meine Englischlehrerin ein, der gegenüber ich doch manchmal ein Gefühl der Angst verspürte. Bei ihr wusste man nie, wo man gerade dran war, auf der einen Seite prophezeite sie uns, dass wir die Matura nie schaffen würden, da wir alle viel zu dumm wären, auf der anderen Seite wollte sie gelegentlich ein ‚Schwätzchen' mit uns durchführen, indem sie auch viele persönliche Dinge offenbarte. Ich persönlich fand das peinlich."[645] In diesem Fall erfolgt die Bewertung „schlechter Lehrer" also nach ganz anderen Kriterien. Nicht mehr das Wissen, welches bei einem Lehrer erworben wird, steht im Vordergrund, sondern die Vorhersehbarkeit des Lehrerverhaltens und Merkmale der Lehrerpersönlichkeit geben den Ausschlag. Der Lehrer – oder das, was einen Lehrer in den Augen seiner Schüler ausmacht – bleibt nicht mehr auf dessen ursprüngliche Aufgabe beschränkt, die Ebene der zwischenmenschlichen Beziehung sowie die Wahrnehmung des Lehrers als „ganze Person" rücken immer mehr in den Vordergrund. Dabei spielt es auch zunehmend eine Rolle, wie sich die Lehrkräfte in der Klasse Respekt verschaffen. Dies war – vergleicht man das weiter oben angeführte Zitat – bereits nach dem Zweiten Weltkrieg der Fall, wirkliche Bedeutung gewann dieser Aspekt aber in den letzten Jahren, wie die Aussage einer heute 24-jährigen Studentin zeigt: „Schlechte Lehrer waren zweifelsohne solche, die ihre Schüler nicht anders in den Griff bekamen, als sie zu beleidigen und zu schimpfen oder sich beim Direktor über sie zu beschweren."[646] Generell muss – setzt man sich mit „schlechten Lehrern" auseinander – bedacht werden, dass Lehrer heutzutage viel kritisierbarer geworden sind, ihre ursprüngliche Unantastbarkeit hat sich aufgelöst. Darin – und nicht etwa in der Tatsache, dass Lehrer früher prinzipiell „besser" waren – ist wohl auch ein Grund, wenn nicht der Hauptgrund, dafür zu finden, warum jüngere Leute häufiger von „schlechten Lehrern" berichten als die Schülergeneration der Ersten Republik.

Über einen weiteren Punkt soll hier noch kurz gesprochen werden, nämlich darüber, in wie weit Schüler auch das Aussehen ihrer Lehrkräfte bewerten und in ihre Beschreibungen mit einbeziehen. Dazu lässt sich sagen, dass Äußerlichkeiten von Lehrpersonen auch dann, wenn über ganze Gruppen von Lehrern ge-

---

[644] Frau, geb. 1943, Hausfrau
[645] Daniela Gamperl, geb. 1982, Studentin
[646] Frau, geb. 1981, Studentin

sprochen wird, für die Schüler nur am Rande von Bedeutung sind und oftmals gar keine Erwähnung finden. Dennoch tauchen auch immer wieder Äußerungen über äußerliche Merkmale von Lehrkräften auf. Interessant ist, dass sich in den Berichten jener Menschen, die vor bzw. noch während des Zweiten Weltkriegs die Schule besuch haben, eine auffällige Zweiteilung zwischen Stadt und Land erkennen lässt. So achteten sowohl Männer als auch Frauen, die in eine städtische Schule gingen, doch zu einem guten Teil auch auf das Aussehen der Lehrkräfte. Nicht nur die oben bereits zitierte Hedwig Wiesner bestätigt, dass einem durchaus die Art der Kleidung sowie andere körperliche Merkmale der Lehrkräfte, etwa fettiges Haar oder schiefe Nasen, auffielen. Auch Volkmar Strohbach gibt durchaus zu, dass man als Schüler einem Lehrer gegenüber oft kritisch war, „wenn er Schuppen gehabt hat und so"[647]. Ganz anders als diese kritische Aufmerksamkeit unter städtischen Schülern war die allgemeine Haltung am Land. Ältere Leute, die eine ländliche Schule besucht hatten, reagierten oft befremdet auf die Frage, ob sie bei ihren Lehrern auch auf die äußere Erscheinung geachtet hätten. Wurde dem Äußeren Aufmerksamkeit geschenkt, so wurde am ehesten noch auf die Kleidung der Lehrpersonen geachtet. Diese hatte vielfach Vorbildcharakter, negative Kritik daran gab es jedenfalls nicht, wie am Beispiel von Emma Spindler deutlich wird: „Aufs Gewand hat man halt geachtet, wenn sie ein wenig schöner angezogen waren – ist eh klar. Aber so eigentlich weniger, weil die waren eh immer anständig angezogen und frisiert und alles, da hat es eh nichts gegeben. Die hätten sich gar nicht anders benehmen können, weil es ist ja ab und zu von Linz einer heruntergekommen, so ein Inspektor oder was der war, und da haben sie ja immer angezogen sein müssen anständig."[648] Körperliche Eigenschaften waren oftmals ein Tabuthema. So antwortete etwa Anna Plöckinger auf die Frage, ob man z.B. auch darauf geachtet habe, ob der Lehrer Schuppen hätte: „Nein, das hätten wir uns nicht getraut."[649] Dass sich die Situation heute sowohl am Land als auch in der Stadt gründlich geändert hat, macht u.a. die Aussage der schon mehrmals zitierten Studentin klar, welche die Frage, worauf man als Schüler bei den Lehrern geachtet hätte, spontan beantwortet: „In erster Linie sah man immer auf das Äußere, auf solche Banalitäten wie Haare an den Beinen bei weiblichen Lehrkräften, Schweißflecken unter den Achseln, Schulterpolster, die stark an die 80er-Jahre erinnerten, einen nicht korrigierten Überbiss, feuchte Aussprache..."[650] Erst an zweiter und dritter Stelle werden weit abgeschlagen Humor und politische Gesinnung genannt.

Wie schon an anderer Stelle häufig erwähnt, finden auch sehr subjektive Einschätzungen und Empfindungen immer wieder Eingang in die Beschreibung

---

[647] Volkmar Strohbach, geb. 1918, Baumeister im Ruhestand
[648] Emma Spindler, geb. 1923, Postbeamtin im Ruhestand
[649] Anna Plöckinger, geb. 1923, Altbäuerin
[650] Frau, geb. 1981, Studentin

einzelner Lehrpersonen oder ganzer Lehrergruppen. Dabei stehen nun weniger allgemeine Schilderungen im Vordergrund als viel mehr konkrete Erlebnisse – seien diese nun positiver oder negativer Natur – die das Bild, welches ein Lehrer in der Erinnerung seiner Schüler hinterließ, entscheidend prägten. Da diese Erfahrungen einen sehr persönlichen Charakter haben und meist aus bestimmten Situationen heraus entstanden sind, ist zwischen den einzelnen Berichten nur beschränkt ein Vergleich möglich. Werden von zwei oder mehreren Personen ähnliche Erlebnisse geschildert, so wird im Folgenden versucht, diese Parallelen herauszuarbeiten, dies steht aber hier nicht im Vordergrund. Viel mehr sollen die vielen unten angeführten Beispiele verdeutlichen, welchen Einfluss manche Lehrer – ob bewusst oder unbewusst – durch ihre Persönlichkeit und ihre Haltung auf die weitere Lebensweise ihrer Schüler nahmen und dass sich viele Begebenheiten aus der Schulzeit, von denen Menschen zum Teil tief betroffen waren, für immer in deren Erinnerung festsetzten. Manche der geschilderten Erlebnisse sind dabei nur vor dem Hintergrund der zeitlichen Umstände verstehbar, andere Situationen treten in ähnlicher Form auch heute in den Schulen auf – prägend waren sie in irgendeiner Weise alle.

Generell werden in vielen Berichten – wie schon gesagt – persönliche, als sehr negativ und oftmals auch prägend für die weitere Schullaufbahn empfundene Erfahrungen im Umgang mit Lehrern erwähnt. Welches Unheil unbedachte Aussagen einer Lehrkraft in der Seele eines Kindes anrichten können, hat eine inzwischen schon pensionierte Volksschullehrerin am eigenen Leib erfahren. Ihre Schullaufbahn war durch häufigen Schulwechsel geprägt, auch war es auf Grund der Bildungsexplosion nicht immer leicht, einen geeigneten Ausbildungsplatz für das junge Mädchen zu finden. Gefragt nach den Erinnerungen an ihren ersten Schultag antwortete die inzwischen 59-jährige: „Ich erinnere mich beim Schulwechsel in die dritte Klasse an den Seufzer der Lehrerin: ‚Noch eine Schülerin mehr!' Die hatte keine Freude mit mir!"[651] Die Betroffenheit, die das Gefühl, nicht gewollt zu sein, auslöste, wirkt auch heute noch nach. Wie die Pensionistin erzählte, hatte sie Zeit ihres Lebens ein ungutes Gefühl, wenn sie irgendwo neu war und in eine bereits bestehende Gemeinschaft eintreten musste. Die unbedachte Äußerung der – vielleicht überforderten – Lehrerin hat ihr Verhalten in solchen Situationen nachhaltig beeinflusst.

Mit einer anderen Form der fehlenden Zurückhaltung einer Lehrkraft, nämlich mit der Intoleranz und dem aufbrausenden Temperament ihres Oberlehrers, machte Maria Bilzer Bekanntschaft – eine Erfahrung, die lange in ihr nachwirkte. Der Oberlehrer, der in ihrer Klasse unterrichtete, wurde von allen Schülern gefürchtet. Oftmals mussten die Kinder als Strafe nach dem Unterricht noch weiter in der Schule bleiben und dort gemeinsam den Rosenkranz beten. „Ich wagte es nur einmal, zu sagen, dass ich evangelisch bin und keinen Rosenkranz

---

[651] Frau, geb. 1946, Volksschullehrerin im Ruhestand

kann. Darauf schrie er derart aufgebracht, dass sich manche vor Schreck unter die Bänke verkrochen. Ich weiß nicht, ob seine Schüler viel von ihm gelernt haben."[652] Der letzte Satz ist zwar auf den ersten Blick recht sachlich formuliert, er drückt aber sicherlich auch die große persönliche Enttäuschung über die unmenschliche Art des Lehrers aus. Bezieht man die im vorhergehenden Abschnitt gemachte Feststellung mit ein, dass zur Schulzeit Maria Bilzers „gute Lehrer" damit gleichgesetzt wurden, dass bei ihnen viel gelernt wurde, so zeigt sich auch durch diese recht allgemein gehaltene Feststellung die in der damals noch ziemlich jungen Schülerin gereifte Überzeugung, dass ein derartig jähzorniger Mensch einfach kein guter Lehrer sein könne. Diese Erfahrung prägte ihr Lehrerbild bis ins hohe Alter.

Enttäuscht und verärgert wegen einer übermäßigen und noch dazu unbegründeten Bestrafung zeigte sich auch ein inzwischen pensionierter Volksschuldirektor: „Mit den Fachlehrern war ich auch ganz zufrieden – mit einer Ausnahme: dem Religionslehrer. Es war ein älterer Kaplan. Sein Unterrichten wird nicht aufregend gewesen sein, aber daran erinnere ich mich zu wenig. Jedenfalls banden meine Mitschüler einen anderen Buben mit den Füßen an die Bank fest. Als der Kaplan auf die Unruhestiftung aufmerksam wurde, rief er den ‚Gefesselten' zu sich heraus. Der ‚Gefesselte' ließ sich theatralisch der Länge nach in der Bank hinfallen. Ein lautes Gelächter der Klasse belohnte ihn. Anders reagierte der Kaplan. Da ich der Sitznachbar des ‚Gefesselten' war, war ich selbstverständlich der Schuldige. Ich musste zu ihm gehen und beide Hände ausstrecken. Mit dem Zeigestab knallte er mir einen kräftigen Schlag auf die Rückseite beider Hände. Mein Ärger war gewaltig, nicht nur, weil ich in diesem Fall völlig unschuldig war, sondern vor allem, weil der Religionslehrer ein Priester war."[653] Durch die ungerechte und harte Behandlung wurde nicht nur das Bild, das der damalige Schüler von einem gerechten Lehrer hatte, ins Wanken gebracht, sondern auch – was sicherlich tiefer ging – seine Vorstellungen darüber, wie ein Priester zu handeln habe. Zu einer wirklichen Erschütterung des Weltbilds des Jugendlichen reichte dieses Erlebnis aber nicht aus, er passte lediglich sein Idealbild eines guten Schülers an die gegebenen Verhältnisse an: „In den nächsten Religionsstunden fand der Kaplan den Zeigestab nicht mehr; leider gingen mir dann die guten Versteckplätze für den Zeigestab aus."[654]

Ungerechte Behandlung – ob man nun persönlich davon betroffen war oder nicht – blieb, wie am obigen Beispiel schon gezeigt, vielen Menschen in unangenehmer Erinnerung. So schildert die bereits erwähnte ehemalige Volksschullehrerin folgendes Ereignis aus ihrer Schulzeit: „Eine Mitschülerin hatte zwischen Schulbeginn und Weihnachten sehr viele Fehlstunden. Unser Klassenvor-

---

[652] Maria Bilzer, geb. 1923, Volksschuldirektorin im Ruhestand

[653] Mann, geb. 1937, Volksschuldirektor im Ruhestand

[654] Mann, geb. 1937, Volksschuldirektor im Ruhestand

stand bezweifelte die Entschuldigungsgründe und verhöhnte sie wegen ihrer vielen ‚Wehwechen'. Nach Weihnachten entschuldigte sie sich tief betroffen wegen ihrer ungerechten Aussagen. Unsere Mitschülerin hatte Blutkrebs und verstarb noch im laufenden Schuljahr."[655] Weniger drastisch, aber dennoch als einschneidendes Erlebnis erschien so manchem die ungerechte Behandlung der eigenen Person oder eines Mitschülers bei Prüfungen. Anna Plöckinger, die noch in der Ersten Republik ihre Schulzeit begann, erinnert sich noch genau: „Da hat eine eine Prüfung gehabt und dann ist sie nicht gleich zusammengekommen damit, dann hat er ihr gleich eine schlechte Note hineingeschrieben."[656] Der Ärger über diesen Zwischenfall ist ihr heute noch anzumerken. Persönliche Erfahrungen mit ungerechten Prüfungsmethoden machte auch Irmgard Wartner und zwar im Zuge ihrer Ausbildung zur Hauptschullehrerin. Auch sie denkt heute noch oft mit ungutem Gefühl an diese Situation zurück. Der folgende Gesprächsausschnitt macht deutlich, wie nahe der ehemaligen Lehrerin die ungerechte Behandlung heute noch geht: „Und Deutsch war auch schwierig, weil da hab ich eine Professorin gekriegt, die war eine – wie sollst du denn sagen – eine Frauenhasserin. Das hab ich stark zu spüren gekriegt. Das war nicht gut. [...] Das hast du einfach gespürt. [...] Das hat sich dann nur herumgesprochen, die Burschen sind immer besser davongekommen. Ich weiß es noch so gut, weil damals, Deutsch... Ich weiß es noch, um Gottes Willen, ich hab hundert Werke lesen müssen [...] und dann hat sie mich gefragt – das werde ich nie vergessen – ich hab den Grillparzer u.a. gekriegt und dann hat sie gesagt: [...] ‚Welche Werke?'. ‚Ein Bruderzwist im Hause Habsburg' heißt ein so ein Schauspiel. Dann sagt sie: ‚Wissen Sie, dass ich Sie jetzt durchfallen lassen könnte?' Wegen einer Sache! Und das, weil es geheißen hat ‚Ein Bruderzwist in Habsburg'. Und ich hab das dann in der Literaturgeschichte gefunden und hab es ihr gezeigt und gesagt: ‚Schauen Sie, da steht es aber so. Warum...?' Da hast du nichts sagen dürfen. Das geht nicht. Das hab ich heute noch so... Das war mir damals..."[657] Ähnlich erging es Eva Mark mit ihrer Mathematikprofessorin, die damalige Gymnasiastin konnte in dieser belastenden Situation allerdings auf die Unterstützung ihrer Eltern zählen: „Von einer Mathematik-Professorin muss ich sagen, dass ich noch nie von einem Menschen derart gemein behandelt worden bin wie von ihr. Sogar unter ein Befriedigend schrieb sie ‚schwache Leistung'. Nach einem Gespräch mit ‚dieser Dame' standen dann auch meine Eltern auf meiner Seite und das tat gut."[658] In eine etwas andere Richtung geht die Erfahrung von Karl Schmiedinger mit einem Lehrer, der stellvertretend für seine Deutschlehrerin Unterrichtsstunden hielt: „Der ist ein richtiger Schläger gewesen, den haben wir alle gefürchtet. [...] Der war mehr als ungerecht. Er hat Strafaufgaben gegeben,

---

[655] Frau, geb. 1946, Volksschullehrerin im Ruhestand
[656] Anna Plöckinger, geb. 1922, Altbäuerin
[657] Irmgard Wartner, geb. 1945, Hauptschullehrerin im Ruhestand
[658] Eva Mark, geb. 1946, Volksschullehrerin

die man nie hätte machen können."[659] Auch in ihm blieb das dumpfe Gefühl von erlittener Ungerechtigkeit lange zurück. Brigitte Kitzmüller litt ebenfalls unter dem gehässigen Verhalten eines Lehrers, welches dieser einigen Mitschülern gegenüber an den Tag legte: „Ein Lehrer hat einige Schüler, die sich im Fach schwer getan haben, ausgespottet und schikaniert, das empfand ich als die größte Gemeinheit. Mich hat es zwar nicht selbst betroffen, doch die Schwäche noch hervorzuheben, ist einfach schlimm. Dies war der Lehrer, den ich am wenigsten mochte."[660] Auch die Unehrlichkeit mancher ihrer Lehrer gegenüber der Klasse hat sie in schlechter Erinnerung: „Es gab auch Lehrer, die in ihrem Fach nicht sicher waren, z.B. in Mathematik. Die sagten vor den Schülern: ‚Das geht leicht, probiert es noch einmal selbst.' In der Pause sah man sie dann beim Kollegen stehen... Wenn sie es ehrlich zugegeben hätten, wäre es egal – so waren sie aber unglaubwürdig."[661]

Einen ganz anderen Aspekt spricht Anna Hösl[662] an. Sie empfand Lehrer, die auf Grund mangelnden Wissens bzw. der fehlenden Eigenschaft, ihre Kenntnisse auch verständlich vermitteln zu können, Schüler im Falle eines Lehrerwechsels in gröbere Probleme stürzen konnten, als sehr unangenehm. Ob sie auf diesem Gebiet auch tatsächlich persönliche Erfahrungen gemacht hat, geht aus ihrem Bericht allerdings nicht hervor. Verwirrung bedingt durch häufigen Lehrerwechsel und die unterschiedlichen Anforderungen der einzelnen Lehrkräfte stellte sich jedenfalls bei Emma Spindler ein: „Na, das war so, mit der Schrift war das ein bisserl schlecht. Bei dem einen haben wir müssen groß schreiben, beim anderen haben wir müssen klein schreiben. Beim Lehrer XY, da kann ich mich erinnern, da haben wir müssen so groß schreiben, weil der hat ein wenig schlecht gesehen und keine Brillen getragen und immer gesagt: ‚Das kann ich nicht lesen. Ihr müsst größer schreiben.' Und dann haben wir den XY gekriegt: ‚Schreibt nicht so groß, da braucht ihr ja gleich das ganze Heft auf einmal.' Der wollte es klein. Haben wir halt wieder klein geschrieben."[663] Wie die letzte, resignierte Äußerung zeigt, wurde diese Problematik von der Erzählerin zwar als unangenehm empfunden, zu einer tiefer gehenden Betroffenheit – wie sie in den zuvor zitierten Berichten fühlbar wurde – führte die unpädagogische Unterrichtsgestaltung der Lehrer allerdings nicht.

Nicht alle Lehrer brachten für die Kinder immer das notwendige Verständnis auf. In besonderer Erinnerung ist Johann Aumayr etwa eine Lehrerin geblieben, der er folgendes unangenehme Erlebnis verdankt: „Das war im tiefen Winter und ich habe den Durchfall so gehabt, fürchterlichen Durchfall gehabt, ich war ja so ein armer Teufel. Und in der Schule, da haben wir aufzeigen müssen. Und

[659] Karl Schmiedinger, geb. 1923, Konditor im Ruhestand
[660] Brigitte Kitzmüller, geb. 1962, Tagesmutter
[661] Brigitte Kitzmüller, geb. 1962, Tagesmutter
[662] Anna Hösl, geb. 1958, Angestellte in einer Rechtsanwaltskanzlei
[663] Emma Spindler, geb. 1923, Postbeamtin im Ruhestand

ich zeige auf, ja die sagt nichts, die lässt mich nicht hinausgehen. Und wie sie dann gesehen hat, dass es schon ganz arg ist – da hat sie es mir schon angekannt wahrscheinlich – ‚Na, geh hinaus.' hat sie gesagt. Jetzt gehe ich hinaus. Früher hat man Hosenträger gehabt und ich hab es halt nicht mehr geschafft – ‚patsch' hat es gemacht, da hab ich die Hosen voll gehabt. [...] Da bin ich die ganze Zeit in der Schule gewesen. [...] Ich meine, die hat es mitgekriegt. Ich glaube, die hätte mich auch nicht heimgehen lassen."[664] Heute wäre eine solche Begebenheit nicht mehr denkbar. Abgesehen davon, dass heutige Lehrer mit viel mehr Einfühlungsvermögen an die Kinder herangehen und ein derartiger Fehltritt sehr wahrscheinlich berufliche Konsequenzen hätte, würde ein heutiger Schüler in derselben Situation auch ohne die Erlaubnis seiner Lehrerin auf die Toilette bzw. nach Hause gehen – ein Ding der Unmöglichkeit für den damals kleinen Johann. Dieser kann zwar heute über den Vorfall lachen, ein negativer Beigeschmack aber bleibt.

Wenig bis kein Verständnis für die Welt seiner Schüler hatte auch der Oberlehrer einer heute 67-jährigen Frau. Diese berichtet von mehreren Zwischenfällen, bei denen Schüler für Dinge bestraft wurden, für die sie beim besten Willen nichts konnten. Ursache dafür war, dass sich der doch relativ begüterte Lehrer nicht mit den ärmlichen Lebensumständen der Familien, deren Kinder er unterrichtete, auseinandersetzte: „Ich glaube, er konnte sich gar nicht hineindenken in unsere Lebensverhältnisse."[665] Als Beispiel für das aus heutiger Sicht unmögliche Verhalten des Lehrers sei folgende Schilderung zitiert: „In meiner Abteilung war ein Bub, der kein Löschblatt hatte und er [= der Oberlehrer] hat ihn öfter darauf hingewiesen. Dieser sagte, wenn der Vater die Ochsen verkauft, dann kriegt er ein Geld dazu. Darauf hat er für eine Ohrfeige ausgeholt und der Bub hat blitzschnell seine Hände hingestreckt und gesagt, dass ihm ‚Patzen' lieber sind. [...] Damals war es wirklich so, dass oft kein Geld im Hause war. Das hat sich der Lehrer scheinbar nicht vorstellen können."[666]

Neben den soeben vorgestellten emotional negativ besetzten Schilderungen blieben vielen ehemaligen Schülern auch einzelne Lehrpersonen durch besonders positive Erfahrungen in Erinnerung. Nicht selten ist in diesem Zusammenhang von Lehrern als Vorbilder die Rede. Oftmals prägten Lehrer durch ihr Vertrauen in das Können ihrer Schüler nicht nur deren weitere Schullaufbahn, sondern auch das Leben nach der Schule entscheidend. Dies erlebte u.a. Erika Habacher, die ihre Zeit in der Volksschule noch als äußerst belastend empfunden hatte, was sich im Gymnasium durch die optimistische Einschätzung ihres Könnens von Seiten einer Lehrerin schlagartig änderte: „An die Zeit im Gymnasium kann ich mich schon besser erinnern. Hier hatte ich auch so manch positives Er-

---

[664] Johann Aumayr, geb. 1924, Frisör im Ruhestand
[665] Frau, geb. 1938, Landwirtin
[666] Frau, geb. 1938, Landwirtin

lebnis. Der Umschwung kam durch eine Lehrerin, die mir in der dritten Klasse –
ich war die ersten drei Schuljahre stets nahe am Sitzenbleiben – sagte: ‚Klem-
chen (mein Familienname war damals noch Klem), du bist nicht dumm. Ich bin
davon überzeugt, dass du sogar eines Tages einen Vorzug schaffst.' Auch ein
paar andere Lehrerinnen – es gab nur einen Lehrer (den für Religion) – sprachen
mir Mut zu und ab der vierten Klasse hatte ich jedes Jahr einen ausgezeichneten
Erfolg."[667] Ein engagierter Geschichtelehrer verstand es, das Interesse einer seiner Schülerinnen derart zu wecken, dass diese sogar ein Geschichtestudium an
der Universität aufnahm. Heute – kurz vor dem Abschluss des Studiums – berichtet sie darüber: „Ein guter Lehrer war z.B. mein Geschichtelehrer in der
zweiten Klasse AHS. Er war frisch von der Uni, jung und voller Ideen, wie man
den Schülern den Unterricht schmackhaft machen könnte. Obwohl ich ihn nur
ein Jahr als Lehrer hatte, erinnere ich mich heute noch gerne an ihn. Ich glaube,
er hat großteils mein Interesse an Geschichte geweckt und gefördert."[668] Auch
bei der Berufsentscheidung Hedwig Wiesners spielte der engagierte Unterricht
ihrer Lehrerin eine große Rolle: „Das [sie bezieht sich auf die vorhergehende
Lehrerbeschreibung] war meine geliebte zuerst Mathematik- und dann später
Biologielehrerin, der ich es verdanke, dass ich Ärztin geworden bin. [...] In der
Oberstufe plötzlich wollte ich Ärztin werden, hab mich aber nicht getraut: ‚Ob
ich das Sezieren kann und ob ich das überhaupt kann?' usw. und die ist eines
Tages mit einer Ratte so am Schwanz hereingekommen und hat gesagt: ‚Die ist
tot. Die werden wir jetzt sezieren. Wer assistiert mir?' [...] Und ich hab mir gedacht: ‚Jetzt oder nie.' und hab mit ihr seziert oder hab assistiert dabei. [...] Es
war also sehr schön und ich hab mir gedacht: ‚Na, ich werde Medizin machen.'
Das war's."[669] Prägend auf den Umgang mit seinen eigenen Schülern wirkten
sich die Erfahrungen des Schülers und späteren Hauptschullehrers Josef Steinbichl aus. Dieser sah in einigen sein Gymnasialprofessoren gute Beispiele, deren
Nachahmung erstrebenswert erschien: „Jawohl, da waren schon Vorbilder und
zwar die, die sehr gerecht waren und konsequent, die waren für mich Vorbilder.
[...] Später als Lehrer, da hab ich mir gedacht: ‚Ja, so wie der war, so möchte ich
auch sein. Konsequent, gerecht, aber verhältnismäßig gut und ...' Ein Professor,
der auch eine Zeitlang Klassenvorstand war, der hat sehr viel von seiner Schulzeit erzählt, wie es ihm so gegangen ist. Und dann denkt man sich: ‚Aha, so wie
es der gemacht hat, was der erlebt hat, das will er auch gut machen.'"[670]
Großzügigkeit wurde v.a. von den heute alten Menschen sehr an ihren Lehrern
geschätzt. So schreibt etwa Ottilie Akamphuber: „Unser Klassenlehrer hat sehr
oft sein Jausenbrot mit einem Schüler geteilt, obwohl er auch selber nicht sehr
begütert war. Er war selber aus einer kinderreichen Bergbauernfamilie, der sich

---

[667] Erika Habacher, geb. 1953, Volksschuldirektorin

[668] Frau, geb. 1981, Studentin

[669] Hedwig Wiesner, geb. 1923, Ärztin im Ruhestand

[670] Josef Steinbichl, geb. 1937, Hauptschuldirektor im Ruhestand

sein Studium erhungert hatte."[671] Die Freigebigkeit dieses Lehrers, die der Frau nach so vielen Jahren noch immer in guter Erinnerung ist, muss vor dem Hintergrund großer Armut, wie sie gegen Ende der Ersten Republik in Österreich in breiten Schichten der Gesellschaft geherrscht hatte, gesehen werden. Sie hat gewiss nicht nur Bewunderung und Dankbarkeit hervorgerufen, sondern auch die Haltung der Kinder ärmeren Menschen gegenüber geprägt. Ähnlich verhält es sich mit der begeisterten Beschreibung der alljährlichen, vom Oberlehrer organisierten und durch den einflussreichen Besitzer des örtlichen Sägewerkes mitfinanzierten Weihnachtsfeier, die Theresia Schauer noch gut in Erinnerung ist: „Es gab einen großen Christbaum, der mit kleinen Schokoladestückerln und Zuckerringerln reich behangen war, die wurden am Ende der Feier an die Kinder ausgeteilt, was für uns Kinder damals etwas ganz Besonderes war, denn Süßigkeiten gab es ja nur ganz selten. Auch bekamen die Kinder alle ein kleines Packerl mit kleinen praktischen Sachen, kleine Wäschestücke, Strümpfe, Fäustlinge, Hauben, damals war man noch um alles froh."[672] Die Schilderungen der beiden Frauen weisen darauf hin, welchen Einfluss zeitliche Umstände, etwa die Erfahrung großer Not, auf die Wahrnehmung von Äußerungen und Handlungen eines Lehrers durch die Schüler haben. Einem heutigen Schüler würde es wahrscheinlich sehr befremdlich erscheinen, würde der Lehrer seine Jause mit ihm teilen, auch würden geschenkte Socken und Zuckerringe heutzutage bei vielen Schülern vermutlich auf wenig Gegenliebe stoßen.

Jetzigen Schülern ebenfalls unverständlich wäre wahrscheinlich ein Lehrer, der auf das Einschlafen eines Schülers mit den Worten „Lasst ihn schlafen, den armen Buben." reagiert. Anders war das für das Ehepaar Aumayr. Diese denken noch heute voll Sympathie an das Verständnis des Lehrers, das dieser seinen eingeschlafenen Schülern entgegenbrachte. Auch hier müssen wieder die zeitlichen Umstände beachtet werden, die Margarethe und Johann Aumayr folgendermaßen beschreiben: „Und da war es oft so, da sind welche eingeschlafen in der Schule, weil sie ja in der Früh arbeiten haben müssen, in den Stall gehen und so. Die waren zwölf, 13 Jahre alt. Die waren schon bei einem Bauern, weil daheim haben sie gesagt: ‚Es geht nicht mehr. Wir können dich nicht mehr ernähren. Du musst dir etwas verdienen.' Jetzt haben sie zu einem Bauern müssen. [...] Der hat schon um vier oder halb vier aufstehen müssen als Kind, das war ja doch fürchterlich."[673]

Humor und spontane Hilfsbereitschaft wurden und werden auch heute noch von vielen Schülern sehr positiv beurteilt. Stellvertretend für mehrere Beispiele sei hier die Schilderung Friedrich Pernkopfs wiedergegeben: „Nicht so gut ging es mir bei Deutsch und Englisch, da ist mir erst bei Herrn XY der Knopf aufgegan-

---

[671] Ottilie Akamphuber, geb. 1922, Altbäuerin

[672] Theresia Schauer, geb. 1923, Pfarrhaushälterin im Ruhestand

[673] Margarethe Aumayr, geb. 1922, Kindergärtnerin im Ruhestand; Johann Aumayr, geb. 1924, Frisör im Ruhestand

gen. Ihm [= dem Deutschlehrer] gefielen meine Aufsätze und als ich einmal den Beruf meiner Eltern beschrieb und unter anderem schrieb: ‚Der Bauer ist ein starker Mann, sonnenverbrannt – er wäscht sich selten.' hat er voll lachen müssen. Herr XY hat immer viel für die Bauern, Trachten usw. übrig gehabt.“[674] Und über einen anderen Lehrer schreibt der jetzige Landwirt: „Sepp [= sein Bruder] und alle Schüler gingen an einem schönen Herbsttag locker bekleidet in die Volksschule. Bis Unterrichtsende ging das ärgste Sauwetter los. Für XY kein Problem – seine ganzen alten Röcke mussten als ‚Mäntel' für die Schüler herhalten zum Heimgehen.“[675]

Eine besondere Art der persönlichen Beziehung zu einem Lehrer stellten Schwärmereien und über das Maß des Normalen hinausgehende Bewunderung dar. Diese tauchten ausschließlich in den Erinnerungen weiblicher Personen auf und auch hier nur in beschränkter Zahl. Allerdings zeigten sich bei den wenigen Schilderungen, die aus sehr unterschiedlichen Zeiten stammen, so gut wie keine Unterschiede. Hauptsächlich wurden junge, natürlich männliche Lehrer umschwärmt. Dies schildert u.a. Erika Habacher: „Ich erinnere mich auch noch an den Abschied von unserem Religionslehrer – einem jungen Kaplan, den wir Mädchen alle anhimmelten. Ich muss am Ende der vierten Klasse so herzzerreißend geweint haben, dass mir der Herr Kaplan ein Päckchen Taschentücher mit den Worten schenkte: ‚Damit du mir nicht wegschwimmst.'“[676] Auch die etwas ältere Irmgard Wartner[677] machte in der Lehrerbildungsanstalt die Erfahrung, dass viele ihrer Mitschülerinnen für die männlichen Professoren großes Interesse zeigten, eine Ausnahme davon bildete lediglich der äußerst strenge Geografieprofessor, der zugleich auch noch den Direktorposten inne hatte. Dass intensive Schwärmereien für Lehrer auch in der jüngeren Vergangenheit noch nicht außer Mode waren – sofern sich ein geeignetes Objekt dafür fand – zeigt folgender Bericht aus den 90er-Jahren: „Die einzige Schwärmerei, die mir einfällt und die mich und so ziemlich alle anderen weiblichen Wesen in meiner Klasse erfasst hatte, galt dem schon erwähnten Geschichtelehrer in der zweiten Klasse AHS, der wie gesagt sehr jung und ansprechend war. Jede versuchte in diesem einen Jahr, die anderen Mädchen im Geschichteunterricht zu übertreffen. Heute denk ich mit einem Schmunzeln daran zurück.“[678] Wie schon der letzte Satz dieser Passage zeigt, hatten diese meist in die Wirren der Pubertät fallenden Schwärmereien keine wirklich prägenden Einflüsse auf das weitere Leben der Frauen. Eine nette Erinnerung, an die viele auch heute noch gerne zurückdenken, bilden die größeren und kleineren Verliebtheiten jedoch allemal.

---

[674] Friedrich Pernkopf, geb. 1936, Landwirt

[675] Friedrich Pernkopf, geb. 1936, Landwirt

[676] Erika Habacher, geb. 1953, Volksschuldirektorin

[677] Irmgard Wartner, geb. 1945, Hauptschullehrerin im Ruhestand

[678] Frau, geb. 1981, Studentin

Lehrerselbstbilder

Nachdem nun ausführlich darauf eingegangen worden ist, wie Schüler ihrer Lehrer wahrnehmen, sollen nun die Betroffenen selbst zu Wort kommen. Unter den Personen, die für diese Arbeit einen Bericht von ihrer Schulzeit geliefert haben, befinden sich auch 15 Lehrkräfte, die alle nicht nur von ihrem Schülerdasein, sondern auch von ihrer Tätigkeit als Lehrer erzählten. Nicht wenige davon hatten bzw. haben den Direktorsposten inne, sodass auch Probleme und Freuden, die der einzelne in einer leitenden Position kennen lernen konnte, des Öfteren zur Sprache kommen. Die meisten der Lehrer, deren Schilderungen nun die Grundlage für dieses Kapitel bilden, sind mittlerweile schon in Pension, der älteste davon ist inzwischen fast 90 Jahre alt, die jüngsten blicken heute immerhin auf eine mehr als 30-jährige Dienstzeit zurück. Alle Zeitzeugen konnten somit aus einer reichen Erfahrung schöpfen, sodass sich beim Vergleich ein recht buntes und vielfältiges Bild, das Lehrer über sich und ihre Kollegen haben, ergibt. Wie genau die Ideale aussehen, denen Lehrer früher und heute nachstreben, welche Erlebnisse in dauerhafter Erinnerung bleiben und wie sich das Klima in einem Lehrkörper gestalten kann – das sind die Fragen, auf die die folgenden Ausführungen Antwort geben sollen.

Dabei soll zuallererst der Frage nachgegangen werden, woran sich Lehrer bei ihrer Berufsausrichtung orientieren. In diesem Zusammenhang wird es nicht allein darum gehen, welche Prioritäten im eigenen Unterricht gesetzt werden und welche Kenntnisse und Wertigkeiten den Schülern in erster Linie vermittelt werden sollen, viel mehr richtet sich das Interesse auch darauf, wie Lehrer ihre Ziele erreichen wollen und ob es dabei auch Verschiebungen in der Intensität, mit der auf verschiedene Unterrichts- und Erziehungsbereiche eingegangen wurde, gegeben hat.
Die meisten Lehrer richten ihre Aktivitäten nach persönlichen Idealbildern aus, sie sind sich stets im Klaren darüber, was für sie persönlich einen guten Lehrer ausmacht. Diesem Ideal versuchen sie, so gut wie möglich und so oft es geht nachzukommen. Auch wenn sie bei der Umsetzung ihrer Vorstellungen nicht immer erfolgreich sind, weil ihnen etwa von außen Hindernisse in den Weg gelegt werden, unvorhersehbare Situationen eintreten oder sie schlichtweg an ihre menschlichen Grenzen stoßen, sind sie doch gewillt, immer wieder neue Versuche zu starten. Die Beschaffenheit der Idealbilder hängen stark von der Persönlichkeit des Lehrers ab. Sie sind geprägt von dessen biografischer Vorgeschichte, von Erfahrungen aus der eigenen Kindheit und Schulzeit, aber auch von persönlichen Vorbildern.
Stets gewillt, dazuzulernen und sich auf die Schüler und ihre Welt einzustellen, war Lambert Wimmer. Dieses Bemühen kostete viel Energie, dennoch blieb der Pater seinen hohen Ansprüchen während der ganze Zeit seiner Tätigkeit in

Schule und Internat treu. Sein Vorbild fand der inzwischen fast 90-jährige in einer konkreten, seiner Religiosität entsprechenden Person: „Ich habe als Erzieher und als Lehrer immer als großes Ideal Don Bosco vor mir gehabt. Don Bosco, der der idealste Erzieher war, den ich mir vorstellen kann – natürlich kann man nur ansatzweise solch einen Mann nachleben. Aber ich habe es jedenfalls immer versucht. Ich habe ganz klar auch dazugelernt im Laufe der Jahre und ich habe immer auch von den Schülern gelernt, weil das, wenn man ehrlich ist und auch all die Schwierigkeiten sieht, in denen die jungen Leute sind, dann muss man ja immer dazulernen. Es war sicher nicht immer einfach, weil der Umbruch ja auch durch unsere Schule gegangen ist. Zum Beispiel: Es hat ja zuerst kein Radio gegeben, dann ist das Radio gekommen, dann ist das Fernsehen gekommen, dann sind immer mehr Wünsche von außen gekommen und in all diesen Umbruchszeiten war es dann für mich auch gut, dass, nachdem ich zwanzig Jahre viel mit der Jugend gearbeitet habe, dass ein anderer meine Aufgabe übernommen hat und dass ich sie in gute, wirklich sehr gute Hände legen durfte."[679]
Neben dem Verständnis für die Lebensweise der jungen Leute lag Lambert Wimmer noch ein zweiter Punkt am Herzen, wobei seine Erfahrungen aus der eigenen Kindheit eine gewichtige Rolle spielten: „Weil ich selber aus einer armen Familie stammte und die ganze Erziehung in unserer Schule geleitet habe, wollte ich keinen sozialen Unterschied zwischen den Schülern richtig aufkommen lassen."[680]
Gerechtigkeit und eine interessante, anschauliche Unterrichtsgestaltung waren die Prinzipien des ehemaligen Volksschullehrers und späteren Direktors Walter Fuchs: „Ein Lehrer muss ein wenig ein Schauspieler sein, ein Psychologe und er darf keinen Fehler machen, er muss gerecht sein – ich bin ein Gerechtigkeitsfanatiker, wissen S', ich hätte da nie etwas erfahren dürfen von einem Lehrer etwa weil sie böse aufeinander sind, er und der Vater... Da wäre es aus gewesen. Der Knabe kann nichts dafür, dass der Vater so ein Trottel ist oder was weiß ich, dass er immer mit dem Lehrer streitet, das Kind kann ja nichts dafür. Gerechtigkeit sowieso! [...] Naja, aber man muss natürlich ein wenig Theater spielen auch können. Weil wenn Sie das richtig verstehen, dann können Sie auch ein wenig das Auditorium fesseln."[681]
Ähnliche Ziele hatte auch Henriette Hartig. Diese versuchte als Lehrerin besonders, das Interesse der Kinder zu wecken. Sie ist überzeugt: „Man soll sie [= die Schüler] motivieren zum Nachdenken, damit sie selber damit [= Fragen] kommen und wenn einem Lehrer das nicht gelingt, dass er den Unterricht so interessant gestalten kann, dass die Kinder selber sich fragen: ‚Na, wie ist das möglich?' und sich dafür interessieren, dann kann man den Unterricht vergessen.

---

[679] Lambert Wimmer, geb. 1916, Pater und ehemaliger Lehrer und Erzieher
[680] Lambert Wimmer, geb. 1916, Pater und ehemaliger Lehrer und Erzieher
[681] Walter Fuchs, geb. 1921, Volksschuldirektor und Personalvertreter im Ruhestand

Wer das nicht kann, wer nur Wissen vermittelt, der scheitert besonders in der heutigen Zeit, weil sie können sich Wissen aus dem Internet nehmen, da braucht kein Lehrer dann dastehen. Der Lehrer muss eben das zustande bringen, dass er sie animieren kann für das, dass sie sich interessieren für etwas. Ich glaube, das ist heute die größte Kunst, die ein Lehrer können muss."[682] Überhaupt fühlte sich die ehemalige Volksschuldirektorin für die Lernerfolge ihrer Schüler persönlich verantwortlich, zu ihrem Idealbild von einem Lehrer gehörte es zweifellos, allen Kindern – auch den schwächeren – das notwendige Wissen beizubringen. Sollte dies einmal nicht klappen, dann „muss ich mir doch selber an die Brust greifen und sagen: Mea culpa! Das ist doch meine Schuld! Ich hab diesen Gegenstand mit den Kindern zu erlernen, ich muss sie lehren und die müssen das kapieren. Und wenn sie es nicht kapieren, dann muss ich halt irgendetwas ersinnen, etwas Interessantes, um sie dazu zu animieren und wenn das nicht geht, dann muss ich es halt noch zweimal, dreimal erklären und das üben. Ich meine, wenn so viele etwas nicht können, dann hat ja die Lehrerin Schuld auch, nicht nur die Schüler."[683]

Recht umfassend stellt sich das Ziel dar, welches Eva Mark, eine noch aktive Lehrerin, in ihrem Unterricht anstrebt: „Konsequenz, gütige Strenge, Herz, Hirn und Humor scheinen mir neben Wissen besonders wichtig. Es ist auch nicht schlimm, einmal einen Fehler zugeben zu müssen."[684] Eine klarere Schwerpunktsetzung nimmt da schon die ebenfalls noch aktive Volksschuldirektorin Erika Habacher vor. Sie strebt ein Lehrerbild an, das sich besonders durch das individuelle Eingehen auf jeden einzelnen Schüler auszeichnet: „Ein ‚guter' Lehrer bietet den Kindern den Lehrstoff interessant und in verschiedenen Variationen an, um den verschiedenen Lerntypen gerecht zu werden. Er hat Verständnis für die Lernsituation der Kinder, weiß über ihre Stärken und Schwächen genau Bescheid, stellt Förderprogramme zusammen, versucht Defizite auszugleichen, ..."[685]

Betrachtet man diese Beispiele, so wird klar, dass sich Ideale, die von Lehrern schon vor einigen Jahrzehnten angestrebt wurden, bis heute wenig geändert haben. Auch kann man kaum von typisch männlichen und typisch weiblichen Rollenbildern sprechen, die individuelle Schwerpunktsetzung hängt – wie schon gesagt – fast ausschließlich von der Persönlichkeit der Lehrkraft ab. Als notwendig und erstrebenswert gelten zusammengefasst eine interessante Unterrichtsgestaltung, Gerechtigkeit sowohl was die soziale Herkunft der Schüler betrifft als auch in Bezug auf ihr Leistungsvermögen, die ideale Förderung jedes Einzelnen, das Sich-Einlassen auf die Lebenswelt der Kinder, aber auch Konsequenz und Strenge, bei der der Humor und eine gesunde Portion Selbstkritik

---

[682] Henriette Hartig, geb. 1924, Volksschuldirektorin im Ruhestand
[683] Henriette Hartig, geb. 1924, Volksschuldirektorin im Ruhestand
[684] Eva Mark, geb. 1946, Volksschullehrerin
[685] Erika Habacher, geb. 1953, Volksschuldirektorin

nicht zu kurz kommen dürfen. Vergleicht man diese Eigenschaften mit denen, die zuvor von den Schülern als Kriterien für einen „guten Lehrer" genannt wurden, so zeigt sich eine verblüffende Ähnlichkeit. Diese beruht zum einen sicherlich darauf, dass Lehrer das, was sie an ihren eigenen Lehrpersonen positiv in Erinnerung haben, auch im eigenen Unterricht integrieren wollen. Zum anderen kann dies aber auch als ein Zeichen dafür gewertet werden, dass die Umsetzung der Idealbilder in die Realität nicht immer von Erfolg gekrönt war und ist. Wäre dies nämlich der Fall, dann würde es in den Klassenzimmern folgerichtig ja ausschließlich „gute Lehrer" geben – eine wünschenswerte Situation, die leider – vergleicht man den vorigen Abschnitt – in den letzten Jahrzehnten nie gegeben war.

Wie in einem der obigen Beispiele schon angeklungen ist, stimmen die meisten Lehrer darin überein, dass sich ihre Tätigkeit nicht auf die bloße Wissensvermittlung beschränkt. Diese Überzeugung hat – wie sich zeigen lässt – in den letzten Jahrzehnten zugenommen. Dennoch waren sich auch jene Lehrer, deren Dienstzeit schon weiter zurückliegt, bewusst, dass ihre Verantwortung und die Aufgabe, die sie gegenüber der heranwachsenden Generation zu erfüllen hatten, über die rein fachliche Ausbildung hinausgingen. In wie weit sich jeder einzelne Lehrer von dieser Erkenntnis leiten ließ, hängt wie bei allen persönlichen Entscheidungen – und die Unterrichtsgestaltung kann als eine solche gesehen werden – natürlich nicht nur von den Zeitumständen, sondern zu einem gewissen Teil immer auch vom eigenen Ermessen des betreffenden Lehrers ab.

So zeigt sich etwa, dass ein inzwischen pensionierter Volksschuldirektor im Gegensatz zu älteren Kollegen noch großen Wert auf die Weitergabe von Kenntnissen legte: „Nach meiner Meinung ist die wichtigste Aufgabe des Lehrers, den Heranwachsenden das notwendige Wissen zu vermitteln und sie zu einer richtigen Arbeitsweise zu erziehen, damit sie später ihren Beruf pflichtbewusst ausüben können."[686] Einem wesentlich älteren, inzwischen schon 84-jährigen Berufskollegen, war es hingegen bereits zu seiner Dienstzeit stets ein Anliegen, den Schülern neben Wissen („Wissensvermittler, [...] das ist ja eh logisch."[687]) auch Werte mit auf den Weg zu geben. Dabei müsse die Schule, so seine Überzeugung, dafür sorgen, dass Kinder Dinge, die diese auf Grund der veränderten gesellschaftlichen Situation nicht mehr in der Familie lernen können, verinnerlichen: „Ja, das ist klar, Werte schon. Ich würde sagen, auf keinen Fall etwas politisch beeinflussen, das ist einmal ganz logisch. Ich will auch nicht sagen, religiös, aber ich bin kein Antichrist. Ich hab überall den Pfarrer unterstützt bei den Prozessionen. Aber schon die, wie man sagt, in Mitteleuropa geltenden Werte halt, die gehören schon vermittelt, sicher. Und man muss ein wenig beibringen: ‚Du musst einmal nachgeben, der andere will auch etwas.' und so. Na, wie es

---

[686] Mann, geb. 1937, Volksschuldirektor im Ruhestand
[687] Walter Fuchs, geb. 1921, Volksschuldirektor und Personalvertreter im Ruhestand

halt eh in der Großfamilie wäre."[688] Bei einer jüngeren, inzwischen aber auch schon pensionierten Kollegin[689] schließlich standen Erziehung zu Ehrlichkeit und Gewissensbildung schon ganz oben auf der Liste dessen, was den Schülern vorrangig mit auf den Weg gegeben werden sollte.

Ein etwas anderes Ziel verfolgte der ehemalige Hauptschuldirektor Josef Steinbichl. Ihm war es wichtig, den Schülern nicht bloß Kenntnisse zu vermitteln, sondern auch das Pflichtbewusstsein der Jugendlichen zu fördern sowie deren Ordnungsliebe zu wecken. Dass bei so einem Vorhaben durchaus auch von den Schülern etwas auf den Lehrer zurückstrahlen kann, zeigt folgender Gesprächsausschnitt: „Also mich haben die Schüler auch erzogen, zur Pünktlichkeit, zur Genauigkeit, man ist genauer geworden, konsequenter. Man wird erzogen, ja, und es ist auch richtig, dass man ein Vorbild ist, dass man nicht selber schlampig ist und von den Schülern verlangt man etwas. Ich glaube, das wäre schon auch wichtig. Gelingt nicht immer – ist eh klar – aber es soll erstrebenswert sein."[690]

Josef Stiftinger sieht die Rolle des Lehrers in erster Linie als Partner, der jungen Menschen hilft, sich zu charaktervollen Persönlichkeiten zu entwickeln, die den anderen respektieren und mit genügend Einfühlungsvermögen, aber auch mit Selbstbewusstsein durchs Leben gehen und bereit dazu sind, Verantwortung zu übernehmen. Wissensvermittlung soll dabei nur als Grundlage dieser Wesensbildung dienen. Sie steht für Stiftinger nicht im Vordergrund, denn er ist überzeugt: „Wenn die charakterliche Entwicklung halbwegs läuft, gibt es kaum fachliche Schwierigkeiten. Wenn sich ein Lehrer nicht um die charakterliche Entwicklung kümmert, ist das riskant. Eine seelische Arbeitslosigkeit erzeugt häufig Suche in Lebensformen, in denen keine persönliche Bereicherung zu finden ist."[691]

Ihre Aufgabe als Erzieher und „Menschenformer" war und ist – wie schon gesagt – eigentlich allen Lehrern, die aus ihrem Lehrerdasein berichteten, bewusst. Bei ihren eigenen Lehrern erlebten sie dies aber in manchen Fällen noch ganz anders. Irmgard Wartner etwa meint: „Ich glaube, das [= Vermittlung von Werten, Eingehen auf die Bedürfnisse der Schüler] war früher nicht das Thema. Früher war wirklich dieses autoritäre ‚Ich bin jetzt der Lehrer und ich hab die Wissensvermittlung. Der Schüler, der hat das zu lernen, wie es dem jetzt geht ist egal.' Den Eindruck hatte ich oft."[692] Grund genug für die inzwischen pensionierte Hauptschullehrerin, deren Dienstzeit aber noch deutlich näher liegt als die der oben zitierten männlichen Kollegen, ihren eigenen Unterricht anders zu gestalten: „Mir ist immer auch der gesamte Mensch wichtig gewesen. Für mich war

---

[688] Walter Fuchs, geb. 1921, Volksschuldirektor und Personalvertreter im Ruhestand
[689] Frau, geb. 1946, Volksschullehrerin im Ruhestand
[690] Josef Steinbichl, geb. 1937, Hauptschuldirektor im Ruhestand
[691] Josef Stiftinger, geb. 1938, Hauptschullehrer im Ruhestand
[692] Irmgard Wartner, geb. 1945, Hauptschullehrerin im Ruhestand

nie das Fach alleine, sondern auch, wie verhältst du dich, was hast du für eine Einstellung zu den Menschen. Dadurch bin ich mit dem Stoff nie zusammengekommen. Aber ich glaube, das war auch richtig. Das kannst du alles nachlernen, aber was das Menschsein betrifft, da wirst du doch geprägt. [...] Lehrer kannst du nicht einfach als Job werden. Da musst du ein inneres Anliegen haben, weil du ja Menschen vor dir hast. Und das geht meiner Meinung nach bis in die Hochschule hinauf."[693] Die Wichtigkeit, den Schülern eine Orientierungshilfe fürs Leben zu sein, betont sie noch einmal an einer anderen Stelle: „Eine doppelte Funktion hast du trotz allem: Wissen beizubringen, aber auch eine Menschlichkeit. Weil du hast einen Menschen in der Zeit, in der er am meisten geprägt wird. Das eigene Weltbild ist, glaube ich, so wichtig. Du darfst es dem anderen ja nicht aufdrängen – weil ein junger Mensch muss ja die Chance haben, dass er möglichst viel kennen lernt – aber deines sollen sie sehen, das du lebst. Dann sagen sie ‚Aha, das ist etwas.' oder ‚Nein, das ist für mich nichts.' und dann sucht er sich etwas anderes."[694]

Der Großteil der Lehrer machte und macht sich ernsthafte Gedanken darüber, wie sie ihren Unterricht interessant und schülergerecht gestalten und durch welche Maßnahmen die Lernerfolge der Kinder positiv beeinflusst werden können. In diesem Bemühen brachten die Lehrer nicht nur viel Zeit und Engagement auf, sie entwickelten auch sehr verschiedene Methoden, um das Ziel, den Kindern genügend Wissen sowie eine gute Portion an Menschlichkeit und Selbstvertrauen mit auf den Weg zu geben, bestmöglich zu erreichen. Auch in diesem Punkt zeigten sich Männer und Frauen gleich engagiert. Auffällig ist aber, dass v.a. jüngere Lehrer solche Elemente in ihren Unterricht einbauten bzw. einbauen, die aus heutiger Sicht als wirklicher Fortschritt oder zumindest als das Bemühen um bessere Methoden erscheinen. Dies könnte jetzt den Eindruck erwecken, dass Lehrer früher keine Bereitschaft gezeigt hätten, ihren Unterricht vielfältig und flexibel zu gestalten. Dem ist aber in den meisten Fällen nicht so. Schließlich muss bedacht werden, dass die älteren Lehrer zu Beginn ihrer Unterrichtszeit vor ganz anderen Herausforderungen standen als dies jetzt der Fall ist. Damals galt es – wie ja schon dargestellt – Schüler mehrerer Schulstufen gleichzeitig zu unterrichten. Der Abteilungsunterricht erforderte einen nicht zu unterschätzenden Mehraufwand, der dem Lehrer oftmals keinen Spielraum für Methodenvielfalt ließ. Dass es nicht an gutem Willen scheiterte, zeigt, dass auch ältere Lehrer – im Folgenden sind zwei Beispiele angeführt – v.a. in ihren späteren Jahren ihre ganz persönlichen Konzepte von einem gelungenen Unterricht entwickelten.

Josef Steinbichl etwa war der Überzeugung, dass ein guter Unterricht nur dann möglich ist, wenn man sich für jeden Schüler interessiert und wirklich Anteil am Leben der Jugendlichen nimmt. Deshalb bemühte er sich stets, auch die Famili-

---

[693] Irmgard Wartner, geb. 1945, Hauptschullehrerin im Ruhestand
[694] Irmgard Wartner, geb. 1945, Hauptschullehrerin im Ruhestand

enverhältnisse, aus denen die Schüler kamen, in den Umgang mit den Kindern mit einzubeziehen: „Es ist auch interessant, dass man auch Kontakt zu den Eltern hat, weil dann kommt man drauf: ‚Aha, warum ist der oft so oder so.' Und dann verzeiht man auch einem Kind oft etwas. Ich hab z.b. oft erlebt: da war ein Kind irrsinnig lästig in der Klasse und dann kommt man drauf: ‚Ja, die Ehe geht auseinander.' Und dann ist man einsichtig und man kann dann dem Schüler Manches verzeihen. Dass der dann einfach manchmal ausrastet und sich unmöglich benimmt. Und da ist es schon wichtig, dass man die Schüler nicht einfach so... sagen wir, dass man sich befasst damit, was eigentlich los ist mit ihnen."[695] Bewegung spielte im Unterrichtskonzept der inzwischen 81-jährigen Henriette Hartig eine wichtige Rolle. Diese betreute nicht nur am Nachmittag freiwillig und unbezahlt verschiedene Kinderturngruppen, sie machte mit ihren Schülern auch im Unterricht zwischendurch körperliche Übungen, um deren natürlichem Bewegungstrieb nachzukommen und die Lernfähigkeit zu steigern. Geleitet wurde sie dabei von der Überzeugung: „Du lernst dann, dich zu konzentrieren. Zuerst dich austoben und dann bist du wieder da. Das ist wirklich eine Wahrheit."[696] Der Erfolg gab ihr Recht.

Als Beispiel für eine jüngere Lehrerin, die einen sehr individuellen Weg beschritt, sei an dieser Stelle Erika Habacher genannt: „In meinen Unterricht fließen heute auch die Erkenntnisse der Edukinesthetik, von Akupressur und Yoga ein. Wichtig ist eine gute Vorbereitung der Eltern, damit sie wissen, was ich mit ihren Kindern da mache und warum. So zappelig die Kinder auch sind, sie genießen nach anfänglichem ‚Meckern' diese Übungen, weil sie merken, dass sie sich so leicht beruhigen können bzw. besser konzentrieren können. Sollte ich vor einem Test einmal auf die Übungen vergessen, erinnern mich die Schüler daran. Waren sie zwei Minuten zuvor noch extrem laut, sind sie danach ruhig und lernbereit. Ich denke, Kinder brauchen gewisse ‚Rituale'. Sie wollen Freiheit, brauchen (verlangen) aber auch Grenzen. Fühlen sie keine Grenzen, sind sie so lange lästig, bis sie endlich zu einer kommen!"[697]

Während vieles, was Lehrern im Laufe ihrer Unterrichtstätigkeit begegnet, in der täglichen Routine des Alltags und im Stress, dem sich immer mehr Lehrkräfte ausgesetzt sehen, untergeht, so kann doch jeder Lehrer von bestimmten Erlebnissen und Erfahrungen berichten, die ihm auch nach Jahren noch in lebhafter Erinnerung sind. Diese Erlebnisse und Erfahrungen sind ganz unterschiedlicher Natur, es kann sich dabei um Gespräche mit einzelnen Schülern, um die eine oder andere gelungene Schulfeier, aber auch um große Enttäuschungen und Konfliktsituationen handeln. Gemeinsam ist ihnen allen, dass sie für den betref-

---

[695] Josef Steinbichl, geb. 1937, Hauptschuldirektor im Ruhestand
[696] Henriette Hartig, geb. 1924, Volksschuldirektorin im Ruhestand
[697] Erika Habacher, geb. 1953, Volksschuldirektorin

fenden Lehrer von besonderer persönlicher Bedeutung waren, sei es nun, weil sie sein Selbstbild stärkten und Motivation zum Weitergehen auf dem eingeschlagenen Weg waren, sei es, weil sie Zweifel an der bisherigen Arbeitsweise weckten, Gewohnheiten in Frage stellten oder sogar den Auslöser für einen wie auch immer gearteten Neuanfang bildeten. Wie schon gesagt, stellen Erfahrungsberichte immer etwas sehr Individuelles dar. Die subjektiven Erlebnisse können somit kaum miteinander verglichen werden, es lässt sich nicht sagen, ob die Qualität der Erfahrungen vom Geschlecht oder vom Schulstandort abhängt, auch die eine oder andere Tendenz in Richtung der Zunahme bestimmter Begebenheiten im Schulalltag lässt sich nur schwer erkennen. Wo dies als möglich erschien, erfolgt an entsprechender Stelle ein Hinweis. Primär geht es nun aber darum, aufzuzeigen, wie vielfältig sich das Leben in der Schule gestalten kann und mit welchen Situationen Lehrer zu Recht kommen müssen. Denn von diesen ganz persönlichen Erfahrungen hängt es oftmals ab, wie ein Lehrer seine Rolle wahrnimmt und welches Lehrerselbstbild er dabei entwickelt.

Zu den wichtigsten Erfahrungen, die ein Lehrer in seiner Laufbahn macht, zählt zweifellos jene Zeit, in der man das, was man in der Ausbildung gehört und gelernt hat, erstmals in der Realität ausprobieren kann. Oftmals mussten die Junglehrer dabei mit Enttäuschung feststellen, dass in den Klassenzimmern vieles anders lief, als sie sich dies erhofft und vorgestellt hatten. So war Erika Habacher etwa alles andere als glücklich über ihre ersten Unterrichtserfahrungen: „Obwohl ich Volksschullehrerin werden wollte, musste ich meinen ersten Lehrauftritt in einer Hauptschule halten (weil ein Lehrer überraschend erkrankt war): Geometrie in einer vierten Klasse – 40 Buben (die meisten von ihnen gingen in den Hort, weil ihre Eltern berufstätig waren oder weil ihnen die Kinder über den Kopf gewachsen waren) – ein Albtraum!"[698]

Waltraud Fahrngruber, die gut 20 Jahre früher zu unterrichten begonnen hatte, hatte ebenfalls mit einer recht schwierigen Klasse zu kämpfen: „Meine erste Klasse war eine zweite Schulstufe mit 56 Kindern. Mindestens 15 davon waren Repetenten. Es gab ja noch keine Sonderschule. Zwei Knaben waren bereits 14 Jahre alt. Sie waren vier Jahre in der ersten und vier Jahre in der zweiten Schulstufe. Neben den achtjährigen Kindern der zweiten Schulstufe gab es neun-, zehn-, elf-, zwölf-, 13- und 14-jährige Schüler. Sie kamen aus verschiedenen sozialen Bereichen. Die großen Buben waren für die Arbeit im Unterricht kaum motivierbar. Manche Kinder waren Kriegswaisen. Auch Schüler von Evakuierten waren in der Klasse. Es war nicht leicht, Disziplin zu halten."[699] Verschlimmert wurde die Situation noch dadurch, dass es an Lehrmitteln mangelte. Besserung trat schließlich durch einen Schulneubau ein, dessen freundliche Atmo-

---

[698] Erika Habacher, geb. 1953, Volksschuldirektorin
[699] Waltraud Fahrngruber, geb. 1932, Volksschullehrerin im Ruhestand

sphäre viele Probleme milderte: „Schließlich wurde eine neue Schule gebaut und wir fühlten uns in den schönen, hellen Klassenräumen wie im Schulhimmel."[700] Maria Bilzer blieb – wie im Übrigen einigen anderen Lehrern auch – von ihrer ersten Zeit als Lehrerin v.a. die viele Arbeit im Gedächtnis. Dennoch denkt sie heute gerne daran zurück, nicht nur wegen ihrer gemütlichen Unterkunft, sondern auch wegen ihres Vorgesetzten, von dem sie viel für ihre weitere Lehrtätigkeit lernte: „An diesem kalten Jännertag stapfte ich auf einem steilen, ungeräumten Fahrweg meinem ersten Dienstantritt entgegen. Freundlicher Empfang beim Oberlehrer – so hießen damals die Direktoren. Das Zimmer im Gasthaus, hell, mit Biedermeier-Möbeln, vor allem aber mit einem Ofen, gefiel mir sofort. Erster Unterricht am Nachmittag, Lesen, Schreiben, erstes Kennenlernen. Viel Arbeit mit der Vorbereitung des Abteilungsunterrichts, sehr viel Arbeit mit den Heften. Ich kam damit ganz gut zurecht, aber oft stand ich um fünf Uhr früh auf, wenn ich am Vortag mit dem Korrigieren nicht fertig geworden war. Es mussten ja nicht nur die Hausübungen, sondern auch die Stillarbeiten korrigiert werden. Herr Oberlehrer XY war streng korrekt, vor dem ‚Guten Morgen!' kam ein Blick auf die Uhr! Ich habe sehr viel von ihm gelernt."[701]

Auch Josef Steinbichl musste im Laufe seiner Lehrtätigkeit etwas Wichtiges dazulernen: „Es ist mir als Junglehrer schwer gefallen, wenn man einen Fehler macht, dass man den eingesteht. Und da bin ich draufgekommen als verhältnismäßig alter Lehrer: Wenn ich vor der Klasse ehrlich sage ‚Das weiß ich nicht. Da kenne ich mich nicht aus.' oder ‚Da habe ich jetzt einen Fehler gemacht.', da hab ich gemerkt dann, dass die Schüler dann viel mehr Vertrauen zu mir haben und dass dadurch der Kontakt noch besser wird: ‚Der Lehrer, der gibt etwas zu, was er falsch gemacht hat…' Es stimmt schon. Aber als Junglehrer, da war man typisch Lehrer: ‚Ich muss immer Recht haben.'"[702]

Eine besondere Rolle in den Erinnerungen vieler Lehrer spielen Erlebnisse mit den Schülern. Mit Schmunzeln blickt heute etwa eine pensionierte Lehrerin auf ein Ereignis zurück, wo ihrem außerberuflichen Hobby, nämlich den langen Spaziergängen mit ihrem Schäferhund, eine nicht geahnte Bedeutung für den Schulstart eines kleinen Buben zukam: „Ein 6-jähriger wollte nicht in die Schule gehen. Nach längerem gutem Zureden war er bereit dazu. Als Bedingung stellte er aber: nur zu der Lehrerin mit dem Hund. So war meine gute Hündin zum Sympathieträger für das österreichische Schulwesen geworden."[703]

Entscheidend auf die eigene Berufswahl wirkten sich die Erfahrungen von Erika Habacher aus, die sie beim Mithelfen im Kindergarten, der an das von ihr besuchte Gymnasium angeschlossen war, sammeln konnte. Besonders gerne denkt sie dabei noch an den kleinen Niki: „Ein vierjähriger Bub namens Nikolaus mit

---

[700] Waltraud Fahrngruber, geb. 1932, Volksschullehrerin im Ruhestand

[701] Maria Bilzer, geb. 1923, Volksschuldirektorin im Ruhestand

[702] Josef Steinbichl, geb. 1937, Hauptschuldirektor im Ruhestand

[703] Frau, geb. 1946, Volksschullehrerin im Ruhestand

blonden Naturlocken und einem spitzbübischen Lächeln hielt mir eines Tages seine Füße hin und meinte barsch zu mir: ‚Stiefel anziehen!' Ich lehnte das mit dem Hinweis ab, dass er das ja selber könne. Er grinste und meinte: ‚Aber wenn du es tust, macht es mehr Spaß.' Da half ich ihm lachend. Dieser vorwitzige Knirps hatte sogar eine gleichaltrige Freundin, die einmal großen Kummer hatte und dicke Tränen weinte. Niki hatte auch gerade geweint und drückte einen großen Teddybären an sein Herz, um sich zu trösten. Als er entdeckte, dass seine Freundin auch weinte, streckte er ihr den Teddy hin und meinte – selbst noch arg schluchzend – ‚Nimm, du brauchst ihn jetzt mehr als ich.' Ein echter Held!"[704]

Auch Henriette Hartig erinnert sich noch gut an eine ihrer Schülerinnen, in deren Leben sie – wie sie heute stolz erzählt – einiges bewirken konnte: „Und dann hab ich eine gehabt, in der Volksschule in Traun, erste Klasse, das war ein Kind aus der Schottergrube und die Schottergrube war bekannt als Barackenexil für arme, nicht sehr korrekte Leute mit vier Kindern und hinten und vorne und ... Und dieses Kind hat aus so einer Familie gestammt, aus so einem Milieu. Die Mutter hatte von drei Männern verschiedene Kinder. Und die Johanna – ein zierliches, blondes Mädchen. [...] Und das Kind hat nie einen Bleistift in die Hand gekriegt, war in keinem Kindergarten. Die ist mit sechs in die Schule gekommen und alle haben schon Bleistifte gehabt, konnten malen, zeichnen, irgendetwas machen. Die, die hat den Bleistift noch nicht einmal halten können. Jetzt habe ich lange mit ihr geübt usw. und sie immer über den grünen Klee gelobt. [...] Also, sie hat immer einen kleinen, einen winzigen Einser gekriegt und sie ist immer besser geworden. [...] Und dann hat sie immer Kleider angehabt, wo man gesehen hat, dass die Mutter die geschneidert hat aus alten Stoffen und mit der Hand genäht hat. Und dann, wenn sie wieder gekommen ist mit so einem Rockerl: ‚Ei, Johanna, heute bist du wieder fesch!' und hin und her und hin und her. Die Johanna hat sich in der zweiten Klasse zu einer guten Schülerin entwickelt und ist aus der Hauptschule in die Handelsschule gegangen und führt heute [...] in England eine Leihwagenfirma. [...] Ich muss sagen, man kann wirklich aus Kindern oft so viel rausholen, aber auch sehr viel verderben. Wenn ein Kind immer nur Misserfolge hat, wird nie was aus dem Kind. Man muss es viel, viel mehr loben als tadeln. Und das machen viele Professoren nicht."[705]

Für Josef Stiftinger war – wie schon oben erwähnt – eine gute Beziehung zu all seinen Schülern wichtig. Heute, nach Beendigung seiner Unterrichtstätigkeit, zieht er eine positive Bilanz: „Ich habe in den Turbulenzen genug Fehleinschätzungen und Mist gemacht. Welches Pferd macht keinen Mist? Bei einer guten Kameradschaft halten das die Schüler leichter aus. Im Großen und Ganzen be-

[704] Erika Habacher, geb. 1953, Volksschuldirektorin
[705] Henriette Hartig, geb. 1924, Volksschuldirektorin im Ruhestand

kommt der Lehrer von seinen Schülern mehr zurück, als er geben kann. Die Schüler sind in der Überzahl."[706]
Walter Fuchs hatte mit seinem an anderer Stelle schon angesprochenen Bemühen, den Unterricht lebhaft zu gestalten und gelegentlichen mit schauspielerischen Einlagen aufzulockern, ebenfalls Erfolg: „Und stellen Sie sich vor, nach dem Krieg hab ich auf der BH etwas zu tun gehabt. Da kommt mir der [= ein vorher angesprochener ehemaliger Schüler] entgegen, ich sag: ‚Herr XY, wieso sind denn Sie da?' [...] – ‚Ja, ich bin ja jetzt auf der BH.' Das war die Verkehrsabteilung oder so etwas. Sagt er: ‚Ja, aber wissen Sie eh, ich möchte jetzt Lehrer werden...' – und das war mein größtes Lob jemals – „...weil Sie damals so gut Geschichte vorgetragen haben.' Ein Geschichtslehrer, der muss nichts lesen, der muss das direkt vorführen. Wenn Sie in Geschichte gut vortragen können, dann brauchen sie gar nicht mehr viel lernen, außer die Jahreszahlen eventuell, aber den Inhalt – wie ein Theater. Der ist wegen mir Lehrer geworden! Das ist allerhand, das freut mich schon, das sag ich gerne."[707]
Leider bleiben den Lehrern auch sehr negative Erfahrungen mit einzelnen Schülern nicht erspart. So erging es etwa Irmgard Wartner, die noch heute tief betroffen von folgender Begebenheit erzählt: „Und ich weiß, da hab ich zwei so Schwierige – Brüder waren sie – gehabt und da hat mir der eine einen Brief geschrieben – komisch, ich hab ihn noch, ich sollte ihn wegstecken – so ungerecht und so verletzend und so gemein... Und den hat er noch vor der ganzen Klasse vorgelesen. Und ich komme nichts ahnend hinein und dann liegt der Brief da und ich hab mir gedacht: ‚Hoppala, was ist denn das?' und sie haben alle gewartet... Und ich hab ihn aber hinein gegeben und gesagt: ‚Gut, lese ich nachher.' Gott-sei-Dank war es so, weil das wäre schlimm gewesen. Ich war, muss ich sagen, so betroffen davon, weil es einfach irrsinnig ungerecht war und dann bin ich aber drauf gekommen, das ist ganz eigenartig, das ist ein... Da ist die Mutter... Da ist die Ehe sehr schwierig gewesen zwischen den beiden und ich hab dann nachgeschaut – das ist sehr interessant – der Vater ist aus Liebenau, die Mutter aus Königswiesen, die sind da hergezogen, sie sind mit der ganzen Situation nicht zurecht gekommen und man sucht dann einen Sündenbock. Und da ist sie [= die Mutter] dann gekommen einfach in der Pause und sie will jetzt mit mir reden. Sag ich ‚Frau XY, ich hab jetzt nicht Zeit.' Und dann schlug das schlagartig um in Hass. Und sie sind daheim gesessen und haben miteinander – die Mutter, die große Schwester, der Freund von der (den hab ich in der Schule gehabt, da hat es nie etwas gegeben) – und die haben sich abgehauen über den Brief, den mir der Bub geschrieben hat. Und mit dem bin ich nicht zu Recht ge-

[706] Josef Stiftinger, geb. 1938, Hauptschullehrer im Ruhestand
[707] Walter Fuchs, geb. 1921, Volksschuldirektor und Personalvertreter im Ruhestand

kommen. Das muss ich sagen, das hat mich sehr verletzt und es ist auch so, dass ich heute... Ich möchte denen nicht begegnen.“[708]

Dass es sich lohnt, persönlichen Einsatz zu zeigen, gehört wohl zu den beglückendsten Feststellungen im Leben eines Lehrers. Dies erlebte auch Henriette Hartig. Viel Engagement und großer Arbeitseifer brachten ihr nicht nur das Ansehen der Eltern und die Sympathie der Kinder ein, sie lassen sie heute auch zufrieden und glücklich auf ihre Zeit als Lehrerin und Direktorin zurückblicken. Nach dem Krieg gründete sie als junge Lehrerin gemeinsam mit drei Kolleginnen im Flüchtlingslager 63 in Linz eine eigene Barackenschule. Mit großem Einsatz und Improvisationstalent gelang es ihnen – unterstützt von den Eltern – das Notwendigste für den Unterrichtsbetrieb zusammenzukratzen. Noch heute berichtet sie begeistert von der damaligen Aufbruchstimmung: „Und wir waren ja mit Begeisterung dabei, die Lehrer, wirklich! Wir waren begeistert, weil wir ja sozusagen diese Schule mit Eigeninitiative und schon mit Hilfe auch der Lagerleitung aufgestellt haben. Und was mich eben so frappiert hat, war, dass die Eltern so mitgemacht haben. [...] Naja, und diese Erkenntnis, dass man mit einem guten Verhältnis zu Eltern und Kind mehr erreicht, die habe ich bis zuletzt behalten.“[709] Überhaupt bemühte sich Henriette Hartig stets bei allen Projekten – und von denen gab es viele, als Beispiel seien nur Ausstellungen und Weihnachtsbasare, die Gestaltung einer Fußgängerunterführung sowie das gemeinsame Einstudieren von Tanzeinlagen und Theaterstücken für diverse Schulfeiern genannt – um eine enge Zusammenarbeit zwischen Schülern, Eltern und Lehrern: „Und dieses Vertrauensverhältnis kann man nur auf diese Art aufbauen, dass man immer wieder die Eltern und die Kinder und die Lehrer zusammenbringt.“[710] Belohnt wurde ihr unermüdlicher Einsatz durch ein ausgezeichnetes Schulklima, an das sie auch in der Pension noch häufig und gerne zurückdenkt.

Eine Entwicklung, die früheren Lehrergenerationen kaum bekannt war und erst in letzter Zeit stark zugenommen hat, geht dahin, dass sich immer mehr Lehrer überfordert und ausgelaugt fühlen. Lehrer, die erst vor kurzem in Pension gingen, machten diese traurige Erfahrung oftmals noch in den letzten Jahren ihrer Dienstzeit, was etwa Josef Steinbichl veranlasst zu sagen: „Also, jetzt möchte ich nicht mehr so gerne Lehrer sein.“[711] So weit geht Eva Mark, die noch aktiv an einer Volksschule unterrichtet, nicht, dennoch gibt sie zu: „Ab und zu fühle ich mich ausgelaugt, besonders wenn sowohl die Kinder als auch ich ‚ferienreif‘ sind. Meine Tätigkeit empfand ich [aber] kaum einmal als sinnlos und ich empfinde mich trotz meiner 39 Dienstjahre noch als einigermaßen ‚cool‘.“[712]

[708] Irgmard Wartner, geb. 1945, Hauptschullehrerin im Ruhestand
[709] Henriette Hartig, geb. 1924, Volksschuldirektorin im Ruhestand
[710] Henriette Hartig, geb. 1924, Volksschuldirektorin im Ruhestand
[711] Josef Steinbichl, geb. 1937, Hauptschuldirektor im Ruhestand
[712] Eva Mark, geb. 1946, Volksschullehrerin

Bei Erika Habacher beschränkt sich das Gefühl der Überforderung, aber auch des zunehmenden Drucks eher auf den administrativen Teil ihrer Arbeit: „Der Unterricht mit den Kindern macht mir noch immer großen Spaß – ärgere ich mich mal, ist das meist schnell wieder vorbei. Was mich wirklich auslaugt und nervt, ist die steigende Belastung als Schulleiterin. Mehr Arbeit bei schlechterer Bezahlung und sinkender Lebensqualität. Der Leistungsdruck ist hier ungeheuer und nimmt ständig zu. Seit Einführung der PC-Abrechnung werden uns pausenlos immer mehr Arbeiten aufgehalst – natürlich zum Nulltarif. Beklagt man sich als Leiter darüber, dass man kaum mehr Freizeit hat, wird einem empfohlen, effizienter zu arbeiten. Klappt es mit dem Einstieg ins ESA-Verrechnungsprogramm wegen überlasteter Leitungen nicht, wird einem ernsthaft vorgeschlagen, doch spät am Abend, sehr früh oder an den Wochenenden diese Arbeit zu erledigen. [...] Es [= die vermehrte Einbeziehung des Computers in die Administration] bringt Entlastung – so wie man uns das angekündigt hat – aber nicht für uns! Es erleichtert dem BSR [= Bezirksschulrat] und dem LSR [= Landesschulrat] gewisse Abfragen. Ein Brief braucht nicht mehr an alle Schulen geschickt zu werden – man schreibt ein E-Mail und schickt es weg. Nebenbei verlangt man eine Rückmeldung und kann so bequem überprüfen, wann ein Leiter in seine Mailbox blickt, oder ob er vielleicht sogar an einem Tag nicht seine Mails abrief. Sind wir im früheren Ostblock?"[713]

Viele noch relativ junge Lehrer kommen mit den erhöhten Anforderungen, die heute an die Schule gestellt werden, nicht zurecht. Irmgard Wartner erzählt von einer Kollegin: „Da hab ich eh vor kurzem eine Volksschullehrerin von da getroffen und die ist so 40 Jahre alt und die hat auch gesagt: ‚Mein Gott, ich weiß nicht mehr, wie ich es machen soll. Ich bin eigentlich Lehrerin geworden, aber ich muss ja jetzt alles Mögliche sein: Erzieher, Psychologe für die Probleme der Kinder – die ja sehr viel sind, und wann kannst du dann noch unterrichten?'"[714]

Auch sie selbst ging in ihrem Streben, im Unterricht aus jedem Schüler das Bestmögliche herauszuholen, bis an ihre Grenzen. Dabei musste sie enttäuscht feststellen, dass dieses Bemühen von der Gesellschaft oft nicht anerkannt wird: „Ich hab mich zu Tode gearbeitet. Ich bin am Schluss dann nur mehr gesessen und gesessen, weil ich immer überlegt habe: ‚Das könnte ich so machen und der, der täte sich so und so leicht, jetzt muss ich die Fragen anders stellen, damit das für die auch gut ist...' und da schaust du einmal, wie du mit 24 Stunden zurecht kommst. Und dann arbeitest du weiter. Und ich hab es jetzt gesehen, ich bin eigentlich erst nach drei Jahren so weit, dass ich mich fange. Also, du arbeitest immer über deine Kräfte, auch weil das Psychische dann dazukommt. Früher da ist es einfach schöner gegangen und heute sind so viele Probleme da, die gelöst werden müssen. Und ich muss sagen, ich war kein Mensch ‚So jetzt mach ich

---

[713] Erika Habacher, geb. 1953, Volksschuldirektorin
[714] Irmgard Wartner, geb. 1945, Hauptschullehrerin im Ruhestand

hinter mir die Türe zu und hinter mir die Sintflut.', das hab ich nicht können, ich hab dann daheim noch überlegt. Oder es ist auch, wenn die Kolleginnen zusammengekommen sind zum Tratschen, in kürzester Zeit bist du bei der Schule gewesen. [...]. Und dann das mit den zwei Monaten Ferien... Es ist so, das brauchst du wirklich. Am Anfang nicht, da hast du noch die Kräfte. Aber dann erstens – das übersehen auch viele – dass die Fortbildungen drinnen sind und dann musst du das auch einmal aufarbeiten, du musst das verdauen und da brauchst du eine gewisse Zeit, dass du wegkommst, dass du dich erholst und dann musst du aber eh schon wieder zum Vorbereiten anfangen. Und ich glaube, das übersieht man schon sehr stark. Oder dass ich... In der Schule hab ich 18 oder 20 Stunden gehabt – aber ich bin dann schon daheim gesessen. Das sehen ganz viele nicht. Und ich sag, ich sehe das jetzt erst [...]: Unser ganzes Leben – das war eigentlich die Schule. Ich muss jetzt korrigieren und ich muss die Vorbereitungen machen und man hat immer alles hinten angestellt. Also, so hab ich das erlebt."[715]

Ein weiterer wesentlicher Bestandteil des Lehreralltags ist der Umgang mit den Kollegen. Das Klima im Lehrkörper wirkt sich stark auf die eigene psychische und physische Verfassung aus, das Wohlbefinden der Lehrkräfte wiederum prägt in weiterer Folge das Geschehen im Unterricht entscheidend mit. Entsprechend wichtig ist es für den einzelnen Lehrer also, welchen gegenseitigen Umgang man im Lehrerteam pflegt, ob die Zusammenarbeit klappt und wie mit Konfliktsituationen umgegangen wird. Der hohe Stellenwert des „Betriebsklimas" zeigt sich darin, dass im überwiegenden Teil der Berichte zumindest einmal die Sprache auf den einen oder anderen Kollegen kommt. Die Erfahrungen, die mit anderen Lehrern gemacht wurden, weichen teilweise stark voneinander ab. Im Wesentlichen lassen sich zwei Pole erkennen, nämlich eine funktionierende und für den einzelnen Lehrer bereichernde Zusammenarbeit und ein von Misstrauen und gegenseitigen Schikanen geprägtes Klima, dem die schwächsten Glieder der Kette oftmals zum Opfer fallen. Leider trat Letzteres in den letzten paar Jahren zunehmend in den Vordergrund, sodass Mobbingfälle, die älteren Lehrern oftmals unbekannt waren, heute in den Konferenzzimmern keine Seltenheit mehr darstellen. Dass aber auch in unserer Zeit noch eine wirklich gute Gemeinschaft innerhalb der Lehrer einer Schule möglich ist – und das geht aus den Berichten ebenfalls hervor – gibt Anlass zur Hoffnung auf eine baldige Besserung der Lage.
In der Zeit nach dem Zweiten Weltkrieg dominierte noch Verständnis und gegenseitige Hilfe das Klima im Lehrkörper. Dem Pater und einstigen Lehrer Lambert Wimmer etwa war es stets ein großes Anliegen, dass die Zusammenarbeit der geistlichen mit den weltlichen Professoren in dem auf den Priesterberuf

---

[715] Irmgard Wartner, geb. 1945, Hauptschullehrerin im Ruhestand

ausgerichteten Gymnasium klappte. Rückblickend stellt er mit viel Freude fest: „Wir wollten ein Gymnasium führen, das ganz aus dem christlichen Geist heraus gestaltet war und ich darf wohl sagen, dass auch die weltlichen Professoren sehr, sehr gut mitgetan haben, dass auch ihr eigenes Beispiel ebenso die Schüler mitgeformt hat und dass dann in der Schule ein guter Geist geherrscht hat."[716] Ebenso großes Glück hatte Maria Bilzer, die mit ihren Kolleginnen wahre Freundschaft schloss: „Ich hatte gleichaltrige Freundinnen gefunden. Mit einer Kollegin, die ein halbes Jahr nach mir ihren ersten Dienst in Niederkappel antrat, verbindet mich noch heute eine erprobte Freundschaft."[717] Auch mit den männlichen Kollegen klappte die Zusammenarbeit gut: „Die beiden Männer waren eben aus dem Krieg heimgekehrt und hatten überhaupt keine Schulpraxis. Wir schrieben also oft die Vorbereitungen gemeinsam."[718] Später legte Maria Bilzer als Direktorin ebenfalls großen Wert auf gute Kollegialität unter den Lehrern, was ihr, wie sie heute berichtet, gut gelungen ist: „Im Kollegium war ein angenehmes ‚Betriebsklima‘, man konnte offen über alles reden, vor allem über schulische Probleme, selten, aber auch, über private. Meinungsverschiedenheiten wurden ausdiskutiert, ebenso, wenn es mit den Eltern Probleme gab. Ein ‚Mobbing‘ im heutigen Sinn hätten wir uns nicht vorstellen können. Statt dessen ‚feierten‘ wir alles Mögliche zusammen. Dabei kam auch der Humor nicht zu kurz."[719]

Erinnerungen ganz besonderer Art hat Walter Fuchs an eine seiner Kolleginnen – er lernte seine Frau in der Schule kennen. Diese trat ihren Dienst erst einige Tage später an, von den anderen hatte der damalige Junglehrer allerdings schon einiges über sie gehört: „Hab ich mir gedacht: ‚Na, bin ich neugierig, wie die ausschaut, die da einmal herkommt.‘ Und jetzt kommt das Schicksal – was bei mir wirklich war – auf den ersten Blick! Wahnsinn! Und ich denk mir noch: ‚Na das ist ein schöner Lehrkörper.‘" Zwischendurch wurde Walter Fuchs an eine andere Schule versetzt, die beiden verloren sich aus den Augen. Schließlich aber nahm das Schicksal endgültig seinen Lauf: „Na, dann ist aber meine Frau auch hierher versetzt worden an die Schule, da waren wir dann und '52 haben wir eh geheiratet."[720]

Henriette Hartig war – wie auch viele ihrer Kollegen – zu ihrer Zeit als Direktorin davon überzeugt, dass ein gutes „Betriebsklima" wichtige Voraussetzung für einen funktionierenden Schulbetrieb ist. Dieses versuchte sie durch gemeinsame Unternehmungen bestmöglich zu fördern: „Natürlich waren immer dann auch Feiern mit den Lehrerinnen, weil das gute Verhältnis musste auch mit den Lehrerinnen vorhanden sein, sonst wird es auch nichts mit den Schülern. Dann ha-

---

[716] Lambert Wimmer, geb. 1916, Pater und ehemaliger Lehrer und Erzieher
[717] Maria Bilzer, geb. 1923, Volksschuldirektorin im Ruhestand
[718] Maria Bilzer, geb. 1923, Volksschuldirektorin im Ruhestand
[719] Maria Bilzer, geb. 1923, Volksschuldirektorin im Ruhestand
[720] Walter Fuchs, geb. 1921, Volksschuldirektor und Personalvertreter im Ruhestand

ben wir auch ein Konzert gehabt. Ich hab drei Lehrerinnen gehabt, die die Staatsprüfung in Gesang hatten, die haben dann gesungen und gespielt. Also, es war immer etwas los. Und die Ausflüge natürlich sind auch wichtig."[721]
Ähnlich denkt Erika Habacher, heute Leiterin einer Volksschule. Sie fühlte sich in „ihrem" Lehrkörper im Großen und Ganzen immer wohl, auch wenn dafür Toleranz und Kompromissbereitschaft notwendig waren: „Ich hatte immer ein gutes Verhältnis zu meinen Kollegen. Gab es doch mal Probleme, versuchte ich sie zu lösen. Es bereitet mir körperliches Unwohlsein, wenn ich mit einem Menschen ‚nicht kann'. Also achte ich immer darauf, dass es wenigstens so weit funktioniert, dass man gut nebeneinander auskommt und das Arbeitsklima nicht leidet. Man kann nicht alle Menschen mögen – aber man kann jeden Menschen in seiner Individualität achten. Natürlich gelingt das nicht immer – bin ja selbst auch keine Heilige. Die Grundeinstellung ist entscheidend – das ist meine Meinung."[722]
Dass eine wirklich gute Zusammenarbeit innerhalb des Lehrkörpers auch heute noch möglich ist, zeigt die Erfahrung Eva Marks: „Das Verhältnis unter uns Kollegen war schon früher recht gut, in letzter Zeit würde ich es sogar als ‚Bilderbuchklima' bezeichnen. Wir vier Klassenlehrer und unsere 68 Schützlinge betrachten uns (zumindest aus Lehrersicht) als große Familie."[723]
Interessant ist, dass Männer ihre Rolle als Direktor oftmals in einem anderen Licht sahen als ihre weiblichen Kolleginnen. Während Frauen – wie ja schon gezeigt – hauptsächlich von ihren Bemühungen sprechen, ein gutes Klima im Lehrkörper zu schaffen, gemeinsame Feiern und Unternehmungen zu organisieren und Konfliktsituationen offen zu besprechen, betonen Männer oftmals die Notwendigkeit, vom Lehrkörper klar als Vorgesetzter erkannt zu werden, was – wie etwa Walter Fuchs klar stellt – einem guten Klima ja nicht schaden müsse: „Und wenn ich einen Chef hab, dann muss ich ihn anerkennen, auch wenn er mir nicht passt. Weil es gibt ja Möglichkeiten: wenn er ungerecht ist, kann ich mich eh beschweren gehen. Aber das beruht auf Gegenseitigkeit. [...] Und noch etwas anderes: Ich war mit niemanden per ‚Du' bei meinen Lehrern, obwohl sie mich alle mögen haben und wenn wir beisammen gesessen sind, war ich praktisch der, der den Showman gemacht hat, aber ‚Du Depp' ist früher gesagt als ‚Sie Trottel'. Solang Sie mit jemandem nicht per ‚Du' sind, kann er sich nicht alles erlauben. Und wegen dem mag ich ihn aber doch, er mag mich, ich mag ihn auch. Wissen Sie, das Verbrüdern, das ist..."[724] Gab es einmal Konflikte mit dem einen oder anderen Lehrer, so hatte der ehemalige politisch interessierte Personalvertreter, seine ganz persönliche Art, diese zu lösen: „Ich hab einmal gesagt: ‚Denen, die immer kritisieren, musst du ein Amt geben.' Weil in dem

---

[721] Henriette Hartig, geb. 1924, Volksschuldirektorin im Ruhestand
[722] Erika Habacher, geb. 1953, Volksschuldirektorin
[723] Eva Mark, geb. 1946, Volksschullehrerin
[724] Walter Fuchs, geb. 1921, Volksschuldirektor und Personalvertreter im Ruhestand

Moment, wo ich ein Amt überhabe – das ist wie in der Opposition im Parlament: Solange ich nicht regiere, kann ich immer sagen: ,Ich würde es so machen, ich würde es so machen. Lauter Blödsinn...', wenn er dann aber selber eines hat: ,Ja, Teufel noch einmal, wir müssen ja das Geld einnehmen, wir können ja nicht zahlen. Wir müssen die Steuern haben, es nutzt nichts. Ob es jemanden passt oder nicht.' Dann ist es anders."[725]

Nicht immer klappt die Verständigung zwischen Direktor, Lehrkörper und Elternhaus so problemlos wie sich das wohl jeder Schulleiter wünschen würde. Konkret angesprochen wird dies interessanterweise jedoch nur von Männern. Josef Steinbichl etwa bereut, die letzten neun Jahre seiner Lehrerzeit Direktor gewesen zu sein und zwar nicht nur, weil ihm der direkte Kontakt zu den Schülern fehlte, sondern auch, weil er stets zwischen verärgerten Eltern und Kollegen vermitteln musste. Konflikte waren hier klarerweise vorprogrammiert: „Da sind die Eltern gekommen und haben sich beschwert über die Lehrer und dann muss man... Ja, das ist schwierig [...]: Zum Teil haben sie recht, zum Teil auch nicht und dann muss man dem Lehrer das sagen – das ist nicht leicht."[726] Dennoch dürfte der jetzige Pensionist seine Rolle als ausgleichende Instanz gut gespielt haben, denn, so freut er sich: „[Das Klima innerhalb des Lehrkörpers] war verhältnismäßig gut. Da freue ich mich heute noch."[727]

Dass der Umgang mit den Kollegen nicht immer einfach war, bestätigt auch ein ehemaliger Volksschuldirektor: „Probleme gab es am ehesten mit den Lehrerkolleginnen/-kollegen. In den kleineren Schulen fand man sich fast immer zu einem Team zusammen, anders in der Großschule. Spannungspunkte waren: Wer sind die besten Lehrer? Warum wird diejenige/derjenige bevorzugt behandelt? Warum werden meine Leistungen nicht anerkannt? und anderes."[728] Auf Grund persönlicher Erfahrungen sieht der jetzige Pensionist auch die zunehmende Demokratie im Schulbereich kritisch: „Die Mitbestimmung der Lehrer/innen bei der Bestellung des Schulleiters ist zweischneidig. Ein positives Argument mag sein, dass von Anfang an eine ,gute Gemeinschaft' gegeben ist. Auswüchse der letzten Zeit – wenn es solche gibt – werden dann aber auch nicht abgestellt bzw. sinnvolle Neuerungen kaum eingeführt. Weiters ist es eine Tatsache, dass jede Lehrerin/jeder Lehrer auch bei sich denkt: Wo habe ich es ,leichter'? Wenn es einen schulinternen Bewerber gibt, wird der sicherlich auch gegen einen ausgezeichneten auswärtigen Bewerber bevorzugt behandelt, denn es müsste sonst ein Lehrer von der Schule versetzt werden."[729] Der Einwand scheint sicherlich berechtigt, eine Lösung kann aber auch der jetzige Pensionist

---

[725] Walter Fuchs, geb. 1921, Volksschuldirektor und Personalvertreter im Ruhestand

[726] Josef Steinbichl, geb. 1937, Hauptschuldirektor im Ruhestand

[727] Josef Steinbichl, geb. 1937, Hauptschuldirektor im Ruhestand

[728] Mann, geb. 1937, Volksschuldirektor im Ruhestand

[729] Mann, geb. 1937, Volksschuldirektor im Ruhestand

nicht anbieten – denn auch die Zwangseinsetzung von Schulleitern „von oben" würde gewiss nicht alle Probleme beseitigen.

Insgesamt greift – wie schon angesprochen – das im Berufsalltag immer häufiger auftretende „Mobbing" auch vermehrt auf die Lehrerschaft über. Irmgard Wartner hat dies am eigenen Leib erlebt. Auf die Frage, wie solche Mobbingfälle denn ablaufen würden, meinte sie: „Das ist ganz einfach. Du suchst dir erst einmal eine Clique, das brauchst du immer, du brauchst immer die Horcher und dann machst du den anderen schlecht. Und ich kann das jetzt nur so von mir erzählen – es ist etwas, wo ich eigentlich stumm davor stehe, wo ich mir denke: Das darf nicht sein, gibt es denn das, was ist denn da gelaufen? Ich bin dann gewarnt worden durch eine andere. Die hat gesagt: ,Irmi, pass auf, da rennt etwas gegen dich.' Ich hab keine Ahnung gehabt. Einfach nur schlecht machen, nur schlecht machen und verlachen. Und dann ist eine andere gemobbt worden und dann hab ich es gewagt und gesagt: ,So geht das nicht.' Dann ist diese ganze Meute auf mich gefallen. Das war so schlimm! Ich muss sagen, das war in den letzten Jahren und komischerweise diese Kollegin, die ist hinausgemobbt worden. Ich hab so ein Gefühl, da fängt ein Rad zum Laufen an und wenn das einmal rennt, dann hilft gar nichts. [...] Und das ist bedenklich, finde ich, gerade bei Lehrern, die heute eigentlich doch Menschenführer sein sollen, wenn da so etwas passiert, dann führt das ins Unglück."[730] Dass solche Vorfälle trotz der steigenden Häufigkeit ihres Auftretens noch nicht die Regel an den österreichischen Schulen bilden, beweist die Tatsache, dass von den anderen 14 Lehrern keiner eine Mobbing-Geschichte im eigenen Lehrkörper miterlebt hat. Zu hoffen bleibt, dass diese Angaben auch wirklich der Wahrheit entsprechen, denn Ausgrenzungen und Mobbingfälle sind auch unter Lehrern noch immer ein großes Tabuthema.

Das Ansehen von Lehrern in der Gesellschaft

Das Ansehen von Lehrern in der Gesellschaft hängt eng mit den persönlichen Lehrerbildern der Menschen und zum Teil auch mit dem, wie sich Lehrer selbst sehen, zusammen. Aus diesem Grund soll hier auch dieses Thema Behandlung finden. Schaut man sich die Berichte durch, so fällt auf, dass fast alle Autoren bzw. Gesprächspartner bestimmte Lehrer oder ganze Lehrergruppen, die sie selbst in der Schule gehabt haben, beschreiben, auf das allgemeine Ansehen der Lehrer zu ihrer eigenen Schulzeit bzw. heutzutage gehen aber schon viel weniger Personen ein. Vielleicht liegt dies daran, dass der Stand der Lehrerschaft in der Gesellschaft als allgemein bekannt angesehen wird und daher nicht erwähnenswert erscheint. Ein Zeichen dafür wäre jedenfalls, dass verhältnismäßig viel

---

[730] Irmgard Wartner, geb. 1945, Hauptschullehrerin im Ruhestand

mehr ältere Menschen auf die Achtung, die dem Lehrer in der Bevölkerung zuteil wurde, eingehen (diese wird offensichtlich als ein Phänomen gesehen, das in dieser Weise heute nicht mehr existiert und daher erwähnenswert erscheint), wohingegen die jüngeren kaum allgemein vom öffentlichen Lehrerbild sprechen. Abgesehen davon erscheint es wahrscheinlich, dass persönliche Erlebnisse mit konkreten Lehrpersonen besser in Erinnerung bleiben als ein stets etwas verschwommenes Bild davon, wie die Lehrer generell auch außerhalb der Schule wahrgenommen werden. Auffällig ist außerdem, dass sich unter jenen, die über das Lehrerbild der Gesellschaft sprechen, sehr viele Lehrer befinden. Diese waren und sind dadurch, dass sie zu der entsprechenden Berufsgruppe gehören, natürlich viel intensiver von der Thematik betroffen als Leute, die kaum etwas mit der Schule zu tun haben und räumen ihr somit entsprechend mehr Platz in ihren Berichten ein.

Im Folgenden soll nun mit Hilfe jener Berichte, wo vom allgemeinen Ansehen der Lehrer die Rede ist, belegt werden, dass sich das Lehrerbild im Laufe des betrachteten Zeitraums grundlegend geändert hat. Wie gezeigt wird, lässt sich dabei eine Entwicklung erkennen, die vom Dorfschullehrer als absoluter Respektsperson über den nicht mehr ganz so angesehenen städtischen Mittelschullehrer hin zum heute oftmals kritisierten, aber dennoch von den Schülern großteils geachteten Lehrer geht. Welche Ursachen dieser Wandel in den Augen der Leute hat, soll ebenfalls thematisiert werden.

In allen Berichten, die aus der Zeit der Ersten Republik und der ersten Nachkriegsjahre stammen, wird der Lehrer im ländlichen Bereich als große Autoritätsperson dargestellt. Abgesehen von kleinen, aber recht harmlosen Streichen wurden die Pflichtschullehrer (zumeist unterrichteten diese an Volksschulen, nur selten ist auch von Hauptschullehrern die Rede) von allen Schichten der Gesellschaft anerkannt – sie gehörten zweifelsohne zur Dorfelite. Der Respekt, mit dem die Kinder ihren Lehrkräften und überhaupt allen höhergestellten Personen begegneten, wurde zumeist im Elternhaus zu Grunde gelegt. Dies soll in diesem Zusammenhang aber nur am Rande erwähnt werden, da die Thematik Eltern-Schüler-Schule an anderer Stelle ausführliche Behandlung findet. Hier geht es primär darum, aufzuzeigen, dass die Lehrer wirklich durch die Bank großes Ansehen genossen. Um diesen Eindruck zu verdeutlichen, sollen nun ehemalige Schüler zu Wort kommen.

So erzählt etwa Johann Aumayr, der seine Schulzeit knapp vor Ausbruch des Zweiten Weltkriegs beendete: „Mein Lieber, da haben wir eine Achtung gehabt vorm Lehrer – was ja heute nicht mehr so ist. [...] Vor allen Lehrern. Da hat es keine Ausnahmen gegeben. Vor dem Lehrer haben wir eine Achtung gehabt, wirklich eine Achtung. Das war eine Respektsperson in unseren Augen. Der

Lehrer – da hat man schon den Hut gezogen."[731] Und auf die Frage, ob dies denn von allen Dorfbewohnern so gesehen worden sei oder nur von den Schülern, meint er weiter: „Da haben alle einen Respekt gehabt, alle eigentlich. Ja, die waren alle sehr geachtet. Da hat es nichts gegeben."[732] Auch Karl Schmiedinger hat diese Erfahrung gemacht: „Die Lehrer waren durchwegs geachtet. Die hat man genauso wie den Pfarrer weiß ich wie gegrüßt. Durchwegs. Selbst dann, wenn man einen Zorn gehabt hat auf ihn. Wenn es auch hinten nach geheißen hat: ‚Der XY und der XY' – das waren die zwei Oberlehrer, der eine von Scharnstein und der andere von Viechtwang – ‚sind zwei Böhmen und saufen viel.' [Der Spruch hat sich gereimt.] Aber sagen hat sich niemand etwas getraut gegen den Lehrer."[733]

Anna Plöckinger schildert ihr Verhältnis zu den Lehrern folgendermaßen: „Ja, die Lehrer, die hat man geachtet. Das hat man von daheim schon mitgekriegt. Direkt gefürchtet hat man sich nicht, aber einen Respekt hat man gehabt."[734] Wie schon im soeben genannten Zitat wird auch von Hermine Antensteiner, deren Schulzeit zum Teil schon in die Zeit des Zweiten Weltkriegs fiel, darauf hingewiesen, dass Lehrer im Elternhaus großes Ansehen genossen: „Eine Lehrperson war zu meiner Zeit eine absolute Respektperson. Es wurde, zumindest bei uns zu Hause, nie geschimpft. Ein ‚Du' zum Lehrer gab es überhaupt nicht."[735] Und auch Theresia Kirchmayr schreibt: „Man hatte überhaupt großen Respekt vor dem Lehrer und auch vor den Eltern. Gehorsamleisten wurde mir schon im Kleinkindalter anerzogen."[736]

Durch seine militärische Strenge, aber auch dadurch, dass er den Kindern viel beibrachte, erlangte der Vorgesetzte Waltraud Fahrngrubers Ansehen im Ort: „Der Oberlehrer, ein Offizier im Zweiten Weltkrieg, der auch den Russlandfeldzug mitgemacht hatte, war die Respektperson des Ortes. Er überwachte auch in den Ferien die Dorfkinder. Er war ein strenger und guter Lehrer. In seiner Klasse herrschten Zucht und Ordnung wie beim Militär. In fortführenden Schulen oder in Berufsschulen schnitten die Kinder aus Vorderstoder immer gut ab und sie konnten mit Hauptschulabgängern gut mithalten."[737] Wie es um den Stand der anderen Lehrer im Dorf bestellt war, geht aus dem Bericht nicht hervor, aus Fahrngrubers eigenen Erfahrungen aber lässt sich ableiten, dass es zwar die eine oder andere Schwierigkeit gegeben haben dürfte, dass die Lehrer im Dorf aber generell großes, wenn vielleicht auch nicht ganz so respektvolles Ansehen wie der besagte Oberlehrer genossen.

[731] Johann Aumayr, geb. 1924, Frisör im Ruhestand
[732] Johann Aumayr, geb. 1924, Frisör im Ruhestand
[733] Karl Schmiedinger, geb. 1923, Konditor im Ruhestand
[734] Anna Plöckinger, geb. 1922, Altbäuerin
[735] Hermine Antensteiner, geb. 1928, Landwirtin
[736] Theresia Kirchmayr, geb. 1924, Altbäuerin
[737] Waltraud Fahrngruber, geb. 1932, Volksschullehrerin im Ruhestand

Ottilie Akamphuber berichtet ebenfalls davon, dass sie und ihre Klassenkameraden großen Respekt vor den Lehrern hatten. Dieser hing aber weniger von der Strenge der Lehrer und den durch sie ausgeteilten Strafen ab – wovon es genügend gab – viel mehr wurde der hohe Bildungsgrad der Lehrkräfte bewundert: „Wir Schüler hatten große Hochachtung vor unseren Lehrern und überhaupt vor allen Höhergestellten. Es war ja damals nur wenigen möglich, eine höhere Schule oder gar ein Studium zu absolvieren."[738]

Dass Lehrer vor dem Zweiten Weltkrieg nicht unbedingt betont distanziert und steif sein mussten, um sich das Ansehen ihrer Schüler und deren Eltern zu sichern, berichtet Emma Spindler: „Ja, ja. Die [= die Lehrer] waren ja überhaupt lustig. Naja, die waren ja eh nicht so, dass sie überhaupt verspannt gewesen wären. Ich meine, sie waren sehr angesehen. Zuerst der Herr Pfarrer im Dorf und dann aber schon die Lehrerschaft. Die sind in der Bevölkerung sehr geehrt gewesen. [...] Alle Lehrer. Die sind sehr angesehen gewesen."[739] Groß war, wie Emma Spindler weiter erzählt, die Freude, wenn man außerhalb des Unterrichts einen Lehrer traf: „Ja, im Dorf, wenn man sie getroffen hat – sie haben ja alle direkt bei uns gewohnt in Saxen – da haben wir uns gefreut, wenn wir sie unter Tags einmal wo getroffen haben nach der Schule. Da sind wir nach Hause gerannt: ,Stell dir vor, die Frau Lehrerin oder der Herr Lehrer hat uns getroffen.' Na, und da haben wir ihn gegrüßt und dann hat er halt ein paar Worte geredet und das hat uns halt so viel gefreut. Na, und den Herrn Pfarrer, den haben wir ja sowieso nur mit ,Gelobt sei Jesus Christus.' grüßen dürfen und er hat gesagt: ,In Ewigkeit. Amen.'"[740] Auch innerhalb der Schülerschaft genoss der Lehrer großes Ansehen: „Also, wenn da einer geschimpft hat über den Lehrer, weil er eine schlechte Note gegeben hat, da sind sie gleich hin und haben gesagt: ,Du, du hast nicht gelernt. Lass den Lehrer in Frieden, der hat nicht schuld.' Sofort den Lehrer verteidigt."[741] Klappte diese Kontrolle innerhalb der Klasse einmal nicht, so verschafften sich die Lehrer notfalls durch Strafen den nötigen Respekt: „Die waren schon streng genug. Weil wie gesagt, da hat es ,Patzen' geben gescheite."[742]

Die Mitschüler der fast gleichaltrigen Theresia Kirchmayr hatten ebenfalls Respekt vor ihren Lehrern, dieser beruhte aber zu einem guten Teil auf Strafen. Die Frage, ob es denn auch Streiche gegeben habe, verneinte sie und fügte hinzu: „Dann hätte man eh eine Strafe bekommen dementsprechend, mit dem sind sie ja niedergehalten worden, die Kinder. [...] Naja, mit dem hat man sich halt einen Respekt verschafft."[743]

---

[738] Ottilie Akamphuber, geb. 1922, Altbäuerin
[739] Emma Spindler, geb. 1923, Postbeamtin im Ruhestand
[740] Emma Spindler, geb. 1923, Postbeamtin im Ruhestand
[741] Emma Spindler, geb. 1923, Postbeamtin im Ruhestand
[742] Emma Spindler, geb. 1923, Postbeamtin im Ruhestand
[743] Theresia Kirchmayr, geb. 1924, Altbäuerin

Hingegen beruhte das Ansehen, das die Lehrer von Theresia Schauer genossen, eher auf deren Persönlichkeit: „Ich hatte während meiner ganzen siebenjährigen Schulzeit nur einen einzigen Lehrer und zwei Priester als Religionslehrer, diese waren für mich aber wirklich richtige Persönlichkeiten. Schon allein ihr Auftreten und ihre Persönlichkeit haben Respekt ausgelöst, ich hab meinen Lehrer und Katecheten nie gefürchtet, aber ich hatte wirklich Respekt vor ihnen und ich glaube, das war auch bei den anderen Kindern der Fall. Unser Lehrer war streng, er hat wirklich viel auf Disziplin gehalten, wir haben ihn immer mit ‚Sie' angesprochen und hätten uns keine Frechheit ihm gegenüber erlaubt. Er war einfach eine Respektperson für uns. Auch einen Spitznamen oder Streiche gegen ihn hätten wir uns nie erlaubt. Ich glaube, dass ihn die Kinder geschätzt haben, obwohl er streng war und beim Lernen wirklich sehr viel verlangt hat. Aber er konnte besonders in der Pause auch sehr fröhlich und humorvoll mit den Kindern sein."[744] An anderer Stelle fügt sie hinzu, dass der Lehrer auch von den Eltern als Respektsperson anerkannt worden wäre.

Anderes äußerte sich die große Achtung, die die Bevölkerung der Heimatgemeinde einer inzwischen 67-jährigen Frau vor dem Lehrer hatte. Hier führte der große Respekt eher zu einer Distanz zwischen Eltern und Lehrer: „Meine Eltern sind auch nie zum Lehrer gegangen. Der Pfarrer und der Lehrer waren eben Respektspersonen."[745]

Dass Lehrer auch nach dem Krieg zumindest im ländlichen Raum noch großes Ansehen genossen, zeigt die Aussage von Friedrich Pernkopf, der schlicht und einfach meint: „Für uns waren jedenfalls die Lehrer immer Respektspersonen."[746] „Im Allgemeinen konnten sich die meisten Lehrer durchsetzen. Die Lehrpersonen wurden mit ‚Sie' angesprochen. Lehrer/innen waren Respektspersonen."[747] erzählt auch eine Pensionistin, die in den 50er-Jahren eine ländliche Hauptschule besucht hatte.

Zusammenfassend lässt sich sagen, dass Lehrer am Land bis in die 50er-Jahre als absolute Autoritäten und Respektspersonen gesehen wurden und zwar nicht nur in den Augen der Schüler, sondern überhaupt von der ganzen Dorfgemeinschaft. Die Lehrer waren streng und hielten viel auf Disziplin, bei den Schülern waren sie aber trotzdem – oder gerade deshalb – sehr geachtet. In der Erziehung wurde großer Wert darauf gelegt, Kindern Respekt vor Obrigkeiten beizubringen, die ausnahmslose Anerkennung des Lehrers wurde somit zu einem guten Teil schon im Elternhaus zu Grunde gelegt.

Während Menschen, die in der Stadt zur Schule gingen, den Lehrern der Volksschulzeit ebenso wie die Schüler am Land mit großem Respekt begegneten, ver-

---

[744] Theresia Schauer, geb. 1923, Pfarrhaushälterin im Ruhestand
[745] Frau, geb. 1938, Landwirtin
[746] Friedrich Pernkopf, geb. 1936, Landwirt
[747] Frau, geb. 1943, Hausfrau

hielten sie sich Lehrern weiterführender Schulen gegenüber oft ziemlich kritisch und – verglichen mit den ländlichen Verhältnissen – zum Teil recht keck. Dies mag zum einen daran liegen, dass Schüler, die ein Gymnasium und hier v.a. die Oberstufe des Gymnasiums besuchten – denn um solche Personen handelt es sich im Folgenden – altersbedingt eine niedrigere Hemmschwelle im Umgang mit Erwachsenen und Vorgesetzten aufweisen als dies Kinder in den ersten acht Schulstufen tun. Zum anderen könnte der Grund für das doch recht selbstbewusste Auftreten dieser Schüler damit zusammenhängen, dass sie in der Stadt aufgewachsen sind und so von klein auf den Umgang mit fremden Personen gewohnt waren. Sicherlich trug auch das Fachlehrersystem, welches es ja nur an Hauptschulen und weiterführenden Schulen gab, dazu bei, dass Lehrer in der Stadt nicht unbedingt jenes Ansehen hatten, das ihre Kollegen am Land genossen. Denn durch die vielen Lehrer, die ein Schüler auf diese Weise hatte, wurde die Zeit, die dieser mit jedem einzelnen davon im Unterricht verbrachte, stark verkürzt, sodass es einerseits für den Lehrer weniger Gelegenheiten gab, sich die notwendige Achtung zu verschaffen und andererseits der Schüler weniger und v.a. weniger umfassende Konsequenzen bei etwaigem Abweichen vom erwarteten respektvollen Verhalten zu befürchten hatte – diese beschränkten sich in der Regel nämlich nur auf ein Fach. Zudem muss bedacht werden, dass ein Lehrer in der Stadt ein Intellektueller unter vielen war, wohingegen er im Dorf oftmals gerade wegen seiner als außergewöhnlich betrachteten höheren Bildung geachtet wurde. Die städtische Anonymität schließlich wird ebenfalls das zumindest teilweise niedrigere Ansehen von Lehrern in der Stadt mit bedingt haben. Insgesamt jedenfalls hing die Lage städtischer Lehrer stark von der jeweiligen Schule ab, an der sie unterrichteten. An manchen Mittelschulen, besonders an Privatgymnasien, erreichte die Lehrerschaft durchaus jenen Status, der ihren Kollegen am Land meist von vornherein von Seiten der Bevölkerung zugesprochen wurde. Das oftmals in Frage gestellte Ansehen von Lehrer an anderen Schulen – wie es im Folgenden ebenfalls zur Sprache kommt – erinnert hingegen schon stark an die heutige Situation.

Die von Volkmar Strohbach in Wien besuchten Schulen sind sicherlich der ersten Gruppe zuzurechnen. In seinem Bericht bestätigt der pensionierte Baumeister in Hinblick auf Volksschulen, was oben bereits gesagt wurde, nämlich dass Volksschullehrer auch in der Stadt durchaus angesehen waren: „Zu meiner Zeit gab es v.a. in der Volksschule überhaupt keine Probleme mit den Kindern. Sie [= die Volksschullehrerin] war von allen anerkannt, eine Autorität.“[748] Seine weitere Erzählung zeigt nun, dass es städtische Lehrer nicht an allen Schulen schwer hatten. Der nach außen hin jedem Professor geleistete Respekt jedoch wurde von den Schülern durchaus schon kritisch auf seine Berechtigung hin ge-

---

[748] Volkmar Strohbach, geb. 1918, Baumeister im Ruhestand

prüft: „Der Lehrer war eine Autorität – ob er's jetzt war oder nicht, ist eine zweite Sache."[749]

Nicht wirklich ernst genommen wurden manche Lehrer am Linzer Petrinum, das Josef Steinbichl in den 50er-Jahren besuchte. Wirklich angesehen war die dortige Lehrerschaft nur bei den Eltern bzw. überhaupt in der Bevölkerung, die Schüler selbst waren da aber kritischer. Der eine oder andere nicht akzeptierte Lehrer hatte hier nur das Glück, in einer strengen Privatschule tätig zu sein, an der den Schülern bei etwaigem Fehlverhalten relativ rasch der Ausschluss drohte: „Ja. Also, die Lehrer haben schon recht viel Druck ausüben können und man hat vorsichtig sein müssen, weil man ja gewusst hat, es könnte ja das Ende sein. [...] Es waren welche, [die kein großes Ansehen genossen,] aber die haben das Glück gehabt, dass sie in so einer strengen Schule waren, sodass sie auch mit ihrer Methode durchgekommen sind."[750]

Dass nicht alle Lehrer bedingungslos akzeptiert wurden, zeigt der Bericht von Hedwig Wiesner[751], die zwischen 1933 und 1941 ein Wiener Realgymnasium für Mädchen besucht hatte. Obwohl sie nie allgemein vom Ansehen der Lehrer ihrer Schule spricht, geht doch aus den Schilderungen einzelner Lehrer hervor, dass vieles, was den Schülern am Land gewiss nicht in den Sinn gekommen wäre, in städtischen Mittelschulen durchaus Gang und Gebe war. So wurde etwa, um nur wenige Beispiele zu nennen, einem Lehrer mit fettigem Haar eine Flasche Shampoo auf den Tisch gestellt mit dem stillen Hinweis, er solle doch sein Äußeres mehr pflegen. Ein andermal veranstalteten die Mädchen einen Sitzstreik mit dem Ziel, den Turnunterricht vom unbeliebten kleinen in den angenehmeren großen Turnsaal zu verlegen und auch, dass ein unbeliebter Lehrer plötzlich im leeren Klassenzimmer stand, während sich die Schülerinnen im Freien an die Mauer des Schulgebäudes pressten, um vom Fenster aus nicht gesehen zu werden, soll vorgekommen sein – alles Dinge, die am Land wohl kaum ein Schüler gewagt hätte. Freilich gab es auch zur Schulzeit der späteren Ärztin Lehrer, die großes Ansehen unter ihren Schülerinnen und auch bei deren Eltern genossen. Dieses erhielten sie aber auf Grund ihrer Persönlichkeit, wegen ihres interessanten Unterrichts, durch das Verständnis, das sie ihren Schülern entgegenbrachten oder aber, weil sie im Unterricht derart streng waren, dass sich nicht einmal die sonst recht selbstbewussten Mädchen aufzumucksen trauten – eine Situation, die mit der Lage heutiger Lehrer durchaus vergleichbar ist.

Ganz allgemein hat sich das Ansehen der Lehrer in der Bevölkerung seit der Ersten Republik – sei es nun am Land oder in der Stadt –zweifellos gewandelt. Besonders deutlich wird dies, wenn ältere Menschen ihre eigene Schulzeit mit

---

[749] Volkmar Strohbach, geb. 1918, Baumeister im Ruhestand
[750] Josef Steinbichl, geb. 1937, Hauptschuldirektor im Ruhestand
[751] Hedwig Wiesner, geb. 1923, Ärztin im Ruhestand

der jetzigen Situation vergleichen, als einleitendes Beispiel sei hier die Schilderung Emma Spindlers genannt: „Wir haben sehr viel Respekt vor den Lehrkräften gehabt. Wie gesagt, wenn man sie getroffen hat untertags am Nachmittag, dann hat man sich gefreut, wenn sie ein paar Worte mit einem geredet haben, das war direkt wie eine heilige Schrift, nicht? Wie gesagt, sie sind nach dem Pfarrer die nächst Angesehensten gewesen, in der ganzen Gemeinde aber, die Lehrerschaft. Aber heute kommen sie genauso mit hinein wie die anderen alle. Heute weißt du oft nicht einmal mehr, dass sie einmal Lehrerin war, wenn du nicht mehr selber in der Schule gewesen bist. Aber früher war das schon so. Und so haben sich auch die Lehrkräfte benommen. Da ist keiner schief gegangen, weil das hätte sich sofort herumgesprochen.“[752] In diesem Zitat klingen zwei Dinge an: Zum einen genossen Lehrer früher derartigen Respekt, dass jeder im Dorf sie kannte, auch wenn er sie nicht selbst in der Schule gehabt hatte oder sie schon lange in Pension waren. Lehrer waren herausragende Persönlichkeiten, sie waren nicht einfach irgendwer – dies hat sich, wie die Autorin feststellt, heute geändert: Lehrer gehen in der Masse unter, sie haben in der Bevölkerung keine besondere Position mehr inne. Zum anderen zeichneten sich Lehrer früher – folgt man der Schilderung Spindlers – durch korrektes Auftreten und gutes Benehmen aus und hatten in dieser Eigenschaft sicherlich auch eine gewisse Vorbildwirkung für die Bevölkerung. Abweichendes Verhalten wäre nicht toleriert worden. Auch diese Aufgabe, Vorbild und Orientierungshilfe für die nächsten Generationen zu sein, haben Lehrer heute zumindest zu einem gewissen Teil eingebüßt. Dass dies natürlich nicht auf alle Lehrer zutrifft, muss mit dem Verweis auf die Lehrerbeschreibungen durch ehemalige Schüler wohl nicht extra erwähnt werden. Was noch hinzukommt und auch aus den folgenden Berichten klar hervorgeht, ist, dass das Interesse an den Lehrern heute oftmals auf den kleinen Kreis von Schülern und Eltern beschränkt bleibt – Respektspersonen für das ganze Dorf oder zumindest für einen Teil der Bevölkerung bilden sie heute kaum noch. Im Gegensatz zu diesem gesunkenen Interesse steht das oftmals von der Unterrichtswirklichkeit losgelöste Bild des Lehrers, das je nach politischer Lage und aktuellen Ereignissen manchmal intensiver, manchmal weniger intensiv, aber dennoch immer gegenwärtig von den Medien vermittelt wird. Auch in den Berichten zeigt sich die Spannung zwischen eigenen Erfahrungen und dem öffentlichen Lehrerbild, wobei erstere die eigene Einstellung zu der Berufsgruppe der Lehrer nachhaltiger prägen. Die ehemaligen Schüler jedenfalls kommen immer wieder auf die eigenen Lehrer und darauf, wie sie das Verhältnis zu ihnen persönlich erlebt haben, zu sprechen. Die Frage nach dem Ansehen der Lehrerschaft beziehen sie großteils auf ihre eigene Schulzeit. Obwohl hier die Lehrer noch durchaus als Respektspersonen erlebt wurden, teilen viele Personen – wohl auch unter dem Einfluss der öffentlichen Debatten – die im Widerspruch dazu

---

[752] Emma Spindler, geb. 1923, Postbeamtin im Ruhestand

stehende Meinung, dass der Ruf der Lehrer heute schlechter geworden sei. Wie die eigene Schulwirklichkeit erlebt wurde und ob dabei von den Betroffenen selbst Änderungen im Ansehen der Lehrer bemerkt worden sind – darüber sollen die folgenden Schilderungen Aufschluss geben.

Dass der Imagewandel in Bezug auf die Lehrerschaft nicht überall zeitgleich von statten gegangen ist, zeigen die folgenden zwei Gesprächsausschnitte. So kündigte sich eine Entwicklung, die bis heute anhält, nämlich dass Schüler und Eltern Lehrern gegenüber zunehmend kritischer werden, in Henriette Hartigs Erinnerung schon relativ bald an. Diese berichtet aus ihren ersten Dienstjahren: „Manche Lehrer/innen waren Respektspersonen, manche keine, obzwar man sie mit ‚Sie' ansprach. Trinker oder faule Lehrer fanden die Schüler bald heraus."[753]

Hingegen galten Lehrer etwa an Irmgard Wartners ersten Dienstorten noch lange als unangefochtene Respektspersonen. So erinnert sie sich an ihre erste Zeit als Lehrerin, wo sie Mitte der 60er-Jahre vorerst noch an einer ländlichen Volksschule tätig war: „Nein, der Lehrer war einfach schon wer, und die Leute haben gehorcht auf das, was du gesagt hast und wenn es da irgendetwas gegeben hat, dann war das schon, dann haben sie daheim einfach geschimpft: ‚Und jetzt gib eine Ruhe und sei brav. Der Lehrer hat gesagt, das war so.' und damit war es erledigt."[754]

Eine Änderung im rein äußerlichen Verhalten, die mit dem Älterwerden der Schüler an einem Steyrer Gymnasium einherging, schildert Eric Schopf. Während das Aufstehen als Respektsbekundung und Gruß an den hereinkommenden Lehrer auch heute noch an mehr Schulen üblich ist, als man das vielleicht erwarten würde, unterließen die Schüler des BRG dieses immer öfter, als sie den Lehrer mit zunehmendem Alter nicht mehr als Vorgesetzten akzeptierten: „Die Stunden im BRG begannen in der Unterstufe damit, dass man aufstand, wenn der Lehrer hereinkam. Dies änderte sich in der Oberstufe, denn man war ja nun schon ein junger Erwachsener, der Lehrer sozusagen ein ‚primus inter pares', dem wir durch unsere Anwesenheit Achtung zollten."[755] Ähnlich verhielt es sich mit der Anrede der Lehrpersonen, wobei dies – glaubt man dem gelernten Grafiker und jetzigem Studenten – das Ansehen der Lehrer kaum schmälerte: „Überhaupt genossen die Lehrer unseren Respekt, obwohl die meisten im Lauf der letzten Jahre immer öfter mit ‚Du' angesprochen werden durften, umso eher, wenn man einmal mit ihnen z. B. auf Wienwoche einen feuchtfröhlichen Abend verbracht hatte."[756]

Auffällig ist, dass v.a. jüngere Menschen übereinstimmend meinen, dass sich während ihrer eigenen Schulzeit ein deutlich erkennbarer Wandel im respektvollen Umgang der Schüler untereinander aber auch im Umgang mit den Lehrern

---

[753] Henriette Hartig, geb. 1924, Volksschuldirektorin im Ruhestand
[754] Irmgard Wartner, geb. 1945, Hauptschullehrerin im Ruhestand
[755] Eric Schopf, geb. 1967, Student
[756] Eric Schopf, geb. 1967, Student

vollzogen habe. Astrid Hösl, momentan Studentin, berichtet etwa aus ihrer Gymnasialzeit: „Mir fiel überhaupt auf, dass im Lauf der Zeit die Schüler immer frecher und respektloser wurden, sowohl im Umgang untereinander als auch den Lehrern gegenüber."[757] Insgesamt waren ihre Lehrer, wenn auch akzeptiert, so doch weit nicht mehr so unantastbar, wie dies etwa früher der Fall war. Interessant ist, dass auch heute noch Lehrer von ihren Schülern zum Teil gegenüber anderen verteidigt werden, wie dies ja schon in der Ersten Republik bei der oben zitierten Emma Spindler der Fall war: „In meiner Klasse galten die meisten Lehrer als Respektspersonen, trotzdem war das Verhältnis zu den Lehrern eher kollegial und freundschaftlich. Dies war vor allem dadurch möglich, dass fast alle Schüler viel lernten und gute Noten schrieben und uns die Lehrer respektierten und umgekehrt. Leider gaben schlechte Schüler den Lehrern die Schuld an ihren schlechten Noten und wurden meistens von ihren Eltern in dieser Haltung unterstützt. Allerdings sagten wir anderen Schüler diesen Kollegen unsere Meinung, dass die Lehrer absolut nichts für ihre schlechten Noten dafür konnten."[758] Daniela Gamperl entwirft ein weitaus düstereres Bild, das auf den Erfahrungen aus ihrer eigenen Schulzeit beruht: „Weder von Schülern, Eltern oder der restlichen Öffentlichkeit wird man als Lehrer/in wirklich anerkannt, die Meinung tendiert mehr und mehr in die Richtung, dass dies ein ‚Faulenzerjob' ist, wozu einige/viele Lehrer/innen auch tatsächlich beitragen."[759] Dass auch heute das Ansehen eines Lehrers anscheinend noch davon abhängt, ob dieser am Land oder in der Stadt unterrichtet, zeigt der Bericht einer 24-jährigen Frau, die ihre eigene Schulzeit am Land in einem Privatgymnasium verbracht hatte und im Zuge ihrer Ausbildung an einer öffentlichen AHS in Wien hospitierte. Über das dortige Verhältnis zwischen Lehrer und Schülern berichtet sie sichtlich betroffen: „Wir besuchten eine Schulklasse in Wien. Matheunterricht. In gewisser Weise war ich damals entsetzt über die Verhaltensweise einerseits der Schüler wie auch des Lehrers. Erstens, dass die Schüler überhaupt keine Respekt bzw. Interesse an der Materie zeigten und zweitens, dass die Lehrerin nicht auf diesen bestanden hatte."[760] Diese Aussage könnte durch die recht nüchterne Meinung einer ehemaligen Wiener Gymnasiastin noch bestätigt werden: „Respektspersonen waren die Lehrer zumindest für mich eigentlich nicht, sie waren Personen, mit denen man täglich zu tun hatte und mit welchen man sich arrangieren musste."[761] Ob sich ein Lehrer unter diesen Voraussetzungen Achtung verschaffen konnte, hing dann – folgt man den weiteren Ausführungen – wie auch schon in früheren Zeiten stark von seiner jeweiligen Persönlichkeit ab.

---

[757] Astrid Hösl, geb. 1983, Studentin
[758] Astrid Hösl, geb. 1983, Studentin
[759] Daniela Gamperl, geb. 1982, Studentin
[760] Frau, geb. 1981, Studentin*
[761] Frau, geb. 1981, Studentin

Insgesamt ist es – geht man nach den Berichten ehemaliger Schüler und Lehrer – um das Ansehen der Lehrer in Österreich nicht ganz so schlecht bestellt, wie man dies von den Medien, aber auch von den Betroffenen selbst manchmal vermittelt bekommt. Josef Steinbichl etwa, der jahrelang an einer Hauptschule in Gallneukirchen tätig war, meint etwa auf die Frage, ob man heute denn als Lehrer noch prinzipiell angesehen sei: „Ja, ich habe es so erlebt."[762] Und auch Eva Mark, noch aktive Volksschullehrerin, meint in Bezug darauf, wie sie denn ihr eigenes Ansehen in der kleinen Gemeinde beurteile: „Im Grunde genommen bin ich damit zufrieden."[763] Diese positive Erfahrung bestätigt sich auch in den Berichten ehemaliger Schüler. Andrea Eisenbarth etwa, deren Schulzeit erst ein paar Jahre zurückliegt, berichtet davon, dass den Lehrern durchaus noch Anerkennung entgegengebracht wurde, in ihrem Fall sogar ausnahmslos: „Respekt hatten wir jedenfalls vor allen Lehrer/innen und wirkliche Probleme hatte in meiner Klasse niemand."[764] Für die gleichaltrige Daniela Hienert galt ebenfalls: „Lehrer waren Respektpersonen, die immer mit ‚Sie' angesprochen wurden."[765] Ob dies allerdings auch auf jene Lehrerin zutraf, die – wie sie an anderer Stelle schildert – Disziplinprobleme hatte, ist eher zweifelhaft. Dennoch ist der Grundtenor klar: Lehrer haben auch heute noch mit wenigen Ausnahmen, die zum Teil auf persönliche Mängel der betreffenden Lehrkräfte zurückgeführt werden können, Achtung und Ansehen ihrer Schüler und meistens auch das deren Eltern. Geändert hat sich lediglich das gegenseitige Verhältnis, welches heute weniger hierarchisch und zunehmend kollegial ist, wodurch Respektsbezeugungen etwa in Form des Aufstehens am Stundenbeginn zunehmend an Bedeutung verlieren.

Nachdem nun gezeigt wurde, dass Lehrern heute im unmittelbaren Umgang mit Eltern und Schülern großteils immer noch Ansehen – wenn auch in anderer Form als früher – entgegengebracht wird, so bleibt doch unbestritten, dass sich der Ruf, den Lehrer in der Gesellschaft haben, nicht unbedingt zum Besseren gewandelt hat. Nicht nur in Beiträgen der Medien sondern auch in alltäglichen Gesprächen klingt das zunehmend schlechtere Image des Lehrerstandes durch. Über die möglichen Ursachen für diese Entwicklung haben sich auch viele der befragten Personen Gedanken gemacht. Diese sollen nun vorgestellt werden.
Eine wesentliche Ursache dafür, dass Lehrer heute auch in kleineren Gemeinden viel an Respekt und Ansehen eingebüßt haben, ortet Walter Fuchs im durchschnittlich höheren Bildungsniveau der Bevölkerung. Dadurch hätte der Lehrer seine Position als Mann für alle anspruchsvolleren Tätigkeiten verloren: „Jetzt kommt das dazu, dass es so viele Berufe gibt, die es früher nicht gab. Schauen Sie, in so einem Ort wie da in Zwettl: Jeder Vierte hat ja schon Matura, etliche

[762] Josef Steinbichl, geb. 1937, Hauptschuldirektor im Ruhestand
[763] Eva Mark, geb. 1946, Volksschullehrerin
[764] Andrea Eisenbarth, geb. 1983, Studentin
[765] Daniela Hienert, geb. 1983, Studentin

haben schon akademische Bildung, also da ist jetzt der Lehrer nichts mehr. So wie auch der Medicus mit seiner Doktorausbildung, was so ziemlich das längste Studium war außer Chemie und naja, dann der Pfarrer sowieso, weil die haben ja auch eine akademische Ausbildung gehabt. Naja, und dann war der Lehrer – das waren praktisch die, die dem Volk Lesen, Schreiben und das beigebracht haben. Daher waren sie geachtet. Was war er denn, der Schulmeister: Organist oder Schriftführer oder was – der Lehrer, der ist der richtige Mann. Jetzt gibt es doch so viele Leute, wir haben Kapellmeister, die sind Musiker oder Schullehrer – es muss ja nicht ein Lehrer sein – oder ein Vereinsleiter irgendwo aufgrund seiner größeren Schulbildung. Das müssen jetzt nicht immer die Lehrer machen. Im Gegenteil, mir kommt vor, die tun das Wenigste jetzt. [...] Es gibt jetzt immer mehr Berufe mit höherer Bildung, sodass das Image des Lehrers ein wenig zurückgedrängt wird. Weil den haben sie ja früher überall brauchen können, Raiffeisenkassenleiter oder so, nicht so große Institute wie jetzt, aber irgendeiner hat halt die Raiffeisenkasse übergehabt und zweimal in der Woche hast du da halt was einlegen können und so. Jetzt sind ja lauter Banken schon mit Angestellten. Also, dadurch war das leichter, weil der Lehrer war im Volk besser geachtet, aber nicht nur, weil er sich jetzt vielleicht etwas leger aufführt, sondern weil er eigentlich der einzige war nach dem Doktor, nach dem Pfarrer und nach dem Tierarzt oder irgendwas, der halt ein wenig eine höhere Bildung hatte."[766]

Grete und Rudolf Stanzel, beide selbst jahrelang in der Schule tätig, sehen auch in der steigenden Zahl von Lehrern, die an einem Ort tätig sind, einen Grund für den Rückgang des Ansehens in der Gesellschaft: „Früher gab es 20 Lehrer im Ort, heute sind es über 100!"[767] Zudem wirke sich auch das höher werdende durchschnittlicher Alter im Lehrkörper nicht unbedingt förderlich auf das Schulgeschehen aus: „Mit zunehmenden Alter und zunehmender Erfahrung ändert sich auch das gesamte pädagogische Verhalten. Anfang der 80er-Jahre waren 80 Prozent der Lehrer unter 39, und jetzt?"[768] Eine inzwischen 67-jährige Frau geht in eine ähnliche Richtung, wenn sie sagt: „Seit meiner Schulzeit hat sich in der Schule sehr viel verändert, aber nicht immer im positiven Sinn. Ich glaube, dass die Lehrer früher mehr ‚Naturtalente' waren."[769]

Probleme in der Lehrerausbildung ortet Volkmar Strohbach. Dieser führt die Tatsache, dass es einem Teil der Lehrer an pädagogischem Können mangle und daher der Ruf der ganzen Lehrerschaft gefährdet sei, darauf zurück, dass Lehramtskandidaten während ihrer Ausbildung kaum Gelegenheit bekämen, zu testen, ob sie für diesen Beruf auch wirklich geeignet seien: „Ja, aber wenn das [=

---

[766] Walter Fuchs, geb. 1921, Volksschuldirektor und Personalvertreter im Ruhestand

[767] Grete Stanzel, geb. 1928, Volks- und Hauptschullehrerin im Ruhestand; Rudolf Stanzel, geb. 1926, Hauptschuldirektor im Ruhestand

[768] Grete Stanzel, geb. 1928, Volks- und Hauptschullehrerin im Ruhestand; Rudolf Stanzel, geb. 1926, Hauptschuldirektor im Ruhestand

[769] Frau, geb. 1938, Landwirtin

in der Realität erproben, ob man zum Lehrer geeignet ist] schon zu Beginn der Ausbildung ist, dann kann das Kind oder der Anlernling noch woanders hingelenkt werden. Wenn das aber erst im letzten Studienabschnitt ist – ja was soll der arme Teufel machen?"[770]

Nach Erika Habachers Erfahrung sind es oft negative Erlebnisse aus der eigenen Schulzeit, die die Abneigung mancher Menschen gegen die Lehrerschaft als Ganzes hervorrufen. Schuld daran ist oft nur das Fehlverhalten eines einzelnen „schlechten Lehrers": „Mir ist aufgefallen, dass viele Menschen Probleme im Umgang mit Lehrern haben. Lerne ich neue Menschen kennen und sie erfahren erst später, dass ich Lehrerin bin, höre ich oft: ‚Du bist gar nicht so.' Im anschließenden Gespräch kommt dann meist zum Vorschein, welch falsches Bild viele Menschen von der Arbeit und Art eines Lehrers haben, aber auch, dass sie eine Abneigung dagegen haben, wenn ihnen ein Lehrer etwas sagt. Es kommt auch immer wieder zur Sprache, dass die Menschen unter Ungerechtigkeiten der Lehrer gelitten haben und dies teilweise noch immer nicht verarbeitet haben."[771]

Josef Steinbichl meint, dass der schlechte Stand der Lehrer innerhalb der Gesellschaft durch ihren Beruf selbst bedingt wird: „Ja, es ist schon oft hart, es ist oft hart. Ja, die Lehrer und die Polizeibeamten und so, das ist so etwas ähnliches, weil die einfach für etwas eintreten und da ist man nicht immer dafür. Der Polizist muss strafen, der Lehrer muss die Kinder erziehen und er muss auch Wissen vermitteln und daher steht er immer an der Front."[772]

Eine eng mit der Argumentation Steinbichls zusammenhängende Schwarz-Weiß-Malerei im Bereich der Schule, bei der die Lehrer als klare Verlierer aussteigen, meint auch Anna Hösl zu erkennen: „Der Lehrer [früher] war noch mehr Respektsperson. Die Lehrer konnten sich leichter durchsetzen, da sie von den Eltern die entsprechende Unterstützung hatten. Derzeit werden großteils die Lehrer als die ‚Bösen' und die Schüler nur als die ‚Unschuldigen' angesehen."[773]

Dass sich das Ansehen der Lehrer heute so stark und eher in eine negative Richtung gehend geändert hat, liegt nach Ansicht vieler Menschen nicht zuletzt an den Lehrern selbst. Walter Fuchs, der als ehemaliger Personalvertreter oftmals mit Konflikten zwischen Lehrern und Eltern zu tun hatte, meint etwa, dass das heute viel legerere Auftreten und die saloppere Kleidung vieler Lehrkräfte nicht gerade zu deren Achtung in der Öffentlichkeit beitragen würden: „Ja, jetzt, da sind die Lehrer aber selber Schuld. [...] Wie es so war, dass sie daherkommen wie die Sandler, da haben sie sich selbst den Respekt genommen. Das sagen auch viele Eltern. Ich muss wissen, wer ich bin, da brauche ich nicht überspannt tun, aber... Kleider machen Leute. Sobald Sie sich schöner anziehen, haben Sie

[770] Volkmar Strohbach, geb. 1918, Baumeister im Ruhestand

[771] Erika Habacher, geb. 1953, Volksschuldirektorin

[772] Josef Steinbichl, geb. 1937, Hauptschuldirektor im Ruhestand

[773] Anna Hösl, geb. 1958, Angestellte in einer Rechtsanwaltskanzlei

direkt selber auch mehr Selbstbewusstsein, wenn Sie gescheit angezogen sind. Auch ein Mann. Weil wenn ich so daherschlampe, ist mir eh alles wurst."[774] Zudem gibt er zu Bedenken, dass durch die strengeren Auswahlverfahren, denen sich die Schüler früher hatten unterziehen müssen (etwa die Aufnahmeprüfung ins Gymnasium), die Lehrer unter größerem Leistungsdruck standen: „Wenn Sie nämlich eine vierte Klasse gehabt haben – von dort ist man ja gekommen, entweder in die Hauptschule oder ins Gymnasium und ins Gymnasium hast du eine Aufnahmeprüfung machen müssen – und wenn Ihnen da dauernd die Schüler durchfallen bei den Aufnahmeprüfungen, dann haben Sie keinen Kredit mehr. Jetzt war aber der Lehrer gezwungen, dass er ihnen was beibringt und – ich spreche jetzt als langjähriger Leiter einer Schule – das gibt es nicht, dass ein Lehrer sagt: ‚Heuer tun wir nichts oder weniger.'"[775] Dadurch sei aber auch das, was der Lehrer leistet, für die Bevölkerung klar ersichtlich und das Ansehen des Lehrers innerhalb der Gemeinde gestärkt geworden.

Das zunehmend kameradschaftliche Verhältnis zwischen Lehrern und Schülern wird nicht selten als mögliche Quelle des Achtungsverlusts gesehen. Walter Fuchs, der – wie ja schon angesprochen – auch als Direktor großen Wert auf die korrekte Anrede in der Höflichkeitsform legte, meint: „Ja schon – das können Sie sich merken – das Image des Lehrers, das äußere Ansehen hat nachlassen. Und zwar sind sie selber Schuld, wie ich Ihnen gesagt habe, die meisten sind mit den Schülern schon per ‚Du'. Mit den Schülern auch, das ist nichts. [...] Lauter Blödsinn. Warum soll der Schüler nicht sagen: ‚Frau Lehrer, darf ich das machen?' Warum? Dazu brauche ich ja nicht per ‚Du' mit dem Buben sein, der soll ja das lernen, wenn er einmal woanders als Lehrling hinkommt, kann er auch nicht zu allen ‚Du' sagen."[776] Auch Emma Spindler kann sich mit dem jetzt oft gängigen „Du" zwischen Lehrern und Schülern nicht recht anfreunden: „Und dann, zum Teil können sie die Lehrer mit ‚Du' ansprechen. Ab dem Moment, finde ich, wo sie zum Lehrer ‚Du' sagen dürfen, ist der Respekt weg. Um Himmels Willen, wenn wir einmal ‚Du' gesagt hätten – aus wäre es gewesen."[777]

Ein auch in den Medien oftmals wiederkehrender Kritikpunkt an den heutigen Lehrern ist der Vorwurf, dass diese zu viel Freizeit, ja quasi einen gut bezahlten Halbtagsjob hätten und auch viele schulische Aktivitäten, z.B. Fortbildungskurse, während der Schulzeit und nicht in den Ferien stattfinden würden. Zudem nimmt man den Lehrern das „ständige Jammern" übel. Eine inzwischen 82-jährige Frau und ehemalige Architektin greift viele dieser Ansichten auf, wenn sie ihrem Unmut über die heutigen Lehrer Luft macht: „Naja, das kann schon sein, dass sie sagen: ‚Ich sitz jetzt meine Stunden ab.' Und es ist ja auch die Stundenverpflichtung viel geringer als sie es zu der Zeit war, wo meine Mutter

---

[774] Walter Fuchs, geb. 1921, Volksschuldirektor und Personalvertreter im Ruhestand
[775] Walter Fuchs, geb. 1921, Volksschuldirektor und Personalvertreter im Ruhestand
[776] Walter Fuchs, geb. 1921, Volksschuldirektor und Personalvertreter im Ruhestand
[777] Emma Spindler, geb. 1923, Postbeamtin im Ruhestand

unterrichtet hat – das weiß ich ganz genau – und jetzt wird immer noch gestöhnt: ‚Es ist noch zu viel, es ist noch zu viel.' Also das sind schon Dinge, die merkwürdig sind. Alles wird durch diese Stundenverpflichtung angerechnet und dann heißt es: ‚Ja, ihr wisst ja gar nicht, was wir noch alles zu tun haben zu Hause.' Ja, die ersten paar Jahre muss man sich den Lehrplan erarbeiten, aber wenn man dann ein paar Jahre Erfahrung hat, dann kann man ja immer wieder darauf zurückgreifen. Das ist das System. In Deutsch kommt vielleicht neue Literatur dazu usw., aber in vielen Gegenständen ändert sich ja herzlich wenig. Nicht, im Laufe von ein paar Jahren... Also nach ein paar Jahren hat der Lehrer doch die Routine, dass er zu Hause... Bitte, wenn er Hefte hat, dass er Schularbeiten verbessern muss oder so etwas, dann hat er natürlich eine Arbeit zu Hause, aber so, dass er... Und dann hat er die langen Ferien. Und immer: ‚Ja mein Gott, der Lehrberuf ist so anstrengend.' Anstrengend ist er sicher, weil mit den Kindern ist es mühsam, Disziplin zu halten... [...] Dass er in den Stunden intensiv arbeiten soll – na bitte, wenn man nicht einmal das erwarten kann... [...] Und immer dieses ewige Stöhnen, dass sie überlastet sind, nicht. Und dabei sind sie eigentlich... Es kann doch kein Mensch behaupten, dass das ein Beruf ist, der mit einem Vollzeitberuf anderer Art sich vergleichen lässt. Bestimmt hat der Lehrer weniger Stunden, auch wenn er noch so jammert. Dass der unmittelbare Kontakt mit den Kindern sehr anstrengend ist heute, das ist sicher der Fall.“[778] Volkmar Strohbach stört in erster Linie die Lehrerfortbildung während des Schuljahres: „Naja, also von Elternseite her – ich spreche jetzt also nicht als ehemaliger Schüler sondern als Elternteil – [...] Stichwort Ferien: Dass also die Berufsfortbildung der Lehrer während der Schulzeit erfolgt und nicht während der Ferien. Immer ist irgendein Professor nicht da und wird suppliert von einem anderen, der natürlich dann im Engpass ist, weil der auf Fortbildung ist. Es sind ja doch Sommerferien, sind ja doch neun Wochen, und theoretisch stehen einem ja nur fünf Wochen zu.“[779] Der ehemalige Volksschuldirektor Walter Fuchs kommentiert diese Thematik folgendermaßen: „Da haben auch die Lehrer schuld – das sag ich schon, da spreche ich gegen die eigene Kollegenschaft, obwohl ich sie verteidigt habe immer – Ausbildungskurse, das geht nicht in der Schulzeit! Das Kind hat anrecht auf die Schulzeit! Und nicht, weil ich mich fortbilden will, ‚Da haben wir wieder einen Nachmittag Zeit und dann kommen wir zusammen und dann gehen wir noch ein wenig wohin.' Nein, das gehört abgeschafft. Ich sehe schon ein, dass es fesch war. Aber nein, im Sinne des Kindes, nicht, damit ich als Lehrer viel frei hab. Umgekehrt ist es auch ein Blödsinn, wenn die Leute meinen, die Lehrer tun eh nichts.“[780] Fuchs' Berufskollegin, Henriette Hartig, ortet eine negative Entwicklung in der Arbeitseinstellung jetziger Lehrer, welche

---

[778] Frau, geb. 1923, Architektin im Ruhestand

[779] Volkmar Strohbach, geb. 1918, Baumeister im Ruhestand

[780] Walter Fuchs, geb. 1921, Volksschuldirektor und Personalvertreter im Ruhestand

auch in der Bevölkerung immer mehr wahrgenommen werde und kein gutes Licht auf die Lehrerschaft werfe: „Ja, und das [= Engagement und Bereitschaft, auch unbezahlt für die Schule und die Kinder Einsatz zu zeigen] haben die heutigen Lehrer fast nicht mehr. Oder sagen wir: nur wenige, sehr wenige. Und jetzt sage ich etwas, was mir den Hass aller Lehrer einbringen wird, wenn sie es hören: angefangen hat es mit Überstundenbezahlung. Weil bei uns war das so: wenn eine krank war: ‚Du gehst supplieren, du hast eine freie Stunde, Handarbeit oder Religion, dann kommst du, dann kommst du, dann kommst du, dann kommst du. Und wenn jemand für mich suppliert hat, da bin ich dann in die Schule gekommen und habe eine Bonboniere oder hab Blumen mitgenommen, habe mich bedankt bei denen und damit war der Fall erledigt.' Dann hat es angefangen mit der Überstundenbezahlung und dann hat jeder nur… Zum Schluss war es dann so, dass jeder nur etwas gemacht hat, wenn es auch bezahlt wurde.“[781] Was das oft kritisierte häufige Jammern der Lehrer betrifft, ist auch eine vor kurzem pensionierte Volksschullehrerin der Meinung, dass dieses nicht immer notwendig sei: „Vielleicht jammern sie zu viel, auch in anderen Berufen werden hohe Anforderungen gestellt!“[782]

Eine Problematik, die speziell den Lehrberuf betrifft, ist die, dass der Status des Lehrers als Experte oftmals in Frage gestellt wird. Dies hängt damit zusammen, dass jeder Österreicher auf Grund seiner eigenen Schulzeit einen gewissen Einblick in den Arbeitsbereich der Lehrer zu haben glaubt. Zudem ist es ja auch Aufgabe der Lehrkräfte, Erziehungsarbeit, die über die bloße Wissensvermittlung hinausgeht, zu leisten. Auch auf diesem Gebiet haben zumindest Eltern eigene Ansichten und Erfahrungen, die sich nicht immer mit den Erziehungsmethoden der Lehrer decken. Diese Voraussetzungen führten in den letzten Jahrzehnten zu einer vermehrten Einmischung der Eltern in die Arbeit des Lehrers, dessen Ausbildung und professionelles Bemühen bekrittelt und oftmals kaum anerkannt werden. Emma Spindler berichtet in diesem Zusammenhang von einem Gespräch mit einer Schulleiterin: „Mein Gott, ich hab mit der Frau Direktor geredet, die voriges Jahr in Pension gegangen ist. Da hab ich gesagt: ‚Grüß Gott, Frau Direktor. Wie geht es Ihnen denn jetzt, gehen Ihnen die Kinder recht ab?' ‚Sie kennen mich von Geburt auf', hat sie gesagt, ‚und Sie wissen auch, dass ich wirklich gerne Lehrerin war, aber jetzt nicht mehr. Weil jetzt kommen die Eltern, die sind gescheiter als wir Lehrer und wie soll man dann mit den Kindern zu Recht kommen? Und darum bin ich froh, dass ich nicht mehr lehren brauche.' Damit hat sie eh alles gesagt.“[783] Ein ehemaliger Volksschuldirektor sieht die Situation nicht ganz so dramatisch, für ihn spielen allgemeine Vorurteile – die aber natürlich auch aus den Reihen der Eltern kommen – eine bedeutendere

---

[781] Henriette Hartig, geb. 1924, Volksschuldirektorin im Ruhestand
[782] Frau, geb. 1946, Volksschullehrerin
[783] Emma Spindler, geb. 1923, Postbeamtin im Ruhestand

Rolle: „Sicher gibt es Lehrer/innen mit verschiedenen Dienstauffassungen, aber die Eltern können in der Regel die Personen in gute bzw. weniger gute Lehrer/innen einstufen. Dementsprechend wird ihnen eine bestimmte Anerkennung zugemessen. Das allgemein schlechte Image des Lehrerstandes ist nach meiner Meinung auf andere, zum Teil auf falsche Begründungen zurückzuführen (angeblich geringe Arbeitszeit, schlechte Erzieherqualitäten u.a.).“[784]
Dass die zunehmende Einflussnahme der Eltern auf Schule und Unterricht nicht immer von Vorteil ist, glaubt u.a. Walter Fuchs. Dieser ist der Ansicht, dass die Lehrer in Bezug auf die oben skizzierte Entwicklung vom Gesetz her auch einen bestimmten Schutz brauchen, wie er als ehemaliger Personalvertreter – ganz in seinem Element – betont: „Und bei den Lehrern ist es schon ein wenig berechtigt, die Pragmatisierung, weil es passt ja nicht jedem der Lehrer. Die [= die Eltern] sind so viel gescheit und ‚Wir würden es anders machen.‘ [...] Aber machen Sie das einmal beim Doktor und sagen Sie dem: ‚Sie geben mir jetzt eine Penizillinspritze.‘ Dann sagt der: ‚Ja spinnen Sie eh, haben Sie das gelernt?‘ Nein, alles was recht ist... Insofern ist es nicht ganz berechtigt, wenn man sagt, die Lehrer gehören gar nicht geschützt. Denn wissen Sie eh, diese gescheiten Leute immer, keinem machst du es recht und wenn wirklich ein Lehrer nicht hinhaut, dann gibt es eh Möglichkeiten. Die vorgesetzte Behörde, die kann ihn überprüfen, die kann der Sache nachgehen, der kann ein Disziplinarverfahren auch kriegen oder etwas. Das ist ja nicht wahr, jeder Beamte hat einen Chef. Aber ich muss sagen, ich würde lieber so sagen: Lassen wir die Schulaufsicht schon ein wenig arbeiten, damit nicht alle tun, was sie wollen in der Schule und auf der anderen Seite schützen wir schon den Lehrer als Beamten auch, weil sonst ist er der Öffentlichkeit ausgeliefert. Das ist meine Meinung.“[785] An anderer Stelle kommt er noch einmal auf den oftmals nicht mehr akzeptierten Expertenstatus zu sprechen: „Da würde ich sagen: ‚Sie, mischen Sie sich nicht ein. Ich mische mich auch nicht ein, wie Sie die Sachertorte machen, weil ich verstehe es nicht. Und ich lasse mir von Ihnen auch nicht erzählen, wie ich das denen jetzt beibringe. Weil zu was bin denn ich in die Lehrerbildungsanstalt gegangen, wenn Sie eh dasselbe können wie ich?‘ Na, ist ja wahr. Wo sind wir denn da?“[786] Auch Walter Schlögl, der den schlechteren Ruf der Lehrer auf das geänderte Benehmen der Schüler zurückführt, meint, dass Lehrer heutzutage speziellen Schutz brauchen: „Auf jeden Fall seine Rechte ausbauen und schützen. Und ihn selber schützen. Das [= der Umgang mit Schülern und Eltern heute] muss ja furchtbar sein.“[787]
Eine etwas diplomatischere Sichtweise hat da die ehemalige Volksschuldirektorin Henriette Hartig. Auch sie hat zu ihrer Dienstzeit den Wandel in der Einstel-

---

[784] Mann, geb. 1937, Volksschuldirektor im Ruhestand
[785] Walter Fuchs, geb. 1921, Volksschuldirektor und Personalvertreter im Ruhestand
[786] Walter Fuchs, geb. 1921, Volksschuldirektor und Personalvertreter im Ruhestand
[787] Walter Schlögl, geb. 1917, Justizbeamter im Ruhestand

lung der Eltern miterlebt, jedoch bemühte sie sich stets, diese in schulische Aktivitäten einzubinden und so das gute Verhältnis zu wahren: „Ich glaube nur, die Eltern haben einen ganz anderen Standpunkt. Sie sind nicht mehr so – wie soll man sagen... Früher war die Schule eine Einrichtung, die sie sehr respektiert haben. Heute sind sie sehr kritisch der Schule gegenüber und sie trauen sich auch viel zu sagen und man muss das, was sie sagen, auch sich überlegen und wenn sie Recht haben, das akzeptieren und auch auf andere Art versuchen, sie einzubinden. Aber das leichteste, sie einzubinden, ist in die Schularbeit mit den Kindern, da ist das Interesse dabei."[788]

Wenn es darum geht, die öffentliche Meinung zu einem bestimmten Thema zu beeinflussen, kommt in unserer Gesellschaft – wie ja schon angesprochen – immer auch den Medien eine tragende Bedeutung zu. Deren Rolle in Bezug auf das heutige Lehrerbild betrachtet Volkmar Strohbach kritisch: „Auf jeden Fall wird heute der Lehrberuf herabgesetzt in den Medien, während er bei uns immer ein anerkannter Beruf war. [...] Die Sensationshascherei der Medien, die also um einer verkauften Ausgabe mehr willen einen Lehrer schlecht macht. Es ist ja wahr – ob das jetzt der Lehrer ist oder ein Arzt ist: Groß aufgemacht steht in der Zeitung, dass das und das passiert ist. Das ist früher auch passiert, aber da hat kein Mensch davon erfahren. Und das war richtiger."[789] Auch Eva Mark, die mit der Anerkennung ihrer persönlichen Arbeit in der Bevölkerung durchaus zufrieden ist, betont in Hinblick auf den allgemeinen Ruf der Lehrerschaft die zweifelhafte Rolle der Medien. Auf baldige Besserung der Situation hofft sie aber nicht: „Das Ansehen der Lehrer hat sich in der Gesellschaft zum Negativen verändert. Dazu haben die Medien kräftig beigetragen. Trotzdem kann eine Korrektur des Lehrerbildes nicht so leicht möglich sein. ‚Schwarze Schafe' wird es immer geben. Man muss das Beste daraus machen."[790] Bleibt nur zu hoffen, dass dies, nämlich das Beste aus der momentanen Situation zu machen, vielen Lehrern auch tatsächlich gelingt. Nicht wenige sind ja – wie die vorher zitierten Schülerberichte in Bezug auf das Ansehen der Lehrer zeigen – auf dem besten Weg.

---

[788] Henriette Hartig, geb. 1924, Volksschuldirektorin im Ruhestand
[789] Volkmar Strohbach, geb. 1918, Baumeister im Ruhestand
[790] Eva Mark, geb. 1946, Volksschullehrerin

4. Das Beziehungsfeld Schüler-Lehrer-Eltern

Nachdem nun bereits die Rolle von Lehrern aus mehreren Blickwinkeln beleuchtet wurde, soll jetzt auf das zentrale Thema der Arbeit eingegangen werden, nämlich das Verhältnis zwischen Lehrern und Schülern im Unterricht und darüber hinaus. Natürlich müssen an dieser Stelle auch andere Beziehungen im Bereich der Schule Berücksichtigung finden, die ihrerseits nicht nur auf das Lehrer-Schüler-Verhältnis ausstrahlen, sondern überhaupt den Schulalltag und das Erleben von Schule bedeutend mitprägen, vielleicht sogar mehr, als dies Unterrichtsinhalte oder organisatorische Dinge vermögen. Zuallererst erscheint es in diesem Zusammenhang wichtig, das Miteinander der Schüler innerhalb einer Klasse unter die Lupe zu nehmen. Dem folgt eine Darstellung des eigentlichen Lehrer-Schüler-Verhältnisses, wobei versucht wird, alle Aspekte, die in den Berichten Erwähnung finden, auch in dieser Arbeit zumindest kurz anzusprechen. Schließlich soll noch das Verhalten der Eltern gegenüber Schule und Lehrern aufgezeigt werden. Zu guter Letzt ist diesem Kapitel ein kleiner Exkurs über das Leben im Internat angeschlossen, das für manche Schüler überhaupt erst die Voraussetzung dafür schuf, eine weiterführende Schule besuchen zu können und somit als ein wesentlicher Bestandteil von deren Schulzeit gesehen werden kann.

Schüler – Schüler

Zunächst soll nun – wie bereits angekündigt – das soziale Gefüge innerhalb der Klassen betrachtet werden. Dabei wird zuerst einmal der Frage nachgegangen, in wie weit sich die Herkunft der Schüler aus verschiedenen sozialen Schichten auf das Klassenklima auswirkte bzw. auswirkt und welche Unterschiede es in dieser Hinsicht zwischen ländlichen und städtischen Schulen gibt. In engem Zusammenhang damit steht die Frage nach der Qualität der Klassengemeinschaft, bei der sich – wie gezeigt wird – ein Wandel von einem alle umfassenden Miteinander hin zu einer immer stärker ausgeprägten Gruppenbildung innerhalb des Klassenverbandes erkennen lässt. Weniger verändert hat sich hingegen das Verhältnis von Burschen und Mädchen in gemischten Klassen, lediglich die heute oftmals schon in der Unterstufe auftauchenden Liebespärchen am Gang gehörten früher noch nicht zum ganz normalen Schulalltag. Vor allem in den höheren städtischen Schulen, wo es Räumlichkeiten und Schülerzahlen zuließen, gab es früher fast ausschließlich nach Geschlecht getrennte Klassen. Wie Personen, die eine solche Schule besuchten, über ihre damalige Situation denken, soll ebenfalls kurz erwähnt werden. Schließlich befasst sich dieses Unterkapitel noch mit Sonderfällen und Grenzüberschreitungen im Verhältnis Schüler-Schüler. Dabei kommen nicht nur Hänseleien und Mobbing zur Sprache, sondern auch der Umgang mit wirklichen Außenseitern und mit so genannten „Sitzenbleibern". Davon ausgehend wird sodann noch darauf eingegangen, ob denn in den österreichischen Schulklassen eine Hierarchie innerhalb der Schüler herrschte bzw. herrscht und wenn ja, nach welchen Kriterien die leitenden Persönlichkeiten der Gruppe ausgewählt wurden.

Die Zusammensetzung einer Klasse aus verschiedenen sozialen Schichten, aus denen die Schüler stammten, hing sehr vom Schulort und den dort vorhandenen Arbeitsplätzen ab. Als relativ typisch für die Schülerpopulation einer ländlichen Volksschule in der Ersten Republik kann die Beschreibung von Maria Bilzer gesehen werden: „Die Kinder kamen von Bauern und Holzknechten, Häuselleuten und Arbeitslosen."[791] Während städtische Volksschulen allen sozialen Schichten offen standen, wurden die Gymnasien meist von Angehörigen der bürgerlichen Mittelschicht oder sogar von höheren Schichten besucht. Nach dem Zweiten Weltkrieg kam es in manchen Gebieten zu einem bunten Durcheinander in den Klassen, sodass etwa sowohl einheimische Kinder als auch Besatzungskinder mit englischen oder amerikanischen Vätern, Angehörige der katholischen und der evangelischen Religionsgemeinschaft und sogar Zeugen Jehovas gemeinsam den Unterricht einer oberösterreichischen Volksschule besuchten.[792] Heute hat sich der Herkunftsbereich von Haupt- und Mittelschülern sehr erweitert, man findet in diesen Schultypen – genauso wie in den Volksschulklassen – Kinder aus allen Berufs- und Einkommensschichten: „Die Schüler kommen aus allen sozialen Schichten: Bauernkinder, Arbeiterkinder, Beamtenkinder, Kinder von Wirtschaftstreibenden, Freiberuflichen etc."[793] Daneben zeichnet sich eine andere Entwicklung ab: Der in vielerlei Hinsicht erleichterte Zutritt zur AHS bringt v.a. in den Ballungszentren für die einst sehr angesehene Hauptschule immer mehr Schwierigkeiten, sie wird vermehrt zur (sozialen) Restschule. Den Grund dafür beschreibt Astrid Hösl bezogen auf die Schulstadt Krems folgendermaßen: „In der Schule waren die meisten sozialen Schichten vertreten, obwohl die Schüler aus den gehobeneren Schichten häufiger vertreten waren. Schüler aus niedrigeren sozialen Schichten bzw. Schüler, die von ihren Eltern wenig gefördert wurden, gingen in die Hauptschule. Allerdings ist es in Krems immer so, dass möglichst viele, die es irgendwie schaffen, ins Gymnasium gehen und nur die eher schlechteren Schüler in Hauptschulen gingen, weshalb das Niveau der Hauptschulen niedrig war."[794] Bezeichnend für diese Entwicklung ist, dass von den jüngeren Berichtverfassern alle bis auf eine einzige Ausnahme (eine Schülerin, die eine ländliche Hauptschule mit gutem Niveau besuchte)

---

[791] Maria Bilzer, geb. 1923, Volksschuldirektorin im Ruhestand
[792] Frau, geb. 1946, Volksschullehrerin im Ruhestand
[793] Henriette Hartig, geb. 1924, Volksschuldirektorin im Ruhestand
[794] Astrid Hösl, geb. 1983, Studentin

unmittelbar nach der Volksschule in eine AHS eintraten. Aus diesem Grund wird auch die Situation der jetzigen Hauptschule im Folgenden keine Behandlung finden (können).

Stellt man sich nun die Frage, ob die soziale Zusammensetzung der Klasse Auswirkungen auf die Beziehung der Schüler untereinander hatte, so zeigt sich, dass es selten aber doch auf Grund der unterschiedlichen Herkunft der Kinder zu Auseinandersetzungen kam: „Freilich gab es auch Rivalitäten unter den Kindern, hauptsächlich zwischen den Bauernkindern und denen der Sengsschmiede, aber ernstliche Sachen gab es nie."[795] Interessant ist, dass sich durchaus auch zwischen ganzen Schulen, die ihre Schüler aus verschiedenen Milieus rekrutierten, große Auseinandersetzungen anbahnen konnten, die im Fall von Karl Schmiedinger von Generation zu Generation weiter gegeben wurden: „Reibereien, grundsätzliche Reiberein, schwere Reibereien hat es zwischen den drei Schulen gegeben. Und zwar Viechtwang hatte eine reine Agrarbevölkerung und ein paar Handwerker, Mühldorf war auch agrarisch und die Scharnsteiner, das war Industrie. Die waren ganz anders. Und wenn die Schulen zusammen gekommen sind, hat es blaue Flecken gegeben. Wir haben am Anbetungstag nicht einmal bei einer Kirchentür hinein gehen können, sondern die einen von der einen Seite und die anderen bei der anderen. Da haben wir einmal nach dem Anbetungstag, nach dieser Stunde, eine Schlacht ausgetragen, da haben wir vom Nachbarn die ganzen Scheiter verwendet [macht eine Wurfgeste]. Hinten nach haben wir dann Scheiter klauben gehen können."[796]
Etwas, das den Schulalltag und überhaupt die Kindheit vieler älterer Menschen prägte, war die große Armut der damaligen Bevölkerung. Diese zeigte sich v.a. am Mangel von Nahrung, aber auch an fehlenden Lehr- und Lernmitteln, auf die ja bereits an anderer Stelle eingegangen wurde. Wie groß die Not mancher Schüler vor dem Zweiten Weltkrieg war, zeigt der Bericht von Johann Aumayr: „Da waren welche dabei, denen es noch weit schlechter gegangen ist als uns. Wie gesagt, das Brot haben wir wenigstens selber gehabt. Die Mama hat selber gebacken. Wir haben selber einen Backofen gehabt, achtzig so Laibe sind da hineingegangen. Wenn wir in die Schule gegangen sind, da ist so ein Laib draufgegangen. Ist ja klar, ein jedes nimmt etwas mit. Wir haben schon – das muss ich auch dazusagen: andere haben nur ein Stück Brot gehabt und einen Apfel – wir haben wenigstens ein bisschen ein Fett darauf gestrichen gekriegt. Die Mama hat uns zwei Schnitten Brot herunter geschnitten und ein bisserl ein Fett dazwischen, Schweinefett, das war doch besser als gar nichts. Andere haben das nicht gehabt."[797] Das bestätigt Maria Bilzer: „In meiner Klasse waren einige

---

[795] Hermine Antensteiner, geb. 1928, Landwirtin
[796] Karl Schmiedinger, geb. 1923, Konditor im Ruhestand
[797] Johann Aumayr, geb. 1924, Frisör im Ruhestand

Mitschülerinnen, deren Väter nach den Februarunruhen 1934 eingesperrt waren und die Familien in bitterster Armut lebten. Ein Mädchen nahm mich einmal mit nach Hause. Als ich daheim erzählte, was ich da gesehen hatte, gab mir meine Mutter zu meiner Jause jeden Tag ein zweites doppeltes Schmalzbrot und einen Apfel mit. Die Mitschülerin hat ihres nie aufgegessen und den Rest heimgebracht."[798] Nicht nur Maria Bilzers Mutter, sondern auch viele andere Menschen und ganze Vereine versuchten, armen Schülern zumindest einmal am Tag eine warme Mahlzeit zu ermöglichen. In Linz ging die Initiative von einzelnen Bürgern aus: „Begüterte Linzer Bürger luden täglich bis zu zehn arme Kinder zum Mittagessen ein, aber jedes Kind nur einmal in der Woche."[799] Den Mitschülern von Emma Spindler stellte die Gemeinde die so genannte Schulsuppe zur Verfügung: „Aber die von weiter weg, die haben im Winter Suppeessen gehen dürfen in ein Gasthaus. Das ist gezahlt worden von der Gemeinde. Da ist eine große Schüssel auf den Tisch gekommen mit Suppe und Brot drinnen und das haben sie gekriegt, damit sie ein bisserl etwas Warmes gehabt haben."[800] An Hilfe von den Alliierten kann sich noch eine Frau erinnern, die 1944 in die erste Klasse Volksschule kam: „Eine Zeitlang gab es eine Ausspeisung zu Mittag, die hat mir besonders geschmeckt. Polentabrei süß, Erdnussbutter und Käse, Kakao war auch dabei, den kannte ich vorher noch nicht. Ich spüre den Geschmack heute noch. Ich glaube, es war von den Amerikanern nach dem Krieg. Es war auch gar nicht viel zu bezahlen."[801] Ottilie Akamphuber kann sich ebenfalls noch genau an die tägliche heiße Suppe erinnern, die stets bis auf den letzten Rest verzehrt wurde: „Eine Wurstsemmel, kann ich mich erinnern, hab ich während meiner Schulzeit niemals gesehen. Aber ich glaube, wir haben diese Köstlichkeiten nicht einmal vermisst. In den Wintermonaten wurde von der Gemeinde und einigen begüterten Waldbesitzern eine so genannte Schulsuppe finanziert. Die bekamen wir im Armenhaus immer in der gleichen Reihenfolge: Rahmsuppe, Maggisuppe, Erdäpfelsuppe und dazu ein kleines Stückerl Brot, immer von der Ordensschwester liebevoll serviert. Jeder Teller wurde restlos ausgeputzt und wenn noch was im großen Topf übrig blieb, bettelten die Hungrigen noch um einen Nachschlag. Damals gab es sicher keine Wegwerfgesellschaft!"[802] In seltsamen Gegensatz dazu steht der Überschuss an Nahrungsmitteln, der in einigen Berichten der jüngeren Generation zur Sprache kommt. Stellvertretend sei hier nur die Schilderung eines Studenten erwähnt: „Die Bankfächer sind mir deshalb in Erinnerung geblieben, weil diejenigen von uns, die wie ich von ihren Müttern meistens etwas zu großzügig bemessene Jausenbrote mitgegeben bekamen, selbige über Wochen in besagten Bankfächern lagerten, bis die Hausmeisterin we-

---

[798] Maria Bilzer, geb. 1923, Volksschuldirektorin im Ruhestand
[799] Maria Bilzer, geb. 1923, Volksschuldirektorin im Ruhestand
[800] Emma Spindler, geb. 1923, Postbeamtin im Ruhestand
[801] Frau, geb. 1938, Landwirtin
[802] Ottilie Akamphuber, geb. 1922, Altbäuerin

gen des seltsamen Geruchs eine ‚Razzia' organisierte und diesem Zustand ein Ende bereitete."[803]

Für das Miteinander der Schüler spielte die geschilderte Not in den seltensten Fällen eine Rolle. Die Armut, die sich schon allein im Äußeren der Kinder zeigte, stand deren sozialer Integration kaum im Wege. So erlebte dies zumindest Emma Spindler: „Oder mit dem Gewand, da war es ja auch so. Ich meine, diese Bauernkinder, die haben oft einen Kittel angehabt, die haben hinten so einen Fleck eingesetzt gehabt im Rock, denn wenn sie wo runtergerutscht sind, dann sind sie hängen geblieben und haben sich den Kittel zerrissen und der hat aber oft gar nicht hineingepasst. Mein Gott, das war einfach so, die Leute haben sich das nicht leisten können."[804] Kinder aus wohlhabenderen Verhältnissen, die sich von den ärmeren distanzieren wollten, stellten sich dadurch meist selbst ins Abseits: „Es waren da höchstens ein paar von denen und von denen, aber die hat man dann links liegen lassen. Die haben halt gemeint, sie sind ein wenig besser, weil sie halt ein schöneres Gewand haben."[805] Mehr Probleme hatte da schon Volkmar Strohbach, dessen Familie eigentlich dem Wiener Mittelstand angehörte, schließlich aber Opfer der großen Arbeitslosigkeit der Ersten Republik wurde. Auf die Frage, ob es Probleme mit den wohlhabenderen Mitschülern gegeben habe, meinte er: „Nein, nur – sagen wir einmal – Probleme intern insofern, dass man manches nicht mitmachen konnte, wo die anderen... Oder dass man – der eine war Sohn eines Rechtsanwalts, der hat immer alle eingeladen im Eissalon. Da bin ich dann natürlich immer gerne mitgegangen, aber irgendwie hab ich dann schon eine Art Minderwertigkeitsgefühl gehabt."[806]

Ein einziges Mal wird erwähnt, dass die finanziellen Verhältnisse der Schüler ganz bewusst für alle sichtbar gemacht wurden, nämlich durch die Sitzordnung. Diese war normalerweise von der Körpergröße und dem Alter der Kinder abhängig oder sie beruhte darauf, wie sich die Kinder am ersten Schultag zusammenfanden, die Herkunft jedenfalls spielte dabei in der Regel keine Rolle. Dass es davon Ausnahmen gab, erlebte Elsa Aichmair: „Von reicheren Eltern sind die Kinder vorne gesessen und die Ärmeren sind hinten gesessen. Ja, nach dem ist das gegangen."[807] Von den Schülern wurde die klare Trennung nach Reich und Arm meist unreflektiert hingenommen. Auf die Frage, ob die reicheren Schüler dann mit einer gewissen Arroganz auf die anderen herabgeblickt hätten, meint die jetzige Pensionistin nur: „Das weiß ich nicht, das kann ich mir gar nicht so vorstellen. Es war halt einmal so, dass die vorne gesessen sind."[808] Darüber habe sie sich einfach keine Gedanken gemacht: „Nein, gar nicht. Ich nicht, auf jeden

---

[803] Mann, geb. 1982, Student
[804] Emma Spindler, geb. 1923, Postbeamtin im Ruhestand
[805] Emma Spindler, geb. 1923, Postbeamtin im Ruhestand
[806] Volkmar Strohbach, geb. 1918, Baumeister im Ruhestand
[807] Elsa Aichmair, geb. 1924, Angestellte im Ruhestand
[808] Elsa Aichmair, geb. 1924, Angestellte im Ruhestand

Fall."[809] Dass manchen auch ohne eine derartig krasse Trennung der unterschiedliche Wohlstand innerhalb ihrer Mitschüler sehr wohl auffiel, zeigt die Schilderung von Josef Stiftinger, dem ein Schüler, der als einziger ungeflickte Kleidung besaß, noch heute in Erinnerung ist: „Unter den Schülern gab es kaum Reibereien, keine Status-Unterschiede. Außer einem reichen Schüler hatten alle geflickte Hosen an, sogar viele Lehrer."[810]

Offensichtlich wurden die finanziellen Verhältnisse der Mitschülerinnen von Hedwig Wiesner bei der Schulgeldbefreiung, Auswirkungen auf das Klassenklima hatte dies jedoch nicht: „Damals gab es ja noch Schulgeld zu zahlen und etliche Leute waren vom Schulgeld befreit, z.b. meine Freundin war davon befreit, weil sie das vierte studierende Kind in der Familie war und die hat müssen kein Schulgeld zahlen. Kein Mensch hat sich darüber aufgeregt. Da gab es eine Schülerlade, wo man sich die Schulbücher auch besorgen konnte innerhalb der Schule – ja keiner hat sich darüber aufgeregt. Meine Freundin – inzwischen ist sie Professorin geworden – sagte: ‚Ja, das kann man doch nicht, wir müssen doch alle gleich behandelt werden.‘ Sag ich: ‚Du, sei mir nicht böse, wenn ein Vater sich das leisten kann, dass sein Kind in die Schule geht, dann soll er ruhig zahlen, wenn ein Kind intelligent ist, dann soll es nichts zahlen. Also warum diese Arten?‘ [...] Ich kann mich nicht erinnern, dass jemand darüber geredet hätte, dass der kein Schulgeld zahlt. Wir haben es oft gar nicht gewusst, also wenigstens ich hab es nicht gewusst."[811]

Anders war dies 30 Jahre später – Österreich befand sich längst im wirtschaftlichen Aufschwung – in der Klasse von Erika Habacher, die ebenfalls ein Wiener Mädchengymnasium besuchte: „Im Gymnasium gab es starke Gruppenbildung. Die meisten Mitschülerinnen waren Kinder von reichen Eltern. Nur ein paar Mädchen stammten so wie ich aus Familien, deren Väter weniger verdienten. Wir schlossen uns zusammen, um nicht so oft sekkiert zu werden. Wir wurden wegen unserer einfachen Kleidung auch öfter verspottet. Da kamen Mitschülerinnen mit teuren Pelzmänteln in die Schule – oder mit echten Perlenketten! Sie waren auch immer nach der neuesten Mode gekleidet und hatten Taschengeld – ich bekam damals keines! Ein Mädchen unserer Klasse hatte so eine gute Figur, dass sie mit 17 schon für Modefotoaufnahmen genommen wurde. Obwohl sie fast jeden Wunsch erfüllt bekamen, waren diese Mädchen nicht glücklicher als wir – sie hatten nur früher einen Freund und früher ihren ersten Vollrausch."[812]

Jüngere Menschen erlebten zu ihrer Schulzeit kaum mehr, dass sich die Herkunft der Schüler aus verschiedenen sozialen Milieus – die heute ohnehin nicht mehr so deutlich zu unterscheiden sind wie früher – auf das Miteinander im Klassenzimmer auswirkte. So meint etwa eine jetzige Studentin: „Es gab keine

---

[809] Elsa Aichmair, geb. 1924, Angestellte im Ruhestand
[810] Josef Stiftinger, geb. 1938, Hauptschullehrer im Ruhestand
[811] Hedwig Wiesner, geb. 1923, Ärztin im Ruhestand
[812] Erika Habacher, geb. 1953, Volksschuldirektorin

gravierenden sozialen oder sonstigen Unterschiede zwischen den einzelnen Schülern, zumindest nicht in den Klassen, in welchen ich war."[813] Was in allen Berichten, die sich auf eine noch relativ nahe Schulzeit beziehen, nie gesagt wird oder höchstens anklingt, ist, dass sich unterschiedlicher Wohlstand innerhalb der Schüler heute auf ganz andere, subtilere Weise äußert als früher. Kleidung fällt nicht mehr durch die Anzahl der Flicken auf, es geht auch meist nicht mehr darum, ob sie neu oder abgetragen wirkt, was zählt, ist, wo dieser Pullover und jene Hose gekauft wurden bzw. welche Marke auf dem Etikett steht. Auch der Belag des Jausenbrotes hat seine Aussagekraft verloren, viel mehr wird darauf geachtet, ob man sich den Eintritt in die teuren In-Lokale leisten kann und ob man bei schulischen Sportveranstaltungen mit den neuesten Schiern erscheint. Man könnte gewiss noch viele solcher Beispiele finden. Worauf ich eigentlich hinaus will ist die Tatsache, dass (v.a. ärmere) Eltern – wollen sie verhindern, dass ihr Kind in eine Außenseiterposition gerät – häufig unter einem immensen finanziellen Druck stehen. Die in den Berichten mehrmals genannte „soziale Gleichheit" der Schüler hat also so betrachtet für den einen oder anderen sicherlich einen hohen Preis. Bewusst Gedanken darüber macht sich aber – wie man sieht – kaum jemand.

Nach diesem kleinen Denkanstoß soll nun auf die Qualität der Klassengemeinschaft eingegangen werden. Wie sich bei der Analyse der Berichte zeigt, stand in der Zeit der Ersten Republik das Gemeinsame aller im Vordergrund, Gruppenbildungen – nach welchen Kriterien auch immer – bildeten früher eher die Ausnahme. Dies mag vielleicht auch daran liegen, dass die Kinder – wie später noch gezeigt wird – in der Zeit vor und unmittelbar nach dem Zweiten Weltkrieg ihre Freizeit mit Ausnahme des Schulwegs kaum spielend mit anderen Kindern verbringen konnten, weil sie daheim zur Mitarbeit im Haushalt bzw. in der Landwirtschaft oder zum Aufpassen auf jüngere Geschwister eingeteilt wurden. Auf diesem Weg konnten sich Freundschaften, die ja im Wesentlichen auf gemeinsamen Aktivitäten auch außerhalb der Schule beruhen, nur schwer herausbilden. Theresia Schauer kann sich jedenfalls an keine besonderen Zusammenschlüsse in ihrer Schulzeit erinnern: „Die Schüler waren damals Kinder der kleinen Bergbauern und Kinder von den Arbeitern, die im Sägewerk und in der Sensenschmiede gearbeitet haben. Die Situation in der Klasse, überhaupt in der Schule war gut. Wir haben einfach miteinander gelernt und gespielt, ich kann mich nicht erinnern, dass es besondere Konflikte, Freund- oder Feindschaften oder Ausgrenzungen gegeben hätte."[814] In der stark politisch motivierten Schülerschaft eines Wiener Gymnasiums in den 30er-Jahren kam es trotz der unterschiedlichen Gesinnung der Schüler ebenfalls zu keiner Gruppenbildung. Viel mehr denkt Volkmar Strohbach noch heute gerne an die gute Gemeinschaft zu-

---

[813] Frau, geb. 1981, Studentin
[814] Theresia Schauer, geb. 1923, Pfarrhaushälterin im Ruhestand

rück: „Das Verhältnis der Schüler zueinander war beispielhaft. Wir waren eine verschworene Gemeinschaft gegen die Schule und gegen die Lehrer. Jeder hat dem anderen geholfen, wo es nur notwendig war. Dabei waren gerade in der damaligen Zeit alle gegensätzlichen politischen Gesinnungen vertreten. Jeder kannte die Gesinnung des anderen, aber die Klassengemeinschaft war wichtiger und stärker. Das gilt bis zum heutigen Tag."[815] An einem Wiener Mädchengymnasium kam es bereits in den 30er-Jahren zu einer noch relativ untypischen Gruppenbildung, aber auch diese wich mit zunehmendem Alter einer wirklich guten, alle integrierenden Gemeinschaft. Dies berichtet eine ehemalige Architektin: „Und das [= die Gemeinschaft] hat sich aber erst richtig herausgebildet, eigentlich erst so ab der Fünften, muss ich sagen. Bis dahin waren immer mehr so ein paar Grüppchen und so. Und dann, wie wir so 15 waren ungefähr, da ist wirklich die ganze Klasse so eine Einheit geworden und ist es bis heute geblieben. Wir treffen uns nach wie vor und es fehlen noch nicht viele."[816] Schwer tat sich Maria Pregartner mit ihren bunt zusammen gewürfelten Mitschülerinnen. Wohl auf Grund der unterschiedlichen Voraussetzungen jeder einzelnen Schülerin entstand keine wirkliche Klassengemeinschaft: „Wir waren keine homogene Klasse. Die Mädchen kamen von überall her. Die einen noch Kinder im Wuchs und Wesen, andere groß und reif. Die vom Internat teils ungute Streber und streitsüchtig, die von der Stadt unter sich befreundet. Am angenehmsten empfand ich jene, die täglich von auswärts gefahren kamen."[817] Dennoch rotteten sich auch die ähnlich denkenden Mädchen nicht zu abgeschlossenen Gruppen zusammen. Wenn es schon früh zu wirklichen Gruppenbildungen kam, dann am ehesten an Internatsschulen. So berichtet etwa ein ehemaliger Internatsbewohner der Nachkriegszeit, dass in seiner Klasse – allerdings recht oberflächliche – Gruppenbildungen stattgefunden hätten: „Nach meiner Meinung gab es in der Klasse drei Gruppen. Die erste Gruppe waren die ‚Supergescheiten'. Sie waren die Ansprechpartner, wenn einer die Hausübung nicht gemacht hatte. Ich muss feststellen, dass diese gerne den Mitschülern halfen. Die zweite Gruppe waren die ‚Sportler'. Das Gymnasium wurde nur von Knaben besucht. Es gab jedes Jahr eine interne Fußballmeisterschaft. Da es in jeder Klasse nur einige gute Fußballspieler gab, waren diese sehr gefragt. Zu dieser Gruppe möchte ich mich zählen. Die übrigen Schüler bildeten die dritte Gruppe."[818]
In den 70er-Jahren nahm die Tendenz zu Gruppenbildungen bereits zu, wie Brigitte Kitzmüller zu berichten weiß. Im von ihr besuchten ländlichen Gymnasium schlossen sich die Schüler meist nach ihrem Herkunftsort oder aber nach ihren Charaktereigenschaften zusammen: „Es gab einige Gruppenbildungen, manche kannten sich schon von früher – gleiche Gegend. [...] Es gab beliebtere, auffal-

[815] Volkmar Strohbach, geb. 1918, Baumeister im Ruhestand
[816] Frau, geb. 1923, Architektin im Ruhestand
[817] Maria Pregartner, geb. 1928, Haushälterin im Ruhestand
[818] Mann, geb. 1937, Volksschuldirektor im Ruhestand

lendere und ruhigere Schüler. Ich war bei den ruhigeren Schülern.“[819] Auch die etwas ältere Anna Hösl kann von Gruppenbildungen erzählen. Diese tendierten bereits dazu, eine wirkliche Klassengemeinschaft zunehmend zu ersetzen: „Es war immer ein lockeres Miteinander, eine enge Klassengemeinschaft hat es aber in keiner Schule gegeben. Es gab Gruppenbildungen. Die Auswahl erfolgte nach Sympathie, wobei auch die Lernerfolge mit hineinspielten (gute Schüler waren eher mit guten Schülern beisammen).“[820] Wirklich enge Bindungen, wie diese heute oft auftreten, existierten in der Klasse von Anna Hösl aber noch nicht: „Wirkliche Konkurrenz und Konfliktpunkte gab es nicht, aber auch nicht besondere Zusammengehörigkeit oder Feindschaft. Es gab Freundschaften, wie tief diese waren, weiß ich nicht.“[821]

Gruppenbildungen innerhalb der Klassen gehörten spätestens in den 90er-Jahren zum Alltag. Fast immer verdrängten sie die früher vorherrschende große Klassengemeinschaft, der einzelne Schüler fühlte sich nur seinen „Gruppenmitgliedern“ verbunden, zuweilen kam es sogar zu Auseinandersetzungen zwischen den verschiedenen Gruppierungen. Wollte man in eine Gruppe aufgenommen werden, war diese nicht immer einfach, manche entschieden sich überhaupt dafür, sich gar keiner Gruppe anzuschließen. Das Auftreten von Gruppenbildungen bzw. deren Intensität hing immer auch von den Persönlichkeiten der Schüler ab, weshalb es zu ganz unterschiedlichen Erfahrungen mit diesem Phänomen kam. Im Falle einer Wiener Studentin etwa nahm der Einfluss von Gruppenbildungen auf die gesamte Klassengemeinschaft mit zunehmendem Alter der Schüler ab: „Gruppenbildungen waren vielleicht in der Volksschule und der Unterstufe ein Thema, in der Oberstufe jedoch nicht mehr.“[822] Gerade umgekehrt verlief die Entwicklung bei einer gleichaltrigen Kollegin: „In den ersten Jahren war das Klassenklima äußert gut. Leider wurde meine Klasse mit einer zweiten aufgrund der geringen Schülerzahl zusammengelegt. Von nun an verschlechterte sich das Klima jahraus und jahrein. Kleine Grüppchen bildeten sich und es entstanden Konkurrenzsituationen, Feindschaften. [...] Aus diesem Grund gab es in meiner Klasse auch keine gemeinsame Maturareise. Jede Gruppe (drei bis fünf Schüler) entschied sich für ein eigenes Reiseziel. Diejenigen die keiner Untergruppe angehörten verzichteten aus diesem Grund auf diese Reise und waren, glaube ich, eher froh, das letzte Jahr ‚hinter sich' gebracht zu haben und im Studium einen Neubeginn versuchen zu können.“[823] In der Klasse von Astrid Hösl hielten sich die Gruppen relativ konstant, allerdings waren nicht alle Schüler in eine davon integriert: „In meiner Klasse gab es sehr viele Gruppenbildungen und ein eher schlechtes Klassenklima. Die Gruppen bekriegten sich allerdings nicht gegensei-

---

[819] Brigitte Kitzmüller, geb. 1962, Tagesmutter
[820] Anna Hösl, geb. 1958, Angestellte in einer Rechtsanwaltskanzlei
[821] Anna Hösl, geb. 1958, Angestellte in einer Rechtsanwaltskanzlei
[822] Frau, geb. 1981, Studentin
[823] Frau, geb. 1981, Studentin*

tig, sondern ließen sich in Ruhe. Die Gruppenbildung erfolgte vor allem dadurch, wer welche Kleidung trug und in der Oberstufe kam hinzu, wer welchen Freund bzw. welche Freundin hatte. Ich war allerdings teilweise froh, dass ich mit den restlichen Klassenkameraden nicht besonders viel zu tun hatte, da mir meine Kleidung eher egal war und ich mit meinen Freunden ‚wichtigere' Themen hatte, die beredet werden mussten."[824] Zu einer wirklich starken Gruppenbildung kam es in der Klasse von Daniela Gamperl: „In meiner Klasse herrschte eigentlich eher starke Gruppenbildung, ich gehörte damals zu einer Gruppe von acht Mädchen, die gut in der Schule und auch ansonsten sehr brav waren. Die anderen Mädchen versuchten oft, zu dieser Gruppe zu gehören, was aber ziemlich schwierig war und eigentlich keiner gelang. So kam es oft zu Eifersüchteleien und verschiedenen Streitigkeiten unter uns Mädchen. Bei den Burschen bildeten sich ebenfalls zwei große Gruppen, die man eigentlich auch nach ihren Schulleistungen klassifizieren kann: die Besseren waren etwa vier oder fünf mit einem eindeutigen Chef, die Schwächeren fünf oder sechs ebenfalls mit einer dominanten Person, auf die alle hörten."[825] Obwohl – wie ja hinreichend gezeigt wurde – Gruppenbildungen oftmals die Klassengemeinschaft dominierten, musste dies nicht immer so sein. Im Fall eines jetzigen Studenten stand im Gegensatz zu den obigen Schilderungen das Gemeinsame stets im Vordergrund: „Auch wenn sich über die Jahre natürlich schon Gruppen von Leuten bildeten, die sich untereinander besser verstanden, waren die einzelnen Gruppen nie voneinander isoliert oder gar verfeindet."[826]

Insgesamt wird die Schule immer mehr zu einem Ort sozialer Begegnung. Viele Freundschaften werden in der Schule geknüpft, bei jungen Mädchen spielt hier die so genannte „beste Freundin" oftmals eine zentrale Rolle. Darauf weist eine nicht selten anzutreffende Erscheinung in Hauptschulen und AHS-Unterstufen hin: Mädchen, die paarweise während der Pause durchs Schulgebäude schlendern. Daniela Gamperl beschreibt dies folgendermaßen: „Unsere Hauptbeschäftigung – vor allem von uns Mädchen – war es, ‚Runden' zu gehen. [...] Diese Runden ging man meist zu zweit, maximal zu dritt, seine Partnerin fragte man gleich zu Beginn der Pause bzw. man wurde gefragt und dabei wurden Neuigkeiten, Klatsch und Tratsch ausgetauscht."[827] Generell sind für die Entstehung von Freundschaften in heutigen Schulklassen – wie auch schon früher – nur in seltensten Fällen Armut und Reichtum bzw. andere Charakteristika der verschiedenen sozialen Schichten ausschlaggebend. Dies berichtet die inzwischen pensionierte Volksschuldirektorin Henriette Hartig: „Die Freundschaften der Kinder wurden nicht nach sozialem Rang gebildet, sondern nach Sympathien, die verschiedene Quellen hatten: Gefallen an Äußerlichkeiten, Spontaneität,

---

[824] Astrid Hösl, geb. 1983, Studentin
[825] Daniela Gamperl, geb. 1982, Studentin
[826] Mann, geb. 1982, Student
[827] Daniela Gamperl, geb. 1982, Studentin

Gleichklang, ,Man kann gut lachen mit ihm!', Hilfe beim Lernen, gleiche Sport-interessen."[828] Dass die Schule heute auch die Freizeitbeziehungen junger Menschen wesentlich mitbegründet, wurde an anderer Stelle bereits gesagt. Eine Bestätigung hierfür findet sich in etlichen Berichten, wovon hier nur einer exemplarisch Erwähnung finden soll: „Gerade in den späteren Jahren ging ich wirklich sehr gerne zur Schule. Schließlich fand dort nicht nur der Unterricht statt, man traf sich dort auch unter Freunden und machte sich aus, was man am Nachmittag oder am Abend so unternehmen wollte. Die Schule war so in jeder Hinsicht der zentrale Fixpunkt des Lebens."[829]

In Bezug auf den gegenseitigen Umgang der Geschlechter lassen sich – im Gegensatz zur Klassengemeinschaft – keine großen Veränderungen erkennen. Ein wesentlicher Unterschied zu heute besteht vielleicht darin, dass weiterführende Schulen und die meisten städtischen Volksschulen noch bis weit in die Zweite Republik hinein reine Mädchen- und Knabenklassen führten. Auf diese Weise wurden der frühe Kontakt zwischen den Geschlechtern erschwert und das heute doch recht bald stattfindende Auftreten von „Liebespärchen" schon allein durch die Schulorganisation etwas unterbunden. Gemischte Klassen – wie sie heute allgemein üblich sind – gab es vor dem Zweiten Weltkrieg v.a. an ländlichen Volksschulen, wo Raummangel und Schülerzahl es nicht zuließen, die verschiedenen Schulstufen getrennt zu unterrichten, geschweige denn, die Klassen nach dem Geschlecht zu teilen. An solchen Dorfschulen herrschte – geht man nach den Berichten ehemaliger Schüler – zwischen Burschen und Mädchen ein ganz normaler, kameradschaftlicher Umgang. Extreme Abgrenzungen gab es nicht, aber auch keine Liebesbeziehungen unter Schülern. Theresia Schauer schildert das Verhältnis zwischen Burschen und Mädchen zu ihrer Schulzeit etwa folgendermaßen: „Wir waren gemischt Buben und Mädchen, es war eine gute Harmonie zwischen beiden Geschlechtern. Ab und zu haben die Buben die Mädchen natürlich gehänselt, aber größere Konflikte gab es nicht."[830] Ein für Hauptschüler der 30er-Jahre wahrscheinlich recht typisches Mädchen-Burschen-Verhältnis hat Karl Schmiedinger erlebt: „Fürs Fensterlngehen, da waren wir damals noch ein bisserl zu jung. Nein, in dem Punkt, da waren wir eigentlich ziemlich... Da haben wir die Mädchen noch als nicht würdig mit uns zu sein angesehen. Sie waren gute Kameradinnen, wir haben uns mit ihnen verstanden in der Schule usw., aber ansonsten... Da bist du als Bursche nicht richtig anerkannt gewesen, wenn du dich mit den Mädchen zu viel eingelassen hast. Das ist erst in der Lehre dann gekommen."[831] Was vielen Schilderungen gemeinsam ist, ist die Tatsache, dass Mädchen und Burschen in gemischten Klassen oftmals separat saßen. Das

---

[828] Henriette Hartig, geb. 1924, Volksschuldirektorin im Ruhestand
[829] Mann, geb. 1982, Student
[830] Theresia Schauer, geb. 1923, Pfarrhaushälterin im Ruhestand
[831] Karl Schmiedinger, geb. 1923, Konditor im Ruhestand

war u.a. bei Theresia Kirchmayr der Fall, wo die streng getrennte Sitzordnung aber dennoch den sonst üblichen Umgang zwischen Mädchen und Burschen kaum verhinderte: „Mein Gott, die Buben sind separat gesessen und wir auch. Die Buben auf dieser Seite, die Mädchen auf jener Seite. Sicher, dass sie sich auch gegenseitig ein wenig... Aber ich hab da kein Problem gehabt."[832]

Daneben gab es – wie schon gesagt – die städtischen Schüler, die in der Regel entweder in reine Burschen- oder reine Mädchenklassen gingen. Empfunden wurde das Leben in geschlechtshomogenen Klassenverbänden von den einzelnen Personen unterschiedlich. Hedwig Wiesner etwa war froh darüber, sich nicht mit den „lästigen Buben" abgeben zu müssen. Sie hätte in keine gemischte Klasse gehen wollen, „weil die Buben in einem gewissen Alter so blöd sind. [...] Also, die Buben sind in dem Alter wirklich nicht unbedingt so, dass sie herrlich sind. Ich hab sie erlebt, wir haben einen Maturaball mit der Fichtnergasse zusammen gehabt, das waren pickelige Jünglinge in größerer Zahl. Schrecklich. Einer, der war ungefähr so groß wie ich – Franzi – also, mein Gott, ja, nicht unbedingt, was mich reizt."[833] Eine ehemalige Architektin, die gemischte Klassen in der Volksschule kennen gelernt hatte und sich im Gymnasium plötzlich mit reinen Mädchenklassen konfrontiert sah, vermisste die Burschen im Klassenverband: „Ja, also ich hab mich in der Volksschule, muss ich sagen, lieber mit den Buben unterhalten und lieber mit den Buben gespielt – ich hab lieber Indianer und solche Sachen gespielt – und hab mit den Mäderln eigentlich ein bisserl Probleme gehabt. Und dann bin ich eben in eine reine Mäderlklasse gekommen natürlich und da gingen diese Mäderlprobleme eben dann weiter für mich. Eine gemischte Klasse wäre besser gewesen."[834] Ähnlich erlebte dies Jahre später eine jetzige Volksschullehrerin: „Ich war auch total unglücklich darüber, dass ich schon wieder [Volksschule und Gymnasium] in einer reinen Mädchenklasse war. In unserem Gymnasium gab es nur rund 600 Mädchen! In meiner Verwandtschaft aber gab es – gottlob – nur Buben. Mit Buben konnte ich viel besser umgehen und ich wünschte mir bis zu meinem 16. Lebensjahr ein Bub zu sein. Vor allem deshalb, weil die mehr durften."[835] Auch Volkmar Strohbach hätte gerne die Schulbank mit Mädchen geteilt, wovon er sich eine Erleichterung im späteren Umgang mit Frauen erhofft hätte: „Also ich persönlich jetzt, rückschauend im hohen Alter, empfinde es als Nachteil. Ich wäre gern mit Mädchen in die Schule gegangen. [...] Also ich vertrete den Standpunkt, ich hätte vielleicht ein anderes Verhältnis zum anderen Geschlecht gehabt – das ist vielleicht

[832] Theresia Kirchmayr, geb. 1924, Altbäuerin
[833] Hedwig Wiesner, geb. 1923, Ärztin im Ruhestand
[834] Frau, geb. 1923, Architektin im Ruhestand
[835] Erika Habacher, geb. 1953, Volksschuldirektorin

blöd formuliert – wenn ich nicht in eine reine Bubenschule gegangen wäre. Ich hab viel länger gebraucht, Kontakte zu bekommen."[836]

Eine Möglichkeit, mit dem anderen Geschlecht in Kontakt zu treten, bot sich den Schülerinnen eines Welser Gymnasiums in Form des Tanzkurses. Dass es dabei trotz strenger „Sicherheitsmaßnahmen" dem Alter entsprechend oft nicht nur bei flüchtigen Kontakten blieb, weiß Anita Gösweiner. Diese schildert den Verlauf eines solchen Tanzkurses folgendermaßen: „Das Wirtschaftskundliche Realgymnasium genoss seit eh und je einen fortschrittlichen Ruf. Und so durfte der altbewährte Tanzkurs in der sechsten Klasse nicht fehlen. Zeit: ein Wochentag 15:30-17:30 Uhr / Ort: Pfarrsaal der Pfarre Vogelweide / Knaben: Internatsschüler des Stiftes Lambach / Aufsicht: Sr. Oberin (Blick auf die Mädchen), Präfekt (Blick auf die Knaben) / Resümee: Trotz strengster Kontrolle kam es doch zu einzelnen Liebschaften und sogar zu einer Heirat."[837]

Heute erscheinen gemischte Klassen als ganz selbstverständlich, der Umgang zwischen Burschen und Mädchen gestaltet sich relativ locker, zu gegenseitigen Abgrenzungen kommt es zwar altersbedingt noch in den ersten Schulstufen, dies ändert sich jedoch mit zunehmendem Alter. Ernsthafte Konflikte zwischen den Geschlechtern gibt es kaum. Der offenere Umgang mit Partnerschaft, Liebe und Sexualität hat – zumindest innerhalb der Schülerschaft – auch vor den Klassenzimmern nicht Halt gemacht, Liebespärchen am Schulgang gehören zum ganz normalen Alltag. Die schon angesprochene Abhängigkeit der Beziehung zwischen den Geschlechtern vom Alter der Kinder und Jugendlichen geht klar aus der Schilderung einer Studentin hervor: „Von der Volksschule bis zum Gymnasium gab es nur gemischte Klassen. In der Volksschule wurde damit noch ganz anders umgegangen als später in der AHS. In der Volksschule waren die Burschen für die Mädchen ‚Pfui' und umgekehrt natürlich genauso. Es entstanden damals keine wirklichen Freundschaften unter den Geschlechtern, die meiste Zeit häkelte man sich einfach gegenseitig oder ging sich aus dem Weg. Im Gymnasium ging man dann ganz anders damit um. Spätestens ab der dritten, wenn nicht schon der zweiten Klasse waren beide Geschlechter sicherlich darüber erfreut, in gemischten Klassen zu sein. Konkurrenz oder ähnliches gab es aber nicht."[838]

Die hier bereits erwähnte Distanz zwischen Buben und Mädchen im Kindesalter machte sich auch an einer Linzer Volksschule bemerkbar. Innerhalb der Geschlechter zeigte sich hier ein recht unterschiedliches Verhalten in punkto Freundschaft: „Gruppenbildungen innerhalb der Klasse gab es eigentlich kaum, zumindest nicht unter uns Burschen. Soweit ich mich erinnere, verstand sich ei-

---

[836] Volkmar Strohbach, geb. 1918, Baumeister im Ruhestand
[837] Anita Gösweiner, geb. 1953, Hauptschullehrerin
[838] Frau, geb. 1981, Studentin

266

gentlich jeder mit jedem, Außenseiter gab es nicht wirklich. Bei den Mädchen gab es, glaube ich, schon rivalisierende Gruppen ‚bester Freundinnen', aber da bekam ich nicht viel davon mit. Obwohl wir eine gemischte Klasse waren, blieben Burschen und Mädchen weitgehend unter sich."[839]

Was sich in späteren Jahren von selbst ergab, wurde im Laufe der Hauptschule von den Lehrern Daniela Gamperls kräftig unterstützt. Offensichtlich war es ihnen ein Anliegen, einer Annäherung zwischen Burschen und Mädchen etwas auf die Sprünge zu helfen: „Zwischen den Mädchen und den Burschen gab es eigentlich immer eine sehr klare Grenze, bis zur dritten Klasse gab es kaum Gespräche untereinander, was sich dann aber verbesserte, als eine gemischte Sitzordnung eingeführt wurde, sprich: als Mädchen saß man immer neben einem Burschen."[840]

Einen Aspekt, der v.a. die Mädchen betrifft, bildet das besondere Verhältnis zwischen Schülerinnen und männlichen Lehrkräften. Dieses wirkte sich zwar kaum auf den Umgang von Burschen und Mädchen untereinander aus, sei aber auf Grund der Geschlechtsbezogenheit der Problematik an dieser Stelle kurz erwähnt. Von den Schwärmereien mancher Schülerinnen für besonders attraktive Lehrer war bereits im vorigen Kapitel die Rede, hier sei nun das Hauptaugenmerk auf den tagtäglichen real stattfindenden Umgang gelegt. Dabei wurde – und wird auch heute noch – insgesamt darauf geachtet, dass männliche Lehrer weiblichen Schülern nicht zu nahe kommen. Hedwig Wiesner, die in den 30er-Jahren ein Wiener Mädchengymnasium besuchte, erinnert sich noch an folgende Anekdote: „Sie müssen sich vorstellen, wir haben einen Wandertag gehabt und da ist ja, damit wir um Gottes Willen nicht von dem einen [männlichen] Lehrer verführt werden, unser Klassenvorstand [eine Professorin] dann auch mitgegangen. Und der [= der Lehrer] hat müssen im Hotel, im Gasthof schlafen und wir haben in einem Heuschober übernachtet mit der Lehrerin. Die Arme hat die ganze Nacht nicht geschlafen, weil sie auf uns aufgepasst hat. Dabei war er für uns eigentlich nicht unbedingt der fesche Mann. [...] Er war ja sehr groß und wahnsinnig mager. Ich hab ein Bild von ihm in einer Badehose, also, da würde ich sagen, kam keine von uns in Ekstase, von den Mädchen."[841] Auch Walter Fuchs ließ als Direktor Vorsicht walten. Er war sich durchaus der Gefahren bewusst, dass Mädchen (oder deren Eltern) harmlose Kontakte mit Lehrern für persönliche Zwecke (etwa zur Erpressung besserer Noten durch Androhung einer etwaigen Anzeige) einsetzen konnten. Deshalb hielt er seine männlichen Kollegen dazu an, Mädchen nicht zu berühren und sich nicht alleine mit ihnen in einem Raum aufzuhalten, auch nicht beim Nachsitzen: „Dann hab ich immer schon sagen müssen zu den Lehrern[...]: ‚Ich sage es Ihnen gleich: Bleiben Sie

---

[839] Mann, geb. 1982, Student
[840] Daniela Gamperl, geb. 1982, Studentin
[841] Hedwig Wiesner, geb. 1923, Ärztin im Ruhestand

nicht alleine drinnen bei ihr, weil es gibt ja Eltern, die legen es ja darauf an, dass sie Ihnen etwas hinaufdichten.' [...] Ja schon. Ich hab zum Lehrer gesagt – achte Schulstufe – ‚Setzen Sie sich ja nicht so dazu, so: ‚Geh her da, ich zeig dir das jetzt.' Nein, bleiben Sie lieber stehen und zeigen Sie ihr beim Zeichnen, wie man das vielleicht besser gestalten könnte und so, aber nicht hineinsetzen. [...] Das sind lauter Sachen, die Sie beachten müssen."[842]

Wirken diese Vorsichtsmaßnahmen auf den ersten Blick vielleicht ein wenig übertrieben, so zeigen andere Schilderungen, dass manche Mädchen tatsächlich sehr gezielt ihre weiblichen Reize einsetzten, sei es, um beim Lehrer einen besseren Stand (und bessere Beurteilung) zu erhalten, sei es, um ihn in eine unangenehme Situation zu bringen. Darauf legte es – um nur ein Beispiel zu nennen – eine Mitschülerin von Erika Habacher sichtlich an: „Einige Mädchen kleideten sich mit extrem kurzen Röcken – beim Sitzen sah man fast die Unterhose. Das störte die Lehrerinnen kaum, verunsicherte aber manchmal den Religionslehrer. [...] Einmal trug ein Mädchen eine recht durchsichtige Bluse – der BH war deutlich zu sehen. Es gab eine Rüge durch den Klassenvorstand. Ein paar Tage später trug dieses Mädchen eine durchsichtige Spitzenbluse und darunter keinen BH – es gab keine Beanstandung – nur der Religionslehrer hatte rote Ohren."[843] Ernsthafte Auswirkungen auf die Lehrer-Schülerin-Beziehung hatte dieser Zwischenfall keine. Tatsächlich kommen wirkliche „Skandale" in dieser Hinsicht selten vor, gänzlich ausschließen kann man diese aber – verfolgt man die Medien – nicht.

Während sich das Verhältnis zwischen Burschen und Mädchen – wie ja soeben dargestellt – relativ friedlich gestaltete, kam es doch immer wieder zu (meist geschlechtsunabhängigen) Konflikten in den Klassenzimmern. Dabei spielten und spielen Außenseitertum, Hänseleien und – um es mit einem modernen Begriff zu sagen – Mobbing im Verhältnis der Schüler untereinander immer wieder eine nicht zu unterschätzende Rolle. Die Art jedoch, in der von solchen Zwischenfällen berichtet wird, ist von Schilderung zu Schilderung recht unterschiedlich. In manchen Berichten wird durchaus auf negative Erfahrungen in diesem Bereich eingegangen – wobei sich hier die Beteiligung des Berichtenden am Geschehen teils recht verschieden darstellt – in anderen Schilderungen hingegen kommt kein einziger Vorfall zur Sprache bzw. es wird sogar ausdrücklich erwähnt, dass „so etwas" nie vorgekommen wäre. Dies mag zum einen daran liegen, dass es sicherlich Klassen mit einer ausgezeichneten Gemeinschaft gibt, in denen tatsächlich jeder integriert ist und sich wohl fühlt, zum anderen wurde wahrscheinlich die eine oder andere unangenehme Erinnerung mit zunehmendem Alter verdrängt, sodass sich das Klima in der Klasse im Nachhinein als

---

[842] Walter Fuchs, geb. 1921, Volksschuldirektor und Personalvertreter im Ruhestand
[843] Erika Habacher, geb. 1953, Volksschuldirektorin

harmonisch und tolerant ausnimmt, auch wenn dieses als Schüler vielleicht ganz anders erlebt wurde. Aber auch das ist ja wiederum ein Zeichen dafür, wie problematisch sich Hänseleien und Mobbing auf das Erleben von Schule auswirken können. Es ist schwierig, bei den folgenden Gesprächs- bzw. Textausschnitten zu unterscheiden, welchem Typus von Erinnerung sie zuzuordnen sind, zumal für diese Arbeit ja außerhalb der Berichte keine Quellen über den tatsächlichen Schulalltag der Betreffenden zur Verfügung stehen. Dennoch sollen nun etliche Beispiele für die Erwähnung oder aber eben auch für die Nicht-Erwähnung von Außenseitern und anderen Konfliktsituationen gegeben werden, wobei v.a. auch interessant ist, zu sehen, warum bestimmte Schüler von ihren Schulkameraden nicht akzeptiert worden sind.

Insgesamt lässt sich feststellen, dass Außenseiter oder gar Mobbing in den Klassenzimmern der Ersten Republik kaum vorkamen. Theresia Schauer meint etwa wie viele andere auch: „Ich kann mich auch nicht erinnern, dass wir Kinder, weil sie besonders arm waren oder nicht besonders gescheit waren, deshalb ausgegrenzt hätten."[844] Dass es nicht überall so harmonisch zuging, weiß die fast gleichaltrige Theresia Kirchmayr, in deren Klasse es sehr wohl zu Ausgrenzungen – wenn auch wahrscheinlich noch zu keinem echten Mobbing – gekommen ist: „Ja ausgegrenzt ist öfters worden, wer schüchtern gewesen ist und hat sich nicht viel sagen getraut, der wurde verspottet. Die einen, die halt ein wenig wissend gewesen sind, die haben den dann halt ausgelacht und so war halt das, nicht? Wenn man nicht überall mittut..."[845] In der Volksschule von Johann und Margarethe Aumayr wurden wenn, dann jene Schüler an den Rand der Gemeinschaft gestellt, die sich nicht zu benehmen wussten: „Naja, sagen wir, solche, die geschwätzt haben oder wenn einer vorlaut war, die haben sich dann nach vor setzen müssen in die Eselsbank. [...] In der Freizeit hat es dann geheißen: ,Uh, so und so...' Da ist dann gespottet worden drüber. Naja, der ist halt verspottet worden. Das hat es schon gegeben."[846]

Insgesamt lässt sich sagen, dass Hänseleien wohl tatsächlich nicht so weit gingen wie in den heutigen Klassenzimmern. Anlass bot hauptsächlich abweichendes Verhalten wie etwa die hier erwähnte extreme Schüchternheit oder allgemein schlechtes Benehmen. Äußerlichkeiten, hygienische Missstände oder ähnliches standen eher im Hintergrund. Erwähnenswert erscheint zudem noch, dass von städtischen Schülern der Ersten Republik kein einziger Fall von Außenseitertum genannt wird. Daraus zu schließen, dass Kinder und Jugendliche in der Stadt toleranter gewesen seien, erscheint jedoch nicht zulässig. Viel mehr wird es wohl zutreffen, dass unter den ehemaligen Schülern aus der Stadt, die für diese Arbeit berichteten, zufällig keiner eine solche Situation erlebt oder diese zu-

---

[844] Theresia Schauer, geb. 1923, Pfarrhaushälterin im Ruhestand

[845] Theresia Kirchmayr, geb. 1924, Altbäuerin

[846] Margarethe Aumayr, geb. 1922, Kindergärtnerin im Ruhestand; Johann Aumayr, geb. 1924, Frisör im Ruhestand

mindest nicht erwähnt hat. Immerhin bilden ja auch unter den Schilderungen gleichaltriger ländlicher Schüler diejenigen, in welchen derartige Vorfälle genannt werden, eine große Ausnahme.

Bei Personen, die nach dem Zweiten Weltkrieg die Schulbank drückten, nimmt die Häufigkeit, mit der über Hänseleien und Außenseitertum gesprochen wird, langsam zu. In Josef Steinbichls Klasse etwa gab es einen Außenseiter, der dem damaligen Gymnasiasten jedoch gar nicht bewusst als solcher auffiel. Erst heute, 50 Jahre später, versteht der jetzige Pensionist, was durch kleine Streiche – denn solche waren es aus seiner damaligen Sicht – der Seele des Mitschülers angetan wurde: „Es hat einmal einen Fall gegeben, wo wir einen Spaß gemacht haben und bei dem hat das sehr, sehr tief gewirkt. Ja. Der hat das nicht verkraftet. Wir waren oft im Spaß ein bisserl hart. Und den haben wir einmal mitsamt dem Bett wegtransportiert im Schlaf [die Burschen waren gemeinsam im Internat] und das war ein Spaß für uns und der hat das halt nicht so verkraftet. Das hat lange nachgewirkt bei ihm. Und das kommt einem erst später zu Bewusstsein, was wir da eigentlich angestellt haben. Der war immer ein bisserl abseits, auch bei Klassentreffen und erst jetzt ist die Beziehung besser geworden. Also nach einiger Zeit erst. Zuerst wollte er ja zu den Klassentreffen nicht kommen... [...] Das war zuerst gar nicht so bewusst, erst später und wir sind froh, dass es jetzt so funktioniert. Das ist auch schön, nicht?"[847]

In den 60er- und 70er-Jahren nahmen Ausschließungstendenzen immer mehr zu. Die Hänseleien in der Klasse von Brigitte Kitzmüller waren allerdings noch recht punktuell und nicht auf bestimmte Schüler konzentriert: „Ich kann mich nicht erinnern, dass jemand immer schikaniert oder gehänselt wurde, manchmal schon, aber immer verschiedene Schüler zu verschiedenen Themen."[848] Äußerlichkeiten zählten zunehmend zu den Gründen, warum ein Kind von den anderen sekkiert wurde, wie Anna Hösl berichtet: „Ich kann mich noch erinnern, dass es in der Volksschule eine Mädchen gab, das rote Haare hatte und nicht besonders intelligent war und dadurch etwas gehänselt wurde."[849] Zu wirklichen Ausschließungen kam es aber auch hier noch nicht.

Verstärkt traten Hänseleien und wirkliche Mobbingfälle ab den 90er-Jahren auf. Etwas widersprüchlich – und somit wohl auch den obigen Umgang mit unangenehmen Erinnerungen bestätigend – nimmt sich hier der Bericht einer inzwischen 24-jährigen Studentin aus. So meint diese auf die Frage, wie denn das Verhältnis der Schüler untereinander ausgesehen habe: „Eigentlich ziemlich gut. Natürlich gab es ab und an Reibereien und Sticheleien, aber großteils versuchte man, mit allen so gut wie möglich auszukommen. Die einen mochte man eben mehr, die anderen weniger, was für mich persönlich aber nie ein Grund gewesen

---

[847] Josef Steinbichl, geb. 1937, Hauptschuldirektor im Ruhestand
[848] Brigitte Kitzmüller, geb. 1962, Tagesmutter
[849] Anna Hösl, geb. 1958, Angestellte in einer Rechtsanwaltskanzlei

wäre, jemanden zu diskriminieren oder zu hänseln. [...] Natürlich gab es ab und zu Konflikte zwischen den Schüler/innen, aber die waren meistens ziemlich harmloser Natur."[850] Während diese Beschreibung ein realistisch anmutendes und im Grunde recht harmonisch wirkendes Bild vom Umgang der Schüler miteinander entwirft, wird an anderer Stelle klar, dass es durchaus auch gemeine, meist auf Äußerlichkeiten bezogene Hänseleien gab: „Ausgrenzungen gab es in der Volksschule v.a. auf Grund von etwas mehr Körperfülle. Ich erinnere mich gut an ein Mädchen in meiner Klasse, welches ständig von den anderen Mädchen gehänselt und ausgegrenzt wurde, weil es ein wenig dicker war als die anderen. Ich hab mich dem nie angeschlossen, weil ich in der Volksschule selber nicht gerade sehr schlank war. Komischerweise wurde ich dennoch nicht abwertend behandelt, aus welchen Gründen auch immer."[851] Dies änderte sich jedoch im Gymnasium: „Im Gymnasium wurde ich des Öfteren wegen meiner Größe und wegen meines zu kleinen Busens gehänselt. Das war natürlich nicht angenehm, aber meine Größe hatte in der Hinsicht auch Vorteile, um großkotzigen Hänslern Respekt einzuflößen. Im Großen und Ganzen lässt sich sagen, dass wenn Ausgrenzung passierte, sie auf Grund von Äußerlichkeiten angewandt wurde."[852]

Dass ständige Hänseleien auch das Verhalten der betroffenen Person verändern und somit deren Integration noch zusätzlich erschweren können, hat Daniela Gamperl erfahren: „Außerdem gab es zwei ganz große Außenseiter: ein Mädchen, bei dem ich eigentlich nicht weiß, warum sie einer war, jedoch konnte sie keiner wirklich leiden und so wurde sie meist ignoriert und einen Burschen, der ziemlich dick war und zu dem eigentlich alle gemein waren. Dieser wurde jedoch schon immer so behandelt und war deswegen eigentlich auch gemein zu allen anderen."[853] Zudem erlebte sie in der Oberstufe mit, wie ein Mädchen von Mitschülerinnen fertig gemacht wurde – eine Prozedur, die sicherlich unter den Begriff Mobbing fällt. Beendet wurden diese Schikanen dadurch, dass die Täterin von der Schule abging: „[Es gab in der Klasse] ein Mädchen [...], das sehr intrigant war und das Talent hatte, uns Mädchen untereinander aufzuhetzen. Unter ihr hatte besonders ein Mädchen zu leiden, die – laut ihrer Meinung – nicht gut roch und komisch aussah. Gemeinsam mit zwei anderen schikanierte sie diese bis aufs Blut, was sich nach ihrem Abgang aber schlagartig änderte."[854]

Andrea Eisenbarth erlebte ebenfalls den Fall, dass ein Mädchen aus der Gemeinschaft ausgeschlossen wurde. Sie selbst beteiligte sich an den Hänseleien. Aus heutiger Sicht bereut sie ihr damaliges Verhalten, über die möglichen Ursachen denkt sie so: „Manchmal waren die Kinder echt gemein – hin und wieder war

---

[850] Frau, geb. 1981, Studentin

[851] Frau, geb. 1981, Studentin

[852] Frau, geb. 1981, Studentin

[853] Daniela Gamperl, geb. 1982, Studentin

[854] Daniela Gamperl, geb. 1982, Studentin

ich auch dabei. Das tut mir bis heute leid. Später, im Gymnasium, wurde es noch schlimmer – da hat Angelika sogar die Schule gewechselt. Wie gesagt, ich versteh es bis heute nicht. Vielleicht wollte ich zu den anderen gehören (ich hatte zwar viele Freunde, aber da ich als Kind sehr impulsiv und leicht beleidigt war, konnte man auch mich leicht auf der Schaufel haben)."[855]

Eine recht dramatische Geschichte schildert ein Student. Diese soll trotz ihrer Ausführlichkeit hier Erwähnung finden: „Anders als in der Volksschule hatten wir nun tatsächlich einen echten ‚Außenseiter', den keiner besonders mochte, Reinhard. Das lag glaube ich großteils an seinem eigenen Verhalten: Er war spektakulärer Angeber, erzählte ständig absolut unglaubwürdige Lügengeschichten über die angeblichen Heldentaten seines Vaters als Flieger-As im Zweiten Weltkrieg, was allein schon wegen des Alter seines Vaters einfach nicht stimmen konnte, war eitel, weinerlich, verpetzte andere bei Professoren, wenn sie Hausaufgaben abschrieben, kurz gesagt er tat alles, was man in diesem Alter nur tun kann, um sich bei seinen Mitschülern unbeliebt zu machen. Allerdings trieb seine Ausgrenzung bald wirklich grausame Blüten, an denen ich mich nie beteiligt habe, wie ich mit reinem Gewissen feststellen kann. Das ging soweit, dass in den großen Pausen eine Variante des ‚Fangen'-Spiels gespielt wurde, bei dem es darum ging, dass der ‚Fänger' zuerst Reinhard berührte, als ob er etwas besonders Ekelhaftes wäre, und dann versuchte, die panisch flüchtenden Mitspieler durch Berührung mit der selben Hand mit den Worten ‚Jetzt hast ihn du!' zu ‚infizieren', wodurch sie auch zu ‚Fängern' wurden. Nach ein paar Tagen gab es offenbar eine Beschwerde von Reinhards Eltern, denn unser Klassenvorstand stellte die gesamte Klasse in einer unserer ‚Diskussionsstunden' zu Rede, wobei sie so zornig wurde, wie ich sie die gesamten acht Jahre meiner Mittelschulzeit kein zweites Mal erlebt habe, ‚verlieh' an mindestens zehn der beteiligten Schüler eine Betragensnote, unter ‚Erstklasslern' keine Kleinigkeit, und berief einen Elternabend ein. Reinhard wurde fortan weitgehend in Frieden gelassen, blieb aber tatsächlich bis zu seinem Durchfallen in der sechsten oder siebten Klasse ein zunehmend belächelter Außenseiter. Sein ‚komisches' Verhalten umfasste das ‚Einschleimen' bei Professoren, um sie dann kurze Zeit später scheinbar willkürlich zu beleidigen, das Erscheinen zum Turnunterricht nur in einer Unterhose, sowie zwei ziemlich lächerliche ‚Selbstmordversuche' aus Verzweiflung über ein ‚ungerechtes' Befriedigend bei einem Geografietest, einmal indem er dramatisch ankündigte, sich mit seiner stumpfen Kinderschere die Pulsadern aufschneiden zu wollen, einmal indem er heulend auf einen eineinhalb Meter hohen Bücherkasten im Klassenzimmer kletterte und drohte, ‚hinunterspringen' zu wollen. So sehr sich unser Klassenvorstand auch bemühte, ihn in die Klas-

---

[855] Andrea Eisenbarth, geb. 1983, Studentin

sengemeinschaft zu integrieren, es half nichts, und irgendwann gab sie scheinbar auf.“[856]

Nicht selten geschah das, was hier bereits angedeutet wurde: Lehrer versuchten, regulierend in solche Fehlentwicklungen des kindlichen Miteinanders einzugreifen. Henriette Hartig etwa war als Lehrerin bemüht, sich insofern in das Verhältnis Schüler-Schüler einzumischen, als sie bei Hänseleien – wirkliches Mobbing gab es, wie sie betont, nicht – eingriff. Dabei lag es ihr am Herzen, ihren Schülern den richtigen Umgang mit Menschen, die anders sind, beizubringen: „Mobbing im heutigen Sinne gab es nicht, höchstens, dass einer mal sich beklagte, dass jemand nicht gewaschen sei oder stinke oder zu dick sei. Man suchte die Ursachen (zu spät aufgestanden, Mutter hatte mehrere Kinder oder war krank etc.). Zusammenfassend immer: ‚Nicht kränken oder kritisieren, sondern erkennen ‚warum‘ und versuchen, zu helfen.‘“[857] Dass sich das Miteinander der Schüler einer Volksschulklasse nicht ganz von selbst reguliert, weiß auch die noch aktive Lehrerin Eva Mark zu berichten: „Die sozialen Beziehungen in einer Klasse bemerkt man sehr wohl. Natürlich musste ich manchmal mehr oder weniger resolut eingreifen. Manchmal baten mich auch die Kinder um Rat.“[858] Ähnlich dachte wohl auch die Lehrerin einer Wiener Schülerin, die bereits in den 30er-Jahren aktiv in das soziale Gefüge der Klasse eingriff: „Also, meine Klassenlehrerin, [...] die war sehr lieb und gut und die hat sich schon angenommen, wenn sie gesehen hat, dass dann schon einmal ein ernsteres Zerwürfnis zwischen Kindern war, dann hat sie schon eine hergenommen und gesagt: ‚Du, erzähl mir mal, was ist da los?‘ Oder wenn sie gemeint hat, dass ein Kind irgendwie charakterlich nicht ganz in Ordnung ist oder psychisch irgendetwas hat, da hat sie schon gesagt: ‚Du, was ist da die Ursache dafür, dass du dich jetzt so verhältst?‘“[859] Ein wenig kritisch betrachtet eine ehemalige Volksschullehrerin das Sich-Einmischen in die Beziehungen der Kinder. Viele Lehrer würden versuchen, eine Gemeinschaft zu erzwingen, wozu sie auch der Druck der Eltern von wenig beliebten Kindern treibe: „Man kann Freundschaften nicht erzwingen, schon gar nicht, wenn die Eltern dies wollen. Aber man kann die Schüler ermutigen: ‚Ich will ein guter Klassen- bzw. Schulkamerad sein!‘“[860] Eine Einschätzung, aus der wohl jahrelange Erfahrung spricht.

Eine weitere besondere Gruppe innerhalb einer Klassengemeinschaft bilden die „Sitzenbleiber“. Dabei sind Nachprüfungen und Klassenwiederholungen keinesfalls erst heute ein Phänomen, mit dem jeder Schüler zumindest indirekt einmal in Berührung kommt, sie gehörten viel mehr auch schon früher zum Schulalltag.

---

[856] Mann, geb. 1982, Student
[857] Henriette Hartig, geb. 1924, Volksschuldirektorin im Ruhestand
[858] Eva Mark, geb. 1946, Volksschullehrerin
[859] Frau, geb. 1923, Architektin im Ruhestand
[860] Frau, geb. 1946, Volksschullehrerin im Ruhestand

Die Form des Umgangs mit den „Sitzenbleibern" gestaltete sich jedoch keineswegs einheitlich. Nicht nur das Klassenklima, sondern auch die Persönlichkeit und Einstellung des Betroffenen selbst sowie das Verhalten des Lehrers trugen dazu bei, dass Schüler, die eine Klasse wiederholen mussten, hier von ihren Kameraden geschnitten und ins Abseits gedrängt wurden, während sie anderswo etwa wegen ihres Alters geschätzt waren und bald Freunde um sich scharten. Aus dem Bericht einer ehemaligen Wiener Gymnasiastin geht diese Abhängigkeit deutlich hervor: „Die Klassenwiederholungen waren unterschiedlich. Als ich die Dritte wiederholen musste, brach eine Welt für mich zusammen. Es dauerte eine zeitlang, bis ich mich an die neuen Klassenkameraden, die alle ein Jahr jünger waren als ich, gewöhnt hatte. Die Wiederholung der Fünften war nicht so schlimm, weil das Umfeld auch ein komplett neues war: neue Schule, neue Lehrer, neue Leute. In der Hegelgasse hab ich mich schnell eingelebt."[861]
Früher wurden „Sitzenbleiber" größtenteils akzeptiert. Das bestätigt Walter Schlögl, der selbst einmal eine Klasse wiederholen musste: „Mein Gott, ich hab schon einmal versucht, darüber nachzudenken, wie das damals bei mir war. Aber es ist nichts geschehen. Vielleicht der erste Tag, dass man neue Leute sieht, die man aber eh schon kennt, das war in der Vierten oder Fünften und da hat man die Leute eh schon gekannt. Also dass man da gehänselt worden wäre, das war nicht der Fall."[862] Bei Emma Spindler setzte sich hierfür auch die Lehrerin ein: „Die [= die Klassenwiederholer] sind da bei uns so mitten drinnen gesessen und da ist niemand hinaus gestoßen worden. Da hat die Lehrerin, die wir gehabt haben, gesagt: ,Da sind noch drei Kinder, die haben sich voriges Jahr schwer getan, die sind heuer noch einmal mit.' und das war erledigt."[863] In Josef Steinbichls Klasse erhielten diejenigen Schüler, die eine Klasse wiederholen mussten, weniger den Spott als viel mehr das Mitgefühl ihrer zukünftigen Klassenkameraden: „Man hat sie eigentlich bemitleidet."[864] Dennoch gab es auch Schulen, wo Klassenwiederholungen nicht gerade zum Ansehen des Schülers beitrugen. So war dies etwa bei Theresia Schauer der Fall: „Wer im Zeugnis zwei Fünfer bekam, eben mit dem Lernen überhaupt nicht mitkam, musste eben wiederholen, ,sitzen bleiben' haben wir das genannt. Das war für den Betroffenen irgendwie schon ein kleiner Schandfleck."[865] Genauso war es in der Volksschule von Hermine Antensteiner: „Konnte oder wollte ein Kind einfach nicht lernen, muss es die Klasse wiederholen. Beliebt war dieses dann weniger, es wurde eben für dumm angesehen."[866]

[861] Frau, geb. 1981, Studentin
[862] Walter Schlögl, geb. 1917, Justizbeamter im Ruhestand
[863] Emma Spindler, geb. 1923, Postbeamtin im Ruhestand
[864] Josef Steinbichl, geb. 1937, Hauptschuldirektor im Ruhestand
[865] Theresia Schauer, geb. 1923, Pfarrhaushälterin im Ruhestand
[866] Hermine Antensteiner, geb. 1928, Landwirtin

In den vergangenen Jahrzehnten hat sich die Klassenwiederholung immer weiter davon entfernt, als ein Makel zu gelten. Schon zur Schulzeit Eric Schopfs in den 70er- und 80er-Jahren machte sich dieser Trend bemerkbar: „Die Prüfungsangst hielt sich bis auf Latein meist in Grenzen, sodass auch im Laufe der Jahre einige Kolleg/innen aufgrund übertriebener Coolness die Klasse verlassen mussten und dafür neue dazukamen, die ihrerseits in einer höheren Klasse zu cool waren... Neue Schüler wurden gerne aufgenommen und schnell integriert, umso mehr als diese – wie gesagt – meist sehr cool waren und man einiges von ihnen lernen konnte."[867] Zuweilen waren „Sitzenbleiber" – wie im Anschluss gleich gezeigt wird – auf Grund ihrer „Lebenserfahrung", ihres höheren Alters, aber auch ihres meist großen Selbstbewusstseins und des Muts zu Frechheiten wegen in der Klasse sehr angesehen. In den 90er-Jahren dürften Klassenwiederholungen schon zum ganz normalen Alltag geworden sein, die entsprechenden Schüler gingen wohl in den ohnehin schon in Gruppen zersplitterten Klassen mehr oder weniger unter – erwähnt werden sie jedenfalls in Berichten aus dieser Zeit nicht mehr.

Geht man nun der Frage nach, ob sich innerhalb von Klassengemeinschaften – sei es mit oder ohne Gruppenbildung – gewisse Rangordnungen etablieren konnten, so stellt sich bald heraus, dass es weder früher noch heute wirkliche Hierarchien innerhalb der Schülerschaft gab bzw. gibt. Was jedoch sehr wohl vorkommt, sind einzelne Schüler, die durch bestimmte Eigenschaften (etwa die Sympathie eines Lehrers, großes Wissen etc.) mehr Ansehen genießen als andere und auf deren Wort dadurch mehr Gewicht gelegt wird. Bei Anna Hösl hing der Stand der einzelnen Schüler in erster Linie von ihrem Beliebtheitsgrad bei den Lehrern ab: „Wirkliche Hierarchie unter den Schülern gab es nicht. Wenn dies vorgekommen ist, dann von den Lehrern, die eben ihre ‚Liebkinder' hatten (aus welchem Grund auch immer, Status der Eltern war meines Wissens nicht im Vordergrund)."[868] Gerade letzteres war in Irmgard Wartners Erfahrung ausschlaggebend für die Gunst, die den Schülern aus Lehrersicht zugestanden wurde: „Eine Hierarchie unter uns [Schülern] gab es nicht, bei den Lehrern, v.a. bei den Schwestern, kam es unter Umständen auf den Status der Eltern an."[869] Das Lob des Lehrers, der Theresia Kirchmayr wegen ihrer guten Leistungen als Vorbild hinstellte, brachte auch ihr das Ansehen der Klassenkameraden ein: „Also, wie schon gesagt, ich bin halt ein wenig gut gestanden, ich hab eh nicht viel gesagt, aber ich bin halt ein bisserl ein Vorbild gewesen für die anderen. Ich will mich da nicht jetzt hervortun, aber naja, das ist halt so gewesen, wenn man anständig ist, dann heißt es halt: ‚Na, schaut die Pickl [= Kirchmayrs Mädchenna-

---

[867] Eric Schopf, geb. 1967, Student
[868] Anna Hösl, geb. 1958, Angestellte in einer Rechtsanwaltskanzlei
[869] Irmgard Wartner, geb. 1945, Hauptschullehrerin im Ruhestand

me] an.' oder dies oder jenes."[870] Überhaupt machten viele Leute die Erfahrung, dass es v.a. Schüler mit guten Leistungen waren, zu denen man gerne aufblickte. Voraussetzung dafür war allerdings, dass diese auch bereit dazu waren, ihr Talent mit anderen zu teilen und ihren Mitschülern zu helfen. Josef Steinbichl z.B. erzählt: „Eine Hierarchie hat es insofern gegeben weil die besseren Schüler einfach... – das waren die, auf die man geschaut hat und die einfach gewissen Vorbildcharakter gehabt haben. Ja, da haben zwei Sachen passen müssen: Er muss gut sein, er muss aber auch verträglich sein, also kooperativ sein. [...] Es hat auch solche gegeben, die gut waren und ein bisserl eine Ellbogentechnik gehabt haben: ‚Ich will noch besser sein und ich will haben, dass ich der gute Schüler bin.' Aber das waren eigentlich nur ein, zwei in der ganzen Klasse."[871] Dennoch wurden auch gute Schüler, denen sehr an guten Leistungen gelegen war und die dafür viel Lernzeit investierten, nicht wie heute oft üblich an den Rand der Gemeinschaft gestellt, sondern großteils akzeptiert: „Es hat auch ein paar gegeben, die so ehrgeizig waren und dann einfach das so irgendwie gedreht haben, dass ihre Leistung besser herauskommt. Das gibt es immer, nicht? So eine Art Strebertyp, da war einer dabei, aber na gut, den haben wir einfach akzeptiert."[872] Schüler mit guten schulischen Leistungen, aber auch anderen „Qualitäten" waren es, die in Eva Marks Volksschulklasse das große Wort führten und auch heute noch von den anderen in ihrer Rolle akzeptiert werden: „In der Volksschule hatten wir trotz großer Schüleranzahl eine ziemlich gute Klassengemeinschaft. Führend waren meist die guten Schüler und Schülerinnen, aber öfter imponierte uns auch die ‚Lebenserfahrung' der Repetenten. Ausgegrenzt wurde eigentlich selten jemand. Bei Klassentreffen stelle ich oft erheitert fest, dass wir ähnliche Rollen in der Gemeinschaft spielen wie auch in der Volksschulzeit."[873] Soziale Kompetenzen gehörten in Henriette Hartigs Klasse neben sportlichen Leistungen zu den Eigenschaften, die einem in der Klasse gewissen Einfluss sicherten: „Man scharte sich um die Besonnenen und Hilfsbereiten. Auch sportlich erfolgreiche Schülerinnen fand man gut."[874] Zuweilen konnte auch ein so genannter „Klassenkasperl" das Ruder an sich reißen, wie dies etwa in einer Linzer Volksschule der Fall war: „Martin, der sich schon am ersten Schultag als ‚Klassenkasperl' hervorgetan hatte, behielt diese Rolle die ganzen vier Jahre bei und war wegen der Streiche, die er unserer Klassenlehrerin regelmäßig spielte, bei allen besonders beliebt."[875]
Nicht selten kam es vor, dass sich die Schüler aus einer Klasse zusammenschlossen, um solchen, die aus der Reihe tanzen wollten, die Leviten zu lesen. In

---

[870] Theresia Kirchmayr, geb. 1924, Altbäuerin
[871] Josef Steinbichl, geb. 1937, Hauptschuldirektor im Ruhestand
[872] Josef Steinbichl, geb. 1937, Hauptschuldirektor im Ruhestand
[873] Eva Mark, geb. 1946, Volksschullehrerin
[874] Henriette Hartig, geb. 1924, Volksschuldirektorin im Ruhestand
[875] Mann, geb. 1982, Student

der Mädchenklasse von Hedwig Wiesner etwa wurde gemeinsam gegen solche Schülerinnen vorgegangen, die versuchten, sich bei bestimmten Lehrern einzuschmeicheln und auch Strebertypen waren nicht gerade beliebt: „Ein paar haben versucht, sich einzuweinbeerlen [= einzuschmeicheln], aber denen haben wir das ganz schnell ausgetrieben, von der Klasse aus. [...] Und das haben wir eigentlich in der Klasse schon unterbunden. In den unteren Stufen war es noch möglich vielleicht, aber in der Oberstufe dann ab der Sechsten war es eigentlich unmöglich. Wenn eine so mit verklärten Augen... haben wir gesagt: ‚Geh, bitt dich, hör auf, das wird ja schön langsam fad.' und die wurde dann höchstens vorübergehend geschnitten und dann war es wieder normal. [...] Eine – um Gottes Willen – die hat nicht abschreiben lassen, die hat immer etwas vorgehalten, damit man nicht abschreiben kann bei ihr. Und dann haben wir gesagt: ‚Du, pass auf, wenn du bei uns bleiben willst, dann benimm dich normal.' und dann hat sie die Hand so hingegeben und dann durfte man doch ausnahmsweise abschreiben. Also, das haben wir in der Klasse unterbunden, aber allerdings erst in der Oberstufe."[876] Auch die Mitschüler Karl Schmiedingers schlossen sich zusammen, um einen „Rowdy" zu bändigen: „Wir haben ihn auch so weit gebracht. Da geht nichts bei uns. Wir haben zusammen geholfen, dann hat er einmal seine Dresche von uns gekriegt und dann hat er es kapiert."[877] Schüler, die sich auf Grund ihrer körperlichen Überlegenheit Respekt zu verschaffen versuchten, waren überhaupt meistens recht unbeliebt und mit ihrer Schlägertechnik auch nicht immer erfolgreich. So erzählt etwa ein jetziger Pensionist: „Ein jüngerer Bursche besiegte bei den Machtkämpfen fast alle älteren Mitschüler. Aus Wut darüber taten sich die älteren zusammen, passten den jüngeren auf dem Heimweg ab und verprügelten ihn kräftig."[878]

Dass es in österreichischen Schulklassen heute kaum eine Hierarchie unter Schülern gibt, zumindest keine deutlich ausgeprägte, davon ist eine junge Frau überzeugt, die in Anlehnung an amerikanische Highschool-Filme meint: „Definitiv nein. Ich glaube, an unseren Schulen ist das mit der Hierarchie im Allgemeinen nicht so wie in irgendwelchen billigen Hollywood-Highschool-Teenie-Filmchen, in denen es immer das beliebteste Mädchen der Schule gibt, welches immer mit dem Kapitän des Footballteams liiert ist. Gott-sei-Dank sind die Strukturen bei uns anders."[879] Damit hat sie – urteilt man auf Grundlage der hier zur Verfügung stehenden Berichte – auch absolut recht. Von einer wirklichen Dominanz einzelner Schüler ist in keinem der Berichte jüngerer Personen mehr die Rede. Wahrscheinlich wäre eine solche die ganze Klasse erfassende Hierarchie heute aber auf Grund der geänderten Strukturen (Stichwort Gruppenbildung) auch gar nicht (mehr) möglich. Innerhalb der Gruppen jedoch kann sich

---

[876] Hedwig Wiesner, geb. 1923, Ärztin im Ruhestand
[877] Karl Schmiedinger, geb. 1923, Konditor im Ruhestand
[878] Mann, geb. 1937, Volksschuldirektor im Ruhestand
[879] Frau, geb. 1981, Studentin

sehr wohl noch – wie etwa im obigen Zitat von Daniela Gamperl belegt ist – der eine oder andere „Rädelsführer" herauskristallisieren.

Schüler – Lehrer

Dem Lehrer-Schüler-Verhältnis wurde wie erwartet in fast allen Berichten breiter Raum eingeräumt. Dies mag wohl nicht ausschließlich daran liegen, dass die den Schilderungen zugrunde liegenden Impulsfragen unter der entsprechenden Überschrift angeführt wurden. Viel mehr spielt es auch hier wieder eine Rolle, dass Lehrer – wie ja schon beim vorangegangenen Großkapitel über die Lehrerbilder festgestellt – einen zentralen Bezugspunkt des Schulerlebens darstellen. Dabei existiert im Allgemeinen eine breite Palette von Berührungspunkten zwischen Schülern und ihren Lehrern, entsprechend vielschichtig fielen auch die Erzählungen der Betroffenen aus. Im Folgenden wird nun versucht, eine gewisse Ordnung in diese Vielfalt zu bringen. Die getroffene Gliederung orientiert sich an acht zentralen Bereichen, zwischen denen Überschneidungen zwar nicht ganz ausgeschlossen werden können, innerhalb derer sich aber doch alle Text- und Gesprächsauschnitte auf ein bestimmtes Thema konzentrieren. Gleich zu Beginn wird auf die gegenseitige Anrede von Schülern und Lehrern eingegangen. Darin spiegelt sich nicht nur der Grad der gegenseitigen Achtung und Wertschätzung, sondern auch die zwischen den beiden Parteien herrschende Distanz bzw. Nähe wider. Damit eng verbunden ist der Ruf, der einem Lehrer fast unvermeidbar vorauseilt und das gegenseitige Verhältnis bereits mitprägt, bevor die Schüler überhaupt das erste Mal mit der entsprechenden Lehrkraft in Kontakt treten. Das Unterrichtsgeschehen und hier v.a. die Auswirkungen verschiedener Unterrichtsmethoden auf das gemeinsame Miteinander von Lehrer und Schülern bildet den Schwerpunkt des nächsten Teilbereichs. Dem folgt eine Darlegung von möglichen Störkomponenten des Lehrer-Schüler-Verhältnisses. Dabei befasst sich der erste Teil hauptsächlich mit einseitigen Bevorzugungen bestimmter Kinder oder Jugendlicher von Lehrerseite her, der zweite Teil mit Konflikten, im Zuge derer empfundene Ungerechtigkeiten in wirkliche Auseinandersetzungen mündeten. Dass es neben solchen Schwierigkeiten sehr wohl auch wirklich gelungene Beziehungen zwischen Lehrern und Schülern gibt, soll der nächste Abschnitt belegen. Darin wird es auch darum gehen, welche Beziehungsformen als angenehm empfunden werden und welche Grundeinstellung einem guten Lehrer-Schüler-Verhältnis zugrunde liegen (müssen). Das Private in der Lehrer-Schüler-Beziehung bildet das nächste zentrale Thema. Hier wird nicht nur der Frage nachgegangen, wie weit Schüler über das Privatleben ihrer Lehrkräfte Bescheid wussten und wissen, sondern auch, welchen Einblick Lehrer in die Lebenswelt und die Familienverhältnisse ihrer Schüler haben und ob sie sich in diese gegebenenfalls auch aktiv einmischen. Dass die Vertrauensbasis zwischen den beiden Seiten oftmals nicht ausgereift genug ist, um gemeinsam über private Probleme zu sprechen, wird an dieser Stelle ebenfalls Behandlung finden. Eine eigene Textpassage ist dem Umgang mit Sexualität gewidmet, einem Thema also, das – wie sich herausstellen wird – auch heute noch in der Schule mit vielen Tabus belegt ist. Zu guter Letzt wird kurz auf den Kontakt zwischen Schülern und ihren ehemaligen Lehrern nach der Schulzeit eingegangen, schließlich muss ja das Ende des persönlich aufgebauten Lehrer-Schüler-Verhältnisses nicht automatisch mit dem Schulaustritt einhergehen.

In Bezug auf die gegenseitige Anrede herrscht in den Berichten unabhängig von den unterschiedlichen Voraussetzungen der Verfasser (Schulbesuch am Land oder in der Stadt, männlich oder weiblich, Schulzeit in den 30er- oder den 90er-Jahren,...) große Übereinstimmung. Fast alle der ehemaligen Schüler sprachen ihre Lehrer mit „Sie" an, einzige Ausnahme bildete hier Elsa Aichmair, die – obwohl sie bereits 1930 zur Schule ging – zu ihrer Volksschullehrerin in den ersten beiden Klasse „Du" sagen durfte: „Und zu der Lehrerin in der ersten Klasse und in der zweiten, das weiß ich auch noch, da haben wir ‚Du' sagen dürfen. [...] Ja, das hab ich mir extra aufgeschrieben. [...] Und in der dritten haben wir dann schon ‚Sie' sagen müssen. Aber da haben wir ‚Du' gesagt, in der ersten und zweiten."[880] Diese Schilderung bildet aber – wie gesagt – eine große Ausnahme. Der jetzige – oftmals umstrittene – Trend, dass v.a. Volksschüler ihre Lehrer immer öfter duzen dürfen, hatte sich anscheinend auch zur Schulzeit der jüngeren Berichtverfasser noch nicht durchgesetzt. Für einige Schüler war die Höflichkeitsanrede Ausdruck der Distanz, die zwischen Lehrern und Schülern herrschte: „Das Verhältnis war großteils distanziert, eben Schüler-Lehrer. Die Lehrer wurden mit ‚Sie' angesprochen."[881] Die meisten empfanden dies aber als etwas völlig Normales, kaum Erwähnenswertes, was sich darin zeigt, dass viele Personen überhaupt erst von der Anrede der Lehrer berichteten, als sie direkt danach gefragt wurden. Wirklich negativ wurde diese Tatsache jedenfalls von niemandem empfunden, viel mehr wurde öfters Kritik dahingehend laut, dass das heutige „Du" der Lehrer-Schüler-Beziehung mehr Schaden als Nutzen bringen würde. Rudolf Stanzel etwa meint: „Wir haben immer ‚Sie' gesagt. Ich bin auch jetzt der Meinung, dass die Kinder einen Lehrer erwarten und keinen Spezi. Den suchen sie sich selber, ein Lehrer kann es nicht sein."[882] Wurde hinter dem Rücken der Lehrer über sie geredet, so gab es hier und da freilich Spitznamen. Eine noch relativ fantasielose Variante bildete die Verwendung des Vornamens, zuweilen Versehen mit dem Attribut „Tante", kreativer waren da schon Bezeichnungen wie „Bubi" für einen jungenhaften Professor oder „Rosi-

[880] Elsa Aichmair, geb. 1924, Angestellte im Ruhestand
[881] Anna Hösl, geb. 1958, Angestellte in einer Rechtsanwaltskanzlei
[882] Rudolf Stanzel, geb. 1926, Hauptschuldirektor im Ruhestand

ne" für eine Lehrerin mit dem eigentlichen Vornamen Rosalinde. Insgesamt werden aber in den Schilderungen kaum irgendwelche Spitznamen – die sehr wahrscheinlich in großer Zahl existiert haben und noch immer existieren – genannt. Dies mag auch an der Natur der dieser Arbeit zugrunde liegenden Berichte liegen. Wohl um Außenstehenden das Verständnis zu erleichtern, werden Lehrer meist mit ihrer Berufsbezeichnung (Oberlehrer, Mathematikprofessor etc.) genannt, was bei einem Gespräch zwischen ehemaligen Schulkameraden wahrscheinlich weniger der Fall wäre.

Die Schüler selbst wurden in der Regel geduzt. An Gymnasien gab es gelegentliche Ausnahmen, hier galt die Höflichkeitsanrede zuweilen auch den Jugendlichen. Insgesamt war dies aber eher selten, zumal den Schülern in der Regel das „Du" lieber war, wie Volkmar Strohbach erzählt: „Wer ‚Du' bis zur Achten gesagt hat, das war uns sympathisch eigentlich. Aber es hat nichts an der Bewertung der Lehrkraft geändert, ob er jetzt ‚Sie' oder ‚Du' gesagt hat."[883] Angesprochen wurden sie je nach Schultyp und Lehrkraft mit ihrem Vor- oder Nachnamen, was von den einzelnen Schülern ganz unterschiedlich gewertet wurde und meist von der Art der Lehrkraft abhing: „Die Lehrer ihrerseits sprachen uns – manche meinten es nett, andere weniger – auch oft mit unserem Nachnamen an."[884] Zuweilen gab es sogar Spitznamen, die meist von Sympathie zeugten und das Verhältnis zwischen Lehrern und Schülern auflockerten. Das war etwa bei Anna Hösl der Fall: „Es gab wenige Spitznamen. Die meisten wurden mit ihrem Vornamen angesprochen. Zu mir hat jeder ‚Nigerl' gesagt (Familienname Nigl), was von meinen Lehrern aufgebracht wurde."[885]

Von nicht geringer Bedeutung für das Lehrer-Schüler-Verhältnis war der Ruf, der einem Lehrer vorauseilte. Auf diese Weise wurde die Richtung, in die das zukünftige Miteinander gehen würde, oftmals schon bestimmt, bevor der Lehrer überhaupt das erste Mal die Klasse betreten hatte. Darauf läuft z.B. die Aussage einer Studentin hinaus: „Der Ruf war schon wichtig, damit man sich auf den betreffenden Lehrer, sofern man noch nie mit ihm/ihr zu tun gehabt hatte, einstellen konnte."[886] Kritischer ging der wesentlich ältere Walter Schlögl mit dem Ruf eines Lehrers um: „Man hat es gehört und sich gedacht: ‚Na, werden wir sehen, wie er ist.' Nicht? Weil derjenige, der das sagt, ich kenne ja denjenigen auch nicht genau, ob er nicht ein Lauser ist oder so etwas."[887] Gänzlich unbeeinflusst wird aber auch er nicht davon geblieben sein. Henriette Hartig, der die prägende Wirkung des Rufs eines Lehrers wohl bewusst war, akzeptierte dies nur ungern: „Den Ruf, der einem Lehrer vorausging, fand ich ungerecht – wie

---

[883] Volkmar Strohbach, geb. 1918, Baumeister im Ruhestand

[884] Frau, geb. 1981, Studentin

[885] Anna Hösl, geb. 1958, Angestellte in einer Rechtsanwaltskanzlei

[886] Frau, geb. 1981, Studentin

[887] Walter Schlögl, geb. 1917, Justizbeamter im Ruhestand

sollte ein schlecht Beleumundeter sich durchsetzen?"[888] Ändern konnte aber auch sie nichts an dessen – wohl unumstritten bestehendem – Einfluss auf das Lehrer-Schüler-Verhältnis.

Neben der gegenseitigen Anrede prägen v.a. Unterrichtsformen das Verhältnis zwischen Lehrer und Schülern wesentlich mit. Im früher praktizierten Abteilungsunterricht und beim Frontalvortrag etwa ist stets klar, wer das Sagen hat, der Lehrer hat das Wissensmonopol, die Meinung der Schüler, aber auch etwaige Verständnisprobleme, werden nicht beachtet. Es herrscht somit immer eine deutliche Hierarchie zwischen Lehrendem und Lernenden sowie eine gewisse Distanz. Beim Lehrer-Schüler-Gespräch lockert sich das distanzierte Verhältnis bereits ein wenig, Schüler können eigene Beiträge liefern (wenn auch der Lehrer das Gespräch gezielt in eine bestimmte Richtung lenkt), der Lehrer geht auf Fragen ein, versucht, das Interesse der Schüler zu wecken. Die Stillarbeit wiederum ermöglicht es dem Lehrer genauso wie das heute oftmals praktizierte eigenverantwortliche Arbeiten und das offene Lernen, individuell auf einzelne Schüler einzugehen, gute Schüler vor Herausforderungen zu stellen und leistungsschwächere Kinder mit entsprechenden Aufgabenstellungen zu fördern. Beim Projektunterricht erscheint der Lehrer im Idealfall gar nur mehr als kollegialer Begleiter, der den Schülern v.a. mit Organisationswissen dabei hilft, sich selbst Informationen zu beschaffen, diese miteinander in Verbindung zu setzen und auf diese Weise nicht nur Kenntnisse, sondern auch verschiedene Fähigkeiten wie Zeiteinteilung, Teamgeist etc. zu erwerben. Im Unterricht wurden und werden je nach Zeit, Ausbildung des Lehrers, Klassengröße usw. all diese Unterrichtsformen und darüber hinaus noch weitere Lehrmethoden angewendet. Wie diese von den Lehrern und Schülern erlebt wurden, welche Vor- und Nachteile die verschiedenen Unterrichtsmethoden für den einzelnen hatten und wie sich diese oder jene Lehrform auf das Verhältnis zwischen Lehrkraft und Klasse auswirkten, soll nun wiederum an Hand mehrerer Berichte exemplarisch dargestellt werden. Dass dabei der Schwerpunkt auf dem Abteilungs- und Frontalunterricht liegt, lässt sich in Hinblick auf das Alter derjenigen, die Unterrichtsmethoden überhaupt erwähnen und bewerten, nicht vermeiden.

Waltraud Fahrngruber praktizierte viele Jahre lang gezwungenermaßen Abteilungsunterricht. Über die Vor- und Nachteile dieser Unterrichtsform meint sie aus heutiger Sicht: „Die ersten Wochen des Schuljahres war es schwierig, für die erste Abteilung passende Stillarbeiten zu finden, sie konnten ja nicht schreiben und rechnen. Man musste sich also mehr um die erste Schulstufe kümmern, die anderen kamen dabei zu kurz. Durch die Stillarbeit wurden die Schüler aber sehr selbständig. Die Vorbereitungen waren sehr zeitaufwändig. Man musste ja für drei Schulstufen vorbereiten und sich die Stillarbeiten genau überlegen. Die

---

[888] Henriette Hartig, geb. 1924, Volksschuldirektorin im Ruhestand

Unterrichtsstunde wurde immer zu kurz. Es gab Frontalunterricht. Auf einzelne Schüler konnte man kaum eingehen."[889] Für eine Schülerin der unmittelbaren Nachkriegszeit hatte der Abteilungsunterricht – trotz etwaiger Schwierigkeiten für den Lehrer – einen großen Vorteil: „Es war für den Lehrer sicher auch oft nicht leicht, fünf Abteilungen zu unterrichten zur gleichen Zeit. Wenn er etwas Interessantes erzählt hat, habe ich beim ‚Leise-Arbeiten' doch zugehört."[890] Die fördernde Wirkung des Abteilungsunterrichts für gute Schüler bestätigt auch ein ehemaliger Volksschuldirektor[891]. Dieser meint, dass die Vorbereitung zwar extrem aufwändig und das Unterrichten sehr anstrengend gewesen seien, dass aber durch die Übung in Form der Stillarbeit und die Stoffwiederholung (es gab in verschiedenen Schulstufen den gleichen Unterrichtsstoff) sehr gute Lernleistungen von den Schülern erzielt worden wären.

Ein etwas zweifelhaftes Argument für den Frontalunterricht bringt Volkmar Strohbach ins Rennen. Auf die Frage, ob es ihm nicht lieber gewesen wäre, der Lehrer wäre durch das Klassenzimmer gegangen und hätte das Gespräch mit den Schülern gesucht, meinte er: „Also, ich muss sagen: Uns waren die lieber, die vorne geblieben sind. Da konnten wir hinten machen, was wir wollen."[892] Insgesamt aber glaubt der jetzige Pensionist, dass es weniger auf die Unterrichtsform als auf die Begabung der Schüler ankomme. Dies äußert er in Bezug auf die Qualität der heutigen Lehrmethoden: „Das [= ob diese besser seien] kann ich insofern schwer sagen, weil ich auch bei dieser Methode ein guter Schüler war und bei der anderen Methode wäre ich auch genauso gut gewesen."[893]

Brigitte Kitzmüller erlebte in ihrer Volksschulzeit zu Beginn der 70er-Jahre noch den Abteilungsunterricht. Entsprechend kamen im Unterricht keine Elemente wie Gruppenarbeit oder Projektunterricht zum Einsatz, was aber von der jetzigen Tagesmutter keinesfalls als negativ erlebt wurde: „Der Großteil des Unterrichts war Frontalvortrag des Lehrers und Selbstbeschäftigung, z.B. wenn die dritte Schulstufe vom Lehrer Stoff erklärt bekam, hatte die vierte Schulstufe Stillbeschäftigung (im Heft rechnen, Schreiben,...). Ich kann mich nicht erinnern, dass dies störend war."[894] Im Gymnasium änderte sich das dann nur geringfügig: „Der Großteil des Unterrichts war Frontalvortrag des Lehrers, manchmal gab es Gruppenarbeiten. Im Zeichenunterricht war freies Arbeiten, da gingen wir in der Oberstufe auch öfters ins Freie."[895] Dass sich diese neue Unterrichtsmethode bei der damaligen Schülerin besonderer Beliebtheit erfreut hätte oder dass sich daraus eine engere Bindung an den Zeichenlehrer ergeben hät-

[889] Waltraud Fahrngruber, geb. 1932, Volksschullehrerin im Ruhestand
[890] Frau, geb. 1938, Landwirtin
[891] Mann, geb. 1937, Volksschuldirektor im Ruhestand
[892] Volkmar Strohbach, geb. 1918, Baumeister im Ruhestand
[893] Volkmar Strohbach, geb. 1918, Baumeister im Ruhestand
[894] Brigitte Kitzmüller, geb. 1962, Tagesmutter
[895] Brigitte Kitzmüller, geb. 1962, Tagesmutter

te, ist nicht anzunehmen, zumindest erwähnt sie etwas derartiges mit keinem Wort. Heute jedoch bewertet sie die neuen Unterrichtsformen positiv: „Es gibt teilweise weniger Frontalunterricht (aber oft genug noch nur Frontalunterricht), es gibt mehr andere Unterrichtsmethoden wie Projekte, Gruppenarbeit, Arbeiten mit Wochenplan, mehr Medien. Dadurch kann der Unterricht vielfältiger gestaltet werden."[896]

Schon zu ihrer Schulzeit fand die um vier Jahre ältere Anna Hösl den Frontalunterricht in der Schule wenig anregend: „Es war großteils eintöniger Frontalunterricht; Lehrer-Schüler-Gespräche fanden kaum statt, ebenfalls keine Gruppenarbeiten, Projekte gab es keine."[897] Daran hat sich bis in die 90er-Jahre nicht viel geändert. Moderne Unterrichtsmethoden, wie sie etwa die oben zitierte Brigitte Kitzmüller von ihren eigenen Kindern her inzwischen schon kennt, waren in den 90er-Jahren erst im Anfangsstadium und wurden nur selten, meist in Form einer „Belohnung" oder an den ohnehin wenig beliebten Tagen vor oder nach Ferien eingesetzt. Der Frontalunterricht blieb weiterhin dominant. Als gutes Beispiel für den alltäglichen Unterricht an Schulen der 90er-Jahre sei hier die Schilderung Daniela Gamperls erwähnt: „Auch in der Hauptschule unterrichteten alle Lehrer/innen eigentlich noch frontal, Partner- und Gruppenarbeiten gab es kaum und wenn, dann sahen diese so aus, dass einer arbeitete und die anderen davon profitierten, was ja wohl nicht Sinn und Zweck der Übung sein kann. Sowie in der Hauptschule war es danach auch in der Oberstufe: kaum jemals wurden irgendwelche Gruppen- oder Partnerarbeiten durchgeführt und wenn dies der Fall war, war der Ablauf derselbe wie der oben beschriebene. Die meisten Lehrer/innen bevorzugten den Frontalunterricht, in den meisten Lerngegenständen lief es schon so ab wie auf der Uni: der/die Professor/in hielt einen Vortrag und man musste mitschreiben. In nur zwei Fächern wurde diktiert: in Geografie, wo wir meinen Klassenvorstand hatten, der das erste Mal eine Oberstufe hatte, und in Physik – nur teilweise – wo wir einen relativ jungen Lehrer hatten."[898] Eine persönliche Bewertung dieser Unterrichtspraxis findet man im Bericht der Studentin – wie auch in den meisten anderen Schilderungen Gleichaltriger – nicht. Eine Ausnahme davon bildet Astrid Hösl, die gegen Ende ihrer Schullaufbahn bereits mit neueren Lehrformen Bekanntschaft machte, wobei sich ihre Begeisterung in Grenzen hielt: „Obwohl ich erst seit kurzem die Schule abgeschlossen habe, glaube ich bereits, dass sich die Situation im Lauf meiner Schullaufbahn verändert hat. In der letzten Zeit wurden immer häufiger Partner- und Gruppenarbeiten im Unterricht eingesetzt. Allerdings wurde immer auch noch der Frontalunterricht eingesetzt, worüber ich sehr froh war. Ich empfand es immer als sehr anstrengend, wenn zu viele offene Lernformen verwendet wurden und freu-

---

[896] Brigitte Kitzmüller, geb. 1962, Tagesmutter
[897] Anna Hösl, geb. 1958, Angestellte in einer Rechtsanwaltskanzlei
[898] Daniela Gamperl, geb. 1982, Studentin

te mich teilweise auf Frontalunterricht, wo es reichte, mitzudenken und man nicht selbst aktiv werden musste."[899]

Ganz allgemein zeigt sich, dass die heute 20- bis 30-jährigen in ihrer Schulzeit weniger auf die Unterrichtsmethode als viel mehr auf den ganz persönlichen Stil der Lehrkraft achteten. Dabei war es v.a. wichtig, dass die Schüler das Gefühl hatten, der Lehrer sei von seinem Fach begeistert bzw. es würde ihm etwas daran liegen, ihnen sein Fachgebiet näher zu bringen. Wie bedeutend das für so manchen war, zeigt sich an der Enttäuschung einer ehemaligen Wiener Schülerin über ihre Lehrer, die – zumindest nach der Empfindung der jetzigen Studentin – den Lernfortschritten ihrer Schüler wenig Beachtung zumaßen: „Die Wissensvermittlung war Sinn und Zweck, aber einigen [Lehrern] war ihre Autorität noch wichtiger. Die wenigsten legten wirklich Wert darauf, dass ihre Schüler sich mit der Materie auseinandersetzen und sie begreifen. Man lehrte einfach den Lehrplan runter, ob es die Schüler verstanden oder nicht war oft nicht so wichtig."[900] Das trug verständlicherweise nicht gerade zu einem herzlichen Lehrer-Schüler-Verhältnis bei. Umgekehrt machten nicht wenige die Erfahrung, dass die persönliche Begeisterung einer Lehrkraft rasch auf die Schüler übergreifen kann, wobei die Form des Unterrichts sekundär ist. Begegnungen mit solchen Lehrern blieben ihren Schülern in angenehmer Erinnerung. Das war u.a. bei Daniela Gamperl der Fall: „[Erinnern kann ich mich noch an] die Geschichtelehrerin, die ich in der vierten Klasse hatte und die uns mit ihrer Begeisterung immer wieder anstecken konnte und uns zu Diskussionen anregte. Wie sie mit uns den Staatsvertrag durchnahm und verkündete ‚Österreich ist frei', ist wohl einer der wenigen unvergessenen Momente meiner Schulzeit."[901] Dass es dennoch auch für mitreißende Lehrer notwendig sein wird, ihre Unterrichtsmethoden der jetzigen Zeit anzupassen, nimmt die zukünftige Lehrerin als gegeben hin: „Es haben sich sowohl Unterrichtsmethoden, die Rolle der Schule als auch die der Schüler/innen geändert und das in relativ kurzer Zeit. Nun ist Methodenvielfalt gefordert um die Konzentration der Schüler aufrecht zu erhalten, eine Stunde Frontalunterricht wird kaum verkraftet. Offene Lernformen kommen immer mehr auf."[902] Ein Blick in die aktuelle Schulrealität gibt ihr da sicherlich Recht.

Etwas, das in den Berichten immer wieder zur Sprache kommt, sind Bevorzugungen und Ablehnung einzelner Schüler durch bestimmte Lehrer. Meist wird die dabei erfahrene Ungerechtigkeit jedoch kaum als tragisch empfunden, wie etwa Anna Hösl erzählt: „Es gab von der Volksschule bis zur Handelsschule immer wieder Lieblingsschüler. Wirklich ungerechte Behandlungen sind da-

---

[899] Astrid Hösl, geb. 1983, Studentin
[900] Frau, geb. 1981, Studentin
[901] Daniela Gamperl, geb. 1982, Studentin
[902] Daniela Gamperl, geb. 1982, Studentin

durch aber nicht entstanden. Vielleicht hat es geringfügige Diskrepanzen bei der Benotung gegeben. An eine direkte Ablehnung kann ich mich nur in einem einzelnen Fall erinnern. Dieser wurde aber als besonders krass empfunden. Diese Schülerin hat aber sicherlich ihren Beitrag durch Ignoranz geleistet."[903] Theresia Schauer, die etliche Jahre früher die Schule besuchte, sieht dies ähnlich: „Er [= der Oberlehrer] hat auch alle Kinder gleich behandelt, obwohl ich schon manchmal den Eindruck hatte, dass ihm Schüler, die gut gelernt haben und wo er richtig Erfolg sah, doch lieber und sympathischer waren. Aber das ist, glaube ich, auch natürlich. Wer freut sich nicht, wenn er Erfolg sieht? Aber verhöhnt hat er Kinder nicht, wenn sie nicht gescheit waren, eher bemitleidet, dass sie es im Leben einmal schwer haben."[904] Die Tatsache, dass Emma Spindler eine beinahe identische Schilderung liefert, lässt darauf schließen, dass ein solches Lehrerverhalten, aber auch die Toleranz der Schüler dem gegenüber weit verbreitet waren: „Es sind alle gleich behandelt worden. Natürlich, wenn eines recht gut gelernt hat, dann hat man schon ein bisserl Vorteile gehabt – aber vielleicht hat man sich das auch eingebildet. Aber da hat es nichts gegeben. Und wie gesagt, die, die schlechter waren, mein Gott, die sind auch deshalb nicht verprügelt worden oder ausgelacht worden oder was, das hat es nicht gegeben."[905] Insgesamt zeichnet sich ab, dass die Häufigkeit von – zumindest offensichtlichen – Bevorzugungen einzelner Schüler mit zunehmendem Alter der Kinder bzw. mit dem Professionalisierungsgrad der Lehrer in der Regel abnimmt. Diese Erfahrung hat auch eine junge Frau gemacht: „Das Phänomen der Lieblingsschüler/innen gab es vermehrt in der Volksschule, zumindest hat man es dort noch deutlicher gemerkt. In der AHS waren die meisten Lehrer/innen dann doch so professionell, dass es nicht merklich zu irgendwelchen Bevorzugungen kam."[906] Manchmal beruhten gewisse Benachteiligungen auf dem Geschlecht der Schüler. So erging es einer jetzigen Pensionistin mit ihrem Rechtslehre- und Volkswirtschaftsprofessor, der seine weiblichen Schüler häufig mit den Worten „Sie mit ihren Dienstmädchengemütern!"[907] abwertete. Bevorzugungen auf Grund des Geschlechts gab es auch bei einer Studentin, die jedoch den Ausnahmecharakter dieser Situation betont: „Mein Mathelehrer in der Hegelgasse behandelte zweifelsohne die männlichen Schüler besser als die weiblichen, mit mehr Respekt einfach. Aber sonst fiel das eigentlich weniger auf, vielleicht hab ich auch nicht so darauf geachtet."[908] Insgesamt dürften derartige Vorfälle jedenfalls – geht man nach den anderen Berichten – selten gewesen sein.

---

[903] Anna Hösl, geb. 1958, Angestellte in einer Rechtsanwaltskanzlei
[904] Theresia Schauer, geb. 1923, Pfarrhaushälterin im Ruhestand
[905] Emma Spindler, geb. 1923, Postbeamtin im Ruhestand
[906] Frau, geb. 1981, Studentin
[907] Frau, geb. 1946, Volksschullehrerin im Ruhestand
[908] Frau, geb. 1981, Studentin

Interessant und zuweilen erheiternd ist die Tatsache, dass durchaus von einigen Schülern (oder deren Eltern) meist auf recht auffällige Art und Weise versucht wurde, sich das Wohlwollen der Lehrer durch kleine Aufmerksamkeiten zu sichern. Einen solchen Versuch startete u.a. ein Mitschüler Eva Marks, der Erfolg jedoch beschränkte sich auf ein Schmunzeln des Lehrers: „Ein Schüler kam mit einem Stück Fleisch in die Schule und meinte: ‚Herr Lehrer, einen schönen Gruß von meinem Vater, aber der Vierer in Deutsch muss weg!'"[909] Erfolgreicher setzte da der Vater von Hedwig Wiesner seinen männlichen Charme für eine bessere Bewertung der Leistungen seiner Tochter ein: „Mein Vater, der sehr gescheit war, hat mir nach der Vierten gesagt: ‚Du, pass auf, du musst nicht weiterstudieren, das verlangt von dir kein Mensch, wenn du willst, bitte. Und wenn du willst, dass ich einer Gans in der Schule die Hand küsse, dann gehe ich hin zu ihr.' Daraufhin [= nachdem ein Fünfer im Abschlusszeugnis drohte] gehe ich hin zum Vater und sage: ‚Papa, ich glaube, du musst jetzt Handküssen gehen.' Hab ihn zur Lateinerin geschickt. Der kam dann geknickt zurück und sagte: ‚Also wen besseren hättest du mir schon aussuchen können zum Handküssen.' Aber er hat das perfekt gemacht: ‚Ich verspreche Ihnen, meine Tochter wird lernen über den Sommer.' Ich habe also wirklich keine Nachprüfung bekommen."[910] Außerschulische Dienste, die Theresia Kirchmayr ihrem Lehrer leistete – allerdings ohne damit eine bessere Behandlung zu bezwecken – wirkten sich auch bei ihr sehr positiv auf das Geschehen in der Schule aus: „Ich hab mich eigentlich nicht gefürchtet. Weil – wenn ich das jetzt dazu sagen darf – ich hab für den Lehrer immer Most holen müssen im Gasthaus und das Gasthaus ist nicht weit weg gewesen von der Schule und seine Wohnung auch nicht. Und das hat die Pickl [= Kirchmayrs Mädchenname] tun dürfen, nicht? Deswegen bin ich immer gut gestanden."[911] Ob dies auch noch andere Auswirkungen gehabt hatte als die, dass sie dem Lehrer ohne Angst begegnen konnte, verrät die heute 81-jährige leider nicht.

Gewiss hat es aus verschiedensten Gründen auch reale Antipathien und Ablehnung zwischen bestimmten Lehrern und Schülern gegeben, meist blieben diese aber im Verborgenen, wo sie sich vielleicht in Form gehässiger Bemerkungen hinter dem Rücken der Lehrperson äußerten. Selten aber doch konnten derartige Schwebezustände aber auch aufbrechen, offen zu Tage tretende Konflikte waren die Folge. Früher verliefen solche Auseinandersetzungen meistens noch relativ friedlich. Der Ausgang war zumeist davon abhängig, ob der Jugendliche, der sich mit einem Lehrer in die Haare geriet, mit dem Rückhalt seiner Kollegen rechnen konnte. In Hedwig Wiesners Klasse war dies klar der Fall, gegenüber

---

909 Eva Mark, geb. 1946, Volksschullehrerin
910 Hedwig Wiesner, geb. 1923, Ärztin im Ruhestand
911 Theresia Kirchmayr, geb. 1924, Altbäuerin

den Professoren bildeten alle Mädchen trotz der sonst zeitweise herrschenden Rivalitäten eine Einheit: „Z.B. einmal waren wir ein bisserl laut in der Klasse und wir waren allein – ich weiß nicht, aus welchem Grund – und daneben ist eine [Lehrerin] herübergeschossen: ‚Ja, schon wieder die XY [= eine Schülerin]' – das war eine von uns und die war immer eher schlimm und ‚Die bleibt jetzt da, ihr könnt jetzt nach Hause gehen.' Und wir haben gesagt: ‚Nein, wir gehen jetzt nicht nach Hause, wir bleiben alle da.' und sind schön sitzen geblieben und haben uns unterhalten und die war natürlich die Blamierte, nicht? Weil wir waren ja alle laut und nicht nur die XY, Punkt. Das haben wir uns schon alles getraut damals. Es war natürlich eine völlig andere Zeit. Ich weiß nicht, ob Sie sich das vorstellen können."[912]

Heute verlaufen ähnliche Situationen nicht immer so harmlos. Von einem Konflikt, der sich nicht nur auf die Ebene zwischen einem Lehrer und einer Schülerin beschränkte, sondern der sich auch auf weitere Lehrerkollegen ausbreitete, berichtet etwa eine Studentin, die vor fünf Jahren noch die Schulbank drückte: „Einmal hatte er [= ein Mathematiklehrer, der die ehemalige Schülerin häufig beschimpfte] mich so weit, dass ich heulend aus der Klasse rannte und zu meinem Klassenvorstand flüchtete, der mir – gemeinsam mit meinem Musikprofessor – zuhörte und wieder Mut machte. Auch meine Englischlehrerin und ich kamen mal in einen handfesten Konflikt miteinander, wobei ich mich beim besten Willen nicht mehr erinnern kann, was der Auslöser dafür war. Die Sache endete darin, dass ich zum Direktor ging, mich über sie beschwerte und schlussendlich als der Sündenbock dastand. Mein Direktor empfahl mir daraufhin, mich bei meiner Lehrerin zu entschuldigen, ansonsten könnte ich mir, sollte es erneut zu einem solchen Zwischenfall kommen, in der Direktion meine Abmeldung von der Schule holen. Ich habe mich nicht entschuldigt, die Sache blieb für mich ohne Konsequenzen."[913]

Relativ harmlos verlaufen Konfliktsituationen im heutigen Schulalltag normalerweise, wenn ein guter Schüler in Auseinandersetzung mit bestimmten Lehrkräften tritt. Diese Erfahrung machte zumindest die Vorzugsschülerin Daniela Gamperl: „Wie gesagt – ich war immer eine sehr gute Schülerin und als solche hat man es leicht, man kann kaum so etwas Schlimmes anstellen, dass man von Lehrern/innen die Gunst verliert. In der Hauptschule sowie auch später noch konnte ich immer meine Meinung sagen und gegen Ungerechtigkeiten auftreten, die mich störten, ohne mich fürchten zu müssen, dass mir irgendjemand böse war bzw. mir schaden konnte und so konnte ich ohne Angst mit Lehrern diskutieren und das sagen, was mir nicht passte."[914]

---

[912] Hedwig Wiesner, geb. 1923, Ärztin im Ruhestand
[913] Frau, geb. 1981, Studentin
[914] Daniela Gamperl, geb. 1982, Studentin

Insgesamt lässt sich auf Grundlage der Berichte sagen, dass es früher so gut wie gar nicht zu gröberen Konflikten zwischen Lehrern und Schülern kam. Meist nahmen die Schüler eventuelle Ungerechtigkeiten von Seiten der Lehrkräfte wortlos hin, viele hätten wahrscheinlich gar nicht die Möglichkeit gehabt, sich erfolgreich zu wehren, v.a in ländlichen Schulen, wo der Lehrer – wie später noch genauer dargestellt wird – große Macht besaß. Etwas anders war die Situation in der Stadt, aber auch hier war es nicht üblich, dem Lehrer zu widersprechen. Dass dies dennoch vorkam, zeigt die obige Schilderung Hedwig Wiesners. Bis heute hat sich vieles geändert. So sind die Schüler heute großteils selbstbewusster, aber auch die Lehrer bemühen sich um einen kollegialen Umgang. Spannungen werden oftmals angesprochen und auf diese Weise entschärft, bevor überhaupt ein Konflikt ausbricht. Guten Schülern wird dabei häufig eine Art Vermittlerrolle zuteil. Kommt es dennoch zu offenen Auseinandersetzungen, so beschränken sich diese meist auf einzelne Schüler. Hilfe finden diese immer weniger in der meist ohnehin gespaltenen Klasse, sondern zunehmend bei anderen Lehrkräften. Vor groben Grenzüberschreitungen (Beschimpfungen etc.) wird dabei – im Gegensatz zu früher – oft nicht Halt gemacht.

Neben derartigen Negativbeispielen gibt es natürlich auch Lehrer-Schüler-Beziehungen, die wegen ihrer positiven Seiten besonders hervorstechen. Von einer wirklich gut funktionierenden Zusammenarbeit zwischen Lehrern und Schülern kann etwa Josef Steinbichl berichten. Das Verhältnis zwischen ihm und seinen Lehrern war für die damalige Zeit und besonders für das Linzer Petrinum überraschend locker, auch konnten sich die Schüler „Ehrlichkeiten" erlauben, die anderswo vielleicht andere Konsequenzen nach sich gezogen hätten, hier aber vom Großteil der Lehrer akzeptiert wurden: „Eine Belohnung war auch das Verhältnis zwischen Schüler und Lehrer, dass man da eigentlich oft bei Wandertagen oder Schulveranstaltungen wirklich einen guten Kontakt gehabt hat, dass man auch privat plaudern hat können. Also, ich hab das häufig erlebt, insofern, weil ich ja die ganze Schule lang die Fotoentwicklung gemacht habe. Da waren wir zu zweit und die Professoren sind gekommen und haben die Filme gebracht, dadurch hat man auch persönlich ein bisserl geplaudert über ihre Verhältnisse. Das war oft so arg [lacht]: ‚Herr Professor, das ist eine hübsche Frau, die müssen Sie heiraten.' Nein, die waren nicht so abgehoben [...] das hab ich positiv gefunden, das war schön. [...] In unsere Klasse war eine ganz ausgezeichnete Gemeinschaft, es gibt auch manche Sachen, die nicht ganz gepasst haben, aber im Großen und Ganzen haben wir recht zusammengehalten und manche Professoren waren froh, wie wir weg waren. Weil wir einfach zu ehrlich waren zu den Professoren. Wir haben denen gesagt ‚Das taugt.' oder ‚Das taugt nicht.' Für die damalige Zeit war das eigentlich ziemlich ungewöhnlich, dass man so ehrlich ist, dass man einfach manches sagt – auch das Positive. Das war ja auch das Gute, nicht, dass dann die Gemeinschaft funktioniert hat zwischen Schüler und Lehrer."[915]

Dass Lehrer nicht nur – wie soeben geschildert wurde – die Fähigkeit haben müssen, konstruktive Kritik anzunehmen, sondern auch genügend Verständnis für die Probleme ihrer Schüler aufbringen sollten, um eine gute Beziehung zu diesen herstellen zu können, zeigen die Erzählungen Hedwig Wiesners. Einige ihrer Professoren verstanden es ausgezeichnet, gegenüber den pubertierenden Mädchen den richtigen Ton anzuschlagen. Die gelungene Mischung aus Toleranz, Humor, Verständnis und Strenge ist der jetzt pensionierten Ärztin noch in guter Erinnerung. Besonders mochte sie ihre Biologie- und Mathematiklehrerin, die mit den Begleiterscheinungen des Entwicklungsalters gut umgehen konnte: „Sie kennen das Kicheralter sicher – Sie werden auch einmal im Kicheralter gewesen sein – und da haben wir über etwas Blödes so gelacht, dass wir nicht mehr aufhören konnten während der Stunde zu lachen und da... ich weiß noch, ich hab einen Tuschfleck gemacht und hab zu meiner Freundin gesagt: ‚Schau, was ich da getrickst habe.' statt ‚getrieben' und über das ‚getrickst' haben wir uns deppert gelacht – naja und da hat die Lehrerin nur gesagt: ‚Wisst ihr was, geht hinaus vor die Tür, tut ein paar Mal laut lachen und dann kommt normal wieder herein.'"[916] Auch die Turnprofessorin, die sich vielleicht mehr auf die Seite der Mädchen schlug als erlaubt und – aus schulischer Sicht – förderlich war, erfreute sich großer Beliebtheit. So sah sie etwa bei der Matura über die Schummelversuche der Mädchen hinweg: „Und dann kam die Turnprofessorin, um aufzupassen, hat den ‚Völkischen Beobachter' genommen und ward nicht mehr gesehen. Das war so typisch, nicht? Sie hat selber eine Tochter gehabt, die ein bisserl jünger war als wir, sie hat nämlich genau gewusst: ‚Wenn wir schwindeln wollen, das ist ja doch wurst, um Gottes Willen.' [...] Für mich eine gute Professorin, die genau weiß, dass geschummelt wird und nicht herumgeht und so schaut: ‚Was, du schwindelst?' Das hat keinen Sinn. So kann man nicht junge Leute auf irgendetwas bringen. [...] Wir haben sie wahnsinnig gern gehabt."[917] Auch unter den Lehrern ihrer Kinder gab es solche, die viel Verständnis für die Wirren Pubertierender aufbrachten: „Meine Tochter, die auch in der Wenzgasse war, da waren in einem Jahr fast lauter ‚Sehr gut' in der Klasse, also noch und noch gute Noten und ein Jahr darauf war es entsetzlich. Und alle Professoren haben sich schrecklich aufgeregt darüber bis auf einen sehr intelligenten Englischprofessor, der mir sagte: ‚Ich weiß nicht, warum sich die alle aufregen. Es ist jedes Jahr dasselbe, zu einem gewissen Zeitpunkt spinnen sie alle. Und das ist normal, bitte.' Und der ist auch mit den Mädels sehr gut ausgekommen. [...] Dass ausgerechnet ein Mann auf die Idee kommt, dass Mädchen in

---

[915] Josef Steinbichl, geb. 1937, Hauptschuldirektor im Ruhestand
[916] Hedwig Wiesner, geb. 1923, Ärztin im Ruhestand
[917] Hedwig Wiesner, geb. 1923, Ärztin im Ruhestand

einem gewissen Alter spinnen und auch nicht mehr lernen, nicht weil sie zu faul sind, sondern weil sie überhaupt mit ihren Hormonen durch die Gegend rasen, nicht, also…"[918]

Eine Schüler-Lehrer-Beziehung, die über den Unterricht hinausging, bauten zwei Lehrerinnen von Maria Pregartner zu ihren Schülerinnen auf: „Über allem stand die gute Fürsorge und Mühe unserer beliebten Erzieher. Wir, die wir im Ortskern wohnten, hatten natürlich die engeren Beziehungen zu den jeweiligen Lehrerinnen. Tante Hansi, so nannten wir sie meistens, lud uns manchmal zu einem Spielenachmittag mit Kakaojause ein. Eine andere, Vorstand der dritten Klasse, mochten wir sehr gerne wegen der gemeinsamen Spaziergänge, auf denen wir auch Kopfrechnen übten."[919]

Nicht alle Schüler machten die Erfahrungen mit derart herzlichen Lehrer-Schüler-Beziehungen. Eva Mark etwa meint über ihre Schulzeit im Realgymnasium: „Der Respektabstand zwischen Schülerinnen und Professoren war oft ziemlich stark ausgeprägt. Unsere Lateinprofessorin brachte es einmal auf den Punkt, als sie meinte: ,Aeolus war eigentlich kein richtiger Gott, eher eine Art Klassenvorstand unter den Winden.'"[920] Da sie diese Distanz als sehr störend empfand, legt die heutige Lehrerin selbst auf ein gutes Verhältnis zu ihren Schülern besonders großen Wert. Veränderungen habe es dabei im Laufe ihrer Dienstzeit kaum gegeben: „Wesentlich hat sich mein Verhältnis zu den Kindern im Laufe der Dienstzeit nicht geändert. Anfangs fühlte ich mich als ältere Freundin (so wurde ich von einer Schülerin charakterisiert), später als Tante, jetzt eher als ,flotte Oma'."[921]

Für Josef Stiftinger war es Zeit seines Lehrerdaseins stets am wichtigsten, eine funktionierende Beziehung zu den Schülern herzustellen. Dabei machte er die schöne Erfahrung, dass eine solche immer für beide Seiten fruchtbringend ist: „Wenn ein Lehrer den Schülern mit ehrlicher Nächstenliebe begegnet, entwickeln sich die Schüler gut, sie werden selbstbewusster und stärker. Es kann sein, dass sie sich dann eher kleine eher witzige Frechheiten trauen, sie schrecken aber vor argen Grenzüberschreitungen zurück, weil sie spüren, dass sie etwas verlieren könnten."[922]

Fragt man nach dem Interesse für das Privatleben der Lehrer auf Schülerseite, so stellt sich rasch heraus, dass dieses mit wenigen Ausnahmen eher recht bescheiden war. Meist beschränkte es sich auf den Familienstand der Lehrkräfte, zuweilen auch noch auf außergewöhnliche Hobbies oder Vorlieben. Einen tieferen Einblick ins Leben der Lehrpersonen erhielten nur wenige Schüler, eine davon

---

[918] Hedwig Wiesner, geb. 1923, Ärztin im Ruhestand
[919] Maria Pregartner, geb. 1928, Haushälterin im Ruhestand
[920] Eva Mark, geb. 1946, Volksschullehrerin
[921] Eva Mark, geb. 1946, Volksschullehrerin
[922] Josef Stiftinger, geb. 1938, Hauptschullehrer im Ruhestand

war Maria Bilzer, die von den ärmlichen Wohnverhältnissen ihrer Lehrerin sehr betroffen war: „Die Klassenlehrerin, Frau XY, war sehr nett und geduldig. Manchmal durfte ich ihr Hefte heim tragen. Ich habe sie bedauert, weil sie in einem so winzig kleinen Zimmer wohnen musste."[923] Überhaupt hing das Wissen über einzelne Lehrkräfte stark von Schulstandort und vom Schultyp ab – so zumindest die Erfahrung von Henriette Hartig: „Früher wusste man in den Dörfern mehr über das Privatleben der Lehrkräfte (jeder kannte jeden). In den Gymnasien änderte sich diese Gegebenheit."[924] Das bestätigt Elsa Aichmair, die als Volksschülerin schon über die Heiratssorgen ihrer Lehrerin genau Bescheid wusste: „Und die Lehrkraft, das Fräulein Lehrerin, die hat nicht heiraten dürfen. [...] Die hat zwar einen Freund gehabt, aber das war nicht erlaubt. Ja, ja, na in so einem kleinen Ort, da redet sich ja alles herum."[925] Genauso gut informiert war Emma Spindler: „Das war ein altes Fräulein, mit der war das immer so eine Geschichte. [...] Die hat keinen Mann nie gekriegt und hätte immer gerne einen gehabt, jetzt war sie halt immer launenhaft. [...] Es ist ihr halt einfach der Mann abgegangen. Bei einem Lehrer, da hat sie immer gemeint, der hätte sie mögen, aber der hat sie nicht mögen. [...] Ja, ja. Es haben die Leute ja getratscht, in so einem Ort, da erfährt man ja alles. Kinder haben ja auch Ohren gehabt, nicht? Es ist zwar eh sehr viel hinter geschlossenen Türen geredet worden: ‚Schaut, dass ihr hinaus kommt. Ihr braucht das nicht hören.' hat es geheißen, aber man hat es halt trotzdem gehört."[926] Der Großteil der Schüler gab sich aber – wie schon gesagt – mit wenigen Informationen zufrieden.

Auch heute wissen die meisten Jugendlichen wenig über das Privatleben ihrer Lehrer. Wenn, dann stehen außergewöhnliche Ereignisse oder aber Handlungen eines umschwärmten Lehrers im Zentrum der Aufmerksamkeit: „Von diesen [= den umschwärmten Lehrern] war das Privatleben von besonderem Interesse. Ansonsten, stand dieses eher im Hintergrund, außer es fand ein außergewöhnliches Ereignis wie eine Scheidung, ein Lehrer-Schüler-[Liebes-]Verhältnis oder ein ‚Ansäufnis' statt."[927] Eine Wiener Studentin glaubt, dass dies für das reibungslose Zusammenwirken von Lehrern und Schülern im Unterricht auch notwendig ist: „[Man wusste vom Privatleben der Lehrer] so ziemlich nichts. Mit manchen Lehrern sprach man natürlich außerhalb des Unterrichts. Von manchen wusste ich, ob sie verheiratet waren, Kinder hatten, wenn ja, wie viele und wie sie hießen. Sehr viel mehr Privates hatte jedoch keinen Platz, was vielleicht auch ganz gut ist. Man muss Berufliches und Privates ganz einfach trennen."[928] So sieht dies auch die ehemalige Hauptschullehrerin Irmgard Wartner: „Ich be-

---

[923] Maria Bilzer, geb. 1923, Volksschuldirektorin im Ruhestand

[924] Henriette Hartig, geb. 1924, Volksschuldirektorin im Ruhestand

[925] Elsa Aichmair, geb. 1924, Angestellte im Ruhestand

[926] Emma Spindler, geb. 1923, Postbeamtin im Ruhestand

[927] Frau, geb. 1981, Studentin*

[928] Frau, geb. 1981, Studentin

schäftigte mich viel mit ihnen [= den Schülern], wenn ich mit ihnen beisammen war, aber ich wollte auch meine Ruheplätze gewahrt wissen."[929] Als notwendig erachtet dies auch Erika Habacher. Der Volksschullehrerin ist es sehr wichtig, stets einen Platz zu haben, wohin sie sich von allem Schulischen zurückziehen kann: „Manchen Menschen ist es unverständlich, dass ich zwar während der Woche und im Schulgebäude stets für meine Schüler da zu sein versuche, aber in meiner Freizeit absolut keine Schüler in meiner Nähe wünsche. ‚My home is my castle.' Das brauche ich einfach für die Regeneration. Natürlich dürfen mich Eltern oder Schüler auch in der Freizeit anrufen, aber Besuche verbitte ich mir. Diesen Freiraum brauche ich unbedingt und es ist mir egal, wenn da jemand beleidigt ist."[930]

Zumeist blieb das Verhältnis zwischen Lehrer und Schülern außerhalb der Schule distanziert. Mit privaten Problemen wandte sich zumindest von denjenigen, die ihre Erinnerungen für diese Arbeit aufschrieben, so gut wie niemand an einen Lehrer. Konnte oder wollte man mit den Eltern nicht über seine Sorgen reden, so waren stets Freunde oder Mitschüler die ersten Ansprechpartner, bei weitergehenderen Schwierigkeiten wandte man sich gelegentlich auch an Bekannte, wie dies etwa Volkmar Strohbach tat: „Wenn ich Probleme hatte, die ich meinen Eltern nicht sagen wollte, hab ich sie eher mit den Eltern eines Freundes besprochen als mit dem Lehrer."[931] Daran hat sich auch Jahre später zur Schulzeit von Brigitte Kitzmüller nichts geändert: „Für mich war ein Lehrer nie eine Vertrauensperson, der ich private Probleme mitgeteilt hätte."[932] Wandte sich dennoch einmal jemand an einen Lehrer, so ausschließlich wegen schulischer Schwierigkeiten: „Es war nicht üblich, mit privaten Problemen zu Lehrern zu gehen. Dies bezog sich nur auf schulische Probleme, sofern diese überhaupt vorhanden waren. Die Vertrauensbasis für private Dinge war zu wenig ausgeprägt."[933] Auch heute gelten Lehrer trotz des oftmals kameradschaftlichen Verhältnisses zu ihren Schülern in der Regel nicht als ideale Ansprechpersonen, Ausnahmen davon gibt es nur wenige. Eine davon bildete die Religionslehrerin von Daniela Hienert: „Über private Probleme sprach man eventuell mit der Religionslehrerin, die war jung und nett. Aber sonst wurden sie doch eher mit Freundinnen besprochen."[934] Letzterem schließt sich eine Kollegin an: „Das Vertrauen generell zu den Lehrern war nicht sehr gegeben. Private Probleme diskutierte man entweder mit Freunden oder gar nicht."[935]

---

[929] Irmgard Wartner, geb. 1945, Hauptschullehrerin im Ruhestand
[930] Erika Habacher, geb. 1953, Volksschuldirektorin
[931] Volkmar Strohbach, geb. 1918, Baumeister im Ruhestand
[932] Brigitte Kitzmüller, geb. 1962, Tagesmutter
[933] Anna Hösl, geb. 1958, Angestellte in einer Rechtsanwaltskanzlei
[934] Daniela Hienert, geb. 1983, Studentin
[935] Frau, geb. 1981, Studentin

Trotz dieser klaren Aussagen versuchten und versuchen manche Lehrer doch immer wieder und mit wechselndem Erfolg, den Schülern bei persönlichen Sorgen mit Rat und Tat zur Seite zu stehen. Zu dieser Gruppe von Lehrern gehörte Henriette Hartig. Diese war als Volksschullehrerin – recht erfolgreich – bemüht, den Kindern auch bei außerschulischen Problemen zu helfen oder diesen einfach zuzuhören, wenn ihnen etwas auf dem Herzen lag. Auf diese Weise bildete sich eine gute Vertrauensbasis, die sich auch auf das Verhältnis zwischen ihr und den Schülern im Unterricht positiv auswirkte: „Das ist ja das Gute in der Volksschule – ich war ja immer sehr früh in der Schule und wenn die Kinder dann um meinen Tisch herumgestanden sind, dann haben die alle möglichen Sachen erzählt, die mich gar nichts angegangen sind, von zu Hause und auch intime Sachen und so und da habe ich sehr viel erfahren, was die Kinder bedrückt oder was ihnen Sorgen macht. Und wenn man dann so ein Vertrauensverhältnis aufbauen kann zwischen Kindern und Lehrer, dann kränken sie dich auch nicht, das überlegen sie sich wirklich, ob sie einen Blödsinn machen, der irgendetwas Größeres ist."[936] Nicht immer aber sind derartige Bemühungen, das Vertrauen der Schüler zu gewinnen, von Erfolg gekrönt. Das erlebte Irmgard Wartner, der es im Laufe ihrer Dienstzeit immer schwerer fiel, auf die Schüler zuzugehen: „Ich glaube, mein Verhältnis zu den Schülern hat sich nicht geändert, sie waren mir immer ein Anliegen. Aber die Frechen, Ungezogenen, die erweckten mehr und mehr Trauer und Hilflosigkeit in mir."[937]

Wie weit frühere Lehrer Einblick in die Welt ihrer Schüler hatten, hing zum einen stark von deren persönlichem Bemühen um Kontakt mit den Familien der Schüler, zum anderen auch vom Standort der Schule ab. So hatten Lehrer an Dorfschulen meist einen recht guten Eindruck davon, aus welchen Verhältnissen ihre Schüler kamen. Die Lehrer einer dörflichen oberösterreichischen Hauptschule, die Friedrich Pernkopf in den 40er-Jahren besuchte, bemühten sich ernsthaft, das Lebensumfeld ihrer Schüler kennen und verstehen zu lernen: „Ich möchte hiermit hervorheben, dass alle Hauptschullehrer mindestens einmal bei uns heroben waren und um unsere Verhältnisse wussten!"[938] Das hat sich – wie der jetzige Landwirt verbittert feststellt – seither grundlegend geändert. Heute fehlt auch in kleinen Ortschaften oft der direkte Kontakt des Lehrers zu den Familien, Verständnis für die Lebenswelt der Kinder aufzubauen, sei vielen kein Anliegen mehr: „Heute kann man das bei den Hauptschullehrern nicht mehr sagen, die machen ihre Stunden, sonst ist ihnen der Schüler egal."[939] Dass es solche Lehrer aber auch schon früher gegeben hat, geht aus anderen Berichten hervor. Nicht alle Lehrkräfte auf dem Lande waren derart mit der Bevölkerung verbunden wie die Lehrer von Friedrich Pernkopf. Das zeigt etwa der Bericht einer

[936] Henriette Hartig, geb. 1924, Volksschuldirektorin im Ruhestand
[937] Irmgard Wartner, geb. 1945, Hauptschullehrerin im Ruhestand
[938] Friedrich Pernkopf, geb. 1936, Landwirt
[939] Friedrich Pernkopf, geb. 1936, Landwirt

heute 67-jährigen Frau: „Außerhalb des Unterrichts hat er [= der Oberlehrer] mit uns nicht viel geredet. Ich glaube, er hat mit der Bevölkerung kaum Kontakt gehabt, ich habe ihn auch nie in der Kirche gesehen oder bei den kirchlichen Festen wie Fronleichnam, wo seine Frau auch dabei war. Sie stammten auch aus einem Industriegebiet. In unserer Gemeinde waren eben einfache Leute, hauptsächlich Bauern und Arbeiter. So etwas wie eine ‚höhere Schicht' gab es nicht. Bei uns daheim war er jedenfalls nie. Meine Eltern sind auch nie zum Lehrer gegangen."[940] Bei Theresia Kirchmayr herrschte ebenfalls kaum Kontakt zwischen den Dorfeinwohnern und dem Lehrer. Auf die Frage, ob der Lehrer denn gewusst hätte, wie es in den Familien zugehe, meinte sie nur: „Nein, ich glaube nicht. Bei uns ist der Lehrer nie ins Haus gekommen."[941] Obwohl auch die Lehrer Karl Schmiedingers kaum die Familien der einzelnen Schüler daheim besuchten, waren einige von ihnen sehr wohl um das Wohlergehen der Kinder auch außerhalb der Schule bemüht. Vor allem im landwirtschaftlichen Bereich, wo die geforderte Mithilfe das Erledigen von Hausübungen verhinderte, sprach so mancher ein ernsthaftes Wort mit den Erziehungsberechtigten, wenn auch nur mit mäßigem Erfolg: „Es hat schon welche gegeben, die dann zum Vater gegangen sind und dem ins Gewissen geredet haben, aber mit wenig Erfolg. Es ist schon so gewesen, dass es geheißen hat, die Eltern müssen in die Schule kommen, dass die Kinder so Zettel mit heim bekommen haben und dann hat ihnen der Lehrer halt hineingeredet: ‚Das geht nicht. Ihr müssten den Kindern wenigstens so viel Zeit lassen, dass sie Aufgabe machen können.', weil die Kinder sind heim gekommen von der Schule und gleich hinaus aufs Feld. Das war das Hauptproblem, weil die Kinder alle haben arbeiten müssen."[942] Auch die Lehrer Johann Aumayrs mischten sich bei gröberen Fällen in die Familienangelegenheiten ihrer Schüler ein, wie erfolgreich diese waren, weiß der jetzige Pensionist allerdings nicht: „Naja, es hat manches Mal – ich kann mich erinnern – jemanden gegeben, wo die Eltern auf die Kinder, sagen wir, grauslich waren. Die Lehrkräfte haben auch nichts machen können, aber sie haben vielleicht einmal geredet darüber mit den Eltern. Das hat man nicht erfahren, was da gesagt worden ist und was geredet worden ist. Aber sie haben sich schon dann irgendwie eingesetzt für die Kinder. Das ist ja auch vorgekommen, dass ein Kind bestraft worden ist, ganz umsonst, das hat es ja auch gegeben. Und wenn dann die Lehrkräfte da draufgekommen sind, haben sie sich auch erbarmt über das Kind und gesagt: ‚Das ist nicht richtig.' Da haben sie schon auch eingegriffen und haben sich mit den Eltern dann in Verbindung gesetzt. Was geredet worden ist, das hat man nicht erfahren – ist eh ganz logisch – aber das hat es schon gegeben."[943]

---

[940] Frau, geb. 1938, Landwirtin
[941] Theresia Kirchmayr, geb. 1924, Altbäuerin
[942] Karl Schmiedinger, geb. 1923, Konditor im Ruhestand
[943] Johann Aumayr, geb. 1924, Frisör im Ruhestand

Ähnliche Schilderungen von derartigen Kontakten mit den Familien fehlen für den städtischen Bereich gänzlich. Lehrer aus dem städtischen Raum und/oder an höheren Schulen zeigten anscheinend wenig Bestrebungen dahingehend, etwas über das außerschulische Leben ihrer Schüler bzw. deren Probleme und Interessen zu erfahren. Allerdings schließt Walter Schlögl die Möglichkeit nicht aus, dass Lehrer sehr wohl mit einzelnen Eltern in Kontakt getreten seien, dass dies jedoch nicht an die große Glocke gehängt worden wäre und in der städtischen Anonymität oftmals unbemerkt geblieben sein könnte: „Nein, das [= Gespräche zwischen Eltern und Lehrern] hat man öffentlich nicht ausgetragen. Aber ich könnte mir vorstellen, dass das so Aug in Aug oder privat ohne die ganze Umgebung geschehen ist. Ich könnte mir vorstellen, dass die Lehrer das getan hätten."[944]

Etwas, das es in der Schule zu jeder Zeit gegeben hat, waren bestimmte Tabuthemen – so erfolgreich gehalten wie jenes der Sexualität haben sich davon jedoch nur wenige. In der Ersten Republik war man von der heutigen Offenheit, mit der über diese Thematik nicht nur im privaten Umfeld, sondern auch in der Öffentlichkeit und hier v.a. in den Medien gesprochen wird, weit entfernt. Entsprechend überrascht es wenig, dass auch zwischen Lehrern und Schülern nie die Sprache auf Sexualität kam. Für Theresia Schauer liegen die Ursachen dafür aber nicht nur in der gesellschaftlichen Tabuisierung, sondern auch darin, dass der Eintritt in die Pubertät und somit auch das Erwachen der sexuellen Triebe erst viel später eingesetzt habe. Die Kinder zu dieser Zeit hätten sich demzufolge generell erst viel später mit dem anderen Geschlecht auseinandergesetzt, sodass gar kein Bedürfnis danach bestanden habe, über Liebe, Sexualität, Partnerschaft usw. zu sprechen: „Der Begriff ‚Liebschaften, Sexualität' war damals unter uns Schülern noch nicht so aktuell wie heute, wir waren noch richtig Kinder, auch nicht so aufgeklärt und auch nicht so stark und früh entwickelt. Den Begriff ‚Homosexualität' haben wir überhaupt nicht gekannt. Wir waren eben wirklich noch richtige Kinder."[945] Nicht ganz so unschuldig waren die Klassenkameraden von Hermine Antensteiner. Hier waren es vielleicht die zwiespältigen Gefühle der Kinder gegenüber einem gleichsam verbotenen und dennoch so interessanten Thema, die sie davor zurückschrecken ließen, mit Erwachsenen, geschweige denn mit dem Lehrer darüber zu sprechen. Sogar innerhalb der Schüler wurde nicht gerne über Sexualität geredet: „Sexualität war tabu, davon wurde ja auch von den Erwachsenen neben Kindern nicht gesprochen. Ein paar waren freilich dabei, die sich so manches erlauscht haben und dann in der Schule vor anderen mit ihrem Wissen geprahlt haben. Aber beliebt waren diese nur bei we-

---

[944] Walter Schlögl, geb. 1917, Justizbeamter im Ruhestand
[945] Theresia Schauer, geb. 1923, Pfarrhaushälterin im Ruhestand

nigen."[946] Dass die Situation in der Stadt keine andere war und man auch in den städtischen Schulen kaum offen über geschlechtliche und sexuelle Dinge sprach, wird klar, wenn Hedwig Wiesner über den Gebärmutterkrebs einer Lehrerin spricht: „Und ganz arm ist sie [= eine Lehrerin] an einem Krebs der Gebärmutter gestorben, wobei uns unsere Frau Klassenvorstand nicht vielleicht gesagt hätte, dass sie Gebärmutterkrebs... Sie konnte das Wort ‚Gebärmutter' scheinbar nicht in den Mund nehmen. Sie hat gesagt: ‚Ja, sie hat eine Blinddarmoperation gehabt.' Wir haben das natürlich nachher erfahren, aber das waren so die Zeiten, dass die eine alte Jungfer bis dorthinaus nicht sagen konnte, dass die andere eine Gebärmutter im Leibe hatte und halt an einem Krebs gestorben ist."[947] Auch Volkmar Strohbach, ebenfalls ehemaliger Wiener Gymnasiast, erlebte Sexualität noch als wahres Tabuthema: „Das Thema Sexualität und Homosexualität war zu meiner Zeit ein Fremdwort in der Schule. Der Naturgeschichtsunterricht war diesbezüglich praktisch gleich Null. Ich habe erst beim Militär die entsprechende Aufklärung bekommen."[948]

In den 70er-Jahren machte sich ausgehend von der 1968er-Generation eine zunehmende Offenheit in der Gesellschaft gegenüber der körperlichen Liebe, aber auch dem Gespräch darüber breit. Auf die Behandlung des Themas in der Schule hatte dies jedoch keine Auswirkungen. Wirkliche Hilfe in den Wirren der Pubertät war von Lehrerseite nicht zu erwarten, wurde über Sexualität gesprochen, dann erfolgte dies – wie Brigitte Kitzmüller schildert – nur am Rande und streng unter dem fachlichen Aspekt: „Das Thema Verliebtheit/Sexualität wurde nicht sehr behandelt, nur kurz in Religion und BU [= Biologie und Umweltkunde], hier aber auch nur die körperliche Entwicklung."[949] Dass diese Art der Aufklärung auf Grund ihrer vielen Tabus nicht wirklich effektiv war, berichtet Anna Hösl: „Über diese Themen [= Sexualität etc.] wurde noch nicht sehr gesprochen. Man muss bedenken, dass meine Schulzeit mindestens 30 und mehr Jahre her ist. Die Offenheit zu diesen Themen hat sich sicherlich erst in den letzten Jahren stark entwickelt. Es wurde lediglich im ‚Aufklärungsunterricht' gesprochen. Dieser erfolgte aber erst sehr spät. Ich glaube es war in der vierten Klasse Hauptschule und in der ersten Klasse Handelsschule. Zu diesem Zeitpunkt wusste jeder der Schüler bereits Bescheid, dass es ‚Männlein und Weiblein' gab."[950]

Über den richtigen Umgang mit dem Thema Sexualität, das ja einerseits noch immer extrem tabuisiert wurde, andererseits aber immer mehr öffentliche Behandlung fand, herrschte innerhalb der Lehrerschaft oftmals keine Einigkeit. Dies führte u.a. zu einer teils recht zwiespältigen Moral, die auch an einem Wie-

---

[946] Hermine Antensteiner, geb. 1928, Landwirtin
[947] Hedwig Wiesner, geb. 1923, Ärztin im Ruhestand
[948] Volkmar Strohbach, geb. 1918, Baumeister im Ruhestand
[949] Brigitte Kitzmüller, geb. 1962, Tagesmutter
[950] Anna Hösl, geb. 1958, Angestellte in einer Rechtsanwaltskanzlei

ner Mädchengymnasium herrschte, das von Erika Habacher besucht wurde. Recht kritisch betrachtet die heutige Volksschuldirektorin den Umgang der damaligen Lehrer mit der Schwangerschaft zweier Mitschülerinnen: „Einmal verschwanden an einem Samstagvormittag – in der siebten Klasse – sogar alle Mädchen aus unserer Klasse nach der zweiten Einheit, weil eine schwangere Mitschülerin in kleinstem Kreise heiratete und sich gewünscht hatte, dass wir bei ihrer Hochzeit in der Kirche singen. Wir hatten unsere Direktorin um Erlaubnis gefragt, erhielten aber eine Absage (aus moralischen Gründen, weil unsere Mitschülerin schwanger war. Fortschrittlich war unsere Direktorin, die dem Mädchen anbot, doch weiterhin die Schule zu besuchen, obwohl das damals durchaus nicht üblich war. Schwangere Mädchen sollten möglichst unauffällig aus der Schule verschwinden, das war die landläufige Meinung zu diesem Thema). Also zogen wir in der Pause in kleinen Gruppen los – damit es nicht so auffällig war – und kamen wirklich unbemerkt aus der Schule raus. Die nachfolgende Strafe – wir mussten die Stunden am Wochenende einarbeiten – war für unsere Lehrer schlimmer als für uns. Nur ein Jahr später war eine weitere Mitschülerin schwanger – die Tochter von [einem berühmten] Fernsehregisseur [...]. Sie brachte zwischen mündlicher und schriftlicher Matura ihr Baby zur Welt. Zu ihrer Hochzeit konnten wir problemlos gehen, obwohl es auch an einem Samstagvormittag war. Hatten die Lehrer dazugelernt oder war der einflussreiche Vater die Ursache?"[951] Dass jedenfalls über Sexualität auch in der recht fortschrittlichen Schule nur äußerst ungern gesprochen wurde und die Schüler ihren Lehrern an Wissen und Offenheit zuweilen einiges voraus hatten, kann Erika Habacher ebenfalls berichten: „Zum Thema ‚Sexualerziehung' hatten wir auch ein lustiges Erlebnis. In der siebten oder achten Klasse kam ein Frauenarzt [...] in die Schule, um uns ‚aufzuklären', was für die damalige Zeit äußerst fortschrittlich war. Unsere Lehrer hatten große Angst davor, wie wir wohl reagieren würden. Wenn die gewusst hätten, dass mehr als die Hälfte meiner Mitschülerinnen zu diesem Zeitpunkt keine Jungfrauen mehr waren – oder das zumindest behaupteten. Bei diesem Vortrag saß auch unsere Englisch-Lehrerin und hörte mit glühenden Ohren zu. Ein paar Mädchen wollten dem Arzt einige intime Fragen stellen und baten darum, dass die Lehrerin rausgehen solle. Sie weigerte sich – angeblich aus moralischen Gründen. Als der Arzt schon beim Weggehen war, flüsterte er uns zu: ‚Seid nicht traurig. Ich glaube, eure Lehrerin hatte die Aufklärung nötiger als ihr.' Wir mussten schallend lachen – er hatte bestimmt Recht. Diese Lehrerin war stolz darauf unverheiratet zu sein!"[952]

Auch heute bleibt das Thema Sexualität in der Schule zumeist auf den Aufklärungsunterricht in Biologie bzw. in Religion beschränkt. Mit Lehrern wird wie bei allen privaten Dingen kaum über Probleme und Fragen in sexueller Hinsicht

---

[951] Erika Habacher, geb. 1953, Volksschuldirektorin
[952] Erika Habacher, geb. 1953, Volksschuldirektorin

gesprochen. Informationen bieten Printmedien und das Fernsehen, aber auch Internet und (anonyme) Telefonberatungsstellen. Suchen Jugendliche doch das direkte Gespräch, so sind manchmal die Eltern, meist aber gleichaltrige Freunde die wichtigsten Ansprechpartner. Im Bereich der Schule ist Sexualität aber nach wie vor ein Tabuthema, wie die Aussage einer jetzigen Studentin zeigt: „Wie mit Sexualität egal welcher Auslegung umgegangen wurde, weiß ich eigentlich nicht so genau, darüber sprach man, wenn, nur mit seiner besten Freundin.“[953]

Schließlich bleibt noch die Frage nach der möglichen Aufrechterhaltung des Lehrer-Schüler-Verhältnisses über den Schulaustritt hinaus. Wie schon zu Beginn dieses Kapitels angesprochen endet die Beziehung zwischen Schüler und Lehrer nicht automatisch mit dem Schulaustritt des Schülers. Ob und wie der Kontakt zwischen den beiden Seiten aufrecht erhalten wird, hängt im Wesentlichen von der Qualität der gegenseitigen Beziehung, aber auch von anderen Faktoren ab. Generell lässt sich sagen, dass die Aufrechterhaltung des Kontakts mit bestimmten Lehrern manchen Schülern als sehr wünschenswert erscheint, wohingegen andere froh sind, endlich alles, was mit der Schule zu tun hat, hinter sich lassen zu können.
Dass manche Schüler zuerst einmal etwas Abstand zu ihren ehemaligen Lehrern brauchen, sich dann aber gerne wieder mit diesen unterhalten, hat Erika Habacher erfahren: „Im Dorf reißt der Kontakt nie ganz ab. Lustig ist es zu bemerken, dass Schüler, wenn sie die ersten Jahre in der HS oder AHS sind, nicht gerne ihre Volksschullehrerin grüßen. Da gehen sie einem lieber aus dem Weg – warum, weiß ich nicht. Sind sie aus dem Pflichtschulalter heraußen, kommen sie von selbst wieder, grüßen, freuen sich über das Interesse des Lehrers.“[954] Hält sich ein Kontakt, so beruht dieser meist auf einem gemeinsamen Interesse, das über den Unterricht hinaus eine wichtige Rolle im Leben der betreffenden Personen spielt. Dies war etwa bei einer jetzigen Studentin der Fall: „Mit einer meiner ehemaligen Musiklehrerinnen habe ich heute noch Kontakt, obwohl sie mich das letzte Mal vor zehn oder elf Jahren unterrichtete. Heute bin ich mit ihr per ‚Du‘ und sie kommt auf alle Konzerte, die ich mit meiner Band spiele. Sie ist, kann man fast sagen, eine Freundin geworden.“[955]
Eva Mark trifft ihre Lehrer nur auf Klassentreffen. Sie schätzt diese seltenen aber regelmäßigen Kontakte sehr, da sie ihr die Möglichkeit bieten, ihre Lehrer von einer ganz anderen Seite kennen zu lernen: „Von meinen Mittelschulprofessoren leben noch einige. Bei unseren regelmäßigen Klassentreffen haben wir sie ‚menschlich‘ viel besser kennen gelernt und freuen uns jedes Mal, wenn sie kommen.“[956] Obwohl nach der Schule oftmals ein besseres, in gewisser Weise

---

[953] Frau, geb. 1981, Studentin
[954] Erika Habacher, geb. 1953, Volksschuldirektorin
[955] Frau, geb. 1981, Studentin
[956] Eva Mark, geb. 1946, Volksschullehrerin

befreiteres Verhältnis zwischen Lehrer und Schüler entsteht, gibt es dennoch Reibungspunkte, die auch nach Jahren noch nicht überwunden werden können. Irmgard Wartner etwa kann auch heute noch nicht die ungerechte Behandlung einer Lehrerin vergessen: „Ich habe mit meinen ehemaligen Lehrern wenig Kontakt, aber wenn, dann guten. Nur bei einer aus der Zeit der Hauptschule habe ich es noch nicht geschafft, ihr zu ‚verzeihen' – sie war so streng mit mir und ich empfinde es noch heute als nicht gut."[957]

Für (ehemalige) Lehrer bedeutet es eine große Freude, von ihren Schülern auch nach deren Schulabschluss noch etwas zu hören. Manche erinnern sich noch nach Jahren an bestimmte Schüler. In besonderer Erinnerung ist etwa einer jetzigen Pensionistin ihre Volksschullehrerin geblieben. Diese erkannte sie – zur Überraschung der ehemaligen Schülerin – noch Jahrzehnte später: „Und diese Lehrerin: Ich komme am ersten Tag mit der Traudi [= die Tochter der ehemaligen Schülerin] in die Schule und bin hinten gestanden als Mutter am ersten Schultag und da schaut diese Lehrerin und sagt: ‚Und Sie hab ich auch unterrichtet.' ‚Mich? Nie.' hab ich gesagt. ‚Oja', hat sie gesagt, ‚ich werde Ihnen gleich sagen, wer noch aller mit Ihnen in die Klasse gegangen ist.' Dann zählt sie mir also tatsächlich ein paar Namen auf von Mitschülerinnen, sodass ich sage: ‚Wie gibt es das?' Da sagt sie: ‚Naja, drüben in Hietzing.' Da war sie drüben in Hietzing an der Schule – eine vierte Klasse. Und das stimmt [...], natürlich hat es gestimmt."[958] Für die Lehrer bringen die Kontakte nach der Schulzeit nicht nur die Gelegenheit mit sich, sich ehrliches Feed-Back zu holen – viele ehemalige Schüler sind unbefangener in ihrem Urteil, wenn sie nicht mehr das Gefühl haben, von den Lehrkräften in irgendeiner Form abhängig zu sein – sie erhalten auch die menschlich wichtige Bestätigung, dass ihre Erziehungsarbeit fruchtbringend war und aus ihren Schülern etwas geworden ist. Dies schildert Maria Bilzer: „Ich freu mich, dass die Mädchen von damals, heute gestandene Mütter und Großmütter, mir noch immer zugetan sind und mich zu ihren Treffen einladen."[959] Auch in der Aussage von Lambert Wimmer wird eine große Freude spürbar: „Ich habe bis jetzt mit früheren Schülern sehr, sehr guten Kontakt. Mit einer Gruppe hier in Wien treffe ich mich jeden Monat einmal, mit einer größeren Gruppe einmal im Jahr in Katzelsdorf, wo unser Gymnasium eben ist. Und so bin ich noch immer in Kontakt und freue mich, dass aus vielen von den Schülern – wenn sie auch nicht Priester geworden sind und auch nicht in den Orden eingetreten sind – dass ganz hervorragende Menschen aus ihnen geworden sind, die das, was damals in der Erziehung in sie hineingelegt wurde, wirklich in ihrem Leben verwirklicht haben."[960] Eine schönere Bestätigung für ein geglücktes Lehrer-Schüler-Verhältnis gibt es wohl kaum.

---

[957] Irmgard Wartner, geb. 1945, Hauptschullehrerin im Ruhestand
[958] Frau, geb. 1923, Architektin im Ruhestand
[959] Maria Bilzer, geb. 1923, Volksschuldirektorin im Ruhestand
[960] Lambert Wimmer, geb. 1916, Pater und ehemaliger Lehrer und Erzieher

Eltern – Schule

Zu guter Letzt soll nun auf das Verhältnis der Eltern zur Schule und den dort agierenden Personen eingegangen werden. Bereits durch die Schulwahl, bei der den Eltern in den meisten Fällen die ausschlaggebende Entscheidung zukommt, beeinflussen sie nicht nur die Laufbahn ihres Kindes, sie setzen sich auch das erste Mal bewusst in ihrer Rolle als Mutter und Vater mit der Institution Schule auseinander. Die Schwierigkeiten und Beweggründe, die in einem solchen Entscheidungsprozess eine Rolle spielen, sollen im ersten Teil der folgenden Ausführungen Behandlung finden. Des Weiteren wird der Frage nachgegangen, inwieweit Eltern Interesse am Schulgeschehen zeigen und auf welche Weise sie ihre Kinder unterstützen. Es wird sich zeigen, dass die Antworten auf diese Frage nicht unwesentlich von der jeweiligen Zeit, über die berichtet wird, und von der Arbeitssituation der Eltern abhängen. Dass der Schuleintritt eines Kindes oftmals die erste länger andauernde Trennung von den elterlichen Bezugspersonen bedeutet und entsprechende Reaktionen hervorrufen kann, ist Thema eines eigenen Abschnitts. Schließlich wird in einem größeren Teilkapitel auf das Verhältnis zwischen Lehrer und Eltern eingegangen. Wie an Hand von Zitaten dargelegt werden wird, hat sich dieses in den letzten Jahrzehnten stark gewandelt. Konnte früher fast ausschließlich der Lehrer darüber bestimmen, was in der Klasse zu geschehen habe, so mischen sich heute die Eltern viel mehr in den Lern- und Erziehungsprozess ein, was einerseits Konflikte entstehen lässt, andererseits aber auch in eine fruchtbringende Zusammenarbeit münden kann.

Eltern in der Zeit der Ersten Republik, aber auch der unmittelbaren Nachkriegszeit konnten die Schule für ihre Sprösslinge oftmals nicht so frei wählen, wie dies heute der Fall ist. Vor allem am Land gab die große räumliche Entfernung zu den nächstgelegenen Hauptschulen und Gymnasien oft den Ausschlag dafür, das Kind die Schulpflicht ausschließlich in der Volksschule absolvieren zu lassen. Anna Plöckingers Eltern z.B. erwogen sehr wohl, ihre Tochter in eine Hauptschule zu schicken, schließlich entschieden sie sich aber gegen den weiten Schulweg: „Es gab ja keine Fahrgelegenheit. Und im Winter, wenn der Schnee gelegen ist, wie wäre ich denn da [= in die Hauptschule] hingekommen?"[961] Neben den großen Entfernungen waren es in erster Linie finanzielle Probleme, die den oft mit hohen Kosten verbundenen Besuch einer weiterführenden Schule verhinderten. Vor allem Mädchen, bei denen ein höherer Schulabschluss nicht als unbedingt notwendig erachtet wurde, wurden Opfer der tristen finanziellen Situation ihrer Eltern. Dies war u.a. bei Emma Spindler der Fall, wo die Arbeitslosigkeit ihrer Eltern alle Hoffnung auf schulische Weiterbildung zunichte machten: „Ich habe geweint, wie ich aus der Schule herausgekommen bin. Ich

---

[961] Anna Plöckinger, geb. 1922, Altbäuerin

wollte ja noch so gerne weitergehen, aber es waren damals diese schweren Arbeitslosen-Zeiten und da haben es sich meine Eltern... Meine Brüder haben gehen dürfen und ich nicht. Weil damals hat es geheißen, die Buben müssen einmal eine Familie ernähren und eine Frau muss eh nur kochen können usw. ‚Und dein Zeugnis genügt eh', haben sie gesagt."[962] Daran konnte auch das gute Zureden der Lehrkräfte nichts ändern: „Die Lehrer sind eh zu meiner Mutter gegangen und haben gesagt, sie soll schauen, dass wir ein Stipendium kriegen für mich, aber sie hat gesagt: ‚Das nutzt nichts, wenn ich sie dann [wegen Geldmangels] wieder herausnehmen muss.'"[963] Überhaupt wurde v.a. in der landwirtschaftlichen Bevölkerung höhere Bildung bei Mädchen oftmals als Verschwendung betrachtet. Hermine Antensteiner etwa meint: „Ich durfte von meinem Vater aus nicht in die Hauptschule gehen. Er war der Ansicht, ich muss sowieso Bäuerin werden und dazu bräuchte ich keine Hauptschule. Daran war nicht zu rütteln."[964] Genauso spielte es sich bei Theresia Kirchmayr ab: „Und bei mir hat es halt geheißen: ‚Du bleibst eh bei der Landwirtschaft.' und dann hat mich halt meine Tante geholt [...] Die hat einen Bauernhof gehabt. [...] Es war gar nie die Rede, dass ich einmal was anderes gemacht hätte."[965] Die Enttäuschung darüber war Anlass genug, es bei den eigenen Kindern anders zu machen: „Die, die studieren wollten, haben das eh tun können und die anderen eben weniger. Ein jedes hat das wählen können, was ihm am besten gelegen ist."[966]
In der Stadt standen den Kindern da schon weit mehr Möglichkeiten für die Gestaltung ihrer Schullaufbahn offen. Für viele Mädchen aus bürgerlichen Familien galt es als selbstverständlich, ein Gymnasium zu besuchen, wie etwa Hedwig Wiesner[967] berichtet. Die Schulwahl trafen aber auch in der Stadt vorwiegend die Eltern. Das war u.a. bei Walter Schlögl der Fall, der nach der Volksschule zu den Wiener Sängerknaben kam: „Das [= entscheidend bei der Schulwahl] war eigentlich überwiegend meine Mutter, aber der Vater war sicher auch dabei. Und dann waren damals so Annoncen immer wieder alle Jahre, dass Singprüfungen waren, dass sie die Stimme einigermaßen haben und dass sie ihr Lied gescheit singen können usw. Und das war bei mir gleich in der Nachbarschaft, also war es selbstverständlich fast, dass ich dort auch hinüber gehe."[968]
Kam man vom Land, so fielen – wie ja schon gesagt – hohe Kosten an. Man musste nicht nur Schulgeld, sondern auch einen Internatsplatz oder später dann teure Verkehrsmittel bezahlen – für viele eine unüberwindbare finanzielle Hürde, wie eine jetzige Pensionistin zu berichten weiß: „Bei vielen meiner Mitschü-

---

[962] Emma Spindler, geb. 1923, Postbeamtin im Ruhestand
[963] Emma Spindler, geb. 1923, Postbeamtin im Ruhestand
[964] Hermine Antensteiner, geb. 1928, Landwirtin
[965] Theresia Kirchmayr, geb. 1924, Altbäuerin
[966] Theresia Kirchmayr, geb. 1924, Altbäuerin
[967] Hedwig Wiesner, geb. 1923, Ärztin im Ruhestand
[968] Walter Schlögl, geb. 1917, Justizbeamter im Ruhestand

ler scheiterte der Besuch der Hauptschule an den hohen Kosten für die Monatskarte für die ÖBB und die Wochenkarte für den Postbus."[969] Der Notwendigkeit eines Heimplatzes versuchte man so lange wie möglich zu entgehen, wie Karl Schmiedinger berichtet: „Mein Bruder z.B. hat die Volksschule in Viechtwang gemacht, hat die Hauptschule in Gmunden gemacht und nach vier Jahren Hauptschule ist er übergewechselt in das Gymnasium nach Kremsmünster. Weil Kremsmünster hätte sich mein Vater gar nicht leisten können die ganze Zeit. Die sind in der Hauptschule noch gegangen. Da war es noch leichter. Da hat er nur das Internat zahlen müssen, aber in Kremsmünster, da war das dann schon entschieden teurer im Gym und im Internat."[970] Für den zweiten Buben reichte das Geld dann nicht mehr, er wurde auch nicht lange nach seinen Ausbildungswünschen gefragt: „Mein Vater hat mir uns gar nicht debattiert über solche Sachen. Das ist verfügt worden. Das war damals so: ‚Das tust du.' usw. Es hat sich dann herausgestellt, dass ich weiterhin nicht ins Gym gehen kann usw., weil inzwischen mein Vater finanziell am Sand war. Weil das Geschäft immer schlechter gegangen ist und dann hat er den Ausgleich angemeldet. Jetzt hat es dann geheißen: ‚Du nimmst einen Lehrberuf.' Hat mir auch nicht geschadet."[971] Glück hatte hingegen der ebenfalls aus ärmlichen Verhältnissen stammende Lambert Wimmer, der durch die Mithilfe eines wohlhabenden Landwirts und das Entgegenkommen des Schulinhabers ein Gymnasium besuchen konnte. Dennoch waren auch die ermäßigten Ausgaben für die Schule noch hoch und bildeten für die Eltern eine extreme finanzielle Belastung: „Ich hatte das große Glück, dass ich – woran ich sonst ja nie denken konnte – ins Gymnasium gehen konnte. Ein gut situierter Bauer hat mir geholfen, weil es darum ging, in einem Ordensgymnasium in Katzelsdorf bei Wiener Neustadt zu studieren. Dieses Gymnasium war ganz auf den Ordensberuf ausgerichtet. Und es gab für meine Eltern eine sehr große Ermäßigung, aber meine Eltern waren Taglöhner und mussten das Geld für uns sieben Kinder schwer verdienen bei den Bauern und so war es ihnen wahrlich nicht leicht, das Geld aufzubringen für mein Studium. Es war noch gut, dass ein Bauer, bei dem sie oft im Tagwerk waren, das Geld vorgestreckt hat und wenn sie am Ende des Monats wieder verrechnet hatten, war herzlich wenig für sie selber übrig geblieben, weil sie ja meine monatlichen Rechnungen bezahlt haben mussten."[972] Die meisten seiner Klassenkameraden stammten aus ähnlichen ärmlichen Verhältnissen, was die Gemeinschaft innerhalb der Schülergruppe förderte: „Wir haben gelernt, bescheiden, fast arm zu leben, denn die allermeisten (es hat nur wenige Ausnahmen gegeben) sind aus Verhältnissen gekommen, wo die Eltern sich das Studium eines Kindes hätten nicht leisten können. Aber wir sind eben zusammen gekommen aus allen Bun-

---

[969] Frau, geb. 1946, Volksschullehrerin im Ruhestand

[970] Karl Schmiedinger, geb. 1923, Konditor im Ruhestand

[971] Karl Schmiedinger, geb. 1923, Konditor im Ruhestand

[972] Lambert Wimmer, geb. 1916, Pater und ehemaliger Lehrer und Erzieher

desländern. So hatten wir also von Tirol und von Kärnten und von der Steiermark, besonders aber vom Burgenland und von Niederösterreich Schüler, die zusammengewachsen sind im Laufe der Jahre und die auch später eben gespürt haben: ich hätte nie studieren können, wenn mir nicht soviel an Geldmitteln erspart geblieben wäre."[973]

Auch die Eltern von Josef Steinbichl mussten sich dessen Gymnasiumsbesuch hart ersparen. Trotz der großen Opfer, die es kosten würde, waren sie dazu bereit, dem Wunsch des Sohnes nachzugeben: „Nach der zweiten Klasse Hauptschule in den Ferien hab ich daheim gefragt, ob ich nicht auch wie mein Bruder ins Gymnasium gehen könnte. [...] Ja, mein Bruder war dort, da hab ich mir gedacht ‚Das könnte ich auch machen.' [... Die Eltern gaben ihr Einverständnis, aber] gar so leicht war es auch nicht, weil das ja sehr viel Geld gekostet hat. Damals war das unwahrscheinlich viel Geld. Und mein Vater war Wagner und wir haben eine kleine Landwirtschaft gehabt, also war das Einkommen nicht sehr groß. Wir waren sieben Kinder, dadurch war es dann schon ein bisserl schwierig und trotzdem haben meine Eltern ‚Ja' gesagt."[974]

Dass die schwierigen Umstände, die ein solcher Schulbesuch mit sich brachte, der Wertschätzung für die gewonnene Ausbildung sicherlich nicht abträglich war, kommt in mehreren Berichten zur Sprache. So ließen etwa die große Armut und die Erfahrung, allen Besitz verloren zu haben, die Eltern der Schüler in der Lagerschule des Flüchtlingslagers 63 erkennen, welchen Wert Bildung haben konnte. Mit entsprechendem Engagement unterstützten sie daher die Ausbildung ihrer Kinder: „Diese Schüler [der Lagerschule] schlossen durchschnittlich mit guten bis sehr guten Leistungen ab. Der Grund dafür war auch die Erkenntnis der Eltern, alles Materielle verloren zu haben – nur was man gelernt hatte, konnte einem niemand mehr nehmen. Es entwickelte sich daraus ein sehr gutes Verhältnis Schüler-Lehrer-Eltern. Die Kinder wurden von den Eltern zum Üben angehalten, was in der Schule gelehrt und beigebracht wurde. So erfüllte die Schule in dieser Zeit Wissensvermittlung, aber auch Sinn und Streben zu einem besseren sozialen Status."[975]

Wie viel Wert manchen Eltern die möglichst gute Ausbildung ihrer Kinder war, zeigt das Verhalten des Vaters von Maria Bilzer, der einen gut bezahlten Arbeitsplatz aufgab, um ihr den Besuch einer Hauptschule zu ermöglichen: „Im Sommer 1935 übersiedelten meine Familie wieder einmal – diesmal nach Linz. Mein Vater hatte einen schlechter dotierten Posten auf dem Bahnhof Urfahr angenommen, damit ich bessere schulische Möglichkeiten hätte."[976]

Oftmals drängten Eltern – überzeugt von der Richtigkeit ihres Handelns – ihren Sprösslingen auch gegen deren Willen eine bestimmte Schullaufbahn auf. Die

---

[973] Lambert Wimmer, geb. 1916, Pater und ehemaliger Lehrer und Erzieher
[974] Josef Steinbichl, geb. 1937, Hauptschuldirektor im Ruhestand
[975] Henriette Hartig, geb. 1924, Volksschuldirektorin im Ruhestand
[976] Maria Bilzer, geb. 1923, Volksschuldirektorin im Ruhestand

Kinder waren – zumindest im Nachhinein – in der Regel tatsächlich zufrieden mit der Wahl ihrer Eltern. Walter Schlögl etwa ging zwar gerne zur Schule, hatte aber nach dem Eintritt ins Gymnasium Probleme, mitzukommen. Weitergemacht hat er trotzdem, v.a. weil sein Vater großen Wert darauf legte und sich das Weiterkommen seines Sohnes notfalls auch etwas kosten ließ: „Der Vater hat gesagt: ‚Natürlich bleibst du. Das nehmen wir halt alles in Kauf.' [... Mein Vater hat den Nutzen der Schule für mich] erkannt und vor Augen gehabt. Und selber hast du dir halt gedacht: ‚Siehst du, jetzt bist du da und jetzt machst du es auch schon fertig.' [...] Ich habe auch immer einen Hauslehrer gehabt, wenn ich ihn gebraucht habe.“[977] Waltraud Fahrngrubers Eltern wollten ihrer Tochter e-benfalls eine gute Ausbildung ermöglichen, was dem damals 10-jährigen Mädchen gar nicht so recht war: „Nach der vierten Volksschule verfügten meine Eltern, ich müsse in die Hauptschule gehen. Ich weigerte mich wieder, denn aus unserem Ort waren nur ca. zehn bis zwölf Kinder, die die Hauptschule besuchten. Ich wollte wie die anderen in die Fabrik gehen. Aber ich hatte keine Chance, mich durchzusetzen.“[978] Auch Jahre später gab es noch derartige Fälle. Eric Schopf etwa erzählt: „Meine Eltern wollten, dass ich in Steyr ins BRG ging, was mir auch entgegenkam, obwohl ich zuerst nach Niederneukirchen in die Hauptschule wollte – wie alle anderen auch.“[979] Auswirkungen hatte diese Entscheidung dann hauptsächlich auf das spätere Verhältnis des nunmaligen Gymnasiasten zu seinen ehemaligen Mitschülern, wie er – vielleicht nicht ganz ernst gemeint oder auch ein wenig überheblich – formuliert: „Durch den Besuch der Schule in der Stadt gingen nun die Kontakte zu den alten Schulkollegen verloren. Relativ bald hatte man sich nichts mehr zu sagen und wir ‚besseren' Gymnasiasten wurden eher schief angesehen. Schließlich war es uns vorbestimmt, die Elite des Landes zu sein. Wenige aus unserer alten Schule in Hofkirchen haben es – im Nachhinein betrachtet – geschafft, überhaupt aus Hofkirchen hinauszukommen und etwas anderes als Landwirt oder Arbeiter zu werden.“[980] Beachtet man den Nachsatz, so hat auch hier die zuerst gar nicht gern gesehene Entscheidung der Eltern ihrem Kind schließlich ein besseres Leben ermöglicht. Heute werden Entscheidungen über die Schulwahl kaum mehr über die Köpfe der Kinder hinweg getroffen. Während dies bei Brigitte Kitzmüller, die 1972 in ein Realgymnasium eintrat, noch vorwiegend der Fall war („Bei der Schulwahl hatten mich sicher meine Eltern stark beeinflusst (Gymnasium). Sie schlugen es vor und für mich passte es.“[981]), bezogen in den 80er- und 90er-Jahren so gut wie alle Eltern den Ausbildungswunsch ihrer Kinder bewusst in die endgültige Entscheidung mit ein. Sehr tolerant war hierbei etwa die Mutter einer jetzigen

[977] Walter Schlögl, geb. 1917, Justizbeamter im Ruhestand
[978] Waltraud Fahrngruber, geb. 1932, Volksschullehrerin im Ruhestand
[979] Eric Schopf, geb. 1967, Student
[980] Eric Schopf, geb. 1967, Student
[981] Brigitte Kitzmüller, geb. 1962, Tagesmutter

Studentin: „Meine Mutter legte schon großen Wert auf die Ausbildung meiner Schwester und mir, aber sie hat uns nie zu irgendetwas gedrängt oder gezwungen, was wir nicht selber wollten. Als meine Schwester nach der vierten Klasse AHS eine Lehre machen wollte, stellte sich meine Mutter ihr nicht in den Weg. Sie zwang mich auch nie dazu, die Matura zu machen oder zu studieren, sie stellte mir frei, was ich tun wollte. In dieser Hinsicht gehört sie sicher zu den eher ‚liberalen Eltern'."[982]

Dass Eltern sehr wohl ihre Kinder auch heute in bestimmter Weise bei der Wahl ihres Ausbildungsweges beeinflussen, zeigt das Beispiel Daniela Gamperls. Deren Eltern ließen ihr zwar die Wahl, machten davor allerdings ihre Präferenzen klar: „Nach der Volkschule war für mich klar, dass ich in die Hauptschule gehe, da ich noch keine Ahnung hatte, was ich später werden wollte. Meine Eltern beeinflussten mich bei der Wahl der Schule eigentlich nicht, ließen aber immer durchklingen, dass sie die Hauptschule auch aus mehreren Gründen (große Klassenschülerzahlen im Gymnasium, beide Elternteile Hauptschullehrer – spricht nicht gerade für Qualität der Schule, wenn die Kinder ins Gymnasium gehen) für die richtige Entscheidung hielten."[983]

Während eine derartige Steuerung der Eltern sicherlich gutzuheißen ist, da sie den oft noch unentschlossenen und mit der Entscheidung überforderten Kindern Orientierungshilfe bietet, gibt es heutzutage leider auch Eltern, die ihre Kinder aus verschiedenen Gründen in eine bestimmte Schullaufbahn drängen. Diese Entwicklung betrachtet Anna Hösl recht kritisch: „Oft wird die Auswahl der Schulen nicht nach den Bedürfnissen der Kinder getroffen. Die Eltern haben ein zu großes Konkurrenzdenken und glauben, ihre Kinder mit aller Macht in eine höhere Schule geben zu müssen."[984] Rudolf Stanzel denkt da ähnlich, er macht aber andere Gründe für die oft falsche Schulwahl verantwortlich. Für ihn sind es die vielen Möglichkeiten, die die Gefahr einer Fehlentscheidung erhöhen und somit die Kinder, die für den ausgewählten Schultyp nicht geeignet sind, unter großen Druck bringen: „Früher wurde von den Eltern fast weniger Wert auf die Schule gelegt als heute, jedenfalls weniger Druck auf die Schüler ausgeübt, da auch die Möglichkeiten weniger waren."[985] An diesem Punkt knüpfen die vielen Informationsabende und Beratungsgespräche für Eltern an – ob diese allerdings immer ihre Wirkung zeigen, kann angesichts der hohen Zahl an Klassenwiederholungen, Kindern mit Schulangst u.ä. wohl berechtigt bezweifelt werden.

Betrachtet man – abgesehen von der Schulwahl – das schulische Interesse der Eltern, so beschränkte sich dieses früher häufig auf das Weiterkommen ihrer Kinder; hatten diese gute Noten, so war auch daheim alles in Ordnung. Die gu-

---

[982] Frau, geb. 1981, Studentin
[983] Daniela Gamperl, geb. 1982, Studentin
[984] Anna Hösl, geb. 1958, Angestellte in einer Rechtsanwaltskanzlei
[985] Rudolf Stanzel, geb. 1926, Hauptschuldirektor im Ruhestand

ten Leistungen mussten sich die meisten Schüler jedoch selbständig erarbeiten, Hilfe von Seiten der Eltern bei Hausübungen oder Lernproblemen gab es selten. Recht typisch zeigt sich die Haltung vieler damaliger Eltern in der Schilderung von Grete und Rudolf Stanzel: „Wir wurden von den Eltern überhaupt nicht unterstützt, auch in der Volksschule nicht, wo sie bildungsmäßig dazu in der Lage gewesen wären. Angehalten zum regelmäßigen Hausaufgabenmachen schon, ein Wiederholen der Klasse war denkmäßig ausgeschlossen.“[986]

Dass es wesentlich vom Arbeitsumfeld der Eltern abhing, ob ihre Kinder mit verstärktem Interesse für das Geschehen in der Schule und v.a. mit Unterstützung beim Lernen rechnen konnten, meint Emma Spindler: „Aber gerade wie es bei den Bauern war, die haben sich wahrscheinlich nicht so Zeit genommen, die haben ihre Arbeit gehabt, alles haben sie händisch machen müssen – wissen S' eh, wie es war – da hat das Kind halt heimkommen müssen, zuerst hat es etwas zu essen gekriegt – ich weiß das von meiner Schulkollegin – und dann: ‚So, jetzt sitz dich hin und mach die Aufgabe.' Ich bin überzeugt davon, dass sie das nicht einmal angeschaut haben, ob es stimmt. Wo sich die Eltern umgeschaut haben, die haben wenigstens die Aufgabe richtig gehabt, wenn es schon in der Schule nicht ganz hingehauen hat.“[987] Bestätigt wird diese These von mehreren Berichten, etwa von dem Elsa Aichmairs, deren Eltern Landwirte waren und keine Zeit hatten, um mit ihren Kindern zu lernen. Diese Aufgabe musste die gute Schülerin für ihre Geschwister selbst übernehmen: „Meine Mutter hat auch nicht Zeit gehabt. Wir hatten eine kleine Landwirtschaft – aber nur in Pacht war das – und doch so viele Kinder dann. [...] Es hat schon geheißen oft: ‚Naja, setz dich du hin.' Die andere ist ja doch um zwei Jahre jünger gewesen. Ich weiß es gar nicht mehr... Ich habe schon viel arbeiten müssen, da mithelfen überall, das weiß ich schon.“[988] „Arbeit vor Hausübung" hieß es auch bei Friedrich Pernkopf: „Die Hausaufgaben machten wir immer ohne Mithilfe, meist erst abends, mussten ja vorher noch bei den Arbeiten am Bauernhof helfen (Vieh hüten, Obst klauben, Heu rechen, Holz tragen usw.).“[989] Etwas mehr Aufmerksamkeit erhielt eine heute 67-jährigen Frau, aber auch hier hielt sich das Interesse für die Schule sichtlich in Grenzen: „Die Hausaufgaben machte ich selbständig, meine Mutter hat sie manchmal angeschaut. Gelernt hat kaum jemand mit mir, die Schule war scheinbar nicht das Wichtigste.“[990] Maria Pregartner, die allerdings aus einer Handwerkerfamilie stammte, wurde mit ihren schulischen Erlebnissen ebenfalls alleine gelassen: „Zu Hause wurde eigentlich sehr wenig von der Schule gesprochen. Es gab weder Lob noch Tadel noch Ansporn, was wohl wichtig gewesen

---

[986] Grete Stanzel, geb. 1928, Volks- und Hauptschullehrerin im Ruhestand; Rudolf Stanzel, geb. 1926, Hauptschuldirektor im Ruhestand

[987] Emma Spindler, geb. 1923, Postbeamtin im Ruhestand

[988] Elsa Aichmair, geb. 1924, Angestellte im Ruhestand

[989] Friedrich Pernkopf, geb. 1936, Landwirt

[990] Frau, geb. 1938, Landwirtin

wäre. Man hatte genug andere Sorgen."[991] Dass die geringe Wertschätzung von schulischen Dingen nicht allein auf im landwirtschaftlichen Bereich Tätige zutraf, weiß auch Karl Schmiedinger, dessen Eltern – Kaufmann und Hausfrau von Beruf – auch kein Interesse für das schulische Weiterkommen ihres Sohnes zeigten: „Sie, ich werde Ihnen sagen, meine Eltern sind überhaupt nicht dahinter gestanden. Mein Vater war Gemeinderat, war beim Gesangsverein, war bei der Musik, war bei der Feuerwehr, war bei der Vaterländischen Front. Der war keinen Abend daheim. Meine Mutter hat das Geschäft gehabt, weil der Vater da ja nicht da war. Und ob ich eine Aufgabe mache oder nicht, das war ihnen ziemlich wurst. Mein Vater hat nur Acht gegeben, dass ich eine Stunde Violine spiele, das schon, aber sonst... Meine Hausübung hab ich meistens im Wirtshaus gemacht. Meine zwei Freunde waren Söhne von einem Gasthaus und da haben wir im Nebenzimmer Ruhe gehabt, weil da ist eh unter der Woche nichts los gewesen. Da haben wir dann gemeinsam Aufgabe gemacht. Daheim hab ich gar keine Ruhe gehabt. Weil meine Mutter hat immer eine Arbeit gewusst für mich, der war das ziemlich wurst, ob ich Aufgabe mache oder nicht..."[992]

Neben Eltern, die zumeist selbst kaum mit ihrer eigenen Arbeit fertig wurden und daher für die Schule keine Zeit hatten oder solchen, bei denen andere Sorgen das Interesse für alles Schulische zudeckten, gab es auch jene, die ihren Sprösslingen durchaus in Schulfragen helfend zur Seite standen. Meist waren es Hausfrauen oder ältere Familienangehörige, die auch schon während der Ersten Republik die Zeit aufbringen konnten, um ihren Kindern beim Lernen zu helfen. Maria Bilzer berichtet etwa davon, dass sie beim Stricken große Schwierigkeiten hatte, bei denen ihr auch die alte Handarbeitslehrerin nicht weiterhelfen konnte. Hier sprang die Großmutter helfend ein: „Ich war sehr glücklich, als mir meine Großmutter beibrachte, wie man beim Stricken eine ‚heruntergefallene' Masche wieder auffangen kann."[993] Und auch Theresia Schauer erzählt: „Zu Hause musste die Hausaufgabe gemacht werden und mit uns daheim hat auch noch die Mutter gelernt."[994] Theresia Kirchmayrs Mutter schaffte es ebenfalls, die Arbeit im Haushalt und das Lernen mit ihrer Tochter gut unter einen Hut zu bringen: „In Rechnen bin ich nicht gar so gut gewesen, da hab ich meine Mutter gebraucht zu der Hausübung hie und da. Die haben wir meistens eh nur gehabt übers Wochenende. Und das weiß ich noch, da bin ich halt dann zu der Mutter gegangen am Sonntagvormittag, wenn sie gekocht hat und dann hab ich sie gefragt, wie ich das und das schreiben muss."[995]

In der Zeit nach dem Zweiten Weltkrieg hat die Aufmerksamkeit, die Eltern ihren Kindern in Bezug auf schulische Dinge widmeten, wohl auch bedingt durch

[991] Maria Pregartner, geb. 1928, Haushälterin im Ruhestand
[992] Karl Schmiedinger, geb. 1923, Konditor im Ruhestand
[993] Maria Bilzer, geb. 1923, Volksschuldirektorin im Ruhestand
[994] Theresia Schauer, geb. 1923, Pfarrhaushälterin im Ruhestand
[995] Theresia Kirchmayr, geb. 1924, Altbäuerin

ein Mehr an Freizeit kontinuierlich zugenommen. Hilfe bei der Hausübung oder zumindest deren Kontrolle, das Erstellen von Lernplänen sowie das Abprüfen vor Tests und Schularbeiten gehörten immer mehr zum Familienalltag. Wie sehr das Interesse der Eltern an ihren Kindern und hier natürlich auch an deren Schulleben aber auch jetzt noch von den familiären Verhältnissen abhing, zeigt die Schilderung Anna Hösls. Diese war bei schulischen Entscheidungen und Problemen auf sich gestellt, was in der Schule geschah, kümmerte niemanden, „da mein Vater frühzeitig verstorben war und meine Mutter kein Interesse hatte und ich bei meiner Schwester aufwuchs, die selbst andere Probleme hatte"[996]. Wie sie mit dieser Situation umging bzw. welche Sorgen und Belastungen die fehlende Anteilnahme für sie bedeuteten, darüber schreibt die heute 47-jährige leider nichts.

Eine andere Ausnahmesituation erlebte Brigitte Kitzmüller. Da sie in der Volksschule von ihrem eigenen Vater unterrichtet wurde, musste die Mutter die Rolle der Eltern einnehmen, der Vater hingegen schloss, um etwaige Ungerechtigkeiten zu vermeiden, alles, was mit Schule und Unterricht zusammenhing, so gut es ging aus dem Vater-Tochter-Verhältnis aus: „Ich hatte meinen Vater als Lehrer, da es nur ihn gab. Damals war es für mich ganz normal, ihn in der Schule mit ‚Herr Lehrer' anzusprechen und zu Hause mit ‚Papa'. Die Tests und Schularbeiten unterschrieb Mama. Ich hatte nie das Gefühl, bevorzugt zu werden (eher das Gegenteil), er sprach auch nichts wegen der Schule mit mir (wusste nicht mehr als die anderen Schüler)."[997] Hilfe beim Lernen gab es hauptsächlich von Seiten der Mutter: „Sie [= die Eltern] zeigten Interesse, was in der Schule war – hauptsächlich Mama. Sie halfen mir bei der Hausübung, falls ich etwas nicht konnte (Volksschule, erste Klasse Gymnasium). Mama prüfte mich öfters den Teststoff ab."[998]

Heute bemühen sich die meisten Eltern, ihre Kinder zu dem zu erziehen, was in der Zeit der Ersten Republik als selbstverständlich galt, nämlich zum eigenständigen Arbeiten und Lernen. Im Gegensatz zu früher können viele Kinder heute aber damit rechnen, bei eventuell auftretenden Problemen bzw. Organisationsschwierigkeiten Unterstützung von ihren Eltern zu erhalten. Dies war z.B. bei Astrid Hösl der Fall, die eine relativ intensive, wenn auch auf Selbständigkeit abzielende Lernbetreuung erhielt: „Mit den Hausübungen half mir teilweise meine Mutter. In der ersten Klasse übte sie jeden Tag mit mir lesen, schreiben und rechnen. Vor allem das Lesenüben genoss ich sehr, da sie aus der Bücherei in Krems immer wieder sehr interessante Bücher (v.a. von Christine Nöstlinger) für mich ausborgte. Aus diesen Büchern las ich meiner Mutter dann immer vor. Ab der zweiten Klasse war ich bei den Hausübungen bereits etwas auf mich al-

---

[996] Anna Hösl, geb. 1958, Angestellte in einer Rechtsanwaltskanzlei
[997] Brigitte Kitzmüller, geb. 1962, Tagesmutter
[998] Brigitte Kitzmüller, geb. 1962, Tagesmutter

leine gestellt. Natürlich kontrollierte meine Mutter weiterhin meine Hausübungen und überprüfte auch, ob ich alles gemacht hatte. Allerdings vertrat sie bereits die Auffassung, dass ich bereits etwas Verantwortung dafür übernehmen sollte, dass ich immer meine Schultasche gepackt und immer meine Schulsachen erledigt hatte. Dafür bin ich ihr sehr dankbar, da ich dadurch bereits früh selbständig wurde."[999] Leider gibt es auch heute Eltern, die der Schule keine große Bedeutung beimessen. Das fehlende Engagement dieser Eltern jedoch liegt in den seltensten Fällen in der hohen Arbeitsbelastung und der geringen Freizeit begründet, viel mehr ist es gerade – wie die Hauptschullehrerin Anita Gösweiner feststellen musste – der Freizeitstress, der das Schulische oftmals auf den zweiten Rang verweist: „Leider sind sehr, sehr viele Eltern nicht mehr bereit, zu Hause mit ihren Kindern täglich kurz zu üben. Spaß und diverse Events haben Vorrang!"[1000]

Heute haben Kinder, wenn sie in die Schule eintreten, in der Regel bereits Erfahrung mit verschiedenen Institutionen wie Horten, Kindergärten, Tagesmüttern usw., wo sie ohne ihre Familie täglich mehrere Stunden verbringen. Früher hingegen wuchsen die meisten Kinder mit ihren Geschwistern daheim auf, betreut von ihrer Mutter oder anderen Familienangehörigen. Der Schuleintritt bedeutete somit für viele dieser Schüler die erste zeitlich relativ lange Trennung von daheim und von den Eltern. Während die einen diesem ersten Schritt ins selbständige Leben entgegenfieberten und sich schon monatelang auf die Dinge freuten, die sie in der Schule erwarten würden, sahen andere dem Schulanfang mit einem unguten Gefühl entgegen. Walter Schlögl, der Anfang der 20er-Jahre in die Volksschule kam, konnte sich zuerst gar nicht mit der neuen Situation anfreunden: „Der erste Schultag? [...] Ja, ein Körberl mit einer Jause drinnen und ein bisserl besser angezogen als im Park usw., die Mutter mit, die wollte sich verabschieden und es war nichts mehr zu tun, nichts mehr. Ich bin wieder mit ihr nach Hause gegangen, nichts mehr zu machen. Naja, jeden Tag halt wieder. Und nach zwei, drei Tagen hat es sich dann halt gelegt."[1001]
Maria Fessl konnte es gar nicht erwarten, in die Schule gehen zu dürfen, dennoch brauchte auch sie eine Weile, bis sie sich an die neue Situation gewöhnt hatte: „Meine Schulzeit begann im September 1957 mit dem Eintritt in die erste Klasse Volksschule. Das war die erste große Veränderung in meinem Leben, ein neuer Lebensabschnitt. Der erste Schultag war besonders aufregend, denn ich war neugierig auf die vielen fremden Kinder. Mit Spannung erwarteten wir die Vorstellung unserer Lehrerin. Nachdem sich das anfängliche Heimweh gelegt

---

[999] Astrid Hösl, geb. 1983, Studentin
[1000] Anita Gösweiner, geb. 1953, Hauptschullehrerin
[1001] Walter Schlögl, geb. 1917, Justizbeamter im Ruhestand

hatte – es war das erste Mal, dass ich allein von zu Hause wegbleiben musste –
fand ich Gefallen am Lernen und der Schule."[1002]

Auch die anfängliche Weigerung der kleinen Waltraud Fahrngruber wich bald
einer großen Schulbegeisterung: „Der erste Schultag war für mich ein gewaltiger
Schrecken. Ich wehrte mich mit Händen und Füßen, mit Weinen und Zornes-
ausbrüchen, das Klassenzimmer zu betreten. Meine Mutter und die Lehrerin, die
jung und nett war, mussten viel Überredungskunst und gutes Zureden aufwen-
den, um mich zu beruhigen. Ich ging dann aber sehr gerne zur Schule und es
machte mir Freude."[1003]

Dass sicherlich nicht (nur) – wie man nun vielleicht meinen könnte – ein bestimmter, auf sehr enge Bindung abzielender Erziehungsstil der Eltern an solchen Reaktionen Schuld war, sondern viel mehr die persönliche Veranlagung
der Kinder, zeigt die Schilderung von Hedwig Wiesner, deren Schwester ganz
anders auf die Trennung von daheim reagierte als sie: „Ja, eigentlich [bin ich]
schon immer [gerne zur Schule gegangen], schon von der Volksschule an – im
Gegensatz zu meiner Schwester, die nur geheult hat, das erste Jahr nur geheult
hat. Meine Mutter musste vor der Tür sitzen, sonst wäre sie nicht in die Schule
gegangen. Also ich bin immer gerne gegangen, wobei ich nicht eine super Schülerin war."[1004]

Die heute – wie schon angesprochen – meist zur Regel gewordenen Kindergar-
tenjahre, die dem Schuleintritt vorausgehen, lassen viele der Schwierigkeiten,
die bei der ersten Trennung von den Eltern auftreten, schon ein paar Jahre früher
in Erscheinung treten. Dennoch verlaufen auch heute die ersten Tage und Wochen in der Volksschule nicht immer problemlos, wie eine Studentin zu berichten weiß: „Ich weiß noch ganz genau, dass ich total am Boden zerstört war und
geheult hab, weil ich nicht so lange von meiner Mutter getrennt sein wollte. Diese ‚Mätzchen' führte ich auch schon im Kindergarten fast täglich auf."[1005]

Zuweilen gibt es auch beim Übertritt in weiterführende Schulen, wo oftmals ein
ganz anderes Umfeld herrscht als in der Volksschule, unerwartet Probleme. Sehr
selbstbewusst etwa ging eine jetzige Studentin ihrem ersten Tag im Gymnasium
entgegen, „erwachsen" wie sie war, wollte sie ihre Eltern nicht dabei haben.
Diese Entscheidung hat sie später bereut: „Ich bestand darauf, schon am ersten
Tag alleine mit dem Bus zur Schule zu fahren. Es war schwierig für mich, mich
in Admont zurechtzufinden, da ich zuvor noch nicht vor Ort war. [...] Leider
musste ich auch feststellen, dass ich die Einzige war, die alleine gekommen ist.
Diese Erkenntnis trug leider überhaupt nicht zu einem besseren Gefühl bei, im
Gegenteil, meine Situation verschlechterte sich, bis eine Mutter eines Schulka-
meraden mit mir ‚Erbarmen' hatte und sich neben ihrem Sohn auch um meine

[1002] Maria Fessl, geb. 1951, Hausfrau
[1003] Waltraud Fahrngruber, geb. 1932, Volksschullehrerin im Ruhestand
[1004] Hedwig Wiesner, geb. 1923, Ärztin im Ruhestand
[1005] Frau, geb. 1981, Studentin

Situation kümmerte. Im Nachhinein fand ich es ehrlich traurig, meinen Eltern nicht erlaubt zu haben, mich zur Schule zu begleiten, da auch die Heimreise mit dem Bus nicht ganz so glücklich verlief."[1006]
Zusammenfassend lässt sich sagen, dass der erste Tag in einer neuen Schule für so gut wie alle Kinder sehr aufregend war. Oftmals fühlten sich die zukünftigen Schüler sofort wohl und es traten keinerlei Schwierigkeiten auf. Wie aus den obigen Zitaten hervorgeht, war dies allerdings nicht immer der Fall. Wollte ein Kind so gar nicht in der Schule bleiben, halfen oft nur die Überredungskunst einer engagierten Lehrerin und das gute Zureden der Eltern, bis sich der Tafel-klässler schließlich doch an die neue Umgebung gewohnt hatte. Heute tritt diese Problematik meist früher, nämlich im Hort oder im Kindergarten auf, dennoch fällt auch jetzt der Einstieg in die Schule nicht immer leicht, zumal man dort nicht nur auf neue Lehrer und Mitschüler, sondern auch auf einen ganz anderen, „ernsthafteren" Tagesablauf trifft. Insgesamt schafften aber alle Berichtverfasser, die mit Trennungsängsten u.ä. zu kämpfen hatten, bald die Umstellung, viele gingen von da an dann sogar recht gerne zur Schule. Verfolgt man die Medien, so gestalten sich der Schuleintritt bzw. auch die weitere im Unterricht verbrachte Zeit heute oftmals nicht so verhältnismäßig reibungslos. Schulangst und die schlimmere Variante der Schulphobie, die ja nicht nur auf dem hohen Leistungsdruck, sondern auch auf dem Gefühl, von den Eltern getrennt zu sein, beruhen, nehmen laut Statistik zu. Neue Wege, mit dieser Entwicklung umzugehen, müssen zum Teil aber erst noch gefunden werden.

Betrachtet man ausgehend von den Berichten das Verhältnis zwischen Lehrern und Eltern, so fällt auf, dass es früher nur selten regelmäßigen Kontakt zwischen Eltern und Lehrern gab. Eine Ausnahme bildeten dabei jene Lehrer, die von sich aus den Kontakt zu den Familien ihrer Schüler suchten, wovon ja an anderer Stelle bereits die Rede war. Im Großen und Ganzen mischten sich aber beide Parteien nur in dringenden Fällen in die Angelegenheiten des anderen ein. Dies schildert Emma Spindler: „[Kontakt gab es keinen,] außer es waren Kinder, die sich halt recht schwer getan haben, dann ist er [= der Lehrer] ab und zu einmal zu einer Familie gegangen und hat nachgeschaut, was los ist. Aber so hat es nichts gegeben. Überhaupt wenn man gut gelernt hat, hat es überhaupt nichts gegeben. Eine Nachfrage oder so etwas ist überhaupt nicht gewesen so wie jetzt, dass sie immer nachfragen und dass da Sprechstunden sind, das hat es gar nicht gegeben."[1007] Die Eltern Johann Aumayrs erschienen ebenfalls nur auf Vorladung des Lehrers in der Schule, ansonsten ließ die viele Arbeit ein Treffen mit Lehrkräften aus zeitlichen Gründen gar nicht zu: „Wenn eines, sagen wir, nicht mitgekommen ist, dann haben wir einen Brief mitgekriegt von der Lehrerin,

---

[1006] Frau, geb. 1981, Studentin*
[1007] Emma Spindler, geb. 1923, Postbeamtin im Ruhestand

dass die Eltern einmal kommen sollen und dann ist das besprochen worden. So, dass das und das nicht hinhaut und dass er schwach ist in dem und dem Bereich, sagen wir Schreiben oder Rechnen oder ist ja wurst, wo es war. Ja, die Eltern sind hingegangen. Die waren ja auch interessiert, ist ja ganz klar. Wir haben sehr brave Eltern gehabt, nur haben die auch sehr viel arbeiten müssen, wie es halt so war."[1008]

In den letzten paar Jahrzehnten beschränkte sich der Kontakt zwischen Eltern und Lehrern v.a. nach der Volksschule oft auf die wenigen Elternsprechtage. Dabei wurde mit zunehmendem Alter der Kinder auch auf diese Möglichkeit vermehrt verzichtet, wie etwa eine Studentin schreibt: „Meine Mutter sah meine Lehrer/innen eigentlich nur am Elternsprechtag, den sie jedoch, sobald ich alt genug war um zu wissen, was ich tue, nicht mehr regelmäßig besuchte, außer es gab Vorladungen."[1009] Eine solche Abnahme der Intensität der Eltern-Lehrer-Beziehung mit zunehmendem Alter der Kinder war aber im Grunde genommen nichts Neues. Sie fand viel mehr auch schon in der Ersten Republik statt, wie Walter Schlögl berichtet: „[Der Kontakt war] auf die Sprechtage beschränkt. Da war eher noch – was ich glaube, heute zu wissen – in der Volksschule mehr Kontakt da. Das ist vielleicht verständlich, das Kind ist in der ersten Klasse, na-ja, da gehst du halt ein paar Mal hin oder holst ihn ab und sprichst halt mit der Lehrerin. Also, das würde ich zugeben."[1010]

Einen großen Wandel gab es hingegen in Bezug auf die aktive Anteilnahme am Schulgeschehen von Seiten der Eltern. Dass die Lehrer und ihre Maßnahmen und Methoden früher viel bedingungsloser als heute von den Eltern akzeptiert wurden, zeigt der Bericht von Theresia Kirchmayr: „Naja, die Lehrer haben sich eigentlich nicht so schwer getan, weil die Kinder sind von Haus aus eh nicht so vertan gewesen – sagen wir gleich so – wie heute. Heute haben es die Lehrer nicht leicht. Und einen Elternverein oder einen Elternsprechtag hat es überhaupt nicht gegeben, dass die Eltern drein geredet hätten, so wie es heute ist. Und wie unsere Kinder klein waren, also Schüler waren, da sind wir schon zum Eltern-sprechtag gegangen, aber wir haben uns nie dagegen aufgelehnt, was eigentlich in der Schule gemacht worden ist. Weil heute ist das ja nicht so leicht, da reden die Eltern ja schon so viel drein."[1011] Lambert Wimmer hat in seiner aktiven Zeit als Internatserzieher die große Akzeptanz der Eltern als recht angenehm empfunden: „Die Einstellung der Eltern zur Schule war, solange ich dort Leiter der ganzen Erziehung war, ein sehr, sehr vertrauensvolles Verhältnis. Es hat nie, nie Klagen gegeben. Natürlich musste ich auch den einen oder anderen Schüler entlassen, weil er nicht entsprochen hat, weil er schulisch nicht mitgekommen ist oder mitkommen wollte, aber im Großen und Ganzen haben uns die Eltern ein

---

[1008] Johann Aumayr, geb. 1924, Frisör im Ruhestand
[1009] Frau, geb. 1981, Studentin
[1010] Walter Schlögl, geb. 1917, Justizbeamter im Ruhestand
[1011] Theresia Kirchmayr, geb. 1924, Altbäuerin

so großes Vertrauen geschenkt, dass wir uns da nie beklagen mussten. Und wir haben dann jedes halbe Jahr einen Elternsprechtag gehabt und die Eltern konnten mit den Lehrern sprechen und in erster Linie haben sie eh mit mir als dem Verantwortlichen für die Erziehung gesprochen."[1012]

Viele Eltern legten es auch gar nicht erst darauf an, mit dem Lehrer in einen Konflikt zu treten, weil sie wie Hedwig Wiesners Vater dachten: „Der hat gesagt: ‚Pass auf, mit einem Lehrer raufst du nicht. Das ist blöd. Wenn du mit einem Lehrer raufst, ziehst du unweigerlich den Kürzeren oder du musst die Schule wechseln. Wenn du das willst, bitte schön, aber mit einem Lehrer raufen hat gar keinen Sinn.'"[1013] Andere Beweggründe, nicht beim Lehrer vorzusprechen, hatte wohl die Mutter einer jetzigen Pensionistin, die ihre Tochter beibringen wollte, alleine mit einer unangenehmen Situation umzugehen: „Bei Konflikten wurde ich nicht von meinen Eltern unterstützt. [...] In Erinnerung blieb mir folgendes Beispiel: Ich musste mich zu einem ‚dummen' Buben setzen und wollte, dass meine Mutter beim Lehrer intervenierte. So viel ich auch bitzelte, ich bekam keinerlei Beistand und musste bis Schulschluss die Bank mit dem Kerl teilen."[1014] Selten aber doch konnte auch der große Respekt von den Lehrkräften und einer (Über-)Schätzung ihrer Bildung den Ausschlag dafür geben, dass Eltern den Kontakt zu ihnen möglichst vermieden. Dies tat z.B. die Mutter Eva Marks: „Meine Mutter ging nie zu einem Elternsprechtag, weil sie meinte, mit ihrer ‚nur'-Hauptschulbildung von den Professoren nicht ernst genommen zu werden."[1015]

Stimmten die Eltern doch einmal nicht mit dem, was einzelne Lehrer taten, überein, wurde dies meist nicht vor den Kindern erwähnt. So war es vor dem Zweiten Weltkrieg, in den 50er-Jahren („Der Kontakt zwischen Eltern und Lehrern war eher gering. Es wurde aber auch nicht über die Lehrer geschimpft."[1016]) und auch noch eine Generation später, wie etwa Brigitte Kitzmüller berichtet: „Meine Eltern haben eigentlich nie über Lehrer geschimpft, jedenfalls nicht neben mir."[1017]

Heute allerdings hat sich die Situation grundlegend geändert. Lehrer sind aus der Sicht der Eltern nicht mehr unantastbar, ihre Maßnahmen und Methoden werden – manchmal auch direkt vor den Kindern – in Frage gestellt. Viele Eltern versuchen, den Lehrkräften ihre eigenen Vorstellungen von gelungener Erziehung und interessantem Unterricht zu vermitteln und zuweilen sogar aufzudrängen. Entscheidungen und Handlungen von Lehrern werden oftmals – teils berechtigt, teils unberechtigt – kritisiert, bei Konflikten zwischen Schülern und Lehrern mi-

---

[1012] Lambert Wimmer, geb. 1916, Pater und ehemaliger Lehrer und Erzieher
[1013] Hedwig Wiesner, geb. 1923, Ärztin im Ruhestand
[1014] Frau, geb. 1946, Volksschullehrerin im Ruhestand
[1015] Eva Mark, geb. 1946, Volksschullehrerin
[1016] Frau, geb. 1943, Hausfrau
[1017] Brigitte Kitzmüller, geb. 1962, Tagesmutter

schen sich Eltern vermehrt ein. Volkmar Strohbach z.B., dessen Eltern mit den Lehrern höchstens an Elternsprechtagen Kontakt hatten und auch dies nur sehr selten, trat später als Vater aktiv gegen die – wie er meinte – ungerechte Behandlung seiner Kinder ein: „Wohl aber bin ich manchmal in die Schule gegangen und hab die Rechte meiner Kinder vertreten. Ich bin z.b. eineinhalb Stunden lang mit dem Klassenvorstand meines Sohnes am Gang auf und ab gegangen und da haben wir über Sippenhaftung debattiert. Denn da mussten – nur ein Detail am Rande – die Kinder am Montag den bezahlten Erlagschein vom Elternvereinsbeitrag vorweisen und der wurde am Freitagvormittag ausgeteilt, ich habe also am Freitagabend den Erlagschein bekommen und der konnte bis Montag also gar nicht eingezahlt sein. Und daraus ergab sich dann die Debatte. Und mein Sohn wurde bestraft – irgendeine Nacharbeit, Mathematik oder so, ist ja wurst, es hat ihm nicht geschadet, ja – aber ich habe mir das nicht gefallen lassen. Ich hab gesagt: das ist Sippenhaftung, es liegt ja an mir und nicht an meinem Sohn."[1018] Die Rechte ihrer Kinder lagen auch der Mutter einer jüngeren ehemaligen Schülerin sehr am Herzen. Diese geriet sich bei deren Verteidigung nicht selten mit einzelnen Lehrern in die Haare: „Bei Konflikten mit Lehrern war meine Mutter immer wie eine Löwin. Wenn sie ihre Kinder ungerecht behandelt sah, dann macht sie ihrer Meinung den Lehrer/innen gegenüber ziemlich deutlich Luft. Das konnte sich positiv auswirken, aber leider manchmal auch negativ."[1019] Geschlossen trat die ganze Elternschaft einer Klasse einer Lehrerin gegenüber, deren Unterrichtsmethoden eher als zweifelhaft anzusehen waren: „Eltern bemerkten, dass ihre Kinder auf einmal nicht mehr so gerne zur Schule gingen und an einem Elternabend wurde unsere Lehrerin von den Eltern der gesamten Klasse in einer offenbar recht energischen Diskussion aufgefordert, ihren Stil etwas zu ändern. Das Ganze war ihr offenbar sehr unangenehm. Am Tag nach dem Elternabend beklagte sie sich bei uns Kindern bitter, dass wir sie bei unseren Eltern ‚angeschwärzt‘ hätten."[1020]

Dass das große Selbstbewusstsein der Eltern – zuweilen gepaart mit einer gewissen Präpotenz – für die Lehrer meist mehr als unangenehm sein kann, klingt ja schon in den obigen Aussagen an. Irmgard Wartner hat dies am eigenen Leib erfahren. Für die ehemalige Hauptschullehrerin waren Elternsprechtage stets eine Qual: „Und dann die Elternsprechtage, weißt du, da kommen die Eltern schon so daher… Ich hab einen gewissen Respekt und dann plärrt mich die zusammen oder schreit mich zusammen. Da denke ich mir: ‚Hoppala‘. Ich hab mich gefürchtet, vor diesen Elternsprechtagen hab ich mich so gefürchtet, weil ich nie gewusst habe: ‚So jetzt gehen die, wer kommt als nächstes herein?‘ Und da ist einmal einer gekommen – ich hab mit dieser primitiven Sprache nichts

---

[1018] Volkmar Strohbach, geb. 1918, Baumeister im Ruhestand
[1019] Frau, geb. 1981, Studentin
[1020] Mann, geb. 1982, Student

anfangen können – ‚Was bilden Sie sich ein?' und so, da habe ich nichts damit anfangen können. ‚Wissen Sie was', hab ich gesagt, ‚ich sage Ihnen eines: ich fürchte mich vor Ihnen.' Auf einmal hat er geschaut. Sag ich: ‚Wissen S' was, schicken Sie mir das nächste Mal Ihre Frau, ich kann mit Ihnen nicht reden.' Einfach weil ich gesehen hab, mit meiner Höflichkeit komme ich gar nicht weiter."[1021] Die Probleme, die im Umgang zwischen Eltern und Lehrern heute öfters auftreten, sieht die jetzige Pensionistin meist in Vorurteilen begründet, die noch aus der eigenen Schulzeit stammen: „Wenn ich heute als Hauptschullehrer die Kinder mit zehn Jahren kriege, ist schon so viel gelaufen, dass es überhaupt nicht mehr geht. In der Volksschule vielleicht noch ein bisserl, aber in der Hauptschule nicht mehr. Es geht nur mit Zusammenarbeit [mit den Eltern], das wäre das Wichtigste. Wirklich. Und es gibt ganz liebe Leute, mit denen man super zusammenarbeiten könnte, aber auch welche, die halt den Lehrer... Und das ist es auch, was ich beobachtet habe: Die, die ihre eigene Schulzeit nicht aufarbeiten haben können, wenden dann ihre eigenen Ressentiments gegen uns und dann sind sie lästig gewesen. Ich hab mir öfters gedacht, da sitzen welche drinnen – so bei den Elternabenden – das ist wieder dieses Lehrer-Schüler-Verhältnis. Auf einmal rutscht er in diese Schülerrolle hinein statt dass er sieht: ‚Du bist jetzt mein Partner. Überlegen wir jetzt miteinander, wie wir diese Schwierigkeiten hinkriegen.'"[1022] Wie Irmgard Wartner schon kurz erwähnt, kann die vermehrte Einmischung der Eltern durchaus auch ihre guten Seiten haben. Man müsse nur richtig mit ihren Wünschen und Beschwerden umgehen – diese Meinung vertritt jedenfalls die Volksschuldirektorin Erika Habacher: „Es gibt viel mehr Kontakt als früher. Das ist oft sehr befruchtend, wenn Eltern die Schule mit guten Ideen oder Spenden unterstützen, aktiv mithelfen,... wenn also das Klima und der Umgang stimmen. Schlecht ist es, wenn Eltern dem Lehrer etwas aufzwingen wollen, ihm in seine Arbeit dreinreden, alles besser wissen, dem Lehrer nicht zutrauen, dass er sehr wohl beurteilen kann, ob ein Kind ein Lernziel erreicht hat oder nicht... Ein ‚guter' Lehrer hat immer ein offenes Ohr für positive Anregungen, besitzt aber auch das nötige Durchsetzungsvermögen, um zu verhindern, dass die Eltern zu mächtig werden oder sich in Dinge einmischen, die sie wirklich nichts angehen."[1023] Eine Berufskollegin Erika Habachers, Henriette Hartig, hatte es v.a. in ihren letzten Dienstjahren nicht mehr immer leicht, die Akzeptanz der Eltern zu finden. Dennoch konnte sie ein gutes Lehrer-Eltern-Verhältnis aufbauen, indem sie auf Diplomatie setzte: „Man darf nie so ein Kind den Eltern gegenüber als dumm, als faul, als blöd bezeichnen – nicht so scharf! Man muss alles schön verpackt und sehr diplomatisch den Eltern beibringen. Weil wenn Sie ein Kind so heruntermachen, dann haben Sie bei den

---

[1021] Irmgard Wartner, geb. 1945, Hauptschullehrerin im Ruhestand
[1022] Irmgard Wartner, geb. 1945, Hauptschullehrerin im Ruhestand
[1023] Erika Habacher, geb. 1953, Volksschuldirektorin

Eltern verspielt und das Kind hat dann auch das Gefühl: ich werde nicht akzeptiert."[1024] Zusätzlich versuchte die jetzige Pensionistin, den Kontakt mit den Eltern durch gemeinsame Projekte (etwa die Organisation von Weihnachtsbasaren) zu intensivieren. Diese Aktionen trugen auch zu einem besseren Unterrichtsklima bei, da die Schüler von den zufriedenen und eingebundenen Eltern eine positive Einstellung zur Schule vermittelt bekamen: „Es war eine sehr, sehr gute Zusammenarbeit, was ja Gold wert ist an einer Schule. Denn der Lehrer wird geschätzt und das überträgt sich auch nach Hause, zu den Kindern. Weil das ist ja der größte Fehler, dass die Eltern sagen, der Lehrer ist nichts wert und die Kinder sagen das dann nach und dann hat er schon verspielt."[1025]

Generell lässt sich abschließend sagen, dass sich der Kontakt zwischen Eltern und Lehrern im Vergleich zu früher nicht unbedingt quantitativ, jedoch sehr wohl qualitativ verändert hat. Während Lehrer früher bei all ihren Tätigkeiten auf die Akzeptanz der Eltern hoffen konnten, müssen heutige Lehrkräfte mit sehr selbstbewussten Eltern und ihren Forderungen und Wünschen klar kommen. Dabei kann es zu gröberen Konflikten kommen, aber auch zu einer befruchtenden Zusammenarbeit – das tatsächliche Resultat hängt im Wesentlichen immer vom guten Willen beider Seiten ab.

Exkurs: Das Leben im Internat

Unter den ehemaligen Schülern befinden sich einige, die während ihrer Ausbildung an einer weiterführenden Schule – meist einem Gymnasium oder einer Lehrerbildungsanstalt – in einem Internat untergebracht waren. In diesen Institutionen, wo das gemeinsame Leben normalerweise streng geregelt war, bildeten sich nicht nur besondere Beziehungen zwischen den Schülern, sondern auch zwischen den Erziehern und ihren Zöglingen. Abgesehen davon machten Internatsschüler auch in Bezug auf die Trennung vom Elternhaus und die eingeschränkten Freiheiten in Hinblick auf Freizeitgestaltung und Freundschaften zum Teil ganz andere Erfahrungen als Jugendliche, die nach dem Unterricht täglich nach Hause in den Kreis ihrer Familie zurückkehren konnten. Obwohl das Leben im Internat eigentlich über das Thema dieser Arbeit hinausgeht, soll an dieser Stelle ein kurzer Einblick auch in diese teils ganz andere Erfahrungswelt gegeben werden. Dabei besteht hier keinesfalls der Anspruch, ein umfassendes Alltagsbild zu geben – das wäre auf Grund der wenigen Berichte auch gar nicht möglich. Sinn dieses kurzen Abschnitts ist es viel mehr, ein paar „Blitzlichter" des Internatsalltags als Teil der Schulerfahrung einzufangen.

[1024] Henriette Hartig, geb. 1924, Volksschuldirektorin im Ruhestand
[1025] Henriette Hartig, geb. 1924, Volksschuldirektorin im Ruhestand

Den Schülern, die in ein Internat eintraten und somit oft wochen- und monatelang von ihren Familien und ihrem gewohnten Lebensumfeld getrennt waren, stellte sich das Problem, plötzlich allein zu sein und sich selbständig zurecht finden zu müssen, noch viel intensiver als dies viele Kinder an ihrem ersten Schultag in einer neuen Schule erlebten. Lambert Wimmer z.b. hatte, als er ins Ordensgymnasium in Katzelsdorf eintrat, Schwierigkeiten, mit der neuen Situation umzugehen. Die familiäre Atmosphäre half ihm aber rasch über das erste Heimweh hinweg: „Aber [...] ich habe mich dort in diesem Ordensgymnasium der Redemptoristen [...] nicht vom ersten Tag an wohlgefühlt, weil ich bin aus einer guten Familie gekommen, in der wir wirklich die Liebe der Eltern erfahren haben – nun war ich auf einmal in einem großen Haus, weg aus unserem kleinen Haus, in dem wir nur eine Küche und eine Stube und einen kleinen Nebenraum hatten – das war für mich natürlich eine ganz neue Welt. Aber ich habe mich in ziemlich kurzer Zeit dort sehr, sehr gut eingelebt, weil die Professoren waren an diesem Ordensgymnasium alle Patres, die wie gütige Väter zu uns gewesen sind und ich habe dort wirklich eine neue Heimat gefunden, eine neue Familie gefunden."[1026]

Ein strenges Regime herrschte in einem an eine Lehrerbildungsanstalt angeschlossenen Internat, das von sehr fortschrittlichen Ordensschwestern geführt wurde. Henriette Hartigs Gefühle befinden sich heute noch im Zwiespalt angesichts der extremen Einschränkungen, die die Zöglinge hinzunehmen hatten, einerseits und der modernen und für ihr weiteres Leben sehr prägenden Ausbildung andererseits: „Also, in dem Kloster war eine ausgezeichnete pädagogische Führung, muss ich sagen, außer dass sie sehr kaserniert waren. Die Internatsschülerinnen durften nicht rausgehen und keine Briefe – an Burschen schon gar nicht – schreiben und alle Briefe wurden zensuriert usw. [...] Also es [= die Einrichtung der Schule und die Ausbildung] war ganz modern, nur sehr autoritär, also, man hat vieles nicht dürfen. Man hat z.B. auch nicht Meinungen vertreten dürfen, die nicht konform mit der Erziehung gehen. Also, wer ein bisschen aus der Reihe getanzt ist, der hat dann schlechte Betragensnoten gekriegt oder sonst etwas. Aber alles andere, muss ich sagen, das ganze Wissen, das ich erworben habe dort, und die pädagogische Erziehung, das war toll! Weil die haben ja nichts anderes zu tun gehabt, das war ihre Lebensaufgabe!"[1027]

Ganz und gar nicht abfinden konnte sich Josef Steinbichl mit den strengen Regeln im Linzer Petrinum. Trotz der Gefahr des Schul- und Internatsausschlusses verstieß er hin und wieder gegen die Vorschriften: „Ja, das war so, wir haben z.B. eine sehr strenge Hausordnung gehabt und ich hab mir z.B. einen Detektor gebaut zum Radiohorchen und den hab ich benützt und das war verboten. Wenn man da drauf gekommen wäre, wäre das ein Grund gewesen, dass man sagt:

[1026] Lambert Wimmer, geb. 1916, Pater und ehemaliger Lehrer und Erzieher
[1027] Henriette Hartig, geb. 1924, Volksschuldirektorin im Ruhestand

‚Das war verboten, daher...' Und das und das und das. Die Summe hat genügt und ‚Bitte such dir eine andere Schule'."[1028]

Der Tag im Internat war von morgens bis abends durchgeplant. Neben Lernzeiten gab es auch in der Freizeit eine Betreuung durch die Erzieher, wie Anita Gösweiner schildert: „Nach dem Unterricht gab es das Mittagessen und anschließend drehten wir unsere Runde in dem Schulgarten. Bei Schlechtwetter verbrachten wir die Freizeit in der Basteltube bei Schwester Veronika. Das war allerdings sehr lustig. Anschließend hatten wir zwei Stunden Studienzeit."[1029]

Lambert Wimmer empfand den durchorganisierten Tagesablauf nicht als Einschränkung, viel mehr zeigt er sich noch heute begeistert von der Vielfalt der Freizeitgestaltung, bei der die Vorbereitung auf den zukünftigen Beruf der Zöglinge als Ordensmann und Priester nicht zu kurz kam: „Damals sind wir nur im ersten und zweiten Jahr nur einmal im Jahr in den großen Ferien für vier Wochen heim gefahren, alle übrige Zeit waren wir dort im Kloster, im so genannten Juvenat, also in dieser Heimstätte für junge Menschen. Wir sind dort zusammengewachsen, sind dort wie eine Familie gewesen, wir haben – im Laufe der Jahre bin ich ja an allem beteiligt gewesen – sehr viele Theater gespielt und die Freizeit wurde in der besten Weise ausgefüllt. Wir haben viel zusammen gespielt und sportlich viel zusammen getan, weil wir ja nicht heimgefahren sind am Wochenende. Wir haben auch am Sonntag zwei Stunden Studium gehabt, die übrige Zeit wurde auch in schöner Weise ausgefüllt. Es war das Ganze eben ausgerichtet auf das Ordensleben und auf das Priesterwerden und so gab es Gebetszeiten und das ganze Leben war vom Glauben durchwirkt. Und das hat uns so geprägt, das hat uns auch die ganze Schule leichter ertragen lassen."[1030] Einem ehemaligen Volksschuldirektor, der ebenfalls die Gymnasialzeit im Internat verbrachte, wären nach anfänglichen Eingewöhnungsschwierigkeiten die angenehmen Möglichkeiten der Freizeitgestaltung fast zum Verhängnis geworden: „Hier [= im Wiener Internat] gab es für mich eine gewaltige Umstellung: Der gute Schüler gehört ab nun zu den schwachen Schülern. [...] Das unbedingt notwendige Lernen war ich nicht gewöhnt, außerdem gab es im Internat viele lustige Dinge, v.a. Sport (Fußball) und Lesen (Internats-Bücherei)."[1031]

Was einem Pensionisten aus der Zeit seines Internatsaufenthalts, der ihm den Besuch der Hauptschule ermöglichte, noch in guter Erinnerung ist, ist die Nahrungsmittelknappheit, die sich in recht kärglichen Mahlzeiten äußerte. Dennoch denkt er heute gerne zurück: „Im zweiten Hauptschuljahr kam ich mit meinem Bruder in das neu eingerichtete Schülerheim der Hauptschule in Windischgarsten. Wir hatten einen sehr guten Hauptschuldirektor, der auch das Schülerheim leitete. Die Schlafräume der Schule waren recht heimisch. Das Essen war

---

[1028] Josef Steinbichl, geb. 1937, Hauptschuldirektor im Ruhestand
[1029] Anita Gösweiner, geb. 1953, Hauptschullehrerin
[1030] Lambert Wimmer, geb. 1916, Pater und ehemaliger Lehrer und Erzieher
[1031] Mann, geb. 1937, Volksschuldirektor im Ruhestand

sparsam, morgens schwarzer Kaffee ohne Zucker mit einfachem Schwarzbrot, mittags viel Gemüsesuppe, Kartoffeln und Karotten. Äußerst selten gab es etwas Wurst oder Fleisch. ‚Die Nachkriegsjahre!'"[1032]

Da die Internatsschüler einen Großteil ihrer Zeit gemeinsam verbrachten, bildeten sich zwischen ihnen ganz besondere Beziehungen heraus. Lambert Wimmer beschreibt den Alltag im Schülerheim rückblickend als äußerst harmonisch: „Alle Schüler waren aufgeteilt in die so genannten ‚Kleinen' und die ‚Großen' und das war eine schöne hierarchische Stufung und da war nicht viel Zutritt von den Kleinen zu den Großen, aber die Großen hatten dann auch wieder Verantwortung für die Kleinen und weil wir ja jeden Tag beim Frühstück, Mittagessen und Jause und Abendessen beisammen waren, so hatte jeder seinen Platz und die gleichsam größeren Schüler, die haben dann gewechselt, damit jeder auch lernt, Verantwortung zu tragen."[1033]

Weniger sorgenfrei erlebte Irmgard Wartner das Leben im Internat. Als einzige Tochter eines Försters weit weg von anderen Kinder aufgewachsen, behielt sie ihre einzelgängerische Art auch im Jugendalter bei, was es ihr schwer machte, Freundschaften zu knüpfen: „Ja, es ist gar nicht so leicht gewesen, auch im Internat dann eigentlich. Da war es so, ich hab eigentlich immer ein bisserl andere Interessen gehabt als die anderen, ich bin nicht mit dem ‚Schiebel' gegangen, ich hab immer schon die klassische Musik gern gehabt, ich bin in Konzerte gegangen – und wer geht heute mit zehn oder 14 ins Konzert, gell? Und dann noch dazu, dann hab ich nicht dürfen, dann hab ich mir das erzwungen, ‚Ich will gehen.' und so. [...] Das dürfte mit meinem Naturell auch ein wenig zusammenhängen, das ist nicht nur... Die anderen wieder, die haben ganz leicht Kontakt gehabt und alles."[1034] Schließlich führte aber gerade das gezwungenermaßen notwendige Zusammenleben im Heim zu einer guten Gemeinschaft, die bis heute anhält: „Wir waren einfach im Internat, jetzt bist du gezwungen worden: ‚Such dir da deine Gemeinschaften.' Und ich glaube, das ist es dann gewesen. Wir haben gar nicht so viel Möglichkeit gehabt, ich meine, das war bei uns undenkbar, dass man irgendeinmal – das war bei uns immer das Tollste – in die Stadt geht. Das hast du nicht dürfen, nur immer zu zweit und zu dritt und das war ein Abenteuer. Wenn man sich das vorstellt... Aber ich glaube, das war es, das uns dann wirklich zusammengeschweißt hat. Oder wie es war bei mir mit dem Musizieren. Da waren dann doch ein paar und dann hat man halt miteinander musiziert. Und die Freizeit – natürlich ist dir oft fad geworden, ‚Ja, was tun wir denn?' und dann findest du schon was, was du miteinander machst."[1035]

Probleme gab es jedoch des Öfteren an Schulen, die nicht nur von Internatsschülern besucht wurden. Eva Mark schildert, welche Schwierigkeiten es abgesehen

---

[1032] Mann, geb. 1933, Trafikant im Ruhestand
[1033] Lambert Wimmer, geb. 1916, Pater und ehemaliger Lehrer und Erzieher
[1034] Irmgard Wartner, geb. 1945, Hauptschullehrerin im Ruhestand
[1035] Irmgard Wartner, geb. 1945, Hauptschullehrerin im Ruhestand

vom Heimweh in den ersten Wochen ihrer Internatszeit gegeben hat: „Hier [=
im Linzer Realgymnasium] tat sich eine Kluft auf. Noch nie im Leben war ich
mir so dumm vorgekommen. Wir waren 50 Schülerinnen in der Klasse, von denen ca. ein Drittel die erste Hauptschulklasse besucht hatte. Die ‚Städterinnen'
blickten spöttisch auf uns ‚Landpomeranzen' herab und immer wieder hörten
wir von den Professoren, dass ‚gesiebt' werden müsse, weil wir ja viel zu viele
in der Klasse wären. Dazu kam noch das Heimweh, weil wir nur einmal im Monat nach Hause fahren durften."[1036] Schließlich kam es aber zu einer Annäherung zwischen den Tages- und Internatsschülern: „Als wir merkten, dass die
Linzer auch nur mit Wasser kochen, besserte sich das Verhältnis zwischen In-
ternen und Externen und wir hatten eine gute Klassengemeinschaft."[1037] Irmgard
Wartner ist es ähnlich ergangen. Die gute Gemeinschaft, die sich aus der anfänglichen Distanziertheit entwickelt hat, hält auch heute noch an: „Ja, dann haben
wir uns gut verstanden und das ist auch heute noch so. Da ist überhaupt kein
Schnitt drinnen, dass man sagen würde: ‚Aha, das sind auch heute noch die Externen, die Freien, und dann wir die Geknechten.' Das hat sich gut entwickelt."[1038]

5. Disziplin

Geht es um die Schule, so ist Disziplin stets eines der zentralen Themen. Einerseits geht es dabei um die Disziplinierungsfunktion der Schule. Diese soll jungen Menschen beibringen, wie sie sich in der Öffentlichkeit zu verhalten haben,
aber auch, wie sie ihren Platz in der Gesellschaft finden und richtig einnehmen.
Früher stand dabei die Aufrechterhaltung des Obrigkeitssystems im Vordergrund, Schule und schulische Erziehung wurden klar dazu herangezogen, die
bestehende Gesellschaftsordnung zu stabilisieren und die Macht der herrschenden Schichten abzusichern. In der Demokratie hat diese Aufgabe der Schule an
Bedeutung verloren, dennoch kommt ihr auch heute eine wichtige Disziplinie-
rungs- und Erziehungsfunktion zu. Kinder und Jugendliche sollen dazu befähigt
werden, in einer demokratischen Gesellschaft zu leben, Rücksicht und Toleranz
anderen gegenüber zu üben und dabei wenn notwendig einmal selbst zurückzu-
stecken sowie ihre Rolle als aktives Mitglied der Gemeinschaft wahrzunehmen.
In wie weit die Schule der Ersten Republik diesem Auftrag nachkommen konnte

---

[1036] Eva Mark, geb. 1946, Volksschullehrerin
[1037] Eva Mark, geb. 1946, Volksschullehrerin
[1038] Irmgard Wartner, geb. 1945, Hauptschullehrerin im Ruhestand

und wozu heutige Schüler durch ihre Lehrer erzogen werden, wurde ja bereits zu Beginn des zweiten Teiles behandelt. In diesem Kapitel steht nun die alltägliche Disziplin in den Klassenzimmern und deren Wandel von der Ersten Republik bis heute im Vordergrund. Dabei gilt es zuallererst einmal, die vorschulische Erziehung im Elternhaus zu beleuchten, die ja das Handeln der Lehrer in verschiedener Weise stark beeinflusst. In weiterer Folge soll dann auf das wichtigste schulische Disziplinierungsmittel eingegangen werden, nämlich auf die Strafen. Dabei liegt der Schwerpunkt der Darlegung nicht nur auf der Aufzählung der gesetzten Maßnahmen, sondern auch darauf, wie diese von den Betroffenen – seien dies nun Schüler oder Lehrer – erlebt wurden und welche Gedanken sich v.a. Lehrkräfte über den sinnvollen Einsatz von Strafen machten und machen. Sodann sollen auch Prüfungen und Noten daraufhin untersucht werden, in wie weit sie statt in ihrer vorgesehenen Funktion der Leistungsfeststellung zur Disziplinierung der Schüler in Form von Notendruck etc. verwendet wurden und in welcher Weise Schüler versuchten, dem zu entkommen. Dass Lob und Belohnungen von Seiten der Lehrkräfte positive Auswirkungen auf das Verhalten der Schüler zeigen, wird ebenfalls thematisiert werden. Zu guter Letzt kommen noch Disziplinarprobleme zur Sprache, die nicht nur heute in einer breiten Palette, beginnend beim harmlosen Streich bis hin zu Selbstmordfällen schikanierter Lehrer, auftreten.

Der Wandel der Erziehung zu Respekt und Disziplin im Elternhaus

Welche Disziplin unter den Schülern herrscht, hängt wesentlich mit deren vorschulischen Prägung durch das Elternhaus zusammen. Werden dort Gehorsam und Respekt gegenüber Erwachsenen und Vorgesetzten großgeschrieben, so wird sich das Kind auch in der Schule an diesen Werten orientieren und sich den Lehrkräften gegenüber entsprechend verhalten. Liegt den Eltern aber eher daran, ihrem Kind Selbstbestimmung und Durchsetzungsvermögen beizubringen, so ist die Wahrscheinlichkeit groß, dass es zwischen ihm und dem einen oder anderen Lehrer zu Konflikten kommt, deren Ausgang wiederum nicht nur dadurch entschieden wird, wie die entsprechende Lehrkraft reagiert, sondern auch dadurch, welche Konfliktlösungsstrategien der Schüler daheim kennen gelernt und geübt hat. Die Erziehung im Elternhaus ist somit von großer Bedeutung für das Geschehen in den Klassenzimmern, weshalb nun in einem eigenen Unterkapitel auf diese Thematik eingegangen werden soll. Dabei wird sich zeigen, dass in Bezug auf die Erziehungsziele eine große Verschiebung von der „Untertanenmentalität" hin zu mehr Demokratie, zum Teil aber auch zu mehr Egoismus stattgefunden hat. Allgemein gesellschaftlicher Wandel, etwa die zunehmende Schnelllebigkeit der Zeit, die Dominanz neuer Medien und Maschinen oder aber die den Kindern immer mehr fehlende persönliche Zuwendung, oftmals mit dem Begriff

Wohlstandsverwahrlosung bezeichnet, werden an dieser Stelle ausgespart. Hier sollen wirklich nur das unterschiedlich anerzogene Verhalten Erwachsenen und Autoritäten gegenüber und – ebenfalls in enger Verbindung zur Schule stehend – die Erziehung zu Arbeit und Leistung behandelt werden. Die Grundlage dafür bilden wie immer die vielen persönlichen Erfahrungsberichte.

Die häusliche Erziehung vor dem Zweiten Weltkrieg war in erster Linie durch Respekt und Achtung vor den Erwachsenen geprägt. Als Lehrer konnte man in dieser Zeit also – wie ja schon angedeutet – leicht an die strenge Erziehung zur Unterordnung, die die Kinder bereits vor Schuleintritt wesentlich geprägt hatte, anknüpfen. Über die zentralen Werte der elterlichen Erziehung in den 20er-Jahren berichtet etwa Ottilie Akamphuber: „Wir wurden von den Eltern zu Respekt und Achtung angehalten."[1039] Auch die Eltern von Theresia Schauer achteten auf das gute Benehmen ihrer Kinder in der Schule: „Von den Eltern gab es sicher großen Wert für die Schule. Die meisten Eltern wollten schon, dass die Kinder gut lernten und hatten Interesse an der Schule und es wurde damals auch von daheim noch großer Wert darauf gelegt, dass sich die Kinder in der Schule und dem Lehrer gegenüber anständig benahmen."[1040] Walter Fuchs weiß noch, dass seine Eltern bereits vor seinem Schuleintritt immer auch schon auf das in der Schule erwünschte Verhalten hingewiesen haben: „Da hat es daheim geheißen: ‚Na, wenn ihr mal zum Schule gehen anfangt, dann werdet ihr es schon sehen, da müsst ihr folgen und so.' Und da ist man dann natürlich schon mit einem gewissen Gefühl hingegangen."[1041]
Dass die außerschulische Erziehung nicht nur von den Eltern geleistet wurde, betont eine Pensionistin: „Mit gefällt da der Ausspruch: ‚Es braucht ein ganzes Dorf, um ein Kind groß zu ziehen!' [...] Es gab Autoritätspersonen, die für uns da waren: der Wirt, bei dem wir um einen Schilling eine warme Suppe bekamen, Bewohner entlang unseres Schulweges, die uns Zwetschken und Äpfel schenkten und uns zu trinken gaben, Tiere, die wir streicheln durften, der Vorstand, der dafür sorgte, dass wir im Wartesaal die Hausübung machen konnten, der Schaffner, der besonders Gesittete in die Erste-Klasse-Abteile sitzen ließ..."[1042]
Interessant ist an dieser Schilderung außer dem Aspekt, dass viele Personen an der Erziehung eines Kindes beteiligt waren, dass Kindern auch früher nicht – wie man vielleicht meinen würde – ausschließlich durch Druck und Strafen, sondern auch durch Anerkennung und Fürsorge zu gutem Benehmen geführt wurden.
Dass dennoch auch in der Schule noch Erziehungsarbeit geleistet werden musste, erzählt Henriette Hartig, die auch heute noch vom großen Einfluss der Vor-

---

[1039] Ottilie Akamphuber, geb. 1922, Altbäuerin
[1040] Theresia Schauer, geb. 1923, Pfarrhaushälterin im Ruhestand
[1041] Walter Fuchs, geb. 1921, Volksschuldirektor und Personalvertreter im Ruhestand
[1042] Frau, geb. 1946, Volksschullehrerin im Ruhestand

bildwirkung des Lehrers überzeugt ist: „Wir haben das gar nicht so bewusst wahrgenommen, dass wir so viel Erziehung leisten, weil die Kinder waren allgemein gut erzogen und wir haben jetzt nur das unterstützen müssen, was sie schon aus dem Elternhaus mitgebracht haben und wir mussten natürlich immer gutes Beispiel geben. Das ist aber auch heute noch so."[1043]

Das Verhältnis zwischen Schülern und Lehrer früher war – wie ja schon an anderer Stelle dargestellt – von einer gewissen Distanziertheit geprägt. Diese wurde oftmals schon in der Erziehung zu Grunde gelegt, wo die Kinder nicht wie heute manchmal üblich als den Erwachsenen ebenbürtig, sondern klar untergeordnet behandelt wurden. Theresia Kirchmayr hat dies so erlebt: „Man hat sich eigentlich eh nicht viel zu sagen getraut, zu den Lehrern. Ich kann mich nicht erinnern, dass da so ein Gespräch entstanden wäre. Das war immer so: die Kinder sind eigentlich zum Folgen erzogen worden und das, was man gefragt worden ist, da hat man die Antwort gegeben und mehr hat es nicht recht viel gegeben. Nein, dieses Gespräch, das es heute gibt bei den Kindern, das hat es überhaupt nicht gegeben. Weil die Kinder haben ruhig sein müssen. Da hat es geheißen: ‚Wenn die Erwachsenen geredet haben, haben die Kinder nichts zu reden gehabt.' Oder überhaupt, wenn so ein Thema gewesen ist, das die Kinder nicht haben hören dürfen, dann haben sie hinausgehen müssen."[1044]

Großen Wert legten die meisten Eltern auf die Mithilfe der Kinder bei allfälligen Arbeiten, sodass diesen nicht nur wenig Freizeit blieb, sondern oftmals auch schulische Aufgaben hintangestellt werden mussten. Dies war bei Ottilie Akamphuber noch nicht ganz so krass: „Ich machte meine Hausaufgaben und half dann meiner Mutter schon sehr früh bei der Hausarbeit. Für Spaß und Spiel war wenig Zeit."[1045] Weniger Verständnis für die notwendige Zeit zum Lernen und Aufgabenmachen hatte da der Onkel von Johann Aumayr, der seinen Neffen schon von klein auf für die Arbeit in der Landwirtschaft einsetzte: „Wenn wir von der Schule heimgekommen sind, hat der Onkel schon heraus geschrieen: ‚Einführen tun wir', Heu einführen oder je nachdem. ‚Schnell, iss.' Und dann haben wir die Ochsen weisen müssen, ‚viri-foan' haben wir gesagt. Naja, das war so."[1046] Dass dabei wenig Zeit für die Schule blieb, war für den kleinen Johann oft ein Problem: „Hausübungen, ja, das war ja auch wieder so ein Problem. Am Abend dann... Ja, elektrisches Licht haben wir ja nicht gehabt. Wir haben nur eine Petroleumlampe gehabt, nicht. Und bei dem Licht haben wir Aufgabe machen müssen. Aufgaben machen haben wir müssen, das ist klar, sonst hat es da wieder Krach gegeben."[1047] Hart mit anpacken musste auch Theresia Kirchmayr: „Naja, ich bin die Ältere gewesen von uns vier Geschwistern – ich habe

[1043] Henriette Hartig, geb. 1924, Volksschuldirektorin im Ruhestand
[1044] Theresia Kirchmayr, geb. 1924, Altbäuerin
[1045] Ottilie Akamphuber, geb. 1922, Altbäuerin
[1046] Johann Aumayr, geb. 1924, Frisör im Ruhestand
[1047] Johann Aumayr, geb. 1924, Frisör im Ruhestand

noch drei Brüder – also daheim war es schon so, da hat man ja seine Arbeit schon gehabt, nicht? Wir haben Wasser ziehen müssen und verschiedene Arbeiten, die ein Kind tun kann. Wir haben kein elektrisches Licht gehabt und das Wasser haben wir beim Brunnen gehabt und 'Das soll die Resl tun', hat es immer geheißen, die haben halt immer alles ein wenig auf mich geschoben, weil ich bin die Ältere gewesen. Und danach bei meiner Tante [wo Theresia Kirchmayr in der Landwirtschaft mithelfen musste] war es nicht viel anders. [...] Man ist zur Arbeit erzogen worden und zu Pflichtbewusstsein, zum Ordentlich-Machen, 'Das gehört sich nicht. Das darf man nicht tun. Das ziemt sich nicht.' und so ist man dann ein bisserl schüchtern erzogen worden."[1048] Positiver hat Theresia Schauer die daheim geforderte Mitarbeit erlebt, sie betont den sozialen Aspekt der gemeinsamen Arbeit: „Auch waren die Kinder damals noch nicht so viel sich selbst überlassen, sie wurden häufig schon zu kleinen Arbeiten in der Landwirtschaft und im Haushalt außer der Schule herangezogen."[1049]

Insgesamt zeigt sich also, dass die Kinder vor dem Zweiten Weltkrieg quasi ausnahmslos zu großem Respekt vor Autoritäten erzogen wurden. Die Welt der Kinder und die der Erwachsenen war insofern strikt getrennt, als Kindern kaum das Recht auf eine eigene Meinung oder gar auf Mitsprache zuerkannt wurde, zudem wurden sie auch nicht in die Angelegenheiten der Erwachsenen miteinbezogen. Daneben stand die Erziehung zur Arbeit im Vordergrund, wobei die Schule und die dort verrichtete geistige Arbeit meist eine untergeordnete Rolle spielten.

Nach dem Zweiten Weltkrieg hat sich die Erziehung der Kinder und somit auch deren Verhalten Erwachsenen gegenüber zuerst langsam, in den letzten paar Jahrzehnten aber zunehmend rascher geändert. Das konstatiert u.a. die Volksschuldirektorin Erika Habacher: „Die Disziplin hat sicher sehr nachgelassen. Manche Schüler können kaum ein paar Minuten ruhig sitzen. Man muss vielen Kindern erst gewisse Umgangsformen beibringen – früher brachten sie diese schon vom Elternhaus her mit. Dies ist besonders deshalb bemerkenswert, weil fast alle Kinder einen Kindergarten besuchen und man annehmen müsste, dass da so manche Defizite beseitigt würden. Auffallend ist der Umgang gegenüber Erwachsenen. Früher getraute sich manches Kind nicht zu fragen, ob es auf die Toilette gehen könne – heute muss man aufpassen, dass Kinder nicht einfach aus dem Unterricht 'verschwinden' oder beschließen, dass es sie jetzt nicht mehr freut. Vielfach wollen Kinder nicht einsehen, dass es Dinge gibt, die man tun muss, auch wenn man keine Lust dazu hat. Die Ursache für diese Probleme sehe ich darin, dass man heute zu viel Rücksicht auf die Bedürfnisse der Kinder nimmt. Klar, dass jeder Lehrer versucht, seinen Unterricht bestmöglich zu ges-

---

[1048] Theresia Kirchmayr, geb. 1924, Altbäuerin
[1049] Theresia Schauer, geb. 1923, Pfarrhaushälterin im Ruhestand

talten. Andererseits ist es für die Kinder sehr wichtig zu erleben, dass man sich manchmal auch ‚durchbeißen' muss. Hatten Kinder früher zu wenig Freiheiten, wird es heute übertrieben."[1050] Dies kann auch Brigitte Kitzmüller bestätigen, die als Tagesmutter viel mit jungen Eltern und deren Erziehungsstilen zu tun hat: „Ich denke, dass die Schüler früher großteils ‚braver' waren, da sie einfach in den Erwachsenen die Autorität sahen, was der Lehrer (oder zu Hause die Eltern) sagten, musste getan werden. Das hing sicher mit dem autoritären Erziehungsstil zusammen. Jetzt gibt es sicher mehr ‚schlimmere' Kinder, da sie von zu Hause andere Maßstäbe (öfters antiautoritär, keine Grenzen, behaupte dich selber,...) kennen, was leider öfters dazu führt, dass die Kinder keine Anweisungen oder Konsequenzen akzeptieren können."[1051]

Die zunehmende Gewaltbereitschaft und das Zurückdrängen des Gemeinschaftsgedankens in der Schule, wovon in den Medien aus aktuellen Anlässen immer wieder die Rede ist, sieht der fast 90-jährige Walter Schlögl auch in der veränderten Erziehung begründet: „Meiner Meinung nach ist das [= die zunehmende Gewaltbereitschaft] überhaupt der größte Schaden, den es gibt. Und auch von der Elternseite her, da ist es natürlich anders. Weil das heutige ‚Lass dir nichts gefallen.', das beginnt ja schon als Kleiner. ‚Schau, der hat mich jetzt gestoßen.' – ‚Na, stoß ihn wieder.' Da sind die Eltern sicher Schuld."[1052]

Hedwig Wiesner kritisiert ebenfalls die momentane Erziehung und den in ihren Augen heute fehlenden Willen, etwas zu leisten: „Aber das [= was sich gehört] tut doch keiner den Kindern mehr sagen oder nur sehr selten. Und genauso haben die keine Ehrfurcht vor irgendjemand Gescheiteren – denn die Lehrer sind natürlich gescheiter als die Kinder – und wollen auch nicht unbedingt etwas lernen. Die finden das Lernen blöd."[1053]

Dass viele Kinder und Jugendliche heute ganz anders auftreten und oftmals recht egoistisch durchs Leben gehen, führt Ottilie Akamphuber auf den heute herrschenden Wohlstand zurück: „Die Schüler waren in Notzeiten nicht so verwöhnt."[1054] Und auch Walter Fuchs meint: „Wir haben ja eine Freizeitgesellschaft: viel Unterhaltung, viel verdienen und wenig arbeiten und das ist das oberste Prinzip und das geht aber nicht immer."[1055]

Eine andere Sichtweise hat hier eine ehemalige Volksschullehrerin. Diese meint, dass es die Kinder früher in gewisser Hinsicht auch leichter hatten: „Richtlinien, Regeln und Normen waren für die Kinder weniger und klarer erkennbar."[1056] In

[1050] Erika Habacher, geb. 1953, Volksschuldirektorin
[1051] Brigitte Kitzmüller, geb. 1962, Tagesmutter
[1052] Walter Schlögl, geb. 1917, Justizbeamter im Ruhestand
[1053] Hedwig Wiesner, geb. 1923, Ärztin im Ruhestand
[1054] Ottilie Akamphuber, geb. 1922, Altbäuerin
[1055] Walter Fuchs, geb. 1921, Volksschuldirektor und Personalvertreter im Ruhestand
[1056] Frau, geb. 1946, Volksschullehrerin im Ruhestand

der heutigen Vielfalt an Erziehungsstilen und Vorschriften sieht sie einen Hauptgrund dafür, dass die jetzigen Schüler immer unruhiger werden. Daran seien auch die Eltern nicht unschuldig: „Sie sind teilweise sehr selbstbewusst: ‚Wir erziehen unsere Kinder selber!' [Dabei wäre] Zusammenarbeit und gegenseitige Wertschätzung [...] sehr wichtig. Erziehungsarbeit darf nicht von einem zum anderen hin und her geschoben werden."[1057]

Volkmar Strohbach wiederum glaubt nicht so sehr an das zu große Selbstbewusstsein und Engagement der Eltern, er bringt einen ganz anderen Aspekt ins Rennen, nämlich die oftmalige Überforderung vieler Eltern bei der Erziehung ihrer Kinder: „Es kommt der Schule heute eine größere Aufgabe zu, die Verhaltensweise der heranwachsenden Kinder zu beeinflussen. Und weil eben das Elternhaus heute nicht in der Lage ist – und zum Teil auch nicht sein will – sich darum zu kümmern. [...] Dazu noch die vielen schief gegangenen Ehen – das kommt auch noch dazu."[1058] Eine etwas jüngere ehemalige Architektin kann ihm da nur beipflichten: „Das stimmt schon, dass viele Eltern so überfordert sind, beruflich, dass sie also überhaupt nicht können und dass ihnen die Kinder also furchtbar früh entgleiten. Mit dem furchtbar frühen Ausgehendürfen, abends herumfliegen, so dass man gar nicht weiß, wo sie sind usw. Das setzt ja furchtbar zeitig ein heutzutage, nicht?"[1059] Dass diese Meinung nicht nur von älteren Personen vertreten wird, sondern auch von Müttern und Vätern, deren eigene Kinder noch nicht lange aus der Schule sind, zeigt die knappe Stellungnahme Anna Hösls: „Eltern glauben auch oft, dass die Schule die Erziehungsarbeit ihrer Kinder übernehmen müsste."[1060]

Auch viele noch recht junge Menschen, die ja eigentlich der eher antiautoritär eingestellten Generation zuzurechnen wären, sehen die Tendenz, Kindern nur wenig oder keine Grenzen zu setzen, kritisch. Die Haltung antiautoritär erziehender Eltern stößt bei ihnen nicht immer auf Gegenliebe: „Früher war ganz einfach das ganze System – egal ob Eltern, Lehrer, die Gesellschaft allgemein – viel autoritärer. Die ganze Antiautorität, v.a. jene der Eltern gegenüber ihren Kindern, die sich im Moment so breit macht und so großer Beliebtheit erfreut, schadet glaube ich mehr als sie nutzt. Die Kinder und Jugendlichen sehen sich großteils weder zu Hause noch in der Schule mit irgendwelchen Grenzen konfrontiert, was ihnen wiederum in gewisser Weise ‚Narrenfreiheit' verschafft. [...] Ich glaube, die Eltern sind in manchen Fällen ganz einfach gleichgültiger geworden – wie schon erwähnt, der antiautoritäre Erziehungsstil mit der Aussage: ‚Mein Kind wird schon wissen, was es tut. Ich schreibe ihm nichts vor.' Viele Eltern nehmen sich einfach auch keine Zeit mehr für die Probleme und Sorgen

---

[1057] Frau, geb. 1946, Volksschullehrerin im Ruhestand
[1058] Volkmar Strohbach, geb. 1918, Baumeister im Ruhestand
[1059] Frau, geb. 1923, Architektin im Ruhestand
[1060] Anna Hösl, geb. 1958, Angestellte in einer Rechtsanwaltskanzlei

ihrer Kinder, was sehr bedauernswert ist."[1061] meint eine 24-jährige Studentin. Eine Kollegin von ihr denkt ähnlich: „Leider meinen immer mehr Eltern, dass die Schule dazu da ist, ihre Kinder zu erziehen anstatt ihnen Bildung zu bieten. [...] Eltern sollten die Primäraufgabe der Schule – die Bildungsfunktion – wieder in den Blickwinkel stellen und nicht die Erziehung ihrer Kinder auf die Schule abwälzen."[1062] Kurz und bündig formuliert die gleichaltrige Daniela Hienert ihre Sichtweise, die den soeben zitierten rein inhaltlich in nichts nachsteht: „Die Eltern haben sich dahingehend verändert, dass sie Kinder bekommen, die andere für sie erziehen sollen."[1063]

Interessant ist – und diese Bemerkung soll an dieser Stelle kurz eingeschoben werden – dass es unter all den vorliegenden Berichten keinen einzigen gibt, in dem die Meinung vertreten wurde, die antiautoritäre Erziehung sowie das recht partnerschaftliche Verhältnis zwischen Eltern und ihren Kindern bildeten einen Fortschritt auf dem Weg zu einem demokratischen Erziehungsstil. Dass es aber junge Eltern gibt und auch schon in der älteren Generation gegeben haben muss, die durchaus dieser Ansicht waren, zeigt die momentane Entwicklung. Nun kann es Zufall sein, dass sich gerade für diese Arbeit nur solche Personen zum Thema Schule äußerten, die gerade nicht in die doch recht große Gruppe der „laissez-faire"-Anhänger fallen. Andererseits könnte das Fehlen anderer Meinungen als Zeichen einer bereits einsetzenden Gegenströmung gedeutet werden, die sich hin zu einem Mittelweg aus der vielleicht allzu strengen Erziehung von früher und der hier oftmals kritisierten antiautoritären Erziehung von heute bewegt.

Dass der momentane Zustand jedenfalls nicht von Dauer sein kann und eine solche Trendwende einsetzen muss, glaubt Irmgard Wartner, die mit einem Blick auf die Vergangenheit meint: „Vielleicht hängt das [= die momentan beliebte antiautoritäre Erziehung] auch zusammen mit der Hitlerzeit. Dieses Autoritäre, das hat man jetzt im Laufe der Zeit abgeschüttelt, weil es einfach... Es kann alles zuviel sein. Wenn ich heute sage als Lehrer ‚Ich bin ein Führer, der Führer dieser Klasse.', dann ist dieses Spektrum wieder so breit und im Grunde genommen – so war es auch damals – wenn ich das jetzt zu viel in ein Extrem nehme, sagen wir in diese rechte Szene, dann kippt es, wie in der Natur, dann kippt es und es kommt eine Katastrophe heraus. Und es ist immer dieser Mittelweg... Und dann hat man sich abgeschüttelt, dann bist du weggegangen: ‚Ja nichts autoritär, wir entscheiden selber.' und dann sind wir in diese 68er-Zeit gekommen, wo man gesagt hat ‚Alles wird frei, der Mensch ist nur mehr der, der entscheidet.' Und dann jetzt kommt man langsam zurück, dass das eigentlich auch nicht das Beste ist. Und jetzt geht der Trend wieder in die andere Richtung hinüber, jetzt merkt man, dass das zählt und das Pendel wird eh wieder zurück-

---

[1061] Frau, geb. 1981, Studentin
[1062] Astrid Hösl, geb. 1983, Studentin
[1063] Daniela Hienert, geb. 1983, Studentin

gehen, weil es so gar nicht geht. So glaube ich."[1064] Josef Steinbichl ist der gleichen Ansicht: „Es wird noch eine Weile dahingehen, aber es wird bald die Kippe kommen. Aber ich hoffe, dass es nicht so geht, wie es früher war, dass sie so streng waren, eigentlich stur. Ein Mittelweg wäre da richtig."[1065]

Strafen als wichtiges Disziplinierungsmittel

Wie schon in der Einleitung zu diesem Kapitel angedeutet, soll nun auf das wichtigste in der Schule eingesetzte Disziplinierungsmittel eingegangen werden. Strafen waren schon in der Ersten Republik nicht aus dem Schulalltag wegzudenken. Damals gab es noch – v.a. in den ländlichen Pflichtschulen – eine recht große Vielfalt an körperlichen Strafen, die zum Teil äußerst unangemessen und brutal eingesetzt wurden und sich auf diese Weise im Gedächtnis der Schüler festsetzten. Andere Lehrer wiederum verstanden es, sich auch ohne körperliche Züchtigung bzw. nur mit dem Hinweis auf deren mögliche Durchführung Respekt zu verschaffen. Heute sind nicht nur körperliche Züchtigung, sondern auch beleidigende Äußerungen und Kollektivstrafen – wie im Bundesgesetz über die Ordnung von Unterricht und Erziehung in den im Schulorganisationsgesetz geregelten Schulen[1066] nachzulesen ist – verboten, Strafen gibt es in den Klassenzimmern jedoch auch weiterhin. Mit welchen Strafmaßnahmen sich Schüler einst und heute konfrontiert sahen und welche Auswirkungen diese auf die Schüler, aber auch auf die Lehrer zeigten, soll nun an Hand der Berichte dargelegt werden.

Strafen waren seit jeher ein zentrales Mittel dafür, Disziplin zu schaffen. Dabei wurden körperliche Strafen in der Regel nur den Buben zuteil, wohingegen Mädchen meist Schreibarbeiten verrichten oder in schwereren Fällen nach dem Unterricht in der Schule bleiben mussten. Das war auch bei Ottilie Akamphuber der Fall, deren männliche Klassenkollegen jedoch ihre eigene Art entwickelt hatten, durch welche sie den unbeliebten Schlägen – allerdings wenig erfolgreich – entkommen wollten: „Natürlich waren auch in unserer Schulzeit Strafen notwendig, das waren meist Nachsitzen oder Strafaufgaben. Da hieß es meist, einen fehlerhaften Satz bis zu hundertmal richtig schreiben! Für die Buben hatte jeder Lehrer auch ein paar handfeste Stecken bereit. Diese Stecken wurden von den Buben liebevoll verziert (mit Kerbschnitzerei), sodass beim ersten Gebrauch gleich mehrere Stücke daraus wurden, was natürlich eine weitere Strafe notwendig machte."[1067]

[1064] Irmgard Wartner, geb. 1945, Hauptschullehrerin im Ruhestand

[1065] Josef Steinbichl, geb. 1937, Hauptschuldirektor im Ruhestand

[1066] BGBl. Nr. 472/1986, zuletzt geändert durch BGBl. I Nr. 172/2004

[1067] Ottilie Akamphuber, geb. 1922, Altbäuerin

So genannte „Patzen" waren in den Klassenzimmern generell keine Seltenheit. Johann Aumayr etwa schildert die zu seiner Schulzeit üblichen Strafen so: „Einen Patzen – haben wir gesagt – mit dem Staberl, ja. Die Finger hinhalten und mit dem Staberl hat man eine drauf gekriegt. Ja, außerdem war da ein Lehrmittelzimmer und dort [...] haben sie hineinmüssen und haben sich hinknien müssen. Das war eine Strafe. Eine halbe Stunde oder was, wenn einer etwas ausgefressen hat, ja so etwas hat es schon gegeben."[1068] Anlässe für derartige Strafen waren, wie Emma Spindler erklärt, folgende: „Naja, wenn sie [= die Schüler] geschwätzt haben, wenn sie halt überhaupt nicht aufgepasst haben, manchmal, wissen S' eh, bei den Buben da gerade in dem Alter, wenn sie dann in die höheren Klassen gekommen sind, da war halt alles andere wieder lustiger. Dann haben sie halt wieder geschupft usw. halt, die sind ja auch nicht die Braveren gewesen. Die [Mädchen] waren ein bisserl ruhiger. Die haben ein bisserl mehr Angst gehabt."[1069]

Auch zu Theresia Schauers Schulzeit waren körperliche Strafen üblich, allerdings wurden diese nur selten wirklich eingesetzt: „Als Strafe galt, dass man sich hinaus stellen musste rechts von der Tafel. Auch körperliche Strafen gab es noch, eine Ohrfeige, wenn jemand geschwätzt hat oder eine ‚Nuss', das war ein Schlag auf den Kopf mit der Faust, wenn jemand einfach nicht aufgepasst hat oder ein paar auf den Hintern. Aber es war selten."[1070]

Andreas Baumgartner, inzwischen 97 Jahre alt, kann sich gar nicht erinnern, dass in seiner Schulzeit körperliche Strafen vorgekommen wären: „Nein, gar so geschlagen haben sie nicht. Nein, nein, das kann man nicht sagen. Ich hab nie eine gekriegt. Ich kann nicht sagen, dass ich einmal auf die Hände eine gekriegt hätte oder so etwas, nie. Höchstens einmal heraußen bleiben, nicht? Das hat es schon gegeben. Wenn du etwas verpatzt hast, dann haben sie dich einmal draußen stehen lassen."[1071] Ansonsten waren schriftliche Strafarbeiten beliebt, die aber sehr wohl auch lehrreich sein konnten: „Nachschreiben halt. Wenn irgendwas nicht gestimmt hat, dann haben sie gesagt: ‚Zwanzig nachschreiben.' Das ist schon gut gewesen."[1072]

Eine besondere (ebenfalls nicht körperliche) Strafe für Buben hatte die Volksschullehrerin von Johann und Margarethe Aumayr – diese mussten während des nachmittäglichen Handarbeitsunterrichts der Mädchen in der Schule bleiben: „Und um drei haben wir [= die Mädchen] noch Handarbeit gehabt. Und da haben die, die eine Strafe gehabt haben, bei den Buben... Da haben wir eine Leh-

[1068] Johann Aumayr, geb. 1924, Frisör im Ruhestand
[1069] Emma Spindler, geb. 1923, Postbeamtin im Ruhestand
[1070] Theresia Schauer, geb. 1923, Pfarrhaushälterin im Ruhestand
[1071] Andreas Baumgartner, geb. 1908, Arbeiter im Ruhestand
[1072] Andreas Baumgartner, geb. 1908, Arbeiter im Ruhestand

rerin gehabt, die hat gesagt: ‚Du bleibst heute bis Schlag vier Uhr da.' Und das hat sie auch eingehalten, wenn einer irgendwie frech war."[1073] Dass auch nicht-körperliche Strafen von den Kindern zum Teil als sehr hart empfunden werden konnten, schildert Ottilie Akamphuber. Diese fürchtete sich als Kind vor dem „Nachsitzen besonders in der dunklen Jahreszeit – die meisten Kinder hatten einen weiten Heimweg."[1074] Erika Habacher, die viel später, nämlich in den 60er-Jahren die Volksschule besuchte, erinnert sich noch gut an eine Strafe, die sie am eigenen Leib des Öfteren erfahren hat: „Vom Schulalltag weiß ich kaum mehr etwas – außer, dass ich sehr oft ‚im Winkerl' stehen musste – eine Strafe! Ich mochte die Lehrerin nicht und sie mich auch nicht. So machten wir uns gegenseitig das Leben etwas schwer – wobei natürlich ich den Kürzeren zog."[1075] Mit körperlichen Strafen hat die heutige Volksschuldirektorin nie Bekanntschaft gemacht, auch wenn sie weiß, dass diese nicht unüblich waren: „Aus den Erzählungen meines Schwiegervaters und meines Mannes weiß ich, dass es früher harte Strafen in der Schule gab. Keiner meiner Lehrer – auch nicht die alte Volksschullehrerin – hat mich jemals geschlagen! Auch ich teile keine Ohrfeigen aus."[1076] Eine ehemalige Volksschullehrerin erlebte die häufigste Strafe in ihrer eigenen Schulzeit, nämlich das Dableiben, nicht nur als Sanktion, sondern auch als sinnvoll: „Dableiben war keine Disziplinierungsmaßnahme, sondern eher eine Nachhilfe für schwächere, langsamere Schüler."[1077] So dachte auch der Lehrer und Erzieher Pater Lambert Wimmer, der sich stets bemüht, Strafen zu vergeben, deren Erfüllung für den Einzelnen, zumeist aber für die Gemeinschaft von Nutzen war: „Es hat keine körperlichen Strafen gegeben, sondern wenn es Strafen gegeben hat, dann war das so, sie mussten im Park gewisse Wege zusammenkehren oder sie mussten Steine – Randsteine – in Ordnung halten und all das. Aber jedenfalls solche Dinge. Im Herbst war, weil ja viele große Bäume da waren, eine solche Beschäftigung das Laubrechen usw."[1078] Waren die Strafen jetzt körperlicher Natur oder nicht – eine Garantie für mehr Disziplin im Unterricht bildeten sie nicht. Hermine Antensteiner etwa berichtet von einer Lehrerin, die durchaus Erfolg mit dem Austeilen einer körperlichen Strafe hatte, wohingegen ein anderer Lehrer derselben Schule nur nach außen hin für Ruhe sorgen konnte: „Von der vierten bis zur siebenten Klasse hatte ich den Herrn Oberlehrer – ich war kein Liebling von ihm, solche hatte er auch. Ich war auch kein Engel und dementsprechend fielen auch die Strafen aus. Wirkli-

[1073] Johann Aumayr, geb. 1924, Frisör im Ruhestand; Margarethe Aumayr, geb. 1922, Kindergärtnerin im Ruhestand

[1074] Ottilie Akamphuber, geb. 1922, Altbäuerin

[1075] Erika Habacher, geb. 1953, Volksschuldirektorin

[1076] Erika Habacher, geb. 1953, Volksschuldirektorin

[1077] Frau, geb. 1946, Volksschullehrerin im Ruhestand

[1078] Lambert Wimmer, geb. 1916, Pater und ehemaliger Lehrer und Erzieher

che Disziplin konnte er sich meiner Ansicht nach aber nicht verschaffen. Im achten Schuljahr [...] bekamen wir dann eine junge Lehrerin und diese verschaffte sich gleich am ersten Tag Respekt. Das kam so: Ein Junge war nicht auf seinem Platz als sie in die Klasse kam, sie gab ihm links und rechts eine Ohrfeige und schon war die Ordnung hergestellt."[1079]

Volkmar Strohbach erinnert sich daran, dass zu seiner Gymnasialzeit Ende der 20er- und Anfang der 30er-Jahre in Wien Strafen kaum eine wirkliche Besserung der Disziplin bewirkten. Eine Ausnahme gab es allerdings: „Bestrafungen (Nachsitzen, Karcer) wurden nicht ernst genommen, die einzige wirkungsvolle Bestrafung wäre Entzug der Schulgeldermäßigung gewesen, diese wurde aber kaum verhängt, weil dies eine Bestrafung der Eltern gewesen wäre. Ich selbst hatte nur zwei Mal Androhung des Ausschlusses, aber ohne Wirkung auf mich, nur auf meine Eltern."[1080]

Sehr wohl ernst genommen wurden hingegen die Strafandrohungen des Oberlehrers von Karl Schmiedinger, die dieser sehr geschickt einsetzte, um in der Klasse Disziplin zu halten: „Es hat Strafen gegeben, ja. Aber ehrlich gesagt: Die meisten Strafen.... Gerade der XY hat Strafen immer angedroht. Das hat schon gereicht. Na, der XY hat einen Schüler nur gestraft, wenn er wirklich einen Grund gehabt hat. ,Du meldest dich um eins im Turnsaal, richtest den Bock her.' Da hätte er sich drüber legen müssen. Ist eh nicht dazu gekommen... Und dann hat er ihn eine Stunde da dunsten und warten lassen, bis dass er gekommen ist. Da hat sich der dann schon gefürchtet."[1081] Kam es wirklich zur Durchführung einer Strafe, so waren diese kaum körperlicher Natur: „Das hat es kaum gegeben, aber Rechnungen. Z.B. der XY hat das sehr gerne gehabt, dass er Rechungen auf einem Zettel gehabt hat: ,Du, das rechnest du aus als Strafaufgabe.' Also, in dem Fall, Algebra hat er sehr geliebt, da hat er nicht viele Formeln aufschreiben müssen und du hast den ganzen Tag zu tun gehabt."[1082]

Dass harte Strafen auch bei denen, die nicht selbst betroffen waren, negative Erinnerungen hinterließen, zeigt der Bericht einer ehemaligen Volksschullehrerin: „Fassungslos war ich, als einmal die Lehrerin auf ihre eigene Tochter zusteuerte und ihr eine Ohrfeige verpasste. Ich wusste nicht, warum."[1083] Waltraud Fahrngruber denkt noch heute mit Grauen an einen brutalen Lehrer, obwohl sie diesen gar nicht persönlich gehabt hatte: „In Hinterstoder war ein strenger, jähzorniger Oberlehrer (in den 30er-Jahren). Die Schwester einer Bekannten hatte durch einen Unglücksfall einen Schädelbasisbruch. Als Folge davon waren der linke Arm und das linke Bein verkrüppelt. Weil sie eine Antwort nicht wusste, gab er ihr eine solche Ohrfeige, dass sie von der Treppe fiel. Als sie einmal zu

---

[1079] Hermine Antensteiner, geb. 1928, Landwirtin
[1080] Volkmar Strohbach, geb. 1918, Baumeister im Ruhestand
[1081] Karl Schmiedinger, geb. 1923, Konditor im Ruhestand
[1082] Karl Schmiedinger, geb. 1923, Konditor im Ruhestand
[1083] Frau, geb. 1946, Volksschullehrerin im Ruhestand

spät kam, musste sie auf einem Scheit knien, die Arme vorstrecken, darauf legte er ein schweres Buch. Einem Schüler riss er das Ohrläppchen tief ein. Arme Schüler von Knechten und Mägden, die einen sehr weiten Schulweg hatten und vor dem Schulegehen noch arbeiten mussten, strafte er hart. Einmal gab er einem Schüler angeblich 36 Ohrfeigen. Darauf wurde er für einige Zeit versetzt."[1084] Der eigene Sohn war das Opfer des nicht gerade zimperlichen Oberlehrers einer inzwischen 67-jährigen Frau: „Der älteste von seinen Buben war in meiner Klasse. Er war wirklich der ‚Prügelknabe' seines Vaters. Wenn er etwas nicht wusste, hat es schon ‚Watschen' gegeben und nach jedem Torkler hat er sich wieder stramm hingestellt. Er hat mir oft leid getan."[1085] Nicht ganz so wild war der Religionslehrer einer um zehn Jahre jüngeren Frau: „Einen Religionslehrer mochte ich nicht. Er konnte furchtbar zornig werden und dann teilte er ‚Watschen' aus, meist waren es Ministranten – sicher Lausbuben. Ich habe dieses Zuhauen heute noch in unguter Erinnerung."[1086] Ebenfalls negative Erinnerungen hat Eva Mark an ihren Volksschuldirektor, den sie eigentlich gerne mochte: „Die männlichen Lehrer an unserer Schule konnten oft sehr grob sein. Ich erinnere mich noch mit Schaudern, als der Herr Direktor einem Schulkameraden ein Holzlineal derart um die Ohren schlug, dass es zersplitterte."[1087]
Eine nette Anekdote, aus der hervorgeht, dass Strafen durchaus auch für den Lehrer unangenehm sein konnten, schildert Hedwig Wiesner: „Einmal hat sie [= die Französischlehrerin] in ihrer Wut zum Stecken gegriffen und hat auf den Tisch gehauen. Und wir haben das nachher probiert. Das tut so weh in der Hand, wenn man einen elastischen Stock nimmt und auf den Tisch prackt, das tut eigentlich wahnsinnig weh. Ich hab mir gedacht: ‚Die Arme. Ich hätte eigentlich ‚Au' geschrieen.' Wir waren zwar ruhig darauf, aber sie hat sich sicher auch wehgetan."[1088] In eine ähnliche Richtung geht die Erzählung Emma Spindlers. Diese berichtet davon, dass ihre Lehrer, wenn sie Schüler nach dem Unterricht in der Schule bleiben ließen, selbst nicht wirklich glücklich mit der Situation waren: „Und meistens haben sie sie dann da gelassen, wenn sie selber halt noch etwas zu schreiben gehabt haben, sonst sind sie ja auch froh gewesen, wenn sie rausgekommen sind. Ist eh klar: 35 Kinder unterhalten, da ist es kein Wunder, wenn sie dann raus müssen und wollen."[1089]
Insgesamt konnten die Lehrer beim Austeilen von Strafen mit dem Rückhalt im Elternhaus rechnen. Dies geht aus mehreren Schilderungen hervor. So meinte etwa Johann Aumayr auf die Frage, wie seine Eltern und die seiner Mitschüler reagiert hätten, wenn ihr Kind eine Strafe bekommen hatte: „Naja, da hat es pas-

---

[1084] Waltraud Fahrngruber, geb. 1932, Volksschullehrerin im Ruhestand
[1085] Frau, geb. 1938, Landwirtin
[1086] Frau, geb. 1943, Hausfrau
[1087] Eva Mark, geb. 1946, Volksschullehrerin
[1088] Hedwig Wiesner, geb. 1923, Ärztin im Ruhestand
[1089] Emma Spindler, geb. 1923, Postbeamtin im Ruhestand

sieren können, dass sie gesagt haben: ‚Da hat er eh Recht gehabt, der Lehrer.',
wenn das Kind erzählt hat daheim: ‚Der Lehrer hat mir eine Ohrfeige gegeben.'
Das gibt es ja heute nicht mehr, Ohrfeigen. Aber naja, manche haben gesagt:
‚Hat er eh Recht gehabt, der Lehrer. Da warst du wahrscheinlich nicht
brav.'"[1090] Ähnliches berichtet Emma Spindler, die mit der Haltung ihrer Eltern
durchaus einverstanden war: „Man hat ja von zu Hause aus schon… Ich meine,
wenn du heimgegangen bist und gesagt hast, du hast die und die Strafe gekriegt,
dann hast du von daheim auch noch eine erwischt. Das ist heute nicht mehr.
Heute ist das umgekehrt, leider."[1091] Dass die Unterstützung des Lehrers durch
die Eltern beim Strafenausteilen auch nach dem Zweiten Weltkrieg noch gegeben war, weiß Walter Fuchs aus seinen ersten Dienstjahren: „Die Einstellung der
Eltern war ja komplett anders. Sagen wir, ich habe gesagt: ‚Dableiben musst
du.' und jetzt ist es passiert, dass der Vater am Sonntag mit irgendwem zusam-
menkommt beim Tarockieren oder so und der Herr Schulleiter ist auch da und
sagt: ‚Du, weißt du eh, deinen Buben hab ich dalassen müssen.' ‚Was, das gibt
es ja überhaupt nicht!' Der hat ja daheim gleich noch einmal eine Strafe gekriegt. Die haben sich ja geschämt, dass ihr Kind nicht folgt."[1092] Dies bestätigt
auch ein ehemaliger Volksschuldirektor, der zu der Zeit, wo Walter Fuchs seine
ersten Unterrichtserfahrungen sammelte, noch selbst die Schulbank drückte:
„Wenn einmal eine [Bestrafung] erfolgte, wurde diese vom Kind zu Hause ver-
schwiegen, weil die Gefahr bestand, dass von den Eltern eine zusätzliche Strafe
auferlegt wurde."[1093] Wie viele seiner Berufsgenossen musste auch er später die
Erfahrung machen, dass sich seither vieles geändert hat: „Heute ist es gerade
umgekehrt. Vor allem Eltern, die sich schlecht bei ihren Kindern durchsetzen
können, neigen dazu, sich sofort bei einer Bestrafung ihrer Kinder bei der Lehrperson zu beschweren."[1094]
Nicht ohne Folgen blieb die Haltung der Eltern, die auf das Urteil des Lehrers
vertrauten, für die Schüler. Diese wussten durchaus, welche Einstellung ihre Eltern zu erhaltenen Strafen hatten und dieses Wissen machte ihnen meist mehr zu
schaffen als die Strafe an sich. Für Josef Steinbichl etwa war das Schlimmste an
den Strafen, dass seine Eltern von seinen kleinen Streichen erfuhren: „Ja, ich
hab eine strenge Erziehung gehabt und wir haben recht viel Ehrfurcht gehabt vor
den Eltern und das war für mich eine riesige Schande, dass ich mich da so auf-
geführt habe, vor der Mutter speziell."[1095] Und auch Henriette Hartig berichtet:
„Wir haben einmal gelacht während des Unterrichts und dann hat er uns alle
nachsitzen lassen und ich musste die Zahlen von 1 bis 20 schreiben, immer

---

[1090] Johann Aumayr, geb. 1924, Frisör im Ruhestand
[1091] Emma Spindler, geb. 1923, Postbeamtin im Ruhestand
[1092] Walter Fuchs, geb. 1921, Volksschuldirektor und Personalvertreter im Ruhestand
[1093] Mann, geb. 1937, Volksschuldirektor im Ruhestand
[1094] Mann, geb. 1937, Volksschuldirektor im Ruhestand
[1095] Josef Steinbichl, geb. 1937, Hauptschuldirektor im Ruhestand

schön schreiben. Und ich musste nie nachsitzen, das erste Mal in meinem Leben und ich hab mich wahnsinnig geschämt und ich hab gewusst, meine Eltern warten mit dem Mittagessen und ich bin nicht erschienen. Und dann endlich bin ich erschienen und dann bin ich so von einem Baumstamm gelaufen zum nächsten und hab gesehen, wie sie auf mich warten. Und dann bin ich natürlich nach Hause und mein Vater war wirklich ein sehr guter Pädagoge, wie er gehört hat warum ich nachsitzen hab müssen und Zahlen schreiben, dann hat er nicht geschimpft."[1096]

Wie schon gesagt sind gewisse Strafen, die früher noch Gang und Gebe waren, heute (d.h. seit etwa zwei Jahrzehnten) ausdrücklich verboten. Viele der Lehrer, aber auch der Schüler, die in ihrem Bericht von Disziplinierungsmaßnahmen sprechen, fallen genau in die Übergangzeit und haben somit oftmals noch beide Varianten erlebt. Welche Vor- und Nachteile sie in der Änderung der schulischen Strafen sehen und welche Mittel Lehrer heute anwenden, um sich Gehör zu verschaffen – darüber sollen die folgenden Gesprächs- und Textausschnitte Auskunft geben.

Über den Wandel in der Verhängung von Strafen erfährt man im Bericht eines ehemaligen Volksschuldirektors, der 1996 in Pension ging. In seinen ersten Jahren als Lehrer setzte er durchaus noch körperliche Strafen ein, dies allerdings – wie er betont – nur selten. Dafür hatte er stets eine Reihe anderer Methoden parat, mit denen er für Disziplin in den Klassenzimmern sorgte. Zu diesen Maßnahmen gehörten: „,Strafende' Blicke, ermahnen (ev. namentlich), schimpfen, anschreien; hinausstellen (Eckerl-Stehen), ,Spielsachen' wegnehmen; Schreibübungen (öfters auch sinnlos, z.B. 20 Mal ,Ich darf nicht schwätzen.' u.ä.), Dableiben (nachsitzen, meistens bei einem Lehrer, der noch Unterricht hatte); bei gröberen Vorkommnissen wurden die Eltern schriftlich verständigt."[1097]

Rudolf Stanzel, der bis 1986 an einer Hauptschule tätig war, machte für sich persönlich die Erfahrung, dass Disziplin im Unterricht äußerst wichtig war. Viele Strafen waren dafür aber nicht notwendig: „Ich wollte nie der Kollege, der Spezi der Schüler sein. Ich bin als Lehrer ihnen schuldig, etwas zu verlangen, gerecht zu beurteilen und vor allem, die Lust am Lernen wach zu halten. Humor muss allerdings durch mehr Disziplin ausgeglichen werden. Gerade als Leiter habe ich erfahren müssen, dass man als heiterer Mensch oft nicht ernst genommen wird. [...] Arbeitsdisziplin ist wichtig. Schreien war ein einfaches Mittel."[1098]

Relativ harmlos waren jene Strafen, die die Volksschullehrerin von Andrea Eisenbarth zu Beginn der 90er-Jahre einsetzte: „Strafen gab es nicht wirklich, au-

[1096] Henriette Hartig, geb. 1924, Volksschuldirektorin im Ruhestand
[1097] Mann, geb. 1937, Volksschuldirektor im Ruhestand
[1098] Rudolf Stanzel, geb. 1926, Hauptschuldirektor im Ruhestand

ßer, dass man – wenn zuviel getratscht wurde etwa oder wenn man frech war – vom Sitznachbarn weggesetzt wurde oder sich einige Minuten hinten hinstellen musste."[1099] Ob es auch zu ihrer Gymnasialzeit Strafen gegeben hatte und wenn ja, in welcher Form, geht aus ihrem Bericht leider nicht hervor. Etwas schärfer fielen die Strafen in der Hartberger Volksschule aus, die Daniela Gamperl circa zeitgleich besucht hatte: „Es gab auch noch solche Strafen wie ‚Winkerl stehen' oder Leute aus der Klasse schicken, die dann die Türklinke halten mussten um zu beweisen, dass sie noch da waren."[1100]

Dass es in den 90er-Jahren sogar noch zu körperlichen Strafen gekommen ist – auch wenn der Schwerpunkt auf ebenso verbotenen Beschimpfungen lag – schildert eine 24-jährige Studentin: „Die Strafen waren häufiger als die Belohnungen. In der VS waren diese manchen meiner Mitschüler gegenüber sogar noch körperlicher Art, was mich schon damals sehr erschreckte. Ich selber wurde immer nur verbal bestraft, v.a. in der Oberstufe. Meinen Mathematiklehrer und mich verband eine außergewöhnliche Feindschaft und er beschimpfte mich nicht nur einmal als ‚Trottel' und ‚Koffer' und ‚Bache' (Anm.: Bache = weibliche Wildsau!). Außerdem wurden meine langjährige Sitznachbarin und ich des Öfteren der Klasse verwiesen, was uns aber eigentlich nur Recht war. Keine dieser ‚Strafen' brachte auch nur irgendeinen Erfolg für den Lehrer."[1101] Dass die ausgesprochen derben Disziplinarmaßnahmen wirklich keinerlei Wirkung zeigten, wenn nicht der Lehrer als Persönlichkeit akzeptiert wurde, wird von der ehemaligen Gymnasiastin an anderer Stelle noch einmal ausdrücklich betont: „Diejenigen Lehrer/innen, die es nötig hatten, Mittel zur Diziplinerhaltung zu ergreifen, taten dies relativ erfolglos. Meistens waren diese Mittel irgendwelche haltlosen Versuche, sich mit Drohungen Respekt zu verschaffen, z.B. Klassenbucheintragungen, Disziplinarverfahren durch den Direktor bei schwereren Fällen etc."[1102]

Trotz der soeben geschilderten Ausnahme wird körperliche Züchtigung heute in der Schule kaum mehr angewandt, an das Verbot der Kollektivstrafen halten sich aber noch immer verhältnismäßig wenige Lehrer. Gemeinschaftsstrafen werden v.a. wegen ihrer großen Wirksamkeit durchgeführt, bei den Schülern stoßen sie aber auf Grund ihrer offensichtlichen Ungerechtigkeit auf wenig Verständnis. Brigitte Kitzmüller konnte Kollektivstrafen schon zu ihrer eigenen Schulzeit nicht ausstehen und auch heute ärgert sie sich, wenn ihre Kinder von derartigen Vorfällen in der Schule berichten: „Bestrafung gab es meistens in der Form, dass es mehr Aufgabe für alle gab. Bei Gemeinschaftsstrafen ärgerte ich mich immer: einige stellten etwas an und alle bekommen mehr Aufgabe. [...] Was mich am meisten ärgert ist, dass viele Lehrer noch immer die Gemein-

---

[1099] Andrea Eisenbarth, geb. 1983, Studentin
[1100] Daniela Gamperl, geb. 1982, Studentin
[1101] Frau, geb. 1981, Studentin
[1102] Frau, geb. 1981, Studentin

schaftsstrafe einsetzen. Das ärgerte mich schon in meiner Schulzeit und hat mich auch bei meinen Kindern wieder geärgert."[1103]

Viele Personen legten bei ihren Schilderungen in Bezug auf Strafen weniger Wert darauf, aufzuzählen, welche Strafen tatsächlich im Unterricht Anwendung gefunden hatten, viel mehr nahmen sie dazu Stellung, wie sie die heutige Gesetzeslage beurteilen. Der ehemalige Volksschuldirektor und Personalvertreter Walter Fuchs etwa sieht die heute recht eingeschränkte Möglichkeit, als Lehrer Strafen auszuteilen, negativ. Aus seiner Sicht können sich heutige Lehrer kaum mehr Respekt verschaffen, zudem würden die vielen Verbote und Vorschriften, die nun zu beachten wären, den Lehrer seine Rolle als Erzieher – die Fuchs noch eindeutig autoritär definiert – nur beschränkt wahrnehmen lassen: „Man müsste auch wieder einmal ein wenig strafen können, weil Sie können überhaupt nichts machen gegen das Kind, gar nichts! Wenn der zu Ihnen sagt ‚Hab mich gern.', dann können Sie überhaupt nichts machen. Es wurde verboten – weil ich ja gerade im Dienstrecht und in der Personalgeschichte bewandert war – das: ‚Stell dich da hinten auf, damit eine Ruhe ist.' Das ist eine Herabsetzung ihrer Persönlichkeit. Wissen Sie was? So ein Bub hat noch überhaupt keine Persönlichkeit, ich meine, eine respektvolle. Der muss ja was können, ein gewisses Alter haben usw. Da fängt es an, der gehört ja abgerichtet, der gehört abgerichtet wie der Wolfshund: ‚Setzen, auf!', ja sowieso. Das hat nichts mit Diktatur zu tun. Und das geht nicht. Oder das war super: ‚Achso, schon wieder vergessen die Hausübung? Naja bitte, schreib sie halt nach der Schule dann.' Das war bitter, wenn die anderen dann haben heimgehen können und er muss dableiben und muss jetzt das schreiben, das nachholen, was er vergessen hat angeblich. [...] Das können Sie aber fast nicht mehr machen, weil er hat das Recht, dass er heimgefahren wird. Der Staat zahlt das. Das nächste ist das: wenn Sie das jetzt freiwillig aus sich heraus machen und sagen: ‚Naja, du hast eh nicht weit heim, das schreibst du jetzt.' Wenn der jetzt hinuntergeht – wie Kinder eh sind – und irgendwer fährt den zusammen oder was, na, was glauben Sie, was da los ist? Dann haben Sie die Schuld, weil er müsste ja schon auf dem Heimweg sein. Ja, ja, Sie müssen an alles denken. Es lässt sich fast nichts mehr machen. Da müssten die Lehrer, der Elternverein, alle zusammen helfen und sagen: ‚Nein, nein, alles was recht ist…' Darum wollen ja viele gar nicht mehr Lehrer werden, weil sie sagen: ‚Alles sollst du dir gefallen lassen.' Na, ich sage es Ihnen eh: ich war mit Leib und Seele Lehrer, aber ich möchte jetzt nicht mehr hineingehen. Obwohl ich mir schon zutraue, dass ich mit denen fertig würde, weil man kann es ja durch verschiedene Methoden machen, dass sie einen eh wieder mögen und folgen, aber jedem liegt das ja auch nicht. Nein, Sie können fast nichts mehr machen!"[1104] An anderer Stelle wird noch einmal deutlich, was ohnehin schon

---

[1103] Brigitte Kitzmüller, geb. 1962, Tagesmutter

[1104] Walter Fuchs, geb. 1921, Volksschuldirektor und Personalvertreter im Ruhestand

aus dem vorhergehenden Zitat ersichtlich wurde, nämlich der Standpunkt Fuchs'
zu Erziehung und Gehorsam: „Zuerst muss man gehorchen lernen, dann kann
man anschaffen. Nicht umgekehrt. Jetzt wäre es ja schon fast so, zuerst schaffen
sie an und gehorchen tun sie nicht. Das geht nicht, auch nicht im Staat oder irgendwo."[1105]
Dass bei weitem nicht alle älteren Menschen, die einmal als Lehrer tätig waren,
so denken, zeigt der Bericht Lambert Wimmers. Die Überlegungen des inzwischen 89-jährigen Paters gehen in eine ganz andere Richtung. Er macht sich aus
heutiger Sicht nämlich eher Sorgen darüber, womöglich zu streng gewesen zu
sein: „Wenn ich von Autorität spreche, dann muss ich sagen, dass ich schulisch
niemals auch nicht die geringste Schwierigkeit gehabt habe, also was das Verhalten der Schüler anbelangt. Aber ich muss mich vielleicht fragen, ob ich nicht
doch manchmal zu autoritär war. Schließlich komme ich aus einer Familie, wo
der Vater bei sechs, sieben Kindern also eine Autorität war und später bin ich
sechs Jahre selber Soldat gewesen und hab gelernt, dass man sich auch unterordnen muss und so hab ich vielleicht manchmal diese Autorität ein wenig zu
stark spüren lassen. Das können aber nur die Schüler sagen."[1106]
Die mehr als 35 Jahre jüngere Erika Habacher hat ihren eigenen Weg gefunden.
Sie legt Wert darauf, dass ihre Schüler die Sinnhaftigkeit der Regeln verstehen
und die Strafen dem jeweiligen Verstoß angepasst ausfallen: „Ich versuche den
Kindern die Sinnhaftigkeit meiner Anordnungen zu erklären und verlange nur
selten – in für die Schüler gut verständlichen Situationen – äußerste Disziplin,
z.B. absolute Ruhe bei Tests und anderen Stillarbeiten. Sonst darf es manchmal
auch ‚Betriebslärm' geben, solange er eine gewisse Grenze nicht überschreitet.
Das hat sich gut bewährt. Als Sanktionen haben sich ‚Arbeitseinsätze' und
Schäden vom Taschengeld bezahlen als sehr erfolgreich herausgestellt. Wenn
Schüler erleben, dass das ‚Spritzen' von Hausübungen nichts bringt, hören sie
damit auf."[1107]
Auf Strenge, die aber bei den Schülern auf Verständnis stoßen muss, achtete
auch Irmgard Wartner. Auf diese Weise ersparte sie sich oft den Einsatz von
Strafen. Heute glaubt sie noch immer an die Notwendigkeit von klaren Grenzen,
diese durchzusetzen fiel ihr aber zunehmend schwer: „Ich glaub einfach, Freiheit muss immer dem Alter entsprechend gesetzt werden, aber Freiheit hat immer auch Grenzen. Und ich muss mir selber meine eigenen Freiheiten begren-
zen. Wenn ich sie nicht begrenze, dann... [...] Ich hab immer gesagt, das ist wie
bei einem Fluss. Ein Fluss braucht sein Flussbett und er hat rechts und links ein
Ufer – das weiß ich noch von Geografie her... [...] Da haben wir über die Wolga
gelernt und da hat er erzählt, durch dieses Tiefland oder was das ist, da breitet

---

[1105] Walter Fuchs, geb. 1921, Volksschuldirektor und Personalvertreter im Ruhestand
[1106] Lambert Wimmer, geb. 1916, Pater und ehemaliger Lehrer und Erzieher
[1107] Erika Habacher, geb. 1953, Volksschuldirektorin

sich der Fluss aus in unendliche Nebenarme, man weiß eigentlich überhaupt nicht, wo fängt er an und wo hört er auf. Und ich empfinde das genauso bei einem Leben: wenn da keine Grenze ist, wo du bist – wo geht das dann hin? [...] Ich denke: Wäret den Anfängen. Wenn ich von Anfang an sage: ‚Ich hab meine kleinen Regeln, schau her, das möchte ich.' und ich erkläre es – das ist immer, glaube ich, wichtig: ‚Aus dem und dem Grund.' [...] Und da muss ich nicht schreien und da muss ich gar nichts, sondern nur: ‚Weißt eh, ich will das jetzt so.' – ‚Und ich will das aber nicht.' – ‚Aber ich will das jetzt so.' [...] Man muss klar sagen: ‚Das will ich.' und irgendwo sind sie dann auch froh. [...] Und das war dann zum Schluss – das muss ich zugeben – da ist es mir zum Teil schon schwer gefallen."[1108]

Dass es heute zunehmend schwieriger wird, sich mit den bewährten Mitteln Respekt zu verschaffen, musste auch Josef Steinbichl in seinen letzten Dienstjahren zur Kenntnis nehmen: „Wenn ich in die Klasse gegangen bin, hab ich nicht geschimpft oder geschrieen, sondern ich bin hineingegangen und habe nur die Schüler angeschaut, wenn es laut war, und auf einmal haben sie reagiert. Das war so angenehm und es hat funktioniert, was in den letzten Jahren nicht mehr passiert ist. Das ist interessant. Als Schulleiter – kann ich mich noch erinnern – da waren doch 300-400 Schüler, wenn eine große Veranstaltung war und als Schulleiter muss man doch hier und da vor der ganzen Schule stehen. Und wenn es da laut war und ich bin vorne gestanden und hab geschaut und auf einmal ist die ganze Schule ruhig geworden. Das war ein Erlebnis! Das war später in den neun Jahren nicht mehr möglich. Da hab ich ins Mikrofon hineinsagen müssen ‚Und bitte...' Also, das hat sich so schnell geändert in den neun Jahren, das ist unwahrscheinlich. Es war für mich ein so ein Erfolgserlebnis – kann ich mich noch erinnern – wie es mir als neuem Schulleiter geht, da steh ich vor so vielen Schülern, nervös, und die werden auf einmal ruhig. Das ist schön! Und jetzt passiert es nicht mehr so."[1109]

Auf kleine Tricks setzte Henriette Hartig wenn es darum ging, in ihrer Volksschulklasse für Ruhe zu sorgen: „Und wenn sie recht laut waren, hab ich gesagt: Jetzt probieren wir einmal, ob wir alle anderen ruhig sein können und dann dürfen die schreien. Und mit lauter solchen Schmähs musst du dann kommen, weil sonst hast du verloren."[1110] Wenn sie einmal doch Strafen austeilen musste, so legte sie großen Wert darauf, dass diese für die Schüler keine vertane Zeit darstellten: „Wenn einer etwas nicht können hat – das war eine Strafe damals, aber an und für sich war es eine pädagogische Maßnahme – wir haben nachgesessen mit denen und haben gelernt. Denn wenn sie da sitzen, dann ist das wohl eine Strafe, aber sie sollen ja auch profitieren, deshalb lasse ich sie ja nachsitzen.

[1108] Irmgard Wartner, geb. 1945, Hauptschullehrerin im Ruhestand
[1109] Josef Steinbichl, geb. 1937, Hauptschuldirektor im Ruhestand
[1110] Henriette Hartig, geb. 1924, Volksschuldirektorin im Ruhestand

Wenn man dann mit ihnen gelernt hat und ihnen geholfen hat, haben die das dann auch schätzen können innerlich irgendwie. Und da hat sich auch jeder dann irgendwie angestrengt, dass er doch irgendetwas zustande bringt."[1111]

Demokratie im Unterricht wird bei Eva Mark heute groß geschrieben. Diese bezieht ihre Schüler nämlich auch in das „Erfinden" von Strafen mit ein: „Disziplin ist unbedingt nötig, besonders beim Erarbeiten eines Stoffes, aber auch im Umgang miteinander. Früher gab es häufiger Strafaufgaben, jetzt versuche ich zuerst, Probleme durch Gespräche zu klären. Strafmaßnahmen werden oft von den Schülern vorgeschlagen, z.B.: Laufen am Schulgang ist verboten, wer sich nicht daran hält, geht nochmals langsam den Gang auf und ab."[1112]

Zieht man nun nach diesen teils recht unterschiedlichen Stellungnahmen ein Resümee, so kann in Hinblick auf die Art der Strafen gesagt werden, dass körperliche Züchtigungen bis auf ganz wenige Ausnahmen aus den Schulen verschwunden sind. Nicht so verhält es sich mit Kollektivstrafen und v.a. mit verbalen Beschimpfungen, die neben legalen Maßnahmen wie Winkerl-Stehen oder schriftlichen Strafarbeiten auch heute noch unerlaubterweise von vielen Lehrern angewandt werden. Dennoch zeichnet sich ein Umdenken beim Vergeben von Strafen ab. Während diese früher in erster Linie dazu dienten, die Schüler ruhig zu stellen, legen Lehrer heute Wert darauf, dass ihre Disziplinarmaßnahmen von den Kindern und Jugendlichen auch verstanden werden. Zudem wird versucht, sinnvolle – d.h. lehrreiche oder für das Gemeinwohl nützliche – Strafen zu verhängen, an deren Zustandekommen mancherorts sogar die Schüler selbst beteiligt sind. Diesen Wandel beurteilen die meisten (ehemaligen) Lehrer positiv, auch wenn zunehmend die Erfahrung gemacht wird, dass es schwierig ist, ohne oder mit nur wenigen Strafen Ruhe im Klassenzimmer zu erzeugen. Die Wiedereinführung strengerer Strafen an den Schulen jedoch stellt für die meisten Leute keine Alternative dar, für eine solche Maßnahme wird nur in einem einzigen Bericht Partei ergriffen.

Die disziplinierende Wirkung von Prüfungen, Noten und Lob

Zu Beginn dieses Kapitels war bereits die Rede davon, dass auch Noten und Prüfungen als Disziplinierungsmittel eingesetzt werden können. Prüfungen in welcher Form auch immer dienen in erster Linie der Leistungsfeststellung – zumindest sollten sie dies tun. Daran hat sich bis heute trotz der oftmals geführten Diskussion über die Abschaffung der Noten nichts geändert. Indirekt können Tests, Schularbeiten und mündliche Wiederholungen aber auch dazu genutzt

---

[1111] Henriette Hartig, geb. 1924, Volksschuldirektorin im Ruhestand
[1112] Eva Mark, geb. 1946, Volksschullehrerin

werden, die Schüler gewissermaßen im Zaum zu halten – eine Möglichkeit, die von den meisten Lehrern zumindest manchmal auch tatsächlich genutzt wird. Im Gegensatz zu den meisten Lehrkräften, die dies nicht gerne zugeben, spricht Irmgard Wartner die Bedeutung von Prüfungen als Disziplinierungsmittel im Gespräch ganz offen aus: „Aber weil du sagst: ‚Was tust du, wenn dir die jetzt wirklich auf der Nase herumtanzen?' – ich glaube: Ruhe bewahren, konsequent überlegen: was will ich von euch. Wenn sie so sind, sie tanzen dir auf der Nase herum, dann haben sie das Kollegiale nicht verstanden – da musst du auf Distanz gehen. Dann kannst du nur sagen... Einfach übers Wissen. Abprüfen. Und dann hast du sehr viele Möglichkeiten."[1113]

Erfahrungen mit der von Irmgard Wartner angesprochenen Methode, sich durch Prüfungen Ruhe zu verschaffen, machte Friedrich Pernkopf. Aus der Schülersicht spielte sich dies folgendermaßen ab: „XY war sehr musikalisch, hörte sehr gut, konnte Schwätzer, wenn er bei der Tafel schrieb, sicher erkennen und plötzlich hieß es: ‚Ich kann auch prüfen.' Der Schwätzer hatte einen Fünfer sitzen, weil er vor Schreck ‚sprachlos' war."[1114]

Die Mathematiklehrerin an einem Wiener Mädchengymnasium versuchte ebenfalls, sich durch strenge Prüfungen an der Tafel Respekt zu verschaffen. Damit hatte sie größtenteils auch Erfolg, nicht so bei Hedwig Wiesner: „Und dann hatten wir eine Mathematikprofessorin, die war im Nachhinein gesehen interessant, weil sie hat es zusammengebracht, dass einige wirklich vor ihr gescheppert haben, Angst gehabt haben. Meine Freundin daneben hat sie sehr gut gekannt, privat auch, die hat keine Angst gehabt. Ich auch nicht, weil ich in Mathematik sonst nicht gut, aber an der Tafel immer sehr gut war. [...] Ich war mündlich immer besser als schriftlich. [...] Und an der Tafel hab ich mir gedacht: ‚Die soll mich gern haben, vor der hab ich keine Angst.' und hab daher immer gute Noten bei ihr gehabt. Und sie sind reihenweise ausgetreten wegen ihr. Weil so wie eine Schlange ein Kaninchen anschaut, so haben die Angst gehabt vor ihr. Sie war nicht angenehm. Aber ich bin so ein Justament-Typ, wenn die glaubt, ich muss mich jetzt vor ihr fürchten, dann fürchte ich mich justament nicht. Und dadurch war das Ganze für mich auch eher harmlos."[1115]

Anders begründet war der Druck, den der Hauptschullehrer von Karl Schmiedinger vor Prüfungen auf seine Schüler ausübte. Der gleichzeitige Oberlehrer der Volksschule wollte – wie schon erwähnt – gemeinsam mit anderen Volksschullehrern den Schülern der Umgebung die Möglichkeit bieten, eine Hauptschule zu besuchen. Alle vier Jahre wurde somit eine erste Hauptschulklasse eröffnet, die dann bis zur achten Schulstufe von den Volksschullehrern in ihrer Freizeit geführt wurde. Die Prüfungen mussten allerdings an einer regulären

---

[1113] Irmgard Wartner, geb. 1945, Hauptschullehrerin im Ruhestand
[1114] Friedrich Pernkopf, geb. 1936, Landwirt
[1115] Hedwig Wiesner, geb. 1923, Ärztin im Ruhestand

Hauptschule in Gmunden abgelegt werden – der Druck, die Prüfungen zu bestehen, war da natürlich groß: „Ja. Sie, ich werde Ihnen jetzt etwas sagen: Wenn
der XY rausgekriegt hat, dass ein Schüler bei der Prüfung nicht durchkommen
würde, dann ist der nicht angetreten zu der Prüfung. [...] Der hat die ganzen Ferien Sonderschule gehabt bei ihm, die ganzen Ferien hat er ihn da gedrillt in den
Fächern, wo er schlecht war, hat ihn krank gemeldet und hat ihn dann am Ende
der Ferien noch einmal zur Prüfung geschickt nach Gmunden. [...] Der hat es
sich doch nicht leisten können. Wir haben ja nicht wiederholen können, wir haben hinten nach ja keine Klasse mehr gehabt. Ich kann ja nicht sitzen bleiben,
wenn ich dann nirgends hinein kann.“[1116]
Prüfungen und Schularbeiten waren jedenfalls nicht nur für so manchen Schüler
der letzten paar Jahrzehnte etwas, vor dem man sich fürchtete und daher gezwungenermaßen das gewünschte Verhalten (Lernen, Aufmerksamkeit während
der Stunde,...) an den Tag legte. Dieses Phänomen war auch schon Schülern älterer Generationen bekannt, bei denen die Reaktion des Elternhauses auf Prü-
fungsergebnisse eine große Rolle spielte. Dies erzählt beispielsweise Johann
Aumayr: „Ja, eigentlich schon. Da haben wir schon Schiss gehabt, wenn eine
Schularbeit war. Naja, ist ja ganz klar: da hat man eine Note gekriegt... Wenn
man eine schlechte Note gehabt hat, hat man daheim schon einmal eine Beleh-
rung gekriegt.“[1117]
Um den Druck, der bei Prüfungen und Tests auf den Schultern der Schüler lastete, etwas zu entgehen, wurde auch früher schon auf gegenseitige Unterstützung
gesetzt, Schwindeln und gegenseitiges Einsagen kam in den meisten Klassen
vor. Vor allem gute Schüler waren in vielen Fällen dazu bereit, ihren schwächeren Kollegen Unterstützung zukommen zu lassen, was aber nicht immer ohne
Konsequenzen blieb. Beim Vorzugsschüler Volkmar Strohbach schlug sich dies
in der Betragensnote nieder: „Schularbeiten waren inhaltlich von der Strenge des
Professors abhängig. Sitzplanänderung bei Schularbeiten. Schwindelmöglichkei-
ten durch Schwindelzettel oder Schmierer fast immer gegeben. Ich war als guter
Schüler beliebter Sitznachbar und habe auch viel helfen können, z.T. deswegen
schlechte Betragensnote.“[1118] Während seine Eltern, die dies schon von den älteren Brüdern gewohnt waren, „in keinster Weise“ reagierten, war die schlechte
Betragensnote für den damaligen Gymnasiasten keinesfalls ein Makel: „Nein,
nein, nein. Es war also, wenn sie diesen Vergleich wählen wollen, auf keinen
Fall eine Schande und es war eher eine Auszeichnung.“[1119] Bemerkt sei an dieser Stelle allerdings, dass die Bedeutung der Betragensnote nicht überall so gering gesehen wurde. So gehörten etwa noch zur Schulzeit einer heute erst 62-
jährigen Pensionistin Klassenbucheintragungen und schlechte Betragensnoten zu

[1116] Karl Schmiedinger, geb. 1923, Konditor im Ruhestand
[1117] Johann Aumayr, geb. 1924, Frisör im Ruhestand
[1118] Volkmar Strohbach, geb. 1918, Baumeister im Ruhestand
[1119] Volkmar Strohbach, geb. 1918, Baumeister im Ruhestand

den gängigen Strafen, die aber große Wirkung zeigten, denn im Gegensatz zu den Eltern von Volkmar Strohbach wurde hier durchaus auf diese Note geachtet: „Früher wurde auf die Betragensnote viel mehr Wert gelegt."[1120]
Von teils missglückten Schwindelversuchen kann auch Karl Schmiedinger berichten. Seine Hilfe, die er einem seiner Schulkollegen hatte zukommen lassen, blieb von dessen Lehrer ebenfalls nicht unentdeckt: „Der war recht schlecht in Rechnen und wir haben täglich eine Rechenaufgabe bekommen vom XY auf Zetteln für zu Hause, wo einer vom anderen nicht abschreiben hat können, weil ein jeder eine andere Rechnung, einen anderen Zettel gekriegt hat. Die hat er schon vorbereitet gehabt. Und der XY [= ein Mitschüler], der hat mir seinen Zettel in die Hand gegeben und gesagt: ‚Du kriegst morgen einen Leberkäse. Rechne mir das, mach mir das.' Und ich hab es gemacht und mache einen kleinen Fehler drinnen und was glaubt ihr, was passiert ist, wie er das vorgelesen hat? Da ist der XY aufgestanden und hat gesagt: ‚Schmiedinger, du machst eine Strafaufgabe.' Der hat genau gewusst, dass ich das war. Der hat seine Leute gekannt. Der hat wahrscheinlich gesehen, dass ich den Leberkäse gegessen habe."[1121]
Gezwungenermaßen gelassen reagierte der Lehrer von Emma Spindler, wenn die Vorzugsschülerin ihren Mitschülern half: „Ich habe ihnen Zetterl hinüber gegeben, was herauskommt, damit sie es wissen. Naja, der Lehrer hat es ja eh überzogen. ‚Aha, das ist wieder diese Bank.', hat er gesagt, ‚Da braucht man eh nicht nachschauen. Das stimmt eh.' [...] Er hat zwar ein wenig geschimpft und gesagt: ‚Ihr müsst ja selber auch lernen, weil sie ist ja nicht immer bei euch.' Aber naja – fertig war es, gestimmt hat es, also hat er müssen ihnen auch einen Einser geben."[1122]
Nicht ohne Konsequenzen blieb das Schummeln Linzer Gymnasiasten bei ihrem Mathematiklehrer, der sich mehr schlecht als recht darum bemühte, dieses zu unterbinden. Dennoch kam es zu keinem ernsthaften Zerwürfnis: „So wie ihm [= dem Mathematiklehrer] klar war, dass wir immer alles tun würden, um seine Kontrollmaßnahmen bei Hausaufgaben und Schularbeiten zu unterlaufen, war uns klar, dass er sich immer alle möglichen Maßnahmen einfallen lassen würde, um Abschreiben und Schummeln möglichst zu verhindern, was wir einfach wechselseitig als unveränderliche Konstanten des Schüler-Lehrer Verhältnisses akzeptierten. So wie er uns glaube ich nie wirklich innerlich böse war, wenn wir schummelten oder schwätzten, nahmen wir ihm nie langfristig übel, wenn er uns kollektiv überlange Straf-Hausaufgaben gab."[1123]

[1120] Frau, geb. 1943, Hausfrau
[1121] Karl Schmiedinger, geb. 1923, Konditor im Ruhestand
[1122] Emma Spindler, geb. 1923, Postbeamtin im Ruhestand
[1123] Mann, geb. 1982, Student

In engem Zusammenhang mit Prüfungen stehen Noten. Diese können also ebenfalls immer auch zu disziplinären Zwecken missbraucht werden. Auf diese Weise eingesetzt sind sie deutliches Zeichen dafür, dass der Lehrer eine gewisse Macht über die einzelnen Schüler besitzt, was bei diesen manchmal eine durch Angst hervorgerufene Unterordnung, häufig aber zumindest eine Anpassung des Verhaltens bewirkt.

Dass Noten durchaus Angst hervorrufen können – und zwar nicht nur bei schlechten Schülern – weiß der sonst recht kecke Vorzugsschüler Volkmar Strohbach. Dieser meinte auf die Frage, ob er einmal Angst vor einem Lehrer gehabt hätte: „Ja, Angst vor der Benotung. Vor dem Lehrer als Person nicht. Also Angst vor dem Menschen nicht – auch wenn der jetzt ein Unmensch war – aber Angst vor dem ,Was macht der jetzt mit mir'."[1124]

Bei der Notengebung geht und ging es trotz aller gegenteiligen Behauptungen nicht immer objektiv zu. Dass die Benotung von großen Prüfungen sehr wohl von seinem momentanen Status abhing, musste der ehemalige Sängerknabe und spätere Wiener Gymnasiast Walter Schlögl schmerzlich feststellen: „Dann bin ich zu den Wiener Sängerknaben eingetreten und war drei Jahre Privatist bei ihnen. Das heißt, wir haben in der Hofburg einen Präfekten gehabt, der uns in allem unterrichtet hat. Und nur zu Semesterschluss usw. sind wir ins Piaristengymnasium gewandert und haben dort unsere Prüfungen abgelegt. Jetzt können Sie sich vorstellen, dass man da alle Augen usw. zugedrückt hat. [...] In der Schule [d.h. im späteren Gymnasium] ist es meiner Meinung nach in Hinblick auf meine Verhältnisse normal abgelaufen. Aber natürlich: der Lehrer konnte mir nicht [mehr] eine Note schenken, die ich nicht verdient habe. Das war der Fall, solange ich privat war. Weil da hat es geheißen: ,Die Wiener Sängerknaben kommen heute Prüfung machen.'"[1125] Angst vor den Lehrern hatte er deswegen aber nicht, was sicherlich auch daran lag, dass diese ihre Macht, Noten zu vergeben, nicht für disziplinäre Zwecke missbrauchten: „Nein. Mein Gott, nein, das würde ich nicht sagen. Dass es mir nicht immer eins war, weil ich gewusst habe, ich bin mir nicht sicher usw., aber Angst vorm Lehrer in dem Sinne, würde ich nicht sagen. Er konnte ja nichts dafür, dass ich nicht alles kann oder dass mir vieles fehlt."[1126]

Schlechte Noten wurden jedoch keinesfalls immer auf Grund schlechter Leistung vergeben. Es konnte schon vorkommen, dass Zensuren bei als lästig oder unsympathisch empfundenen Schülern durchaus als Mittel zur Vergeltung eingesetzt wurden. Darüber berichtet etwa Erika Habacher: „In der vierten Klasse sagte meine Mutter zu meiner Lehrerin, dass sie mich im Gymnasium anmelden wolle. Meine Lehrerin meinte, dass ich nicht einmal die Aufnahmsprüfung

---

[1124] Volkmar Strohbach, geb. 1918, Baumeister im Ruhestand
[1125] Walter Schlögl, geb. 1917, Justizbeamter im Ruhestand
[1126] Walter Schlögl, geb. 1917, Justizbeamter im Ruhestand

schaffen würde – sie gab mir in Deutsch und Mathematik ‚sicherheitshalber' ein Befriedigend und freute sich schon auf die Nachricht über meine Niederlage. Obwohl ich nun mit meiner Mutter, meinem älteren Bruder und mit .... jeden Tag üben musste, bemühte ich mich sehr, nur um meiner Lehrerin das Gegenteil zu beweisen – und ich schaffte es. Zwar mit Ach und Krach – aber doch."[1127]
Auch Henriette Hartig gab als Lehrerin nicht allen Schülern für dieselbe Leistung die gleiche Note. Bei ihr hatte dies jedoch pädagogische Gründe: „Ich hab Noten hergeschenkt nur ganz schlechten Schülern, die einfach unbegabt waren und die sich bemüht haben, die haben oft eine Note von mir geschenkt gekriegt, aber wo ich wirklich gerecht sein musste, da: Was es wiegt, das hat es. Also bei den guten Schülern hat es da nichts gegeben. Da war ich sehr streng und gerecht."[1128]
Völlig unverständlich erschien Hedwig Wiesner die Willkür ihrer Geschichtelehrerin, welche ihr – ohne jemals davor das Problem angesprochen zu haben – einen Zweier im Betragen gab: „Also, die hat mir sogar einmal in Betragen eine Zwei gegeben, weil ich in der ersten Reihe mit dem Fuß immer gewackelt habe – ich hab das gar nicht gewusst und wenn sie mir gesagt hätte: ‚Hör damit auf.' – aber nein, sie gibt mir einen Betragenszweier und ich war entsetzt, dass ich einmal in Betragen Zwei hatte, weil ich war sonst immer eher brav und vernünftig. Und sie sagt dann: ‚Ich halt das nicht aus, immer mit dem Fuß.' Und da sagt meine Mutter: ‚Aber Sie hätten doch was sagen können.' Und sie hat gar nichts gesagt..."[1129]
Heute haben nicht nur die Betragensnoten größtenteils ihren Schrecken eingebüßt, auch ein „Nicht genügend" im Jahreszeugnis löst wegen der jetzt bestehenden Möglichkeit, trotz einer negativen Note aufzusteigen, kaum mehr Panik aus. Eine Studentin, die mehrmals von eine Nachprüfung bedroht war, berichtet: „Nachprüfungen standen für mich fast nach jedem Jahr im Gymnasium zumindest in der Unterstufe an. Lediglich in der zweiten Klasse Unterstufe blieb sie mir erspart und jedes Mal war Mathematik daran schuld. In der ersten Klasse bekam ich die Aufstiegsklausel, in der dritten flog ich durch, das zweite Mal dritte Klasse bekam ich wieder die Klausel, ebenso in der vierten Klasse. In der Fünften hätte ich zusätzlich zu Mathematik auch in Latein eine Nachprüfung absolvieren müssen. Ich bin jedoch weder zu der einen noch zu der anderen angetreten. Daraufhin tat ich das Beste, was ich hätte machen können: ich wechselte die Schule. In der Oberstufe hatte ich in der siebenten Klasse eine Nachprüfung in Physik. Da aber von Anfang an klar war, dass ich die Klausel wieder bekommen würde, trat ich nicht an."[1130] Von dem Druck, der auf Sitzenbleibern

---

[1127] Erika Habacher, geb. 1953, Volksschuldirektorin
[1128] Henriette Hartig, geb. 1924, Volksschuldirektorin im Ruhestand
[1129] Hedwig Wiesner, geb. 1923, Ärztin im Ruhestand
[1130] Frau, geb. 1981, Studentin

der Ersten Republik oftmals lastete, ist in dieser Schilderung kaum mehr etwas zu bemerken.

Eine andere Entwicklung, die in dem einen oder anderen Bericht aufgegriffen wird, ist die, dass Einser heutzutage – überhaupt in der Volksschule – leichter „ergattert" werden können als dies früher der Fall war, wodurch Noten in gewisser Weise auch ihre Bedeutung zunehmend verlieren. Andrea Eisenbarth etwa erzählt: „Entweder war ich in einer sehr guten Klasse oder wir hatten ziemlich lockere Lehrer – jedenfalls gab es viele Kinder (auch ich), die lauter oder fast nur Einser hatten. Für mich war es überhaupt sehr befremdlich, wenn ich mitbekam, dass jemand einen Dreier oder eine schlechtere Note hatte."[1131] Geht man nach der Meinung der jetzigen Studentin, so wird die Tendenz hin zu besseren Noten auch weiterhin andauern: „Vielleicht lässt der Notendruck noch mehr nach."[1132]

Dass Prüfungen und Schularbeiten und damit zusammenhängend auch die Noten überhaupt in den Köpfen heutiger Schüler an Bedeutung verlieren, kann man auch aus der Bemerkung Daniela Gamperls ableiten, die sich – das muss der Vollständigkeit halber gesagt werden – in der Schule immer leicht getan hat: „In einigen Fächern gab es auch in der Hauptschule schon Stundenwiederholungen zu denen man sich freiwillig melden konnte. Zusätzlich gab es dann auch noch meist einen Test. In anderen Lerngegenständen gab es mündliche Prüfungen und auch Tests, in den Schularbeitengegenständen waren sechs Schularbeiten üblich, in Deutsch schrieben wir sogar noch zusätzlich vier benotete Diktate, die wie Schularbeiten gewertet wurden. Wann oder wie ich für die Schule gelernt habe bzw. wann ich meine Hausübungen erledigt habe, sind Dinge, an die ich mich beim besten Willen nicht erinnern kann. Ich lernte zwar immer, meine Hausübung hatte ich in der Hauptschule eigentlich auch immer, anscheinend nahmen diese Dinge aber nicht allzu viel Zeit in Anspruch, da ich mich an meine in Überfluss vorhandene Freizeit erinnern kann."[1133]

Ganz generalisieren lässt sich die Annahme, dass Noten und Prüfungen ihre angsteinflößende Wirkung heute so gut wie verloren haben, dennoch nicht, denn für vereinzelte Schüler stellen diese nach wie vor große Hindernisse dar. Dabei steht aber das Gefühl, etwas nicht zu können, im Vordergrund, als Disziplinierungsmittel werden Noten kaum mehr eingesetzt. Rein auf das Fach Mathematik bezogen war z.B. die Prüfungsangst von Daniela Hienert: „Prüfungen und Schularbeiten – Angst!! Es kam darauf an, bei Englisch, Deutsch und Französisch hatte ich weniger Angst, in Latein etwas mehr, bei Mathe hatte ich regelmäßige Angstzustände. Ich nahm auch Mathe-Nachhilfe, die half mehr als der

---

[1131] Andrea Eisenbarth, geb. 1983, Studentin
[1132] Andrea Eisenbarth, geb. 1983, Studentin
[1133] Daniela Gamperl, geb. 1982, Studentin

Unterricht und da wurde es besser. Trotzdem träume ich heute noch regelmäßig von der Mathe-Matura."[1134]

Dass mit Lob und Belohnungen viel erreicht werden kann – sei dies nun in Hinblick auf die Leistung, aber auch in Bezug auf das Verhalten der Schüler – gilt in der Pädagogik und Erziehungswissenschaft heute als gesichert. Die Idee ist allerdings nicht neu, auch Lehrer früherer Generationen wussten bereits von der großen Wirkung positiver Bekräftigung und setzten diese zum Teil gezielt ein. Besonders beliebt waren dabei neben bestimmten Auszeichnungen bei den Noten – etwa ein römischer Einser oder ein Kroneneinser oder ein kleiner schriftlicher Zusatz – Fleißbilder. Die Lehrerin Anna Plöckingers teilte sogar Süßigkeiten an tüchtige Schüler aus: „Vom Lehrer gab es keine Belohnungen, aber von der Frau Lehrer, da hat man ein Zuckerl gekriegt dann."[1135] Für die meisten Lehrer galt allerdings zumindest nach Außen hin das, was Hermine Antensteiner aus ihrer Schulzeit berichtet: „Belohnung gab es nur in Notenform."[1136] Bei genauerer Betrachtung neigten die Lehrer der Ersten Republik aber sehr wohl dazu, ihr Lob, wenn schon nicht direkt, so doch auf indirektem Weg auszusprechen. Lächelnd erinnert sich Volkmar Strohbach z.B. an die folgende Episode: „Eines Tages kam der Mathematikprofessor mit den Schularbeiten hinein und hat geschrieen: ‚Gauner, Schwindler, Betrüger. Strohbach, du hast einen Schwindelzettel geschrieben und den haben alle abgeschrieben.' Ich hatte ein Beispiel so gut gelöst, also elegant gelöst, dass er wissen konnte: das können die anderen nicht gemacht haben. Und dadurch war also auch klar, dass…"[1137]
Direkt ausgesprochenes Lob galt auch nach dem Krieg noch nicht als selbstverständlich, wie die Schilderung von Josef Stiftinger zeigt: „Herr XY hat ab und zu seine verbliebene linke Hand auf die rechte Schulter eines Schülers gelegt und ihn gelobt, nicht nur die Spitzenschüler, er hat auch relativ gute Leistungen gelobt. Das war eine hohe Auszeichnung."[1138]
Heute steht im Unterricht die Motivation der Schüler durch Lob im Vordergrund. Erika Habacher hat damit durchaus positive Erfahrungen gesammelt: „Auch Lob und positive Ermunterungen für lernschwache Schüler zeigen gute Erfolge. Wenn man Eltern und Schüler gut informiert, verstehen beide, dass eine Arbeit für einen schwachen Schüler auch bei viel ‚rot' ein Erfolg sein kann. Das schreibe ich dann auch so hin."[1139] Genauso denkt Henriette Hartig, die die Erfahrung machte, dass die persönliche Enttäuschung des Lehrers oft mehr bewirkt als harte Strafen: „Meine Meinung ist, dass man mehr loben als strafen sollte –

[1134] Daniela Hienert, geb. 1983, Studentin
[1135] Anna Plöckinger, geb. 1922, Altbäuerin
[1136] Hermine Antensteiner, geb. 1928, Landwirtin
[1137] Volkmar Strohbach, geb. 1918, Baumeister im Ruhestand
[1138] Josef Stiftinger, geb. 1938, Hauptschullehrer im Ruhestand
[1139] Erika Habacher, geb. 1953, Volksschuldirektorin

auch die Erwachsenen kriegen ihren Lohn für ihre Leistungen – Kinder umso mehr. Vor allem sollte man die unbegabteren Schüler viel loben. Die Enttäuschung einer Lehrkraft über eine schwache Leistung hat bei mir eine schwere Strafe bedeutet und wirkte auch bei meinen Schülern."[1140]

Trotz dieser Erkenntnisse hatte sich der Einsatz von Lob auch als Disziplinierungsmittel zumindest in den 90er-Jahren noch nicht in allen Schulen durchgesetzt. Oftmals beschränkt sich die Motivation durch Lob und Belohnungen auf die ersten paar Schuljahre. So hat es jedenfalls eine heute 24-jährige Frau erlebt: „Belohnungen gab es eigentlich nur in der Volksschule und in den ersten beiden Jahren Unterstufe im Gymnasium. In der Volksschule war dies meist ein Stück Schokolade oder ähnliches für besonders gute Leistungen. Im Gymnasium bekam ich sogar mal von meinem Geschichtelehrer in der zweiten Klasse ein Buch über Ramses II geschenkt, weil ich beim Ägyptenquiz gewonnen hatte."[1141]

Streiche und Lehrer mit Disziplinproblemen

Die oftmals begrenzte Wirkung jeglicher Form von Disziplinarmaßnahmen ist in den obigen Ausführungen schon mehrmals durchgeklungen. Nun soll die Sprache konkret darauf kommen, in welcher Weise Disziplinprobleme auftraten, ob und wenn ja, wie diese bewältigt werden konnten und welche Konsequenzen sich für die jeweilige Lehrkraft ergaben. In einem eigenen Abschnitt soll dabei auch auf konkrete Streiche eingegangen werden, da diese trotz ihres meist harmlosen Hintergrundes immer auch auf Schwierigkeiten im Verhältnis zwischen Schülern und Lehrer hindeuten.

Disziplinprobleme einzelner Lehrer mit bestimmten Schülern oder überhaupt mit ganzen Klassen sind kein Phänomen der jüngsten Vergangenheit, auch wenn deren Auftreten in den letzten Jahren unübersehbar zugenommen hat. Dass es aber trotz des großen Ansehens, das die Lehrer – wie an anderer Stelle schon dargelegt – am Land genossen und trotz der harten, teils körperlichen Strafen, die meist ohne Einspruch der Eltern ausgeteilt werden konnten, auch früher schon Lehrer gab, die sich keinen Respekt bei ihren Schülern verschaffen konnten, schildert Ottilie Akamphuber: „Ich kannte (nicht in meiner Klasse) eine Lehrerin, die zu Wutausbrüchen neigte. Die Buben spielten ihr Streiche."[1142]

Für den städtischen Raum kann die etwa gleichaltrige Hedwig Wiesner von Lehrern berichten, die sich nicht durchsetzen konnten. So lag es weniger an den ungezügelten Wutausbrüchen einer Lehrerin als viel mehr an ihrem zu geringen Selbstbewusstsein, dass diese in ihrem Beruf nicht glücklich wurde: „Die Ma-

---

[1140] Henriette Hartig, geb. 1924, Volksschuldirektorin im Ruhestand
[1141] Frau, geb. 1981, Studentin
[1142] Ottilie Akamphuber, geb. 1922, Altbäuerin

thematikprofessorin, das war die Nachfolgerin von dieser ekelhaften, war eine ganz arme ‚Frischgefangene', die also wirklich ganz arm war, weil die hat Angst vor uns gehabt. Dabei waren wir relativ nett zu ihr, weil sie uns so Leid getan hat. Aber sie war wirklich... Gegen diese dominierende Frau [= die ehemalige Mathematikprofessorin] war sie wirklich arm. Naja, bei der Matura ist sie so herumgegangen, sie hat versucht, uns zu helfen – sie war eh schrecklich nett – und da ging es ‚Pass auf.' usw. Sie war arm, aber sie ist dann eh in einem Nervensanatorium gelandet. Sie war von vornherein nicht für den Beruf geeignet, würde ich sagen. Vielleicht hat sie vor uns schon sehr schlechte Erfahrungen gesammelt, ich weiß nicht, wir waren auf jeden Fall... Uns hat sie nur Leid getan."[1143]

Unsichere Haltung und die äußerliche Erscheinung trugen auch später oftmals zum Respektverlust eines Lehrers bei. Dies erlebte Brigitte Kitzmüller, die in den 70er-Jahren ein Gymnasium besuchte: „Eine Lehrerin hatten wir, die wurde von den meisten Schülern schikaniert und nicht ernst genommen. Doch das war nicht zufällig. Sie kam schon ganz langsam hereingeschlichen, altmodisch angezogen (man musste keine Modepuppe sein, doch eine gewisse Kleidung gehörte auch dazu), Schulter vorgebeugt,... – sie wirkte total unsicher (sie war es wahrscheinlich auch) – und das spürten die Schüler."[1144]

Vielfältig waren die Gründe dafür, warum sich manche Lehrer in der dreijährigen Mädchenmittelschule, die Maria Pregartner besuchte, nicht durchsetzen konnten: „Einige Lehrkräfte hatten es nicht leicht mit uns, sie wurden abgelehnt. War etwa die Sprache der Hamburgerin oder ihr etwas fader Vortrag in Geschichte der Grund? Wir Grausamen trieben sie fast zur Verzweiflung, obwohl sie als einzige mit uns eine Ausstellung besuchte. Den pensionierten Geografieprofessor nahmen wir nicht ernst, weil er unsere Mogelei nicht bemerkte. Eine Lehrerin kritisierte die Jugend – und aus war's mit der Sympathie."[1145]

In der Klasse von Anna Plöckinger konnte sich der Religionslehrer nicht durchsetzen, ihm musste von seinem Kollegen der nötige Respekt verschafft werden: „Ja, da haben sie ihm den Habit, den er angehabt hat, wo angebunden und wenn er aufgestanden ist... Der ist herumgerannt als wie, aber dann ist der XY, der Lehrer, heraufgekommen und wer da draußen gestanden ist, der hat dableiben müssen. Dann ist es auch anders worden."[1146] Und auf die Frage, ob sich denn der Pfarrer nicht selbst gewehrt hätte, meinte sie: „Ja, der hat schon geschimpft, aber das hat ihnen [= den Buben] nichts ausgemacht."[1147] Erfahrung mit solchen Lehrern machte auch Lambert Wimmer in seiner Rolle als Internatserzieher: „Andere [Lehrer] wurden – also sagen wir – auch nicht so ernst genommen. Es

---

[1143] Hedwig Wiesner, geb. 1923, Ärztin im Ruhestand
[1144] Brigitte Kitzmüller, geb. 1962, Tagesmutter
[1145] Maria Pregartner, geb. 1928, Haushälterin im Ruhestand
[1146] Anna Plöckinger, geb. 1922, Altbäuerin
[1147] Anna Plöckinger, geb. 1922, Altbäuerin

hat auch solche gegeben, manche, die sich nicht so durchsetzen konnten und da ist dann der Erziehungsverantwortliche wieder gerufen worden, um ein wenig nachzuhelfen."[1148]

In letzter Zeit sind disziplinäre Schwierigkeiten – wie in den Medien oftmals lautstark verkündet wird – keine Seltenheit mehr, zudem werden die Schüler, die disziplinäre Probleme bereiten, immer jünger. Ein jetziger Student etwa erlebte bereits in der ersten Klasse Volksschule, dass seine Lehrerin einem Mitschüler gegenüber machtlos war: „Einer meiner Mitschüler, Martin, nutzte bereits diese allererste Gelegenheit, sein Talent als ‚Klassenkasperl' unter Beweis zu stellen, und provozierte die arme Lehrerin so lange, bis sie ihn in der Ecke stehe ließ, wo er sich allerdings bestens amüsierte und die Aufmerksamkeit sichtlich genoss."[1149]

Erika Habacher, selbst Volksschullehrerin, sieht die Ursache dafür u.a. im zunehmend engeren Verhältnis zwischen Lehrer und Schülern: „Auffallend ist ein Trend zur partnerschaftlichen, fast familiären Nähe. Kinder fürchten sich heute nicht mehr vor dem Lehrer – das ist gut. Dadurch kann man ein gutes mitmenschliches Klima aufbauen. [...] Dieser nahe Umgang konfrontiert den Lehrer aber mit häufigeren disziplinären Problemen, weil die Schüler natürlich den bequemsten Weg wählen und ständig ausprobieren, was der Lehrer durchgehen lässt – ‚was geht'."[1150] Dennoch begrüßt sie die Entwicklung hin zu mehr Demokratie und Partnerschaft: „Ich versuche ein familienähnliches Klima aufzubauen. Damit habe ich gute Erfahrungen und fühle mich meist auch wohl. Manchmal wünsche ich mir etwas mehr Selbstdisziplin bei den Schülern – aber wir waren damals wahrscheinlich deshalb ‚braver', weil wir Angst vor unseren Lehrern hatten. Mir ist es aber Recht, dass sich meine Schüler nicht vor mir fürchten."[1151]

Ein zu partnerschaftliches Verhältnis zu den Schülern birgt jedenfalls stets – wie Josef Steinbichl zu berichten weiß – gewisse Gefahren in sich: „Ich weiß nicht, ob es günstig ist, dass man zu kollegial ist. Also ich hab es als Schüler gern gehabt, dass das einfach ein Lehrer war, der ein bisserl einen Abstand gehabt hat. [...] Und ich hab dann auch erlebt als Lehrer, dass manche Lehrer mit den Schülern zu engen Kontakt gehabt haben und wenn das nicht eine Persönlichkeit ist, dann haben sie Schiffbruch erlitten, dann haben die Schüler gemacht mit ihnen was sie wollen haben. Das ist die Gefahr. Manche Lehrer sind solche Persönlichkeiten, die könnten das machen, dass sie mit den Schülern ganz... Ist meine Ansicht, nicht. Aber den meisten wird es nicht gelingen dann, dann kann das ein Schiffbruch werden."[1152]

[1148] Lambert Wimmer, geb. 1916, Pater und ehemaliger Lehrer und Erzieher
[1149] Mann, geb. 1982, Student
[1150] Erika Habacher, geb. 1953, Volksschuldirektorin
[1151] Erika Habacher, geb. 1953, Volksschuldirektorin
[1152] Josef Steinbichl, geb. 1937, Hauptschuldirektor im Ruhestand

Rudolf Stanzel glaubt – wie es ja auch schon bei Josef Steinbichl angeklungen ist – dass der Respekt, den ein Lehrer genießt, weniger von der Zeit, in der er unterrichtet, abhängt, als viel mehr in dessen Persönlichkeit begründet liegt. Wovon das Durchsetzungsvermögen des einzelnen aber wirklich abhängt, ist auch ihm nicht klar: „Das Disziplinhalten, das Durchsetzungsvermögen ist mir ein Rätsel, auch die Psychologie hat da noch keine Klärung gebracht. Die einen Lehrer gehen in die Klasse, brauchen gar nichts zu sagen oder zu tun und alle Schüler erstarren; bei den anderen bricht sofort die Hölle los."[1153]

Die Erfahrung, dass Disziplinprobleme jedenfalls mit zunehmenden Alter der Schüler häufiger auftreten, hat Henriette Hartig gemacht: „Weil ich habe von einem Hauptschullehrer gehört: da hat eine die Vokabel nicht können, da hat er halt gesagt: ‚Naja, die kannst du bis morgen.' und sie ist wieder gekommen und hat die Vokabel wieder nicht können und dann hat er gesagt: ‚Jetzt reicht es aber und wenn du jetzt diese Vokabel nicht lernst, dann ziehe ich andere Saiten auf.' Dann hat sie das Heft genommen, hat gesagt ‚Hab mich gern' und hat es auf den Tisch gehauen. Und andere Sachen auch. Aber das hat es in der Volksschule nicht gegeben."[1154]

Irmgard Wartner gehört zu den wenigen Lehrern, die offen davon sprechen, dass es auch bei ihnen mit der Disziplin nicht immer ganz geklappt hat. Besonders Kinder aus „schwierigen Familien" haben ihr zum Teil Probleme bereitet: „In Sankt Georgen war eine Familie, da waren die Verhältnisse so desolat bis ins Letzte. Im Mühlviertel hat es schon wahnsinnige Situationen an Armut auch gegeben, wo die Leute einfach wirklich nur geschaut haben, dass sie überleben und dann ist auf Umgangsformen nicht mehr so viel Wert gelegt worden. Und das war einer. Und in Perg hab ich auch einen ganz einen Schwierigen gehabt, da war die Mutter furchtbar. Da hab ich dann den Direktor gebraucht, weil da bin ich alleine nicht mehr zurecht gekommen. Da hab ich eine Bubenklasse gehabt. Und da sind wir dann zu dem hingefahren, das ist im Mühlviertel. Und das werde ich nie vergessen – das ist ein Wahnsinn! – so ein Sauhaufen, das Bauernhaus. Da wundert es dich überhaupt nicht. Das waren die einzigen, die schwierig waren."[1155] Auf die Frage, ob sie die Probleme in den Griff gekriegt habe, meinte sie: „Bei einem ja. Und bei dem anderen, dadurch, dass dann der Direktor mitgefahren ist. Das war der einzige, wo ich alleine nicht zu Recht gekommen bin. Und da hat der seine Autorität total eingesetzt und dann war so halbwegs eine Ruhe."[1156]

Dass Disziplinprobleme auch nicht vor ländlichen, privat geführten Mittelschulen Halt machen, erzählt eine ehemalige Schülerin des Stiftsgymnasiums Admont: „Manche Lehrer konnten sich, obwohl sie meines Erachtens ausgezeich-

[1153] Rudolf Stanzel, geb. 1926, Hauptschuldirektor im Ruhestand
[1154] Henriette Hartig, geb. 1924, Volksschuldirektorin im Ruhestand
[1155] Irmgard Wartner, geb. 1945, Hauptschullehrerin im Ruhestand
[1156] Irmgard Wartner, geb. 1945, Hauptschullehrerin im Ruhestand

nete Professoren waren, einfach auf Grund ihrer ‚Exaktheit' im Fach oder ihrer zurückhaltenden Art nicht durchsetzen. Diese wurden gehänselt, nachgeäfft und wenn möglich bloß gestellt."[1157] Wie dramatisch Disziplinschwierigkeiten enden können, beschreibt eine ehemalige Wiener Schülerin. Darüber, warum es manche Lehrer so schwer hatten, sich durchzusetzen, kann aber auch sie nur Vermutungen anstellen: „Meistens waren die Lehrer/innen, die sich nicht durchsetzen konnten, ganz einfach zu schwach. Sie ließen sich von den Schüler/innen ‚am Kopf herumscheißen' und waren dagegen machtlos. Vielleicht mangelte es ihnen an Selbstvertrauen, vielleicht waren aber auch ganz andere Gründe dafür ausschlaggebend, ich weiß es nicht. Ich weiß nur, dass ich es zweimal miterleben musste, wie sich Lehrer das Leben nahmen und beide waren ständigen Schikanen durch ihre Schüler/innen ausgesetzt. Da wird man nachdenklich."[1158]

Auch Streiche, meist harmlose aber doch deutliche Verstöße gegen die in den Schulen geltenden Regeln, tauchen immer wieder in den Schilderungen auf. Eine Ursache dafür sieht Henriette Hartig gerade in der strengen Disziplin, die an den Schulen herrschte: „Was uns fehlte, war die Meinungsfreiheit und die vielen Verbote machten uns auch nicht glücklich. Es fehlte uns einfach die ‚Demokratie'. Schon aus diesem Grund hielten wir eisern zusammen und heckten so manche Streiche aus, die dann mit schlechten Betragensnoten quittiert wurden."[1159]
Stellt man nun die Frage, welche Streiche Lehrkräften von ihren Schülern gespielt wurden, so zeigt sich rasch, dass eine der beliebtesten Arten darin bestand, den Lehrer vor einem leeren Klassenzimmer stehen zu lassen. Dies war schon in der Ersten Republik etwa bei Hedwig Wiesner[1160] der Fall, aber auch Erika Habacher kann davon berichten: „Einmal ärgerten wir eine Lehrerin damit, dass wir uns alle zwölf Mädchen im Einbaukasten versteckten und an die Tafel geschrieben hatten, wir wären im Physiksaal. Es dauerte eine halbe Stunde, bis die Lehrerin nach langem Suchen atemlos wieder im obersten Stock erschien und sich darüber wunderte, dass wir brav auf unseren Plätzen saßen und behaupteten, wir wären schon immer hier gewesen. (Die Tafel hatten wir natürlich ordentlich gelöscht!)"[1161]
Blamiert hatte sich die Lateinlehrerin Hedwig Wiesners, als diese ihr Fach gar zu ernst und das lockere Verhalten ihrer Maturantinnen zu wenig humorvoll nahm: „In der letzten Lateinstunde unseres Lebens haben wir gedacht, wir nehmen keine Bücher mehr mit, so ein Unsinn, das tut man doch nicht. Und wir haben gedacht: ‚Wir werden da freundlich Plaudern als erwachsene junge Damen.

[1157] Frau, geb. 1981, Studentin*
[1158] Frau, geb. 1981, Studentin
[1159] Henriette Hartig, geb. 1924, Volksschuldirektorin im Ruhestand
[1160] Hedwig Wiesner, geb. 1923, Ärztin im Ruhestand
[1161] Erika Habacher, geb. 1953, Volksschuldirektorin

Wir sehen sie nie wieder – Gott sei Dank. Durchgekommen sind wir alle, ist schön.' Naja, und dann kommt sie herein: ,Wir schlagen auf den Text...' Sagen wir: ,Bitte, wir haben heute kein...' Ist sie in die Luft gegangen: ,Jetzt geh ich zur Frau Direktor, ich werde das der Frau Direktor sagen.' und zischt ab. Und kam nie wieder. Wir haben eben, weil wir intelligente Kinder waren, keinen Lärm gemacht, sind ruhig in der Klasse geblieben um zu warten, ob jetzt wer kommt oder nicht kommt und es kam niemand. Bei der Maturafeier saß ich neben der Frau Direktor und hab mir gedacht: ,Na, jetzt ist mir alles wurst.' Sag ich: ,Na, Sie werden aber sehr bös sein, wenn die Frau XY zu Ihnen gekommen ist vergangen Dienstag.' Sagt sie: ,Dienstag? Da war ich gar nicht da.' Ist die Arme geschossen zur Frau Direktor und die war nicht da. Wir haben nur mehr geschmunzelt, haben nichts mehr gesagt."[1162] Auch der Physiklehrer hatte es mit der Mädchenklasse nicht immer leicht, nahm aber den jungen Damen ihre Späße nicht übel: „Der war sehr nett, nur haben wir ihn gelegentlich auch geärgert, aber er hat das mit sehr viel Humor genommen. Also einmal hat z.B. eine Freundin für ihre Eltern einen Wecker vom Uhrmacher holen müssen, weil der war hin und den hat sie dann in den Papierkorb gelegt und aufgedreht und zu einer gewissen Zeit ist der dann los und der hat natürlich den Wecker gesucht. Und bis er den dann gefunden hat..."[1163]

Nicht alle Lehrer reagierten verärgert oder hilflos, einige zeigten durchaus auch Humor. Davon kann auch Karl Schmiedinger berichten: „Der XY [= ein Schüler] hat ein Schaf gehabt – das muss ich euch erzählen – das war an ihn gewohnt. Der hat aber so weit in die Schule gehabt und – wie es zugegangen ist, weiß ich nicht – eines schönen Tages kommt der XY in die Schule und das Schaf hinter ihm nach. Das ist ihm nachgerannt. Jetzt, was tun wir mit diesem Schaf? Zuerst haben wir es dem Lehrer nicht sagen wollen, jetzt haben wir das Schaf in den Lehrergarten hinaus gesperrt. Das war erst das Richtige! Auf einmal schaut er hinaus: ,Ja, wie kommt denn das Schaf hierher?' Na, jetzt haben wir halt... Schön langsam hat er es dann herausgekriegt, hat er gesagt: ,Geh, Toni, weißt du was, nimm dein Schaf und geh heim.' Na, da hat er schulfrei gekriegt. Das sind so Sachen..."[1164]

Weniger Glück hatte da Josef Steinbichl, der für seinen kleinen Schabernack teuer bezahlen musste: „Ich kann es ja kurz erzählen. Es war damals die Nachkriegszeit und die Lehrer haben Kontakt zu meinen Eltern gehabt – Landwirtschaft, da kriegt man ein bisserl etwas zu essen und daher war Kontakt zu den Eltern da. Und mir ist einmal Folgendes passiert: Da war ich schon in der Hauptschule und die Volksschule ist vis-á-vis und da haben wir einen Spiegel mitgehabt und da haben wir von der Hauptschule in die Volksschule die Klassen

---

[1162] Hedwig Wiesner, geb. 1923, Ärztin im Ruhestand

[1163] Hedwig Wiesner, geb. 1923, Ärztin im Ruhestand

[1164] Karl Schmiedinger, geb. 1923, Konditor im Ruhestand

alle abgespiegelt. Und da ist eine Lehrkraft zum Fenster gekommen und hat uns heraufgedeutet und wir haben die Lehrkraft einfach angespiegelt und die Schüler unten haben uns gekannt und am nächsten Tag mussten wir zu zweit durch alle Volksschulklassen durchgehen und haben in jeder Klasse eine Ohrfeige kassiert."[1165]

Ausgehend von diesen Schilderungen, die natürlich nur einen kleinen Teil dessen widerspiegeln, was Lehrern zumeist aus Jux und Dummheit widerfahren ist, lässt sich sagen, dass die Wirkung von Streichen im Wesentlichen von der Reaktion der entsprechenden Lehrkraft abhing. Nahm ein Lehrer seine Person allzu ernst oder hatte er zu wenig Selbstbewusstsein, um mit der einen oder anderen „Pflanzerei" klarzukommen, so konnten Streiche durchaus zu ernsthaften Disziplinproblemen führen und zur psychischen Belastung für den betroffenen Lehrer werden. Harmloser war die Wirkung, wenn der Lehrer humorvoll reagierte, was sich zuweilen sogar positiv auf das Unterrichtsklima auswirken konnte. Interessant ist jedenfalls, dass – geht man nach den Berichten – die Beliebtheit von Streichen in den letzten paar Jahrzehnten deutlich abgenommen hat, aus den 90er-Jahren wurde von keinem einzigen Fall mehr berichtet. Dies mag vielleicht verblüffen, wenn man bedenkt, dass heutige Schüler ja viel weniger Konsequenzen zu befürchten hätten, womöglich liegt aber gerade im fehlende „Kick" die Ursache für das Zurückgehen der Streiche. Traurig ist jedenfalls, dass bei heutigen Regelverstößen die Grenzen des Harmlosen und Lustigen oftmals deutlich überschritten werden – aus Spaß wird nicht selten bitterer Ernst.

[1165] Josef Steinbichl, geb. 1937, Hauptschuldirektor im Ruhestand

Literaturverzeichnis

Sekundärliteratur:

Achs, Oskar: Das Schulwesen in der ersten österreichischen Republik, Diss.,
Wien 1968

Basrucker, Elisabeth: Die Schulforderungen der politischen Parteien in Österreich, Diss., Wien 1960

Bauer, Birgit: Geschichte des österreichischen Bildungswesens von 1919 bis in
die Gegenwart. Unter besonderer Berücksichtigung der Rolle der LehrerInnen,
Dipl.arb., Wien 2004

Beyer, Susanne u.a.: Nobel statt Nabel, in: Der Spiegel 28/2003, S. 124-137

Bruckmüller, Ernst: Sozialgeschichte Österreichs, Wien 2001

Burgstaller, Franz / Leitner, Leo: Pädagogische Markierungen. Probleme – Prozesse – Perspektiven. 25 Jahre österreichische Schulgeschichte (1962-1987),
Wien 1987

Dachs, Herbert: Schule und Politik. Die politische Erziehung an den österreichischen Schulen 1918 bis 1938, Wien / München 1982

Darnstädt, Thomas: Start-up ins Leben, in: Der Spiegel 14/2001, S. 66-89

Dermutz, Susanne: Der österreichische Weg. Schulreform und Bildungspolitik
in der Zweiten Republik, Wien 1983

Dermutz, Susanne: Wie es zu den Hauptschulversuchen gekommen ist. Oder:
Gesamtschulversuche waren gar nie vorgesehen, in: 25 Jahre schulheft, S. 100-
107

Elias, Norbert: Über den Prozess der Zivilisation. Soziogenetische und psychogenetische Untersuchungen, 2 Bände, Frankfurt am Main 2001[23]

Engelbrecht, Helmut: Geschichte des österreichischen Bildungswesens. Erziehung und Unterricht auf dem Boden Österreichs, Band 5 (Von 1918 bis zur Gegenwart), Wien 1988

Engelbrecht, Helmut: Veränderungen im Erziehungsanspruch der österreichischen Schule. Ein historischer Exkurs, Klagenfurt 1998

Engelbrecht, Helmut: Zielvorstellungen der österreichischen Bildungspolitik in
der Zweiten Republik, in: Zdarzil, Herbert / Severinski, Nikolaus: Österreichische Bildungspolitik in der Zweiten Republik, Höbersdorf 1998, S. 19-37

Festenberg, Nikolaus von u.a.: Kult ums Kind, in: Der Spiegel 33/2000, S. 102-
112

Festenberg, Nikolaus von u.a.: Narziss und Schmollmund, in: Der Spiegel 22/2001, S. 114-124

Fischl, Hans: Schulreform, Demokratie und Österreich 1918-1950, Wien 1950

Förster, F./ Kilian, N.: Sozialisation, Lernen, Disziplinierung: eine Begriffsklärung, in: Grunder, Hans-Ulrich (Hrsg.): Sozialisiert und diszipliniert. Die Erziehung ,wilder Kinder', Hohengehren 1998, S. 5-14

Fröhlich, Werner: Schulreform im Bereich der Zehn- bis Vierzehnjährigen, in: 25 Jahre schulheft. Eine österreichische Gesamtschul-Geschichte, schulheft 102/2001, S. 57-62

Fuchs, Werner: Biographische Forschung. Eine Einführung in Praxis und Methoden, Opladen 1984

Gönner, Rudolf: Die Schulreformkommission in den ersten eineinhalb Jahrzehnten ihrer Tätigkeit – nebst einigen grundsätzlichen Bemerkungen zur Bildungspolitik, in: Zdarzil / Severinski, Bildungspolitik, S. 75-92

Gröpel, Wolfgang: Markrosoziologische und bildungspolitische Gedanken zur Strukturkrise auf der Sekundarstufe I, in: Walter Weidinger (Hrsg.): Wieso "Haupt"-Schule? Zur Situation der Sekundarstufe I in Ballungszentren, Wien 2000, S. 69-80

Grunder, Hans-Ulrich: Widerstände und Flucht, in: Grunder, Sozialisiert, S. 130-177

Hanisch, Ernst: Der lange Schatten des Staates. Österreichische Gesellschaftsgeschichte im 20. Jahrhundert, Wien 1994

Hennebichler, Heike: Schulautonomie in Österreich, Wien 1996

Hinrichs, Per u.a.: Horrortrip Schule, in: Der Spiegel 46/2003, S. 46-68

Lehmann, Albrecht: Erzählstruktur und Lebenslauf. Autobiographische Untersuchungen, Frankfurt am Main 1983

Mende, Julius / Staritz, Eva / Tomschitz, Ingrid: Schule und Gesellschaft. Entwicklung und Probleme des Österreichischen Bildungssystems, Wien 1980

o.A.: Familie in der Falle, in: Der Spiegel 9/1995, S. 40-66

Olechowski, Richard: Schulpolitik, in: Weinzierl, Erika / Skalnik, Kurt (Hrsg.): Österreich 1918-1938. Geschichte der Ersten Republik, Band 2, Graz / Wien / Köln 1983, S. 589-607

Olechowski, Richard: Schul- und Bildungspolitik während der Ersten und der Zweiten Republik, in: Zöllner, Erich (Hrsg.): Österreichs Erste und Zweite Republik. Kontinuität und Wandel ihrer Strukturen und Probleme, Wien 1985, S. 99-120

Oswald, Friedrich: Schultheorie und Schulentwicklung. Skriptum zur Vorlesung, Wien 2002

Rigos, Alexandra: „Eltern sind austauschbar", in: Der Spiegel 47/1998, S. 110-135

Sandgruber, Roman: Ökonomie und Politik. Österreichische Wirtschaftsgeschichte vom Mittelalter bis zur Gegenwart, Wien 1995

Scheipl, Josef / Seel, Helmut: Die Entwicklung des österreichischen Schulwesens in der Zweiten Republik 1945-1987, Graz 1988

Scheipl, Josef / Seel, Helmut: Die Entwicklung des österreichischen Schulwesens von 1750-1938, Graz 1985[2]

Schultes, Gerhard: Kirche und Schule seit 1945, in: Zdarzil / Severinski, Bildungspolitik, S. 93-116

Sertl, Michael: Vom "Bildungsprivileg" über die "Ausschöpfung der Begabungsreserven" zur sozialen "Restschule"?, in: Weidinger, "Haupt"-Schule, S. 81-96

Thimm, Katja: Angeknackste Helden, in: Der Spiegel 21/2004, S. 82-95

Treiber, Hubert / Steinert, Heinz: Die Fabrikation des zuverlässigen Menschen. Über die „Wahlverwandtschaft" von Kloster- und Fabriksdisziplin, München 1980

Weidinger, Walter: Wieso "Haupt"-Schule?, in: Weidinger, "Haupt"-Schule, S. 10-33

Zöllner, Erich / Schüssel, Therese: Das Werden Österreichs. Ein Arbeitsbuch für österreichische Geschichte, Wien 1995

Informationen aus dem Internet (Stand: 20.1.07):

Online auf der Website des Bundesministeriums für Bildung, Wissenschaft und Kultur:

Abschlussbericht der Zukunfstkommission: Rückenwind für die Schule Neu, unter: http://www.bmbwk.gv.at/medienpool/12420/endbericht_zukunftskom.pdf

Aktionsplan 2003. Gender Mainstreaming und geschlechtssensible Bildung, unter: http://www.bmbwk.gv.at/schulen/unterricht/ba/gb/aktionsplan2003.xml

Bildung und Wissenschaft in Österreich. Statistiken 2004, unter: http://www.bmbwk.gv.at/medienpool/11714/biwi_2004.pdf

Bildungsentwicklung in Österreich 1997-2000, unter: http://www.bmbwk.gv.at/schulen/bw/uebersicht/Bildungsentwicklung_19974857.xml

Bildungsentwicklung in Österreich 2000-2003, unter: http://www.bmbwk.gv.at/medienpool/11759/bildungsentw_de.pdf

Bildungsstandards. Ein weiterer Qualitätssprung für das österreichische Schulwesen, unter: http://www.bmbwk.gv.at/medienpool/11369/pa_bildungsstandards.pdf

Bildungswesen in Österreich - Historische Daten: Zeittafel, unter: http://www.bmbwk.gv.at/schulen/bw/uebersicht/Zeittafel_fuer_das_Gebie2010.xml

„Die neue Schule für uns". Start der Service- und Informationskampagne des Bundesministeriums für Bildung, unter: http://www.bmbwk.gv.at/medienpool/12711/pu_20050728.pdf

Feigl, Susanne: Informationsblätter zum Schulrecht Teil 4: Schulautonomie, Wien 2000, unter: http://www.bmbwk.gv.at/medienpool/6255/Deutsch.pdf

Reformdialog für Österreich, unter: http://www.bmbwk.gv.at/medienpool/12310/pu_050214_reformdialog.pdf

Schule Neu. 8 große Arbeitspakete, unter: http://www.bmbwk.gv.at/medienpool/12446/arbeitspakete.pdf

Zukunftskommission. Stärken identifizieren, Schwächen benennen, Verbesserungen empfehlen, unter: http://www.bmbwk.gv.at/schulen/unterricht/prinz/Zukunftskommission9733.xml

Weitere Artikel aus dem Internet:

Kobenter, Samo / Moser, Karin: Jursiten zerlegen Schulkompromiss, in: „derStandard.at" vom 6. Mai 2005, online im Internet unter: http://www.derstandard.at/druck/id=2038922 (Stand: 16.08.05)

Verwendete Internetseiten:

PISA-Website der OECD (http://www.pisa.oecd.org)

PISA-Website Österreich (http://www.pisa-austria.at)

Projekt "Qualität in Schulen" (http://www.qis.at)

Hompage des Projekts „Die neue Schule" (www.dieneueschule.gv.at)

Website des ehemaligen „Instituts für die Schulpraktische Ausbildung" (ISA) und der nunmehrigen Forschungseinheit „LehrerInnenbildung und Professionalisierungsforschung" des Instituts für Bildungswissenschaft (isa.unive.ac.at bzw. institut.erz.univie.ac.at/home/fe7/)

Historisch-anthropologische Studien

Herausgegeben von Hubert Christian Ehalt

Band 1   Hubert Ch. Ehalt (Hg.): Inszenierung der Gewalt. Kunst und Alltagskultur im Nationalsozialismus. 1996.

Band 2   Peter F.N. Hörz: Gegen den Strom. Naturwahrnehmung und Naturbewältigung im Zivilisationsprozeß am Beispiel des Wiener Donauraumes. 1997.

Band 3   Lore Toman: Der neurotische Götterhimmel der Griechen. Europa im falschen Kielwasser? 1998.

Band 4   Andreas Pribersky / Berthold Unfried (Hg.): Symbole und Rituale des Politischen. Ost- und Westeuropa im Vergleich. 1999.

Band 5   Roland Werner: Transkulturelle Heilkunde. Der ganze Mensch. Heilsysteme unter dem Einfluß von Abrahamischen Religionen, Östlichen Religionen und Glaubensbekenntnissen, Paganismus, Neuen Religionen und religiösen Mischformen. 2001.

Band 6   Wolfgang Greif (Hg.): Volkskultur im Wiener Vormärz. Das andere Wien zur Biedermeierzeit. 1999.

Band 7   Maximo Sandín: Lamarck und die Boten. Die Funktion der Viren in der Evolution. 1999.

Band 8   Herbert Frey: Die Entdeckung Amerikas und die Entstehung der Moderne. 2000.

Band 9   Gert Dressel / Gudrun Hopf (Hg.): Von Geschenken und anderen Gaben. Annäherungen an eine historische Anthropologie des Gebens. 2000.

Band 10 Helga Dirlinger: Bergbilder. Die Wahrnehmung alpiner Wildnis am Beispiel der englischen Gesellschaft 1700-1850. 2000.

Band 11 Franz Böhmer (Hg.): Was ist Altern? Eine Analyse aus interdisziplinärer Perspektive. 2000.

Band 12 Gudula Linck: Leib und Körper. Zum Selbstverständnis im vormodernen China. 2001.

Band 13 Hubert Ch. Ehalt / Wolfgang Schulz (Hg.): Ländliche Lebenswelten im Wandel. Historisch-soziologische Studien in St. Georgen/Lavanttal. 2000.

Band 14 Siegfried Pflegerl: Die Aufklärung der Aufklärer. Universalistische Ideologie- und Rassismuskritik. Entwicklungen – Positionen und Thesen – Ein Handbuch. 2001.

Band 15 Siegfried Pflegerl: Ist Antisemitismus heilbar? Zur Bearbeitung einer fatalen Tradition. 2001.

Band 16 Luo Ti-lun: Weiqi. Vom Getöne der schwarzen und weißen Steine. Geschichte und Philosophie des chinesischen Brettspiels. 2002.

Band 17 Anne Moser: Raum und Zeit im Spiegel der Kultur. 2003.

Band 18 Caroline Ausserer: Menstruation und weibliche Initiationsriten. 2003.

Band 19 Géza Hajós: Denkmalschutz und Öffentlichkeit. Zwischen Kunst, Kultur und Natur. Ausgewählte Schriften zur Denkmaltheorie und Kulturgeschichte 1981–2002. 2005.

Band 20 Sándor Békési: Verklärt und verachtet. Wahrnehmungsgeschichte einer Landschaft: Der Neusiedler See. 2007.

Band 21 Maria Streßl: Im Klassenzimmer. Der Wandel des Lehrer-Schüler-Verhältnisses in Österreich. Erste und Zweite Republik im Vergleich. 2008.

Band 22 Wolfram Aichinger: Das Feuer des heiligen Antonius. Kulturgeschichte einer Metapher. 2008.

www.peterlang.de

Dirk Randoll / Heiner Barz (Hrsg.)

Bildung und Lebensgestaltung ehemaliger Schüler von Rudolf Steiner Schulen in der Schweiz

Eine Absolventenbefragung

Frankfurt am Main, Berlin, Bern, Bruxelles, New York, Oxford, Wien, 2007.
205 S., zahlr. Tab.
Kulturwissenschaftliche Beiträge der Alanus Hochschule für Kunst und
Gesellschaft. Herausgegeben von der Alanus Hochschule, Peter Schneider und
Marcelo da Vaiga. Bd. 2
ISBN 978-3-631-56491-2 · br. € 29.80*

Die Rudolf Steiner Schulen in der Schweiz sind bisher empirisch kaum
erforscht worden. An meist positiven Meinungen aus der Eltern- und der
Abnehmerperspektive herrscht über diese Schulen kein Mangel. Wer jedoch
nach konkreter Forschung über die Bildungswirklichkeiten in bzw. Bildungs-
wirksamkeiten von Rudolf Steiner Schulen sucht, sieht sich enttäuscht.
In dieser Studie werden die Ergebnisse einer umfangreichen schriftlichen
Befragung ehemaliger Schüler von Rudolf Steiner Schulen wiedergegeben.
Die untersuchten Teilaspekte, die von in ihrem Fachgebiet jeweils versierten
Persönlichkeiten analysiert und interpretiert werden, sind z. B. Berufs-
biographien, Lebensorientierungen, Religion und Glaube und die Zeit in
der Rudolf Steiner Schule. Die Studie, der eine entwicklungsgeschichtliche
Darstellung dieser Schulform vorangeht, ist die bislang umfangreichste ihrer
Art in der Schweiz.

Aus dem Inhalt: Empirische Forschung der Rudolf Steiner Schulen in der
Schweiz · Schriftliche Befragung von Absolventen zu den Aspekten:
Berufsbiographien, Lebensorientierungen, Religion und Glaube, die Zeit in
der Rudolf Steiner Schule

Frankfurt am Main · Berlin · Bern · Bruxelles · New York · Oxford · Wien
Auslieferung: Verlag Peter Lang AG
Moosstr. 1, CH-2542 Pieterlen
Telefax 0041(0)32/3761727

*inklusive der in Deutschland gültigen Mehrwertsteuer
Preisänderungen vorbehalten
Homepage http://www.peterlang.de

Peter Lang · Internationaler Verlag der Wissenschaften